DEUTSCHE GESCHICHTSQUELLEN
DES 19. UND 20. JAHRHUNDERTS

BAND 56

DEUTSCHE GESCHICHTSQUELLEN DES 19. UND 20. JAHRHUNDERTS

HERAUSGEGEBEN
VON DER HISTORISCHEN KOMMISSION
BEI DER BAYERISCHEN AKADEMIE
DER WISSENSCHAFTEN

BAND 56

HARALD BOLDT VERLAG · BOPPARD AM RHEIN

„FAHRTBERICHTE“ AUS DER ZEIT DES DEUTSCH-SOWJETISCHEN KRIEGES 1941

Protokolle des Begleitoffiziers
des Kommandierenden Generals LIII. Armeekorps

Eingeleitet und herausgegeben
von
WALTHER LAMMERS

HARALD BOLDT VERLAG · BOPPARD AM RHEIN

CIP-Titelaufnahme der Deutschen Bibliothek

„Fahrtberichte" aus der Zeit des deutsch-sowjetischen Krieges 1941 : Protokolle d. Begleitoffiziers d. kommandierenden Generals LIII. Armeekorps / eingeleitet u. hrsg. von Walther Lammers. — Boppard am Rhein : Boldt, 1988
(Deutsche Geschichtsquellen des 19. [neunzehnten] und 20. [zwanzigsten] Jahrhunderts ; Bd. 56)
ISBN 3–7646–1876–0
NE: Lammers, Walther [Hrsg.]; Deutschland ⟨Deutsches Reich⟩ / Armeekorps ⟨53⟩; GT

Gedruckt mit Unterstützung der Deutschen Forschungsgemeinschaft

ISBN: 3 7646 1876 0

1988

Herstellung: boldt druck boppard

Geleitwort

Die Geschichtsschreibung des Zweiten Weltkrieges beruht auf einer breiten Quellenbasis, zu der nicht zuletzt die Kriegstagebücher von den untersten Kampfeinheiten bis zu den höchsten Kommandobehörden gehören. Sie sind aufschlußreich, aber für eine gesicherte und begründete Urteilsbildung über das Geschehen nicht ausreichend, zumal sie offenbar erst nach Tagen oder sogar Wochen angefertigt wurden. Sie referieren vornehmlich die taktischen und operativen Vorgänge. Aufgrund der Tagebücher der höchsten Kommandobehörden scheinen wir, „fast alles" zu wissen, aber wir lernen mit ihrer Hilfe den Krieg nur „von oben" kennen.

Die Edition von „Fahrtberichten" – geradezu eine eigene Gattung in der Überlieferung der militärischen Vorgänge –, die Walther Lammers, der Begleitoffizier eines Kommandierenden Generals eines Armeekorps im Jahre 1941 in Form von täglichen Aufzeichnungen mitgeschrieben hat, zeichnet sich gegenüber den Kriegstagebüchern durch eine Reihe von Vorzügen aus. Der emeritierte Professor für mittelalterliche Geschichte Dr. Lammers hat seine vor Jahrzehnten verfaßten Berichte nunmehr unverändert veröffentlicht. Er hat mit gutem Grunde auf jede Kürzung verzichtet und auch Wiederholungen – etwa aus stilistischen Gründen – nicht beseitigt. Er hat sie in der Edition vielmehr bewußt in Kauf genommen. So bleiben die Authentizität und Spontaneität einer zeitgeschichtlichen Quelle erhalten.

Es handelt sich um eine Beschreibung der Vorgänge im Führungsbereich auf den verschiedenen Ebenen der Kommandogewalt, um die Mentalität einer inzwischen ungewöhnlich angewachsenen Generalität vom Divisionskommandeur über den Kommandierenden General bis zum Oberbefehlshaber einer Armee. Die Berichte vermitteln – ohne nachträgliches Raisonnement – unmittelbare Eindrücke von der Vielfalt der Aufgaben, die sich dem Inhaber einer Kommandogewalt stellten. Sie lagen nicht etwa nur in der Erfüllung von Führungsaufträgen. Sie lagen auch und erst recht in jenen Bereichen, die zum täglichen Leben der Truppe gehörten. So entstanden in diesen „Fahrtberichten" lebendige Bilder vom „Alltag" des einfachen, kämpfenden Soldaten, des „Landsers". Es geht um scheinbar einfache, aber in Wirklichkeit um so wichtige Probleme wie Versorgung, Sanitätswesen oder allgemein „innere Führung", auch wenn es diesen Begriff damals noch nicht gegeben hat. Wie der Krieg „von unten" erlebt wurde, rückt in den Vordergrund dieser Berichte.

Schließlich vermitteln uns die Berichte über alle Details hinaus den Wandel der Urteilsbildung in der Truppe und Führung über den Gegner vom Beginn des Rußlandfeldzuges bis zur Niederlage vor Moskau. Wenn von „Mentalität" die Rede ist, so wird sie nicht zuletzt im Wandel der Sprache der Offiziere aller Ränge sichtbar. Es ist zu beobachten, wie ein sog. „forscher Kasinoton" einer härteren und nüchternen Sprachgebung weicht. Die Einsicht wuchs sehr rasch, daß Führung und Waffen des Gegners hervorragend seien. Ein Divisionskommandeur urteilte: „Die Truppe ist kaputt".

Heute wissen wir, daß diese spontane Äußerung den Kern der Realität getroffen hat.

Walter Bußmann, Karlsruhe

Inhaltsverzeichnis

☆

Verzeichnis der Skizzen

Vorwort

Als einer der Teilnehmer meines Seminars, Gerd Ueberschär, in Freiburg im Bundesarchiv—Militärarchiv arbeitete, bat ich ihn zu erkunden, ob die Aufzeichnungen, die ich im Jahre 1941 als Begleitoffizier des Kommandierenden Generals Weisenberger angefertigt hatte, sich noch bei den Archivalien des LIII. Armeekorps befänden. Die Mitteilung aus Freiburg lautete: Die Berichte sind als Anlagen zum Kriegstagebuch des LIII. A.K. vollzählig vorhanden. Auf meine Bitte hin erhielt ich vom Archiv Kopien. Im März 1973 lagen diese vor. Manche Gespräche mit Kollegen gaben mir den Animus, die Fahrtberichte für die Edition vorzubereiten und sie nach historischen Gesichtspunkten zu befragen. Die Arbeit ging nicht allzu rasch voran; das lag zum Teil an dem vermehrten Arbeitsanfall durch die unruhigen Verhältnisse an den Universitäten in den siebziger Jahren und auch daran, daß ich als Mediävist mir die Zeit für ein zeitgeschichtliches Vorhaben angesichts der üblichen Pflichten zusammensparen mußte. Im Januar 1986 lag schließlich das druckfertige Manuskript vor. Besondere Förderung erfuhren meine Absichten durch den Abteilungsleiter bei der Historischen Kommission für die Herausgabe der „Deutschen Geschichtsquellen des 19. und 20. Jahrhunderts“ Professor Dr. Walter Bußmann und durch vielfachen kollegialen Ratschlag von Professor Dr. Andreas Hillgruber. Beiden Herren sage ich meinen aufrichtigen Dank, ebenso der Historischen Kommission bei der Bayerischen Akademie der Wissenschaften, die die Edition in das Programm ihrer Veröffentlichungen aufnahm. Die Deutsche Forschungsgemeinschaft ermöglichte durch einen Zuschuß den Druck. Die Wissenschaftliche Gesellschaft an der Johann Wolfgang Goethe-Universität Frankfurt am Main übernahm die Kosten für die Reinzeichnung der Karten. In die Danksagung an die genannten Personen und Institutionen schließe ich den Archivamtsrat beim Bundesarchiv—Militärarchiv Freiburg, Herrn Meyer, ein. Von dort kam mir jede Hilfe und Handreichung zu, die ich mir wünschte.

Frankfurt a. M.—Bad Homburg, im April 1988 W. Lammers

A. Einleitung und Auswertung

1. „Fahrtberichte". Charakter der Quellen

Als im Sommer 1941 der Angriff auf die Sowjetunion begann, wünschte der Kommandierende General des LIII. Armeekorps[1]), das im Abschnitt der Heeresgruppe Mitte eingesetzt war, daß ihm ein sogenannter Begleitoffizier zugeteilt wurde. Dieser sollte den General während der Fahrten zu den Stäben und an die Front begleiten. Der Begleitoffizier führte die Aufsicht über die „Generalsstaffel"; d.h., über mehrere Fahrzeuge, die für den persönlichen Transport und den Schutz des Generals bestimmt waren. Er war verantwortlich für die Erkundung der Wegeverhältnisse und möglicher Routen. Dies und vor allem die rasche Führung der Staffel im meist unbekannten Gelände, das „Fransen", war bei der anfänglich häufig unbefriedigenden Ausstattung mit veraltetem russischen Kartenmaterial eine Aufgabe, von der der General entlastet werden wollte und für die der Begleitoffizier in der zunächst noch fremdartigen Landschaft, meist fernab von den ausgeschilderten Rollbahnen, einen besonderen Sinn entwickeln mußte. Der Posten des Begleitoffiziers war bei der Adjutantur des Generalkommandos nicht gerade beliebt; daher wurde von einer der unterstellten Divisionen ein jüngerer Truppenoffizier für diese Aufgaben angefordert.

Der Befehl, mich als Begleitoffizier des Generals Weisenberger beim LIII. A.K. zu melden, erreichte mich bei meiner Batterie am 2. Juli 1941. Am Abend des 3. Juli traf ich auf dem Gefechtsstand in Kosow ein (etwa 130 km nordostwärts von Brest-Litowsk). Als ich mich am 4. Juli beim General meldete, erhielt ich sogleich den ersten Auftrag. Der Kommandierende machte auf mich einen unerwarteten Eindruck. Er sah nicht aus, wie ich mir einen General vorstellte, eher wie ein Gelehrter oder Geistlicher, der leicht zur Fülle neigte. Seine Anordnungen waren knapp und kurz.

---

[1]) Das LIII. A.K. kommandierte zu Beginn des Rußlandkrieges General d. Inf. Karl Weisenberger. Geboren 1890 in Würzburg als Sohn eines Bezirkshauptlehrers, war er im 20. bayrischen Infanterieregiment 1911 Leutnant geworden. Im Ersten Weltkrieg war W. Kompanieführer und tat Dienst in Stabsstellungen (4. bayr. Inf.Brigade). In der Reichswehr der Weimarer Zeit stieg er im Truppendienst auf; bezeichnend war daneben die mehrfache Verwendung im Reichswehr-Ministerium. 1935 wurde er als Oberst Chef des Generalstabes der Wehrmacht-Akademie. Im Zweiten Weltkrieg führte er die 71. Inf.Division; er galt als der Eroberer von Verdun und erhielt das Ritterkreuz. Im März 1941 wurde er Kommandierender General des LIII. A.K. und im April 1941 General d. Inf. (Sein Chef des Generalstabes wurde Oberst i.G. Waeger). Weisenberger war ein historisch gebildeter, wissenschaftlich interessierter, dabei sehr ehrgeiziger Soldat, als bayrischer Franke kein „preußischer" Typus. (Die biographischen Daten nach Angaben der „Sammlung Krug", Bundesarchiv – Militärarchiv.)

Nach zwei Minuten war ich wieder entlassen. Am nächsten Abend wurde ich jedoch zum Essen am Generalstisch zugezogen.

Über diese Dinge brauchte nicht berichtet zu werden, wenn nicht die Hauptaufgabe des Begleitoffiziers darin bestanden hätte, während der Fahrten protokollartige Notizen von den wesentlichen Beobachtungen, Besprechungen, Beurteilungen und Entscheidungen zu machen und diese sofort nach Eintreffen auf dem Korps-Gefechtsstand in einem „Fahrtbericht“ zusammenzufassen. Die Aktenfassung geschah nach Stichworten und Kurzberichten, die ich während der Gespräche und Ereignisse mit einer Art von mir selbst entwickeltem Schnellschriftsystem zu Papier gebracht hatte (in eigentlicher Stenographie war ich nicht geübt). Wenn die Generalsstaffel während des Tages im Gelände gewesen war, wurden die Berichte meist am späten Abend dem General vorgelegt, mit seiner Paraphe und Datum abgezeichnet[2]), an die Abteilungen Ia, Ib, Ic und II zur Einsicht gegeben, in den Korpsbefehlen ausgewertet und schließlich als Anlage zum Kriegstagebuch abgeheftet. Es entstand auf diese Weise während meiner Verwendung beim LIII. A.K. eine Sammlung von insgesamt 76 Fahrtberichten[3]). Der erste wurde datiert in Ucios (Weißrußland) am 5. Juli 1941; der 75. wurde am 23. November in Bogorodizk südlich von Tula geschrieben. Eine letzte kurze Notiz (Nr. 76) stammt vom 22. Dezember 1941. Zwischen dem vorletzten und letzten Fahrtbericht liegt die russische Winteroffensive, mit der der deutsche Vormarsch nicht nur gestoppt, sondern die eigenen Linien zurückgedrängt wurden. Während des Winters befand sich der zurückgenommene Korps-Gefechtsstand in Bolchow (nördlich Orel).

Nur die Nummern 1 bis 75[4]) sind durch den Kom.Gen. Weisenberger veranlaßt worden. Dieser wurde am 21. November zum XXXVI. A.K. nach Norwegen versetzt[5]). Sein Nachfolger, Gen.Lt. Fischer von Weikersthal, legte keinen Wert auf Fahrtenprotokolle. Außerdem stand die Front ziemlich still, nachdem der Winter mit großer Kälte hereingebrochen war. Fahrten zur Truppe mit dem Schlitten oder Kübelwagen fanden wenig statt. Am 13. März 1942 wurde meine Kommandierung zum Stab des LIII. A.K. aufgehoben, und ich kehrte als Abteilungsadjutant zu meinem Artillerie-Regiment (238) bei der 167. I.D. zurück.

Für den Historiker liegt mit dem Bündel der Fahrtberichte eine zwar nur kleine und fragmentarische Quellengruppe vor, die aber doch eigene Auskünfte verspricht. Der Sichtbereich, der sich mit diesen Notizen auftut, ist zeitlich und räumlich beschränkt, und das Material scheint angesichts des Gesamtgeschehens eine

---

[2]) Ab 19./21. Juli 1941 zeichneten auch der Chef des Generalstabes und der erste Generalstabsoffizier regelmäßig die Fahrtberichte ab und wiesen nach, daß die darin enthaltenen Anweisungen und Bemerkungen in Befehlsform an die Truppe gegeben wurden.

[3]) Die Fahrtberichte befinden sich im Bundesarchiv-Militärarchiv, Freiburg i. Br. Signatur LIII. A.K. 19198/16 und 17, als Anlage G I (Bd. I vom 24. 6. 1941–30. 8. 1941) und Anlage G II (Bd. II vom 1. 9. 1941–23. 12. 1941) zum Kriegstagebuch Nr. 1.

[4]) Wegen Erkrankung konnte ich an einigen Fahrten nicht teilnehmen. Die Berichte Nr. 24 (6. Aug.), Nr. 25 (9. Aug.), Nr. 40 (29. Aug.) wurden daher von Major Schürnbrand verfaßt, Nr. 41 (30. Aug.) von Oberleutnant Grothe.

[5]) Das XXXVI. A.K. war für einen Angriff auf Kandalakscha im März 1942 vorgesehen. Siehe Hubatsch (Herausg.), Hitlers Weisungen für die Kriegführung 1939–1945, S. 167: „Durchführungsbestimmungen Nr. 2 zur Weisung 37“. F.H.Q. 21. 11. 41.

zufällige Auswahl von Nachrichten aller Art und von unterschiedlichem Wert anzubieten. Doch bei näherer Durchmusterung ergeben sich nicht nur ausdrucksvolle Einzelbeobachtungen, sondern Einsichten von allgemeinem Wert, wie sie für den Schauplatz der Heeresgruppe Mitte zu Beginn des Rußlandkrieges bezeichnend waren.

Mit den Protokollen ist durch den Sommer und Herbst 1941 der Weg eines Infanterie-Korps vom Bug bis in die Gegend um Tula zu beobachten; das ist eine Strecke (etwa 1100 km Luftlinie), die bis in eine Region 200 km südlich von Moskau führte. Die Fahrtberichte geben damit Auskünfte über den deutschen Vormarsch bis zu den (im Mittelabschnitt) am weitesten nach Osten je erreichten Linien[6]). Der Umschlag im Kriegsgeschehen und der deutsche Winterrückzug Anfang Dezember 1941 sind durch Fahrtberichte nicht mehr dokumentiert.

Nun bedürfte es, um etwa die *Operationen* des Korps im besagten Zeitraum zu beschreiben, nicht unbedingt der Fahrtberichte. Die Tagebücher und Meldungen des Korps und der Divisionen, überhaupt die Akten der Stäbe und Einheiten böten für ein solches Vorhaben eine Fülle von Materialien, aus denen die Darstellung aufzubauen wäre. Teile des Fahrtberichtes könnten dabei gelegentlich zur Belebung des Textes verwendet werden.

Was rechtfertigt jedoch die Behandlung dieser Quellensorte durch eine besondere Untersuchung? Einmal wirkt ein persönliches Moment mit. Es kommt wohl nicht häufig vor, daß Akten, die ein junger Mann im täglichen Pflichtenplan des Krieges anfertigte, ihm nach über vierzig Jahren als „gelerntem Historiker“ wieder vorliegen. Etwas ungefähr Ähnliches mag bei manchen Memoirenschreibern vorkommen, doch ist das Interesse an den Quellen bei jenen, die persönliche „Erinnerungen“ niederlegen wollen, nicht eigentlich — wie hier angestrebt —, das Interesse des Geschichtsschreibers. Der Autor persönlicher Memoiren entwirft — häufig in rechtfertigender Weise — ein Bild von sich und seiner Herkunft; Akten und andere Quellen wird er in Auswahl heranziehen, um das Selbstporträt zu stützen. Aber er wird — verständlicherweise — nicht von den Quellen her arbeiten, sondern „von sich aus“. Im Fall der hier vorliegenden Untersuchung aber entfällt ein Memoiren-Interesse. Die Fahrtberichte geben für persönliche Erinnerungen auch nur wenig her[7]), wohl aber enthalten sie kriegsgeschichtliche Auskünfte, wie sie in

---

6) Am 5. Dezember 1941 waren die Verbände des LIII. A.K. bis Mordweß, 57 km nordostwärts von Tula gelangt. Der letzte Korps-Gefechtsstand vor Beginn des Rückzuges befand sich in Powetkino, 6 km ostsüdostwärts von Wenew. — KTB LIII. A.K. zum 4. und 5. 12. 1941.

7) Eine Feststellung (für den Historiker wie den Psychologen gleichermaßen wichtig), die den Umgang mit Quellen aus der „Erinnerung“ angeht, ist mir — obgleich ich das Phänomen zu kennen glaubte —, bei der Arbeit mit den Fahrtberichten erst recht klar geworden. Das ist die Unzuverlässigkeit des Erinnerungsvermögens, oder besser gesagt, die Vorliebe der Erinnerung für gewisse Ereignisse, Umstände und Personen einerseits und das Desinteresse für andere, die vergessen werden. Das Auswahlprinzip für Aufbewahren und Aussondern ist mir nicht völlig deutlich geworden. Auf alle Fälle habe ich vermieden, bei dieser Studie die Auskünfte der Akten mit „Erinnerung“ zu vermengen. — Ganz selten habe ich Einzelheiten aus der Erinnerung erwähnt, sie dann aber deutlich bezeichnet, nicht zuletzt, um zu zeigen, nach welch merkwürdigem Auswahlprinzip das Gedächtnis „archiviert“.

dieser Form nicht häufig aufzufinden sind. In ihnen spiegeln sich, unmittelbar festgehalten, sozusagen immer in Momentaufnahmen, die Meinungen, Verhaltensweisen, Urteile und Handlungen typischer Persönlichkeiten und Personengruppen wider, die im Befehlsbereich eines Armeekorps auftreten, seien es der Oberbefehlshaber der vorgesetzten Armee, der benachbarte Kommandierende General, die unterstellten Divisions-, Regiments-, Bataillonskommandeure, Kompaniechefs auf den Gefechtsständen, oder der Unteroffizier bei der Feldküche, der Hauptfeldwebel bei einem Bestattungskommando und die vielen Soldaten im Gefecht oder im Staub der Vormarschstraßen. Daneben werden an manchen Stellen die Landschaft, das Klima, die Jahreszeiten, das Verhalten der russischen Bevölkerung aus den Notizen deutlich – und schließlich, was bei Abfassung der Protokolle am stärksten interessierte, das Urteil über den militärischen Gegner, über die sowjetischen Kampf- und Führungsformen, über die „Moral" des Feindes.

Insgesamt ergeben die Berichte und „Bemerkungen" ein Bild von der täglichen Praxis des Truppenkommandos im mittleren Führungsbereich, das übrigens den hohen Anteil dauernder persönlicher Verwendung erkennen läßt. Dabei treten verständlicherweise die taktischen Entscheidungen besonders hervor, aber ebenso gewichtig erscheint die Einwirkung bei den Aufgaben des Nachschubs, des Sanitäts- und Veterinärwesens, der technischen Dienste und auf dem weiten Feld der heute viel genannten „Menschenführung".

Die Aussagen, die zu all diesen Gegenständen festgehalten wurden, entstanden meist nicht als offizielle Meldungen, sondern spontan bei Gesprächen, aus gegenwärtigem Erlebnis und unmittelbarer Beobachtung. Nochmals sei gesagt: alle Protokolle lagen wenige Stunden nach den betreffenden Ereignissen in Reinschrift vor. Änderungen der Formulierungen, etwa auf Wunsch des Generals, wurden so gut wie nie vorgenommen; mitunter machten der Chef des Generalstabes oder der Ia Anmerkungen für den Korpsbefehl im Bericht. Die sachlichen Aussagen galten mit dem Placet des Kommandierenden Generals als verbindlich.

Als Weisenberger die Anfertigung solcher Fahrtenprotokolle anordnete, mag bei ihm einmal der praktische Sinn mitgewirkt haben, der die Ergebnisse von Besprechungen für die anstehenden militärischen Entscheidungen schwarz auf weiß vor Augen haben wollte; ebenso sehr dürfte aber bei Weisenbergers Art die Absicht vorgelegen haben, späterer Geschichtsschreibung mit diesen Materialien vorzuarbeiten. Er ließ auch durch einen Schriftsteller Skizzen vom Leben im Stab und in der Truppe anfertigen.

Dabei stellen die Fahrtberichte Quellen weniger für die Ereignisgeschichte als für die Geschichte der „Mentalitäten" dar. Mentalität – als Forschungsgegenstand heute viel genannt – mag als die Summe weithin gemeinsamer Auffassungen, Verhaltensweisen und Reaktionen bei den die Zeit Erlebenden schwer zu fassen, vielleicht überhaupt nur eine Hilfsvorstellung sein, aber an vielen einzelnen Verhaltensbeispielen können doch die Urteile der im Geschehen Betroffenen und Entscheidenden abgelesen werden. Natürlich muß der Historiker sich hüten, derartige Feststellungen rasch zu verallgemeinern. Dennoch wird er versuchen, gemeinsame mentale Erscheinungen zu erkennen und ihre Bedeutung im Gesamtablauf abzuschätzen, denn wer wollte bestreiten, daß gemeinsame Urteile und Verhaltensweisen der Handelnden und Leidenden das Geschehen mitbestimmen? Marc Aurel sagte: „Die Welt ist Meinung.“ Gerade im Kriege kann eine kollektive „Meinung“ als ein Stück „Verfassung“ zum entscheidenden Moment im geschichtlichen Prozeß werden. Verständnis der historischen Mentalitäten hilft zum Verständnis der geschichtlichen Gegenstände.

Wenn die Berichte unter allgemeinen Fragestellungen behandelt werden sollen, bedarf es kritischer Feststellungen zum besonderen Charakter dieser Quellensorte. Fast ausschließlich handelt es sich um Akten, die über Gespräche und Beobachtungen des Kommandierenden Generals bei unterstellten Verbänden berichten. So notierte ich während der Besuche bei den Divisionen alle Gespräche mit den Divisionskommandeuren; war Weisenberger jedoch zur Armee bestellt, hatte der Begleitoffizier keinen Zugang zu dem Gespräch mit dem höheren Vorgesetzten. Fuhr der Armee-Oberbefehlshaber zusammen mit dem Kommandierenden General zur kämpfenden Truppe, wie etwa Guderian im November, dann konnte der Begleitoffizier auch zu den Aussagen des Oberbefehlshabers Notizen machen.

Übrigens sprach Weisenberger, obwohl wir viele Tage, ja Monate zusammen fuhren, und ich während der Fahrten die Lage und Beschlüsse immer sofort schriftlich formulieren mußte, nie über diese Dinge mir gegenüber. Ich schrieb schweigend mit, der General zeichnete abends schweigend ab.

Der Quellenwert der Berichte ist dank der Unmittelbarkeit, mit der sie entstanden sind, bedeutend zu nennen. Einschränkend ist jedoch zu sagen, daß sie überwiegend Gespräche und Beobachtungen wiedergeben, die vom militärischen Vorgesetzten eingeleitet und veranlaßt wurden. Es liegt in der Natur der Sache, daß der militärisch Untergebene dem Vorgesetzten die Lage, so lang es geht, so schildert, daß die eigene Truppe nicht in ungünstiger Beleuchtung erscheint. Dadurch tritt häufig – nicht immer – die Anschauung des Vorgesetzten stark hervor, der zunächst nicht die erschwerenden Bedingungen bei einer Lagebeurteilung sehen möchte, sondern möglichst Erfolge bei den befohlenen Maßnahmen und der über die Situation gemäß eigener Absichten urteilt. Mit einfachen Worten gesagt: Wenn ein Divisionskommandeur sich über die Lage gegenüber dem Kommandierenden General äußert, so ist anzunehmen, daß er sich zu derselben Sache seinem Ia gegenüber etwas anders ausdrückt, häufig drastischer. Bei der Auswertung der Quellen ist dieser ihr Charakter entsprechend zu berücksichtigen; wer nach „Mentalitäten“ forscht, muß auf Schattierungen in den Urteilen achten, wie sie durch das Vorgesetztensystem bestimmt werden. Eine andere Eigentümlichkeit dieser Quellen besteht in ihrer Stilistik. Sie rührt daher, daß die Fahrtberichte im militärischen Apparat entstanden sind und die sprachliche Form dauernd die Hierarchie widerspiegelt. So tritt z. B. Weisenberger in den Berichten nie mit schlichter Namensnennung oder nur als „General W.“ auf, sondern immer als „der Herr Kommandierende General“ etc. Für den heuristisch geübten Leser brauchen die Förmlichkeiten die sachlichen Aussagen nicht zu verzeichnen. Andererseits verraten sie unmittelbar etwas von der Mentalität und den Formen im militärischen Umgang – jedenfalls, wie er im Heere damals üblich war.

Von möglichen Fragen für die Untersuchung seien einige genannt: Hatte die Truppe bei Beginn des Rußlandkrieges schon eine Vorstellung von dem Gegner, dem Gelände und der Lage, mit denen sie konfrontiert werden sollte? Gab es während der ersten Monate Wandlungen im Urteil der Betroffenen über das Geschehen? Wie verrät sich in den Reaktionen auf die Operationen der Beginn der ersten großen Krise im Rußlandkrieg zu Anfang Dezember 1941? Gibt es während dieses Zeitabschnitts eine Entwicklung des „Kriegsbildes"?

Dem Entschluß, die Fahrtberichte zu veröffentlichen, gingen Überlegungen und Fragen voraus, welche Partien der Protokolle dem Historiker wünschenswerte Auskünfte liefern würden und daher „druckwürdig" erschienen. Zu derartigen Aufzeichnungen gehört es, daß sich in ihnen Alltäglichkeiten, Wiederholungen und mancherlei Anweisungen finden, die im großen Geschehen keine wesentlichen Folgen haben konnten. Sollte man nun solche Absätze im Druck streichen oder auch nur eine Auswahl von Fahrtberichten veröffentlichen? Als Entschluß aus den Überlegungen ergab sich: Berichte sind ohne Kürzung im Druck vorzulegen. Damit sollte dem Eindruck begegnet werden, hinter einem Auswahlprinzip verberge sich eine Tendenz des Weglassens. Außerdem kennt die moderne Forschung ein zunehmendes Interesse für die Geschichte des „Alltags". Gerade die „unwesentlichen" Notizen der Berichte aber geben den Alltag im Ostkrieg bei den mittleren Führungsstellen zu erkennen (wenn natürlich auch vieles zu diesem Thema in diesen Quellen nicht vorkommt). Wer solchen Fragen nachgehen möchte, dem wird das hier zusammengebrachte, ungekürzte und wörtliche Material recht sein.

Der heuristische Wert der Fahrtberichte besteht darin, daß sie – häufig mit genauer Uhrzeit – die wörtliche Beurteilung einer Situation im schnellen Wechsel des Geschehens festgehalten haben. Diese Unmittelbarkeit des Ausdruckes, der spätere Äußerungen aus dem Gedächtnis (etwa in Memoiren) keineswegs gleichwertig zu achten sind, wird ebenfalls erreicht, wenn Ferngespräche im Kriegstagebuch mit prägnanten Formulierungen bei namentlicher Nennung der Personen notiert wurden. Solche Zitate sind hier mitunter ergänzend beigezogen worden.

2. Das LIII. Armeekorps zu Beginn des Rußlandfeldzuges

An den Anfang werden einige Informationen zur Ereignisgeschichte, zu den Aufgaben und zum Weg des LIII. A.K. gestellt. Das Armeekorps wurde im hier behandelten Zeitraum im Bereich der Heeresgruppe Mitte eingesetzt, wechselnd im Verband der 4. Armee, der 2. Armee, schließlich in der 2. Panzerarmee (Guderian)[1]. Es handelte sich um ein heute schon altertümlich wirkendes Infanterie-Korps, d. h., die unterstellten Divisionen verfügten nur über wenige motorisierte Teile. Die Masse der Truppe marschierte zu Fuß; die Fahrzeuge und die Artillerie waren durchweg pferdebespannt.

---

[1]) Die „Schematische Kriegsgliederung der Heeresgruppe Mitte, Stand 4. 7. 1941" zeigt das LIII. A.K. mit vier Divisionen (267., 255., 52., 167. I.D.) im Verband der 2. Armee. Siehe Das Deutsche Reich und der Zweite Weltkrieg. Herausg. vom Militärgesch. Forschungsamt, 4. Bd., 1983, S. 454 f.

Aus der operativen Anlage des Rußlandfeldzuges[2]) ergaben sich für die Infanteriedivisionen die eigenen Aufgaben. Sie wurden zusammen mit den schnellen und gepanzerten Verbänden an die Grenzen der deutschen Aufstellung herangeführt, in diesem Falle an den Bug im Raume von Brest-Litowsk; sie halfen bei der Bildung der ersten Brückenköpfe, aus denen heraus die gepanzerten motorisierten Truppen zum Bewegungskrieg in die Ebenen Weißrußlands entlassen wurden. Während die Panzerverbände nach raschen Einbrüchen auf den Flügeln der Heeresgruppe sich in der Tiefe vereinigen sollten, kam den Infanteriedivisionen die Aufgabe zu, im verhältnismäßig langsamen Nachrücken die durch den Einbruch der Panzer zersprengten Truppen des Gegners in riesigen Kesseln niederzukämpfen und einzufangen.

Die Heeresgruppe Mitte unter Feldmarschall v. Bock[3]) setzte im Norden ihres Abschnitts die Panzergruppe 3 unter Generaloberst Hoth an, im Süden beiderseits Brest-Litowsk die Panzergruppe 2 unter Generaloberst Guderian. Hoths Panzergruppe 3 unterstand der 9. Armee, Guderians Panzergruppe 2 war der 4. Armee unter Feldmarschall v. Kluge unterstellt. Guderian hat seinen Auftrag später beschrieben: Die versammelten Panzer sollten nach Überschreiten des Bug und nachdem die russische Front durchbrochen war, bis in den Raum Roslawl – Jelnja – Smolensk vorstoßen. (Die Entfernung beträgt in Luftlinie etwa 700 km.) „Nach dem Erreichen dieses Zieles sollte die Panzergruppe neue Weisungen erhalten. Die Aufmarschanweisung des OKH deutete an, daß dann ein Abdrehen der Panzergruppen 3 (Hoth) und 2 in nördlicher Richtung zur Wegnahme Leningrads in Frage käme[4]).“

Die ersten Tage des Panzerkrieges brachten die vorgesehenen Erfolge. Der Gegner wurde überrascht und überrannt. Der schnelle Raumgewinn der Panzergruppen war beträchtlich[5]).

---

[2]) In der Weisung Nr. 21, „Fall Barbarossa“, hieß es: „I. Allgemeine Absicht: Die im westlichen Rußland stehende Masse des russischen Heeres soll in kühnen Operationen unter weitem Vortreiben von Panzerkeilen vernichtet, der Abzug kampfkräftiger Teile in die Weite des russischen Raumes verhindert werden . . .“
Über die Aufgabe der Heeresgruppe Mitte wurde unter III. „Die Führung der Operationen“ befohlen: „In dem durch die Pripet-Sümpfe in eine südliche und eine nördliche Hälfte getrennten Operationsraum ist der Schwerpunkt *nördlich* dieses Gebietes zu bilden. Hier sind zwei Heeresgruppen vorzusehen. Der südlichen dieser beiden Heeresgruppen – Mitte der Gesamtfront – fällt die Aufgabe zu, mit besonders starken Panzer- und mot. Verbänden aus dem Raum um und nördlich Warschau vorbrechend, die feindlichen Kräfte in Weißrußland zu zersprengen . . .“ – Der Führer und Oberste Befehlshaber der Wehrmacht OKW/WFSt/Abt. L (I) Nr. 33 408/40 g. Kdos. Chefsache geheime Kommandosache. F.H.Q., den 18. 12. 40. Siehe: Hitlers Weisungen für die Kriegführung 1939–1945. Dokumente des Oberkommandos der Wehrmacht. Herausg. v. W. Hubatsch, 1962, S. 84 ff.

[3]) Die neuere Darstellung der Operationen findet sich bei E. Klink, Die Offensive der Heeresgruppe Mitte bis zum Gewinn der „Landbrücke“ Vitebsk – Smolensk, in: Das Deutsche Reich und der Zweite Weltkrieg, herausg. vom Militärgeschichtl. Forschungsamt, Bd. 4, 1983, S. 451 ff.

[4]) H. Guderian, Erinnerungen eines Soldaten, 1951, S. 132.

[5]) Generaloberst Halder, Kriegstagebuch, Bd. III, 1964, S. 5. Halder notierte zum 22. Juni 1941: „Nördlich von Bialystok hat die Panzergruppe Hoth einen besonders starken Erfolg zu buchen. Sie ist durch das Wald- und seeige Gelände durchgestoßen bis an den Njemen, dessen wichtige Übergänge bei Olita und Merkine unzerstört in unsere Hände fielen. Die Pz.Gruppe hat entgegengeworfene Teile von 8 feindlichen Divn. zersprengt. Ihr

Zwei Tage nach Angriffsbeginn hatte die Gruppe Guderian Slonim erreicht; die Entfernung von Brest-Litowsk bis Slonim beträgt in der Luftlinie etwa 170 km. Die Panzergruppe Hoth stand am selben Tage in der Region Wilna, sie hatte in der Luftlinie 200 km gewonnen. Schon zeichnete sich eine erste große Zangenbewegung der motorisierten Verbände der Heeresgruppe Mitte ab. Die Spitzen schwenkten auf einen gemeinsamen Zielpunkt ein. Am 27. Juni, 5 Tage nach Beginn der Kämpfe, kamen die Panzer Guderians bei Minsk mit den schnellen Truppen Hoths zusammen[6]).

Diese waren schon am 26. Juni in die zerstörte Stadt eingefahren[7]). Angesichts der ausholenden Bewegungen der Panzerverbände hatten die Infanterie-Armeen 4 und 9 begonnen, die zersprengten Teile der aufgerissenen russischen Front in einem kleineren Kessel einzufangen. Auch diese Zangenbewegung verlief erfolgreich. Am 29. Juni kamen die Vorausabteilungen der 4. und 9. Armee ostwärts Bialystok zusammen. Heftige Ausbruchsversuche der zusammengedrängten russischen Heerestrümmer konnten abgewehrt werden[8]). Am 1. Juli waren die Kämpfe

---

gegenüber steht kein organisierter Feind. An dieser Stelle scheint die operative Bewegungsfreiheit gewonnen zu sein."

[6]) Die Heeresgruppe Mitte hatte die Wünsche der Panzerführer, noch nicht bei Minsk einzuschwenken, sondern noch tiefer zu stoßen, höheren Orts empfohlen. Siehe Kriegstagebuch des Oberkommandos der Wehrmacht 1940–1945, Bd. I, bearb. von H.-A. Jacobsen, 1965, S. 418 f. zum 24. Juni 1941: „H.Gr. Mitte schlägt vor, die Pz.Gr. 3 nicht auf Minsk einzudrehen, sondern mit Rücksicht auf den bisherigen schnellen Erfolg unverzüglich gegen die Linie Witebsk – Polotsk weiter anzusetzen, um ein Festsetzen des Gegners hinter der Düna und dem Dnjepr zu verhindern. Mit Rücksicht auf den schon sehr weit gespannten Umfassungsstoß wird diesem Vorschlag vom OKH nicht zugestimmt. Die in der Aufmarschanweisung den Pz.Gr. 2 und 3 gegebenen Aufträge werden aufrechterhalten. Als Aufgabe für die Pz.Gr. 2 und 3 *nach* Erreichen von Minsk wird befohlen, Durchbruchsversuche der zwischen Bialystok und Minsk eingeschlossenen russischen Kräfte zu verhindern, durch rasches Vortreiben von Vorausabteilungen die Dnjepr-Übergänge bei Mogilew und Orscha sowie die Düna-Übergänge bei Witebsk und Polotsk in Besitz zu nehmen und in Gegend Minsk zu weiterem Vorgehen aufzuschließen . . ." – Bremsen für die Panzerstöße kamen schon sehr früh aus dem Wehrmachtführungsstab. Guderian, Erinnerungen 1951, schreibt S. 142, zum 24. Juni 1941: „Zum Glück ahnten wir nicht, daß bereits an diesem Tage Hitler nervös wurde und auf die Gefahr hinwies, daß es den starken russischen Kräften gelingen könnte, an irgend einer Stelle die Umfassung zu sprengen. Hitler erwog, die Panzergruppen anzuhalten und sie vorzeitig gegen die Kräfte im Raume um Bialystok einzudrehen. Dieses Mal erwies sich das OKH noch als stark genug, an dem bisherigen Entschluß festzuhalten und die Umfassung durch Vorgehen auf Minsk zu vollenden." – Vgl. die Schilderung der Schwierigkeiten, die schon in den ersten Tagen des Feldzuges aus Hitlers zögernder Festlegung der Angriffsziele kamen, bei Albert Seaton, Der russisch-deutsche Krieg 1941–1945, 1973, S. 99 f.

[7]) G. K. Schukow schrieb dazu später: „Trotz des Massenheroismus der Offiziere und Soldaten und obwohl die Führung Standhaftigkeit bewies, verschlechterte sich die Situation an allen Abschnitten der West-Front. Am Abend des 28. Juni überließen unsere Truppen Minsk." – Erinnerungen und Gedanken, 1969, S. 255.

[8]) „Als Timoschenko am gleichen Tage [30. Juni] über Funk mit Pawlow [OB der Westfront] sprach, fragte er ihn, wie weit die deutsche Behauptung zuträfe, daß zwei Armeen ostwärts von Bialystok eingekesselt seien. Pawlow erwiderte, diese Behauptung käme der Wahrheit sehr nahe. Pawlow, sein Chef des Stabes Klimowskich und einige seiner wichtigsten militärischen Mitarbeiter wurden noch am gleichen Tag nach Moskau zurückbeordert, verhaftet, vor ein Kriegsgericht gestellt und erschossen." A. Seaton, Der russisch-deutsche Krieg 1941–1945, 1973, S. 100. – Vgl. J. Hoffmann, Das Deutsche Reich und der

zur Ausräumung des Kessels von Bialystok beendet. Im Zusammenwirken der von Westen nachrückenden Infanterieverbände und der bis Minsk gelangten Panzergruppen bildete sich rasch ein zweiter Einschließungsring um Nowogrodek, etwa 180 km ostwärts von Bialystok. Die Kämpfe zur Bereinigung dieses zweiten Kessels dauerten während der ersten Julitage an. Am 9. Juli war auch die riesige Versammlung versprengter Feindverbände zerschlagen und in Gefangenschaft geführt[9]). Bis zum 8. Juli wurden von der Heeresgruppe Mitte aus der Doppelschlacht Bialystok–Minsk in einem vorläufigen Abschlußbericht genannt: 289 874 Gefangene (darunter Führer von Armeekorps und Divisionen), 2585 erbeutete und vernichtete Panzer, 1449 Geschütze[10]). Zwei Tage später – im Wehrmachtbericht vom 11. Juli – hatten sich alle Zahlen nochmals erhöht.

Während sich Anfang Juli die Erfolge der deutschen Umfassungsstrategie anbahnten, gruppierte die Heeresgruppe Mitte die Panzerverbände um. Die 4. Armee unter Feldmarschall von Kluge erhielt die Bezeichnung 4. Panzerarmee. Unter diesem Führungsstab wurden die Panzergruppen Hoth und Guderian zusammengefaßt[11]). Die Infanteriedivisionen, die bislang unter der 4. Armee operiert hatten, traten unter den Befehl der 2. Armee (Generaloberst von Weichs).

Das AOK 2, bei Beginn des Rußlandkrieges Reserve des Oberkommandos des Heeres, übernahm nun die Infanterieaufgaben auf dem rechten Flügel der Heeresgruppe Mitte; d.h., die 2. Armee versuchte so rasch wie möglich, in den von den mot. Verbänden aufgesprengten Raum zu folgen, den Widerstand des dort noch befindlichen Feindes endgültig zu brechen und seine aufgelösten Kräfte in die Gefangenschaft abzuführen.

Das nächste Angriffsziel für die Panzergruppe Guderian war nach Überwindung des Dnjepr-Abschnitts die Gewinnung des Raumes Smolensk. Am 2. Juli hatte Guderian mit der 3. Panzerdivision die Beresina bei Bobruisk erreicht; die Vorausabteilung war bis vor Rogatschew an den Dnjepr gelangt. In Eilmärschen folgte das LIII. A.K. mit seinen Infanteriedivisionen auf dem Wege nach, den das XXIV. Panzerkorps genommen hatte. Am 3. Juli befanden sich die Truppen des LIII. A.K. ost-

---

Zweite Weltkrieg, Bd. 4, S. 726. – G. K. Schukow, der Chef des Generalstabes bei Timoschenko, schilderte die Vorgänge folgendermaßen: „Am 30. Juni rief mich J. W. Stalin im Generalstab an und befahl, den Befehlshaber der Westfront, Armeegeneral Pawlow, nach Moskau zu rufen. Am 1. Juli traf General Pawlow ein ... Am gleichen Tag wurde er seines Postens als Befehlshaber der Front enthoben und kurz darauf vor Gericht gestellt." – Erinnerungen und Gedanken, 1969, S. 257. Von der Erschießung Pawlows meldet Schukow nichts.

[9]) Vgl. die kartographischen Darstellungen bei A. Philippi und F. Heim, Der Feldzug gegen Sowjetrußland 1941–1945, Skizze 3 und Das Deutsche Reich und der Zweite Weltkrieg, Bd. 4, Beiheft, Karte 5.

[10]) Halder, KTB III, S. 56, notierte am 9. Juli die Zahlen. Vgl. A. Seaton, Der russisch-deutsche Krieg 1941–1945, 1973, S. 100 f. – K. v. Tippelskirch, Geschichte des zweiten Weltkrieges, 1954, S. 183.

[11]) KTB OKW I, S. 426, zum 3. Juli 1941: „Bei *H.Gr. Mitte* haben um 0.00 Uhr das AOK 4 den Befehl über die Pz.Gr. 2 und 3, das AOK 2 den Befehl über die Verbände des AOK 4 übernommen ... Die Pz.Gr. 2 und 3 treten zum weiteren Vorstoß gegen die zwischen Dnjepr und Düna erwarteten neuen feindlichen Stellungen an. Nach dem bisherigen Eindruck ist zu vermuten, daß es dem Gegner noch nicht gelungen ist, dort eine geschlossene Abwehrfront aufzubauen."

wärts der Szcara[12]), etwa 150 km ostwärts von Bialystok, nachdem das Korps vom 25. bis 27. Juni bei Maloryta, 50 km südostwärts von Brest-Litowsk, Kämpfe mit eingeschlossenen Feindverbänden erfolgreich abgeschlossen hatte. Dabei hatten die 255. I.D. und 267. I.D. große Beute und 4700 Gefangene gemacht; aber auch eigene Verluste waren erheblich[13]). Jetzt strebten die Infanterie-Verbände auf den Beresina- und darüber hinaus auf den Dnjepr-Abschnitt zu.

Die Beurteilung der Gesamtlage, wie sie beim Oberkommando des Heeres herrschte, gibt eine Notiz des Chefs des Generalstabes des Heeres wieder. Halder schrieb am 3. Juli 1941: „Es ist wohl nicht zuviel gesagt, wenn ich behaupte, daß der Feldzug gegen Rußland innerhalb von 14 Tagen gewonnen wurde. Natürlich ist er noch nicht beendet. Die Weite des Raumes und die Hartnäckigkeit des mit allen Mitteln geführten Widerstandes wird uns noch viele Wochen beanspruchen[14])."

Entschieden und gewonnen schien danach der Krieg in Rußland, weil — zumindest vor der Heeresgruppe Mitte — die Masse der gegnerischen Streitmacht vor der Düna und dem Dnjepr zerschlagen war und hinter diesen Abschnitten nur noch Teilkräfte erwartet wurden.

Allerdings war Anfang Juli bekannt, daß an der Dnjepr-Düna-Linie vom Feinde eine Auffangstellung vorbereitet wurde. Im Tagebuch des Oberkommandos der Wehrmacht wurde unter dem 2. Juli festgestellt: „Der Eindruck, daß der Gegner neue Kräfte zum Aufbau einer Verteidigungsfront am Dnjepr und [an] der Düna sowie der Landbrücke zwischen beiden Flüssen heranführt, bestätigt sich weiterhin."

Nach den schweren Verlusten an Menschen und Gerät, die die russischen Fronttruppen erlitten hatten, konnte aber nach der Beurteilung des deutschen Oberkommandos der Widerstand an einer Auffangstellung Düna — Dnjepr nicht mehr entscheidend sein. Der Angriff der 4. Panzerarmee auf Smolensk gewann auch, wie erwartet, Raum. Die Panzergruppe Guderian überschritt am 11. Juli den Dnjepr[15]) beiderseits von Mogilew, wobei die Stadt umgangen wurde. In den nächsten Tagen wurde der Sosh bei Propoisk erreicht, und nördlich davon nahm am 16. Juli die 29. motorisierte Division Smolensk[16]). Die Panzergruppe 3 (Hoth) war von Witebsk in Richtung auf Jarzewo vorgegangen und schwenkte von Norden auf Smolensk ein. Wieder zeichnete sich eine Zangenbewegung der gepanzerten Verbände ab[17]).

---

[12]) KTB OKW, Bd. I, 1965, S. 507, zum 3. Juli 1941.

[13]) „342 Holzkreuze mit einem deutschen Stahlhelm auf jedem bilden das ernste Spalier..." Unser weiter Weg. Vormarsch und Kampf des Generalkommando LIII. A.K. in Rußland 1941. Gemeinsame Gabe der Führungsabteilung zum Weihnachtsfest 1941.

[14]) Halder KTB III, S. 38. — Siehe dazu A. Hillgruber, Hitlers Strategie, 1965, S. 536 f. — „In der Tat glaubte nicht nur Hitler, sondern auch der Generalstab des Heeres bereits Mitte Juli, das Ziel des Ostfeldzuges erreicht zu haben, als in der von den deutschen Schlägen schwer getroffenen Roten Armee Anzeichen einer ernsten Krise zu erkennen waren, die ... als Vorboten eines nahen Zusammenbruchs gedeutet wurden."

[15]) H. Guderian, Erinnerungen, 1951, S. 154.

[16]) H. Guderian, Erinnerungen, S. 159.

[17]) „Hoth ist mit seinem rechten Flügel auf der großen Betonstraße nach Moskau bei Jarzewo angekommen, während der linke Flügel Guderian Mitte [der Stadt] Smolensk erreicht hat. Hier sind also die inneren Flügel zusammengeschlossen." Halder, KTB III, 1964, S. 83 zum 16. Juli 1941.

Damit zeigte die deutsche operative Führung, daß sie weiterhin den Ablauf bestimmte; dennoch war, entgegen der Lagebeurteilung, wie sie Anfang Juli vorgelegen hatte, die Abwehrkraft des Gegners überraschend groß, ja alarmierend[18]). Wenn die 4. Panzerarmee bei Smolensk auch wieder dem Abschluß einer großen Vernichtungsschlacht zustrebte, es dauerte bis zum 3. August, bis sich der Kessel bei Roslawl schloß. Der langsamere Verlauf dieser Bewegungen lag z.T. am Wetter. „Schwere Sommerregen setzten ein, und die Straßen und Fahrspuren verwandelten sich über Nacht aus Sand und Staub in grundlose Schlammflüsse, so daß sich das Tempo der deutschen Panzerkolonnen verlangsamte und sie sich weit auseinanderzogen[19])." Entscheidender war, daß auf der gegnerischen Seite trotz der riesigen Verluste in der Tiefe weiterhin starke Kräfte und Gerät vorhanden waren und sich trotz der katastrophalen Niederlagen energischer Widerstands- und Führungswille zeigte. Wohl wurden am 5. August, nachdem die letzten sowjetischen Truppen im Kessel von Smolensk niedergekämpft waren, wiederum 300000 Gefangene eingebracht, 3000 feindliche Panzer galten als verloren[20]), und weitere Beutemeldungen kamen in den folgenden Tagen hinzu; doch der schwer angeschlagene Gegner führte Gegenangriffe, die – besonders deutlich im „Jelnja-Bogen" – zu schweren Verlusten auch auf deutscher Seite führten.

Eine Erklärung für die Versteifung des Widerstandes vor der Heeresgruppe Mitte bietet die Personengeschichte des Krieges. Am 2. Juli hatte Marschall Timoschenko den Oberbefehl über die russische „Westfront" übernommen[21]). Ab dem 13. Juli begann von Gomel aus Timoschenkos Gegenoffensive auf Guderians rechte Flanke. Dabei traf der russische Stoß gegen Shlobin und Rogatschew auf das LIII. Armeekorps, das in den Raum Bobruisk vorgeführt worden war. Hier am Dnjepr-Abschnitt erlebte der Infanterieverband eine erste Wendung im Rußlandkrieg. Hatten bis zum Dnjepr die Aufgaben der Infanteristen zur Hauptsache darin bestanden, möglichst rasch den Panzern zu folgen und den zersprengten Gegner einzufangen und zu zerschlagen, so erlebten die Divisionen ab Mitte Juli einen Feind, der von sich aus angriff und die deutsche Infanterie zwang, sich zur Verteidigung einzurichten. Auf längere Zeit veränderte sich das Schlachtfeld in ungewohnter Weise. Westlich des Dnjepr mußte sich die Truppe eingraben. Während der folgenden Wochen reichten die Kräfte nur aus, um gegenüber immer wiederholter sowjetischer Angriffe eine Frontlinie festzuhalten. Der Vormarsch war gestoppt.

Der Umschlag aus der stürmischen Angriffsbewegung in die Abwehraufgaben ist deutlich am Kalender der Korps-Gefechtsstände abzulesen. Am 24. Juni 1941 befand sich das Generalkommando des LIII. A.K. in Janow-Podlaski westlich des Bug,

---

[18]) E. Klink, Das Deutsche Reich und der Zweite Weltkrieg, Bd. 4, 1983, S. 461: „Als die Heeresgruppe [Mitte] am 22. Juli den ‚Befehl für die Beendigung der Smolensker Schlacht und das Erreichen der Ausgangsstellungen für neue Operationen' erteilte, waren die territorialen Ziele der Aufmarschanweisung ‚Barbarossa' erreicht ... Aber der verbissene Widerstand der Roten Armee verstärkte sich, eine Erschöpfung der ‚lebendigen Kampfkraft' des Gegners war nicht abzusehen, der Weg nach Moskau war nicht frei."

[19]) A. Seaton, Der russisch-deutsche Krieg 1941–1945, hg. von A. Hillgruber, 1973, S. 101.

[20]) A. Seaton, Der russisch-deutsche Krieg 1941–1945, S. 104 nach v. Bock, Tagebuch, 5. Aug. 1941.

[21]) Siehe Chronik vom 1. Sept. bis 31. Dez. 1941, zusammengestellt von A. Hillgruber u. G. Hümmelchen. Anhang zum KTB OKW, Bd. I, 1965, S. 1216.

35 km nordwestlich von Brest-Litowsk. 17 Tage später, am 11. Juli wurde der Gefechtsstand in Bobruisk an der Beresina bezogen. In der Zwischenzeit war die Ortsunterkunft sechsmal gewechselt und zwischen Bug und Beresina war ein Raum von etwa 425 km (in der Luftlinie) überwunden worden[22]. Nun aber blieb der Korpsgefechtsstand über einen Monat (vom 11. Juli bis 14. August) in Bobruisk liegen.

Dieser Skizze zur allgemeinen Geschichte des Infanteriekorps sollen nun die Aussagen der Fahrtberichte folgen.

3. Vormarschtage in Weißrußland

Die ersten Protokolle, mit dem 5. Juli beginnend, führen auf die Straßen Weißrußlands in den Raum nördlich der Pripjetsümpfe. Die Fahrten bringen den Kom.Gen. zu den Divisionen, die in Eilmärschen bei Sommerhitze und in Staubwolken gehüllt nach Osten an die Beresina streben.

Bericht Nr. 1 enthält die einfache Nachricht, daß der Kom.Gen. von Kosow (125 km von Brest-Litowsk) zu einer Besprechung beim Armee-Oberkommando 2 nach Slonim (160 km nordostwärts von Brest) gefahren ist. Über die Besprechung bei der Armee verlautet nichts, aber die während dieser ersten Fahrt notierten Bemerkungen zum Zustand der marschierenden Truppen, denen die Generalstaffel begegnete, läßt erste Erfahrungen zu Beginn des Rußlandkrieges erkennen. In der Liste der „Bemerkungen und Beanstandungen während der Fahrt", die den eigentlichen Berichten angeheftet und meist in einem späteren Korpsbefehl aufgenommen wurden, findet sich eine Notiz, die auch später wiederholt auftaucht. Neben Anordnungen zur Marschdisziplin — die rastende Truppe darf niemals auf der Rollbahn haltmachen, sondern muß einen durch vorausgesandten Erkunder bestimmten Rastplatz im Sommerweg beziehen etc. — findet sich als erster Punkt: „Fahrräder sollen nicht auf die Fahrzeuge marschierender Kolonnen aufgeladen werden, Radfahrer nicht auf Fahrzeuge aufsitzen, sondern auf Fahrrad marschieren[1]."

Mit dem ersten Bild werden die für den Vormarsch entscheidenden Wegeverhältnisse sichtbar. Voraus- und Aufklärungsabteilungen waren nicht immer beritten oder motorisiert, sondern häufig mit Fahrrädern beweglich gemacht. Wenn aber immer wieder beobachtet wird, daß Fahrräder auf andere Fahrzeuge verladen wurden, ist das ein Zeichen, daß dieses Gerät in den östlichen Sandwegen unbenutzbar war, für die damit ausgerüstete Truppe eine Beschwernis darstellte und sich der Radfahrer einer Vorauskompanie in diesem Gelände nicht schneller als der Infante-

[22]) Siehe Skizze 1, S. 14 und Verzeichnis der Fahrtberichte S. 173.

[1]) Anlage zum Fahrtbericht Nr. 1; 5. Juli 1941. — Am 10. Juli heißt es auf der Straße nordostwärts von Sluck im Fahrtbericht Nr. 6: „Um 11.30 Uhr überholte die Staffel auf der Rollbahn das Pionier-Batl. 238. Die Truppe machte einen guten Eindruck, nur waren die Troßfahrzeuge mit Rädern hoch beladen (fünf Fahrräder auf einem Fahrzeug). Ein Panjefahrzeug wollte im Trabe eine Kolonne überholen. Der Fahrer des Fahrzeuges gab an, daß er nicht wußte, daß dies verboten ist; er sei von der Radfahrerkp."

rist bewegen konnte. Für diese Truppe, die gemäß einem Kriegsschauplatz mit den Straßen und den Abmessungen Westeuropas ausgerüstet war, mußten die russischen Staubwege etwas Lähmendes haben. Nun spielten die Radfahrkompanien zahlenmäßig keine große Rolle, mochten sie auch bei den Marschbildern auffällig wirken. Doch es war deutlich: Alle marschierenden Verbände stellten sich sogleich auf ein schwieriges Gelände ein und veränderten ihr Aussehen.

Welche Erfahrungen ergaben sich für die Masse der Infanterie während der ersten Wochen des Rußlandkrieges angesichts der ungewohnten Geländeformen? Mit den Fahrtberichten tauchen am 6. Juli die ersten Urteile über die marschierenden Truppen auf. Mittags um 12 Uhr meldete der Divisionskommandeur der 52. I.D. Generalmajor Dr. Rendulic[2]) seine Division auf dem Vormarsch im Raume Ucios (etwa 200 km nordostwärts von Brest-Litowsk).

Von der 52. I.D. hatte Weisenberger besonders das Infanterieregiment 181 unter Oberst Mahlmann gesehen. Dem Divisionskommandeur gegenüber äußerte sich der Vorgesetzte anerkennend: „Gut gefallen hatte dem Herrn Kommandierenden General die Haltung der Leute und der Zustand der Pferde[3])."

Ebenfalls bei der 167. Infanteriedivision, die hinter der 52. I.D. marschierte und deren Gefechtsstand (Nowosady bei Ucios) der Kommandierende General am 7. Juli besuchte, war laut Meldung des Kommandeurs, Generalleutnant Schönhärl, die Stimmung „trotz anstrengender Märsche sehr gut". Aber – und diese Klage wird sich in den nächsten Tagen wiederholen – „der Zustand der Pferde, insbesondere bei der schweren Abteilung I/A.R. 40, ist nicht zufriedenstellend"[4]). Dabei wird deutlich, daß schon in den ersten Tagen des Rußlandkrieges das „System der Aushilfen" in Kraft tritt, denn wir sehen, wie eine „Entgiftungsabteilung" ihre Schleppfahrzeuge der schweren Artillerieabteilung zur Verfügung stellt; die Pferde schaffen es nicht mehr, die Rohre durch die tiefen Naturwege zu bewegen.

Das Bild, das der Divisionskommandeur gegeben hatte, bestätigte die Besichtigung der marschierenden Einheiten. Die Infanterieregimenter 315 und 339 der 167. I.D. machten einen „frischen und munteren Eindruck"[5]), aber auch bei der Infanterie waren vielfach Pferde ausgefallen oder erschöpft. Auch hier hatte sich das Bild der marschierenden Truppe rasch verändert. Es waren nämlich kleine unbeschlagene „Panjepferde" aus dem Lande als Ersatz für die ausgefallenen Zugpferde

---

[2]) Der Divisionskommandeur Rendulic stand 1941 vor einer steilen Laufbahn. Als Generaloberst übernahm er am 26. Januar 1945 den Oberbefehl über die Heeresgruppe Nord in der Krise um die Verteidigung Ostpreußens. Zu Ende des Krieges führte er die Heeresgruppe Süd im Alpenraum. Er wurde am 6. April 1945 im Berliner Bunker von Hitler, der Rendulic „für einen besonders fähigen Verteidigungsexperten hielt", persönlich in seine letzte Aufgabe eingewiesen. – A. Seaton, Der russisch-deutsche Krieg 1941–1945, S. 429. – Guderian charakterisierte ihn später: „Die Heeresgruppe übernahm. ... Generaloberst Rendulic, ein Österreicher, klug und belesen, gewandt im Umgang mit Hitler". Erinnerungen eines Soldaten, 1951, S. 363. – Vgl. Lothar Rendulic, Gekämpft, Gesiegt, Geschlagen, 1952.

[3]) Fahrtbericht Nr. 2; 6. 7. 1941.

[4]) Fahrtbericht Nr. 3; 7. 7. 1941.

[5]) Fahrtbericht Nr. 3; 7. 7. 1941.

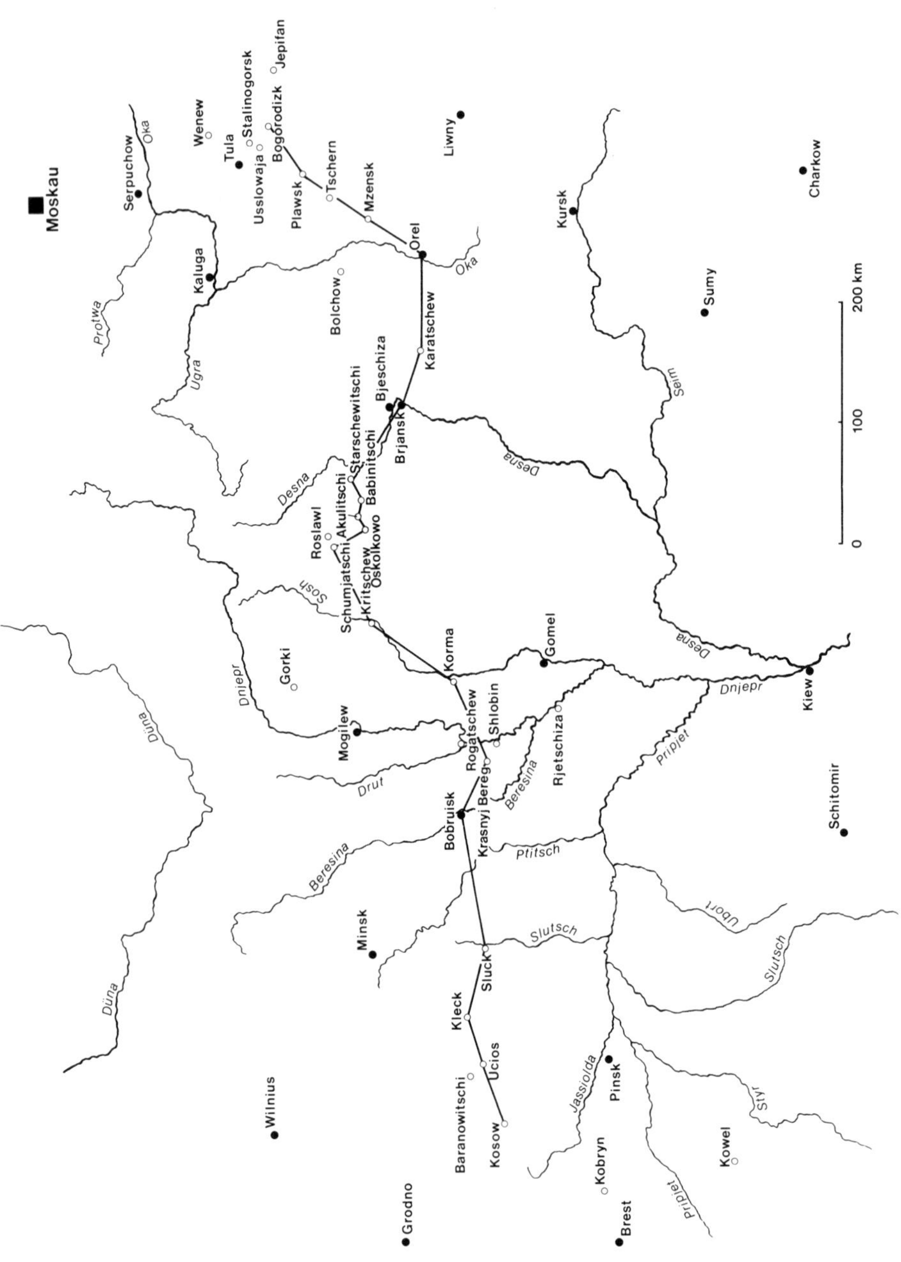

Skizze 1: Der Weg des LIII. A.K. und die Gefechtsstände von Kosow (2. 7. 1941) bis Bogorodizk (4. 12. 1941)

beigetrieben worden. Diese paßten aber nicht in die Gespanne. Mit den kleinen Pferden mußten daher auch die Panjefahrzeuge übernommen werden[6]).

In überraschend kurzer Zeit begann die Natur des Landes die Erscheinung des Krieges zu bestimmen.

Daß die einheimische Bevölkerung durch die Schwierigkeiten der Truppe bei der Bespannung betroffen wurde, verrät folgende Bemerkung im Fahrtbericht: „Bei Zwebkowicze klagte ein russischer Bauer sein Leid, dessen einziges Pferd requiriert worden war. Ihm wurde eine Bescheinigung gegeben, durch die er möglichst bald wieder in den Besitz eines anderen, erschöpften und zurückgelassenen Pferdes kommen soll[7]).“

Am 7. Juli erscheint im Fahrtbericht zum ersten Mal eine Meldung, die die Stimmung in der russischen Truppe betrifft. Der Regimentskommandeur von I.R. 205, Oberst Reymann, war der Meinung, „daß die Flugzettelpropaganda bei den Russen sehr gute Wirkung gezeigt hätte“[8]).

Daß es sich bei dem Pferdeproblem um mehr als eine der üblichen Schwierigkeiten handelte, wie sie im Kriege täglich neu aufzutreten pflegen, zeigte sich anläßtlich der Besichtigung bei der 167. I.D. am 8. Juli. Wegen der alarmierend hohen Zahl der Pferdeausfälle bei dieser Division wollte der Kommandierende General in Begleitung des Generalveterinärs die Pferde des Artillerieregiments 238 sehen und die Ursachen für die schweren Ausfälle erfahren. Es kam zu einer Begegnung mit dem Divisionskommandeur.

Auf dem Gefechtsstand im Raume Kleck (etwa 200 km nordostwärts von Brest-Litowsk) meldete Generalleutnant Schönhärl um 10.20 Uhr, daß die III. Abteilung des Artillerieregiments 238 heute morgen den Weitermarsch aus ihrer Unterkunft Olchowka nicht antreten konnte, weil ein zu großer Teil der Pferde erschöpft war. Erst in der kommenden Nacht vom 8. zum 9. Juli könne die Abteilung weitermarschieren[9]). Da die Verzögerung auch nur einer Abteilung den Marschplan des Armeekorps durcheinanderbringen konnte, rügte der Kommandierende General das Versagen der Artillerie der 167 I.D. Dabei kam es zum Zusammenstoß. Die Quelle bietet an dieser Stelle typische Auffassungen der Kommandeure und ihre Reaktionen auf die Anforderungen dieses Feldzuges.

Die Eigenart des „Blitzkrieges“ zwang die Infanteriedivisionen, die zu den weit vorgestoßenen Panzerverbänden aufschließen mußten, zu ununterbrochenen Eilmärschen in tiefen Naturwegen; das aber führte zu Situationen wie folgender: Der Divisionskommandeur erklärte, daß die 167 I.D. *„Landwehrcharakter“*[10]) hätte,

---

[6]) Fahrtbericht Nr. 3; 7. 7. 1941. „Panjefahrzeuge“ wurden die überaus einfachen, aber den Verhältnissen des Landes angepaßten Wägelchen genannt, meist auf hölzernen Achsen laufend.

[7]) Fahrtbericht Nr. 3; 7. 7. 1941. — Vgl. die Bemerkungen 11 und 12 zum Fahrtbericht Nr. 4 vom 8. Juli 1941: „Pferde nicht bis zum völligen Zusammenbrechen eingespannt lassen, sondern frühzeitig an Vet.Komp. abgeben. — Pferde nie zu früh töten. Lieber noch einem Bauern überlassen und dem Pferd so die Gelegenheit zur Erholung geben.“

[8]) Fahrtbericht Nr. 3; 7. 7. 1941.

[9]) Fahrtbericht Nr. 4; 8. 7. 1941.

[10]) Fahrtbericht Nr. 4; 8. 7. 1941. — Die 167. I.D. galt als Division 7. Welle. Siehe die „Ausrüstung des Ostheeres“, in: Das Deutsche Reich und der Zweite Weltkrieg, herausg. vom Militärgesch. Forschungsamt, 4. Bd., 1983, S. 186 f. — Die 52. I.D. war Division 2. Welle, die 255. und 267. I.D. waren beide 4. Welle.

d.h., erst mit Kriegsbeginn aus zum Teil älteren Jahrgängen aufgestellt worden sei und damit den Anforderungen dieser Gewaltmärsche bei den östlichen Straßenverhältnissen nicht gewachsen sei. Weisenberger erwiderte, das könne keine Erklärung sein, denn die größten Schwierigkeiten bei der Bespannung böte die schwere Artillerieabteilung I/A.R. 40, die zwar zur 167. I.D. gehöre, die aber keine „Reserveeinheit", sondern von Haus aus eine „aktive" Truppe sei[11]). Der Divisionskommandeur wies dagegen auf die stete Belastung gerade dieser schweren Abteilung schon seit Jahren hin. Sie hätte an den Einmärschen und Feldzügen Österreich, Sudentenland, Tschechoslowakei, Polen, Frankreich und jetzt Rußland teilgenommen. Außerdem wäre diese Abteilung während des jetzigen Feldzuges bereits mehr marschiert als das übrige Artillerieregiment. (Sie war bei Brest-Litowsk eingesetzt gewesen.) Hinzu käme, daß eine Heeres-Artillerieabteilung, die mit ihren Zugmaschinen ausgeholfen hätte, abgezogen sei und als Aushilfe nicht mehr zur Verfügung stünde.

Der Kom.Gen. ließ das alles nicht gelten. Er antwortete, die Anstrengungen des Frankreichfeldzuges müßten inzwischen überwunden und vergessen sein. Es entsprach offensichtlich der Vorgesetztenmentalität, wenn er nicht die Verhältnisse anrechnete, sondern die für die Pferdepflege verantwortlichen Kommandeure, Veterinäre und Futtermeister tadelte. Dabei erinnerte er an ungünstige Eindrücke, die er anläßlich eines Besuches bei dem Artillerieregiment noch in Deutschland (Günzburg) gewonnen hatte. Der Divisionskommandeur wiederum stellte sich vor die Artilleriekommandeure und meldete, daß diese sich „ganz besonders und energisch"[12]) um die Wartung und Pflege der Bespannungen bemühten[13]). Weisenberger beendete das Gespräch mit der Feststellung: Es ist unbedingt notwendig, die abhängende Artillerie in die vom Korps vorgesehenen Tagesräume nachzuziehen[14]).

---

[11]) Vergl. dazu eine Bemerkung des Ia der 251. I.D. vom 6. Juli 1941 in seinem Tagebuch. Die 251. I.D. marschierte in Litauen im Verband der Heeresgruppe Nord: „Die Artillerie macht uns Sorge, da die Bespannung die Marschleistungen auf den Wegen nicht mehr durchhält. Die Pferde fallen erschreckend ab. Mit der schweren Artillerie fingen die Schwierigkeiten an, jetzt kommen aber auch die leichten Abteilungen nicht mehr mit." H. Meier-Welcker, Aufzeichnungen eines Generalstabsoffiziers 1939–1942. Herausg. vom Militärgesch. Forschungsamt, 1982, S. 121. – Siehe auch F. Hoßbach, Infanterie im Ostfeldzug 1941/42, S. 50. – Hoßbach, der sich als bewußter Schüler des Gen.Obersten Beck verstand, wies auf die gefährliche Maxime hin, der Infanterie die Benutzung fester Straßen zu verbieten, weil nur diese den motorisierten Verbänden die Möglichkeiten ihrer gemäßen Verwendung gaben. Die Anforderungen an die Infanterie wurden dadurch in gefährlicher Weise gesteigert. „Die hohen Führer und ihre Gehilfen verloren – durch die Eigenart ihrer Stabsarbeit den physischen Anstrengungen nicht im gleichen Maß wie die Fußtruppe ausgesetzt – vielfach den Blick für das Mögliche."

[12]) Fahrtbericht Nr. 4; 8. 7. 1941.

[13]) Daß es sich bei dem schlechten Zustand der Pferde nicht um ein Versagen einiger Vorgesetzter handeln konnte, sondern um eine allgemeine Erscheinung bei der Heeresgruppe Mitte, ergibt sich aus einer Notiz, die zwei Tage später als obiges Gespräch Generaloberst Halder in sein Kriegstagebuch eintrug (3. Bd., S. 62): „Zustand der Truppe: Stimmung ausgezeichnet. Pferde überanstrengt".

[14]) Eine ähnliche Begegnung in Weißrußland zwischen einem Kommandierenden General und marschierender Truppe schilderte F. Hoßbach als Kommandeur des I.R. 82. Sie fand am 24. Juni 1941 statt. Als General Schroth (XII. A.K.) sich unzufrieden über das geringe Marschtempo des Regiments zeigte, schlug der Regimentskommandeur vor, der Kom.Gen. möge bei der Rückfahrt zu seinem Hauptquartier die dem I.R. 82 vorgeschriebene Vor-

Andernfalls wird ein Teil der Divisions-Artillerie vom nachdrängenden XXXXIII. Armeekorps abgeschnürt. Diese Teile würden dann drei Tagesmärsche abhängen. Das aber würde wiederum bedeuten: „Mit nur zwei Art.Abt. ist die 167 I.D. nicht mehr einsatzfähig[15])."

Mit derartigen Feststellungen verabschiedete sich Weisenberger[16]), begab sich auf die Vormarschstraße, um hier die Artillerie der 167 I.D. zu beobachten. Um 11 Uhr meldete der Abteilungskommandeur II./A.R. 238, Hauptmann Dr. Keuth (bei Perechrescie im Raume Kleck). Sein Bericht soll als Beispiel für Lage und Stimmung wiedergegeben werden[17]): Vor dem heutigen Abmarsch mußte die Abteilung wieder 10 Pferde abgeben. Insgesamt hat die Abteilung bisher 90 Pferde durch Erschöpfung verloren. Dafür wurden 80 Panjepferde eingestellt. Das ist jedoch ein sehr ungenügender Ersatz. Die Abteilung hat daher die zweiten Munitionsstaffeln abgespannt und zurückgelassen. Mit den so gewonnenen Pferden wurden die Bespannungen ausgeglichen. Die Folge ist, daß jede Batterie nicht mehr 504 sondern nur noch 360 Schuß als Erstausstattung mitführt. Außerdem äußerte der Abteilungskommandeur seine Zweifel, ob das vorgegebene Marschziel heute zu erreichen sei. Die Futterversorgung ist ungenügend. Der Hafer reicht gerade aus, um die Pferde am Leben zu erhalten. Besondere Anstrengungen sind beim Ernährungszustand der Pferde unmöglich. Rauhfutter fehlt ganz. Angesichts des Zustandes der Pferde wies der Kommandeur darauf hin, daß selbstverständlich von der Truppe alles unternommen wird, um die Tiere zu schonen. Seit Beginn des Aufmarsches gegen die Sowjetunion sei die Abteilung 650 km marschiert, davon seien die Kanoniere 600 km zu Fuß gegangen, nicht etwa aufgesessen gefahren.

Bei dieser Meldung kommt ehestens eine Erklärung für den starken Erschöpfungszustand der Pferde zum Vorschein. Die Divisionsartillerie war vor Beginn des Angriffs über den Bug bereits 400 km in eiligen Märschen durch Polen zu ihrem Bereitstellungsraum gelangt. Dieser rasche Aufmarsch auf den meist unausgebauten Wegen in Polen war außerordentlich kräftezehrend gewesen, so daß, als der „Blitzkrieg" ostwärts des Bug begann, die Pferde der Division bereits matt in den eigentlichen Vormarsch gingen[18]).

---

marschstraße benutzen. „Er war aber nicht in der Lage, auf den Vorschlag einzugehen, weil sein Kraftfahrzeug auf diesem Weg nicht zu benutzen war!" Hoßbach stellte an den Vorgesetzten die Frage, „ob die obere Führung die Fußtruppe bereits zu Beginn des mutmaßlich langen Krieges zu Grunde richten wolle." Der Kom.Gen. reagierte nach Hoßbach etwas anders als Weisenberger bei der 167. I.D.: „Schroth, der ein fürsorgliches Herz für die Truppe hatte, sah seinen Irrtum ein." — Infanterie im Ostfeldzug, S. 49.

[15]) Fahrtbericht Nr. 4; 8. 7. 1941. — Die Äußerungen und die Einstellung des Divisionskommandeurs dürften für lange Zeit Weisenbergers ungünstiges Urteil über die 167. I.D. bestimmt haben. So bezeichnete er sie im Ferngespräch mit dem Oberbefehlshaber der 2. Armee, Gen.Oberst Frhr. von Weichs, am 1. 8., 20.15 Uhr als: „Beschränkt verwendungsfähige Division" . . . „schlechte Angriffsdivision, in der Verteidigung wird sie halten (z. B. Ausräumen des Waldes)". — KTB LIII. A.K. — Erst später änderte er sein Urteil.

[16]) Der Div.Kdr. der 167. I.D. wurde bald abgelöst.

[17]) Fahrtbericht Nr. 4; 8. 7. 1941.

[18]) So ist zu erklären, daß die Pferde dieser Division weit mehr erschöpft waren als diejenigen der 52. I.D., die aus ihrem bisherigen Unterkunftsraum in Burgund bis an den Bug mit der Eisenbahn herangeführt worden war. Siehe L. Rendulic, Gekämpft, Gesiegt, Geschlagen, 1952, S. 22; „Der Versammlungsraum der Division lag am Bug, dem Grenzfluß

Aus dem Urteil des Abteilungskommandeurs ist über die Verhältnisse ebensoviel zu entnehmen wie über die Mentalität der Truppenoffiziere. Hier wurde – nicht in dem Maße von den Menschen –, aber von den Pferden zu viel, ja Unmögliches verlangt, das war die Meinung des Abteilungskommandeurs, eines schon älteren Reserveoffiziers, der in seinem Rang bei einer Division, die nicht zu Verbänden der ersten Welle gehörte, einen Typus darstellte. Aufschlußreich ist die Reaktion des Kommandierenden Generals auf diese Zustände und Haltungen. Zunächst wird auf Vorschlag des begleitenden General-Veterinärs befohlen: Die Artillerie der 167 I.D. erhält pro Pferd 15 Tage lang fünf Pfund Haferzulage aus Beutebeständen.

Dann aber erklärt der General (und läßt diese Weisung später in einen Korpsbefehl aufnehmen), „daß die Einstellung und Mentalität zur Marschleistung eine vollständig andere werden muß. Bis Moskau sind es noch über 1000 km"; die bisher bewältigten 600 km sind ein Drittel der zu erwartenden Gesamtmarschleistung[19]).

Die Besichtigungsfahrt ging weiter zur schweren Abteilung I./A.R. 40. 11.30 Uhr meldete der Kommandeur Oberstleutnant Dorn bei Zadworze. Der Eindruck von den Pferden war nicht so schlecht, wie erwartet worden war. Dadurch, daß Schleppfahrzeuge eingesetzt werden konnten, erholen sich die Pferde. Dennoch bestehen viele Fehlstellen. Manche Pferde brechen beim reinen Nachführen zusammen. Ein unbefriedigendes Bild ergab sich auch bei der Vorstellung der III. Abteilung des Artillerieregiments. Um 12.30 Uhr meldete der Regimentskommandeur Oberstleutnant Baer. Alle Pferde der Abteilung waren aufgestellt. Sie machten einen mitgenommenen Eindruck. Der Regimentskommandeur schlug daher vor, eine Batterie (die 7.) abzuspannen, die brauchbaren Pferde auf die 8. Batterie und den Abteilungsstab zu verteilen. Das würde bedeuten: Vorerst ist die Abteilung nur mit zwei Batterien einsatzbereit, die Kampfkraft also um ein Drittel geschwächt. Das ist ein bedenkliches Fazit, nachdem der Feldzug erst 14 Tage dauerte und obwohl schwere Belastungen durch Kampfhandlungen bisher bei der 167. I.D. ausgeblieben waren. Immerhin machten die Pferde jedenfalls bei einer Batterie (der 9.) einen recht guten Eindruck.

General Weisenberger nahm Gelegenheit, nach der Pferdebesichtigung zu den angetretenen Mannschaften der Artillerieabteilung zu sprechen. Dabei wandte er sich besonders an die Fahrer. Er sagte sinngemäß: Ich erwarte von euch, daß ihr alles daran setzen werdet, durch unermüdliche Pflege den Bestand der Pferde zu erhalten. Besonderen Dank und Anerkennung spreche ich den Angehörigen der 9. Batterie aus, deren Pferde einen voll befriedigenden Eindruck machten. Erfreut bin ich über eure frische Haltung. – Beschlossen wurde die Ansprache mit dem Satz: „Bleibt so frisch, munter und unermüdlich, denn ich weiß, ihr alle wollt noch an den Feind und nicht als Heeresreserve liegenbleiben[20])."

---

zwischen Polen und Rußland und zwar hart südwestlich Brest-Litowsk." Der Vormarsch der 52. I.D. hatte auch erst am 26. Juni begonnen (S. 24).

[19]) Fahrtbericht Nr. 4; 8. 7. 1941.

[20]) Zum Wortlaut dieser und anderer Ansprachen, die in den Fahrtberichten vorkommen, sei Folgendes bemerkt. Sie wurden im Augenblick, da sie gehalten wurden, mit Stichworten notiert; entsprechend erfolgte die Wiedergabe im Fahrtbericht meist in gekürzter Form. Daß aber das Wesentliche nach Inhalt und Stimmung wiedergegeben wurde, ergibt sich

Mit diesen Bildern werden entscheidende Auffassungen und Absichten zwei Wochen nach Beginn des Rußlandfeldzuges sichtbar: Die Stimmung der Mannschaften ist gut; das Erlebnis des raschen Vormarsches wirkt offenbar stärker als die damit verbundene Strapaze auf die Gemüter ein. Dennoch muß — gerade auch bei den älteren Kommandeuren — einer Auffassung entgegengewirkt werden, „wir sind nach 650 km Vormarsch erschöpft". Nach den Vorstellungen des Korps muß in den folgenden Wochen der Raum um Moskau gewonnen werden. Das bedeutet, daß im Augenblick erst ein kleinerer Bruchteil der Marschleistungen dieses Jahres bewältigt ist. Die Erfolge des Bewegungskrieges beruhen nicht nur auf der Mobilität der motorisierten Verbände, sondern ebenso auf den außerordentlichen Marschleistungen der Infanterie. An eine neue Vorstellung des riesigen Raumes, der nur durch ununterbrochene Märsche unter schwierigen Bedingungen und ungewöhnlichen Belastungen zu gewinnen ist, muß die Truppe gewöhnt werden. Hoffnungen, daß die Lasten und Mühen des Vormarsches bald aufhören werden, dürfen nicht aufkommen. Sollten einige Truppenteile angesichts der Dauermärsche den Anforderungen des Bewegungskrieges nicht genügen, dann besteht die Gefahr, daß sie an den nahe bevorstehend gedachten Entscheidungen gar nicht mehr teilnehmen werden und „als Heeresreserve liegenbleiben". Solchen Entwicklungen ist durch psychologische Führung und durch entsprechende Versorgungsbefehle zu begegnen. Bei den bespannten Teilen heißt das: Erhöhte Fürsorge für die Pferde, strenge Kontrolle der Pferdepflege und der Marschdisziplin. Möglichst rascher Ersatz von Pferden ist einzuleiten. Der 167. I.D. sind 500 frische Pferde zuzuführen.

Zur Psychologie der Truppenführung gehört auch folgende Anordnung, die getroffen wurde, nachdem der General regelmäßig die Feldküchen der marschierenden Truppen besucht und die Verpflegung gekostet hatte: „Es ist anzustreben, daß bei jeder Mittagskost der einzelne Mann sein eigenes Stück Fleisch sieht; Fleisch nicht zerkochen lassen[21])." Über Mängel in Hinsicht auf Verpflegung und medizinische Versorgung bei der Truppe finden sich in den Berichten jedoch keine Bemerkungen.

Die Fahrtberichte der folgenden Julitage (9., 10., 11.) bringen weiter Bilder der in der Sommerhitze marschierenden Infanterie, die ostwärts strebt, um die vor dem Dnjepr stehende 3. Panzerdivision und 1. Kavalleriedivision abzulösen[22]). Die Eindrücke von den besichtigten Verbänden waren erfreulicher als bei der 167. I.D. Die Artilleriepferde der 267. I.D. machten einen durchaus marschtüchtigen und lei-

---

daraus, daß Weisenberger den Wortlaut seiner Ansprachen bestätigte, wenn er den Bericht noch am Tage der Fahrt abzeichnete.

21) Fahrtbericht Nr. 4; 8. Juli 1941, Bemerkungen ... Nr. 18. — Was man wahrscheinlich nicht erwarten würde, verrät die Bemerkung Nr. 17. Das in den Truppenfeldküchen zubereitete Essen schmeckte dem General besser als die Verpflegung im Stabsquartier des Generalkommandos. Denn es heißt: „Die Zubereitung des Essens nach Beziehung einer O.U. muß sofort abwechslungsreicher werden (Braten, Hackbraten, Klops, Gulasch usw.). Wer ist für die Aufstellung des Küchenzettels verantwortlich?"

22) „Um 14.25 Uhr [9. Juli, vor Sluck] wurde die Generalsstaffel von einem Posten der Feldgendarmerie angehalten, der ein Schreiben des XXIV. Pz.Korps abgab. Dieses Schreiben war an den Kommandeur oder Ia der am weitesten vorn auf der Rollbahn marschierenden Division gerichtet. Das Pz.Korps bat um schnellste Heranführung der Division, um dadurch selber möglichst bald für einen bevorstehenden eigenen Angriff entlastet zu werden." Fahrtbericht Nr. 5; 9. Juli 1941.

stungsfähigen, teilweise munteren Eindruck[23]). Ähnliche Bilder zeigten sich bei der 52. I.D. Als der Kom.Gen. am 10. Juli an den Einheiten der 52. I.D. vorbeifuhr, meldeten die Kompanie- und Batteriechefs: Stimmung trotz Staub und Hitze gut. „Ein Soldat fragte, ob es nicht bald Feldpost gäbe[24]).“

Der Divisionskommandeur der 52. I.D. Generalmajor Rendulic meldete am 10. 7. 41 um 11.45 Uhr in Polikarowka (nördlich von Sluck), daß seine Division die befohlenen Marschziele erreicht habe; auch ein befriedigender Abstand zur nachfolgenden Division (167.) sei gewonnen. Das Gebiet, durch das die Infanterie marschiert, ist nicht feindfrei. Nachrichten aus der Zivilbevölkerung besagen, daß sich in den Wäldern südwestlich von Ossipowitschi (50 km nordwestlich von Bobruisk) noch 1500 versprengte Russen verborgen halten. Der Kommandeur der Aufklärungsabteilung wurde bei Ossipowitschi in einem Gefecht schwer verwundet. Auch ein Feldgendarmerie-Trupp wurde beschossen; ein feindlicher Reiterspähtrupp wurde gesichtet. Die eigene Truppe ist ziemlich sorglos. Als der genannte Gendarmerie-Trupp angegriffen wurde, waren keine Gewehre zur Hand und diese auch nicht geladen. Entsprechende Befehle werden vorbereitet. Im großen und ganzen aber verläuft der Vormarsch ohne schwere Störungen.

Zum Straßenbild dieser Tage gehörten die Mengen von sowjetischen Gefangenen, die abtransportiert wurden. Zum 9. Juli heißt es in der Gegend ostwärts von Kleck: „Der Staffel begegnete eine Kolonne von OKH-Fernlastwagen von etwa zwanzig Fahrzeugen, die voll beladen mit russischen Gefangenen waren und die nach Westen abgeschoben wurden[25]).“ Auch zurückgelassenes Gerät bezeugte, daß die deutschen motorisierten Verbände dem Gegner keine Möglichkeit zum ordentlichen Rückzug gelassen hatten[26]).

Mit dem 11. Juli erreichte der Korps-Gefechtsstand die Beresina[27]) und richtete sich in Bobruisk ein. Auf dem Wege dorthin überholte die Generalsstaffel auf der Rollbahn Sluck – Bobruisk Teile der 267. I.D. und der 255. I.D. auf dem Marsch nach Osten. Die Einheiten der 267. I.D. boten ein ordentliches Bild; die Pferde erschienen auf der guten Straße durchaus frisch. Besonders bei der schweren Artillerieabteilung war der Zustand bei den Bespannungen erfreulich. „Allerdings mach-

---

[23]) Fahrtbericht Nr. 5; 9. Juli 1941. – „Um 13.50 Uhr meldete der Kommandeur der II./A.R. 267 (ostwärts von Kleck), daß Pferde und Mannschaften die bisherigen Anstrengungen gut überstanden haben. Die Kanoniere waren bei den Batterien aufgesessen.“

[24]) Fahrtbericht Nr. 6; 10. Juli 1941. – Der Divisionskommandeur der 52. I.D. erinnerte sich später an die Märsche zur Beresina: „Die Russen vor uns taten das Beste, was sie nach der Schlappe der Grenzkämpfe tun konnten: sie gingen zurück. Wir folgten ihnen in starken Märschen und hatten hierbei nur dürftige Naturwege zur Verfügung . . . Die Männer, die in den ersten Tagen meist sehr ermüdet waren, gewöhnten sich allmählich an die großen Marschleistungen. Nicht so die Pferde. Sie hätten ohne fallweise eingelegte Rasttage zum großen Teil nicht durchgehalten.“ Gekämpft, Gesiegt, Geschlagen, 1952, S. 24.

[25]) Fahrtbericht Nr. 5; 9. 7. 1941. – Ähnlich Fahrtbericht Nr. 6 vom 10. Juli, wo auf der Rollbahn nordostwärts Sluck notiert wurde: „Große Kolonnen OKH-Fernlastzüge, die dicht mit Gefangenen beladen waren, kamen der Staffel entgegen.“

[26]) „300 m ostwärts der Rollbahnbrücke über die Szcara bei Dubiszcze wurden am Waldrande sechs gut erhaltene russische Feldhaubitzen und ein Granatwerfer in Feuerstellung festgestellt. Die Richtmittel der Geschütze waren zerstört.“ Fahrtbericht Nr. 2; 6. 7. 1941.

[27]) Die Beresina bei Bobruisk hatte die 3. Panzerdivision bereits am 28. Juni erreicht. – Guderian, Erinnerungen, S. 144.

ten die aufgesessenen Kanoniere einen unaufmerksamen Eindruck. Um die Pferde zu schonen, müssen die Kanoniere absitzen[28])." Als der Divisionskommandeur, Gen.Maj. von Wachter, 9.55 Uhr meldete, konnte er den Kom.Gen. beruhigen, was dessen Hauptsorge während der Vormarschtage anging: der Zustand der Pferde ist gut, besonders beim Divisions-Nachschub.

Der Kom.Gen. gab einen kurzen Lagebericht. Die anstrengenden Eilmärsche der dem A.K. unterstehenden Infanteriedivisionen sind notwendig, weil die vorausgeworfenen schnellen Verbände, nämlich die 3. Panzerdivision und 1. Kavalleriedivision, die über die Beresina hinweg bis an den Dnjepr bei Rogatschew gelangt waren, nach Norden abgezogen werden. Die freigemachten Räume soll das LIII. A.K. so rasch wie möglich besetzen. Dabei ist unverzüglich ein starker Brükkenkopf über die Beresina weit ostwärts von Bobruisk zu bilden. Jenseits des Dnjepr sind im Raum um Rogatschew fünf russische Divisionen festgestellt. (Das heißt, mit Feinddruck von Rogatschew auf die Beresina muß gerechnet werden.) Der Kom.Gen. faßte sein Urteil über die Notwendigkeit der Gewaltmärsche in einem Satz zusammen und gab damit eine Maxime des auf Bewegungskrieg eingestellten Infanterieführers zu erkennen: „Was ich mit Schweiß erkaufen kann, brauch' ich mit Blut nicht zu bezahlen[29])." Der Divionsveterinär erhielt ein Lob wegen des guten Zustandes der Pferde.

Der Divisionskommandeur der 255. I.D., Gen.Lt. Wetzel, berichtet 11.10 Uhr, daß nachts auf die schwere Artillerieabteilung geschossen wurde (zwei Verletzte). Außerdem werden 200 Gefangene gemeldet. Über Schwierigkeiten in den Marschleistungen verlautet nichts.

Am Westeingang von Bobruisk meldete sich Major Hett, Kdr. der Heeres-Flak-Abteilung 274, die um Bobruisk in Feuerstellung gegangen war. Der Kom.Gen. sprach dem Abt.Kdr. und den Chefs seine besondere Anerkennung aus. Vor den Kanonieren hielt er eine kurze Ansprache, die als Beispiel für Vorgesetzten-Stimmung und Führungsstil wiedergegeben sei: „Als eine junge Einheit des Heeres habt ihr bereits beim Angriff über den Bug eure Feuerprobe bestanden. Seien es Panzer oder Flugzeuge, ich weiß, dank eurem Schneid und eurer guten Ausbildung werdet ihr sie treffen. Ich wünsche euch Soldatenglück und nach schönen Erfolgen eine gute Heimkehr[30])."

Bei Jassnyj-Less mußte das Geschützexerzieren der Flak unterbrochen werden. Drei feindliche Flugzeuge erschienen und warfen Bomben. Durch das sogleich einsetzende Flakfeuer wurde ein Flugzeug zum Abdrehen gezwungen. Ein eigener Jäger schoß es ab. – In der letzten Nacht hatte eine Flak-Batterie drei Tote durch Bomben.

Beim Brückenübergang über die Beresina mittags beaufsichtigte Major Dr. Schulz von der 1. Kavalleriedivision den Verkehr. Er berichtete, daß der Angriff über den Dnjepr am 10. Juli morgens 5 Uhr bei Star.Bychow gelungen sei[31]). Die

---

[28]) Fahrtbericht Nr. 7; 11. 7. 1941.

[29]) Fahrtbericht Nr. 7; 11. 7. 1941.

[30]) Fahrtbericht Nr. 7; 11. 7. 1941.

[31]) Guderian schrieb später: „Am 10. und 11. Juli vollzog sich der Dnjepr-Übergang sodann planmäßig und unter geringen Verlusten." Die Meldung des XXIV. Panzerkorps an Gude-

3. Pz.Div. und 1. Kav.Div. befanden sich danach bereits auf dem Marsch nach Star.Bychow, um dort überzusetzen.

Weisenberger hatte auf den Straßen eine ihm merkwürdig vorkommende Beobachtung gemacht. Daher erging nach Rückkehr auf den Korps-Gefechtsstand ein Befehl an den Ic: „Ein Dolmetscher soll bei der Bevölkerung feststellen, warum so viele Zivilisten mit ihrem notdürftigen Gut nach Osten auswandern[32]." Außerdem findet sich neben der Anordnung, daß die Brücken über die Beresina zweispurig angelegt werden müssen und der Bemerkung, daß die 255. I.D. um Zuweisung von drei Dolmetschern bittet, ein Satz: „Der Kaffee beim Korpsstab wird grundsätzlich nicht mit Milch gemischt ausgegeben. Wer Milch zum Kaffee wünscht, soll sie gesondert erhalten[33]." Auch ein solcher Hinweis dürfte der Erforschung der Mentalitäten im Kriege dienen – zumindest in Stäben –, zumindest zu Anfang des Rußlandfeldzuges.

Am 13. Juli fuhr der Kom.Gen. zu den Pioniereinheiten, die die Brücken über die Beresina bauten, bzw. die gesprengte Eisenbahnbrücke behelfsmäßig wiederhergestellt hatten. Der General war über die Leistungen der Brückenbauer des Lobes voll und sprach zu den Soldaten: „Ihr habt hier, Pioniere, weit abgesetzt von der nachmarschierenden Truppe, ganz auf euch allein gestellt, den dauernden Angriffen aus den Wäldern und aus der Luft ausgesetzt, diese Brücken über die Beresina geschlagen. Diese Brücken sind für das Korps von ganz außergewöhnlicher Wichtigkeit. Wer jetzt mit dem Auto über den Fluß fährt, kann das gar nicht ermessen, was ihr an Mühe, Dienstfreudigkeit und Hingabe geleistet habt. Deshalb bin ich selber zu euch gekommen und spreche euch meinen ganz besonderen Dank und meine Anerkennung aus für die saubere Arbeit, die ihr dem Korps geleistet habt. Euer Dienst mag häufig etwas in den Hintergrund treten, er ist für uns alle von größter Wichtigkeit. Pioniere sind immer vorn[34]!"

Ähnlich äußerte sich Weisenberger, als ihm bei Schtschatkowo, nördlich von Bobruisk, die Pionierkommandeure vorgestellt wurden, die hier mit ihren Bataillonen an dem Bau eines weiteren Überganges, der „General-Weisenberger-Brücke", mitgewirkt hatten. Der Kommandierende schloß seine Ansprache mit den Worten: „Meinen besonderen Dank spreche ich Herrn Oberst Kubitza aus, der immer vorne dran war, die Aufklärungstätigkeit selber leitete und in vollständiger Hingabe, nach klugen taktischen Gesichtspunkten diesen Brückenschlag entworfen und durchgeführt hat."

Die „General-Weisenberger-Brücke", zu der auch ein befestigter Knüppeldamm als Anfahrtsweg gehörte, machte in der Tat „einen ganz besonders sauberen, gründlich gearbeiteten Eindruck"[35].

Im Fahrtbericht wird bemerkt, daß auch russische Gefangene bei den Pionierarbeiten „mitverwendet" wurden. Oberst Kubitza meldete des weiteren, daß beim

---

rian, daß der Übergang bei Star.Bychow gelungen sei, erfolgte am 10. Juli mittags. (Erinnerungen eines Soldaten, S. 154.)

[32]) Fahrtbericht Nr. 7; 11. 7. 1941, Bemerkungen und Beanstandungen.

[33]) Fahrtbericht Nr. 7; 11. 7. 1941, Bemerkungen und Beanstandungen.

[34]) Fahrtbericht Nr. 8; 13. 7. 1941.

[35]) Fahrtbericht Nr. 8; 13. 7. 1941.

Bau der Weisenberger-Brücke auch „Einwohner herzugezogen wurden". Diese hätten sich „recht freundlich und dienstwillig gezeigt"[36]).

Im Stil der Ansprache an Truppe und Kommandeure mag sich etwas von der persönlichen Art dieses Generals verraten; die Szenen sind nichtsdestoweniger typisch für Mentalität und Führungsformen überhaupt. Zweifellos verdienten die Korps-Pioniere Anerkennung für ihre Brückenkonstruktionen, aber das Lob wird vom Vorgesetzten auch sofort gespendet, wo sich eine berechtigte Gelegenheit bietet. Befehlen, auf Ausführung von Befehlen dringen *und* loben, wo immer es geht, gehören gleichermaßen zur Führungskunst. Typisch erscheint zu Anfang des Rußlandfeldzuges auch das noch Friedensmäßige und militärisch Rituelle im Umgang der Offiziere miteinander. Der Korps-Pionierführer meldet, daß die Brücke bei Schtschatkowo ihren Namen erhalten hat, „als Zeichen der Verbundenheit der unterstellten Pioniertruppen mit dem LIII. Korps und ihrem Kom.General". Weisenberger bedankt sich „herzlich", daß sein Name mit dem „historischen russischen Strom" verbunden wurde. Damit habe ihm der Pionieroberst „eine besondere Freude" gemacht[37]). Zum Hintergrund der höflichen Wechselreden gehört die solide Wertarbeit der Brücke, während die Infanterie der Abwehrschlacht bei Rogatschew in Eilmärschen zustrebt und die Panzer im Norden auf Smolensk vorstoßen.

Mit einer Motorbootfahrt auf der Beresina, die den General nach Bobruisk zurückbrachte, wurde die Besichtigung der Pionierbauten abgeschlossen. In den „Bemerkungen" zum Fahrtbericht vom 13. Juli findet sich auch eine Antwort des Ic auf die Nachfrage des Generals, warum so viele Zivilisten mit geringer Habe auf den Straßen nach Osten unterwegs sind. Die Recherchen ergaben danach: „1. Es handelt sich gar nicht immer um Flüchtlinge, sondern um Landbewohner, die ihre Erzeugnisse in der Stadt verkaufen wollen. 2. Es sind Städter, die den Fliegerangriffen entgehen wollen. 3. Es besteht in der Bevölkerung eine gewisse Angst vor den Deutschen. Die Einwohner versuchen vor den Truppen zu fliehen[38])." Der General war mit diesen Erklärungen nicht zufrieden. Es erschien ihm unsinnig, daß sich die Landeseinwohner in die Marschbewegungen der deutschen Truppen hineinbegeben, wenn sie die Absicht haben, vor ihnen zu fliehen. Daher erging weiterhin die Anordnung, nach den Gründen für die Ostwanderung der Leute zu forschen. Aus den wiederholten Befehlen in dieser Sache spricht die Unklarheit über die Stimmung im Lande. So verlautet, daß bei den Leuten eine „gewisse Angst" besteht; daneben gibt es Meldungen, daß sich die Landeseinwohner der Truppe gegenüber nicht feindselig, ja zur Mitarbeit bereit zeigen; dennoch sind Verhalten und Motivation bei der Zivilbevölkerung nicht leicht zu deuten.

---

[36]) Fahrtbericht Nr. 8; 13. 7. 1941.
[37]) Fahrtbericht Nr. 8; 13. 7. 1941.
[38]) Bemerkungen zum Fahrtbericht Nr. 8; 13. 7. 1941.

4. Mitte Juli 1941. Der Stop am Dnjepr

Mit dem 14. Juli beginnen die Berichte von den Abwehrkämpfen, in die die Verbände des LIII. A.K. eingetreten waren. An diesem Tage besuchte der Kom.Gen. die 255. I.D., die im Abschnitt Rogatschew – Shlobin westlich des Dnjepr Stellung bezogen hatte. In Dworez, etwa 35 km ostwärts von Bobruisk, wo Weisenberger um 11.15 Uhr auf dem Divisionsgefechtsstand eintraf, meldete Gen.Lt. Wetzel[1]): „Auf der ganzen Front der Division von Shlobin bis Rogatschew versucht der Feind in hartnäckigen Angriffen Gelände zu gewinnen[2]).“ Während der Divisonskommandeur seinen Bericht gab, wurde dem Ia mitgeteilt, daß im Augenblick aus Richtung Lutschin wieder ein Angriff erfolgte, mit dem der Feind beiderseits der Panzerjäger-Kompanie über den Bahndamm vorstieß.

Der Division fehlen wegen der großen Breite des Abschnittes (bei nur zwei verfügbaren Regimentern zu je zwei Bataillonen) die Kräfte, um Gegenangriffe zu führen. Die eigene Lage ist schwierig; eine Gefahr besteht jedoch nicht. In der Abwehr hat sich die eigene Artillerie, unterstützt von einer Beobachtungsabteilung, bewährt. Auch Sturzkampfbomber wurden mit Erfolg gegen eine feindliche Batterie eingesetzt. Die eigenen Verluste sind spürbar. Allein die Vorausabteilung meldete bisher 7 Tote und 21 Verwundete[3]).

Von besonderem Interesse war im Augenblick, da die eigene Infanterie zur Verteidigung übergehen mußte, das Bild, das vom Russen als Angreifer gewonnen wurde. Der Divisionskommandeur bezeichnet den Gegner in der Offensive als „hartnäckig“. Die feindlichen Ausfälle sind dadurch sehr hoch. Zunächst griffen die Russen massiert an; inzwischen wird die Gefechtsführung lockerer. Einzelkämpfer treten auf. Das Kusselgelände wird geschickt ausgenützt.

---

[1]) H. Speidel, der im Sommer 1942 als Chef des Generalstabes des V. A.K. mit Wetzel als seinem Kommandierenden General zusammenarbeitete, beschrieb diesen später als einen „menschlich wertvollen und taktisch hervorragend gebildeten“ Vorgesetzten. – Aus unserer Zeit. Erinnerungen, 1977, S. 122.

[2]) Fahrtbericht Nr. 9; 14. 7. 1941. – G. K. Schukow berichtet über die Kämpfe aus russischer Sicht: „Zur selben Zeit, da der Gegner östlich des Dnjepr vorrückte, überquerten Truppenteile der 21. Armee (General F. J. Kusnezow) am 13. Juli den Dnjepr, befreiten Rogatschew und Schlobin und stießen kämpfend in nordwestlicher Richtung auf Bobruisk vor. Den Hauptschlag führte das von General L. G. Petrowski befehligte 63. Schützenkorps. Ein paar Tage später fiel er auf dem Felde der Ehre ... Durch diesen Gegenstoß banden die Truppen der 21. Armee acht deutsche Divisionen. Damals war das für uns sehr wichtig. Der hartnäckige Widerstand der 13. Armee im Raum Mogiljow, die Angriffe der 21. Armee bei Bobruisk bremsten das Vordringen des Feindes in Richtung Roslawl. Das Oberkommando der Heeresgruppe Mitte sah sich genötigt, in den Operationsraum der 21. Armee einige Divisionen aus anderen Abschnitten zu werfen.“ – Erinnerungen und Gedanken, 1969, S. 269.

[3]) Einen Monat später beschrieb Gen.Lt. Wetzel in einem Tagesbefehl an die Soldaten der 255. I.D. (16. 8. 1941) diese Kämpfe mit folgenden Worten: „Am 12. 7. erhielt die Division den Auftrag, aus Gegend Bobruisk auf die Dnjepr-Übergänge Shlobin und Rogatschew vorzustoßen und die über den Dnjepr vorgegangenen Feindkräfte zurückzuwerfen. In Gewaltmärschen von 50–60 km durch das von Partisanengruppen gefährdete Gebiet eiltet Ihr an die Brennpunkte der Schlacht, grifft trotz Übermüdung und zahlenmäßiger Unterlegenheit den von Timotschenko geführten Feind auf einer Frontbreite von 35 km an und schlugt ihn in schwersten Tagen vom 13.–16. 7., auf Euch allein gestellt, 29mal im harten Kampf zurück.“ – Siehe S. 356.

Bestätigt und ergänzt wurde dieses Urteil vom Kommandeur des I.R. 475. Weisenberger hatte sich nach Verlassen des Divisionsgefechtsstandes nach Kolotowka begeben, 4 km westlich Rogatschew, wo sich der Infanterie-Regimentsstab eingerichtet hatte. Oberst Hauschulz berichtete: Der Gegner ist zahlenmäßig überlegen. Vor seinem eigenen Regiment vermutet Hauschulz zwei Divisionen. Fortwährend erfolgen Angriffe, meist in Bataillonsstärke. Vor dem linken Abschnitt wurden seit den frühen Morgenstunden drei gut vorbereitete Angriffe abgewiesen. Grundsätzlich urteilt der Oberst: Die Russen „sind nicht zu unterschätzen"[4]. In der Offensive werden sie rücksichtslos eingesetzt; in der Abwehr kämpfen sie verbissen. Nach Erreichen einer Stellung graben sie sich sofort tief ein. Andererseits stellen sie Baumschützen[5]. Wenn sie verteidigen, lassen sie unsere Leute bis auf zehn Meter herankommen; erst dann beginnen sie zu feuern. Der Gegner verfügt über starke Artillerie. Diese verursachte bei uns schon beträchtliche Verluste[6].

Als Hauptpunkte des Feindbildes treten hervor: Der Gegner ist personell und artilleristisch sehr stark und bestimmt das Geschehen von sich aus angriffsweise; Führung ist rücksichtslos; Verluste sind hoch. Truppe hat großen Kampfwert, vor allem durch die Fähigkeit, sich dem Gelände anzupassen, kämpft „erdverbunden", lernt rasch zu[7]. Der Regimentskommandeur erklärt sich die verbissene Kampfführung so: „Die Russen haben offenbar das Gefühl, eingeschlossen zu werden. Daher kommen ihre verzweifelten Ausbruchsversuche[8]." Er konnte noch nicht

---

4) Dieser Ausspruch eines Troupiers ist vielsagend in einem Augenblick, da die eigene Seite den Gegner nach den Meldungen aus dem Finnlandkrieg noch nicht allzu hoch einschätzen konnte.

5) Fahrtbericht Nr. 9; 14. Juli 1941.

6) Die offizielle sowjetische Geschichtsschreibung verzeichnet die Offensive bei Rogatschew (ohne Angabe des Datums) mit folgenden Sätzen: „Während der Smolensker Abwehrkämpfe führten die Truppen der Westfront auch Angriffsoperationen durch. So warfen die sowjetischen Truppen im Abschnitt Bobruisk den Gegner zurück, bemächtigten sich der Städte Rogatschew sowie Shlobin und erreichten den Abschnitt südlich Nowy Bychow – westlich Shlobin – südlich Paritschi – westlich Karpilowka." Boris Semjonowitsch Telpuchowski, Die sowjetische Geschichte des großen Vaterländischen Krieges. Herausgegeben und kritisch erläutert von Andreas Hillgruber und Hans Adolf Jacobsen, 1961, S. 55. – Auf der Karte Nr. 39 des Kartenwerkes zur Geschichte des Zweiten Weltkrieges 1939–1945, Institut für Milit. Gesch. des Ministeriums f. Verteidigung der UdSSR, sind drei Pfeile als Zeichen für weitreichende Gegenangriffe südlich der Straße Bobruisk–Rogatschew eingezeichnet. Danach betrug die Eindringtiefe bis zu 180 km.

7) Schon nach wenigen Tagen des Infanteriekampfes sind die Charakterzüge des Sowjetsoldaten von der Truppe erkannt, wie sie in vielen späteren Darstellungen gleichlautend beschrieben werden. Siehe als Beispiel Hans Speidel, Aus unserer Zeit, Erinnerungen, 1977, S. 161: „Als starker Eindruck blieb der Russe als Kämpfer, der die unverbrauchte Naturkraft dieses Volkes zeigte, wie sie das Abendland vielfach verloren hat . . . Entgegen der unsinnigen nationalsozialistischen Propaganda, die nur vom ‚Untermenschen' sprach, stellte der Sowjetsoldat als Kämpfer einen außerordentlichen Faktor dar, der psychologisch in jede Berechnung mit einbezogen werden mußte: Ein Faktor, mit dem die europäische Kriegführung vergangener Jahrhunderte nicht in diesem Sinne zu rechnen brauchte."

8) Tatsächlich handelte es sich um die am 13. Juli begonnene und auf breiter Front vorgetragene Offensive des Marschalls Timoschenko, die von Gomel aus geführt wurde und die tiefe rechte Flanke der Panzergruppe Guderian treffen sollte. Am 2. Juli hatte der Volkskommissar für Verteidigung der UdSSR, Marschall S. K. Timoschenko, den Befehl über

sehen, daß es sich um die sowjetische Führung und Kampfweise im Grundsatz handelte.

Über die Stimmung beim Gegner weiß der Oberst nach Gefangenenaussagen folgendes: Hinter dem Dnjepr befinden sich Befestigungsanlagen. Diese dürfen von Ukrainern nicht betreten werden; sie gelten bei den Russen als nicht zuverlässig. So sagen jedenfalls ukrainische Gefangene aus; ebenfalls berichten diese, daß die Verpflegung schlecht sei.

Weisenberger dankte dem Regimentskommandeur für das „überaus tapfere Durchhalten in diesem schwierigen Abschnitt"[9]); allen Truppen sollte seine Anerkennung bekanntgegeben werden. Das Regiment erhielt weiterhin den Auftrag, die Stellung zu halten.

Als die Generalsstaffel weiter zur vorderen Linie fuhr, blieb der Wagen des Kommandierenden mit einer Panne liegen; sogleich begann sich eine feindliche Batterie auf den Kübelwagen einzuschießen. Während versucht wurde, das Auto abzuschleppen, kam ein Fahrzeug vorbei, das Verwundete zurückbrachte. Der General ließ sich berichten. Einer der Verletzten machte aus seiner gedrückten Stimmung heraus ziemlich niedergeschlagene Bemerkungen: „Die 10. Komp. wäre umgangen und sei zu schwach[10])." In der Äußerung des Infanteristen verrät sich einmal ein Stück Mentalität aus der Grabenperspektive.

Auf dem Rückweg nach Bobruisk suchte der Kom.Gen. nochmals den Divisionsgefechtsstand auf und bat Gen.Lt. Wetzel, die Reserven des I.R. 475 näher an die Front heranzuziehen und eine erhöhte Alarmstufe anzuordnen. Die Division müsse mit Angriffen aus Richtung Gomel rechnen. Dort sei der Sitz eines Oberkommandos. Die Division möge starke Aufklärungskräfte auf ihrer rechten Flanke nach Süden treiben. Wetzel bat darum, Sturzkampfbomber auf Shlobin anzufordern.

Insgesamt hatte der Besuch des Kom.Gen. ergeben, daß mit einer Krise bei Rogatschew zu rechnen sei. Eine der „Bemerkungen" zum Fahrtbericht, die in den Korpsbefehl aufgenommen werden sollten, lautete: „Bei rückwärtigen Teilen von Truppen, die im Kampf stehen, muß immer eine erhöhte Alarmstufe bestehen. Die Mannschaften müssen immer vollständig angezogen sein (nicht in Badehose), Pfer-

---

die Westfront übernommen. (Geschichte des Zweiten Weltkrieges 1939–1945, Moskau, Bd. 4, S. 60.) – Vgl. J. Hoffmann, Das Deutsche Reich und der Zweite Weltkrieg, Bd. 4, S. 716 ff. – Der linke Flügel der Timoschenko-Offensive drückte bei Rogatschew – Shlobin über den Dnjepr und sollte die Straße nach Bobruisk gewinnen. – Siehe Guderian, Erinnerungen, S. 159: „Seit dem 13. Juli hatten heftige Gegenangriffe der Russen eingesetzt. Aus Richtung Gomel gingen etwa 20 Divisionen gegen die rechte Flanke der Panzergruppe vor . . . Alle diese Aktionen standen unter der Leitung des Marschalls Timoschenko und hatten offenbar zum Ziel, den gelungenen Dnjepr-Übergang noch nachträglich zum Scheitern zu bringen." – Timoschenko war Oberbefehlshaber der „Westfront" . . . Eine „Front" entsprach auf deutscher Seite einer Heeresgruppe. – Vgl. die Notiz aus Halder KTB III, S. 68 zum 12. Juli 1941: „Meldungen (Kinzel 11.45 Uhr) a) Ein Befehl von Timoschenko, der jedem das Kriegsgericht androht, der von Rückzug spricht . . . b) 2. Aus Richtung Gomel, wo eine bisher nicht belastete Gruppe von russischen Infanteriedivisionen steht, ist eine 100 km lange Marschkolonne auf Mogilew in Marsch." – Siehe auch E. Klink, in: Das Deutsche Reich und der Zweite Weltkrieg, Bd. 4, S. 459 und J. Hoffmann, ebd., S. 715.

[9]) Fahrtbericht Nr. 9; 14. Juli 1941.

[10]) Fahrtbericht Nr. 9; 14. Juli 1941.

de dürfen sich nicht auf der Weide befinden und müssen möglichst angeschirrt bleiben[11])."

Aus den Verboten werden ebenso die gespannte Lage deutlich wie die Gewohnheiten und die Sorglosigkeit der Landser, die sich sogleich hinter der Front entwickelten.

Auf der Beresinabrücke wurde Weisenberger vom Divisionskommandeur der 267. I.D., Generalmajor von Wachter, erwartet. Während die Truppen der Division über die Brücke marschierten, wurde von Wachter durch den Kommandierenden General mit dem Eisernen Kreuz erster Klasse ausgezeichnet[12]). Der Vorgang verrät Wesentliches vom Verhaltenskatalog der Truppenführer. Nach der Laudatio durch den Vorgesetzten antwortete von Wachter: „Ich erblicke in dieser Auszeichnung eine Ehrung für meine ganze Division. Ihr verdanke ich sie. Ich spreche in ihrem Namen Herrn General meinen gehorsamsten Dank aus[13])."

Der folgende Tag, der 15. Juli, sah den Kom.Gen. wieder bei den kämpfenden Verbänden. Um 11.15 Uhr gratulierte er dem Divisionskommandeur der 255. I.D. auf dem Gefechtsstand zum Geburtstag. Dann gab Wetzel den Lagebericht: Weiterhin greift der Gegner dauernd an und kämpft „sehr zäh". Aber auf der ganzen Front wurden Angriffe abgewiesen; eine verlorengegangene Höhe wurde wieder genommen. Wirkungsvoll in der Abwehr war die eigene Artillerie, die vor Rogatschew feindliche Bereitstellungen zerschlug und Angriffe im Keim erstickte. Vier feindliche Panzer wurden vernichtet. Gefangene sagen aus, daß der Gegner starke Verluste durch Artilleriefeuer erlitten hat. An eigenen Verlusten meldet die Division inzwischen 10 Offiziere und 120 Mann.

Durch die herangeführten Verstärkungen und den beginnenden Flankenschutz sieht der Divisionskommandeur die eigene Front stabilisiert[14]). Es heißt weiter: Die Lage „berechtigt ... zur Hoffnung", mit eigenen Angriffen bis heute abend den Feind über den Dnjepr zurückzuwerfen[15]). Der Kom.Gen. entwickelte darauf Richtlinien für den Angriff auf Rogatschew: Inzwischen sind durch die 52. I.D. und 267. I.D. „wertvolle und frische Kräfte" herangeführt worden. Diese dürfen durch „bloße Verteidigungsarbeit" nicht „verbraucht und abgestumpft" werden. Sie sind für „kühne und weitreichende" Angriffshandlungen bereitzuhalten. Überhaupt: die Zeit des „Flickens und Reparierens" ist vorbei. Jetzt muß angriffsweise der Dnjepr unbedingt erreicht werden. Dabei sind drei ausgesprochene Schwerpunkte zu bilden. Auf die vorgesehenen Einbruchsstellen sind schwere Feuerschläge vorzubereiten. Mit der Artillerie ist nicht zu streuen, sondern ihre Wirkung ist nach straffem Feuerplan an wesentlichen Punkten zu versammeln. Für die angreifende Infanterie gilt entsprechend: Nicht zu viele und nicht zu kurze Angriffsziele wählen, sondern wenige, in die Tiefe stoßende!

---

[11]) Fahrtbericht Nr. 9; 14. 7. 1941.

[12]) Die 267. I.D. hatte in den ersten Tagen nach dem Bugübergang bei Maloryta eingeschlossene russische Verbände niedergekämpft.

[13]) Fahrtbericht Nr. 9; 14. 7. 1941.

[14]) Im KTB OKW I, S. 524 findet sich zum 15. Juli der Eintrag: „H.Gr. Mitte: Stärkerer Feindangriff bei Rogatschew und südlich wurde aufgehalten."

[15]) Fahrtbericht Nr. 10; 15. 7. 1941.

Der Artillerie-Kommandeur 27, Generalmajor von Krischer, erhält die Anweisung, die Feuerpläne vorzubereiten. Für die Führung des Artilleriekampfes befiehlt der Kom.Gen.: Die Geschützstellungen sind dicht an die Infanterie heranzuführen. Mit der Infanterie ist stets durch das Artillerie-Verbindungskommando (A.V.Ko.) und den Vorgeschobenen Beobachter (V.B.) Verbindung zu halten. Unmittelbar vor dem Angriff ist das vereinigte Feuer auf die wenigen Durchbruchsstellen zu legen.

An den Pionierführer Oberst Kubitza erging der Befehl, möglichst viele Floßsäcke und Übersetzmittel in Richtung Rogatschew und Shlobin vorzubringen. Zwei Divisionen setzen bei Rogatschew über, eine bei Shlobin.

Nach Verlassen des Gefechtsstandes der 255. I.D. fuhr die Generalsstaffel in den Abschnitt nördlich der Straße Bobruisk—Rogatschew. In Barki meldete sich der Bataillonskommandeur III./I.R. 497 von der 267. I.D. Das Bataillon lag in Reserve, während das I.R. 497 mit dem Angriff auf Leitschizy und Weritscheff beschäftigt war. Von den Infanteristen in Barki heißt es im Fahrtbericht: „Die Truppe war in ausgezeichneter Angriffsstimmung, überall wurde der General mit lachenden Gesichtern begrüßt[16])."

In Barki meldeten sich auch Artilleristen, so der Abteilungskommandeur IV./A.R. 267 und der Regimentskommandeur A.R. 267. Angesichts des im Gange befindlichen Angriffs rügte der Kom.Gen. die Artillerieführung und belehrte die Kommandeure: Bei einem Angriff wie dem augenblicklich im Gange befindlichen muß die Artillerie tief in das Feindgelände hineinwirken können. Daher sind die Geschützstellungen so nahe wie möglich an die Infanterie heranzuführen. Das spart einen Stellungswechsel und hält die Fernsprechleitungen kurz. „Die Beobachtungsstelle gehört unmittelbar hinter die vorderste Inf.[17])." Andernfalls sieht derjenige, der das Feuer leiten soll, in diesem Gelände nichts. Direkte Feindbeobachtung und Feuerleitung sind die Aufgaben des Batteriechefs; er überläßt die Führung des Artilleriekampfes nicht dem „Vorgeschobenen Beobachter", der meist ein junger Leutnant oder Wachtmeister ist. Die Protzen müssen ebenfalls so nah wie möglich an die Geschützstellung heran. Wenn ein Angriff rollt, ist bei den Protzen jeglicher „Friedens- und K.d.F.-Betrieb" streng verboten. „Während der Kampfhandlungen ist es unmöglich, daß die Leute in der Protzenstellung sich ausziehen, sich in die Sonne legen und die Pferde weiden lassen[18])."

Wenn in einem Abschnitt zwei Artillerieabteilungen zusammenwirken, so übernimmt der Regimentskommandeur die Führung des Doppelverbandes. *Ein* Abteilungskommandeur, wie hier geschehen, kann nicht zwei Abteilungen führen, dafür hat er nicht die Ausstattung und die Erfahrung. Beim Angriff auf Leitschizy befanden sich die Feuerstellungen der Artillerie sechs Kilometer hinter der Infanterie. Von den Beobachtungsstellen war der Feind nicht zu sehen. Damit begibt sich die Artillerie ihrer Möglichkeiten. Stellungswechsel müssen frühzeitig vorgenommen werden, damit der Angriff zügig unterstützt werden kann. Geschütze, Beobachtungsstellen und Protzen bleiben aufgeschlossen nahe der Infanterie. Die Verbindung durch das Artillerie-Verbindungskommando darf niemals abreißen. An die Spitze der Infanterie gehört der artilleristische Vorgeschobene Beobachter. Bei Lei-

---

[16]) Fahrtbericht Nr. 10; 15. 7. 1941.
[17]) Fahrtbericht Nr. 10; 15. 7. 1941.
[18]) Fahrtbericht Nr. 10; 15. 7. 1941.

tschizy aber hat die Artillerie ihre Aufgabe nicht erfüllt. „Niemals darf die Infanterie das Vertrauen zur Artillerie verlieren[19]."

Als Weisenberger später auf dem Rückweg zum Generalkommando nochmals beim Gefechtsstand der 255. I.D. haltmachte, fuhr er fort, Richtlinien für die Angriffsführung zu formulieren, deren Notwendigkeit er nach dem Besuch bei den kämpfenden Kompanien bestätigt sah: Beim Angriff in diesem Gelände muß die Bewegung erhalten bleiben; Befehle sind aus der Bewegung heraus zu geben. Kein Schema, kein Erstarren, dazu weite Angriffsziele! Reserven nicht abhängen lassen, sondern dicht aufschließen, schwere Infanteriewaffen nicht hinten liegen lassen, sondern weit vorn einsetzen; sie müssen dem angreifenden Bataillon den Weg freimachen.

Faßt man die Äußerungen, die Weisenberger am 15. Juli vor verschiedenen Kommandeuren und Truppenteilen machte, zusammen ins Auge, dann kommt ein zugrunde liegendes taktisches Konzept und eine allgemeine Lagebeurteilung zum Vorschein. Dabei verraten die Richtlinien mehr als persönlichen Charakter; in ihnen erscheint eine Summe aus friedensmäßigen Ausbildungsvorschriften und den Erfahrungen des Bewegungskrieges in bisherigen Feldzügen gezogen. Ihre Hauptmerkmale sind folgende: Entscheidende taktische Form ist der Angriff. Sein Erfolg ist gebunden an die Bildung ausgesprochener Schwerpunkte, an die Bestimmung von wenigen weitgreifenden Angriffszielen, an die Führung von vorn und an die massive Wirkung schwerer Waffen auf wesentliche Punkte während der ununterbrochenen Angriffsbewegung. Nicht Zersplitterung, sondern Versammlung der Kräfte.

Wenn diese Maximen für verbindlich erklärt wurden, war gleichzeitig eine allgemeine Lagebeurteilung gegeben. Sie besagte: Das „Flicken und Reparieren" ist vorbei. Nachdem die Kräfte des Korps herangezogen sind, beginnen vor dem Korpsabschnitt wieder Angriffshandlungen, wie sie ähnlich am Beginn der Erfolge auf den westeuropäischen Schauplätzen standen.

Eine entsprechende Auffassung verrät die Ansprache, die Weisenberger, der von Barki nach Leitschizy gefahren war, an die Bataillone hielt, die sich hier zum Angriff auf Weritscheff bereitstellten. Es handelte sich um das I. und II. Bataillon des I.R. 497. Vor den vordersten Linien verhielt sich der Gegner im Augenblick ruhig. Nur eigene Maschinengewehre und Geschütze waren zu hören. „Ganz besondere Freude hatte der Kom.General am I. Batl., das in glänzender Verfassung den Angriff abwartete[20]." Auf der kleinen Anhöhe bei der Kirche von Leitschizy sprach der General zu den Infanteristen. Im Fahrtbericht finden sich die Sätze: „Kameraden, ich freue mich immer wieder, wenn ich euch im Kampf in vorderer Linie besuchen kann. Trotz der Märsche seid ihr frisch. Ich weiß, daß ich mich auf euch verlassen kann. Wir stoßen durch bis zum Drut[21]) und werfen die Russen, wo wir sie treffen[22]."

---

[19]) Fahrtbericht Nr. 10; 15. 7. 1941.

[20]) Fahrtbericht Nr. 10; 15. 7. 1941.

[21]) Der Drut mündet bei Rogatschew in den Dnjepr.

[22]) Fahrtbericht Nr. 10; 15. 7. 1941.

Nun war die Frage, ob der Angriff des Armeekorps', beginnend am 15. Juli, im ersten Anlauf die weitgesteckten Ziele erreichen würde[23]).

Die 52. I.D. unter Rendulic war inzwischen über die Beresina herangezogen worden und befand sich am 15. Juli auf der Straße nach Mogilew, nordostwärts von Bobruisk. Als die Division abends zur Ruhe übergegangen war, erhielt sie den Befehl, sofort aufzubrechen und die Gegend bei Oserany, einem Dorf etwa 25 km nördlich von Rogatschew zu erreichen. Von dort sollte die 52. I.D. über den Drut gehen und Rogatschew wegnehmen.

Am 16. Juli begann die Division nach anstrengenden Nachtmärschen mit dem Angriff von Nord nach Süd auf die westlich vor Rogatschew aufgebaute, starke russische Riegelstellung[24]). Der Angriff kam voran und wurde am nächsten Tag fortgesetzt. Am 17. Juli war gegen Mittag die Straße Rogatschew—Bobruisk erreicht[25]).

Der Stoß in die Flanke des Gegners war also erfolgreich verlaufen, aber nach Osten gegen Drut und Dnjepr waren keine Flußübergänge gewonnen, kein Brükkenkopf gebildet.

---

[23]) Im Kriegstagebuch des LIII. A.K. findet sich zum 15. Juli folgende Eintragung: „18.15 Uhr, Ia 255. I.D. [meldet]: ‚Feind südlich Malewitschi in Waldstücke eingedrungen. (Umgehung?) Feind greift bei Pkt. 149, westlich Lutschin, mit 2 Btl. und schw. Waffen an. Antreten I.R. 497 um 17.00 Uhr nicht möglich, da Leitungen dauernd zerschossen.'"
Zum 16. 7., 3.50 Uhr wird vom Adjutant I.R. 497 an Ia gemeldet: „I.R. 497 hat 15. 7. abends Weritscheff genommen. Vordere Linie auf Höhen hart westl. Drut. Breite: 2 ½ km!, rechts kein Anschluß! Nacht sehr ruhig. Heute morgen bei I. Btl. 50 Russen übergelaufen . . .' — In der Ic-Abendmeldung vom 15. Juli an die Armee erscheint das Feindbild noch wenig geklärt: „Im Bereiche der 255. I.D. im Laufe des 15. immer wieder russ. Angriffe in Btl.Stärke, die an den beiden Flügel(n) nördl. Rogatschew und Shlobin besonders heftig waren. Dort Einsatz einzelner Panzer (Stoßgruppen). Es wurden bisher 85 Gefangene eingebracht. Die Aussagen sind sehr verworren und unterschiedlich, da die Gefangenen zum Teil erst ganz kurzfristig eingezogen und daher militärisch völlig ungeschult sind (ein Gefangener erst 3 Tage Soldat, ein weiterer 20 Tage)." BA MA, LIII. A.K./ 19198/34—35—36—38.

[24]) Das Kriegstagebuch des LIII. A.K. verzeichnet zum 16. Juli, 14.00 Uhr das Ferngespräch des Kommandierenden Generals mit dem Divisionskommandeur Rendulic in Stichworten, die die Spannung einer neuen Lage verraten:
„1. Befehl zum sofortigen Angriff. Es ist eine Krisis.
2. Starker Hinweis auf Sicherung nach Osten, damit im Rücken nichts passieren kann.
3. Was macht V.A.? Einsetzen zur Sicherung von Flanke und Rücken.
4. Ausgesprochene Krisis! Artl. der 255. I.D. in höchster Gefahr! Sofort antreten!
5. I.R. 497 wird der 52. I.D. unterstellt. Dampf machen! Gleich los!"

[25]) Rendulic hat später die ersten Kämpfe seiner Division in Rußland wie folgt beschrieben: „Wir hatten (17. Juli) wieder Gefangene der bisher festgestellten drei Divisionen gemacht. Die Russen hielten sich an diesem Tag besonders zäh und kämpften erbittert. An manchen Stellen wehrten sie sich bis zum letzten Mann. In den Aussagen der Gefangenen spielte wieder der Kommissar eine große Rolle. Sie hatten vor ihnen eine panische Angst. In der Hand der Kommissare lag die Entscheidung über Leben und Tod jedes einzelnen, auch der Offiziere . . . Das immer wiederkehrende Problem der Kommissare schien mir eine große Bedeutung zu haben." Gekämpft, Gesiegt, Geschlagen, 1952, S. 31. – S. 50: „Das Problem der Kommissare trat mir immer wieder entgegen. Es schien für den russischen Soldaten im Mittelpunkt seines dienstlichen Lebens zu stehen."

Am 17. Juli erschien Weisenberger wieder auf den Gefechtsständen der 255. und 267. I.D. Gegen 10.30 Uhr urteilte Gen.Lt. Wetzel[26]): Der Feind zeigt vor Rogatschew nach vielfachen vergeblichen Durchbruchsversuchen offenbar Ermüdungserscheinungen. Von der 52. I.D. ist bekannt, daß sie, von Weritscheff nach Süden vorgehend, nunmehr die Rollbahn Rogatschew–Bobruisk bei Skotschki erreicht hat. Die 255. I.D. dreht nach Ankunft der Rendulic-Division mit ihrem eigenen Nordflügel ein, schließt dicht auf und beteiligt sich an dem nun gegen Osten gerichteten Angriff.

Während der Div.Kdr. diese Erklärungen gab, traf die Meldung ein, daß südlich Kolotowka (an der Straße Rogatschew–Bobruisk) ein feindlicher Angriff mit Panzern erfolgte. Dieser Vorstoß wurde als Entlastungsunternehmen für die vor dem Angriff der 52. I.D. über Rogatschew zurückgehenden Feindteile gedeutet.

Die Beurteilung der Feindlage wirkt unausgeglichen. Es fällt auf deutscher Seite offenbar schwer, das Verhalten und die Möglichkeiten des Gegners einheitlich zu erklären. Einmal ist die personelle und materielle Stärke auf der Gegenseite überdeutlich; besonders die Trommelfeuer schießende feindliche Artillerie ist im ganzen Abschnitt mehrfach überlegen. Die dadurch hervorgerufenen Zerstörungen an eigenem Gerät sind bedeutend. Auch die fortwährend unternommenen Feindangriffe sind ein Hinweis auf die großen personellen Reserven und den – trotz schwerer Verluste – ungebrochenen Führungswillen auf der Gegenseite. Andererseits wirkte ein deutscher Fliegerangriff heute morgen auf der Feindseite „wie ein Wunder"[27]). Die Artillerie verstummte völlig und setzte später das Feuer weitaus schwächer fort. Jetzt genügt ein einzelner deutscher Aufklärungsflieger, und es schweigen die russischen Rohre. Von der eigenen Artillerie heißt es, daß sie sich in der Abwehr sehr bewährte. So vermutet der deutsche Divisionskommandeur, daß der Gegner jetzt mürbe geworden ist. Während Wetzel das ausführt, kommt die Nachricht, daß wieder ein russischer Panzerangriff in Gegend der Rollbahn nach Bobruisk anläuft. Aber das wird ein Ablenkungsmanöver sein, so wird geschlossen. Noch scheut sich – so scheint es – die deutsche Seite vor der Einsicht, daß es der Gegner ist, der das Geschehen bestimmt.

Über Fernsprecher erreichte der Kom.Gen. die 52 I.D. Sie erhält Anweisung, den Angriff auf Rogatschew so rechtzeitig zu beginnen, daß heute noch bei Helligkeit der Brückenkopf über den Dnjepr gebildet werden kann.

In der Einleitung war als eine der Fragen, die an unsere Quellen zu richten seien, diese genannt worden: Hatte die Truppe bei Beginn des Rußlandfeldzuges eine Vorstellung vom Gegner? Bis Mitte Juli scheint die Antwort zu lauten: Einzelne Momente des Feindbildes treten im Infanteriekampf deutlich hervor, doch es fällt schwer, den Gegner in einheitlicher Weise zu beschreiben und im ganzen zu beurteilen.

Auch aus Weisenbergers Telefonat spricht die Überzeugung, daß der Gegner inzwischen so matt ist, daß er dem Gegenangriff des Armeekorps nicht widerstehen wird. Doch diese Beurteilung stimmte nicht. Der Übergang am Drut und

[26]) Fahrtbericht Nr. 11; 17. 7. 1941.
[27]) Fahrtbericht Nr. 11; 11. 7. 1941.

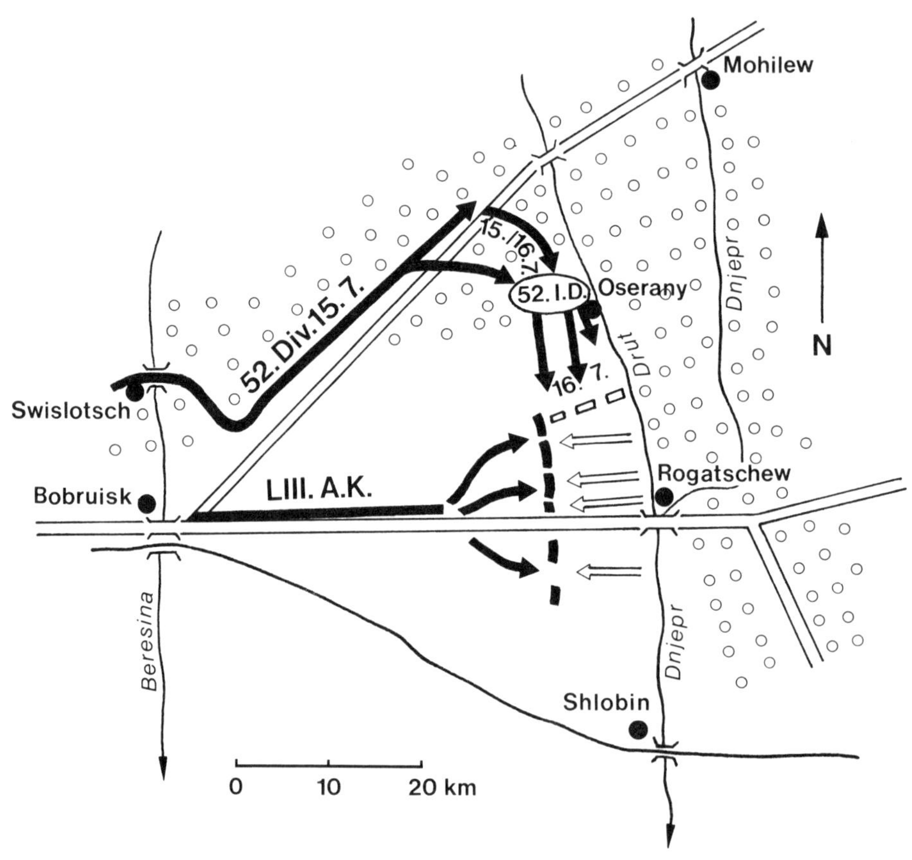

Skizze 2: Einsatz der 52. I.D. am Dnjepr bei Rogatschew am 15. und 16. Juli 1941. Nach einer schematischen Skizze bei L. Rendulic

Dnjepr fand nicht statt. Bei Rogatschew hatte vielmehr eine Abwehrschlacht begonnen. Die Zeit des „Flickens und Reparierens" war keineswegs vorbei[28]).

Von der 255 I.D. fuhr die Generalsstaffel am 17. Juli zur rechten Nachbardivision, der 267. Zum Abschied sprach der Kom.Gen. dem Divisionskommandeur Wetzel „seine herzliche Anerkennung aus für die stets beherrschte, unbeirrbare und überlegene Führung der Division im Kampf gegen die zahlenmäßig stark überlegenen Russen"[29]).

Auf dem Gefechtsstand der 267 I.D. in Krasnyj Bereg meldete Gen.Maj. von Wachter gegen 12 Uhr. Die Division hat die Bahnlinie Shlobin – Starina erreicht. Feindangriffe erfolgten hier nicht. Einige Spähtrupps wurden gemeldet. Auch vor der 267 I.D. ist der Gegner artilleristisch stark überlegen, besonders mit schweren Kalibern. Er verfügt über reichlich Munition.

Weisenberger sagte der Division Verstärkung durch zwei schwere Artillerieabteilungen zu und gab den Befehl zur Bereitstellung für den Angriff auf Shlobin. Gleichzeitig erhält die Division einen Aufklärungs- und Sicherungsauftrag gegen Süden, denn rechts vom LIII. A.K., bei Paritschi sind Feindteile über die Beresina gegangen. Diese dürfen auf keinen Fall umholend die Rollbahn Rogatschew – Bobruisk erreichen. Die als Sicherung eingesetzte Pioniereinheit ist in Alarmbereitschaft zu setzen. Wie nur natürlich ist das Korps in seiner Südflanke auf Überraschungen eingestellt, aber insgesamt gilt auch für seinen rechten Flügel noch die Lagebeurteilung: Trotz starker personeller und Materialüberlegenheit des Gegners verspricht ein baldiger Angriff auf Shlobin ebenso Erfolg wie das Unternehmen auf Rogatschew.

---

[28]) L. Rendulic schrieb später: „Russischer Großangriff im Raum Rogatscheff. – Nur wenige Tage blieben der Division, um ihre Stellungen auszubauen. Noch waren weder Hindernisse vor den Gräben, noch Minen gelegt, als die Russen aus ihren Stellungen am Westufer beider Flüsse (Drut und Dnjepr) zum Angriff antraten ... Täglich griffen drei bis vier, einmal selbst fünf Divisionen den Abschnitt der 52. Division an ... Die Russen schienen über unbegrenzte Munition zu verfügen. Die Lage der weit ausgedehnten Division war oft zum Zerreißen kritisch. Die Reserven schmolzen immer mehr zusammen. Die Verluste, besonders durch Artilleriefeuer, waren erheblich ... Eine Ablösung der dauernd im Kampf stehenden Truppen war unmöglich. Die Erschöpfung der Männer nahm schließlich so weit zu, daß unter anderem eine Batterie in einer kritischen Kampfphase keinen Schuß abgab, weil die gesamte Bedienung an den Geschützen während des Kampfes mitten am Tage in tiefen Schlaf gefallen war." – Gekämpft, Gesiegt, Geschlagen, 1952, S. 32. – Nicht nur bei Rogatschew, sondern in Guderians gesamter rechter Flanke mußten am 17. Juni auf einer Breite von 250 km Feindgruppen abgewehrt werden: bei Star. Bychow, bei Mogilew, bei Orsha und bei Smolensk. Siehe Guderian, Erinnerungen, S. 160. – Halder notierte zum 17. Juli (KTB, Bd. III, S. 86): „In der tiefen Flanke von Guderian versucht der Feind mit Angriffen, teils gegen die Flanke Guderian, teils noch tiefer gegen die 2. Armee zur Wirkung zu kommen. Erfolglos." – Im Kriegstagebuch der Operations-Abteilung des Generalstabes des Heeres heißt es unter dem 16. Juli: „Gleichzeitig versucht der Gegner durch einen starken Gegenangriff im Gebiet um Rogatschew seine Front zu entlasten. Es besteht jedoch der Eindruck, daß diese Kräfte für einen Stoß in die Tiefe nicht ausreichen und damit eine wesentliche Bedrohung der rechten Flanke [der Heeresgruppe Mitte] nicht eintritt." Am 17. Juli lautet der Eintrag im entsprechenden Zusammenhang: „Die H.Gr. Mitte gewinnt mit der 4. Pz.Armee Raum nach Osten und schließt die Feindgruppen weiter ein. Starke feindliche Angriffe gegen den Südflügel der Heeresgruppe im Gebiet um Rogatschew werden aufgehalten." KTB OKW, Bd. I, S. 435 f. Vgl. Tagesmeldungen S. 527.

[29]) Fahrtbericht Nr. 11; 17. 7. 1941.

Doch als Weisenberger am nächsten Tag, dem 18. Juli, wieder auf den Gefechtsständen erscheint, haben sich Urteile und Entscheidungen geändert[30]). Die Divisionen wissen bereits, daß das LIII. Korps seine Angriffsabsichten aufgegeben hat und der Befehl ergangen ist, sich zur Verteidigung einzurichten. Übrigens besteht die Gefahr, daß auch der Feind sogleich von der Änderung in der Kampfführung erfahren hat, denn ein Abteilungskommandeur aus der 52. I.D., der zur Erkundung nach vorn fuhr, wurde angeschossen und wird vermißt[31]). Bei sich trug er einen Regimentsbefehl mit der Gliederung der 52. I.D. und der Angabe, daß das Korps zur Verteidigung übergeht. Der Gegner hat damit in der Lagebeurteilung wahrscheinlich einen erheblichen Vorsprung und entsprechende Sicherheit für die nächsten Tage gewonnen.

Vor dem rechten Flügel des Korps verlief die Nacht zum 18. Juli und der frühe Morgen ruhig, berichtet von Wachter um 10.20 Uhr auf dem Gefechtsstand der 267. I.D. in Krasnyj Bereg. Auffällig wirkt, daß die schwere Artillerie des Gegners schweigt und auch bei den leichten Rohren meist nur Arbeitsgeschütze schießen. Der Feind scheint umzugruppieren.

Weisenberger sucht nach den Gründen für die merkwürdige Ruhe und findet zwei verschiedene Erklärungen: Es ist möglich, daß der Feind einen neuen Großangriff vorbereitet. Vielleicht aber baut er auch ab, denn links und rechts vom Korpsabschnitt gewinnen die deutschen Nachbarverbände Raum. Es ist daher notwendig, vor dem Abschnitt des LIII. A.K. so rasch wie möglich die Absichten des Gegners zu erfahren. Ein gewaltsames Erkundungsunternehmen in Kompaniestärke ist sogleich anzusetzen. Ziel des Stoßtrupps ist nicht Geländegewinn, sondern Gefangene einzubringen. Aus deren Aussagen muß die Erklärung für die Ruhe an der Front gefunden werden. Das Korps benötigt die Meldung heute noch für den Abendbefehl.

Der Div.Kdr. erklärt, daß die 267. I.D. jetzt auf Verteidigung eingerichtet ist. Vorne ist die Truppe eingegraben. Stacheldraht ist gespannt. Munition für die Abwehr liegt bereit. Der Stellungskrieg hat begonnen. Gefangene sagen aus, daß auf der Gegenseite reichlich Munition gelagert ist. Mit dem aufwendigen Artilleriekampf der Russen ist danach noch tagelang zu rechnen. Die russische Artillerie schießt nicht beobachtet auf ausgewählte Punktziele, sondern streut unaufhörlich das Gebiet der vorderen Linien nach einem Schema durch. Die meisten Verwundungen entstehen durch Artilleriefeuer. Die Infanterieangriffe der Russen erfolgen nicht mehr massiert, „meistens gruppenweise, häufig kriechend"[32]).

Nach Eintreffen des Kom.Gen. in Pobolowo bei der 255. I.D. (gegen 12 Uhr) berichtet der Ia: Die Division hat umgruppiert. Die Munitionsversorgung klappt. Auch vor der 255. I.D. war es letzte Nacht ziemlich ruhig. Der Ia vermutet daraus,

---

30) Am 17. 7. 1941 abends 22 Uhr hatte der Kommandierende General dem Oberbefehlshaber der Armee gemeldet: „Schwerer Abwehrkampf im Rahmen der planmäßigen Operation am 14. 7. eingeleitet ... Angriffe nicht durchzuführen wegen überlegenem Feind, der sich anscheinend noch verstärkt durch Artl. (Schießschule Moskau) ... Die feindl. Operationen vor LIII. und XXXXIII. A.K. sind große einheitliche, seit langem vorbereitete Maßnahmen." — Kriegstagebuch LIII. A.K. — Um 22 Uhr erfolgte auch der Korpsbefehl: Übergang zur Verteidigung.

31) Fahrtbericht Nr. 12; 18.7. 1941.

32) Fahrtbericht Nr. 12; 18. 7. 1941.

daß der Gegner einen neuen Angriff von Süden her vorbereitet. Der Kom.Gen. befiehlt, die Artillerie so aufzustellen, daß sie ebenso nach rechts vor den Abschnitt der 267. I.D. wirken kann. Auch die 255. I.D. erhält Anweisung, eine gewaltsame Erkundung durchzuführen mit dem Ziel, Gefangene einzubringen und zu befragen.

Die Versorgung mit allgemeinen Nachrichten wird bei der 255. I.D. als mangelhaft empfunden. Sie bittet um Zuführung von Zeitungen. Seit fünf Tagen hat sie keine mehr erhalten. Danach erscheint nicht nur die Versorgung mit Verpflegung und Munition für die Kampfkraft der Truppe wichtig, sondern auch die Unterrichtung über das Geschehen an der Front, in der Heimat und der Welt überhaupt.

Weisenbergers Besuch bei der 52. I.D. verzögerte sich, da der Gefechtsstand in Parchimkowskaja versteckt und abseits von durchgehenden Straßen lag und nicht durch Wegweiser und taktische Zeichen ausgeschildert war[33]). Der Kom.Gen. bemängelte das gegenüber dem Ia (der Divisionskommandeur kam später dazu), außerdem wies er darauf hin, daß die Erfolgsmeldungen der Division ein zu optimistisches Bild ergeben hätten. Der feindliche Brückenkopf vor Rogatschew ist durch den Angriff von Norden nicht erschüttert und die Gegend hinter der eigenen Hauptkampflinie ist noch nicht feindfrei. Die Bereinigung dieses Gebietes „ist die erste und dringendste Aufgabe . . .“[34]).

Auch die 52. I.D. erhält den Auftrag, noch heute eine gewaltsame Erkundung durchzuführen und dabei Gefangene zu machen. Das Bild des Gegners, das Rendulic zeichnet, ähnelt dem der anderen Divisionen. Auch hier ist das feindliche Artilleriefeuer sehr schwer. Dagegen heißt es von den Angriffen der russischen Infanterie: „nicht besonders zäh und schwungvoll“[35]). Gefangenenaussagen zufolge ist aber weiterhin mit Angriffen zu rechnen.

Von der eigenen Truppe meldet der Div.Kdr., daß die Haltung „während der schweren Abwehrkämpfe sehr gut ist“. Die Abwehrphase hatte aber erst begonnen.

5. Erste Erfahrungen in der Abwehrschlacht

Die folgenden Tage bringen laufend Berichte von Feindangriffen im gesamten Korpsabschnitt. Besonders betroffen ist die Division Rendulic, die den Abschnitt beiderseits der Rollbahn Rogatschew – Bobruisk verteidigt. Eigene Verluste häufen

[33]) Siehe aus den „Bemerkungen während der Fahrt“, Fahrtbericht Nr. 12; 18. 7. 1941: „Der Herr Kom.General hat heute nach Abbiegen von der Rollbahn dreiviertel Stunde nach dem Gefechtsstand der 52. I.D. suchen müssen. Auch für andere Melder war der Gefechtsstand nicht aufzufinden, weil keine taktischen Zeichen oder Wegweiser angebracht waren. Außerdem lag der Gefechtsstand weit entfernt von großen durchgehenden Straßen. Gefechtsstände gehören an die Stellen, von wo aus die Truppen gefaßt und geführt werden können, und wo sie selber leicht gefunden werden können. Sofort nach Wechsel des Gefechtsstandes ist die Beschilderung des Weges notwendig. Möglichst sollen die Gefechtsstände sich an die großen und guten Straßen halten. Die Unterbringung der Stäbe richtet sich nicht nach Komfort, sondern nach taktischen Gesichtspunkten.“

[34]) Fahrtbericht Nr. 12; 18. 7. 1941.

[35]) Fahrtbericht Nr. 12; 18. 7. 1941.

sich, Reserven sind fast alle eingesetzt. Eine Ortschaft an der Rollbahn (Strenki) wurde aufgegeben[1]); einige Stellungen gingen verloren, konnten aber wiedergenommen werden. Im großen und ganzen wird die befohlene Linie gehalten.

Am 19., 21. und 22. Juli befindet sich Weisenberger auf den Divisionsgefechtsständen und bei der Truppe. Die angespannte und gereizte Stimmung des Generals während der Abwehrkämpfe zeigt eine Episode am 19. Juli. Als das III. Bataillon des I.R. 315 (167. I.D.) morgens auf der Rollbahn von Bobruisk nach Osten marschiert und gegen 10 Uhr von der Generalsstaffel überholt wird, meldet der Kommandeur, das Bataillon sei übermüdet. Darauf entgegnet Weisenberger, „daß das Bataillon gar kein Recht hätte, über Müdigkeit zu klagen in Hinsicht auf die Regimenter, die vor Rogatschew fortwährend schwere Angriffe abzuwehren hätten"[2]).

Dadurch, daß die Front seit einigen Tagen steht, konnte die Zeit genützt werden, um die Zusammenarbeit der Divisionen über die jeweiligen Grenzen durch gegenseitige Artillerieunterstützung und günstige Plazierung von Reserven abzusichern. Auch das Bild von den Führungsformen und der Moral des Gegners wird durch den Zuwachs an Nachrichten deutlicher. Gleichermaßen melden die Divisionskommandeure wieder, daß nach Gefangenenaussagen die Ausfälle auf der Gegenseite (besonders durch Artilleriewirkung) sehr hoch sein müssen. Konkrete Schilderungen zum Feindbild bietet Rendulic. So wurde bei Sapolje russische Infanterie mit LKW bis in die vordere Linie gefahren und im Artilleriefeuer ausgeladen. Gefangene sagen aus, „daß sie von Kommissaren und Offizieren mit der Pistole vorgetrieben wurden"[3]). Flugblätter, die drüben abgeworfen wurden, hätten bewirkt, daß russische Soldaten überliefen.

Ähnlich äußert sich am 20. Juli Oberst Stephan, Kommandeur I.R. 467 (267. I.D.). Auch bei seinem Regiment berichten Gefangene, die sich ergeben hatten, daß viele ihrer Kameraden ebenfalls überlaufen würden, wenn sich die Gelegenheit böte. Nach wie vor ist die feindliche Artillerie sehr stark und wachsam. So der Ia der 255. I.D. am 21. Juli mittags: „Wer den Kopf raussteckt, wird bepflastert"[4]).

Im Gegensatz zu den Meldungen von einer Überläufermentalität auf der Gegenseite stehen Beobachtungen im eigenen Hintergelände, von denen Rendulic berichtet und aus denen er Schlüsse zieht[5]). So fiel in den letzten Tagen auf, daß feindliches Artilleriefeuer sich auf taktische Punkte im Hinterland, z. B. Gefechtsstände, richtete. Das Offizierskasino von I.R. 181 erhielt einen Volltreffer; drei Offiziere, darunter der Regimentskommandeur, Oberst Mahlmann, wurden verwundet. Auch der Gefechtsstand von I.R. 205 wurde mit Artillerie beschossen. Hier wurde Oberst Reymann in einem Deckungsloch verschüttet.

Rendulic vermutet, daß dieses Artilleriefeuer im eigenen Hinterland durch sowjetische Beobachter, die sich als Zivilisten verkleidet haben, geleitet wird. Möglich erscheint das durch Funk oder durch russische Telefonleitungen, die sich noch im Gelände befinden. Alle derartigen Kabel sind inzwischen zerschnitten und meh-

[1]) Fahrtbericht Nr. 13; 19. 7. 1941.
[2]) Fahrtbericht Nr. 13; 19. 7. 1941.
[3]) Fahrtbericht Nr. 13; 19. 7. 1941.
[4]) Fahrtbericht Nr. 14; 21. 7. 1941.
[5]) Fahrtbericht Nr. 15; 22. 7. 1941, um 10.15 Uhr.

rere russische Offiziere, die sich als Frauen verkleidet hatten, sind gefaßt worden. Die Zivilbevölkerung wurde aus dem Kampfgebiet evakuiert.

Die feindliche Artillerietätigkeit ist nachts üblicherweise rege, aber darüber hinaus finden außer Tage keine Kampfhandlungen statt. Der Divisionskommandeur erklärt das mit der Befürchtung der sowjetischen Vorgesetzten, ihre Soldaten würden bei Dunkelheit vermehrt überlaufen.

Wie mag sich Rendulic die widersprüchlich erscheinenden Beobachtungen über die Verhaltensweisen beim Gegner zu diesem Zeitpunkt erklärt haben? Daß ihn solche Fragen trotz der Dauerbelastung durch die direkte Kampfführung immer beschäftigten, ist unverkennbar und kennzeichnet ihn[6]). Wenn es stimmt, daß ein großer Teil der russischen Mannschaften ohne Überzeugungen vom Erfolg des Kampfes ist, müssen doch andererseits Vertreter der sowjetischen Führungsschicht, Offiziere oder (und) Kommissare, motiviert und verläßlich sein. Denn es heißt, daß sie das Vorgehen der eigenen Leute mit der Waffe erzwingen; andere begeben sich der Sicherung durch die eigene Front und gehen in das Gebiet des Feindes, nicht als Überläufer, sondern als ungeschützte Einzelkämpfer, um dem Gegner im Rükken zu schaden. Wahrscheinlich ist also der hohe Kampfwert des Gegners außer mit der Überlegenheit an Menschen und Material vor allem mit der Geschlossenheit der Führungsschichten und ihren rigorosen Überzeugungen, die in Befehle umgesetzt werden, zu erklären.

Eine grundsätzliche Beurteilung der russischen Operationen und Absichten wagte Rendulic am 21. Juli mittags um 12.35 Uhr auf dem Divisonsgefechtsstand in Trotzkij. Es lief gerade ein Feindangriff aus Richtung Kostjaschowo. Die 52. I.D. begann mit einem Gegenangriff auf die Sapolje-Höhe. In dieser Situation meinte Rendulic: „Große, entscheidungssuchende Angriffe sind ... nicht mehr zu erwarten. Die jetzigen Unternehmungen des Feindes sollen vielmehr die Aufgabe seiner Angriffsabsichten verschleiern[7])." Diese Auffassung mag dadurch entstanden sein, daß der Gegner seine Überlegenheit an Waffen, Munition und Menschen nicht schwerpunktartig mit einer geschlossenen Offensive und einmaligen Anstrengung einsetzte, sondern Tag für Tag mit immer wiederholten Angriffshandlungen, meist

---

[6]) Rendulic schrieb später: „Ich interessierte mich besonders für die geistige und seelische Verfassung des russischen Volkes und trachtete, sie so weit als möglich zu ergründen. Zu diesem Zwecke habe ich in den Gebieten Rußlands, in die wir kamen, mit mehreren hundert Männern und Frauen im Alter vom 15. bis zum 75. Lebensjahr gesprochen, mit Bauern, Kolchosvorstehern, Agronomen, Industriearbeitern, Ingenieuren, Ärzten, ferner auch mit einem Geistlichen, sowie mit vielen Gefangenen, Soldaten ohne Dienstgrad, Unteroffizieren, Offizieren und auch mit einigen Generalen." — Gekämpft, Gesiegt, Geschlagen, S. 38 f.

[7]) Fahrtbericht Nr. 14; 21. 7. 1941. — Daß auch im Oberkommando des Heeres Zweifel an den derzeitigen Möglichkeiten des Gegners zu operativen Maßnahmen bestanden, beweist eine Notiz von Generaloberst Halder vom 19. Juli 1941: „Bericht von einem russischen Befehl, nach welchem die russische Führung darauf ausgeht, die deutschen Panzerkräfte von ihren Infanterieteilen zu trennen dadurch, daß man zwischen beiden hinein angreift. Ein solcher Gedanke ist in der Theorie sehr schön, aber in der Praxis wohl nur dem zahlenmäßig und führungsmäßig Überlegenen möglich. Gegenüber den von uns angesetzten Kräften, bei denen übrigens die Infanteriekorps den Panzern lebhaft nachdrängen, sehe ich keine Anwendung für diese Gedanken. Am Südflügel der Heeresgruppe hält der Feinddruck an." Halder KTB III, S. 93.

in Bataillons- und Kompaniestärke, die deutsche Front vielerorts in Atem hielt, aber eben dadurch keinen Durchbruch, keinen, dem Einsatz entsprechenden, Erfolg erzielte. Rendulic schließt daraus, der Gegner gibt praktisch auf und will das „verschleiern".

Weisenberger rechnet dagegen demnächst mit einem größeren Panzerangriff[8]) und befiehlt, entsprechende Vorbereitungen zur Panzerabwehr zu treffen[9]).

Überall herrscht jetzt das System der Aushilfen. Aus weniger beanspruchten Abschnitten, wie im Norden der 52. I.D., werden Teile herausgezogen, um eine letzte Reserve neu zu bilden. Außerdem werden Einheiten der herangeführten 167. I.D. rasch als Verstärkung und Reserven eingebaut[10]). Russische erbeutete Zugmaschinen werden vor leichte Feldhaubitzen gespannt; damit werden Pferde eingespart und gleichzeitig steht eine motorisierte Artillerieeinheit für die Verfolgung von durchgebrochenen Panzern bereit[11]). Die Versorgung der Divisionen mit Munition ist nicht überall befriedigend, so verfügt z. B. die 267. I.D. nur über die Ausstattung des Bewegungskrieges. Die Mengen für den Stellungskrieg, z. B. für Sperrfeuerschießen, sind nicht vorhanden. „Gleichfalls hat die Division großen Bedarf an Marketenderwaren[12])." Der General erwidert, Marketenderwaren liegen für das Armeekorps in Warschau bereit. Die Division möge ihren Anteil von dort holen. (Bis Warschau sind es mehr als 700 km.)

Nachdem die Regimenter der 167. I.D. im Korpsbereich eingetroffen sind, gibt der Kommandeur I.R. 331, Oberstlt. Kullmer, einen Bericht von den Kämpfen gegen zurückgebliebene russische Restverbände, die die Division im „Hinterland" nördlich Bobruisk zu führen hatte. Das I.R. 331 meldete nach den Gefechten in dem sumpfigen Waldgelände etwa 250 Mann eigene Verluste. „Die Kämpfe in den Wäldern und Sümpfen wurden außerordentlich verbissen und auf allernächste Entfernung geführt[13])." Auch hier setzten die Russen Baumschützen ein. Vielen deutschen Gefallenen waren Soldbuch und Erkennungsmarke abgenommen worden. „Ver-

---

[8]) Noch am Nachmittag des 21. Juli erfolgte ein mit Panzern unterstützter Angriff südlich der Rollbahn und nördlich von Rogatschew. Anfängliche Geländeverluste wurden durch Gegenangriffe wieder gutgemacht. Fahrtbericht Nr. 15; 22. 7. 1941.

[9]) Die Befehle zum Angriff auf sowjetischer Seite kamen von allerhöchster Stelle. „Während eines Telefongesprächs über Direktleitung empfahl J. W. Stalin am 20. Juli Marschall S. K. Timoschenko in allernächster Zeit mit dem Angriff zu beginnen." – So die große sowjetische „Geschichte des Zweiten Weltkrieges 1939–1945", 4. Bd., S. 95. – Danach band der Timoschenko-Angriff allein zwischen Dnjepr und Beresina 15 Divisionen der deutschen 2. Armee und „vereitelte dadurch deren Angriff auf Gomel." – S. 96.

[10]) So befiehlt der Kom.Gen. am 19. Juli mittags auf dem Gefechtsstand der 52. I.D. in Trotzkij, „daß heute noch das I.R. 315 mit I/A.R. 238 (167. I.D.) bis in den Raum um Trotzkij vorgezogen wird und als Reserve unter den Befehl der 52. I.D. tritt." – Fahrtbericht Nr. 13; 19. 7. 1941. – Vgl. Fahrtbericht Nr. 15 vom 22. 7. 1941, das I.R. 331 (167. I.D.) betreffend.

[11]) Fahrtbericht Nr. 14; 21. 7. 1941. – Siehe auch Fahrtbericht Nr. 15; 22. 7. 1941.

[12]) Der Chef des Generalstabes (Oberst i.G. Waeger) versah den Fahrtbericht an dieser Stelle am Rande mit zwei dicken senkrechten Strichen, ein einfühlsames Zeichen dafür, was ein paar Marketenderwaren für die Stimmung der kämpfenden Truppe bedeuten. Fahrtbericht Nr. 14; 21. 7. 1941.

[13]) Fahrtbericht Nr. 15; 22. 7. 1941.

stümmelungen wurden nicht festgestellt[14].“ Es heißt, eine Reihe von Leuten sind im Sumpf versunken und spurlos verschwunden[15].

Bei aller Belastung durch die Kämpfe und das Gelände hat sich die Truppe offenbar an die Umstände des Krieges im Osten gewöhnt. Der Zustand der Pferde wird als gut bezeichnet. Sie sind zwar mager, aber leistungsfähig. „Die Marschfähigkeit der Mannschaften ist sehr gut[16].“ Allerdings treten derzeit ziemlich viel Darmerkrankungen auf.

Am 21. Juli gegen 11 Uhr traf Weisenberger im Abschnitt der 267. I.D. auf dem Truppenverbandsplatz des I.R. 467 ein. Laut den Meldungen des Divisions- und Regimentsarztes hatte das 467. Infanterieregiment in den Kämpfen vor Rogatschew (seit einer Woche) auf dem Verbandsplatz bisher „170 Durchgänge, davon 30 Tote“[17]. Die 267. Division hatte seit Beginn des Rußlandfeldzuges (30. Tag) etwa 320 Tote und 700 Verwundete. Die Verwundungen sind meist schwer, besonders durch Granatwerfer.

Der Kom.Gen. nahm Gelegenheit, vor den versammelten Sanitätsoffizieren und beiden Pfarrern zu sprechen: „Ich weiß sehr gut, wie schwer, hingebungsvoll und verantwortlich Ihr Dienst hinter den vordersten Linien auf dem Truppenverbandsplatz ist. Auch Sie helfen hiermit zum Siege. Denn, wenn der Soldat weiß, daß die Ärzte alles tun, um ihn zu versorgen, so stärkt das seinen Angriffsgeist und seinen Willen zum Sieg. Für Ihren selbstlosen und aufreibenden Dienst spreche ich Ihnen meinen vollen Dank und meine Anerkennung aus und bitte Sie, dies in einem Sonderbefehl an alle Ihnen unterstellten Sanitätssoldaten weiterzugeben[18].“ Am Tenor der Ansprache erscheint bezeichnend, daß der „hingebungsvolle“ Dienst der Sanitätsoffiziere und Wehrmachtspfarrer nicht so sehr mit der unmittelbar ärztlichen (und seelsorgerischen) Wirkung gewertet wird, sondern in der Bedeutung für die Moral der Truppe. Die Festigung des Vertrauens des Soldaten auf die ärztliche Versorgung ist ein wichtiger Teil der Truppenführung; denn der „Angriffsgeist“ des Soldaten ist an ein solches Vertrauen gebunden. Ziel der Truppenführung ist

---

[14]) Nach Verstümmelungen wurde gefragt, weil bei ähnlichen Kämpfen der 267. und der 255. I.D. am 25. Juni 1941 nahe Maloryta – Mielniki bei den Toten einer deutschen Artillerieabteilung und anderen Soldaten schwere Verstümmelungen festgestellt worden waren. So geht aus der Aussage eines Assistenzarztes der San.Kp. 2/268. I.D. vor dem Gericht der 268. I.D. am 23. August 1941 hervor, daß ein Soldat der A.A. 268 um den 25. Juni 1941 bei Rajsk skalpiert wurde. – BA MA RW 2/v. 205, Seite 185 f. – Vor dem Gericht der 255. I.D. sagte der Wehrm.-Oberpfarrer Scriba am 30. Juli 1941 aus, daß er am 27. Juni 1941 6 km ostwärts dem Straßenkreuz Maloryta – Kobryn – Brest Litowsk – Mokrany sechs tote deutsche Soldaten fand. Von einem heißt es: „Es muß daher angenommen werden, daß feindliche Truppen . . . sich an dem Schwerverletzten vergriffen und ihm beide Augen ausgestochen haben.“ – BA MA RW 2/v. 205, S. 156 f. – Weitere Berichte schwerer Verstümmelungen bei 255. und 267. I.D.: BA MA RW 2/v. 207, Seite 4 ff.

[15]) Obwohl ich es vermeide, persönliche Erinnerungen mit den Angaben der Gesprächsprotokolle zu vermengen, möchte ich doch an dieser Stelle bemerken, daß Weisenberger nicht an die Nachricht von den im Sumpf spurlos versunkenen deutschen Soldaten glaubte. Eine Bestätigung für einen derartigen Vorfall war auch nicht zu erhalten. Für das Bild, das von Land und Kämpfen in der Truppe und sogar beim Kommandeur entstand, ist aber auch eine solche Nachricht vielsagend und von Interesse.

[16]) Fahrtbericht Nr. 15; 22. 7. 1941.

[17]) Fahrtbericht Nr. 14; 21. 7. 1941.

[18]) Fahrtbericht Nr. 14; 21. 7. 1941.

der Sieg. Die Bedeutung des Sanitätsdienstes besteht in der Mitwirkung an diesem Endzweck. Eine solche Sicht entspricht der Mentalität des Befehlshabers, und es versteht sich, daß von daher die Formeln bei Ansprachen herrühren. Dennoch scheint es gestattet, aus dem offiziellen Tonfall die (trotz der Erfahrungen der letzten Tage) andauernde Auffassung von der Überlegenheit der eigenen Truppe und die Überzeugung vom erfolgreichen Ausgang des Feldzuges herauszuhören.

6. Das Gesicht des Stellungskrieges, 23. Juli bis 2. August 1941

Die Fahrtberichte der letzten Juliwochen und der ersten Augusttage geben den inzwischen voll eingerichteten Stellungskrieg zu erkennen. Beiderseits eines schmal gewordenen Niemandslandes haben sich hüben und drüben die Infanteristen eingegraben, verdrahtet und z. T. vermint[1]). Bei der 267. I.D. heißt es am 30. 7.: „Die Russen haben sich bis auf 40 m an unsere Stellungen herangearbeitet. Besonders unangenehm wirkt sich jetzt das russische Granatwerferfeuer aus. Die Russen verfügen reichlich über Granatwerfer. Der Nachschub an Waffen klappt auf der Gegenseite gut[2]).“

Trotz periodisch wiederkehrender Meldungen über heftige feindliche Angriffe hört der General bei Besuchen auf den Gefechtsständen gelegentlich auch: „der Gegner verhält sich im Augenblick ziemlich ruhig“[3]).

Bei der 52. I.D. an der Rollbahn Rogatschew – Bobruisk freilich bleibt der russische Angriffsdruck dauernd bestehen und die Lage immer gespannt. Ein typischer Großkampftag wurde der 28. Juli, ein Montag. 9.30 Uhr meldete Rendulic auf dem Gefechtsstand Peresseka: „Heute morgen um 5.00 Uhr begann der Russe fünf Viertelstunden lang Trommelfeuer im Abschnitt der Division zu schießen und trug anschließend im Nord- und Südflügel mit je einem Regiment einen Angriff vor[4]).“

Bei den in mehreren Wellen vorgetragenen Vorstößen gelangte der Gegner bis auf Handgranatenwurfweite an die eigenen Stellungen heran. Die Angriffe wurden abgewiesen; drei Panzerwagen wurden vernichtet[5]).

---

[1]) Z. B. Fahrtbericht Nr. 18. Der Div.Kdr. der 267. I.D. meldet am 26. Juli 1941, 10.50 Uhr: „Bis Mormal befindet sich der Feind auf der Gegenseite in festen Stellungen und hat sich eingegraben, so daß bis Mormal die Front jetzt fest ist.“

[2]) Fahrtbericht Nr. 22; 30. 7. 1941.

[3]) So der Ia der 255. I.D. am 26. Juli 1941 um 11.10 Uhr in Pobolowo. Fahrtbericht Nr. 18 – similis et passim.

[4]) Fahrtbericht Nr. 20; 28. 7. 1941. – Auch im Abschnitt der 255. I.D. wurde seit 5.00 Uhr „stärkstes Artilleriefeuer“ auf ganzer Front gemeldet. Anschließend Feindangriffe. Siehe Kriegstagebuch LIII. A.K. zum 28. 7. 1941. – 267. I.D. führt seit 2.30 Uhr erfolgreichen eigenen Angriff auf Lessana.

[5]) An die Abwehrkämpfe vom 28. Juli erinnerte sich Rendulic offenbar, als er in seinen Erinnerungen schrieb (Gekämpft, Gesiegt, Geschlagen, 1952, S. 33 f.): „Um den vierzehnten Kampftag erreichte die Krise einen bedrohlichen Höhepunkt ... Mir verblieben keine anderen Möglichkeiten mehr als die Einflußnahme auf die Führung des Artilleriekampfes und die Wirkung auf den Geist der Kommandeure. Um die Mittagszeit jenes 14. Tages, als der Kampf wieder im vollen Gang und Willens- und Nervenkräfte auf das höch-

Der Auftrag des Korps, die Stellungen bei Rogatschew zu halten, wird während der Juli-Wochen von allen Divisionen gleichermaßen erfüllt. Neben der reinen Verteidigung werden zugehörige Aufgaben erledigt: begrenzte Frontverbesserungen, Spähtrupps, die für eine bevorstehende eigene Offensive günstige Ausgangspositionen schaffen sollen[6]), Stoßtrupps und Gegenangriffe. Auch kühne und erfolgreiche Einzelunternehmungen werden gemeldet, wie sie der Stellungskampf hervorbringt[7]).

---

ste angespannt waren, stellte mir der Kommandierende General des Korps frei, die Division an einen 20 km weiter westlich gelegenen Abschnitt und selbst an die Beresina unter Bildung eines Brückenkopfes vor Bobrujsk zurückzunehmen. Er fügte hinzu, daß die Division, wenn sie im Kampf zerrissen würde, auf unbestimmte Zeit ausfiele ... Ich war sehr überrascht über das Einräumen einer derartigen Freiheit des Handelns ... Ich empfand dies als ein Übertragen der Verantwortung des Vorgesetzten auf den Untergebenen ... Ich lehnte den Gedanken einer Zurücknahme ab ..." R. zog „die Lehre, daß der vorgesetzte Führer niemals dem Untergebenen seine Sorgen mitteilen und daß er ihm niemals auch nur einen Teil seiner eigenen Verantwortung übertragen darf". – Es mag fraglich sein, ob jeder untergebene Kommandeur gegenüber dem Angebot freier taktischer Entscheidung in der Art wie Rendulic reagieren würde; die Bemerkung ist jedoch ein Hinweis auf die situationsbedingten psychologischen Spannungen, wie sie in der Krise auftraten. In den Fahrtberichten finden sich übrigens keine Notizen zu diesem Gespräch, obwohl eine entsprechende „Freistellung" bei der 267. I.D. am 26. Juli erwähnt wird (Fahrtbericht Nr. 18). Die Bemerkungen gegenüber Rendulic müßten dann während eines Telefongesprächs nach Rückkehr Weisenbergers auf den Korps-Gefechtsstand gefallen sein. Im Kriegstagebuch des Korps findet sich dazu kein Hinweis. – Weisenberger erfuhr von einer ungefähr entsprechenden Darstellung der 52. I.D. im November 1941, als der Kom.Gen. des XIII. A.K. um eine Stellungnahme bat. (Das kritische Datum war dabei jedoch nicht „um den vierzehnten Kampftag" sondern der 21. Juli.) Es handelte sich um einen Vorschlag zum Ritterkreuz für Rendulic. Weisenberger antwortete, daß er ebenfalls nach der Schlacht bei Rogatschew einen Antrag auf Verleihung des Ritterkreuzes für den Kommandeur der 52. I.D. an die Armee gerichtet habe, dort wurde sein Vorschlag jedoch nicht weitergegeben. Daraus geht die hohe Anerkennung der Leistungen des Divisionskommandeurs hervor, aber: „Der Darstellung der 52. I.D. auf Seite 13 des Gefechtsberichtes kann ich nicht zustimmen. Es handelt sich im vorliegenden Falle nicht um einen eigenen Entschluß des Div.Kdrs. ... Die Überprüfung der gegebenen Korpsbefehle, wie der der am 21. 7. 1941 geführten Ferngespräche, sowie die Durchsicht des Kriegstagebuches haben nirgends auch nur einen Anhalt dafür ergeben, daß der 52. I.D. eine Rücknahme der Division an die Dobysna, im Bedarfsfalle an die Beresina freigestellt worden ist. Zu Bericht Seite 13, 2. Abs.: Die angeblich mündlich gegebene Freistellung der Zurücknahme der Division wird durch die Aufzeichnungen im Fahrtbericht vom 21. 7. 1941 widerlegt ... Eine derartig bedeutungsvolle Anweisung wie Freistellung müßte im Fahrtbericht verzeichnet sein." Schreiben an den Kom.Gen. des XIII. A.K. vom 11. 11. 1941 – BA MA LIII. A.K./19198/16/17/18.

[6]) Siehe Fahrtbericht Nr. 17; 24. 7. 1941. Um Verluste klein zu halten, sind *begrenzte* Einzelunternehmungen zur Verbesserung der eigenen Stellungen vorzubereiten. Keine weitgesteckten Ziele, vielmehr muß sich die Art des Angriffs nach dem Unterstützungsvermögen der Artillerie richten. „Die Munitionslage ist knapp und wird es in nächster Zeit bleiben." Weisenberger am 24. 7. auf dem Gefechtsstand der 52. I.D. gegen 19 Uhr.

[7]) Fahrtbericht Nr. 19; 27. 7. 1941: Bei Besuch der 267. I.D. in Krasnyj Bereg gegen 10.15 Uhr: „Der Herr Kom.Gen. erkundigte sich nach Leutnant Wiemann, dem Btl.-Adjutanten bei dem I./467, der ein erfolgreiches Unternehmen gegen einen russischen Einbruch bei Korma geleitet hatte. Bei diesem Unternehmen fielen 30 Russen, 5 wurden gefangengenommen, 20 konnten entkommen. Eigene Verluste: 2 Tote, 1 Verwundeter. Leutnant Wiemann wurde selbst am Oberschenkel verwundet."

Rasch werden Gesetzlichkeiten und Regeln dieses Krieges in festen Fronten sichtbar. Die Gefechtsabschnitte sind auf deutscher Seite sehr breit – zu breit. Bei der 255. I.D. haben die Kompanien Frontabschnitte von durchschnittlich 1200 m[8]). Die Verluste betragen bei der 267. I.D. täglich etwa 25 Mann[9]). Da mit Ersatz im Augenblick nicht gerechnet werden kann, werden Leichtverwundete und Leichtkranke im Feldlazarett ausgeheilt und kehren bald zu ihrer Einheit zurück.

Offenbar wächst mit der Gewöhnung an den Stellungskrieg auch Vorsicht und Erfahrung in der Truppe. Der Regimentsarzt des I.R. 467 (267. I.D.) meldet am 27. 7. mittags bei Tertesh: „Die Zahl der Verwundeten wird geringer[10]).“

Trotz des Mangels an Reserven müssen die in den Brennpunkten eingesetzten Bataillone einmal abgelöst werden und erhalten hinter der Front für kurze Zeit das Gefühl der Entlastung. Bei einer solchen Gelegenheit besucht der Kommandierende General das I.R. 181 am 28. Juli in Lutschinskij und Kaschary. (Von dem Eindruck, den das Regiment, das an der Rollbahn eingesetzt gewesen war, machte, soll gleich berichtet werden.) Rasche Einstellung auf das Leben in der Etappe und ein übliches Geschick zur Improvisation verrät eine Nachricht der 255. I.D. vom 26. Juli. Mit einer Beutemaschine veranstaltet die Division in Pobolowo Tonfilmvorführungen zur „geistigen Betreuung der Truppe“[11]).

Andererseits erscheinen Filmberichter der Propagandakompanie und machen in vorderer Linie Aufnahmen[12]). Etappenalltag verrät sich auch in Notizen für den Korpsbefehl am 26. Juli[13]). Wo hinter der Front Pferde auf die Weide gehen, sind Wachen auszustellen, nötigenfalls sind Streifen der Feldgendarmerie einzurichten. Denn durchziehende Truppen des Nachbarkorps senden Fangkolonnen aus, um Pferde für den Eigenbedarf zu „organisieren“.

Hinter dem rechten Flügel des Korps-Abschnitts herrscht lebhafter Betrieb bei der Verbesserung der Verkehrswege. Auf der Strecke Garmowitschi – Mormal arbeiten Pioniere, Reichs-Arbeitsdienst, Gefangenentrupps und „herangezogene Zivilisten“. Sie bauen eine Aufmarschstraße, die in vierzehn Tagen fertiggestellt sein soll[14]), ein Hinweis, daß hier für etwa Mitte August mit eigener Offensive gerechnet wird. Am 2. August heißt es: „Der Weg ist jetzt schon für den Nachschub in den Südflügel durchaus geeignet[15]).“

Im Lande hat die Erntezeit begonnen. Die Bevölkerung ist hinter der Front bei der Arbeit auf den Feldern zu sehen[16]). Die Divisionen erhalten vom Korps Erntebezirke zugewiesen und beaufsichtigen die Einbringung. In zehn Tagen ist mit der Tomatenernte auf dem Gut Krasnyj Bereg zu rechnen; das ganze Korps dürfte dann mit

---

[8]) Ia der 255. I.D. auf dem Div.Gef.Std. Pobolowo am 26. 7., 11.10 Uhr. Fahrtbericht Nr. 18.

[9]) Div.Kdr. von Wachter am 26. 7. gegen 11 Uhr auf Div.Gef.Stdt. Krasnyj Bereg. Fahrtbericht Nr. 18.

[10]) Fahrtbericht Nr. 19; 27. 7. 1941.

[11]) Fahrtbericht Nr. 18; 26. 7. 1941.

[12]) So auf der Fahrt am 27. 7., Fahrtbericht Nr. 19; 27. 7. 1941.

[13]) Fahrtbericht Nr. 18; 26. 7. 1941.

[14]) Fahrtbericht Nr. 22; 30. 7. 1941 und Fahrtbericht Nr. 23; 2. 8. 1941.

[15]) Fahrtbericht Nr. 23; 2. 8. 1941.

[16]) Fahrtbericht Nr. 22; 30. 7. 1941 – siehe auch „Bemerkungen“.

den Früchten beliefert werden können. Auch jetzt schon beziehen Einheiten vielfach Gemüse, Gartengewürze und einiges Frischfleisch aus dem Lande[17]).

Was die Nachrichten zur Feindlage angeht, so ist die wichtigste diese: Die hohen Verluste auf der Gegenseite werden laufend ausgeglichen. Die Ersatzmannschaften kommen nach Gefangenenaussagen aus Truppenlagern in Gomel[18]). Am 26. Juli teilt der Ia der 255. I.D. mit: Als heute drei Gefangene eingebracht wurden, stellte sich heraus, daß sie aus verschiedenen Völkern stammten (ein Türke, ein Armenier und ein Russe). Aber nicht nur ethnisch wirkt der Ersatz wenig homogen, der militärische Wert der Eingezogenen ist ungleich. Gen.Maj. Rendulic berichtet am 28. 7.: „Der russische Ersatz, der zum Auffüllen der Verluste nachgeführt wird, ist vielfach schlecht oder gar nicht ausgebildet. Gefangene wurden gemacht, die erst acht Tage lang Soldat sind[19])." Der Divisionskommandeur glaubt daraus zu erkennen: „Der Kampfwert der russischen Infanterie wird zusehends schlechter." Die russische Artillerie jedoch bleibt gleichbleibend stark; allein an der Rollbahn befinden sich zwanzig Batterien[20]). Doch nicht nur die Verluste bei den eingesetzten Regimentern des Gegners werden fortwährend durch Ersatz ausgeglichen, der Gegner führt offenbar ganz neue Verbände heran. Die 52. I.D. hat erfahren, daß zwei russische Reserve-Divisionen in Anmarsch auf Rogatschew sind; der Div.Kdr. rechnet daher am 30. Juli mit einem größeren Angriff an der Rollbahn in den nächsten Tagen[21]).

Nach Gefangenenaussagen, die freilich, was ihre allgemeine Gültigkeit angeht, kritisch zu werten sind, ist die Stimmung unter den Mannschaften beim Gegner nicht gut. Ein Russe sagte bei der 255. I.D., daß mehrfach Fälle von Selbstverstümmelung aufgetreten sind[22]).

Die über den feindlichen Linien abgeworfenen Passierscheine für Überläufer sind dort, so wird gesagt, sehr begehrt. Sie werden von russischen Soldaten aufbewahrt und bei sich versteckt. Ihr Besitz ist gefährlich. Ein Überläufer sagte bei der 267. I.D. aus: „Wer von Kommissaren mit Flugzetteln erwischt wird, wird erschossen[23])." Der Ia der 255. I.D. meldet am selben Tage (30. 7.), daß sieben Gefangene mit Passierscheinen ankamen. Einer von ihnen erzählte, daß ein Bataillonskommandeur, der später gefallen sei, vier Soldaten erschossen hätte, weil sie nicht vorgehen wollten[24]).

---

[17]) Fahrtbericht Nr. 20; 28. 7. 1941, so berichtet bei I.R. 181.

[18]) Fahrtbericht Nr. 18; 26. 7. 1941.

[19]) Fahrtbericht Nr. 20; 28. 7. 1941.

[20]) Ähnlich lauten die Berichte bei der 267. I.D. Am 30. Juli sagt der Kommandeur der Division gegen 10.15 Uhr in Krasnyj Bereg: „Auch der Nachschub von Ersatzmannschaften geht beim Feinde laufend vor sich, teilweise werden zweijährig Gediente, teilweise ungediente Leute nachgeschoben." Fahrtbericht Nr. 22; 30. 7. 1941.

[21]) Fahrtbericht Nr. 22; 30. 7. 1941.

[22]) Fahrtbericht Nr. 18; 26. 7. 1941.

[23]) Fahrtbericht Nr. 22; 30. 7. 1941.

[24]) An dieser Stelle sei eine Szene erwähnt, von der Marschall Schukow in seinen Erinnerungen berichtet. Ende Juli 1941 wurden Timoschenko und Schukow zu Stalin und einer Versammlung von Mitgliedern des Politbüros gerufen; Stalin tendierte dazu, Timoschenko seines Kommandos der Westfront zu entheben und Schukow damit zu betrauen. Wie Schukow berichtet, unterblieb die Absetzung, weil Schukow sich für Timoschenko ver-

Bei der 52. I.D. arbeitet Sonderführer Wlassow[25]) mit V.-Leuten. Wir erfahren von dieser, mit Agenten betriebenen, Feindaufklärung durch Anmahnungen der Division bei der Armee. Mehrfach war dort nach dem Geld gefragt worden, das die Division für diese Unternehmungen benötigte. (Es war schließlich, am 30. Juli, beim Generalkommando eingetroffen[26]).

Was auf der Gegenseite bei der stetigen Auffüllung der Menschenverluste zu beobachten ist, gilt ähnlich für die Versorgung mit Munition und Gerät. Es lag in der Natur der Sache, daß die Nachschubwege zu den offenbar riesigen Reserven für den Gegner im eigenen Land kurz waren, während sie für die deutsche Seite länger und beschwerlicher wurden. Munition wurde östlich des Dnjepr reichlich und dauernd nachgeschoben; materielle und personelle Überlegenheit war damit dauernd vorhanden.

Auf der deutschen Seite jedoch konnte Material nicht im selben Maße für die Anforderungen des Stellungskrieges beigeschafft werden, und an Mannschaftsersatz bei erheblichen eigenen Verlusten war vorerst auch nicht zu denken. Diese in bezug auf Versorgung und Reserven ganz verschiedene Ausgangslage wird im Augenblick, da die Front stehen geblieben ist, als Charakteristikum (jedenfalls an diesem Frontabschnitt) deutlich. Daneben stehen Urteile, etwa bei Rendulic, über den sinkenden Kampfwert der russischen Infanterie[27]). Wieweit dabei Gefangenenaussagen, es bestünde drüben vielfach Bereitschaft überzulaufen, allgemeine Bedeutung haben, ist schwer zu erkennen. Geführt wird jedenfalls auf der Gegenseite weiterhin mit unbeirrten Offensivabsichten – angesichts der hohen Einsätze, wie wir sahen, ohne rechte Erfolge[28]). Dennoch bedeutete es zur Zeit eine Bestätigung

---

wendete und die Mitglieder des Politbüros dem zustimmten. – Erinnerungen und Gedanken, S. 272.

[25]) Den Sonderführer Wlassow erwähnt J. Förster bei der Behandlung des Kapitels „Die Durchführung des Kommissar-‚Befehls'" in: Das Deutsche Reich und der Zweite Weltkrieg, Bd. 4, 1983, S. 1064: „Die 52. Infanteriedivision lobte den ihr zugeteilten Sonderführer Wlassow dafür, daß er mehrfach ‚Kommissare oder kommunistische Funktionäre' aus den Gefangenen herausgeholt habe ... [Anmerkung 203]: 52. Inf.Div., Ic vom 12. 7. 1941, betr. Freischärlertätigkeit, BA-MA, RH 26–52/60. Das Gen.Kdo. LIII. A.K. Ic meldete der 2. Armee, daß Wlassow 6 Kommissare ‚erledigt' habe. BA-MA, Alliierte Prozesse 9, NOKW – 2062." – In den Fahrtberichten selbst finden sich keine Erwähnungen, Berichte oder Urteile über die Behandlung gefangener Kommissare.

[26]) Fahrtbericht Nr. 22; 30. 7. 1941.

[27]) Der ehemalige sowjetische Generalstabsoffizier J. Baritz schrieb in einer Besprechung des Buches von B. S. Telpuchowski („Die Geschichte des Großen Vaterländischen Krieges") in den Sowjetstudien, Juni 1963, S. 113 ff.: „In der Anfangsphase des Krieges kam die Illoyalität großer Teile der Bevölkerung zum Vorschein, was sich auf den Gang der Kampfhandlungen und die politische Situation im Lande negativ auswirkte. Der fehlende Kampfeswille bei vielen Soldaten und Offizieren und der ungeordnete Rückzug der Sowjettruppen sind kennzeichnend für diese Periode." – Vgl. Hillgruber, Hitlers Strategie, S. 536 f.: „In der Tat glaubte nicht nur Hitler, sondern auch der Generalstab des Heeres bereits Mitte Juli, das Ziel des Ostfeldzuges erreicht zu haben, als in der von den deutschen Schlägen schwer getroffenen Roten Armee Anzeichen einer ernsten Krise zu erkennen waren, die ... als Vorboten eines nahen Zusammenbruchs der Sowjetunion gedeutet wurden."

[28]) Halders Urteil am 25. 7. über die russische Führung lautet: „*Feindbeurteilung allgemein* ... In offensiver Führung vor Heeresgruppe Süd *gut*, vor Heeresgruppe Mitte und Nord *schlecht*, in taktischer Führung und Ausbildung seiner Truppe *mäßig*." Über den zeitli-

für Timoschenko, den stürmischen Vormarsch der deutschen Divisionen am Dnjepr für mehrere Wochen aufgehalten zu haben. Damit erschien der von deutscher Seite ursprünglich auf wenige Monate veranschlagte Zeitplan des Feldzuges an dieser Stelle bereits durchkreuzt[29]).

Von existentiellem Interesse für die Führung mußte die grundsätzliche Reaktion der eigenen Truppe auf den plötzlich entstandenen Stellungskrieg und den ununterbrochenen, massiven Angriffsdruck des Gegners sein. Nachdem die verlustreiche Abwehrschlacht am Dnjepr gut zwei Wochen angehalten hat, bietet der Fahrtbericht vom 28. Juli Gelegenheit, das I.R. 181 zu beobachten, das etwa 10 km hinter der vorderen Linie für kurze Zeit abgelöst ist und „Ruhe" hat. Der Kom.Gen. besuchte alle drei Bataillone und sprach dem Regimentskommandeur, Oberst Mahlmann, „seinen ganz besonderen Dank und seine Anerkennung aus für die hervorragende Führung seines Regiments in der Abwehrschlacht bei Rogatschew"[30]). Ebenso dankte Weisenberger allen Betaillonskommandeuren und Kompaniechefs für die „heldenhafte und todesmutige Führung ihrer Einheiten". Eine große Anzahl von Offizieren und Mannschaften waren am Tage vorher mit dem E.K. I und II ausgezeichnet worden.

„Sämtliche Bataillone waren beim Waffenreinigen und setzten ihre Sachen in Stand. Die Stimmung der Truppe war gut und zuversichtlich, obwohl die Kompanien ziemliche Verluste hatten. Die 10. Kompanie hatte vor Rogatschew 21 Gefallene[31])."

---

chen Ablauf der Operationen notiert Halder am selben Tag: „. . . bei Heeresgruppe Mitte: bis zum Beginn der Schlacht von Smolensk den Erwartungen entsprechend, dann langsamer . . ." Halder KTB, Bd. III, S. 112. — G. R. Ueberschär schreibt zur Beurteilung der sowjetischen Wehrmacht am Ende Juli—Anfang August 1941: „Insgesamt zeigte sich, daß der Wert und die militärische Kampfkraft der Roten Armee mit ihren großen personellen Reserven erheblich höher zu veranschlagen waren, als man angenommen hatte, und daß sich trotz siegreicher Anfangsoperationen und großer Gefangenenzahlen sowie weitem Geländegewinn die Sowjetarmee hartnäckig und mit großem Geschick verteidigte . . ." Das Scheitern des Unternehmens „Barbarossa", in: „Unternehmen Barbarossa", herausg. v. G. R. Ueberschär u. W. Wette, 1984, S. 152.

[29]) H. A. Jacobsen in der Einleitung zum KTB OKW, Bd. I, S. 87 E: „allgemein rechnete die deutsche Wehrmachtführung mit einem Feldzug von 3—5 Monaten . . ." — Von den Vorausschätzungen des Generalfeldmarschalls von Brauchitsch berichtet A. Hillgruber: Der Oberbefehlshaber des Heeres meinte „am 30. April 1941, daß der Feldzug gegen die Sowjetunion nach ‚voraussichtlich heftigen Grenzschlachten' mit einer Dauer ‚bis zu vier Wochen' im wesentlichen beendet sein und es sich danach nur noch um Säuberungsaktionen gegen ‚geringfügigen Widerstand' bei der Inbesitznahme des gewaltigen Raumes handeln werde." — Vgl. Das Rußland-Bild der führenden deutschen Militärs vor Beginn des Angriffs auf die Sowjetunion, in: „Rußland — Deutschland — Amerika", Frankfurter Historische Abhandlungen, Bd. 17, Festschrift für Fritz T. Epstein, 1978, S. 298. — Siehe auch E. Klink: „Am Tage des Angriffs bestand weder bei Hitler noch bei den verantwortlichen Offizieren der Wehrmacht ein Zweifel daran, daß die bis zum Herbst zur Verfügung stehende Zeit und die Mittel der Kriegführung ausreichen würden, die feindlichen Streitkräfte vernichtend zu schlagen." — In: Das Deutsche Reich und der Zweite Weltkrieg, 4. Bd., 1983, S. 451. — „So wurde in dem im Herbst 1940 entworfenen improvisierten Kriegsplan Hitlers . . . nicht einmal die Möglichkeit einer längeren Dauer des Ostfeldzuges einbezogen, sondern alles auf eine Karte gesetzt." — Hillgruber, Hitlers Strategie, S. 573.

[30]) Fahrtbericht Nr. 20; 28. 7. 1941.

[31]) Fahrtbericht Nr. 20; 28. 7. 1941.

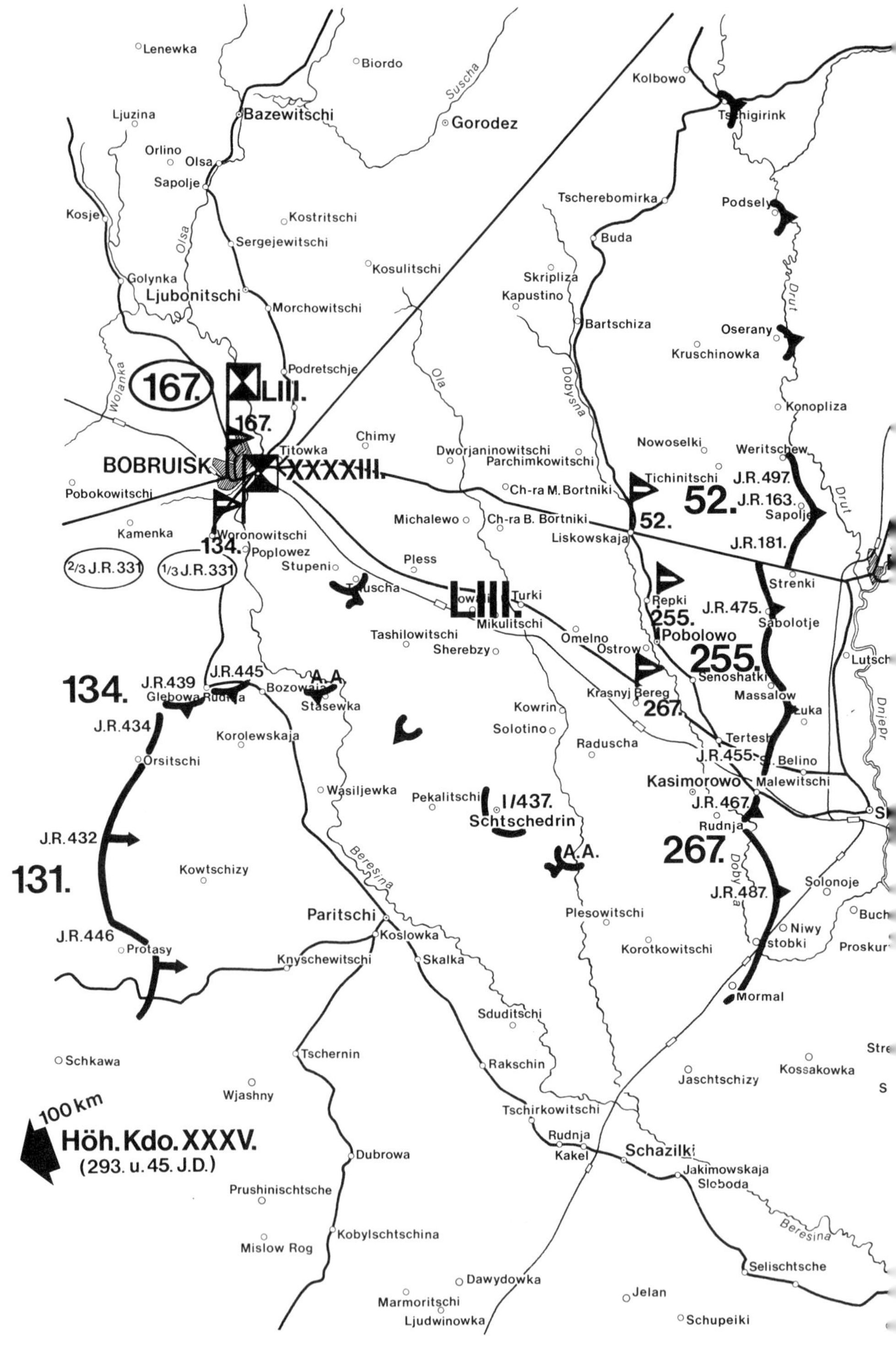

Skizze 3: Lage beim LIII. A.K. am 20. Juli 1941. Nach der Lagenkarte des A.O.K. 2 vom 20. 7. 1941. (BA MA RH 20-2/183)

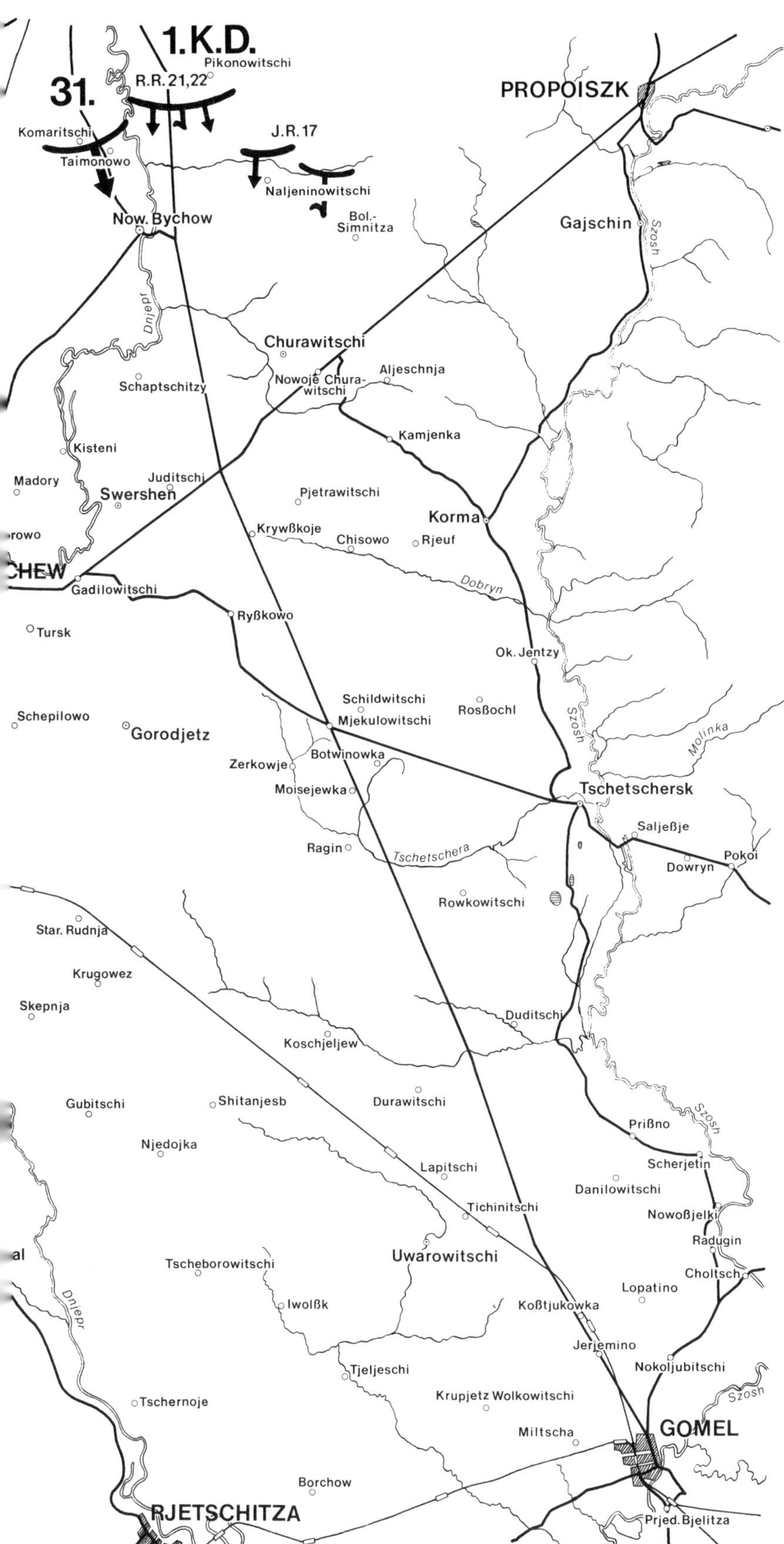
1.K.D.
31.
Pikonowitschi
R.R. 21,22
Komaritschi
Taimonowo
J.R. 17
Naljeninowitschi
Now. Bychow
Bol.-
Simnitza
PROPOISZK
Gajschin
Szosh
Dnjepr
Churawitschi
Nowoje Chura-
witschi
Aljeschnja
Schaptschitzy
Kamjenka
Kisteni
Madory
Juditschi
Swershen
Pjetrawitschi
Korma
Krywßkoje
Chisowo
Rjeuf
Dobryn
Gadilowitschi
Ryßkowo
Tursk
Ok. Jentzy
Schildwitschi
Rosßochl
Schepilowo
Gorodjetz
Mjekulowitschi
Szosh
Molinka
Zerkowje
Botwinowka
Moisejewka
Tschetschersk
Saljeßje
Ragin
Tschetschera
Pokoi
Dowryn
Rowkowitschi
Star. Rudnja
Krugowez
Skepnja
Duditschi
Koschjeljew
Gubitschi
Shitanjesb
Durawitschi
Szosh
Prißno
Njedojka
Scherjetin
Lapitschi
Danilowitschi
Tichinitschi
Nowoßjelki
Radugin
Uwarowitschi
Tscheborowitschi
Choltsch
Lopatino
Dnjepr
Iwolßk
Koßtjukowka
Jerjemino
Nokoljubitschi
Tjeljeschi
Szosh
Krupjetz Wolkowitschi
Tschernoje
GOMEL
Miltscha
Borchow
RJETSCHITZA
Prjed. Bjelitza

Natürlich klingen die anerkennenden Worte des Generals vorgeprägt, und das Urteil über die Truppe „Stimmung gut und zuversichtlich" lautet pauschal und undifferenziert, doch anders als mit generalisierenden Feststellungen über Verbände sind taktische Urteile und Führungsentschlüsse nicht zu finden. Sie ergeben in ihrer Art doch Hinweise auf die „Wirklichkeit", zumal wenn sie an anderen Stellen durch entsprechende Beobachtungen ergänzt und bestätigt werden. Ganz ähnlich wurde beim Besuch der 267. I.D. am Tage vorher (27. Juli) der Eindruck bei den kämpfenden Einheiten beschrieben. Es hieß: „Die Stimmung ist trotz der überstandenen schweren Kämpfe zuversichtlich", der Eindruck „gut"[32]). Auch bei den Pionieren am rechten Flügel des Korps herrschte am 2. August alles andere als niedergedrückte Stimmung, als Weisenberger den „Sperrverband Matthaei" inspizierte. Der Kommandeur des Pionierbataillons 751 berichtete, daß die Pioniere über die Verwendung an der Front froh seien. Für Spähtrupps etc. melden sich immer viele Freiwillige. „Die Pioniere machten einen frischen Eindruck. Der Kom.Gen. unterhielt sich mit ihnen und probierte zwei von den Pionieren gebratene Kartoffelpuffer[33])." Dazu ist freilich zu sagen, daß vor dem Sperrverband nicht im entferntesten der Druck der Abwehrschlacht wie an der Rollbahn lastete.

Insgesamt gesehen erscheint nach zwei Wochen verlustreicher Abwehr die Moral der Infanterie keineswegs erschüttert. Allerdings tauchen Beschreibungen wie zu Beginn der Schlacht (bei Barki, 15. August) nicht mehr auf[34]). Die Soldaten haben erfahren, daß sie gegen einen zahlenmäßig überlegenen und rigoros geführten Gegner stehen. Dennoch herrscht angesichts der immer wiederholten Erfolge im Abwehrkampf (und wohl überhaupt in Erinnerung an die deutschen Siege im Westen) Zuversicht.

Weisenbergers Ansprache an die Soldaten des I.R. 181 am 28. Juli lautet: „Ich bin zu Euch gekommen, um Euch meinen Dank und meine Anerkennung auszusprechen.

Im Brennpunkt der großen Abwehrschlacht bei Rogatschew stand Euer Regiment in vorderster Linie. Wenn es dem zahlenmäßig weit überlegenen Russen nicht gelang, in seinen fortwährenden Angriffen durchzubrechen, so ist das Euer hervorragendes Verdienst. Auf Eure Tapferkeit, Eure todesmutige Hingabe habe ich mich verlassen und Ihr habt mein Vertrauen erfüllt.

Eine Reihe unserer Kameraden sind gefallen, aber sie starben für eine große Sache. Wir wollen uns unserer Toten würdig erweisen.

Wenn nach Tagen der Ruhe für Euch wieder Kampf und Einsatz kommen, so denkt an Eure gefallenen Bataillonskommandeure und Kompanieführer, die im Geiste weiter mit Euch marschieren. Kämpft weiter unter ihren Augen, wie Ihr bisher unter ihren Befehlen gefochten habt.

Ich weiß, in allen künftigen Kämpfen werdet Ihr Euch weiter bewähren. Dafür wünsche ich Euch Soldatenglück und Sieg-Heil Kameraden[35])!"

---

[32]) Fahrtbericht Nr. 19; 27. 7. 1941.
[33]) Fahrtbericht Nr. 23; 2. 8. 1941.
[34]) Fahrtbericht Nr. 10; 15. 7. 1941. Bei III/I.R. 497: „ausgezeichnete Angriffsstimmung ... mit lachenden Gesichtern begrüßt ..."
[35]) Fahrtbericht Nr. 20; 28. 7. 1941.

Nimmt man die in der Ansprache eines Befehlshabers vorgeschriebenen Formeln von Todesmut und Hingabe aus dem Text heraus, so bleibt neben der Anerkennung der großen Leistung des Regiments die Vertrauenserklärung, die als Führungsmittel auch in Zukunft diejenigen, denen vertraut wird, bindet. Diese Erklärung war sicher keine Floskel, sondern entsprach der Auffassung des Inhabers der Kommandogewalt. Die Begründung des Kampfes in der Sowjetunion wird zurückhaltend, nicht ideologisch aufgehöht, beschrieben. Die gefallenen Kameraden starben „für eine große Sache". Nur wo die Toten genannt werden, ist eine Einwirkung vorherrschender Gedanken des Zeitalters und des Systems zu erkennen. Die gefallenen Kommandeure und Kompanieführer sind weiterhin gegenwärtig; sie „marschieren mit"; unter ihren Augen wird sich das Regiment weiter bewähren[36]). Wenn man will, kann man auch in dieser Gefallenenmetaphysik ein Mittel zur Festigung der Bataillone, der Kampfbereitschaft und der Vorbereitung des Sieges sehen. Stimmungsmäßig entspricht dem Vertrauen des Kommandierenden in die Truppe das Bewußtsein vom Kampf, der weitergeht, aber auch die Hoffnung auf „Soldatenglück".

In die Reihe der Fahrten zu den im Kampf stehenden Divisionen schob Weisenberger am 29. Juli den Besuch eines Feldlazaretts (52. I.D.) ein. Es befand sich in Michalewo, etwa 25 km hinter der Front, auf dem Gelände eines Sommerlagers der kommunistischen Jugendorganisation. Die vorhandenen örtlichen Verhältnisse waren in günstiger Weise für die Feldklinik genützt worden. Die Einrichtung machte einen guten Eindruck[37]). Mit etwa einhundert Verwundeten und Kranken war das Lazarett belegt. Was schon bei der 267. I.D. beobachtet worden war, bestätigte sich hier: In den letzten Tagen wurde die Zahl der Zugänge kleiner. Gestern war bei der 52. I.D. Großkampftag; dennoch wurden verhältnismäßig nur wenige Verwundete ins Feldlazarett eingeliefert. Die Truppe lernt auch hier schnell das Überleben im Stellungskrieg.

Wenn zu erwarten war, daß die Kranken und Verwundeten in vier Wochen genesen würden, verblieben sie im Feldlazarett und wurden nicht weiter zurückverlegt. Bei den Verwundungen handelte es sich meist um Verletzungen durch Granatsplitter; bei den Kranken gab es Lungenentzündung, Gelenkrheumatismus, Abzesse und Furunkulose. Außerdem wurden fünf Soldaten behandelt, die an einer Darmerkrankung litten. Die vorläufige Diagnose lautete „leichte Ruhr". Um jedoch festzustellen, ob es sich unter Umständen um schwere Fälle handelte, war es notwendig, mit Kurier Stuhlproben zum bakteriologischen Institut nach Minsk zu bringen. Der Chefarzt bat um Vermittlung durch das Generalkommando.

---

[36]) Bezeichnenderweise taucht der Gedanke, daß die Toten weiter in ihren Einheiten marschieren, mehrfach bei Ansprachen auf, die Weisenberger bei der Bestattung von gefallenen Soldaten hielt. Als drei Soldaten des Regiments Hauschulz (I.R. 475) am 14. 8. 1941 morgens bei Sloboda beerdigt wurden, sagte Weisenberger u. a.: „Wie sie Wegbereiter waren für unseren Sieg, so marschieren sie auch weiter in ihrer Kompanie. Sie werden mit uns den Sieg erleben." (Fahrtbericht Nr. 29). Ähnlich mittags am 15. 8. bei der Beerdigung eines Soldaten der 52. I.D., der mit einem Spähtrupp bei Strenki gefallen war: „Unsere Toten werden mit uns zum Endsieg marschieren." Fahrtbericht Nr. 30.

[37]) Fahrtbericht Nr. 21; 29. 7. 1941. – Ganz in der Nähe besichtigte der General auch „das Gelände eines sowjetrussischen Konzentrationslagers. Nach gründlicher Reinigung wäre dies Gelände bei einem Stellungswechsel nach vorwärts als Korpsgefechtsstand geeignet".

Das Lazarett war personell gut ausgestattet. Spezialärzte für Chirurgie, Inneres und Hals-Nasen-Ohren taten Dienst. General Weisenberger sprach mit den verwundeten Soldaten, wies darauf hin, daß ihre Division die Hauptlast des Kampfes an der Rollbahn getragen habe, dankte ihnen und wünschte gute Besserung. Der Chefarzt erhielt ein Lob für die saubere Einrichtung.

Einen besonderen Eindruck hinterließ die „zivile“ Abteilung des Feldlazaretts. Die Nachricht von der Anwesenheit einer ärztlichen Behandlungsstation hatte sich rasch bei der russischen Bevölkerung verbreitet. So hatten sich zahlreiche Kranke der Umgebung versammelt, die ambulant versorgt wurden. Im Augenblick wurde ein russischer Junge chirurgisch an einer Knochenmarkvereiterung behandelt.

7. Die Angriffsvorbereitung

Nachdem die Generalsstaffel am 2. August gegen 14 Uhr wieder auf dem Korpsgefechtsstand eingetroffen war, konnte ich nur noch mit Mühe die Notizen des Fahrtberichts (Nr. 23) in die Maschine diktieren. Danach legte ich mich mit Fieber und ziemlich benommen in ein Zelt in der Nähe des Beresina-Ufers nieder, wo mich abends aber ein Arzt des Korpsstabes aufsuchte und mich sofort in ein Gebäude und auf eine Krankenlagerstatt bringen ließ. Eine Infektion, die damals unter verschiedenen Namen in der Truppe bekannt war (etwa Wolhynisches Fieber), ließ mich acht Tage lang ausfallen. Erst am 11. August war die Temperatur so weit abgeklungen, daß ich, wenn auch noch etwas schwach, den General wieder „begleiten“ konnte.

In der Zwischenzeit war Weisenberger zweimal zu den Divisionen gefahren, am 6. und am 9. August; an beiden Tagen fertigte der IIb des Generalkommandos, Major Schürnbrand, die Fahrtberichte an. Die Besprechungen dieser Tage zeigen, daß sich das Korps während der ersten Hälfte des August darauf vorbereitete, im Rahmen einer allgemeinen Offensive der 2. Armee jetzt endlich den Dnjepr zu überschreiten und den Bewegungskrieg neu in Gang zu setzen. Dabei sollte vor dem LIII. A.K. die Front zunächst festgehalten und der Gegner hier beschäftigt werden, während die Nachbarkorps rechts und links vorstießen, so daß der „Festung“ Rogatschew die Einschließung zu drohen begann. Im Augenblick, da sich die Wirkung der Nachbarkorps vor dem eigenen Abschnitt zeigte, sollte das LIII. A.K. mit seinem Angriff beginnen. Erstes Ziel würde jedoch nicht Rogatschew sein, weil hier wegen der massiven feindlichen Kräfteversammlung ein Angriff zu verlustreich werden mußte.

Der Auftakt der Offensive des LIII. A.K. sollte sich gegen Shlobin richten. Aber auch hier war von Unternehmungen, die hohe Verluste forderten, Abstand zu nehmen[1]).

---

[1]) Fahrtbericht Nr. 24; 6. 8. 1941: „Der Herr Kom.Gen. gibt Weisung für den Fall starken, zu schweren eigenen Verlusten führenden Widerstandes, in Shlobin sich mit der Zerstörung der Dnjepr-Brücken zufrieden zu geben und nötigenfalls auf die Einnahme und das

Nachdem das Angriffsdatum höheren Orts u. a. wegen ungenügender Munitionsbevorratung mehrfach verschoben worden war[2]), setzten sich die Korps ab dem 9. August nach einem von der Armee bestimmten Plan in Bewegung[3]). Bei Gelingen der Operationen der Nachbarverbände war um die Mitte des August auch mit dem Angriff des LIII. A.K. zu rechnen.

Während die eigene Offensive vorbereitet wird, gehen die Feindangriffe auf dem Rogatschew-Abschnitt wie gewohnt weiter. Um den günstigen eigenen Angriffstermin abzupassen, muß das LIII. A.K. möglichst rasch von Tag zu Tag erfahren, wie der Gegner auf die Vorstöße der beiden Nachbarkorps und die sich für ihn abzeichnende drohende Umklammerung reagiert. Was berichten dazu die Divisionen? Am 11. August beschreibt der Ia der 255. I.D. um 11.15 Uhr den Gegner, der gestern südwestlich von Shlobin angriff und auch weiterhin bei Lessana vermehrt „drückt", mit folgenden Worten: „...zwar ausbildungs- und stimmungsmäßig schlecht, aber zahlenmäßig überlegen und fest eingebaut. Bei der bisher gleichmäßig gezeigten Sturheit auf der Gegenseite ist bei der Erzwingung des Dnjepr-Überganges weiterhin mit zähem und für uns verlustreichem Widerstand zu rechnen[4])."

Tags darauf, am 12. August 10.10 Uhr, berichtet Gen.Maj. Rendulic von einem Erkundungsunternehmen, das während der frühen Morgenstunden in der Gegend Kostjaschowo[5]) vom I.R. 205 durchgeführt wurde. Es zeigte sich auch hier, daß die gegnerische Front unverändert stark besetzt ist. Zwei starke Spähtrupps wurden auf kürzeste Entfernung abgewiesen und hatten starke Verluste.

Rendulic' Gesamteindruck ist folgender: „Der Gegner vor der 52. I.D. ist weiterhin zäh entschlossen, seine gut, teilweise raffiniert angelegte Stellung zu halten. Er ist auch nach kräftiger Artillerie-Vorbereitung (2000 Schuß) noch Soldat genug, unsere Spähtrupps auf nächste Entfernung herankommen zu lassen und dann abzuschießen. Seine infanteristischen Stellungen sind nicht geschwächt, nur die russische Artillerie schießt etwas weniger[6])." Daraus wurde geschlossen, daß der Gegner die Truppen vor dem Abschnitt opfern will, während er sich andernorts absetzt.

Das Urteil des Divisionärs wird durch den Kommandeur des I.R. 205[7]) weithin bestätigt und ergänzt. Dieser spricht mittags von dem „außerordentlich harten Widerstand", auf den das Unternehmen heute morgen stieß. Der Gegner „hat bewie-

---

Halten von Shlobin zu verzichten." Weisenberger bei der 267. I.D. am 6. August gegen 11 Uhr.

[2]) Im Kriegstagebuch des LIII. A.K. heißt es zum 31. 7. 41: „9.25 Uhr Fernschreiben Nr. 1128 A.O.K. 2: Angriff OKH genehmigt. Vorläufige Weisung tritt in Kraft. X-Tag voraussichtlich 4. 8., früh". – Als Weisenberger am 6. 8. bei den Divisionen den zuerst für den 5. 8., dann für den 7. 8. vorgesehenen Angriff bespricht, trifft auf dem Gef.Std. der 52. I.D. der Fernruf des Chefs des Gen.Stb. ein: „Alles anhalten." Siehe Fahrtbericht Nr. 24; 6. 8. 1941.

[3]) Während der rechte Nachbar, XXXXIII. A.K., am 9. August die Beresina überschreitet, greift am selben Tag, im Anschluß an den linken Flügel der 2. Armee das XXIV. Pz.K. an, am 10. August beginnt das XIII. A.K. den Angriff, und am 11. August folgt das XII. A.K., d. i. der linke Nachbar des LIII. A.K. – Fahrtbericht Nr. 25; 9. 8. 1941.

[4]) Fahrtbericht Nr. 26; 11. 8. 1941.

[5]) Etwa 7 km nordwestlich von Rogatschew.

[6]) Fahrtbericht Nr. 27; 12. 8. 1941.

[7]) Oberst Reymann, 13.30 Uhr auf dem Gefechtsstand in Sslapischtscha – Fahrtbericht Nr. 27; 12. 8. 1941.

sen, daß seine Kampfkraft keineswegs gebrochen ist. Er verfügt über gute Nerven, ausgesprochenen Kampfwillen und gut ausgebildete Leute. Von allgemeinen Überläufer-Tendenzen ist nichts zu bemerken."

Als der Kom.Gen. am frühen Nachmittag nochmals bei Rendulic eintrifft, äußert dieser die Vermutung, daß der hartnäckige Widerstand der Russen „auf den Einfluß der Kommissare" zurückgeht, die in „vorderer Linie kämpfen"[8]).

Eine Anweisung Weisenbergers lautet daraufhin: „Ein Angriff des Regiments Reymann ist erst vorzusehen, wenn der Gegner weich geworden ist, oder eine Flankensicherung nach links vorhanden ist[9])." Wann aber würde das bei diesem Gegner zu erwarten sein?

Der nächste Tag, der 13. August, brachte Klarheit[10]).

Gegen 15.20 Uhr gibt Weisenberger auf dem Gefechtsstand der 255. I.D. einen Überblick über die Lage und den für morgen, den 14. August, befohlenen Angriff: „Der Angriff des [links anschließenden] XII. Korps ist im Fortschreiten. Das Straßenkreuz 30 km nordostwärts Rogatschew und Churowitschi sind genommen. Von hier greift das XII. Korps mit der 31. I.D. Rogatschew von Osten an, während es mit anderen Kräften in Richtung Gorotjetz weiter vorstößt. Das XXXXIII. Korps [rechter Nachbar] setzt die 267. I.D. [inzwischen vom LIII. A.K. abgegeben] bei Streschin über den Dnjepr und baut hier eine Brücke. In seiner Südfront wehrt das Korps einen Einbruchsversuch von drei russischen Divisionen ab. Für den morgigen Angriff der 255. I.D. auf Shlobin stehen Stukas zu Verfügung[11])." Der Angriffsbeginn für die 255. I.D. ist auf den 14. August 4.00 Uhr früh festgesetzt. Wann die 52. I.D. antreten wird, liegt während der Besprechung um 16.35 Uhr auf Rendulic' Gefechtsstand Peresseka noch nicht fest. Doch es heißt jetzt, daß der Angriff „am zweckmäßigsten in Anlehnung an die Rollbahn erfolgt"[12]). Geschätzt wird, daß die Möglichkeit dazu „frühestens morgen Abend zu erkennen sein" wird. Für die Vorbereitung des Angriffs auf Rogatschew steuert Rendulic, der wie schon mehrfach zu beobachten war, sich mit der Psychologie des Gegners beschäftigt, einen Gedanken bei. „Der Div.Kdr. schlug vor, kurz vorher Propaganda-Zettel über der russischen Front abzuwerfen, da wahrscheinlich die Kommissare nach Bekanntwerden der kritischen Lage zu fliehen versuchen und dann die Masse der Russen vielleicht in ihrer Mentalität durch Propaganda zu beeinflussen ist[13])."

Nachdem die Abwehrschlacht in unserem Sichtbereich 31 Tage angedauert hat und sich jetzt eine Wende im Geschehen abzeichnet, fragen wir, welches allgemeine Urteil über den Gegner sich auf deutscher Seite bis zum Vorabend des erneuerten Großangriffs herausgebildet hat.

---

[8]) Fahrtbericht Nr. 27; 12. 8. 1941.

[9]) Fahrtbericht Nr. 27; 12. 8. 1941.

[10]) Schon am 12. 8. war fernmündlich voraus der Armeebefehl vom 13. 8. dem A.K. bekanntgegeben worden. Der Eintrag im Kriegstagebuch des Korps lautet: „12.50 Uhr Ferngespräch Ia mit Ia/Armee: Angriff des Korps ist gemäß Armeetagesbefehl Nr. 12 vom 13. 8. am 14. 8. durchzuführen."

[11]) Fahrtbericht Nr. 28; 13. 8. 1941.

[12]) Fahrtbericht Nr. 28; 13. 8. 1941. Wenn der Gegner sich, um der Gefahr der Einschließung zu entgehen, vor Rogatschew abzusetzen beginnt, ist der Angriff bei der Rollbahn wegen der besseren Straßenverhältnisse zu vertreten. Ein direkter Angriff auf die stark befestigte Rogatschew-Stellung war in der bis dahin bestehenden Frontlage als zu verlustreich abgelehnt worden.

[13]) Fahrtbericht Nr. 28; 13. 8. 1941.

Übereinstimmend wird die russische Führung immer wieder als durch Verluste nicht zu erschüttern bezeichnet[14]). Der Überlegenheit an Menschen und Material beim Gegner entsprechen große Zähigkeit und Geschick im Grabenkrieg. Die Stimmung und die Motivation innerhalb der Truppe mag beim Russen nicht einheitlich sein, wird auch verschieden gesehen, in entscheidenden Augenblicken jedoch zeigt die feindliche Front keine Anzeichen von „Überläufermentalität". In bezug auf den Ausbildungsstand gehen bei den Vertretern der 52. und der 255. I.D. die Urteile nicht zusammen; aber die starke Abwehr gegenüber der 52. I.D. zeigte beim Feind ostentativ „gute Nerven" und „gut ausgebildete Leute". Mag damit auch die Moral der Truppe drüben von Abschnitt zu Abschnitt vielleicht differieren, gleichermaßen ist deutlich: Weiterhin wird der Kampf gegen diesen Gegner schwer und verlustreich sein. Er lernt schnell. Seiner numerischen Überlegenheit ist nur mit Führungskunst zu begegnen. Rendulic sieht das Charakteristikum der Roten Armee und die Erklärung ihres hohen Kampfwertes im Kommissarsystem. Wo und wenn der Einfluß der Kommissare aufhört, tut sich nach seiner Vermutung vielleicht die Möglichkeit auf, mit psychologischen und propagandistischen Mitteln auf den Gegner einzuwirken.

Wie sehen die Vorgesetzten (um solche handelt es sich ja meistens bei den Urteilenden) auf deutscher Seite die Verfassung der eigenen Einheiten? Die Abwehrkämpfe haben bei der Infanterie spürbare Verluste gebracht. So meldet Oberst Reymann (I.R. 205, 52. I.D.) am 12. 8. nach dem vom Feinde abgewiesenen Erkundungsvorstoß: „Eine Komp. des angreifenden Bataillons ist nur noch 35 Mann stark[15])." Zu den Verlusten durch Feindeinwirkung kommen Erkrankungen bei den vorn eingesetzten Kompanien. Am 11. August berichtet Reymann, daß im Regiment 205 bei vielen Männern Hautkrankheiten aufgetreten sind. „Diese werden wahrscheinlich dadurch hervorgerufen, daß die Leute seit drei Wochen nicht aus den Kleidern gekommen sind und sich nur selten waschen konnten[16])." Erschwerungen durch die Wetterlage kommen hinzu.

Am 9. August bat Gen.Lt. Wetzel um Zuweisung von Chinin, um prophylaktisch fiebrige Erkältungskrankheiten bei den Soldaten in den Gräben zu bekämpfen. Seit den letzten Tagen haben schwere Regenfälle die Schützengräben überschwemmt[17]). Auch am 11. August heißt es: „Ein großer Teil der Front steht unter Wasser[18])."

Oberst Reymann ergänzt ein solches Landschaftsbild am selben Tage (freilich in einem anderen Abschnitt) mit dem Ausspruch: „Die Myk-Höhe ist von Artillerie-Feuer umgepflügt wie das Weltkriegsgelände bei Verdun[19])."

Es stehen für die am 14. August beginnende Offensive also keine ausgeruhten Divisionen mit neuem oder überholtem Gerät zur Verfügung; es steigen vielmehr

---

[14]) Am 15. August 1941 schrieb der Ia der 251. I.D. vom linken Flügel der Heeresgruppe Mitte: „Die Russen opfern ihre Menschen und opfern sich selbst in einer Weise, wie sich das der Westeuropäer kaum vorstellen kann." H. Meier-Welcker, Aufzeichnungen eines Generalstabsoffiziers 1939–1942, 1982, S. 127.

[15]) Fahrtbericht Nr. 27; 12. 8. 1941.

[16]) Fahrtbericht Nr. 26; 11. 8. 1941.

[17]) Fahrtbericht Nr. 25; 9. 8. 1941.

[18]) Fahrtbericht Nr. 26; 11. 8. 1941, Bericht des Ia, 255. I.D.

[19]) Fahrtbericht Nr. 26; 11. 8. 1941.

Soldaten aus nassen Gräben und Schützenlöchern, die sie wochenlang nur unter unerhörten Anstrengungen hatten festhalten können. Andererseits, wenn ein Regiment mit großen Teilen einmal abgelöst wird, und die Leute ihre Sachen und Waffen etwas herrichten und pflegen können, lautet das Urteil des Regimentsführers[20]): „Gesundheitszustand und Verpflegung[21]) sind gut."

Am 13. August hören wir im Fahrtbericht zum ersten Mal davon, daß Truppenersatz eingetroffen ist. Bei der 52. I.D. sind 500 Mann Ersatz auf die Einheiten verteilt worden, so daß die Regimenter nun gleichmäßige Grabenstärken von 1670 Mann haben[22]).

Der Nachschub an Munition ist während des bevorstehenden Angriffs durch die Heeresgruppe gesichert; das hatte schon am 6. August der Kom.Gen. bei der 267. I.D. mitgeteilt[23]).

Nahm man alles in allem, sah auch auf die Erfolge der Nachbarkorps, die rechts und links des Abschnitts Rogatschew—Shlobin vorankamen, dann war angesichts des Zustandes der eigenen Truppe das Urteil gestattet: Für den bevorstehenden Angriff geeignet. Erfolgsaussicht: Gut. Jedenfalls findet sich in den Fahrtberichten an keiner Stelle eine Bemerkung oder ein Hinweis, der Bedenken in dieser Richtung verriete. Wohl aber ist zu erkennen, daß innerhalb weniger Wochen mit grundsätzlichen Erfahrungen eine entsprechende Bewußtseinsumstellung auf deutscher Seite stattgefunden hat. Als am 9. August die 267. I.D., die unter das Kommando des XXXXIII. A.K. trat, vom LIII. A.K. verabschiedet wurde, dankte Weisenberger dem Divisionskommandeur von Wachter für die „außerordentlichen Lei-

---

[20]) Stellvertretender Regimentsführer des I.R. 163 (52. I.D.) am 12. August 13.55 Uhr auf Gefechtsstand in Lukojanoff Rog.

[21]) Was wahrscheinlich manchen Nichteingeweihten überraschen mag, ist die Beobachtung des Kom.Gen., daß bei der Truppe die Verpflegung besser und abwechslungsreicher ist als im Stabe des Generalkommandos. In den „Bemerkungen während der Fahrt" heißt es am 12. August: „Die Feldküche der 8./I.R. 205 stellt in 2 Stunden mit 2 Mann 104 große Klopse her. Bei der A.A. 152 gab es Rindsrouladen. Wenn es den Truppen-Einheiten möglich ist, die Fleischspeisen derartig zuzubereiten, muß es beim Korps-Stab ebenfalls möglich sein." — Fahrtbericht Nr. 27; 12. 8. 1941 (Nota bene: Die Feldküche, ein bedeutsames Instrument der Truppenführung). — Daß Disziplinlosigkeiten im Hinterland auftraten, ergibt sich aus einem Schreiben der Armee vom 8. 8. 1941, das der Kom.Gen. persönlich an die Divisionen weitergab. Dabei wies er „auf die unbedingte Notwendigkeit hin, die im Befehl angeführten Maßnahmen zur Verhinderung von Plündereien und Zuchtlosigkeiten mit aller Schärfe durchzuführen." (Fahrtbericht Nr. 26; 11. 8. 1941) — Schon am 22. Juli wurde in den „Bemerkungen" (Fahrtbericht Nr. 15) auf Fälle unsinniger Zerstörung von wichtigem Beutegut hingewiesen. Das geschah z. B. in Apotheken und Krankenhäusern durch das „Zerstreuen und Vernichten wichtiger Arznei- und Verbandmittel". Durch Belehrung und ggf. exemplarische Bestrafung ist der Gefährdung der Truppendisziplin und dem Aufkommen von Rechtsbrüchen und Verbrechen sofort entgegenzutreten. — In einem Brief vom 31. Juli 1941 schrieb der Ia der 251. I.D. aus der Gegend von Welikije Luki: „Wenn unsere Leute nur etwas vernünftiger und anständiger wären. Sie nehmen den Bauern ab, was ihnen gerade genehm ist. Das ist zu einem erheblichen Teil verständlich. Aber es ist bereits eine Gemeinheit, die Glucken ihren kleinen Hühnchen zu entreißen und zu schlachten. Ebenso unsinnig ist es, überall die Bienenstöcke aufzureißen, um an die Waben zu gehen." H. Meier-Welcker, Aufzeichnungen eines Generalstabsoffiziers 1939—1942, S. 124 f.

[22]) Fahrtbericht Nr. 28; 13. 8. 1941.

[23]) Fahrtbericht Nr. 24; 6. 8. 1941.

stungen der Div.". In die Zeit ihrer Unterstellung „fallen wohl die schwersten und krisenreichsten Tage des Rußlandfeldzuges überhaupt"[24]). Für den späteren Betrachter, der den Verlauf und die Schicksale des Krieges in Rußland im ganzen übersieht, mögen die Adjektive, die schon im August 1941 zur Bezeichnung einer als außerordentlich empfundenen Situation verwendet wurden, überzogen erscheinen; sie signalisieren jedoch schon sieben Wochen nach Beginn des Krieges im Osten die Innewerdung einer Krise angesichts eines bis dahin unbekannten Gegners, der den eigenen Truppen unerhörte Leistungen abverlangt[25]. Freilich, so klingt es durch, scheinen die „krisenreichsten" Tage nun gemeistert.

Während Nachschubkolonnen Pioniergerät für die geplanten Brückenbauten nach vorn schaffen, herrscht schon wenige Kilometer hinter der Front eine frühherbstlich-friedliche Stimmung. Am 11. August, während der Fahrt nach Pobolowo, ist die Landbevölkerung auf den Feldern bei gemeinsamer Arbeit zu sehen. Auf den meisten Äckern war das Getreide geschnitten, und die Garben sind aufgestellt. Auf einem Stoppelfeld bricht ein Pfluggespann schon wieder die Erde um. Die Divisionen befördern und beaufsichtigen die landwirtschaftlichen Arbeiten. Am 13. August auf dem Wege zur 52. I.D. bei Repki meldet ein „Landwirtschafts-Offizier, daß die Einbringung der Ernte gut voranschreitet"[26]).

Weiter im Hinterland, in Bobruisk an der Beresina, ist eine Großbaustelle eingerichtet worden. Am 11. August 9.55 Uhr besichtigte Weisenberger die Arbeiten bei der Wiederherstellung einer der beiden gesprengten Brücken. Ein Bataillon der Spezialtruppe Eisenbahnpioniere war eingesetzt. Neben den Pioniersoldaten arbeiteten auch Zivilisten und Gefangene an der Brücke. Bei den Zivilverpflichteten handelte es sich um Spezialisten aus den Krupp-Werken. Es wurden u. a. Unterwaser-Schneidetrupps verwendet, die mit Taucherausrüstung arbeiteten. Ein in den Flußgrund gesenkter neuer Betonpfeiler wurde gerade gegossen. Die Schienen auf der Brücke wurden auf Normalspur verlegt; auch sonst wird die russische Breitspur auf Normalspur umgenagelt. Es ist damit zu rechnen, daß bald Transporte von Berlin bis Shlobin ohne Umladen herangeführt werden können.

Weisenberger ließ es sich nicht nehmen, den Offizieren des Bataillons seine Anerkennung auszusprechen; daraus seien einige Säze genannt: „Es ist eine Freude

---

[24]) Fahrtbericht Nr. 25; 9. 8. 1941, Weisenberger auf dem Div.Gefstd. Krasnyj Bereg.

[25]) Eine neue Beurteilung des Gegners und der Lage im Großen formulierte Halder am 11. August 1941 in seinem Tagebuch mit folgenden Worten: „In der gesamten Lage hebt sich immer deutlicher ab, daß der Koloß Rußland, der sich bewußt auf den Krieg vorbereitet hat, mit der ganzen Hemmungslosigkeit, die totalitären Staaten eigen ist, von uns unterschätzt worden ist. Diese Feststellung bezieht sich ebenso auf die organisatorischen wie auf die wirtschaftlichen Kräfte, auf das Verkehrswesen, vor allem aber auf die rein militärische Leistungsfähigkeit. Wir haben bei Kriegsbeginn mit etwa 200 feindlichen Divisionen gerechnet. Jetzt zählen wir bereits 360. Diese Div. sind sicher nicht in unserem Sinne bewaffnet und ausgerüstet, sie sind taktisch vielfach ungenügend geführt. Aber sie sind da. Und wenn ein Dutzend davon zerschlagen wird, dann stellt der Russe ein neues Dutzend hin. Die Zeit dazu gewinnt er dadurch, daß er nah an seinen Kraftquellen sitzt, wir immer weiter von ihnen abrücken. So ist unsere auf größte Breite auseinander gezerrte Truppe ohne jede Tiefe immer wieder den Angriffen des Feindes ausgesetzt. Diese haben teilweise Erfolg, weil eben auf den ungeheuren Räumen viel zu viele Lücken gelassen werden." – Halder KTB, III, S. 170.

[26]) Fahrtbericht Nr. 28; 13. 8. 1941.

zu sehen, wie vorzüglich Ihre Männer arbeiten und wie, von Geschick und Zielsicherheit angetrieben, diese schwierige Arbeit fortschreitet... In wenigen Tagen können die Züge wieder über die Beresina nach Osten weiterrollen. Sie haben damit geholfen, uns den Weg zum Sieg zu bahnen. Sprechen Sie Ihren Pionieren meinen ganz besonderen Dank und meine Anerkennung aus[27])."

8. Die Kesselschlacht bei Gomel

Am 14. August in der Frühe begann der Angriff im Abschnitt des LIII. A.K.[1]). Morgens um 6.05 Uhr war Weisenberger bei der 255. I.D. und hörte die Meldung des Divisionskommandeurs Wetzel in Pobolowo: „Der Angriff hat gute Anfangserfolge[2])." Schon am Vorabend hatte Oberst Hauschulz (I.R. 475) seine Stellungen vorverlegt. Im Augenblick bewegte sich das Regiment Poppe (I.R. 465) entlang der sog. Steinstraße in Richtung auf Shlobin. Die Generalsstaffel fuhr auf dieser Straße vor bis zur Angriffsspitze. Zunächst waren in dem Gefechtsbetrieb der Regiments- und auch ein Bataillonsstab nicht zu finden, dann traf die Staffel auf Oberst Poppe; dieser meldete gegen 7 Uhr: „Der Angriff des Regiments entlang der Steinstraße schreitet gut voran. Belischa ist erreicht." Auch Oberst Stephan (I.R. 467; 267. I.D.) meldet 8.10 Uhr in Sagradje: „Der Angriff des Regiments begann erfolgreich"[3]). Besonders erwähnt wird die Wirkung der Stuka-Angriffe: „Die moralische Wirkung auf der Gegenseite ist stark, unseren Leuten wird durch die Flieger großer Auftrieb gegeben[4])." Die ersten Stunden des 14. August zeigen also bei den angreifenden Einheiten der 255. I.D. überall erfolgreiche Einbrüche und Vorstöße. Zwar gibt es Widerstand – das II. Batl. des I.R. 467 meldet bis 8 Uhr 13 Verwundete[5]) –, aber insgesamt bewegen sich die Regimenter auf ihre vorgegebenen Ziele zu. Weisenberger tut das Seine, um den Angriff in Fluß zu halten; er wirkt darauf hin, daß die Munition zügig nachgeschoben wird – und vor allem, daß die Artillerie durch rechtzeitige Stellungswechsel mit der Infanterie Schritt hält.

---

[27]) Fahrtbericht Nr. 26, 11. 8. 1941.

[1]) Siehe Kriegstagebuch LIII. A.K.: „04.00 Uhr, Ia/255. I.D. Fernspruch, Die Feuervorbereitung der Art. hat begonnen. – 04.55 Uhr, Ia/255. I.D./Ia A.K. Nowiki genommen und Park nordwestlich davon. Der Feind flüchtet. Es sind Bomben geworfen worden, die einen großen Krach verursacht haben. Spähtruppmeldung von Nacht 13./14. 8. Bei Werbitscheff Widerstand wie bisher."

[2]) Fahrtbericht Nr. 29; 14. 8. 1941.

[3]) Zum weiteren Vorgehen des Regiments heißt es: „Nur eine Häusergruppe nördlich Belischa stört noch durch Flankierung. Nach Vorziehen eines weiteren Bataillons und Ausschaltung der Flankierung stößt das Rgt. vor auf Lebedewka. Wenn es notwendig werden sollte, läßt der Rgt.Kdr. das nachziehende Batl. tropfenweise über die Steinstraße in Belischa einsickern." – Fahrtbericht Nr. 29; 14. 8. 1941.

[4]) Fahrtbericht Nr. 29; 14. 8. 1941. – Entscheidende Wirkung der Stukas im Erdkampf wird häufig erwähnt, so im September an der Front in Raume Roslawl. Siche Fahrtbericht Nr. 44; 6. 9. 1941.

[5]) Fahrtbericht Nr. 29; 14. 8. 1941.

So spürte er wieder einen Batteriechef auf (11/A.R. 255), der zwar eine B-Stelle auf einem Baum eingerichtet hatte, aber zugeben mußte, daß er vom Gegner nichts mehr sehen konnte[6]).

Bereits am frühen Nachmittag stand ziemlich fest: Das Tagesziel der Division wird erreicht werden. Um 15.10 Uhr teilt Gen.Lt. Wetzel mit, daß das Regiment Stephan (I.R. 467) in Shlobin bis zur Westkirche eindringt. Dort wartet es den Angriff der Sturzkampfbomber ab, der um 16.00 Uhr erfolgen soll. Im Anschluß daran dürfte Shlobin fallen. Während sich im rechten Korpsabschnitt die 255. I.D. auf Shlobin vorwärtskämpft, bespricht Weisenberger um 14.00 Uhr mit dem Kommandeur der 52. I.D. den bevorstehenden Angriff im linken Abschnitt. Die Rendulic-Division muß bald antreten, denn das XII. A.K., das inzwischen von Osten, d. h., „von hinten" auf Rogatschew losgeht, ist auf Widerstand gestoßen[7]). Die Armee wünscht einen baldigen Entlastungsangriff von Westen auf die Stadt. Dabei schlägt der Chef des Generalstabes der Armee vor, Rogatschew nördlich zu umfassen und über Blisnezy[8]) vorzugehen. Weisenberger und Rendulic sind jedoch gegen diesen Vorschlag und beabsichtigen einen Vorstoß unmittelbar südlich der Rollbahn auf Sadrudje[9]). Auch nach diesem Plan soll die Stadt Rogatschew zunächst umgangen werden, aber die Straßenverhältnisse für das Heranführen des Pioniergeräts wie auch für die weiteren Bewegungen nach Überwindung des Stromes sind südlich der Stadt ungleich günstiger. Der Angriff beginnt morgen früh. Den genauen Zeitpunkt bestimmt die Division. Stukas stehen auch hier zu Verfügung.

Am 15. August, am zweiten Angriffstag, erschien Weisenberger morgens um 8.50 Uhr bei der 255. I.D.; der Ia meldete:[10]) Shlobin wurde vom I.R. 467 genommen, aber die Eisenbahnbrücke über den Dnjepr ist nicht in unserer Hand. Aus gut getarnten Bunkern schießt der Feind hier mit Explosivgeschossen. Mit Flak und Pak war bislang nichts auszurichten. Die Brücke ist noch intakt.

Darauf tadelte der Kom.Gen. die Gefechtsführung und erklärte, daß sofort nach der Einnahme von Shlobin ohne Verzug ein Spähtrupp hätte übersetzen müssen, dem weitere kleine Verbände folgten. Im Augenblick des Eintreffens am Dnjepr-Ufer war die Gelegenheit, den Fluß zu überschreiten, am günstigsten. Mit einer Pause im Angriff vergeht beim Gegner der Schock, und er kann sich am jenseitigen Ufer wieder zur Verteidigung einrichten. Gewiß ist es verständlich, daß die eigene Truppe nach den Anstrengungen des Angriffstages abgespannt war, in diesem Augenblick aber durfte das nicht entscheidend sein. Es war ein Fehler, auf die sofortige Bildung eines Brückenkopfes, oder doch die Erkundung dazu, zu verzichten.

Möglicherweise ist das jenseitige Ufer schon von der dort kämpfenden Division aufgegeben und nur noch die Bunkerbesatzungen haben den Auftrag, den Übergang über die Brücke zu verhindern. Im Schutze der Dunkelheit oder des frühen Morgennebels hätte ein Spähtruppunternehmen hier Klarheit bringen müssen. Einwendungen aus dem Divisionsstab wies Weisenberger zurück.

---

[6]) Fahrtbericht Nr. 29; 14. 8. 1941.

[7]) Fahrtbericht Nr. 29; 14. 8. 1941.

[8]) Blisnezy liegt 6 km nordwestlich von der Stadtmitte Rogatschew.

[9]) Sadrudje liegt etwa 3 km südwestlich von der Stadtmitte Rogatschew am Westufer des Dnjepr. Hier mündet auch der Drut.

[10]) Fahrtbericht Nr. 30; 15. 8. 1941.

Inzwischen trifft die Division Vorbereitungen für den Angriff über den Dnjepr. Die ersten Nachrichten über Gefangenenzahlen liegen vor. Vorsichtig geschätzt werden bislang 400, doch dürfte die wirkliche Zahl schon höher sein[11]).

An eigenen Verlusten sind der Division bisher 150 Mann gemeldet.

Vom Shlobin-Abschnitt fuhr die Generalsstaffel zur 52. I.D. Diese hatte heute morgen 4.30 Uhr mit dem Angriff auf Strenki die Landstraße nach Rogatschew geöffnet[12]). „Auf der Rollbahn herrschte schon richtige Vormarschstimmung [gegen 10 Uhr]. Unaufhörlich rollten Infanterie-Trosse, Artillerie und Brückenbau-Kolonnen in Richtung Rogatschew und folgten der Angriffs-Infanterie[13]).“

Bei Strenki und Kolodowka passierte die Staffel die verlassenen Hauptkampflinien der Deutschen und der Russen. „Die Stellungen machten den Eindruck eines Weltkriegsgeländes.“

Der Gefechtsstand Rendulic befand sich um 10.25 Uhr am Drut. Die Brücken über Drut und Dnjepr waren nahezu unbeschädigt weggenommen worden[14]). Ein Bataillon hatte den Dnjepr bereits überschritten. Der Div.Kdr. selber war mit der ersten Kompanie am Dnjepr gewesen. Der Kom.Gen. beglückwünschte Rendulic herzlich. „Der Gewinn Rogatschews ist ein glänzender Abschluß und eine Krönung der heldenhaften Abwehrkämpfe an der Rollbahn[15]).“

Weisenberger und Rendulic fuhren über den Drut bis an den Dnjepr nach Rogatschew. Die Stadt war völlig zerstört. Im Fahrtbericht heißt es an dieser Stelle: „Es war eine große Minute für denjenigen, der die harten Kämpfe vor Rogatschew miterlebte, die beiden Generäle auf den Trümmern der Stadt am Steilufer des

---

[11]) Am 15. August notierte Halder: „Der Angriff Rogatschew schreitet recht erfreulich fort. Zusammenschluß der Nordgruppe (XII. u. XIII. A.K.) und der von Westen kommenden Gruppe (XXXXIII.) nördlich Gomel scheint nahe bevorzustehen. Man wird bald wieder mit größeren Gefangenen- und Beutezahlen rechnen können.“ — Halder KTB, Bd. III, S. 77.

[12]) Am 15. August um 4.45 Uhr war auch ostwärts des Dnjepr im Raume Sswershenj — Gadilowitschi das I.R. 82 (31. I.D.) zum Angriff angetreten. Der Kommandeur I.R. 82 war Oberst Friedrich Hoßbach. Dieser schilderte später die Ereignisse des Tages folgendermaßen (Infanterie im Ostfeldzug 1941/42, 1951, S. 78): „An den beiden nördlichen Eckpfeilern des Einschließungsringes um Gomel standen sich die 52. I.D. bei Rogatschew und die 31. I.D. bei Gadilowitschi gegenüber. In dem Raum zwischen beiden Divisionen, dessen Breite an dieser Stelle nur 15 km betrug, befand sich der Feind. Er hielt bei Rogatschew mit der Front nach Westen und bei Gadilowitschi mit der Front nach Osten. Die beiden deutschen Divisionen sollten den ihnen jeweils gegenüberstehenden Feind werfen und hierzu längs der Straße Rogatschew — Gadilowitschi angreifen, die 52. I.D. nach Osten, die 31. I.D. nach Westen, um sich in der Mitte die Hand zu reichen und den Sack zu schließen.“ Hoßbach, der sich, um Kräfte zu sparen, mehrfach gegen überhastete Angriffsbefehle seiner Vorgesetzten gestellt hatte, sprach von einer „Kesselpsychose“ bei der oberen Führung, deren Maßnahmen „in eine für die Truppe unverständliche Angriffshetze ausarteten“. — Das I.R. 82 griff dann am 15. August um 13 Uhr Gadilowitschi an; um 14 Uhr waren das Dorf und die südlich davon belegenen Höhen vom Feind geräumt.

[13]) Fahrtbericht Nr. 30; 15. 8. 1941.

[14]) Fahrtbericht Nr. 30; 15. 8. 1941. — Es handelte sich um „Floßbrücken“, d. h., um aus Holzstämmen zusammengefügte Stege, die auf dem Wasser schwimmen. Die primitive aber praktikable Methode des Brückenbaus erregte das Interesse der deutschen Soldaten und Pioniere, denn die einfachen hölzernen Schwimmbrücken „tragen die Fahrzeuge der leichten Artillerie durchaus“.

[15]) Fahrtbericht Nr. 30; 15. 8. 1941.

Dnjepr zu sehen, während die ersten Soldaten den Fluß überschritten und bei Sonnenschein in das tiefliegende Waldgelände nach Osten marschierten[16]).“

Von Rendulic fuhr Weisenberger nochmals zur 255. I.D. nach Pobolowo, um dem Gen.Lt. Wetzel, den er morgens nicht angetroffen hatte, ebenfalls zur Einnahme von Shlobin zu gratulieren. „Diese Stadt, die der Div. über vier Wochen lang wie eine Festung gegenüberlag, ist schließlich von der Div. selbst bezwungen worden. Dieser Abschluß ist für die Division eine Genugtuung und der letzte Beweis ihrer zielbewußten Führung vor Shlobin.“ Weisenberger hob besonders die überlegene Ruhe hervor, die der Div.Kdr. und der Ia in den schwersten Tagen der Abwehr bewahrten. „Das Korps wußte immer, bei der 255. I.D. verliert man nicht die Nerven[17]).“

In dieser lobenden Bemerkung verbirgt sich eine einfache Überzeugung: Die Kampfkraft eines Verbandes ergibt sich nicht nur aus der Anzahl und Qualität der Waffen, dem Ausbildungsstand der Soldaten, den „Fähigkeiten“ der Unteroffiziere und Offiziere, sondern in hohem Maße aus der psychischen Verfaßtheit der Inhaber der Kommandogewalt.

Auch den Kommandeuren der Infanterieregimenter und den Artilleristen, denen Weisenberger begegnete, sagte er Dank und hohe Anerkennung. Aus den Äußerungen dieser Stunden klingt etwas durch wie Erleichterung darüber, daß das Schwerste nunmehr geschafft scheint.

Die folgenden Tage[18]) bringen, nachdem alle Teile des Korps über den Dnjepr gesetzt sind, im Kessel ostwärts Shlobin Ausräumungskämpfe, die sich wegen der schlechten Wegeverhältnisse vielerorts als mühselig erweisen. Zwar operieren die eingeschlossenen feindlichen Truppen nicht mehr im Zusammenhang, aber sie halten sich in z. T. großen Gruppen in den Wäldern verborgen und – so berichtet Gen.Lt. Wetzel am 17. August auf dem vorgeschobenen Div.Gef.Std. in Lugowaja Wirnja: Die Russen „kämpfen, wenn sie noch Offiziere haben, überall verbissen weiter, auch wenn sie sich in aussichtsloser Lage befinden“[19]).

---

[16]) Fahrtbericht Nr. 30; 15. 8. 1941. – Rendulic hat später den Blick von Rogatschew folgendermaßen beschrieben: „Vom Südrand der Stadt... hat man einen einzigartigen Ausblick. Im Osten dehnt sich die unabsehbare Waldzone, in welche die Russen zurückgegangen waren, im Westen das überragende Steilufer, das die Sicht abschneidet, nach Süden schweift der Blick über das Gebiet des in majestätischer Ruhe dahinfließenden Dnjepr, der nach Aufnahme des Drut ein gewaltiger Strom geworden ist... Die ganze Melancholie der großen Ströme des Ostens lag auf diesem Bild.“ – Gekämpft, Gesiegt, Geschlagen, 1952, S. 49.

[17]) Fahrtbericht Nr. 30; 15. 8. 1941.

[18]) Inzwischen fügt sich der Ring um den Abschnitt Rogatschew–Shlobin zusammen. Am 15. 8. verzeichnet das KTB OKW: „Bei der H.Gr. Mitte schließt die 2. Armee durch Verbindungsaufnahme zwischen XXXXIII. und XII. A.K. Feindkräfte im Gebiet ostwärts Shlobin ein und stößt mit der 1. K.D. weiter auf Gomel gegen die dorthin zurückgehenden Feindteile vor.“

[19]) Fahrtbericht Nr. 32; 17. 8. 1941. – Der Ia der 255. I.D. berichtet am 17. 8. morgens z. B.: „Durch den Druck der nach Südosten strebenden Regimenter der 255. Div. sind die Russen abgedrängt worden. Teile von ihnen sind, von uns getrieben, durch die Linie des XXXXIII. Korps durchgebrochen... Das Rgt. Maetzke (I.R. 455) wurde heute nacht ziemlich heftig aus dem Walde ostwärts Tschetwerni beschossen. Das Rgt. säubert dies Waldgelände und stößt dann weiter auf Sawod. Das Rgt. Hauschulz (I.R. 475) säubert von Star. Rudnja aus und kämmt das Waldgelände nördlich Sawod in westlicher Richtung durch.“

Bei den Waldkämpfen ist die Artillerie nicht einzusetzen. In Trupps zu 20 Mann werden die Russen allein durch Infanteriekräfte aus den Wäldern herausgeholt[20]). In den Nachrichten vergrößern sich die Zahlen der Gefangenen und Beutegüter. Am 17. August morgens meldet die 255. I.D. über 2000 Gefangene. Unter ihnen befinden sich Wolgadeutsche, von denen vermerkt wird: „Diese sind auch heute noch gläubige Menonniten[21])."

Am 18. August geht der Widerstand der feindlichen Gruppen dann in den Wäldern zu Ende. Bei der 255. I.D. werden morgens 9.05 Uhr von Gen.Lt. Wetzel 7700 Gefangene gemeldet, dazu an Beute: 47 Geschütze aller Art, 43 Maschinengewehre, 7 Panzerspähwagen u. s. f.[22]).

Die Stimmung und verzweifelte Situation bei den eingeschlossenen Trümmern der russischen Verbände spricht aus folgenden Begebnissen: Westlich von Star. Rudnja versuchte ein Pulk von 18 LKW, alle dicht mit Soldaten besetzt, aus einem Waldstück auszubrechen. Der Versuch mißlang; alle Fahrzeuge wurden abgeschossen. Jetzt genügt vielfach ein Lautsprecherwagen, um die noch in den Wäldern verborgenen Russen herauszuholen. „Meistens ist jetzt endlich der Widerstandswille bei den Russen gebrochen[23])."

Über den Umgang mit großen Gefangenenmengen wird folgendes berichtet: „Interessant war die Meldung des Oberst Hauschulz, der bei anbrechender Dunkelheit mehreren hundert Gefangenen durch Dolmetscher sagen ließ, wer während der Nacht nicht wegliefe und sich friedlich aufführte, dem würde nichts passieren. Diese Ausführungen wurden von den Russen mit Hallo aufgenommen. Wie Oberst Hauschulz der Div. meldete, «erntete er Beifall in allen Rängen»"[24]).

Um 10.25 Uhr heißt es bei der 52. I.D.: Die Division hat etwa 1000 Gefangene gemacht. Die Zahl der erbeuteten Geschütze dürfte zwischen 60 und 100 betragen. Eine unmittelbare Anschauung von den russischen Verlusten ergab sich während der Fahrt auf der Straße von Swatoje zum Bahnhof Saltanowka. „Diese Straße hat «Dünkirchencharakter». Sie ist besät mit russischen Treckern, Geschützen, (einmal stehen 12 schwere Geschütze hintereinander)[25]), Munitionswagen, zerschossenen und heilen LKW, unzähligen toten Pferden und gefallenen Russen, Munition,

---

Im KTB OKW heißt es unter dem 17. August: „Bei H.Gr. Mitte versucht der Gegner vor der 2. Armee, sich nach Südosten und Osten abzusetzen... Die durch das LIII. und XII. A.K. eingeschlossenen Feindkräfte können nach vergeblichen Durchbruchsversuchen in der Masse als vernichtet angesehen werden." Kriegstagebuch der Operationsabteilung des GenStdH, KTB OKW, Bd. I, S. 469.

20) Als Weisenberger am 18. August morgens die Sanitätskompanie der 52. I.D. in Swatoje besuchte und mit den Verwundeten sprach, erfuhr er: „Die meisten Verwundungen waren durch Infanterieschüsse hervorgerufen, meistens aus nächster Nähe abgegeben." – Fahrtbericht Nr. 33; 18. 8. 1941.

21) Fahrtbericht Nr. 32; 17. 8. 1941.

22) Fahrtbericht Nr. 33; 18. 8. 1941.

23) Fahrtbericht Nr. 33; 18. 8. 1941.

24) Fahrtbericht Nr. 33; 18. 8. 1941.

25) Rendulic schrieb später: „Auf der Straße stand in Marschkolonne eine schwere motorisierte russische Batterie nach der anderen... Wir hatten hier zweifellos die Masse jener schweren Artilleriegruppe vor uns, die uns bei Rogatscheff so viel zu schaffen gemacht hatte. Für die Division bedeutete diese gewaltige Beute einen wohlverdienten Triumph." – Gekämpft, Gesiegt, Geschlagen, S. 50.

M. G., Gewehren, Mänteln, sonstiger Bekleidung, Gasmasken, Stahlhelmen und allen erdenklichen anderen Ausrüstungsgegenständen. An dieser Straße entstand der einfache Eindruck: Der Feind ist vernichtet worden[26])." Hinzu kam, daß große Trupps von Gefangenen auf den Wegen zurückgeführt wurden[27]). Zu dem Bilde eines zerschlagenen und sich auflösenden Heeres paßt die Schilderung von Oberst Mahlmann vom I.R. 181 (18. August, mittags 12 Uhr). Es war gemeldet worden: Das II. Batl. I.R. 497 (267. I.D.) ist in Rudenka eingeschlossen. Es muß entsetzt werden. Das I.R. 181 ging deshalb gegen Rudenka vor, um den Einschließungsring aufzusprengen. Jedoch, so schildert es Oberst Mahlmann: „Die Russen, die sich außerhalb des Ortes befanden und damit das deutsche Batl. einschlossen, hatten dies keineswegs aus kriegerischer Absicht getan, sondern warteten nur auf die günstige Gelegenheit, sich gefangen nehmen zu lassen. Das I.R. 181 vereinnahmte diese Russen ohne eigene Verluste[28])." Auch beim I.R. 181 sind die Zahlen für Gefangene und Beute sehr hoch. Heute morgen kamen noch 3000 Gefangene hinzu, sodaß das Regiment am 18. August mittags insgesamt 9000 Gefangene meldet. Neben der Beute an Waffen und Gerät, die solchen Menschenzahlen entspricht, wurde eine „noch nicht abschätzbare Zahl von Pferden" eingefangen.

Als „besonders schöne Beute" gilt die Fahne des russischen Schützen-Regiments 437. Sie wird recht genau beschrieben: „Die rote Fahne zeigt auf der einen Seite Hammer und Sichel mit der Bezeichnung des Regiments, auf der anderen Seite die Abbildung eines russischen Ordens mit dem Kreml und einen Infanteristen in der Mitte, dazu einen Ausspruch von Timoschenko[29])." Doch nicht nur von Beute und Gefangennahmen berichtet Oberst Mahlmann, auch Beispiele tapferen Widerstandes kennt er und berichtet davon: „Bei Bahnhof Saltanowka fiel eine ganze schwere Art.Abt. in die Hand des Rgts. Ein russischer Art.Rgts.Kdr. verteidigte sich mit seinem Adjutanten im Bahnhof Saltanowka bis zuletzt und ist dabei gefallen[30])."

Am 20. August besuchte Weisenberger die 267. I.D., die wieder unter das Kommando des LIII. A.K. getreten war. Auf dem Wege zum Div.Gef.Std. in Schitna boten sich mancherlei Eindrücke, wie sie für die Situation nach dem Abklingen der Kesselschlacht typisch waren. „Um 9.15 Uhr kam der Generalsstaffel bei Koly-

---

26) Fahrtbericht Nr. 33; 18. 8. 1941.

27) Fahrtbericht Nr. 33; 18. 8. 1941. — Bei der Begegnung mit Gefangenentransporten auf dem Wege nach Swatoje heißt es: „Auffällig ist auch die beträchtliche Anzahl verwundeter Russen."

28) Fahrtbericht Nr. 33; 18. 8. 1941.

29) Fahrtbericht Nr. 33; 18. 8. 1941. — Auch Rendulic erwähnt in seinen Erinnerungen die erbeutete Fahne, nennt aber eine andere Nummer des Schützenregiments: 343. — Siehe Gekämpft, Gesiegt, Geschlagen, S. 50.

30) Fahrtbericht Nr. 33; 18. 8. 1941. — Rendulic hatte ein besonderes Interesse an der Stimmung und der Mentalität in der sowjetischen Armee. Er schrieb später dazu über seine Erfahrungen während der Tage der großen Gefangenenzahlen: „Kommandeure beklagten sich über die Einmischung der Kommissare in ihre Kommandogewalt. Ein Major berichtete, daß im Offizierskorps die Abneigung des Marschalls Timoschenko gegen die Kommissare bekannt sei und daß er darauf hinarbeite, deren Befugnisse einzuschränken." — Gekämpft, Gesiegt, Geschlagen, S. 50 — Siehe auch S. 123: „Bei den vielen Kämpfen, die ich bisher in Rußland mitmachte... trachtete ich immer wieder, das Wesen des russischen Soldaten und der russischen Führung zu ergründen."

bowka ein großer Zug Gefangener etwa in Stärke eines Bataillons entgegen. Fast jeder Russe hatte sich aus einem am Wege liegenden Weißkohlfeld einen Kohlkopf besorgt und verzehrte ihn roh während des Marsches[31]).“

In Tschetwerni meldete der Regimentskommandeur I.R. 455, Oberstlt. Maetzke (255. I.D.). Sein Regiment hat aus dem zugewiesenen Raum alle Beute bei Sawod zusammengebracht. Maetzke weist darauf hin, daß dieses Verfahren, die Beute einzusammeln, seine Gefahrenseiten hat. Wenn das Regiment in nächster Zeit abrückt, fehlt für den riesigen Beutepark das Wachpersonal. Partisanenverbänden wäre Gelegenheit gegeben, sich hier mit Waffen aller Art auszustatten. Es wäre ohne Schwierigkeiten möglich, ganze Artillerie-Abteilungen zu bewaffnen und zu munitionieren. Maetzke weist darauf hin, daß für die Bewachung und den Abtransport der Beutewaffen besondere Maßnahmen veranlaßt werden müssen. Der Oberstleutnant zeigt aus der Beute einen Sextanten vor und bemerkt dazu, daß ihn immer wieder „die gute Ausrüstung der roten Armee“ in Erstaunen versetzt. Weisenberger erwidert darauf, diese Feststellung sei um so bemerkenswerter, „da beim Einmarsch der Russen in Polen und im russisch-finnischen Krieg beobachtet wurde, daß die Ausrüstung der Russen schlecht war[32])“. Kein Zweifel: Hier wurde von

---

[31]) Fahrtbericht Nr. 34; 20. 8. 1941. — Aus der Natur der Fahrtberichte als Quellen folgt, daß mit ihnen immer nur ein frontnaher Bereich erhellt wird und die Geschehnisse in der Tiefe des Hinterlandes nicht gesehen werden. Wenn in den Fahrtberichten einmal Kriegsgefangene auftauchen, befinden sie sich auf dem Marsch oder Transport nach hinten. Zu den z. T. erschreckenden Verhältnissen unter sowjetischen Kriegsgefangenen im rückwärtigen Heeresgebiet, wie sie K. Reinhardt (Wende vor Moskau, S. 91 f.) beschreibt, können die Fahrtberichte keine Beobachtungen liefern. Eine gewisse Ausnahme bildet die oben genannte Szene. — Zur Geschichte der Kriegsgefangenen siehe Chr. Streit, Keine Kameraden. Die Wehrmacht und die sowjetischen Kriegsgefangenen 1941—1945, 2. Aufl. 1981. — Ders., Die Behandlung der sowjetischen Kriegsgefangenen und völkerrechtliche Probleme des Krieges gegen die Sowjetunion. In: „Unternehmen Barbarossa“, hrsg. G. R. Ueberschär/W. Wette, S. 197 ff. — Zur Darstellung von Chr. Streit siehe die kritischen Bemerkungen bei J. Hoffmann, Das Deutsche Reich und der Zweite Weltkrieg Bd. 4, S. 729 ff.

[32]) Fahrtbericht Nr. 34; 20. 8. 1941. — Vor Beginn des Ostfeldzuges galt in den Führungsabteilungen der Wehrmachtteile in Bezug auf die Ausrüstung der Roten Armee weithin, was Hitler vor dem ObdH und der hohen Generalität der Wehrmachtteile auf dem Berghof am 9. Januar 1941 vorgetragen hatte: „Da Rußland auf jeden Fall geschlagen werden müsse, sei es besser, es jetzt zu tun, wo die russische Wehrmacht über keine Führer verfüge und schlecht gerüstet sei, und wo die Russen in ihrer mit fremder Hilfe entwickelten Rüstungsindustrie große Schwierigkeiten zu überwinden hätten.“ KTB OKW, Bd. I, S. 258. — Über die Unterschätzung der Roten Armee besonders in Hinsicht auf die Panzerwaffe bei R. Steiger, Panzertaktik im Spiegel deutscher Kriegstagebücher 1939—1941, 1973, S. 24 ff., S. 112. — Siehe auch Hitlers und des deutschen Generalstabs Einschätzung der Roten Armee bei Hillgruber, Hitlers Strategie, S. 533 und A. Hillgruber, Das Rußlandbild der führenden deutschen Militärs vor Beginn des Angriffs auf die Sowjetunion, in: Rußland—Deutschland—Amerika, Festschrift für Fritz T. Epstein, 1978, S. 296 ff. — Vergl.: E. Klink, Die Rote Armee im Urteil des Oberkommandos des Heeres seit September 1939, in: Das Deutsche Reich und der Zweite Weltkrieg, herausg. vom Militärgeschichtl. Forschungsamt, Bd. 4, 1983, S. 191 ff. — J. Hoffmann beschreibt die Vorstellungen von der Roten Armee vor Beginn des Krieges folgendermaßen: „Das Erscheinungsbild der sowjetischen Truppen während des Angriffs auf Polen im Jahre 1939 war ausgesprochen dürftig gewesen. Die anfangs wenig ruhmvollen Kampfhandlungen im Winterkrieg gegen Finnland hatten das ungünstige Urteil über Führung und Truppe noch verstärkt. Dort wo die Rote Armee, wie 1939 in der Mongolei am Chasan-See und am Chal-

den beiden Offizieren ein Zug im „neuen“ Rußlandbild angesprochen, der bereits allgemein akzeptiert war, obwohl der Krieg im Osten erst wenige Wochen alt war.

Um 11.25 Uhr berichtete Gen.Mjr. von Wachter über die Verwendung der 267. I.D. während der Tage der Nichtzugehörigkeit zum LIII. A.K. Der Übergang über den Dnjepr bei Streschin gelang durch „kühnes Zupacken“ des I.R. 497 (Daubert). Verlustreich für die Division wurden jedoch erbitterte Abwehrkämpfe bei Skepnia. Hier trafen zwei schwere Stöße, die planmäßig unter dem Befehl des Generals Petrowski angesetzt worden waren, auf die Aufstellung der 267. I.D. Die Angriffe, mit denen einigermaßen geschlossene Verbände aus dem Kessel herauszukommen suchten, erzielten Einbrüche an einigen Stellen. Zeitweilig mußte von Wachters Divisionsstab zur Nahverteidigung übergehen. Schließlich konnte die 267. I.D. bis zum 19. August 7350 Gefangene melden, doch in sechs Tagen hat sie selbst 1000 Mann verloren. Weisenberger bemerkte dazu, daß – trotz der geschickten Absetzbewegungen auf sowjetischer Seite – sich die Anlage des Kessels bei Rogatschew–Shlobin als taktische Handlung voll bewährt habe. Die gesamten Feindkräfte, die sich dem LIII. A.K. gegenüber befanden, sind gefangen genommen und vernichtet worden. Etwa sechs Divisionen mit aller Artillerie und allen mot. Fahrzeugen gingen dem Feind total verloren und können nicht wieder aufgefüllt

---

chim-Gol in den Kämpfen gegen die Japaner, erfolgreich operierte und günstig abschnitt, geschah dies in entlegenen Regionen und ohne Einblicksmöglichkeiten für nichtsowjetische Beobachter... Auch die Militärsachverständigen und Generalstäbe in Großbritannien und in den USA trauten der Sowjetunion eine nur geringe Widerstandskraft zu.“ In: Das Deutsche Reich und der Zweite Weltkrieg, Bd. 4, S. 38 f. – Nachdem der Krieg dann begonnen hatte, war ein erster Schock bei der deutschen Panzerwaffe über ausgezeichnetes und bisher unbekanntes russisches Gerät am 3. Juli eingetreten, als bei Borissow an der Beresina heftige feindliche Panzerangriffe erfolgten. Guderian (Erinnerungen S. 148) schrieb dazu: „Die Angriffe wurden unter schweren russischen Verlusten abgewiesen, aber der Eindruck auf die 18. Panzer-Division war doch nachhaltig genug, weil hierbei die ersten T34-Panzer auf der Feindseite aufgetreten waren, denen unsere damaligen Geschütze nicht viel anhaben konnten.“ – S. 213 beschreibt Guderian die großen Schwierigkeiten für den deutschen Panzer IV, einen russischen T34 kampfunfähig zu schießen. – Siehe auch G. R. Ueberschär, Das Scheitern des Unternehmens „Barbarossa“, in: „Unternehmen Barbarossa“, Herausg. G. R. Ueberschär/W. Wette, 1984, S. 152: „Die deutschen Führungsstäbe waren insbesondere von der ungebrochenen Leistungsbereitschaft und Rüstung der Roten Armee verblüfft... Überrascht war man ferner von dem Auftauchen neuer Geschützarten und stark gepanzerter sowjetischer Panzertypen (Salvengeschütz „Katjuša“ [Stalinorgel], T34, KW) gegenüber denen die deutsche Panzerabwehr fast machtlos war.“ – Siehe auch Ueberschär S. 151: „So konstatierten Goebbels und Hitler bei ihren Besprechungen am 18. 8. 1941 übereinstimmend mit den militärischen Führungsstäben ihre «Fehlurteile» und «falsche Einschätzung des bolschewistischen Potentials»: «Wir haben offenbar die sowjetische Stoßkraft und vor allem die Ausrüstung der Sowjetunion gänzlich unterschätzt».“ (Tagebuch Goebbels 19. 8. 1941) – Als Darstellung von seiten der DDR vergl. E. Moritz, Zur Fehleinschätzung des sowjetischen Kriegspotentials durch die faschistische Wehrmachtführung in den Jahren 1935 bis 1941, in: Auf antisowjetischen Kriegskurs. Herausg. von H. Höhn u. a. Schriften des Deutschen Instituts für Militärgeschichte, Ost-Berlin 1970, S. 168 ff. – Marschall Schukow stellte in seinen „Erinnerungen und Gedanken“ (S. 297 ff.) eine Reihe früher deutscher Äußerungen zusammen, die erkennen lassen, wie das Vorurteil über die geringe Stärke der Roten Armee bald abgebaut wird und „der sieghafte Ton trotz aller Erfolge an der Ostfront gleich mit den ersten Schlachten nachläßt und Staunen und Enttäuschung an seine Stelle treten.“

werden[33]). Dann fügte Weisenberger einen strategischen Lehrsatz an, der sicherlich nicht von ihm stammte, sondern ihm von vorgesetzter Stelle vermittelt worden sein dürfte: „Die erfolgreiche Durchführung dieses Kessels beweist, daß die Anlage kleinerer Einschließungen viel mehr Aussicht auf Erfolg hat, als große operative Kessel, da bei zu weit ausholenden Umfassungen die Möglichkeit des Ausweichens beim Feind größer ist[34]).“

Der Gedanke, den Rußlandkrieg nicht mehr mit großangelegten Operationen und weiträumigen Einkreisungen zu führen, sondern regionale Umfassungen in taktisch begrenztem Rahmen einzuleiten, stammte direkt von Hitler und taucht während eines Vortrages des ObdH am 23. Juli 1941 als Erläuterung zu einer der „Weisungen“ auf[35]). Am 25. Juli trug dann Gen.Feldm. Keitel bei der Heeresgruppe Mitte die von allerhöchster Stelle erhobenen Forderungen nach neuen Führungsformen vor: „Weitausholende, operative Umfassungen, entsprechend Lehren des Generalstabes, waren im Westen bei Flankenempfindlichkeit und geringem Widerstandswillen des Gegners richtig. Gegenüber den Russen führen sie nicht zum vollen Erfolg... Führer wünscht daher, daß militärische Führung sich von großen operativen Einkreisungsschlachten umstellt auf taktische Vernichtungsschlachten in kleineren Räumen, in denen gestellter Feind 100%ig vernichtet wird... Zusammenfassend wirft Führer dem Generalstab vor, daß er gegenüber Verhalten des russischen Gegners operativ zu großzügig führt, taktisch daher die Erfolge im Verhältnis zu den Leistungen zu gering sind[36]).“

Am 26. Juli erfuhr Halder durch den Oberbefehlshaber des Heeres, daß in Verfolg der kleinräumigen Lehre eine Einkesselung der Feindversammlung bei Gomel wünschenswert sei. Halder bemerkt dazu: „Bald ist zu erkennen, daß dieser Gedanke vom Führer stammt. Er bedeutet den Übergang von der operativen zur taktischen Führung[37]).“ Damit richtete sich Hilters Maxime gegen grundsätzliche Auffassungen Halders und maßgeblicher Befehlshaber im Heere. Denn so fährt Halder in seinen Notizen vom 26. Juli fort: „Wenn wir unser Ziel nurmehr darin sehen, kleine örtliche feindliche Anhäufungen zum Ziel unseres Einsatzes zu machen, so wird die Weiterführung dieses Feldzuges eine Kette von kleinen Erfolgen werden, die uns zu einem langsamen Schrittmaß im Vorschieben unser Front zwingen. Wir

---

[33]) Fahrtbericht Nr. 34; 20. 8. 1941. – Vgl. dazu die Angaben in der von Hillgruber und Hümmelchen zusammengestellten „Chronik“ in Halder KTB III, S. 1222: „9.–24. 8. Schlacht im Raum Gomel. Die deutsche 2. Armee und die Panzergruppe 2 vernichten die aus den LXIII., LXVI. und LXVII. Schützenkorps bestehende 21. sowj. Armee (General Jefremow) und Teile der 5. Armee (General Potapow). 78000 Gefangene, 144 Panzer und 700 Geschütze erbeutet oder vernichtet.“

[34]) Fahrtbericht Nr. 34; 20. 8. 1941.

[35]) KTB OKW I, S. 1031: „Betrifft Ergänzung zu Weisung 33. Bei der hartnäckigen Verteidigung des Gegners und seiner rücksichtslosen Führung müsse das Operieren mit weit gesteckten Zielen zurücktreten, solange noch G. über genügend starke Kräfte zum Gegenangriff verfügt. Man müsse sich stattdessen mit eng angesetzten Umfassungsbewegungen begnügen und damit den Infanteriedivisionen die Möglichkeiten schnellen Eingreifens zur Unterstützung und baldigen Herauslösens der schnellen Divisionen für neue Ziele geben.“ Siehe auch Hubatsch, Hitlers Weisungen, S. 142 ff.

[36]) Besprechung des Chefs OKW mit Oberbefehlshaber der Heeresgruppe Mitte am 25. Juli 1941, – KTB OKW I, S. 1035 f.

[37]) Halder KTB, Bd. III, S. 121.

werden... alle unsere Kräfte in die immer mehr in der Breite verlaufenden Front unter Verzicht auf die Tiefe verteilen und im Stellungskrieg enden[37]!"

Wie Halder wandte sich auch der Oberbefehlshaber der Heeresgruppe Mitte gegen die Bildung eines kleinen Kessels bei Gomel[38]).

Als am 27. Juli Guderian bei der Heeresgruppe Mitte in Borissow eintraf und von der neu befohlenen Umfassungstaktik und dem Eindrehen auf Gomel hörte, reagierte er entsprechend: „Uns wurde gesagt, der Führer stehe auf dem Standpunkt, große Umfassungen seien eine falsche Generalstabslehre, die im Westen Berechtigung gehabt habe. Hier aber käme es darauf an, durch Bilden kleiner Kessel die lebendige Kraft des Feindes zu vernichten. Alle an der Besprechung Beteiligten waren der Ansicht, daß dadurch der Feind immer wieder Zeit erhielte, Neuformationen aufzustellen, mit seinen unerschöpflichen Kräften rückwärtige Linien auszubauen, und daß der Feldzug auf diese Weise nie zu dem so dringend notwendigen schnellen Abschluß gebracht werden könne[39])."

Entgegen den Meinungen im OKH und bei der Heeresgruppe wurde jedoch das begrenzte Unternehmen „Gomel-Kessel" befohlen[40]), und als für das LIII. A.K. die Umfassungsschlacht am 20. August zu Ende ging, sah Weisenberger die Lehre von den kleinen Kesseln und dem Verzicht auf große operative Entwürfe als legitimiert an.

Das mochte mit dem Gesichtskreis der mittleren militärischen Führung, eben der Korps und Divisionen, zu erklären sein, wo taktische, übersehbare Führungskonzepte von Haus aus näher lagen als operative Großplanungen, zumal wenn sie, wie im Falle Gomel, in ihrer Region zu vollem Erfolg geführt hatten. Das mochte aber auch noch anders zu erklären sein. Folgende Feststellung von Gen.Maj. von Wachter läßt dazu etwas erkennen.

Der Divisionskommandeur bittet am 20. August um die Zuweisung von Auszeichnungen für die Einschließungskämpfe; die letzten Eisernen Kreuze sind nach dem Dnjepr-Übergang vergeben worden. Dabei weist von Wachter auf die Gesamtzahl der Ausfälle hin, die die 267. I.D. seit Beginn des Rußlandfeldzuges erlitten hat. Sie beträgt 2700[41]). Damit sind die Verluste der Division im Ostfeldzug bis heu-

---

[38]) „Gespräch ObdH/v. Bock über Angriffsmöglichkeiten gegen Gruppe Gomel, in der Bock Angriff mit Panzern von Osten her scharf ablehnt, weil dadurch jeder operative Gedanke in der Weiterführung des Feldzuges sabotiert wird." Halder KTB, Bd. III, S. 121.

[39]) Guderian, Erinnerungen, S. 165 — Siehe dazu die Bemerkung von G. Buchheit, Hitler der Feldherr, 1958, S. 222: „Diese Auffassung [der kleinräumigen Umfassungen] widersprach der Idee Guderians, der so tief und so schnell wie möglich vorstoßen und die Einkreisung des Feindes den dicht folgenden Infanterieverbänden überlassen wollte. Guderian betrachtete es als das wichtigste strategische Ziel, die Russen im Laufen zu halten und ihnen keine Zeit zum Zusammenschluß zu geben."

[40]) Halder KTB III, S. 122, Zu 26. Juli 1941, Führervortrag am Abend: „Er [Hitler] fordert:... Erledigung der Frage Gomel durch die neu zu bildende Gruppe v. Kluge im Sinne einer rein taktischen Handlung. Diese soll möglichst bald erfolgen ohne Rücksicht auf den zeitlichen Rahmen anderer Angriffe..." — Vgl. E. Klink, Das Deutsche Reich und der Zweite Weltkrieg, 4. Bd., S. 494: „Am 28. Juli noch traf Hitler Anordnungen, die ganz den Gedanken der Weisung Nr. 33 entsprachen... Alle diese Überlegungen widersprachen diametral der Planung des Generalstabes des Heeres. Halder fürchtete das Zurückfallen in den Stellungskrieg..." — Siehe dazu A. Hillgruber, Die Bedeutung der Schlacht von Smolensk in der zweiten Julihälfte 1941 für den Ausgang des Ostkrieges, S. 269.

[41]) Fahrtbericht Nr. 34; 20. 8. 1941. — Vgl. A. Hillgruber, Hitlers Strategie, 1965, S. 547: „Die deutschen Gesamtverluste im Osten betrugen bis zum 13. 8. 1941 389 924 Mann an Toten,

te weit höher als im Frankreichkrieg, aber sie hat im Osten erst 60% der Auszeichnungen erhalten, die sie im Westfeldzug bekam. Der Kommandierende General versprach eine Zuteilung von Eisernen Kreuzen, sowie das Korps von der Armee eine Zuweisung erhalten hat.

Die Bemerkungen von Wachters sind nicht nur wegen des Wunsches der Truppe nach Bestätigung und Auszeichnungen von Interesse, sondern auch wegen der darin enthaltenen Bewertung des Ostfeldzuges gegenüber dem Krieg im Westen. Danach wurde der Division in Rußland ungleich mehr abverlangt als während des Westfeldzuges; die Bedingungen durch Gelände und Kampfformen des Gegners waren im Osten wesentlich härter. Daher verdienen die Truppenteile entsprechende Anerkennung, obwohl das durch Zuweisung von Auszeichnungen noch nicht geschehen ist.

Noch etwas anderes ist dem Gespräch mit dem Vergleich West- und Ostfeldzug zu entnehmen, obwohl das nicht wörtlich ausgesprochen wird, sondern, wenn man will, „zwischen den Zeilen" zu hören ist. Hinter den Statistiken verbirgt sich offenbar eine Überzeugung: Das Schlachtfeld sieht aus wie bei Dünkirchen. Der Feind ist niedergekämpft. Damit geht auch dieser Feldzug im Herbst zu Ende, wie er in Frankreich zu Ende ging. Nach diesen Verlusten dürfte die Sowjetunion zusammenbrechen.

Mochte das ungefähr das Bild sein, wie es sich aus den Wünschen und Erfahrungen der Truppe und aus dem Gesichtsfeld eines Divisionsabschnitts ergab, so ging es doch garnicht mit der Beurteilung der großen Lage beim OKH und OKW zusammen. Hier waren in bezug auf die Aussichten des Feldzuges Ernüchterung eingetreten und Zweifel aufgetaucht. Die Diskrepanz der Anschauungen, die sich, als der Juli zu Ende ging, zwischen Hitler und dem OKH aufgetan hatte, da es um die Frage „kleine Kessel oder operative Umfassungen" ging, steigerte sich in den nächsten Wochen bis „zum Ausbruch jener ersten großen Führungskrise im Ostfeldzug Mitte August, bei der es, äußerlich gesehen, um die Frage des Vorranges der nächsten Operation („Kiew oder Moskau") ging, die ihre Wurzel aber... in der beginnenden Erkenntnis sowohl bei Hitler als auch im Generalstab des Heeres hatte, daß das für 1941 gesteckte Ziel, von dem der Ausgang des ganzen Krieges abhing, wohl doch nicht zu erreichen sein würde[42])."

Solche beklemmenden Perspektiven und eine Ahnung von einer Führungskrise im Oberkommando[43]) waren jedoch in der mittleren Ebene, d. h. beim LIII. A.K.

Vermißten und Verwundeten = 11% des Ostheeres (KTB Halder, Bd. III, S. 205)." – Geht man bei den Zahlen der 267. I.D. von einer Gesamtstärke zu Beginn des Rußlandfeldzuges von ungefähr 15000 aus, dann betrugen die Verluste am 20. August etwa 18%. Beim Vergleich der Prozentzahl der Division mit der des gesamten Ostheeres ist zu beachten, daß von Wachters Angaben eine Woche später liegen als Halders Notizen und daß gerade in dieser Woche die schweren Abwehrkämpfe der 267. I.D. bei der Behauptung des Einschließungsringes östlich des Dnjepr stattfanden.

[42]) Hillgruber, Hitlers Strategie, S. 574 f. – Siehe auch ebenda, S. 548: „Daß auch Hitler an der Erreichung des für 1941 gesteckten Zieles zu zweifeln begann, zeigte... die von ihm gebilligte «Denkschrift des OKW über die strategische Lage im Spätsommer 1941» vom 27. 8. 1941..."

[43]) In der Führerweisung vom 21. 8. war der Vorschlag des Oberkommandos des Heeres, Moskau als nächstes, vordringliches Ziel mit den versammelten Panzerkräften anzugreifen, abgewiesen worden. Der Text beginnt mit den Worten: „An den Oberbefehlshaber

und den Divisionen, nicht wahrzunehmen, jedenfalls geben die Fahrtberichte dafür keine Hinweise. Hier war am 20. August die Stimmung, getragen vom Ergebnis gemeinsamer Erfolge, gut, ja herzlich. Als Weisenberger sich am 20. August mittags vom Divisionskommandeur verabschiedet, drückt er seine Freude aus, „daß die bewährte 267. Div. wieder unter den Befehl des LIII. A.K. tritt[44]."

Auch in der Truppe sind, wie nicht anders zu erwarten, nach erfolgreichen Kampftagen Animus und Stimmung gut. Von der 255. I.D. wird am 18. August gemeldet: „Den Einheiten haben die sichtbaren Erfolge und das Vorwärtsdringen neuen Auftrieb gegeben[45]." Mehrfach wird auf die große Wirkung der Sturzkampfbomber bei der Unterstützung des Erdkampfes hingewiesen. Diese Schlachtenflieger finden bei den Infanteristen Anerkennung und haben ihre Moral gestärkt[46].

An einigen Stellen der Fahrtberichte fällt während der Einschließungskämpfe auch etwas Licht auf die hier betroffene Zivilbevölkerung. Es erscheint nur natürlich, daß diese sich sofort über die neu entstandene Lage informiert zeigt, rasch darauf reagiert und, so gut es geht, noch einen Nutzen daraus sucht. So waren schon am 16. August morgens gegen 9 Uhr auf dem Weg nach Malewitschi am Bahndamm Scharen russischer Leute zu sehen, die vor Wochen aus dem Frontbezirk evakuiert worden waren und nun alsbald in ihre Heimstätten zurückströmten. „Die verlassenen deutschen Stellungen wurden dabei eifrig von ihr [der zurückkehrenden Bevölkerung] nach brauchbarem Gut untersucht[47]."

---

des Heeres. Der Vorschlag des Heeres für die Fortführung der Operationen im Osten vom 18. August stimmt mit meinen Absichten nicht überein. Ich befehle folgendes: 1. Das wichtigste, noch vor Einbruch des Winters zu erreichende Ziel ist nicht die Einnahme von Moskau..." (Dokumentenanhang KTB OKW, Bd. I, S. 1062) — Halder war durch die Art und den Inhalt dieser „Führerweisung" zutiefst erschüttert; empört notierte er am 22. August: „Ich halte die durch die Eingriffe des Führers entstandene Lage für OKH untragbar. Es kann weder für den Zickzack in den Einzelanordnungen des Führers ein anderer die Verantwortung übernehmen als er persönlich, noch kann das bisherige OKH, das im 4. siegreichen Feldzug steht, seinen guten Namen mit den nunmehr getroffenen Anordnungen beflecken. Dazu ist die Art der Behandlung des ObdH unerhört. Ich habe daher ObdH vorgeschlagen, um seine Enthebung vom Amt zu bitten und meine Enthebung gleichzeitig zu beantragen. ObdH lehnt ab, weil es praktisch doch nicht zur Niederlegung des Amtes käme, also nichts geändert würde." — Halder KTB III, S. 193. — Vgl. F. Halder, Hitler als Feldherr, 1949, S. 42 f.

[44]) Fahrtbericht Nr. 34; 20. 8. 1941.

[45]) Fahrtbericht Nr. 33; 18. 8. 1941.

[46]) Fahrtbericht Nr. 30; 15. 8. 1941. — Bei der 52. I.D. heißt es: „Beim Angriff haben sich wieder die Stukas gut bewährt", bei der 255. I.D.: „Stukas wieder außerordentlich gut bewährt". Entsprechend hatte schon am Vortage Oberst Stephan (I.R. 467) morgens bei Beginn des Angriffs berichtet (Siehe S. 56).
Dagegen hatte sich Rendulic am 28. Juli darüber beklagt, daß beim Erscheinen von russischen Bombenfliegern über den deutschen Linien die herbeigerufenen deutschen Jäger viel zu spät auftauchen. „Auf die Infanterie wirken zu spät kommende Jäger stimmungsmäßig schlechter, als wenn sie garnicht kommen." Fahrtbericht Nr. 20; 28. 7. 1941. — Offenbar war es wegen des Einsatzes der Stukas zu Verstimmungen bei der Heeresgruppe gekommen, denn in Halder KTB, Bd. III, S. 176 zum 14. 8. 41 findet sich die Notiz: „Gespräch von Bock mit ObdH: Klage, daß entgegen Auffassung H.Gr. auf Befehl des Reichsmarschalls Unterstützung der Luftwaffe von Jelnja wegverlegt und nach Rogatschew."

[47]) Fahrtbericht Nr. 31; 16. 8. 1941.

Das Verhältnis der Truppe zur Landbevölkerung erscheint keineswegs durch Spannungen belastet. Gen.Lt. Wetzel kann jedenfalls am 18. August morgens sagen: „Die Bevölkerung verhält sich der Truppe gegenüber sehr freundlich[48].“

Am 15. August hatte eine „Bemerkung während der Fahrt“ gelautet: „Es entsteht der Eindruck, daß die Bevölkerung im Augenblick, in dem die Truppe die Gegend verläßt, die Arbeit auf den Feldern einstellt. Die Beaufsichtigung der Ernte muß weiterhin gewährleistet sein[49].“

Der Eindruck, daß die Ernteeinbringung stockte, vielleicht weil die Landbevölkerung nicht mehr mit der deutschen Wehrmacht zusammenarbeiten wollte, war offenbar unbegründet[50], denn am 22. August bot sich auf dem Wege von Krasnyj Bereg nach Bobruisk folgendes Bild: „Auf den Feldern an der Steinstraße nach Bobruisk war fast überall die Ernte schon eingebracht. Auffällig war auch, daß sämtliche Windmühlen, an denen die Generalsstaffel vorbeikam, in Betrieb waren[51].“

Nachdem die Meldungen von Kämpfen, Gefangenen und Beutezahlen abgeklungen sind, treten in den Anweisungen für die Truppe wieder „friedensmäßige“ Forderungen, so nach Marschdisziplin hervor[52]. Die Divisionen haben sich wieder

---

[48]) Fahrtbericht Nr. 33; 18. 8. 1941. – Meldungen von der sympathisierenden Haltung der Zivilbevölkerung sind in diesen Tagen nichts Ungewöhnliches. Dazu berichtete Guderian (Erinnerungen, S. 174) zum 8. August aus der Gegend bei Roslawl: „Für die Haltung der Bevölkerung war kennzeichnend, daß Frauen aus einem Dorf im Kampfgelände mit Brot, Butter und Eiern auf Holztellern an mich herantraten und nicht eher ruhten, bis ich etwas genossen hatte. Leider hielt diese günstige Stimmung der Bevölkerung gegenüber den Deutschen nur so lange an, wie die wohlwollende Militärverwaltung regierte. Die sogenannten „Reichskommissare“ haben dann in kurzer Zeit verstanden, jede Sympathie für die Deutschen abzutöten und damit dem Partisanenwesen den Boden zu bereiten“. – Ähnliches wie Guderian erlebte auch Weisenberger. Am 18. August feierte die Bevölkerung von Krasnyj Bereg Erntefest. (Der ehemalige Herrensitz Krasnyj Bereg war von den Sowjets zu einem landwirtschaftlichen Technikum eingerichtet worden und diente derzeit als Gefechtsstand des Korps.) Bäuerinnen und Studentinnen der Anstalt baten darum, dem General einen Erntekranz „aus Ähren und roten und gelben Blumen“ überreichen zu dürfen. Der Kranz wurde in der Tat nicht nur angenommen, sondern auch aufs Haupt des Generals gesetzt, (was einen leicht komischen Anblick bot). Dazu erklangen helle russische Volkslieder. – Siehe „Unser weiter Weg“. Gemeinsame Gabe der Führungsabteilung zum Weihnachtsfest 1941, S. 90 ff.; Kalender im Anhang. – Vgl. auch die Schilderung des Ia der 251. I.D. von der Haltung der Zivilbevölkerung in Butitino bei Welikije Luki in einem Brief vom 24. August 1941. H. Meier-Welcker, Aufzeichnungen eines Generalstabsoffiziers 1939–1942, 1982, S. 128 f. – Allgemein zur meist wohlwollenden Aufnahme der deutschen Truppen durch die Zivilbevölkerung zu Beginn des Krieges siehe J. Hoffmann, Das Deutsche Reich und der Zweite Weltkrieg, Bd. 4, S. 728.

[49]) Fahrtbericht Nr. 30; 15. 8. 1941.

[50]) Der Ia der 251. I.D. schrieb dagegen am 31. Juli 1941 aus der Gegend bei Welikije Luki: „Zur Zeit halten wir die Bauern (Frauen, alte Männer und Kinder) dazu an, ihre Ernte einzubringen, wozu sie einerseits keine Lust haben, da sie mit Recht befürchten, daß ihnen alles wieder abgenommen wird, und andererseits haben die Bauern kaum die Möglichkeit zu ernten, da die Bolschewisten die landwirtschaftlichen Maschinen mitgenommen haben.“ H. Meier-Welcker, Aufzeichnungen eines Generalstabsoffiziers 1939–1942, 1982, S. 124.

[51]) Fahrtbericht Nr. 35; 22. 8. 1941.

[52]) In den „Bemerkungen“ zum Fahrtbericht Nr. 32 vom 17. August heißt es z. B.: „Um Stauungen bei Übersetzstellen zu vermeiden, ist das Halten und Rasten von Kolonnen nach dem Übersetzen in der Nähe der Brücken streng verboten.“ In den „Bemerkungen“ zum Fahrtbericht Nr. 33 vom 18. August: „Die mehrfach beobachtete verschlechterte Marsch-

in Bewegung gesetzt; Weisenberger bemerkt am 22. August gegenüber dem Kommandeur der 252. I.D.: Das Korps ist durch die Einkesselungskämpfe „aus der eigentlichen Marschrichtung herausgekommen. Es marschiert deshalb auf der Rollbahn als Heeres-Gruppen-Reserve weiter nach Nordosten“[53]). Die Kesselschlacht bei Gomel war zu Ende.

9. Heeresreserve

Während der folgenden Tage und Wochen besteht die Führung des Korps hauptsächlich aus Marschplanung und Marschüberwachung[1]) im durch Straßen- und Brückenverhältnisse schwierigen Gelände, das sich aus Weißrußland in das Gebiet der RSFSR (Großrußland) zu erstrecken beginnt.

Am 23. August morgens hören wir von Weisenberger bei der 255. I.D. in Bolotnja[2]), „daß das Korps als Heeresgruppen-Reserve noch mit etwa 200 km Vormarsch rechnen muß[3])“.

Doch bevor sich das Generalkommando mit den „Rogatschew-Divisionen“ nach Nordosten in Richtung auf Kritschew—Roslawl wendet, begibt sich Weisenberger noch einmal zurück, um eine Division zu begrüßen, die dem LIII. A.K. aus dem „Hinterland“ zugeführt wird und von dort eine Reihe spezieller Erfahrungen mitbringt. Es ist die 252. I.D., eine schlesische Division, die ihren Gefechtsstand in Bobruisk im alten Korps-Hauptquartier bezogen hat. Dort meldet Gen.Lt. von Boehm-Bezing am 22. August um 10.15 Uhr. Der Kommandeur führt die Division seit Beginn des Krieges. Sie nahm am Polenfeldzug teil und durchbrach im Westen die Maginotlinie. Im Ostfeldzug schwenkte sie aus der allgemeinen Vormarschrichtung ab, um im Forst von Bialystok eingeschlossene russische Verbände zu zerschlagen und gefangen zu nehmen. Dieser Auftrag ließ den Infanterieverband jedoch zu weit abhängen; er schied aus dem vormarschierenden XXXXIII. A.K. aus. Während die 252. I.D. nachgezogen wurde, erhielt sie weitere „Säuberungsaufgaben“ gestellt. So kämpfte sie im Waldgebiet westlich von Bobruisk und vernichtete Teile des dort von Süden eingedrungenen, vielgenannten Kavallerieverbandes und den Rest einer sowjetischen Schützendivision, der von ihrem ehemaligen Ia zusammengehalten wurde. Es kennzeichnet die Lage und den Kriegsschauplatz, daß bei diesen „Säuberungskämpfen“ weit hinter der Front doch noch beachtliche Gefan-

---

disziplin macht sofort den Einsatz von Marschüberwachungs-Kommandos notwendig. — Auf einem Panje-Wagen mit zwei kleinen Pferdchen saßen bei schlechtestem Sandweg neben dem Transportgut noch 7 Mann. Derartige Fälle sind vom Marschüberwachungs-Kommando sofort abzustellen.“

[53]) Fahrtbericht Nr. 35; 22. 8. 1941.

[1]) Beim Übergang über den Sosh bei Tschetschersk am 23. 8. 41 berichtet Gen.Maj. Rendulic: „Aus dem Brückenübergang bei Rogatschew, der nicht ganz nach einem festen Ablaufplan vor sich ging, hat die Division ihre Erfahrungen gezogen. Der Brückenübergang bei Tschetschersk verläuft nach einem genauen, vorher aufgestellten Plan mit Einsatz aller nötigen Ablaufposten und Marschüberwachung.“ Fahrtbericht Nr. 36; 23. 8. 1941. — Siehe dazu Fahrtbericht Nr. 37, Bemerkungen während der Fahrt, 25. 8. 1941.

[2]) Bolotnja liegt etwa 45 km (Luftlinie) nordostwärts von Rogatschew.

[3]) Fahrtbericht Nr. 36; 23. 8. 1941.

genen- und Beutezahlen gemeldet wurden. Aus dem Beresina-Waldgebiet wurden 4000 Mann und 33 Geschütze eingebracht. Die erfolgreichen Kämpfe im „rückwärtigen" Kriegsgebiet hatten der Division aber auch spürbare Verluste abverlangt. Der Div.Kdr. nannte folgende Zahlen: „13 Offiziere tot, 11 Offiziere verwundet, 103 Unteroffiziere und Mannschaften tot, 219 verwundet, 5 vermißt[4])."

Zwar hat die Division eine Reihe von Fehlstellen, aber „die Offiziersstellenbesetzung ist in Ordnung", so heißt es, und „die Ausstattung ist vollständig[5])". Das Alter der Soldaten beträgt durchschnittlich 27 Jahre; das darf für eine auf mehreren Kriegsschauplätzen erfahrene Infanteriedivision als quasi ideales Durchschnittsalter gelten.

Nachdem Weisenberger seinerseits auf die Erfolge[6]) des LIII. A.K. bei Rogatschew hingewiesen und die Aufgabe der nächsten Tage bezeichnet hatte: beschleunigter Vormarsch in Richtung Nordost –, begaben sich beide Generale zu den marschierenden Einheiten. Als erster Regimentskommandeur meldete sich Oberst Karst, I.R. 461, etwa 20 km westlich Bobruisk auf der Rollbahn.

Die drei Bataillone kamen der Generalsstaffel in Abständen entgegen; die Kompanien marschierten mit angezogenem Gewehr. Die Einheiten machten einen aufmerksamen und frischen Eindruck. (Zwei Offiziere trugen das Ritterkreuz, sie waren beim Einbruch in die Maginotlinie ausgezeichnet worden). Zuletzt hatte das Regiment heftige Kämpfe mit der russischen Kavalleriedivision an der Rollbahn geführt.

Eigenartige Formen des Krieges im Osten, an welche die Truppe sich rasch gewöhnte, zeigten sich auch hier. Bei den Einheiten marschierte eine „ganze Anzahl von Russen, zum Teil Wolga-Deutschen mit[7])".

Diese hatten sich in den Waldkämpfen als Dolmetscher bewährt; sie verstanden es, die Eingeschlossenen und Partisanen durch Überredung aus den Verstekken zu holen. „Etwas eigenartig wirkte es, daß diese Russen dem Herrn Kom.Gen. in Reih und Glied mit Blickwendung folgten und bei der Begrüßung ebenfalls ‚Heil Herr General' riefen[8])."

Zu den Erfahrungen der Division aus den Kämpfen im Hinterland gehört es übrigens, daß die sowjetischen Kommissare, die sich noch hinter den deutschen Linien aufhalten, meist keine Aufnahme bei der Bevölkerung finden und der Truppe gemeldet werden.

Mit der Pferdebesichtigung bei der Veterinär-Kompanie und einer Führung durch Feuerstellung und Protzen der 1. Batterie/A.R. 252 (18 km westlich Bobruisk) wurde der Besuch des Kom.Gen. beendet. Wohin dieser kam, erschienen die Einheiten „sehr sauber und friedensmäßig untergebracht"[9]). Weisenberger erklärte zum Abschied, „daß die Truppenteile, die er gesehen hätte, einen guten und zufriedenstellenden Eindruck gemacht hätten". Er mochte in der Tat überzeugt sein, daß

---

[4]) Fahrtbericht Nr. 35; 22. 8. 1941.

[5]) Fahrtbericht Nr. 35; 22. 8. 1941.

[6]) Fahrtbericht Nr. 35; 22. 8. 1941. – Die Erfolge bestanden danach in der „vollständigen Vernichtung 6 russischer Divisionen mit der Beute von 300 Geschützen, 850 Kraftfahrzeugen, 1000 Pferden, 850 Fahrzeugen, 50 Panzern, 72 Pak und 5 Flugzeugen".

[7]) Fahrtbericht Nr. 35; 22. 8. 1941.

[8]) Fahrtbericht Nr. 35; 22. 8. 1941.

[9]) Fahrtbericht Nr. 35; 22. 8. 1941.

das Korps eine Einheit hinzugewonnen hatte, die den Typus der tüchtigen Infanteriedivision darstellte.

Während in Tagesmärschen von gut 40 km sich die Divisionen des LIII. Korps ohne Feindberührung in Richtung Roslawl bewegten, fiel mit Hitlers Befehl, den Angriff auf Moskau zurückzustellen und den Gegner in der Ukraine zu zerschlagen, die operative Entscheidung des Sommers.

Am 25. August löste sich die Panzergruppe Guderian mit dem XXIV. und XXXXVII. Panzerkorps aus dem Raum bei Roslawl und stieß tief nach Süden, um im Zusammenwirken mit der Heeresgruppe Süd ostwärts von Kiew wiederum eine große Umfassungsbewegung einzuleiten. Als am 26. September die Schlacht in der Ukraine zu Ende ging, war der Erfolg wieder groß[10]). Auf russischer Seite waren bei Kiew Verluste in Höhe einer Heeresgruppe mit allem Gerät entstanden. Nahm man die Niederlagen, welche die Sowjetarmee seit drei Monaten hatte hinnehmen müssen, zusammen ins Auge, dann mochte ein Urteil berechtigt erscheinen, bei Kiew sei der Zusammenbruch der Sowjetmacht nunmehr eingeleitet[11]). Doch es gab eine Reihe von Faktoren, die ein derart Urteilender nicht sah – vielleicht (noch) nicht sehen konnte – und ihn irren ließ; deutlich aber war von vornherein eins gewesen: Ein Angriff auf den Raum von Moskau, der doch im Gesamtfeldzugsplan unumgänglich schien, mußte sich durch die Verlagerung des Schwerpunktes in die Ukraine bedenklich verzögern; der Winter rückte näher, und die gepanzerten Kräfte, die nach der Schlacht bei Kiew für einen Angriff auf Moskau wieder vorgeführt werden mußten, würden durch die Kämpfe und langen Märsche ganz erheblich geschwächt sein, die Motoren ausgeschmirgelt durch den Staub der Ebenen.

Über den Befehl Hitlers, den Schwerpunkt der Kämpfe im August 1941 von der Mitte weg zu verlegen, ist eine ausgebreitete Kontroverse entstanden. Meist wird die Abweisung des Planes des OKH, zuerst Moskau mit allen Kräften anzugreifen, als schwerer Führungsfehler angesehen. So schreibt der englische Historiker A. Seaton: „Es ist unmöglich, Hilters Logik nachzuvollziehen. Daß er die deutschen Kräfte gegen die Ratschläge Halders und Bocks zersplitterte, ist bekannt[12]).“

---

[10]) „Das Gros der sowj. Südwestfront (Generaloberst Kirponos, Chef des Stabes Generalleutnant Tupikow, beide am 20. September gefallen) vernichtet oder gefangen genommen. Vernichtet werden die 5. Armee (Potapow, am. 9. September in Gefangenschaft), 21. Armee (W. J. Kusnezow), 26. Armee (Kostenko) und die 37. Armee (Wlassow), außerdem Teile der 38. Armee (Feklenko). 665 000 Gefangene, 3718 Geschütze, 884 Panzer. Der größte Verband, dem es gelingt, aus dem Kessel auszubrechen, ist ein Kavallerieverband (4000 Mann) unter General Borisow.“ – Chronik vom 1. Sept. 1939 bis 31. Dez. 1941, zusammengestellt von A. Hillgruber und G. Hümmelchen, KTB OKW, Bd. I, zum 26. 9., S. 1230.

[11]) Siehe E. Klink, Das Deutsche Reich und der Zweite Weltkrieg, 4. Bd., 1983, S. 516: „Mit dem Ende der ‚Schlacht bei Kiew‘ verband die deutsche militärische Führung die Hoffnung, mit relativ geringen Kräften vor Einbruch des Winters sowohl die Halbinsel Krim als auch den Übergang zum Kaukasus bewältigen zu können. Die ungeheuren Verluste der Roten Armee in den drei Monaten des Feldzuges berechtigten – in der Sicht der deutschen Heeresführung – zu der Annahme, daß der Stoß auf Moskau, die Operation ‚Taifun‘, trotz der fortgeschrittenen Jahreszeit noch gelingen könnte.“

[12]) A. Seaton, Der russisch-deutsche Krieg 1941–1945, herausg. v. A. Hillgruber, 1973, S. 114 – Vgl. R. Hofmann, Die Schlacht von Moskau 1941. In: Entscheidungsschlachten des zweiten Weltkrieges, 1960, S. 139 ff. – H. Uhlig, Das Einwirken Hitlers auf Planung und

Es führt hier, wie an andern Stellen historischer Betrachtung, wenig weiter, wenn man fragt, was wäre geschehen, wenn – in diesem Falle, wenn der Plan des OKH zur Durchführung gelangt wäre und am 25. August der Angriff der Panzerverbände auf Moskau begonnen hätte. Dennoch sind solche Überlegungen mitunter zur Erhellung der Gesamtlage nicht unnütz. Verfolgen wir einmal diesen Gedanken, dann war es, nach allem, was wir sonst wissen, nicht unwahrscheinlich, daß Moskau noch vor Beginn des Winters fiel[13]). Die moralische Wirkung in der Sowjetunion, auf deutscher Seite und in der Welt wäre groß gewesen, und der Krieg im Osten wäre in einer anderen Weise weitergegangen, – darüber hinaus jedoch sind Eventualprognosen nicht möglich[14]); somit muß ein „historisches" Urteil über die größere „Richtigkeit" eines Angriffs auf Moskau oder die Ukraine im August 1941 unausgesprochen bleiben[15]).

Für die Heeresgruppe Mitte bedeutete der Abzug der gepanzerten Teile nach Süden, daß sie etwa 300 km vor Moskau während der nächsten Wochen festlag.

Wir wenden uns wieder den Auskünften der Fahrtberichte und den Ereignissen beim LIII. A.K. zu. Vom 23. bis 29. August verlegte das Generalkommando seinen Gefechtsstand vom Krasnyj Bereg über Korma und Kritschew nach Schumjatschi, westlich von Roslawl. (Die Stadt Roslawl liegt in Luftlinie etwa 200 km nordostwärts von Rogatschew).

Führung des Ostfeldzuges, in: Vollmacht des Gewissens. Herausg. v. d. Europäischen Publikation e. V., Bd. 2, 1965, S. 149 ff. – D. Irving, Hitler und seine Feldherren, 1975, S. 288. – E. Klink, Das Schwanken in den Führungsweisungen, in: Das Deutsche Reich und der Zweite Weltkrieg, Bd. 4, 1983, S. 489. – Vgl. H. Busse, Das Scheitern des Operationsplanes „Barbarossa" im Sommer 1941 und die militaristische Legende von der „Führungskrise", in: Zeitschr. f. Militärgeschichte 1, 1962, S. 62 ff.

[13]) Es sei darauf hingewiesen, daß K. Reinhardt (Wende vor Moskau, S. 59 f.) anders vermutet. „Es scheint daher fraglich, ob eine deutsche Offensive Ende August als Alternative zur Schlacht um Kiew den gewünschten durchschlagenden Erfolg gehabt hätte, da die russische Seite auf einen derartigen Angriff vorbereitet war, vor allem aber an den Flügeln der angreifenden Heeresgruppe Mitte starke Kräfte verfügbar gehabt hätte, um dieser in die Flanke zu fallen."

[14]) Der General a. D. Blumentritt urteilte nach dem Kriege: „Man kann rein operativ herumdoktern, wie man will, man wird stets enttäuscht sein, weil eben der ganze Krieg im Osten unsere Kräfte bei weitem übertraf." – H. Uhlig, Das Einwirken Hitlers auf Planung und Führung des Ostfeldzuges. In: Vollmacht des Gewissens, 2. Bd. 1965, S. 207.

[15]) Ist es ein Zufall, daß Stalin dort den Hauptangriff der deutschen Wehrmacht erwartete, wo er schließlich von Hitler gegen alle Auffassungen des OKH und der maßgeblichen nachgeordneten Befehlshaber durchgesetzt wurde? Siehe dazu A. Seaton, Der russisch-deutsche Krieg, S. 105: Auch Stalin hatte „die Auffassung vertreten, daß, wenn es zum Kriege käme, die Deutschen den Hauptstoß gegen die Ukraine richten würden, um sich in den Besitz der ukrainischen Getreidefelder, der Kohle im Donezbecken und des kaukasischen Erdöls zu setzen. Diese Vermutung spiegelt sich im defensiven sowjetischen Aufmarsch im Juni 1941 wider; denn der größte Teil der Roten Armee stand in der Ukraine. Diese Kräfte waren stärker als die Westfront Pawlows und die Nordwestfront Kusnezows zusammen." – Siehe G. K. Schukow, Erinnerungen und Gedanken, S. 247: „Die stärkste Gruppierung unserer Truppen befand sich also im südwestlichen Raum (Kiewer Sonderwehrkreis und Odessaer Wehrkreis). Dort lagen 45 Schützen-, 20 Panzer-, 10 mechanisierte und 5 Kavalleriedivisionen."

Die Fahrtberichte dieser Tage[16]) bringen meist Stimmungsbilder von den nun in die Tiefe des russischen Raumes eindringenden Divisionen. Diese bewegen sich in der Reihenfolge 255., 267., 252. I.D. auf der Rollbahn Rogatschew–Roslawl. Südlich abgesetzt davon marschiert die 52. I.D. auf Landwegen. Sie soll die durch Marschsäulen kompakt besetzte Rollbahn nach Süden hin absichern. Marschtechnisch ist die 52. I.D. dabei dem XII. A.K. unterstellt[17]). Während die Rendulic-Division Schwierigkeiten wegen der schlechten Straßenverhältnisse meldet[18]), kommen die übrigen Verbände auf der Rollbahn gut voran[19]). Die 255. I.D. scheidet bald aus dem Verband des LIII. A.K. aus und schwenkt bei Kritschew über Mstislawl in Richtung Norden ab[20]).

Die Divisionen auf der Rollbahn sind angewiesen, nachts zu marschieren, nicht so sehr, um sich der Luftbeobachtung durch feindliche Aufklärer zu entziehen, als um die Rollbahn zu entlasten. Nachts ist der Gegenverkehr gering und die Gefahr, daß bei den Brückenstellen Stockungen entstehen, nicht so groß. Die Truppe marschiert ganz gern des Nachts; es ist kühler, doch auf die Dauer stellt sich Übermüdung ein; der Schlaf bei Tage erfrischt nicht wie die Nachtruhe[21]).

Trotz spürbarer Schwierigkeiten beim Nachschub[22]) zeigt sich, daß die Verbände bei normaler Beanspruchung – etwa 40 km Tagesleistung – den Anforderungen, die die Führung und das Gelände stellen, nachkommen und frisch bleiben[23]).

---

[16]) Es handelt sich um die Fahrtberichte Nr. 36, 37, 38, 39, 40. Den Bericht Nr. 40 vom 29. 8. 41 verfaßte Major Schürnbrand, Nr. 41 vom 30. 8. 41 Oberlt. Grothe. – An die Gründe, warum ich an den Tagen Ende August den Kom.Gen. nicht begleitete, kann ich mich nicht mehr erinnern. Vermutlich war ich wieder erkrankt.

[17]) Fahrtbericht Nr. 36; 23. 8. 1941.

[18]) Fahrtbericht Nr. 40; 29. 8. 1941. – Später beschrieb Rendulic die Schwierigkeiten beim Übergang über den Sosh bei Tschetschersk. „In dem nassen Boden sanken aber die Räder so tief ein, daß, obwohl der sich immer neu bildende breiige Schlamm dauernd weggeschaufelt wurde, nur die wenigsten Fahrzeuge die jenseitige Rampe mit eigener Kraft überwinden konnten. Zur Hilfeleistung waren am andern Ufer Reservebespannungen und Zugmaschinen bereitgehalten. Dieses kleine Hindernis bot uns einen Vorgeschmack der Schwierigkeiten, die von dem Boden Rußlands bei nassem Wetter zu erwarten waren..." Rendulic, Gekämpft, Gesiegt, Geschlagen, S. 54.

[19]) Fahrtbericht Nr. 37; 25. 8. 1941. – Beim I.R. 497 (267. I.D.) heißt es: „Die Stimmung der Truppe und Pferdezustand waren gut." – Am 28. August meldet der Regimentskommandeur A.R. 267 (267. I.D.), „daß das Rgt. die Märsche gut übersteht." (Fahrtbericht Nr. 39; 28. 8. 1941). Bei der I/A.R. 252 (252. I.D.) wird am Morgen des 26. August beobachtet: „Die Art.Abt. hatte auffällig gutes Pferdematerial." (Fahrtbericht Nr. 38; 26. 8. 1941).

[20]) Fahrtbericht Nr. 38; 26. 8. 1941: „Die Div.... muß bis zum 30. August im Raume Smolensk eintreffen." – Im KTB des LIII. A.K. heißt es zum 25. 8. 1941, 24.00 Uhr: „Fernschreiben A.O.K. 2 Nr. 105 vom 25. 8. 41: 255. I.D. ist zur Verfügung der Heeresgruppe Mitte von Kritschew nach Smolensk vorzuführen."

[21]) Fahrtbericht Nr. 38; 26. 8. 1941. – So der Bataillons-Kdr. III/I.R. 461.

[22]) Hufeisen werden knapp bei I.R. 461 (252. I.D.). – Die 267. I.D. klagt über mangelnde Hafer- und Heuversorgung. Den Tieren wird Grünfutter und ungedroschenes Roggenstroh gegeben; dadurch geht jedoch die Leistungsfähigkeit der Pferde zurück (Fahrtbericht Nr. 38; 26. 8. 1941). Ähnlich klingt der Bericht des Abteilungskommandeurs der schweren Abteilung A.R. 267 am 28. August (Fahrtbericht Nr. 39; 28. 8. 1941). „Der Herr Kom.Gen. wies darauf hin, daß in den nächsten Tagen mit Hafernachschub nicht zu rechnen ist."

[23]) Fahrtbericht Nr. 39; 28. 8. 1941. Am 28. August meldet der Bataillonskommandeur II./I.R. 467 (267. I.D.) morgens 10.20 Uhr: „Das Btl. hat heute 44 km zu marschieren, aber die

Dabei behilft sich die Truppe bei Versagen des Nachschubs, so gut es geht, aus dem Lande. Der Gesundheitszustand der Leute ist befriedigend[24]); bei der Artillerie und der Aufklärungs-Abteilung der 255. I.D. klingt eine fiebrige Erkrankung, die bei etwa 100 Personen auftrat und bei der Verdacht auf Trichinose bestand, wieder ab[25]). Die guten Marschleistungen erklären sich einmal mit der Erholungspause, die der Stellungskrieg am Dnjepr den Trossen und damit vor allem den Pferden brachte. Hinzu kommt, daß die Ausfälle bei den Gespannen, die durch die Gewaltmärsche zu Beginn des Rußlandkrieges entstanden waren, durch Pferde und Fahrzeuge aus der Beute der Kesselschlacht bei Gomel ausgeglichen wurden[26]). Vor allem aber stand den Divisionen die Rollbahn zur Verfügung. Bei einer Straße mit Unterbau waren bei den Infanterieverbänden tägliche Marschleistungen von 40 km ohne große Schwierigkeiten zu erwarten[27]).

Anders lagen die Verhältnisse – sofort spürbar –, wenn eine feste Straße nicht zur Verfügung stand. Das zeigen die Berichte der 52. I.D., die sich rechts abgesetzt von der Rollbahn durch unausgebaute Landwege vorwärtsbewegen mußte.

Gen.Mjr. Rendulic berichtet am 29. 8. gegen 11 Uhr in Chotimsk: Zwar hat die Truppe die Märsche bei teilweise „schwierigsten Verhältnissen" sehr gut durchgehalten. Der Zustand der Pferde ist jedoch „schlechter zu beurteilen[28])". Außerdem muß bedenklich stimmen, daß bei den Kraftfahrzeugen starke Ausfälle gemeldet werden. Der unaufhörlich wirbelnde Staub der Naturwege greift die Motoren an; die Zylinder werden ausgerieben. An Motoröl wird nahezu das Doppelte des Normalbedarfs verbraucht. Hinzu kommt die ungenügende Versorgungslage; nur etwa 40 % der üblicherweise benötigten Ölmenge wird nachgeführt. Den Engpaß in der Versorgung erklärt Weisenberger damit, daß das LIII. Armeekorps aus der 2. Armee (Gen.Oberst von Weichs) ausgeschieden ist und nunmehr der 4. Armee (Generalfeldmarschall von Kluge) untersteht[29]). Nachschub dürfte erst wieder normal eintreffen, wenn sich die neue Armee eingerichtet hat. Vorerst muß sich die Division mit Fleisch und Hafer aus dem Lande versorgen. Darauf entgegnet Rendulic, „daß im Gebiet, durch das die Div. in den letzten Tagen marschierte, die Russen das Vieh abgetrieben und die Orte weitgehend niedergebrannt haben[30])".

Truppe ist recht frisch. Bei Helligkeit und kühlem Wetter machen die Märsche keine großen Schwierigkeiten."

[24]) Gen.Mjr. von Wachter meldet am 26. August um 9.35 Uhr nordwärts von Propoisk, „der Gesundheitszustand in der Div. ist gut." (Fahrtbericht Nr. 38; 26. 8. 1941).

[25]) Fahrtbericht Nr. 37; 25. 8. 1941 und Fahrtbericht Nr. 38, 26. 8. 1941: Gen.Lt. Wetzel, 13.10 Uhr.

[26]) Fahrtbericht Nr. 36; 23. 8. 1941. „Das I.R. 181 (52. I.D.) hatte sämtliche Panje-Wagen durch russische Militärfahrzeuge ersetzt und Pferdefehlstellen mit Beutepferden aufgefüllt." – Die 13./A.R. 255 (255. I.D.) war mit erbeuteten schweren russischen Kanonen ausgerüstet worden und mit Treckern beweglich gemacht. „Die Batterie hatte ein gutes Tempo, etwa 12 km in der Stunde." (Fahrtbericht Nr. 37; 25. 8. 1941).

[27]) Im KTB des LIII. A.K. heißt es zum 25. 8. 1941: „Morgenmeldungen ergeben bei den Marschbewegungen keine besonderen Vorkommnisse." – Zum 29. 8. 1941, 12.00 Uhr: „Vormarsch der Div. planmäßig verlaufen."

[28]) Fahrtbericht Nr. 40; 29. 8. 1941.

[29]) Vom 27. 8. 1941 bis 25. 9. 1941 unterstand das LIII. A.K. dem AOK 4, ab 26. 9. 1941 bis 19. 10. 1941 wieder dem AOK 2 und vom 19. 10. 1941 bis 31. 12. 1941 dem Pz.AOK 2. – BA MA, LIII. A.K. 19198/2.

[30]) Fahrtbericht Nr. 40; 29. 8. 1941.

Bei den Divisionen auf der Rollbahn können Störungen aus der fehlenden Abstimmung oder dem Nichteinhalten der Marschzeiten entstehen. Wenn ein ganzes Armeekorps auf einer einzigen zur Verfügung stehenden Straße rasch und fließend bewegt werden soll, wobei immer Erschwerungen durch enge Brückenstellen einzuberechnen sind, dann wird die Vorausberechnung des Zeitplanes (heute würde man von „Timing“ sprechen) zur hervorragenden Generalstabsarbeit. Auf die Organisation und Kontrolle der Marschgruppen werden Kommandeure und Stäbe daher wiederholt hingewiesen[31]). Sowohl die verläßliche Einhaltung des Marschkalenders durch die einzelnen Verbände wie auch die flexible, selbsttätige Regelung bei auftretenden Störungen sind gleichermaßen Voraussetzungen für die rasche Bewegung großer Verbände, zumal wenn nur eine Straße zur Verfügung steht.

Während der Tage, da die Divisionen marschieren und Kampfaufgaben für sie nicht anstehen, ist mehr Gelegenheit, das Land und die Leute zu beobachten, nachdem der Krieg über sie hinweggegangen ist. In Mstislawl, etwa 40 km nördlich von Kritschew, besichtigt Weisenberger am 25. August die Kirche des Ortes, die — wie die meisten Kirchengebäude — seit Jahren verlassen gestanden hatte und jetzt „von Einheimischen in einer Art Gemeinschaftsarbeit wiederhergestellt wird“.

Der Berichterstatter machte sich darüber seine Gedanken: „Die recht ansprechende Kirche erhält einen neuen Anstrich. Ein Sternenhimmel wurde an die Dekke gemalt. Alte Schmuckgegenstände und Heiligenbilder kamen nach 23 Jahren wieder zum Vorschein. Die religiöse Tradition muß bei der älteren Bevölkerung noch sehr stark sein; denn für das phlegmatische slawische Gemüt ist eine solche freiwillige Wiederaufbauarbeit, die von keiner Seite befohlen wird, doch etwas Außerordentliches. Gleichzeitig muß in der Bevölkerung der Glaube an den Sieg der Deutschen gewiß sein. Im Falle der Rückkehr der Boschewiken bedeutete für jeden Einzelnen die Mitarbeit am Einrichten der Kirche sicherlich den Tod[32]).“

Es mag die Frage sein, ob alle Folgerungen, die der Fahrtberichter am 26. August 1941 aus den Beobachtungen in Mstislawl zog, in der Wirklichkeit zutrafen, doch gewisse Überzeugungen der Landleute waren unübersehbar. Wenn unter den erschwerten Bedingungen des Krieges der Kirchenbau so rasch wieder hergerichtet

[31]) Fahrtbericht Nr. 37; 25. 8. 1941. — An einer Brückenstelle nordostwärts Propoisk, wo sich am 25. August 11.45 Uhr die Kolonnen in zwei und drei Gliedern stauten, wies Weisenberger gegenüber Gen.Maj. von Wachter darauf hin, daß die 267. I.D. „eine straffere Kontrolle des Brückenverkehrs handhaben muß. Ein genauer Anmarschplan der Div. mit vielen kleinen Lücken von etwa einer Viertelstunde zur Aufnahme des Gegenverkehrs muß vom Generalstabsoffizier entworfen werden. Die genaue Einhaltung dieses Planes muß überwacht werden. Genügend Telefonleitungen sind zu legen und ausreichend Posten zu stellen. Die Div. muß früher aufbrechen, da sonst die Gefahr besteht, daß die folgende 252. I.D. in die 267. I.D. hineinmarschiert.“ — Siehe auch die „Bemerkungen“ zum 37. Fahrtbericht.

[32]) Fahrtbericht Nr. 38; 26. 8. 1941. — Am 31. Juli 1941 schrieb der Ia der 251. I.D. aus der Gegend südwestlich Welikije Luki nach Hause: „Die russische Bevölkerung ist still ergeben, vielfach sogar freundlich gegen uns. Wenn ihre Äußerungen wahr sind, so lehnt der größte Teil der ländlichen Bevölkerung die Bolschewisten ab. Die Anhänglichkeit an die alte Religion spielt dabei eine große Rolle.“ H. Meier-Welcker, Aufzeichnungen eines Generalstabsoffiziers 1939—1942, 1982, S. 124.

wurde[33]), war das ein Zeichen dafür, daß viele ältere Leute das Regiment des Atheismus für beendet hielten. Sie begrüßten, was durch die Deutschen eingetreten war und hegten für die Zukunft Hoffnungen, die sie lange verborgen gehalten hatten.

Welche Stimmung bei Mstislawl sonst noch herrschte, verrät eine andere Nachricht. 50 Kriegsgefangene waren in der Umgebung auf einem Kolchos untergekommen und arbeiteten dort freiwillig und ohne Aufsicht[34]).

Am 29. August verlegte das Generalkommando den Gefechtsstand nach Schumjatschi, 30 km südwestlich von Roslawl. Es handelte sich bei der neuen Unterkunft um eine Ansammlung von Holzhäuschen in waldiger Umgebung, die als Stabsquartier mit einigem „Komfort" für die Panzergruppe Guderian während der Kämpfe im dortigen Abschnitt aufgebaut worden waren. In Schumjatschi blieb der Generalstab des A.K. den größten Teil des September; hier, etwa 60 km hinter der Front, hatte das Generalkommando vorerst keinen Kampfauftrag. Dennoch bringen die Fahrten in der ersten Hälfte des Monats September eine Reihe von Nachrichten, die für unsere Fragestellungen bezeichnende Antworten geben.

Am 30. August wurde Weisenberger, zusammen mit dem Kommandierenden General des VII. A.K. und des XII. A.K.[35]), zum Oberbefehlshaber der 4. Armee, Generalfeldmarschall von Kluge, befohlen. Der Oberbefehlshaber informierte die unterstellten Generäle über seine Auffassungen und Absichten[36]).

Am 1. September begab Weisenberger sich zum Gefechtsstand des VII. A.K. Dieser befand sich in Kosaki, an der Rollbahn etwa 16 km nordostwärts von Roslawl. Hier begrüßte ihn der Kommandierende General Fahrmbacher. Die Generäle, beide Bayern, waren von früher miteinander bekannt.

Die Unterhaltung, die nun begann, ist nicht nur wegen der Gesprächsinhalte, nämlich letzter Nachrichten über die russische Kampfführung, bemerkenswert,

---

[33]) Wo die Gelegenheiten es geboten, unterstützte Weisenberger die Bemühungen der russischen Leute beim Wiederherrichten der Kirchen. Im Fahrtbericht Nr. 48 vom 16. September 1941 heißt es in den Bemerkungen während der Fahrt als Anweisung an den Quartiermeister: „Der Glockenturm, der bei der Kirche Schumjatschi errichtet wurde, muß noch ein Dach erhalten." – Siehe auch Fahrtbericht Nr. 50; 24. September 1941: „Der Herr Kom.General... besichtigte zum Schluß die Wiederinstandsetzungsarbeiten an der Kathedrale in Mglin, an denen sich die ganze Bevölkerung mit großem Interesse beteiligt."

[34]) Fahrtbericht Nr. 38; 26. 8. 1941.

[35]) Kom.Gen. des VII. A.K. war General Fahrmbacher, des XII. A.K. General Schroth (Mitteilung durch Dr. G. R. Ueberschär, Militärgesch. Forschungsamt).

[36]) Im KTB des LIII. A.K. finden sich zum 30. 8. 1941 stichwortartige Notizen von der Besprechung beim Oberbefehlshaber, die Weisenberger an den Führer des Tagebuchs weitergab. U. a. heißt es: „Die materielle Ausstattung der dem Korps gegenüberliegenden Schtz.Div. ist gut. Personell auf voller Stärke, jedoch schlecht ausgebildet. Kampfkraft der Infanterie (feindl.) mangelhaft. Starke Artillerie. Starke Einwirkung der Kommissare. Folgende Frage sollen sich die Korps immer vor Augen halten: Wie können wir möglichst schnell eine Offensivbewegung mit weitgestecktem Ziel durchführen?... Der Herr O.B. will das [LIII.] Korps nicht dort lassen, wo es jetzt liegt – zwischen Roslawl [und] Kritschew – sondern es näher hinter das VII. A.K. nehmen, damit im Notfall sofort auf die Divisionen zurückgegriffen werden kann... Der Gedanke der Aktivität darf nicht fallengelassen werden. Angriffsgeist der Truppe erhalten. Überläuferfrage unterstützen. Das rein Sachliche des Meldens hat gelitten. Es soll nüchtern und sachlich gemeldet werden."

sondern auch in Hinsicht auf die Gesprächspartner selbst und ihr Rangverhältnis. Während entsprechende Szenen bislang den Vorgesetzten Weisenberger im Gespräch mit untergebenen Kommandeuren zeigten, sprechen in Kosaki am 1. September zwei gleichgestellte Truppenführer miteinander, die sich gut kennen, sich in gleicher Kommandostellung befinden und ähnliche Erfahrungen gemacht haben. In einer solchen Gesprächssituation kommen Urteile und Auffassungen unbefangener und persönlicher zum Ausdruck. Fahrmbacher berichtete über die Ereignisse der beiden letzten Tage. Am 30. August erfolgte vor der Front des VII. A.K. bei Bogdanowo an der Desna ein Angriff des Gegners in Stärke einer Panzerdivision und zweier Schützendivisionen[37]). In dem unübersichtlichen Gelände und angesichts der dünn besetzten Linien[38]) durchbrach der russische Angriffskeil die Front der 23. I.D. und drang in das Hinterland ein. Der russische Stoß nach Südwesten gelangte bis nach Kostyri, wo sich der Gefechtsstand des VII. A.K. befand. Die Tiefe des Einbruchs betrug damit 12 km in der Luftlinie[39]). Am 31. August mittags erfolgte mit der zur Hilfe gerufenen 267. I.D.[40]) und der von Norden eingreifenden 10. Panzerdivision der deutsche Gegenstoß. Im Augenblick, da Fahrmbacher von den Kämpfen des Vortages berichtete, meldete der Ia, daß es der 10. Panzerdivision gelungen war, die Höhen bei Bogdanowo wieder zu besetzen. Der russische Überraschungsangriff in Stärke eines Armeekorps war damit innerhalb zweier Tage aufgefangen und weitgehend zurückgedrängt worden[41]). Der Gegner hatte hohe Verluste[42]). Aber auch auf deutscher Seite wurde das I.R. 68 „ziemlich aufgerieben, eine Batterie ging verloren, ist aber wahrscheinlich wiedererobert[43])."

Als der Gegner die deutsche Front durchbrach, setzte er massiert Panzerkräfte ein; dabei zeigte sich die Gefährlichkeit der schweren 53-to-Panzer.

---

37) Fahrtbericht Nr. 42; 1. 9. 1941 – An anderer Stelle im Fahrtbericht spricht Fahrmbacher von einer Panzer- und drei Schützendivisionen. – Bogdanowo liegt etwa 40 km nordostwärts von Roslawl und 36 km südlich von Jelnja.

38) Die 23. I.D. hatte eine Frontbreite von 30 km. Fahrtbericht Nr. 42; 1. 9. 1941.

39) Im KTB OKW, I, S. 601, heißt es u. a. zum 30. August 1941: „Bei 4. Armee griff der Feind mit starken Kräften gegen VII. A.K. und den Jelnja-Bogen an. Bei VII. A.K. gelang ihm ein 8–10 km tiefer Einbruch. Die übrigen Angriffe konnten abgewiesen werden. Die Lage wird am 31. 8. durch Gegenangriff der 10. Pz.Div. bereinigt werden." – Halder bemerkte zur „Abendlage" am 31. August 1941: „Der Einbruch bei 23. Inf.Div. erweist sich als erheblich tiefer als angenommen. Er ist bis in die Höhe des Korpsgefechtsstandes durchgestoßen." Halder KTB III, S. 209.

40) Am 1. September führte der Chef des Generalstabes des LIII. A.K. um 17.05 Uhr ein Ferngespräch mit dem Chef des Generalstabes der Armee. Im KTB des A.K. heißt es: „Der Herr Komm.General hat bei seinem Besuch beim VII. A.K. erfahren, daß der Komm. General des VII. A.K., General Fahrmbacher, bei der Armee beantragt hat, die 267. I.D. einzusetzen. Chef/A.K. hebt die hohen Verluste der 267. I.D. hervor und betont, daß die Div. Ruhe braucht. Antwort Chef/Armee: 267. I.D. muß zunächst eingesetzt werden, bis Beruhigung eintritt."

41) Noch am 5. September versuchten im linken Abschnitt des VII. A.K. mehrere hundert Russen, die sich in den Wäldern verborgen gehalten hatten, mit Panzern und LKW nach Osten durchzubrechen. – Fahrtbericht Nr. 44; 6. 9. 1941.

42) Am 3. September 1941, als Weisenberger das I.R. 452 (252. I.D.) besuchte, berichtete er dort von den Erfolgen des VII. A.K.: „154 russische Panzer wurden vernichtet und 1500 Gefangene wurden gestern gemeldet." – Fahrtbericht Nr. 43; 3. 9. 1941.

43) Fahrtbericht Nr. 42; 1. 9. 1941.

Hier am Desna-Abschnitt ergibt sich von der russischen Kampfführung ein ähnlicher Eindruck wie vor einigen Wochen am Dnjepr vor dem LIII. A.K. Die auf Verteidigung eingestellte deutsche Front hat fortwährend Angriffe abzuwehren[44]). Jedoch wird hier ein entscheidender Unterschied im Vergleich mit den Erfahrungen von Rogatschew deutlich. Die russische Führung setzte bei den Angriffen an der Desna größere Verbände ein, darunter geschlossene Panzerversammlungen und gab den durchbrechenden Divisionen ziemlich weitgesteckte Ziele auf den Weg. So sollten die Angreifer von Bogdanowo im Bogen über Kostyri die Rollbahn bei Kosaki erreichen[45]); gedacht war an eine erste Einbruchstiefe von 30 km. Der Stoß durch die deutschen Linien gelang, weil der Angriff *überraschend* mit einer Panzerdivision eröffnet wurde.

Die Versammlung der feindlichen Panzer war nicht vorher erkannt worden[46]). Hinzu kam, daß die deutschen Kompanien nur noch Stärken von 35 bis 42 Mann hatten. Dabei betrug die Gefechtsbreite einer Kompanie einen Kilometer[47]). Im Urteil über die Qualitäten der russischen Infanterie stimmen die Meinungen der beiden Generäle nicht überein. Weisenberger bemerkt, „daß bei uns immer noch die Tendenz besteht, die Infanterie der Russen viel zu schlecht zu beurteilen. Nicht nur die Artillerie, sondern auch die Infanterie hat einen hervorragenden Kampfwert[48])". Fahrmbacher widerspricht nicht völlig, aber relativiert diese Meinung.

Er sagt, der Kampfwert russischer Infanterie besteht vor allem im „Masseneinsatz", der von der Führung „nach wie vor rücksichtslos zur Geltung gebracht wird". Dieser Kampfwert dauert aber nur bis zum „Weichwerden". Wenn russische Infanterie eingeschlossen wird oder zurückgehen muß, wird sie bald „weich" und zeigt dann „massenweise Bereitwilligkeit zum Überlaufen[49])".

---

[44]) Entsprechend äußerte sich Weisenberger bei der 252. I.D. am 10. 9. 1941: „Das XII. Korps hat gestern russische Angriffe abgewiesen. Es besteht bei der Armee augenblicklich die Lage, wie sie beim LIII. Korps bei Rogatschew war. Der Feind unternimmt laufend in Kompanie- und Btl.-Stärke Angriffe. Dadurch werden Gegenstöße notwendig." Fahrtbericht Nr. 46; 10. 9. 1941.

[45]) Fahrtbericht Nr. 42; 1. 9. 1941.

[46]) Die eigene Fliegeraufklärung hatte die feindliche Bereitstellung nicht gemeldet. Im Abschnitt an der Desna hatten die Russen die Luftüberlegenheit. – Fahrtbericht Nr. 43; 3. 9. 1941.

[47]) Beim XII. A.K. war der Gefechtsabschnitt für drei Divisionen 120 km breit. – Fahrtbericht Nr. 43; 3. 9. 1941.

[48]) Fahrtbericht Nr. 42; 1. 9. 1941. – Vgl. dazu: Am. 8. Juli 1941 schrieb der Ia der 251. I.D. (Heeresgruppe Nord) in einem Brief nach Hause: „Wir haben vielfach festgestellt, daß russische Offiziere vor der Gefangennahme sich selbst töten ... Der Russe ist im übrigen der zäheste und tapferste Gegner, abgesehen vom Engländer, dem wir in diesem Krieg begegnet sind." H. Meier-Welcker, Aufzeichnungen eines Generalstabsoffiziers 1939–1942, 1982, S. 122.

[49]) Fahrtbericht Nr. 42; 1. 9. 1941. – Ein entsprechendes Urteil über die russische Infanterie hatte der Oberbefehlshaber der 4. Armee am 28. 8. 1941 an die Armeekorps in Zusammenfassung weitergegeben. Darin hieß es nach Feststellung des hohen Kampfwertes der gegnerischen Artillerie: „Die russische *Infanterie* ist *nicht* voll kampffähig und der unsrigen bei weitem unterlegen. Sie wird teilweise mit Gewalt, zum Teil mit der Waffe durch ihre Führer und Kommissare zum Angriff vorgetrieben. Die Aussagen von zahlreichen Überläufern und Gefangenen lassen tiefgreifende Zerfallserscheinungen erkennen." BA MA, LIII. A.K. 19198/16, 17, 18. – Die offizielle Auffassung vom überlegenen Kampfwert und der höheren Moral der Sowjetsoldaten formulierte Marschall Schukow nach

Offenbar ist dieser Eindruck beim VII. A.K. während der Abwehrkämpfe der letzten Tage entstanden, bzw. bestätigt worden. Zu den russischen Führungsformen bemerkt Fahrmbacher: „Auffällig ist das Unvermögen, ... einen ‚rollenden' Angriff durchzuführen. Nach Erreichung ihrer nicht weit gesteckten Ziele steht die russische Maschine stille, und keiner weiß zunächst, ‚wie's weitergeht'. Uns ist dann immer Zeit gegeben, entsprechende Gegenvorbereitungen einzuleiten."

Über die russische Artillerie äußert er sich folgendermaßen: Sie ist stark. Aber sie „verschießt" sich; d. h., sie nützt ihre Munitionsvorräte nicht zu schweren Feuerzusammenfassungen, die in taktisch entscheidenden Augenblicken auf Schwerpunkte gelegt werden, sondern sie „verteilt ihr Feuer gleichmäßig über Gelände und Zeitraum"[50]). Fahrmbachers Meinung folgt aus der Überzeugung, daß die Eigentümlichkeiten deutscher Taktik den Russen nicht liegen, nämlich: Angriffsführung aus andauernder Bewegung, Bestimmung der Angriffsziele in der Tiefe des Feindraumes, Mitdenken und Selbsttätigkeit aller Beteiligten während des „rollenden" Vorstoßes, Bildung dichter Kräfteversammlungen, Verzicht auf schematisch-allseitige Absicherung, und — weil die russische Führung diese Maximen nicht anwendet, sondern nach einer Art Gegenbild handelt, bleibt die deutsche Seite trotz des gegnerischen Masseneinsatzes an Menschen, Waffen, Gerät und Munition überlegen.

Aus Fahrmbachers Urteilen zu Grundsätzen der Kampfführung wird deutlich, daß sie weitgehend mit den Auffassungen Weisenbergers übereinstimmen, vieles ist offensichtlich gemeinsames Gedankengut in der mittleren militärischen Führungsebene. Dennoch erscheint Weisenbergers Urteil, gemäß seinen Erfahrungen bei Rogatschew, realistischer, — so will es mindestens im nachhinein scheinen. Gewiß wurde beim VII. A.K. der Einbruch nach zwei Tagen bereinigt, doch wegen der eigenen Einbußen[51]) müßten jetzt die Fronteinheiten abgelöst werden. Die 267. I.D., nach verlustreichen Kämpfen selbst ruhebedürftig, wurde wieder in die Linien des VII. Korps eingeschoben. Darüber hinaus wünschte sich Fahrmbacher, daß seine 197. I.D. aus der Front gezogen und durch die 252. I.D. abgelöst würde[52]).

---

dem Kriege: „Eines aber steht außer Zweifel: Bei gleichen Bedingungen werden die größten Schlachten und ganze Kriege von jenen Truppen gewonnen, die einen unbeugsamen Siegeswillen beweisen..." Dieser Siegeswille stammte aus dem „kolossalen Patriotismus von Armee und Volk." – Schukow, Erinnerungen und Gedanken, S. 296.

[50]) Fahrtbericht Nr. 42; 1. 9. 1941.

[51]) Fahrtbericht Nr. 42; 1. 9. 1941.

[52]) Fahrtbericht Nr. 42; 1. 9. 1941. — Ähnliche Beobachtungen und Schlüsse formulierte später Rendulic; er meinte, die Art der Russen „bewirkt, daß der Soldat kein Angreifer und kein Einzelkämpfer ist. Ich habe in den vielen Kämpfen kleinen und größten Ausmaßes, in denen ich in Rußland zu führen hatte, keinen einzigen erlebt, in dem die russische Infanterie überlegenen und initiativen Angriffsgeist gezeigt hätte. Im Angriff — auch im Bewegungskrieg erreichte der Russe nur dann einen Erfolg, wenn er an Kräften mehrfach überlegen war. Wenn er aber einen Erfolg errungen hatte, nützte er ihn in der Regel nicht sogleich aus, sondern ließ Zeit verstreichen, die dem Verteidiger zugute kam." Im Gegensatz dazu schildert Rendulic die enormen Fähigkeiten des russischen Soldaten in der Verteidigung, in der die Initiative nicht im selben Maße gefordert wird. „Seine Energie setzt sich in passive Zähigkeit um, mit der er seine Stellung hält... In der Verteidigung können auch die unteren Führer zu größerer Wirksamkeit kommen als im Angriff. Die Verteidigung wurde auch dadurch unterstützt, daß der Russe eine ungemein große

Auf Dauer war dieser Abwehrkampf nur zu führen, wenn die Hoffnung berechtigt war, die Gegenseite würde ihre Angriffshandlungen mit der Zeit einstellen, oder wenn die Aussicht bestand, daß bald, nach Zuführung entsprechender Kräfte, die eigene große Offensive wieder anlief. Solche Gedanken werden jedoch im Gespräch nicht laut; im Fahrtbericht klingt nichts Derartiges an. Vielmehr verrät das Gespräch die zuversichtliche Meinung des Kommandierenden Generals Fahrmbacher, die man vereinfacht folgendermaßen wiedergeben kann: Im Masseneinsatz sind uns die Russen überlegen, nicht in der Führungskunst und letztlich auch nicht in der Kampfmoral. So heißt es, obwohl die Kompanien erhebliche Verluste hatten: „Die Stimmung bei der Truppe ist gut[53]).“ Gelobt wird auch die Zusammenarbeit mit der Artillerie.

Von der gegenüberliegenden russischen Infanterie berichtet Fahrmbacher: Sie ist bei Moskau mit Kriegsbeginn eingezogen worden und besteht meistens aus älteren Jahrgängen (Durchschnitt 34 Jahre). Die Ausbildung ist mittelmäßig. „Auffällig ist ihre gute Einkleidung[54]).“ Etwas anders erscheint das Feindbild in Weisenbergers Äußerungen, als er zwei Tage später dem Regimentskommandeur von I. R. 452, Oberstlt. Hartog, einen Bericht von den Abwehrkämpfen des VII. A.K. gibt. Zwar heißt es, daß das Korps mit dem Gegenangriff „gute Erfolge“ hatte; doch die 267. I.D., die herbeigerufen werden mußte, hatte 200 Ausfälle; insgesamt hat die Division, ohne bisher Ersatz zu bekommen, 100 Offiziere und 3100 Mann verloren[55]).

Vom Feind heißt es: „Die Russen kämpfen weiter zäh und standhaft. Auf der Gegenseite hat eine Division Moskauer Jungkommunisten mit angegriffen, deren besonderer Angriffsschwung zu erkennen war[56]).“ Damit wird die Vorstellung deutlich, daß es auf der Gegenseite Eliteverbände gibt, deren Qualität mit gemeinsamen ideologischen Überzeugungen erklärt wird. Bemerkenswert ist das Zitat Weisenbergers, gut zehn Wochen nach dem Beginn des Rußlandfeldzuges: „Wir führen hier [im Mittelabschnitt] den Krieg des armen Mannes. Wir müssen hier mit wenig auskommen, damit es an anderen Stellen rascher vorwärts geht[57]).“ Das Protokoll im Fahrtbericht Nr. 44 zeigt weiterhin, daß Weisenbergers und Fahrmbachers Auffassungen über Gegner und Lage nicht völlig zusammengehen. Man kann diese Differenzen im Urteil aus dem Persönlichen erklären; man kann sie aber auch als

---

Geschicklichkeit in den Erdarbeiten und im raschen Bau von Stellungen besitzt.“ – Gekämpft, Gesiegt, Geschlagen, S. 125 ff.

[53]) Fahrtbericht Nr. 42; 1. 9. 1941.

[54]) Fahrtbericht Nr. 42; 1. 9. 1941.

[55]) Fahrtbericht Nr. 43; 3. 9. 1941. – Fahrtbericht Nr. 44; 6. 9. 1941. „Die Division hat im Augenblick insgesamt 3800 Fehlstellen.“

[56]) Fahrtbericht Nr. 43; 3. 9. 1941. – Vgl. das Urteil des Ia der 251. I.D., Major i. G. Meier-Welcker, in einem Brief vom 8. 9. 1941; „Die Russen bevorzugen den Kampf aus nächster Entfernung, greifen daher oft nachts, im Walde und unübersichtlichem Gelände an. Dabei stürzen sie in rücksichtsloser Opferbereitschaft mit lauten Hurrä-Stalin-Rufen vor.“ – H. Meier-Welcker, Aufzeichnungen eines Generalstabsoffiziers 1939–1942, 1982, S. 152.

[57]) Fahrtbericht Nr. 43; 3. 9. 1941. – Am 2. 9. 1941 berichtete Halder nach einem Flug zur Heeresgruppe Mitte: „OB [Fm. v. Bock] berichtet über schwere Verluste der Truppe. Die nach Abgabe alles irgend Entbehrlichen an Pz.Gr. 2 verbliebene Zahl an Reserven ist äußerst gering.“ Halder KTB III, S. 211.

Ausdruck für die weiter bestehende Schwierigkeit nehmen, den „ganz anderen" Gegner im Osten, bei dem begrenzten Blickwinkel, den die mittlere Führungsebene nur gestattete, auf den einheitlichen Begriff zu bringen[58]).

Am 6. September machte Weisenberger wieder einen Besuch beim VII. A.K. auf Gut Kostyri. Fahrmbacher führte aus, daß aus erbeuteten Plänen die Angriffsabsichten des Gegners vom 30. August rekonstruiert werden konnten. Es sollte eigentlich ein Zangenangriff werden. Ein Stoß sollte von Bogdanowo nach Südwesten führen und die Rollbahn bei Kosaki erreichen. Dasselbe Ziel galt für einen zweiten Angriffskeil, der von Süden kommend den Abschnitt des XII. A.K. durchbrechen sollte. Der Stoß von Süden kam aber gar nicht zur Wirkung (ein Hinweis, daß auf der Gegenseite erhebliche Friktionen im taktischen Bereich bestanden).

Von den Abwehrkämpfen bei Bogdanowo erreichten das Generalkommando inzwischen Meldungen von hervorragenden Einzelleistungen. Mit Geschützen der Sturmartillerie schoß ein Wachtmeister 15 Panzer ab, ein Leutnant 14 Panzer, ein Gefreiter neun Panzer[59]).

Einen Bericht über die Lage (das Korps rechnet auch heute mit Feindangriffen) erstattete General Fahrmbacher zusammen mit dem Chef des Generalstabes[60]) im Offiziersheim. Es gab ein Glas Cinzano. Fahrmbacher erzählte von den Aussagen einer Stenotypistin der 211. russischen Schützendivision. Daraus ergab sich für ihn: Es „pfeift der Russe auf dem letzten Loch[61])." Jetzt müßte von deutscher Seite angegriffen werden; hier sollten wir „mit allen Mitteln nachdrücken". Das geht jedoch nicht wegen der geringen deutschen Gefechtsstärken[62]).

Die Unterhaltung wandte sich dann einem anderen Thema zu. Ordensfragen sind von Natur aus in der militärischen Gesellschaft nicht nur von großem persönlichen Interesse, sie sind starke Agenzien im Leben und in der Laufbahn des Soldaten. So verwundert es nicht, wenn nach Berichten über taktische Absichten und Lagebeurteilungen Gespräche über alte und neue Kriegsauszeichnungen aufkommen. General Fahrmbacher weiß von einer vor kurzem „durchgegebenen Verfügung"; danach soll es offenbar einen neuen Orden geben. „Möglicherweise wird damit das

---

[58]) Siehe A. Hillgruber, Hitlers Strategie, S. 517: „Die völlige Andersartigkeit dieses Krieges von Ursprung und Ansatz her gegenüber dem weithin im konventionellen Rahmen verbleibenden Westkrieg, der... im ganzen doch als „europäischer Normalkrieg" geführt wurde, haben damals nicht nur die Soldaten des Ostheeres in ihrer überwiegenden Mehrheit, sondern selbst die meisten führenden deutschen Militärs nicht klar erfaßt."

[59]) Fahrtbericht Nr. 44; 6. 9. 1941.

[60]) Fahrtbericht Nr. 44; 6. 9. 1941. Der Chef des Generalstabes des VII. A.K. wird im Fahrtbericht nicht namentlich genannt. Es handelt sich um Oberst i. G. Hans Krebs. Dieser war vor Ausbruch des Rußlandkrieges stellvertretender deutscher Militärattaché in Moskau gewesen. Berühmt geworden ist Krebs' Bericht von seinem Zusammentreffen mit Stalin und dessen Freundschaftsbeteuerungen auf dem Moskauer Bahnhof am 13. April 1941. (General Ernst Köstring. Der militärische Mittler zwischen dem Deutschen Reich und der Sowjetunion 1921–1941. Bearbeitet von H. Teske [1965] S. 299 ff.). Krebs übernahm zu Ende des Krieges im Range eines Generals die Geschäfte des Chefs des Generalstabes OKH von Guderian (29. März 1945). Er beging nach der Kapitulation Selbstmord im Bunker unter der Reichskanzlei. – Siehe Guderian, Erinnerungen, S. 173, 377, 390.

[61]) Fahrtbericht Nr. 44; 6. 9. 1941.

[62]) Fahrtbericht Nr. 44; 6. 9. 1941: „Das Rgt. Höcker besteht nur noch aus 6 Kompanien und hat 2 Btl.Kdre. durch Tod verloren. Munition und Betriebsstoff ist wohl vorhanden, es fehlt aber Öl."

Kriegsverdienstkreuz 1. Klasse ein Orden zwischen EK 1 und Ritterkreuz[63]).“ (Entweder war Fahrmbacher nur ungefähr unterrichtet oder die Verfügungen standen noch nicht fest. Das Eiserne Kreuz blieb der Orden für Verdienste an der Front, das Kriegsverdienstkreuz für Dienste im Hinterland. Zum „Zwischenorden“ für Tapferkeit wurde das sog. Deutsche Kreuz in Gold.)

Die Septembertage, da das LIII. A.K. noch als Heeresreserve diente, wurden von Weisenberger genützt, um die Verbände, die hinter der Front für Krisenfälle zur Verfügung standen, zu besuchen und zu unterrichten. So besichtigte er die 252. I.D. am Morgen des 7. September auf dem Marsch. Die Division suchte einen neuen Unterkunftsraum auf und bewegte sich auf der Landstraße Roslawl–Brjansk nach Süden[64]). Die Marschspitze befand sich um 10.45 Uhr 19 km südostwärts von Roslawl. Während die an der Front eingesetzten Divisionen schwer beansprucht waren, hatte die 252. I.D. ihre Ruhetage genützt. Der Kommandeur I.R. 472 meldete: „Der Gesundheitszustand und die Stimmung im Rgt. sind gut. Die Pferde sind gut erholt und in den Ruhetagen frisch beschlagen worden.“ Marschordnung und Haltung der Truppe machten einen „guten und frischen Eindruck“[65]). Der Hafer für die Pferde wurde aus dem Lande beschafft[66]). Freilich traten nun auch bisher weniger bekannte Erscheinungen des Krieges auf. Im Infanterieregiment 461 wurden bei den Soldaten Läuse festgestellt[67]). Sogleich wurden Entlausungen durchgeführt. Auch vom Generalkommando wurde die Einrichtung von Entlausungsstationen befohlen[68]).

Bei jenen Divisionen, deren bisherige Belastung größer gewesen war als die der 252 I.D., lauten die Auskünfte anders. Am 6. September berichtete der Führer der Veterinärkompanie der 267. I.D. in Krasnaja Ssloboda, daß wieder stark erschöpfte Pferde gemeldet wurden[69]), eine Folge der schlechten Wege[70]). Entsprechend äußerte sich Gen.Maj. Rendulic am 10. September in Krasnaja Moskwa[71]).

---

[63]) Fahrtbericht Nr. 44; 6. 9. 1941. – Damit zeigte sich Fahrmbacher erstaunlich rasch informiert, was Überlegungen zu Ordensfragen an höchster Stelle anging. Denn einen Tag vorher sprach der Chef des Heerespersonalamtes, General Bodwin Keitel, mit Halder über Auszeichnungen. Dieser notierte neben anderen Besprechungspunkten am 5. 9. 1941: „Ordensfragen: Verhältnis EK und Verdienstkreuz. Zwischenorden.“ Halder KTB III, S. 215. – Etwa drei Wochen nach der Unterhaltung auf Gut Kostyri wurde die Stiftung des „Zwischenordens“ verkündet. Siehe M. Domarus, Hitler. Reden und Proklamationen 1932–1945, II. Bd. 1963, S. 1755: „Am 28. September [1941] stiftete Hitler einen neuen Kriegsorden, das *Deutsche Kreuz.* Natürlich handelte es sich wieder um einen Steckorden.“

[64]) Fahrtbericht Nr. 45; 7. 9. 1941: „Der Kom. General erklärte, die Verlegung der Division ist eine vorsorgende Maßnahme, da die Armee damit rechnen muß, daß aus dem Dreieck bei Briansk ein russischer Stoß erfolgt. Für diesen Fall ist die Div. weiter nach Süden gezogen worden.“

[65]) Fahrtbericht Nr. 45; 7. 9. 1941.

[66]) Siehe auch Fahrtbericht Nr. 43; 3. 9. 1941; Nr. 44; 6. 9. 1941.

[67]) Fahrtbericht Nr. 45; 7. 9. 1941.

[68]) Fahrtbericht Nr. 45; 7. 9. 1941, Bemerkungen während der Fahrt.

[69]) Fahrtbericht Nr. 44; 6. 9. 1941. – Krasnaja Ssloboda liegt etwa 30 km nordostwärts Roslawl, 7 km südwestlich Bogdanowo.

[70]) Auch „die Unterbringungsmöglichkeiten werden bei weiterem Vorrücken nach Osten immer schlechter“. Fahrtbericht Nr. 43; 3. 9. 1941.

[71]) Etwa 7 km westlich Rjaptschitschi, 55 km südostwärts Roslawl.

Besonders im Süden des Armeeabschnitts sind die Wegeverhältnisse „durch die Urwälder unwahrscheinlich schlecht“[72]). Zu den Erschwerungen, die aus dem verkehrsfeindlichen Gelände kommen, treten z. T. Mängel in der Kartenausstattung. Der Regimentskommandeur I.R. 452 meldete am 3. September in der Gegend Prijutino (etwa 10 km nordostwärts von Roslawl), daß „in diesem Gebiet die Karten nicht stimmen“[73]).

Zwei Punkte der überlegenen russischen Waffenausstattung führen bei den Truppen, die hinter der Front liegen, zu vorsorglichen Übungen und Unterricht. Einmal wird den Divisionen besondere Sorgfalt beim infanteristischen Fliegerschutz anbefohlen. Die Russen beherrschen im hiesigen Abschnitt den Luftraum[74]). Gen.Maj. Rendulic berichtete am 10. September in Krasnaja Moskwa von Bombenfliegern, die täglich Angriffe auf Ziele im Hinterland durchführten: „Meistens erscheinen 8 Bombenflieger unter dem Schutz von 4 Jägern ... Heute morgen erfolgte ein russischer Bombenangriff mit 17 tieffliegenden Apparaten. Leider kommen die deutschen Jäger meistens zu spät. 52. Div. hat durch Fliegerangriffe 9 Tote, 25 Verwundete und 70 Pferde verloren[75]).“

Außer den notwendigen Maßnahmen gegen Luftangriffe ist sofort Unterricht „über Verhalten gegenüber 53-to-Panzer anzusetzen[76]).“ Bei diesem überschweren Gerät versagen die üblichen deutschen Panzerabwehrwaffen. Der 53-Tonner kann „nur mit Flak oder Artillerie beschädigt werden...“[77]). Weisenberger empfiehlt beim I.R. 452 am 6. September in Astapkowitschi als Kampfmittel gegen den überschweren Panzer: „Die Infanterie hilft sich mit geballten Ladungen[78]).“

Bedeutsamer aber als das Erlebnis der zerstörerischen Abwehrkraft des Geländes, der Luftüberlegenheit und eines unverwundbaren Panzertyps beim Gegner begann jetzt eine spezifische Waffe des Ostkrieges auf die Truppe und ihr Kriegsbild einzuwirken. In den Septembertagen tauchen häufig Meldungen über Aktionen von Partisanenverbänden im rückwärtigen Gebiet auf. Die 252. I.D. hatte nach einer Meldung vom 7. September im Raume westlich von Roslawl eine besondere Kampfgruppe gegen Partisanen gebildet, den „Verband Andersen“[79]).

Die Partisanen zogen sich jedoch in die Gegend von Mstislawl zurück, während die Division südwärts verlegt wurde. Ein Gendarmerieverband übernahm den Auftrag.

---

[72]) Fahrtbericht Nr. 46; 10. 9. 1941. – „Ein in Aussicht genommener Angriff der 52. I.D. aus dem Waldgebiet 7 km südlich Sselinka konnte wegen der sehr schlechten Wegeverhältnisse nicht durchgeführt werden.“

[73]) Fahrtbericht Nr. 43; 3. 9. 1941.

[74]) Fahrtbericht Nr. 43; 3. 9. 1941; Nr. 44; 6. 9. 1941, Bemerkungen.

[75]) Fahrtbericht Nr. 46; 10. 9. 1941.

[76]) Fahrtbericht Nr. 43; 3. 9. 1941, Bemerkungen.

[77]) Gen. Fahrmbacher im Fahrtbericht Nr. 42; 1. 9. 1941. – Siehe auch die Meldung des Div.Kdrs. Trierenberg, 167. I.D., vom 18. 9. 1941 in Ssuprjagina, Fahrtbericht Nr. 49: „Gegen die schweren Panzer hat die 167. I.D. nicht die nötigen Abwehrwaffen. 3,7 cm-Pak durchschlägt diese Panzer nicht. Eine neuunterstellte Flakabteilung ist für Luft- und Panzerabwehr eingerichtet. Gleichzeitig werden l.F.H. zum Panzerschutz vorgezogen.“

[78]) Fahrtbericht Nr. 44; 6. 9. 1941.

[79]) Fahrtbericht Nr. 45; 7. 9. 1941.

Am 13. September war Weisenberger bei der 252. I.D. in Sharyni[80]) und forderte weiterhin die energische Bekämpfung der Partisanen, da Überfälle und Sabotage im rückwärtigen Gebiet immer häufiger gemeldet wurden. „In der Nähe von Schumjatschi wurde gestern ein Kraftfahrzeug überfallen. Ein Mitfahrer ist tot, einer verschwunden, ein dritter konnte sich nach Schumjatschi durchschlagen. Beim XII. Korps wurden 2 Offiziere im Kraftwagen von Partisanen erschossen[81])." Die Division behandelt zwei „Partisanen-Rädelsführer" als Freischärler und hat die Erschießung angeordnet. Das Auftreten von Partisanenverbänden hatte sofort rücksichtslose Formen der Kriegführung zur Folge. Jetzt spürten Truppe und Führung mit Deutlichkeit, daß der Kampf im Osten „anders" war als das, was sie bisher im Kriege erlebt hatten. Am 16. September berichtete in Marmasowka[82]) der Chef des Generalstabes[83]) beim XII. Korps, das Weisenberger besuchte: „Das Gen.Kdo. des XII. A.K. hat in 8 Tagen drei Offiziere durch Partisanen verloren. Gestern wurde, 3 km vom Korpsgefechtsstand entfernt, ein Stabsarzt erschossen. Ein Sanitätskraftwagen, der von einem Kübelwagen und einem Krad begleitet war, wurde überfallen. Dabei gab es zwei Tote und zwei Verletzte. Das Korps führt einen rücksichtslosen Kampf gegen die Partisanen durch. Wer der Sabotage überführt wird, wird sofort erschossen. Um ein abschreckendes Beispiel zu geben, wurden in einer Ortschaft 20 Partisanen öffentlich gehenkt[84])."

Zu den Formen des Partisanenkrieges bemerkt der Chef des Generalstabes: Es kann sich nicht um zufällige Unternehmungen von Versprengten handeln, hier werden vielmehr Verbände planmäßig geführt, die ins rückwärtige Gebiet gebracht wurden. „Dafür spricht die gleichmäßig gute Bewaffnung, die aus Maschinenpistolen, automatischen Gewehren, Handgranaten und Moltow-Cocktails besteht. Ebenfalls ist das immer gleiche Auftreten in Zugstärke ein Zeichen von organisierter Sabotage[85])."

Auch als Weisenberger am 18. September die ihm neu unterstellte 31. I.D. in Akulitschi[86]) besuchte, kam das Partisanenproblem zur Sprache. Gen.Maj. Berthold

---

[80]) Sharyni liegt 20 km s.ostw. von Roslawl.

[81]) Fahrtbericht Nr. 47; 13. 9. 1941.

[82]) Marmasowka liegt 55 km s.s.ostwärts von Roslawl.

[83]) Der Chef des Generalstabes XII. A.K. wird im Fahrtbericht namentlich nicht genannt; es handelte sich um Oberstleutnant i. G. Siegfried von Waldenburg. Mitteilung durch Dr. G. R. Ueberschär, Militärgeschichtliches Forschungsamt.

[84]) Fahrtbericht Nr. 48; 16. 9. 1941.

[85]) Fahrtbericht Nr. 48; 16. 9. 1941. In der Tat stellte der Partisanenkrieg inzwischen einen bedeutenden Teil der Gesamtstrategie der Roten Armee dar. Siehe E. Klink, Die Beurteilung des Feindes Anfang August, in: Das Deutsche Reich und der Zweite Weltkrieg, Bd. 4, 1983, S. 497. „Mochten sie [die Partisanen] in den ersten Tagen der Offensive noch als Aktionen überrollter Einheiten oder einzelner erscheinen, so zeichnete sich mit dem Aufruf des Zentralkomitees der Kommunistischen Partei der Sowjetunion zum totalen Verteidigungskampf und der Stalin-Rede vom 3. Juli ab, daß es sich um die Vorbereitung einer militärisch organisierten Front handelte. Der Aufruf Stalins enthielt den konkreten Befehl zum Widerstand in der von der Okkupationsmacht besetzten Zone und bezeichnete im einzelnen auch die Formen des Widerstandes." – Eine zusamennfassende Betrachtung des Partisanenkrieges, zu dem eine umfangreiche, z. T. glorifizierende Literatur entstanden ist, gibt J. Hoffmann, in: Das Deutsche Reich und der Zweite Weltkrieg, Bd. 4, S. 752 ff.

[86]) Akulitschi liegt etwa 75 km westlich von Brjansk, etwa 88 km s.s.ostw. von Roslawl.

berichtete, daß im Hinterland seines Divisionsabschnittes ebenfalls dauernd Partisanentätigkeit gemeldet wird. „Eine Brücke der sogenannten R.2 wurde gesprengt und ein Trupp Pioniere wurde an einer Schmalspurbahn überfallen, nachdem vorher auf der Bahn Minen gelegt wurden[87]).“ Dabei bemerkt der Divisionskommandeur, daß der Kampf gegen die Partisanen mit „großangelegten Aktionen keine besonders guten Erfolge bringt.“

An dieser Stelle ist Weisenbergers Äußerung über den Partisanenkrieg und das Verhältnis zur Bevölkerung von Interesse; sie gibt Hinweise auf die menschliche Einstellung wie auf den Kalkül des Truppenführers. Weisenberger gab dem Divisionskommandeur einen Rat; er „wies darauf hin, daß Verbindunghalten mit der Bevölkerung und gute Behandlung der Bauern, verbunden mit einer gewissen Propaganda der Ic-Abt., beim Korps sehr gute Erfolge gezeigt haben. Bei korrektem Betragen der deutschen Truppe sieht der russische Bauer im Partisanen einen Räuber und Bedrücker und gibt uns dann häufig und freiwillig wichtige Meldungen über die Partisanen[88]).“

Es handelt sich also um die menschlich gebotene Einsicht und militärisch nützliche Erfahrung eines Befehlshabers, der gegenüber einer bisher unbekannten Waffe des Gegners eine Gegenwaffe sucht und gefunden zu haben glaubt. Eine entsprechende Einstellung wird man bei den Militärs der mittleren Ränge vielfach unterstellen dürfen[89]). Doch weit entfernt waren sie von den Auffassungen, die vom OKW kamen und der Truppe befahlen, gegenüber der Bevölkerung „Schrekken zu verbreiten“, um Sicherheit im rückwärtigen Gebiet zu garantieren[90]).

---

[87]) Fahrtbericht Nr. 49; 18. 9. 1941.

[88]) Fahrtbericht Nr. 49; 18. 9. 1941. Die Härte und die Erfolge, die den Partisanenkampf kennzeichneten, sind weitgehend zu erklären mit seiner Herleitung aus der Ideologie des Klassenkampfes und entsprechender dauernder „Schulung“ in den Verbänden. Siehe Heinz Kühnrich, Der Partisanenkrieg 1939–1945, Berlin (Ost) 1965, S. 20: „Aus der historischen Mission der Arbeiterklasse, die ganze Nation auf den Weg zum Sozialismus und Kommunismus zu führen, erwächst zwangsläufig auch ihre Rolle im bewaffneten Kampf des Volkes, im Partisanenkrieg als einer Form des Kampfes.“

[89]) Daß Weisenbergers Auffassung in der mittleren Führung keineswegs vereinzelt war, geht aus den „Aufzeichnungen eines Generalstabsoffiziers“ hervor. Major i. G. H. Meier-Welcker, Ia der 251. I.D., berichtete in einem Brief am 24. 8. 1941 aus der Gegend Welikije–Luki von der Einstellung und Praxis seines Divisionskommandeurs, Generalmajor Burdach. Diese entsprachen in bezug auf die Behandlung der russischen Zivilbevölkerung ganz den Auffassungen Weisenbergers. Siehe H. Meier-Welcker, Aufzeichnungen eines Generalstabsoffiziers 1939–1942, 1982, S. 129 f. Zum Verhalten der Truppe gegenüber der Zivilbevölkerung schrieb als Regimentskommandeur Oberst F. Hoßbach (angesichts der Lage im Gebiet südlich Roslawl, August 1941): „Unser Verhalten gegenüber den Landeseinwohnern wurde von den Geboten der Menschlichkeit bestimmt. Eine Evakuierung ganzer Dörfer durch die Fronttruppe gab es nicht; Sie wurde nur in Zeiten des stehenden Kampfes vorgenommen, und auch dann nur im frontnahen Kampfgebiet“. – Infanterie im Ostfeldzug 1941/42, S. 84.

[90]) In der Ergänzung zu der „Weisung“ Nr. 33 erging vom Chef des Oberkommandos der Wehrmacht am 23. 7. 1941 folgender Befehl: „Die zur Sicherung der eroberten Ostgebiete zur Verfügung stehenden Truppen reichen bei der Weite dieser Räume nur dann aus, wenn alle Widerstände nicht durch juristische Bestrafung der Schuldigen geahndet werden, sondern wenn die Besatzungsmacht denjenigen Schrecken verbreitet, der allein geeignet ist, der Bevölkerung jede Lust zur Widersetzlichkeit zu nehmen. Die entsprechenden Befehlshaber sind mit den ihnen zur Verfügung stehenden Truppen verantwortlich

Aus dem Gespräch des Kommandierenden Generals mit dem Divisionskommandeur wird das Unverständnis des Truppenführers angesichts einer grundsätzlichen „Führerweisung“ deutlich, weil diese ihm – vom Menschlichen abgesehen – als unklug und falsch bei der auf Erfolg gerichteten Kriegführung vorkommen muß. Für denjenigen, der nach der „Mentalität“ der Kommandeure während der ersten Monate des Ostkrieges fragt, ist das eine vielsagende Beobachtung[91]).

Am 10. September besuchte Weisenberger die 52. I.D. unter Gen.Maj. Dr. Rendulic in Krasnaja Moskwa (etwa 55 km s.ostw. Roslawl). Die Begegnung sollte zum Abschiedstreffen der Generäle werden, ohne daß beide davon schon etwas ahnten[92]). Die letzten Eindrücke, die wir vom Divisionskommandeur Rendulic erhalten, zeigen ihn noch einmal, wie wir ihn kennenlernten: taktisch begabt, sicher in der vorausschauenden Lagebeurteilung, interessiert an den Stimmungen in der Truppe und geschickt als Gastgeber gegenüber dem Vorgesetzten.

Als Weisenberger morgens gegen 10 Uhr auf dem Div.Gefechtsstand eintraf, war die Division durch das XII. A.K. unterrichtet worden, daß der Gegner mit Teilen die deutschen Linien durchstoßen hätte. Verbindungen nach vorn waren unterbrochen. Der derzeitige Standort des angreifenden Verbandes war nicht genau bekannt. Rendulic schloß aus dem, was er erfahren hatte, daß sich der russische An-

---

zu machen für die Ruhe in ihren Gebieten. Nicht in der Anforderung weiterer Sicherungskräfte, sondern in der Anwendung entsprechend drakonischer Maßnahmen müssen die Befehlshaber das Mittel finden, um ihre Sicherungsräume in Ordnung zu halten. (gez.) Keitel.“ – Hubatsch, Hitlers Weisungen für die Kriegführung 1939–1945, 1962, S. 144 – Derartige Befehle zum Verhalten der Wehrmacht im Ostkrieg gemäß den „Notwendigkeiten des [rassenideologischen] Vernichtungskrieges im Osten“ hatte Hitler vor einer großen Zahl höherer Befehlshaber bereits am 30. März 1941 vorausgesagt. Siehe A. Hillgruber, Hitlers Strategie, S. 526 f. – Zur „Einschränkung der Kriegsgerichtsbarkeit“ vgl. J. Förster in: Das Deutsche Reich und der Zweite Weltkrieg, Bd. 4, S. 426 ff.

91) Siehe dazu das Memorandum, das der Kommandierende General des XXXIX. A.K. Rudolf Schmidt am 18. September 1941 dem Armee-Oberkommando 16 vorlegte mit der Bitte, „diese Denkschrift an den Führer und Obersten Befehlshaber der Wehrmacht weiterzuleiten“. In dem Schreiben, das ein Wachtmeister Hertel verfaßt hatte, wurde auf die große Abwehrkraft des Sowjetstaates und der Roten Armee hingewiesen. – „Im Feldzug macht sich besonders unangenehm bemerkbar, daß die Sowjets ein Unterführerkorps in großer Breite aufgestellt haben, das gegen Niederlagen nahezu unempfindlich ist.“ Durch rücksichtslose Kriegführung von deutscher Seite (Kommissarbefehl) wird der Zusammenhalt der gegnerischen Kader nur noch fester. Daher: „Als Sofortmaßnahme muß der Schießerlaß für politische Kommissare fallen.“ Vor allem aber erscheint notwendig, „dem russischen Volke eine positive Zukunft zu zeigen“. Die russische Bevölkerung könnte „bei gerechter Behandlung“ sicher „in unsere Aufbauarbeit eingespannt werden“. „Denn der an sich gutmütige russische Mensch ist leicht lenkbar“. Nachweise bei G. Ueberschär/W. Wette (Hrsg.), „Unternehmen Barbarossa“, S. 394 f. – Im ähnlichen Sinne äußert sich auch die Denkschrift des Abwehr-Offiziers im AOK 17, Oberleutnant Th. Oberländer, von Ende Oktober 1941. – Siehe J. Förster, Die Sicherung des „Lebensraumes“ in: Das Deutsche Reich und der Zweite Weltkrieg, Bd. 4, S. 1076 f. – Vgl. K. Reinhardt, Wende vor Moskau, S. 90 – Zu den Bemühungen, den Kommissarbefehl abzuändern (General Eugen Müller, 23. 9. 1941) und Hitlers schroffer Ablehnung siehe A. Hillgruber, Hitlers Strategie, S. 530.

92) Am 16. 9. 1941 erhielt das LIII. A.K. den Auftrag, den Südteil der Front des XII. A.K. zu übernehmen. Damit schieden die bisher zum LIII. A.K. gehörenden Divisionen aus Weisenbergers Befehlsbereich aus; andere wurden ihm unterstellt. Siehe KTB LIII. A.K. vom 16. 9. 1941.

griffskeil entlang der Bahnlinie, die etwa 75 km südostwärts von Roslawl die Straße nach Brjansk überquert, nach Westen bewegte. Im Verlauf dieser Bahn war der weitere Vorstoß zu vermuten. Aber 4 km westlich des Straßenübergangs beginnt undurchdringlicher Urwald. Der gegnerische Vorstoß würde sich deshalb vor der Waldzone nach Nordwesten wenden müssen. Von dem Höhengelände südlich von Sselinka aus, wo sich die Regimenter der 52. I.D. inzwischen bereitgestellt hatten, sollte dann der Gegenangriff in die linke Flanke des nach Nordwesten geschwenkten Gegners erfolgen. Der Einsatz der Aufklärungsabteilung der Division gegen den allgemeinen Einbruchsraum war bereits befohlen. Damit war die Stabsarbeit getan. „Vor der Abfahrt lud der Div.Kdr. den Herrn Kom.Gen. noch zu einem Imbiß im Offiziers-Heim ein[93]).“ Weisenberger berichtete dabei von den Absichten der Armee, die Korps-Abschnitte neu einzurichten. Beim „Jelnja-Bogen“ ist die Front endlich zurückgenommen worden[94]).

Damit wurden zwei Divisionen auf deutscher Seite frei. Hinter der Front der Armee stehen Eingreifverbände bereit, nämlich: 52. I.D., 252. I.D., Teile der 167. I.D. und die 10. Pz.Div. Derart reichliche Reserven benötigt eine nur auf Verteidigung eingerichtete Front nicht. Diese Divisionen werden jedoch im Süden bei den Operationen der Panzergruppe 2 (Guderian) und der 2. Armee dringend benötigt. „Zur Schließung des Kessels in der Ukraine fehlt der Panzergruppe Guderian ein Korps von Infanterie-Divisionen, das den Panzern nach Süden nachstößt und ihnen die Sorge um ihre sich immer mehr verlängernde Flanke abnimmt[95]).“ Das

---

[93]) Fahrtbericht Nr. 46; 10. 9. 1941.

[94]) Bei Jelnja hatte eine Ausbuchtung der deutschen Front zu dauernden heftigen Feindangriffen geführt, so daß bereits am 14. August beim OKH die Absicht bestand, diesen Vorsprung in der Front zurückzunehmen. Siehe KTB OKW I, S. 466, zum 14. 8. 1941: „Gegen den Jelnja-Bogen dauern die starken Feindangriffe an und führen vorübergehend zu örtlichen Einbrüchen. OKH fordert das H.Gr.Kdo. [Mitte] zur Meldung auf, ob ein weiteres Halten des Brückenkopfes Jelnja voraussichtlich noch so hohe materielle und personelle Opfer erfordern wird, daß diese in keinem Verhältnis zu dem Vorteil stehen, dieses Gebiet als Absprungbasis für die weitere etwa für Ende August vorgesehene Operation in ostwärtiger Richtung zu besitzen. Für diesen Fall erklärt sich OKH mit der Aufgabe des Brückenkopfes Jelnja einverstanden ...“ Vgl. dazu KTB Halder III, S. 176, zum 14. 8. 1941: „Guderian will Jelnja aufgeben ... H.Gr. will Jelnja nicht aufgeben“. Die Räumung des Bogens bei Jelnja wurde noch mehrere Wochen verschoben. Schließlich am 5. September heißt es im KTB der Operationsabteilung des Gen.St.d.H.: „Die Rückverlegung der HKL westl. Jelnja verläuft planmäßig.“ KTB OKW I, S. 614 – Vgl. den Bericht von G.K. Schukow, Erinnerungen und Gedanken, S. 287 ff. Schukow war als Chef des Generalstabes abgelöst worden und erhielt den Auftrag, den Jelnja-Brückenkopf zu beseitigen. Schukow meldete in einem eigenen Bericht seinen Erfolg an Stalin.

[95]) Fahrtbericht Nr. 46; 10. 9. 1941. – Schon bei der 252. I.D. hatte Weisenberger am frühen Morgen mitgeteilt: Die 2. Armee und die Panzergruppe Guderian „stoßen auf heftigen Widerstand“. – In der Tat hatte es bei der Panzergruppe Guderian Krisen gegeben. Siehe Halder KTB III, zum 4. 9. 1941, S. 213 f. „Während der Abwesenheit [Halder hatte die H.Gr. Nord in Pleskau besucht] hat sich wieder eine große Aufregung abgespielt. Der Führer ist sehr ungehalten über Guderian, der sich nicht von seiner Absicht, mit XXXXVII. A.K. ostwärts der Desna nach Süden vorzustoßen, trennen kann. Es ergeht der Befehl, Guderian auf Westufer zurückzunehmen. Spannungen zwischen v. Bock und Guderian. Ersterer fordert von ObdH die Enthebung Guderians vom Kommando“. Wie von Bock hegte auch Halder eine typische Aversion gegen den eigenwilligen Guderian. So hatte Halder schon am 28. 8. 1941 geschrieben (Halder KTB III, S. 204): „Guderian will keinen Armeeführer über sich dulden und verlangt, daß sich bis zur obersten Stelle alles

wäre die gegebene Aufgabe für das LIII. A.K. Mit der 52. I.D., der 252. I.D. und zwei Divisionen, die bei Jelnja freigeworden sind, könnte man das im Süden fehlende Armeekorps bilden. Weisenberger wünschte also, aus dem Zustand der Heeresreserve herauszukommen und noch an der großen Umfassungsschlacht bei Kiew teilzunehmen. Es sollte anders kommen.

Rendulic berichtete dagegen, daß Angehörige seiner Division, die aus Bobruisk und Minsk kamen, dort bei den Auskunftsstellen erfahren hätten, die 52. I.D. solle verladen werden; die durchreisenden Leute könnten gleich dableiben.

Und noch eine andere „Neuigkeit" wußte der Divisionskommandeur zu berichten: „Vom Troß der 18. Pz.Div. geht folgendes Gerücht um: Die Versorgungsdienste dieser Division sollen z. T. von den Russen vernichtet worden sein. Unter anderem wurde ein Musik-Korps gefangen genommen. Dieses wurde nach Moskau gebracht und gezwungen, im Rundfunk die Internationale zu spielen. Durch Flugzettel wurden Angehörige der Div. aufgefordert, sich das Abhören dieser Sendung nicht entgehen zu lassen. — Es ist nicht bekannt, was an dieser Geschichte wahr ist[96])."

Zu den Eigentümlichkeiten des Krieges gehört es, daß die Ungewißheit des Geschehens zur Entstehung von sich rasch verbreitenden Gerüchten führt, die der Soldat aus einer Mischung von Neuigkeitenhunger und Skepsis meist als „Latrinenparole" zur Kenntnis nimmt. In einer solchen Fama sind häufig Hoffnungen aber auch Befürchtungen aufgefangen; schwer ist es, einen Kern Wahrheit darin festzumachen, vielfach sind sie ganz phantastisch.

Im Falle des Gerüchts vom Musik-Korps der 18. Pz.Div. führten die späteren Nachforschungen zur Annahme, daß ein Körnchen Wahrheit[97]) ebenso wie die rus-

---

den Gedanken beugt, die er sich aus seinem beschränkten Blickfeld macht... Ich denke gar nicht daran nachzugeben. Guderian hat sein Amt selbst bestimmt. Nun mag er sehen, wie er durchkommt." — Doch am 10. September galt im OKH die Entscheidung in der Vernichtungsschlacht bei Kiew bereits als gefallen. Halder schrieb am 10. Sept. zur Abendlage: „Mitte: 2. Armee und Panzergruppe 2 haben den Feind völlig geschlagen und haben nur noch unzusammenhängenden Widerstand vor sich". Halder KTB III, S. 220. — Vier Tage später notierte Halder: „Abendlage: Im Süden geradezu klassischer Ablauf der Einkreisungsschlacht. Vor gesamter Ostfront [der H.Gr. Mitte] auffallende Ruhe". Halder KTB III, zum 14. 9. 1941, S. 231. — Das sowjetische Oberste Kommando hatte am 11. September die Aufgabe von Kiew beschlossen, siehe G.K. Schukow, Erinnerungen und Gedanken, S. 293 ff.

96) Fahrtbericht Nr. 46; 10. 9. 1941.

97) In der Nacht vom 14. zum 15. Juli 1941 wurde in Dobryn (etwa 100 km w.südwestl. von Smolensk) ein Lazarett, eine Sanitätskompanie und eine Kolonne des Divisions-Nachschubführers der 18. Pz.Div. von russischen Verbänden angegriffen, die der Einschließung im Kessel bei Smolensk entkommen wollten. Dabei entstanden auf deutscher Seite erhebliche Verluste, und eine große Beute fiel in die Hand des Feindes. Unter den Gefangenen, die die Russen wegführten, befand sich der Obermusikmeister des Schützenregiments 52, Kauffmann. Nach Beendigung des Krieges erscheint dieser wieder als Stabsmusikmeister in der Nationalen Volksarmee der DDR. Unter anderem gehörte er zum Wachregiment Berlin. Dort dirigierte er die Militärkapelle bei den Paraden auf dem Marx-Engels-Platz. Anfang der 50er Jahre war Kauffmann eine Zeitlang nach China kommandiert, um als Ausbilder für Militärmusik in der chinesischen Volksarmee zu wirken. — Danach erscheint es als nicht unmöglich, daß sich Kauffmann bald nach seiner Gefangennahme den Russen als Musiker zur Verfügung stellte. — Sogleich nach der Beute von Dobryn verbreiteten die Russen über Radio Falschmeldungen. So, die 18. Pz.Div. wäre zerschlagen und der Div.Kdr. gefangen. — Siehe Wolfgang Paul, Geschichte der 18. Pan-

sische Frontpropaganda und die Erzählungen in der Truppe zu seiner Entstehung beigetragen haben. Dabei erscheint es wenig wahrscheinlich, daß das Gerücht *völlig* „stimmte". Aber gerade, wenn es sich weitgehend um eine Mystifikation handelte, ist die Beobachtung von Interesse. Sie läßt etwas von der Mentalität der Truppe im Herbst 1941 erkennen. Ähnliches war zu Beginn des Ostkrieges schlecht vorstellbar. Inszwischen vermittelten solche „Nachrichten" neuartige Vorstellungen vom Gegner und seinen Möglichkeiten zur psychologischen Kriegführung.

Am 16. 9. 1941 stand fest, daß die Zeit der Heeresreserve für den Korps-Stab zu Ende ging. Das LIII. A.K. sollte wieder einen Frontabschnitt übernehmen und zwar den südlichen Sektor des XII. A.K. Dadurch erhielt Weisenberger das Kommando über die hier eingesetzten Divisionen[98]). Die 167. I.D., die inzwischen einen neuen Divisionskommandeur erhalten hatte, trat wieder unter den Befehl des LIII. A.K.[99]), dazu die 31. I.D., eine Division 1. Welle[100]), und die 1. Kavalleriedivision. Letztere wurde jedoch schon nach kurzer Zeit wieder abgegeben[101]).

Zur Vorbereitung der Kommando-Übernahme fuhr Weisenberger am 16. Sept. zum XII. A.K. nach Marmasowka. Hier gab der Chef des Generalstabes ein Bild von der Feindlage vor dem Korps-Abschnitt. Der Kommandierende General des XII. A.K. selbst war bei den Divisionen unterwegs[102]).

Das XII. A.K. rechnet wieder mit einem deutschen Angriff in nächster Zeit[103]). Dieser soll auf dem Nordflügel des Korps vorgetragen werden. Daher wird es den Gefechtsstand weiter nördlich verlegen und seinen bisherigen Südabschnitt an das

---

zer-Division 1940—1943, Berlin 1975, Selbstverlag Paul, S. 36 ff. — Vgl. Guderian, Erinnerungen, S. 159. — W. Paul danke ich für freundliche Hinweise. — Ortwin Buchbender, der besondere Kenner der psychologischen Kriegführung 1939—1945, hält die von Rendulic erwähnte Nachricht für ein Gerücht. „Eine solche von Ihnen erwähnte «Propaganda-Pointe» wäre mir bei dem Studium sowjetischer Flugblätter *sofort* aufgefallen." (Briefliche Mitteilung vom 23. 10. 1985, für die ich ebenfalls Dank sage).

[98]) KTB LIII. A.K. zum 16. 9. 1941: „17 Uhr: Fernschreiben von A.O.K. 4 betr. Übernahme Südteil Abschnitt XII. A.K. und Unterstellung 31., 167. I.D. und 1. K.D. unter LIII. A.K."

[99]) Der Chef des Generalstabes des XII. A.K. berichtete am 16. September: „Die 167. Div., die nächstens wieder zum LIII. A.K. zurücktritt, hat sich im Verbande des XII. Korps sehr gut bewährt". Fahrtbericht Nr. 48; 16. 9. 1941.

[100]) Das Deutsche Reich und der zweite Weltkrieg, Bd. 4, S. 187.

[101]) KTB LIII. A.K. zum 19. 9. 1941, 12.20 Uhr. Funkspruch von XII. A.K.

[102]) Fahrtbericht Nr. 48; 16. 9. 1941. — Kom.Gen. des XII. A.K. war General Walter Schroth, Chef des Gen.Stabes Oberstlt. i. G. Siegfried von Waldenburg.

[103]) Schon am 6. 9. 1941 war die Weisung Nr. 35 aus dem Führerhauptquartier ergangen, worin die Vorbereitung des Angriffs auf die „Heeresgruppe Timoschenko" und mit deren Vernichtung der Vormarsch auf Moskau befohlen wurde. „In der *Heeresmitte* ist die Operation gegen die Heeresgruppe Timoschenko derart vorzubereiten, daß möglichst frühzeitig (Ende September) zum Angriff angetreten werden kann mit dem Ziel, den im Raum ostwärts Smolensk befindlichen Gegner in doppelter, in allgemeiner Richtung Wjasma angesetzter Umfassung — starke *zusammengefaßte* Panzerkräfte auf den Flügeln — zu vernichten. Hierzu sind mit *schnellen Kräften* Schwerpunkte zu bilden: auf dem Südflügel — voraussichtlich im Raume südostwärts Roslawl, mit Stoßrichtung Nordost — aus den verfügbaren Kräften der Heeresgruppe Mitte und den hierfür freigegebenen Panzerdivisionen 5 und 2..." Hubatsch, Hitlers Weisungen für die Kriegführung 1939—1945, S. 150 ff., Vgl. K. Reinhardt, Die Wende vor Moskau. Das Scheitern der Strategie Hitlers im Winter 1941/42, S. 49 ff. — G. R. Ueberschär, „Unternehmen Barbarossa", S. 154 ff.

LIII. A.K. übergeben. In den letzten zwei Tagen ist es – besonders im Süden – vor dem XII. Korps schlagartig ruhig geworden. Es erscheint möglich, daß der Gegner sich löst und nach Süden abzieht, um den Kessel, der durch die Panzergruppe Guderian gebildet wird, von Osten anzugreifen.

Den Kampfwert der gegenüberliegenden Divisionen schätzt der Chef des Generalstabes nicht hoch ein. Für eine Offensive erscheinen sie ihm nicht geeignet. Durch seine fortwährenden Angriffe, die immer erfolglos blieben, hat sich der Gegner selbst zermürbt. „Stimmung und Moral der russischen Truppe ist schlecht. Gestern wurde unmittelbar hinter der russischen Linie ein Streit beobachtet, der mit Pistolenschüssen endete. 58 Mann liefen gestern wieder über. Dies sind Erscheinungen, die sich täglich wiederholen. Ein deutscher Angriff würde im Augenblick, nach der Meinung des Chefs des Stabes, unbedingt gelingen[104])." Die Urteile über den Kampfwert des Gegners waren danach beim XII. und VII. A.K. ziemlich ähnlich. In den nächsten Tagen würde Weisenberger Gelegenheit nehmen, solche Bilder im eigenen Befehlsbereich zu prüfen, zu bestätigen oder zu berichtigen.

Bevor ab Mitte September die Aufgaben der eigentlichen Kampfführung wieder hervortreten, zeigen einige Anweisungen zur Truppendisziplin im Hinterland (und zum Schutz der Zivilbevölkerung) den Willen der höheren Führung, gegen üble Erscheinungen in der Etappe energisch vorzugehen. Es wurde gemeldet, daß sich mitunter weit hinter der deutschen Front aus den verschiedensten Gründen Gruppen von Soldaten aufhalten, die keine direkte Verbindung mit ihren vorgesetzten Einheiten haben und von dort auch keine Verpflegung erhalten. Diese Trupps ernähren sich „selbst". D. h., sie „drangsalieren" die Bevölkerung, da sie sich ihre Verpflegung von dort beschaffen. Wo sich im Korpsbereich derartige Angehörige fremder Truppenteile finden, ist der Grund der Trennung festzustellen und sofort an das Generalkommando zu melden[105]).

Ferner wurden mehrfache Beobachtungen, die der General auf den Fahrten machte, zum Anlaß für einen Korpsbefehl. Fahrer von Kraftfahrzeugen, die mit dienstlichen Aufträgen unterwegs waren, machten häufig Halt und begannen abseits der Straße abzukochen. Dabei „werden die Kartoffeln, Eier und das, was man zum Kochen braucht, der Bevölkerung wahrscheinlich abgenommen. Durch Streifen sind solche Fälle zu untersuchen und wenn notwendig, abzustellen"[106]).

Der Befehl zum Schutz der Zivilbevölkerung hat seine Motivierung sicherlich aus sich selbst, aber ebenso sieht sich der militärische Führer fortwährend gehalten, mit dem Schutz der Landesbewohner über die Verfassung der Truppe zu wa-

---

[104]) Fahrtbericht Nr. 48; 16. 9. 1941.

[105]) Fahrtbericht Nr. 47; 13. 9. 1941, Bemerkungen während der Fahrt. – Den Anstoß zu diesem Punkt hatte der Oberbefehlshaber der 4. Armee auf einer Besprechung der Kommandierenden Generäle am 11. 9. 1941 gegeben. In einer stichwortartigen Zusammenfassung der Ausführungen von Kluges heißt es unter Punkt 9: „Gegen Drangsalierung der Zivilbevölkerung mit schärfsten Mitteln vorgehen. Hierbei besonders auf Formationen achten, die außerhalb des Verbandes ihrer Truppen liegen. In einem Falle wurde festgestellt, daß ein Feldwebel mit einem Zuge einer Aufklärungsabteilung sämtliche Dörfer im Umkreis von 10–20 km seiner Unterkunft systematisch ausplünderte und die Mädchen mit seinen Leuten vergewaltigte. Wir brauchen eine nichtverärgerte Zivilbevölkerung im Hintergelände. Mithin überwachen und schärfstes Einschreiten gegen gemeldete Verstöße." – BA MA, LIII. A.K./19 198/16, 17, 18.

[106]) Fahrtbericht Nr. 48; 16. 9. 1941, Bemerkungen während der Fahrt.

chen. Wo Plünderei beginnt, zerfällt die Disziplin, und in letzter Konsequenz ist die Truppe nicht mehr zu führen. Daher reagiert der Vorgesetzte sofort, auch bei leichten Verstößen, in dieser Sache.

10. Die Herbstoffensive „Taifun"

Am 18. September 1941 verließ das Generalkommando das „Waldlager" Schumjatschi, in dem es drei Wochen untergebracht gewesen war und bezog den neuen Gefechtsstand in Oskolkowo[1]).

Der Tag des Umzuges wurde benutzt, um die in der Front eingesetzten, neuunterstellten Divisionen zu besuchen. Über z. T. sehr schlechten Straßen[2]) – die Kübelwagen der Generals-Staffel staken mehrfach im Morast der Wege fest –, traf Weisenberger um 13.50 Uhr bei der 31. I.D. in Akulitschi[3]) ein. Dem Divisionskommandeur, Generalmajor Berthold, teilte der Kommandierende General mit, daß die Division zunächst in ihren Stellungen verbleiben und nicht wie ursprünglich vorgesehen in einen Abschnitt weiter nördlich verlegt wird.

Die folgenden Gespräche betrafen die Vorbereitung der für die nächste Zeit erwarteten deutschen Offensive. Beim Angriff des XII. Korps wird die 31. I.D. wahrscheinlich rechts rückwärts gestaffelt vorgehen. Ihr Auftrag wird der Flankenschutz sein. Wenn sich aus der Vorwärtsbewegung die Möglichkeit bietet, schwenkt die Division ein und hilft bei der Bildung eines Kessels.

Angesichts des baldigen Wiederbeginns deutscher Angriffshandlungen interessiert den Kommandierenden General die derzeitige eigene Lagebeurteilung und das Bild vom Gegner. Das Gelände bietet bei der 31. I.D. der eigenen Linie keine Vorteile; meist lehnt sich die Front an Bachläufe an; ein natürliches schützendes Hindernis existiert nicht. Die vorderste Kampfzone ist aus Stützpunkten aufgebaut; diese haben im Waldgelände des Nordabschnitts Bataillonsstärke; Spähtrupps halten die Verbindung zwischen den Stützpunkten aufrecht. Während im Hinterland Partisanentätigkeit gemeldet wird, herrscht an der Front seit drei Tagen Ruhe. Bislang trieb der Gegner regelmäßig Stoßtrupps gegen unsere Linien vor. Neuerdings bleiben sie aus. Dagegen ergab gestern ein eigenes Unternehmen, daß der Gegner mit einer Division (260. Schützendivision) und einem Regiment seine Stellungen unverändert besetzt hält[4]). Ein Urteil über den Kampfwert des Gegners vor der 31. I.D. wird nicht ausgesprochen; doch es klingt auch kein Ton von Skepsis angesichts der Vorbereitungen zur Offensive an.

---

[1]) Oskolkowo liegt etwa 96 km südlich Roslawl, 10 km ostwärts Mglin.

[2]) Fahrtbericht Nr. 49; 18. 9. 1941: Vom Zufahrtsweg Chornowka – Ormino – Akulitschi, der von der Straße Roslawl – Mglin abzweigt, heißt es: „Der Weg führt laufend durch Morast... Mit handelsüblichen Kraftfahrzeugen und bespannten Teilen ist bei Regenwetter von der Mgliner Straße an die Division nicht heranzukommen." Als Nachschubweg zur 31. I.D. ist dieser Weg „völlig ungeeignet". Die Nachrichten über das sehr schlechte Wegenetz werden häufiger und eindringlicher.

[3]) Akulitschi liegt etwa 78 km westlich Brjansk.

[4]) Fahrtbericht Nr. 49; 18. 9. 1941.

Im Anschluß an den Vortrag lud der Div.Kommandeur zu einem Mittagessen ein.

Von der 31. Division begab sich Weisenberger zum Gefechtsstand der 167. I.D. nach Ssuprjagina[5]), wo er 16.40 Uhr eintraf. Generalmajor Trierenberg meldete und erklärte zur Situation: Die Front der 167. I.D. ist 35 km breit. Derartige Abmessungen gestatten auch hier nicht die ununterbrochene Besetzung einer HKL, sondern machen die Einrichtung eines Systems von Stützpunkten notwendig. Eingesetzt sind in der vorderen Linie zwei Regimenter (I.R. 339 und I.R. 315). Die Front verläuft im allgemeinen entlang dem Bach Ssudostj. Das Gewässer wird jedoch ab und zu vom Gegner überschritten, darauf erfolgen Gegenstöße.

Auf beiden Seiten sind regelmäßig Spähtrupps unterwegs. Dagegen hat die feindliche Fliegertätigkeit nachgelassen. Für den 19. September ist bei Potschep ein russischer Angriff vorausgesagt. Gefangene berichteten, daß nördlich der Stadt ein Infanterieangriff, im Süden ein Panzervorstoß beabsichtigt sei[6]).

Vor der 167. I.D. liegen zwei Divisionen mit neun Regimentern; auch hier heißt es: „Beide russische Divisionen sind durch ihre fortwährenden, erfolglosen Angriffe stark angeschlagen[7]).“ (Bei einem 10 Tage späteren Besuch äußerte sich Gen.Maj. Trierenberg noch deutlicher zum geringen Kampfwert der ihm gegenüberliegenden Truppe. Am 28. September erscheint ihm der Gegner „stark angeschlagen und demoralisiert, sodaß mit Gelingen des Angriffs unbedingt gerechnet werden kann, zumal eine Ablösung auf der Gegenseite nicht zu erwarten ist. Gefangene haben ausgesagt, daß der Gegner sich loslösen und zurückziehen wollte. Als wesentlich härter wurde der Gegner vor der 31. I.D. bezeichnet[8]).“) Die Verluste auf der Feindseite waren durch Nachschub mehrfach wieder ausgeglichen worden. So erhielt die südliche Division 3000 Mann Ersatz und ein Regiment neu unterstellt.

Im derzeitigen Abschnitt hat die 167. I.D. 3500 Gefangene gemacht und 17 Panzer außer Gefecht gesetzt. Ihre eigenen Verluste betragen 700 Mann. Insgesamt hat die Division 1800 Fehlstellen.

Die besonderen Schwierigkeiten bei der 167. I.D. liegen einmal in der ungenügenden Ausrüstung zur Panzerabwehr. Die 3,7 cm Pak ist gegenüber den schweren russischen Kampfwagen wirkungslos. 5 cm-Pak ist nicht vorhanden[9]).

Die Division hat eine Flakabteilung zur Bekämpfung von Kampfwagen eingesetzt. Ebenso wurden leichte Feldhaubitzen als Panzer-Abwehrgeschütze nach vorn gebracht. Die andere große Schwierigkeit bei der 167. I.D. besteht angesichts eines bevorstehenden Angriffs und des darauf folgenden Bewegungskrieges in der beschränkten Mobilität. Die Folgen der Gewaltmärsche zu Beginn des Ostkrieges sind

---

[5]) Ssuprjagina liegt etwa 27 km ostwärts von Mglin.

[6]) Ein deutscher Aufklärungsflieger brachte dazu keine besonderen Beobachtungen. Siehe KTB, LIII. A.K., 20. 9. 1941, 11.25 Uhr: „Die am Vormittag 20. 9. geflogene Aufklärung beiderseits Potschep hat keine Feindbewegungen erkannt. Feindliche Einbruchsstellen in die eigene Front sind nicht beobachtet worden“.

[7]) Fahrtbericht Nr. 49; 18. 9. 1941.

[8]) Fahrtbericht Nr. 52; 28. 9. 1941 – Ähnlich heißt es noch am 1. Oktober bei I.R. 315 (167. I.D.): „Personell, moralisch und an Waffen erscheint der Gegner geschwächt“. – Fahrtbericht Nr. 54; 1. 10. 1941.

[9]) Fahrtbericht Nr. 49; 18. 9. 1941: „Bemerkungen während der Fahrt... 12.) Es muß versucht werden, der 167. Div. 5 cm-Pak zuzuführen“.

bei den Pferden keineswegs überwunden. Ein großer Teil der Tiere hat organische Schäden behalten. Der Division fehlen 453 Reitpferde und 415 Zugtiere. Da bei dem Mangel an Pferden die motorisierten Transportkolonnen übermäßig beansprucht wurden, haben auch die Kraftfahrzeuge starke Ausfälle. Für einen demnächst beginnenden Vormarsch ist die Division nicht voll einsatzfähig. Daran ändern auch die Behelfsmaßnahmen mit Panjegespannen nichts. Am Ende des Vortrags bezeichnete es Weisenberger daher als „vordringlichste Aufgabe, die Div. auf schnellstem Wege wieder in einen beweglichen Zustand zu bringen"[10]).

Um Angriffskräfte zu gewinnen, wird Infanterie aus den Stellungen herausgezogen werden. Die ausgedünnten Stützpunkte müssen daraufhin durch Minensperren befestigt werden. Bislang wurden bei der 167. I.D. 350 Minen eingebaut. Das ist jedoch eine ganz ungenügende Anzahl. Es ist vielmehr dringend notwendig, große Mengen Minen nach vorn zu bringen[11]).

Weisenberger verabschiedete sich von der Division, nicht ohne einen seiner typischen Hinweise gegeben zu haben; er bat „noch einmal zu prüfen, ob die schwere Art. nicht zu weit rückwärts aufgestellt ist"[12]).

Eine Inspektion der Korps-Nachschubdienste durch den Kommandierenden General am 24. September gibt die Versorgungslage der unterstellten Division einige Tage vor Angriffsbeginn zu erkennen. Die Quartiermeisterabteilung (Ib) war in Mglin untergebracht[13]). Der Quartiermeister, Major i.G. Siebert, meldete um 9.30 Uhr und erläuterte die Versorgungsprobleme. Angesichts der schwierigen Wegeverhältnisse und des knappen Transportraumes wird ein System von Versorgungszwischenlagern eingerichtet. Dadurch soll besonders der 167. I.D. wegen ihres geringen Fuhrparks geholfen werden. Ferner hat der Quartiermeister angeordnet, daß die Division Panjefahrzeuge mit Fahrern und Pferden anmietet und den Nachschub z. T. durch solche „privaten" Kolonnen erledigen läßt. „Auch die Möglichkeit zum Ankauf von Pferden besteht[14])."

Die bei Beginn des Feldzuges in Bythen (Weißrußland) zurückgelassenen Fahrzeuge werden der 167. I.D. wieder zugeführt[15]). Der Oberquartiermeister der Armee hat in Aussicht gestellt, daß die motorisierten zwei Kolonnen der 167. I.D. mit Fahrzeugen (Neufertigungen) aufgefüllt werden. Weisenberger kümmerte sich um Einzelheiten auch im Verpflegungsnachschub. Zum ersten Mal taucht in den Fahrtprotokollen ein Gedanke an den bevorstehenden Winterkrieg auf.

Es sollen ab sofort keine Konserven mehr an die Truppe ausgegeben werden; diese sind zu horten. Wenn nämlich im Winter bei schlechten Verkehrsverhältnissen kein Fleisch zur Truppe gebracht werden kann, liegen die angesparten Konserven bereit. Derzeit muß Frischfleisch aus dem Lande bezogen werden.

---

[10]) Fahrtbericht Nr. 49; 18. 9. 1941 – Siehe: „Bemerkungen während der Fahrt... 7.) IVc wird gebeten, sich mit 167. I.D. wegen Ausgleich der Pferdefehlstellen in Verbindung zusetzen".

[11]) Fahrtbericht Nr. 49; 18. 9. 1941: „Bemerkungen während der Fahrt... 9.) Sofortiger Nachschub von Minen ist notwendig; Maßnahmen sind einzuleiten".

[12]) Fahrtbericht Nr. 49; 18. 9. 1941.

[13]) Mglin liegt etwa 100 km südlich von Roslawl.

[14]) Fahrtbericht Nr. 50; 24. 9. 1941.

[15]) Siehe Fahrtbericht Nr. 4 vom 8. Juli 1941. – Bythen liegt etwa 150 km nordostwärts von Brest-Litowsk.

Außerdem machte Weisenberger auf einen speziellen „Engpaß" in der Versorgung der Division aufmerksam, und die Annahme ist gestattet, daß auch diese Bemerkung in Hinsicht auf die Angriffsvorbereitungen erfolgte. Die Alkoholversorgung der Truppe erscheint als „dringlich". Der Quartiermeister erwiderte, daß ein entsprechender Transport aus Frankreich in „etwa 10 Tagen" eintreffen werde. Beim Korpsstab fehlt es vor allem an Rotwein. Der Chef des Generalstabes markierte übrigens bei der Lektüre des Berichts diesen Passus (wiederum) mit dicken Strichen links vom Text.

Der Oberintendanturrat Großmann meldete 10.05 Uhr: „Die Bekleidungsausrüstung der Divisionen ist mäßig."

Heute haben die unterstellten Einheiten etwas an Bekleidung zugewiesen erhalten. „Winterbekleidung fehlt noch völlig"[16]). Vor dem Generalveterinär Dr. Berger erklärte der Kommandierende General um 10.10 Uhr nochmals, daß die Beweglichmachung der 167. I.D. „ganz besonders vordringlich" ist. Der Veterinär meldete, daß das Armee-Oberkommando 4 der Division bereits eine Anzahl Pferde zugeführt und daß die 2. Armee ebenfalls eine Zuweisung in Aussicht gestellt habe. Im übrigen werden alle möglichen Aushilfslösungen mit Panjepferden bedacht und eingeleitet. Nach Urteil des Generalveterinärs haben sich die Pferde der 167. I.D. „im allgemeinen. . . erholt"[17]).

Der Gedanke an den kommenden Winter ist auch hier präsent. Winterbeschlag für die Pferde ist angefordert. Ab sofort sollen die Schmiede die Pferde mit Wintereisen beschlagen.

Über das Gesundheitswesen und die Organisation der Feldlazarette berichtet um 10.25 Uhr der Oberstarzt Dr. Baumeister. Das Feldlazarett der 31. I.D. wird „weiter nach vorn" verlegt; ein Truppenverbandsplatz der Division wird in Kletnja[18]) eingerichtet. Der allgemeine Gesundheitszustand bei den unterstellten Einheiten ist befriedigend. In Mglin befindet sich eine Entlausungsstation, die laufend in Betrieb ist. (Handschriftliche Anmerkung des Chefs des Generalstabes bei Mglin: „zu weit hinten")[19]). Der Munitionsnachschub arbeitet zufriedenstellend. Ergänzungen im Fehlbestand der Fahrzeuge sind angekündigt. Ersatzteile für Kfz. sind vorhanden, außer Federstahl. Um dieses Material zu erhalten, müssen liegengebliebene Fahrzeuge ausgeschlachtet werden. Aus dem so gewonnenen Stahl werden die benötigten Federn „umgearbeitet". Kraftstoff ist vorhanden, nicht aber im selben Maße Motorenöl. Fahrzeuge mit hohem Ölverbrauch sind derzeit abgestellt und werden nur für den Vormarsch wieder benutzt.

Insgesamt ergeben die Meldungen und Vorausplanungen der Quartiermeisterabteilung kein ungünstiges Bild. Vom Nachschub her lauteten die Aussichten für den Beginn der Offensive zufriedenstellend. Freilich sind Schwachpunkte in der Versorgung nicht zu übersehen. Diese aber mußten sich auswirken, wenn auf die ersten Tage des erfolgreichen Durchbruchs, mit dem die deutsche Seite offensicht-

---

[16]) Fahrtbericht Nr. 50; 24. 9. 1941 — Aus der Bemerkung, daß Winterbekleidung noch fehlt, dürfte hervorgehen, daß vom Generalkommando in der Sache bei der Armee bereits nachgefragt worden war.

[17]) Fahrtbericht Nr. 50; 24. 9. 1941.

[18]) Kletnja liegt etwa 66 km s.s.ostwärts von Roslawl und 35 km westlich der Desna.

[19]) Mglin lag etwa 50 km hinter der Front.

lich rechnete, weitere lange Märsche, Strapazen und Abwehrkämpfe folgten. Die Schwachpunkte waren hier: Ungenügende Pferdeausstattung, Ausfall von Kraftfahrzeugen, Schwierigkeiten beim Nachschub von Öl, ungenügende Panzerabwehr, unbefriedigender Stand der Bekleidung. All das mußte bedrohlich werden angesichts des bevorstehenden Winters, der die Schwierigkeiten des Geländes ins vollkommen Unbekannte steigern würde. Die Herbstoffensive wurde damit zum Wettlauf mit dem Winter; aber würden die Landschaft im Herbst und die mangelhafte Mobilität der Truppe einen Wettlauf, einen neuen „Blitz" möglich machen?

Noch eine Anordnung des Kommandierenden Generals sei zum Abschluß seiner Fahrt zu den Nachschubdiensten erwähnt. In den „Bemerkungen während der Fahrt" vom 24. September heißt es u. a. „Den Mannschaften ist möglichst bald eine Mahlzeit, bestehend aus Gänsebraten, auszugeben[20])." Der Chef des Generalstabes fügte hinzu: „(29. 9.)". Der 29. September war der Geburtstag Weisenbergers[21]).

Am 25. September wurde das LIII. A.K. dem A.O.K. 2 unterstellt[22]) und Weisenberger wurde am selben Tag zur Armee befohlen. Das Hauptquartier der 2. Armee befand sich in Klintzy[23]). Da ich zu der Besprechung beim Oberbefehlshaber nicht zugezogen wurde, brachte die Fahrt wenig an Notizen[24]).

Dennoch wurden einige Beobachtungen festgehalten, die für das „Rußlandbild", das der Berichterstatter sich machte, einige Züge ergeben. Die Besprechung der Generäle fand nachmittags statt; übernachtet wurde in Klintzy. So war Zeit, die Stadt zu besichtigen[25]). Straßen und Gebäude machten Eindruck auf den Betrachter. Die vielfachen gewerblichen Anlagen erschienen ihm als lebendiger Ausdruck des Sowjetsystems, als „neu", typisch und für sich einnehmend.

„Klintzy ist eine unzerstörte Stadt, die von den Bolschewisten scheinbar ganz bewußt als Industriestadt und auch als kommunistisch-geistiger Mittelpunkt aufgebaut worden ist. Auffällig sind die vielen Schulen, Gewerkschaftshäuser, Verwaltungsgebäude und Fabriken. Da alles unversehrt geblieben ist und das Leben in der Bevölkerung weitergeht, hat man hier das typische Bild einer Stadt, die durch die Sowjets nach ihren eigenen Ideen errichtet wurde[26])."

Wohl erschien es berechtigt, sich angesichts der belebten Siedlung den Alltag sowjetischer Menschen in der Provinz vorzustellen, denn Häuser, Fabriken, Straßen und Umgebung bestanden unter der deutschen Besatzung unverändert fort; aber es war ein Irrtum, wenn der Betrachter annahm, die betriebsame Gewerbestadt sei nach „Plan" des Systems, sozusagen vorbildlich wie die Untergrundbahn in Moskau entstanden. Die späteren Nachforschungen ergaben vielmehr, daß Klintzy schon lange blühte und zwar als Siedlung der sogenannten Raskolniki oder Alt-

---

20) Im Fahrtbericht Nr. 49 vom 18. 9. 1941 hatte es in den „Bemerkungen" u. a. geheißen: „Die Gegend nördlich des Korpsgefechtsstandes ist reich an Gänsen und Hühnern".

21) Siehe KTB LIII. A.K. zum 29. 9. 1941: „8.15 Uhr Meldung der Offiziere der Führungsstaffel beim Herrn Kommandierenden General zur Beglückwünschung zum Geburtstag. Gemeinsames Geburtstagsfrühstück".

22) Siehe KTB LIII. A.K. zum 25. 9. 1941, 18 Uhr: „LIII. A.K. scheidet aus dem Befehlsbereich der 4. Armee aus und wird der 2. Armee unterstellt".

23) Klintzy liegt etwa 100 km o.n.ostwärts von Gomel, an der Bahnlinie Gomel – Brjansk.

24) Fahrtbericht Nr. 51; 25. 9. 1941.

25) Klintzy hatte nach dem Kriege 52 000 Einwohner (1967).

26) Fahrtbericht Nr. 51; 25. 9. 1941.

gläubigen. Die Raskolniki spielen als unorthodoxe „Sekte" in vielerlei Spielarten eine Rolle in der russischen Frömmigkeits- und Kirchenhistorie, aber ebenso in der Wirtschaftsgeschichte. Unter Auflagen konnten sie in eigenen Glaubensgemeinschaften leben und wirtschaften. Ihre Siedlungen fielen bald durch Wohlstand auf. Als eine solche Raskolniki-Ortschaft erlebte Klintzy bereits 1735 eine Blütezeit. Im 19. Jahrhundert war die Stadt Standort für den Handel mit Häuten, Raps, Pferden und Rindern, ferner für Tuch-, Leder- und Strumpffabriken, Gießereien, Seifensiedereien, einer Sackleinenweberei, einer Ölmühle, Lehranstalten etc.[27]) Die Energien und die Mentalität einer von den Orthodoxen abgewichenen Glaubensgruppe waren es also gewesen, die lange vorher der Siedlung jene Prägung verliehen hatten, welche der Beobachter im September 1941 dem Sowjetsystem zuschreiben wollte. Als Marginalie wird die „Berichtigung" hier erwähnt, um zu zeigen, wie schwierig es dem Betrachter, den der Krieg plötzlich in die sowjetrussische Provinz versetzt hatte, fallen mußte, ein zutreffendes Bild von der vielschichtigen Wirklichkeit dieser Welt zu erhalten.

Am 28. September erwähnte Weisenberger, als er die 31. I.D. und die 167. I.D. besuchte, in den Fahrtberichten zum ersten Mal den Zeitpunkt der bevorstehenden Herbstoffensive[28]). Das LIII. A.K. wird (zusammen mit der ganzen Heeresgruppe Mitte) am 2. Oktober angreifen[29]). An drei Tagen vor Angriffsbeginn, am 28. 9., 30. 9. und am 1. 10. fuhr der Kommandierende General zu den Divisionen und in die Aufmarschräume, um sich von den Vorbereitungen zu überzeugen und um ggf. einzugreifen.

Das Hauptproblem der Truppe in den letzten Tagen vor der Offensive bestand im Umgruppieren der Kampfeinheiten; sie mußten aus der Front gezogen, versammelt und in die Bereitstellungsräume geführt werden. Gleichzeitig aber zogen hinter der eigenen Front Divisionen des XIII. A.K. und des XXXXIII. A.K. vorbei. Die Straßen waren verstopft und die Quartiere von fremden Truppen belegt. Dabei drängte die Zeit; die eigene Infanterie hätte zwischen Herauslösung aus der Front und Formierung zum Angriff einen Ruhetag verdient gehabt, aber die Truppe „muß ununterbrochen 4 Tage marschieren und biwakieren und anschließend angreifen[30])".

Die 31. Division bat wegen der feindlichen Luftüberlegenheit um Schutz durch deutsche Jagdflugzeuge, da die Marschbewegungen bei Tage durchgeführt werden mußten und nicht getarnt werden konnten. Zur Bildung eines Sperrverbandes an der ausgedünnten Front waren der 31. I.D. 7000 Minen zugewiesen worden; das war „viel zu wenig"; mindestens 20 000 Stück wurden benötigt.

---

[27]) Siehe Enceklopedičeskij Slovar 'Efron Brokgauz, St. Petersburg 1895. – Einen Überblick über die Altgläubigen-Forschung gibt H. Beyer: Marx, Weber und die russischen Altgläubigen. Das altgläubige Unternehmertum des 18. und 19. Jahrhunderts in der Forschung seit 1917, in: Jahrbücher für Geschichte Osteuropas 30, 1982, Heft 4, S. 541–574. Für Hinweise danke ich Frau Dr. Julia Oswalt und Prof. Alfred Rammelmeyer.

[28]) Oberst F. Hoßbach, Kdr. I.R. 82 schrieb später: „Erst am 27. September wurde dem I.R. 82 bekannt, daß Anfang Oktober die Fortsetzung der Offensive erfolgen würde". – Infanterie im Ostfeldzug 1941/42, S. 94.

[29]) Bei der 31. I.D. erklärt der Kom.Gen. am 28. 9. 1941: „Die 56. I.D. trifft am 4. Oktober abends in Mglin ein, das ist 2 Tage nach Angriffsbeginn". – Fahrtbericht Nr. 52; 28. 9. 1941.

[30]) Fahrtbericht Nr. 52; 28. 9. 1941 – Bericht Div. Kdr. 31. I.D.

Die Minen lagerten in Surash[31]). Um sie heranzuschaffen, reichte der Transportraum der Division bei weitem nicht aus. Sie bat daher um Zuweisung von Fahrzeugen zum Minentransport.

Nach Aufzählung der Schwierigkeiten bei der Vorbereitung der Offensive, erläuterte Gen.Major Berthold die eigenen Pläne für den 2. Oktober. Die 31. I.D. will ihren Angriff mit Schwerpunkt bei Wyssokoje[32]) vortragen. Hier wird der Dolganbach überschritten. Erstes Angriffsziel sind östlich des Wasserlaufes die ausgebauten Höhenstellungen bei Krasnoje Swesda und Schustowo.

Beim Überschreiten des Dolgan sollen Floßsäcke eingesetzt werden. Das geschieht aus „gesundheitssschonenden Gründen". (Die Russen haben bei mehrfachen Unternehmungen das Gewässer durchwatet.) Den Angriffsbeginn möchte der Divisionskommandeur so früh am Morgen wie nur möglich ansetzen, d. h., noch bei Dunkelheit, denn der Bereitstellungsraum ist von der Feindseite einzusehen und bietet keine Deckung.

Der Kom.Gen. berichtete von den Absichten der 2. Armee[33]). Ihr Angriffsziel liegt 110 km ostwärts von Brjansk, (etwa die Linie Orel – Bolchow). Das bedeutet, von den Divisionen wird der Gewinn von 160 km Gelände erwartet. Nach Bewältigung dieser Entfernung soll eine „größere Ruhepause" eintreten. Um 11.30 Uhr am 28. September traf Weisenberger auf dem Gefechtsstand der 167. I.D. in Ssuprjagina ein. Auch hier wurde vom Kommandeur die Planung der Division vorgetragen: Mit rechter Anlehnung an die Bahnlinie Potschep – Brjansk wird die Division mit drei Regimentern angreifen. Dabei übernimmt das I.R. 339 den Flankenschutz nach Süden entlang der Eisenbahn. Im nördlichen Abschnitt greift das Regiment Wenk (I.R. 315) mit drei Bataillonen in vorderer Linie an, das Regiment Kullmer (I.R. 331) in der Mitte mit zwei Bataillonen. Der Divisionskommandeur zweifelt nicht am Gelingen des Angriffs. Zwar führt der Gegner seine Verteidigung angriffsweise, so unternahm er noch heute nacht einen Vorstoß in Kompaniestärke nördlich von Potschep und überschritt dabei den Ssudostj, aber Trierenberg hält den Gegner vor seinem Abschnitt (nicht so sehr denjenigen vor der 31. I.D.) für „demoralisiert"[34]) (siehe oben S. 92). Die Artillerieaufstellung für den Angriff ist im Gange, ebenso wird vorne schon Munition gestapelt.

Der Kommandierende General erwähnt, daß am 2. Oktober der Angriff nördlich vom LIII. A.K. auf der ganzen Front schlagartig beginnen wird. Es kann also nicht mit Entlastung vor dem eigenen Angriffsstreifen gerechnet werden, weil nördlich schon Einbrüche erfolgten.

---

[31]) Surash am Iput lag in der Luftlinie etwa 84 km hinter der Front der 31. I.D.

[32]) Wyssokoje an der Rosha liegt etwa 52 km westlich von Brjansk.

[33]) Im Heeresgruppenbefehl für die Operation „Taifun" vom 26. 9. 1941 (BA MA 13715/4 Bl. 307) hieß es:
„2. Armee deckt die Südflanke der 4. Armee. Sie durchbricht hierzu die Deßna-Stellung mit Schwerpunkt auf ihrem Nordflügel und stößt Richtung Szuchinitschi – Meschtschowsk durch. Gegen das Stadt- und Industriegebiet von Brjansk – Ordshonikidsegrad hat sich die Armee zu sichern. Die Möglichkeit, das Stadt- und Industriegebiet – in Sonderheit die Bahnanlagen und Übergänge – durch Handstreich wegzunehmen, ist, unbeschadet der Trennungslinie zur Panzergruppe 2, auszunutzen." Abgedruckt bei K. Reinhardt, Die Wende vor Moskau, S. 298.

[34]) Fahrtbericht Nr. 52; 28. 9. 1941.

Zwei Tage später, am 30. September, führte Weisenberger den Gedanken des Angriffs bei der 167. I.D. weiter aus[35]). Anlehnung nach rechts wird beim Vorgehen nicht vorhanden sein, denn mit der 167. I.D. endet rechts der Befehlsbereich der 2. Armee; den Anschluß zur Panzergruppe 2[36]) bildet die 1. Kavalleriedivision. Diese hatte jedoch, wie ein Offizier meldete, noch keinen Angriffsbefehl erhalten[37]).

Am rechten Drehpunkt bei Potschep wird ein Bataillon der 167. I.D. stehen bleiben; der nördliche Flügel dagegen soll mit dem I.R. 315 weit durchstoßen und mit vordersten Teilen Brjansk erreichen[38]). Nordostwärts der Stadt ist ein Brückenkopf zu bilden; im Südosten sind der Bahnhof und das Industriegelände zu besetzen.

Nach dem Angriff verläuft die Front der 167. I.D. dann voraussichtlich von Potschep nach Brjansk. Das Unternehmen ist hier wie auch bei der 31. I.D. ganz auf Überraschung angelegt. Der Angriff soll einheitlich um 5.30 Uhr ohne Artillerievorbereitung[39]) beginnen, doch es werden der 31. I.D. zwei Batterien Sturmartillerie zugewiesen. Die Truppe ist zu belehren, daß die Stoßkraft der Sturmgeschütze nur dann zur Wirkung kommt, wenn die Infanterie diesen panzerähnlichen schweren Waffen aufgeschlossen folgt. Sturmartillerie – allein gelassen – kann ein Gelände nicht besetzen und halten. Es kommt darauf an, daß Geschütze und Infanterie mit dem ersten Antritt tief in den überraschten Gegner eindringen, um dann mit dem Aufrollen der feindlichen Feldstellungen zu beginnen. Was die als stark befestigt geltenden Ausbauten im gegenüberliegenden Abschnitt angeht, so dürfte die Zeichnung auf der Lagenkarte den Eindruck übertreiben. „Nach Gefangenenaussagen bestehen die Stellungen meist aus Schützenlöchern[40]).“ Auch hier klingt die Meinung durch, daß der Kampfwert auf der Gegenseite nicht überschätzt werden sollte. Freilich erscheint vor der 167. I.D. der Führungswille der russischen Kommandeure ungebrochen. Wieder ging der Gegner heute morgen um 5.30 Uhr (30. 9.) bei Kolodnja in Bataillons-Stärke gegen die deutschen Stellungen vor. Der Angriff wurde zerschlagen. Unter den Gefangenen war ein Hauptmann, der wichtige Aussagen über die Gliederung der russischen Kräfte, Artillerieaufstellung und Minenfelder machte. „Nach diesen Aussagen befindet sich hinter der gegenüberlie-

---

[35]) Fahrtbericht Nr. 53; 30. 9. 1941.

[36]) Die Panzergruppe 2 erhielt am 6. Oktober 1941 die Bezeichnung „2. Panzerarmee“. Siehe Guderian, Erinnerungen S. 210.

[37]) Fahrtbericht Nr. 53; 30. 9. 1941.

[38]) Die Entfernung Potschep – Brjansk betägt etwa 70 km in der Luftlinie. – Es wird also die im Heeresgruppenbefehl vom 26. 9. erwähnte Möglichkeit, Brjansk im Handstreich zu nehmen, ins Auge gefaßt.

[39]) Der Plan wurde geändert. Der Angriff des I.R. 82 begann am 2. Oktober 5.30 Uhr mit einer Artillerievorbereitung von 15 Minuten. – Hoßbach, Infanterie im Ostfeldzug 1941/42, S. 101.

[40]) Fahrtbericht Nr. 53; 30. 9. 1941. – Das Gegenteil war der Fall. Hoßbach besichtigte nach Abschluß der Angriffskämpfe das Schlachtfeld und beschrieb die Befestigungsanlagen u. a. mit folgenden Sätzen: „Der Russe hatte die Gräben und Bunker meisterhaft angelegt, ausgebaut und getarnt. . . Das gesamte Feldbefestigungssystem war von auffallender Tiefengliederung, und die Schützengräben waren so tief und schmal in die Erde gestochen, daß ihre Besatzung nur schwer durch unser Feuer. . . zu fassen war“. – Infanterie im Ostfeldzug 1941/42, S. 99.

genden Fronttruppe keine Reserve mehr, auch in Brjansk stehen danach keine Kräfte[41])."

Auffällig bei den keineswegs spärlichen Berichten der Divisionen über Möglichkeiten und Schwierigkeiten bei den Angriffsvorbereitungen ist das Fehlen von Äußerungen über die Haltung und die Stimmung der eigenen Truppe. Weder Positives noch Negatives zu diesem Punkt ist aus den Berichten herauszuhören. Indirekt läßt sich dazu allerdings etwas folgern. Wenn die deutschen Vorgesetzten allgemein mit dem Gelingen der Herbstoffensive rechneten, kann man daraus rückschließen, daß auch die „Moral der Truppe" nach Auffassung der Kommandeure das Gelingen des Angriffs erwarten ließ. Das ist erstaunlich, wenn man an die bisherigen erheblichen Verluste[42]) und weiterwirkenden schweren Belastungen besonders bei der Infanterie denkt. Dabei war deutlich, daß in diesen Tagen wieder außerordentliche Anforderungen an die Truppe gestellt werden mußten. Wie schon im August bei Rogatschew standen erst recht im Oktober bei Potschep keineswegs ausgeruhte „Stoßdivisionen" bereit, sondern Verbände, die während der letzten Wochen ununterbrochen verteidigt hatten, nunmehr aus der Front gezogen und ohne einen Ruhetag umgruppiert, am 2. Oktober den Angriff beginnen sollten[43]).

Es ist verständlich, wenn während der Anspannung dieser Tage bei vorgesetzten und nachgeordneten Dienststellen Differenzen in den Auffassungen hinsichtlich der Belastbarkeit der Soldaten auftraten. Dazu sei ein Fall erwähnt, der zeigt, welche Bedeutung auch psychologische Empfindlichkeiten im Umgang von Vorgesetzten und Untergebenen höherer Ränge gewinnen konnten. Am 30. September morgens gegen 10 Uhr berichtete der Ia der 31. I.D. in Akulitschi dem Kommandierenden General über die Verschiebung der Infanterieregimenter in die für den Angriff vorgesehenen Räume[44]). Infolge der überaus schlechten Wegeverhältnisse und der ungenügenden Wasserversorgung gestaltet sich die Ablösung und Einfüh-

---

[41]) Fahrtbericht Nr. 53; 30. 9. 1941.

[42]) Die Gesamtverluste des Heeres (ohne Kranke) betrugen vom 22. Juni bis 23. September 1941 an der Ostfront 522 833 Mann, davon 17 611 Offiziere = 14,38 % des Ostheeres. – Siehe Halder KTB III, S. 257 zum 28. 9. 1941.

[43]) F. Hoßbach schrieb später über die Situation bei I.R. 82 (31. I.D.): „Seit vier Wochen lag das Regiment nun im Stellungskrieg, war die Truppe durch den Aufklärungs-, Sicherungs-, Wach- und Arbeitsdienst in hohem Maße in Anspruch genommen. Sie hatte seit Juni keine Ruhe mehr gehabt. Und nun sollte diese unausgeruhte, für den Winterkrieg in keiner Weise ausgerüstete Truppe an einer Offensive teilnehmen, deren Ende unabsehbar war. Offensive bedeutete, daß der Infanterist viele Tage und Nächte ohne Dach über dem Kopf zubringen mußte... Wir traten in die neue Offensive (2. Okt.) ein, ohne daß die Truppe eine Erholungszeit gehabt hätte und eine Auffüllung und Überholung des Materials erfolgt wäre. Der Geist der Truppe und ihr Pflichtgefühl waren aber nach wie vor unübertrefflich." – Infanterie im Ostfeldzug 1941/42, S. 95.

[44]) Der Gegner vor dem LIII. A.K. beobachtete die Bewegungen im Abschnitt und zog daraus seine Schlüsse. In einem erbeuteten Gefechtsbericht des Schützenregiments 1026 heißt es zum 30. 9. 1941: „Nach Mitteilung des Artillerie-Kommandeurs der 260. Sch.Div., Major Anochin, fuhren um 8.50 Uhr aus Babinitschi nach Kuljnjewo ca. 80 gedeckte Kraftfahrzeuge des Gegners. Um 9.30 Uhr fuhren auf demselben Weg 6 schwere und 12 mittlere Tanks; offensichtlich bereitet der Gegner einen Angriff gegen Kaschowo vor mit dem Ziel eines Durchbruchs durch unsere Front". – BA MA, LIII. A.K. Abt. Ic – 19198/36.

rung der Regimenter in die Bereitstellungsräume, insbesondere bei I.R. 82, sehr schwierig. „Der Weg, der von der augenblicklichen Unterkunft des I.R. 82 (Gegend Hf. Weprewskj, Imk. Kasjolkina) in die Bereitstellungsräume bei Dorochowa, Loschunj führt, ist nach Meldung des Rgt.Kdr.Oberst Hoßbach in einem «trostlosen» Zustand. Durch den Verkehr und den Regen wird der Weg, der erst durch den Wald angelegt werden mußte, immer schlechter, sodaß eine vorherige Zeitberechnung und Zeiteinteilung nicht mehr möglich ist[45]).“

Weisenberger überprüfte auf der Karte die Meldungen von den Märschen der Infanterie-Einheiten und bemerkte, daß besonders das III. Bataillon des I.R. 82 einen weiten Umweg nach Norden machte und die Strecke wieder zurückmarschieren mußte, um in seinen Bereitstellungsraum zu gelangen. Das geschah, wie es hieß, um der Truppe einmal eine Übernachtung unter Dach möglich zu machen. Bei den genannten schwierigen Straßenverhältnissen war für Weisenberger ein derart weiter und kräftezehrender Umweg auf jeden Fall ein zu hoher Preis. Hier wäre vielmehr für kurze Zeit eine Überschneidung der Unterkunftsgebiete in Kauf zu nehmen gewesen; ein Anruf bei der Division oder beim Armeekorps hätte rasch zu einer Ausnahmeregelung geführt. „Das Einfachste in einem solchen Falle ist das Beste[46]).“

Weisenbergers Bemerkungen gegenüber dem Ia der 31. I.D. enthielten einen Tadel nicht nur für die Division, sondern vor allem für den Kommandeur des I.R. 82. Es ist so gut wie sicher, daß der Ia die Beanstandungen des Kommandierenden Generals an den Divisionskommandeur weiterberichtete, und schließlich wird die Rüge auch den Regimentskommandeur erreicht haben. Hoßbach erinnerte sich später noch in Einzelheiten an die Schwierigkeiten dieser Truppenbewegungen um den 1. Oktober, wies auch auf die Notwendigkeit seiner damals befohlenen Maßnahmen hin und rechtfertigte ausdrücklich den „Umweg“ in die Bereitstellung[47]).

Mag nun die Unzufriedenheit des Kommandierenden dem Regimentskommandeur bekannt geworden sein oder nicht, ganz sicher ist, daß in den Tagen darauf eine Spannung und Animosität zwischen den beiden Offizieren bemerkbar wurde, von der schwer zu sagen ist, ob sie erst mit dem 30. September 1941 und nur durch den mehr beiläufigen Tadel wegen der Quartiere des I.R. 82 entstand. Vom Verhältnis Weisenberger – Hoßbach wird gleich noch zu berichten sein.

---

[45]) Fahrtbericht Nr. 53; 30. 9. 1941.

[46]) Fahrtbericht Nr. 53; 30. 9. 1941.

[47]) „Das Fehlen von Dörfern bedeutete aber zugleich Wassermangel. Hier waren Schwierigkeiten in der leiblichen Versorgung der Truppe durch Improvisation und Fürsorge zu meistern, von denen sich nur derjenige, der es erlebt hat, eine Vorstellung machen kann“. – Vom III. Bataillon heißt es, daß es nicht in der Nähe des Bereitstellungsraumes unterziehen konnte. „Um jedoch dieses Bataillon nicht bis zum Angriffstermin (2. Oktober, 1.00 Uhr) bei der kalten und unbeständigen Witterung im Freien leben zu lassen, marschierte es am 30. September nach Marmozowka (25 km) und verbrachte die Nacht 30. September zum 1. Oktober in diesem Dorf. Am 1. Oktober marschierte III./82 in einen Bereitstellungsraum bei Golubkowo (25 Kilometer). Eine einzige Nachtruhe mußte durch die Anstrengungen eines Doppelmarsches von zusammen 50 Kilometern erkauft werden. Dennoch zog der Infanterist diese Marschleistung dem Biwak vor, weil er nur so Gelegenheit erhielt, eine Nacht in einem geheizten Raum zu verbringen, auszuschlafen und (nicht zuletzt) sich zu waschen“. – F. Hoßbach, Infanterie im Ostfeldzug 1941/42, S. 98.

Am 1. Oktober war der Kommandierende General ein letztes Mal vor Beginn der Offensive auf den vorverlegten Gefechtsständen der Divisionen. Bei der 167. I.D. in Babinitschi revidierte er morgens um 8.55 Uhr wegen neuer Erkenntnisse im Feindbild die vorgesehene Angriffsführung des Armeekorps. Im Hinterland des Gegners auf der Straße Roslawl – Brjansk stehen gut getarnt zahlreiche Panzer; das ergab sich aus den Aussagen des gestern morgen in Gefangenschaft geratenen sowjetischen Hauptmanns. Auf Panzer-Gegenangriffe muß also die 167. I.D. morgen eingerichtet sein. Die eigene Situation wird dadurch erschwert, daß die dem Korps zugesagte Sturmgeschützabteilung (226) an das XXXXIII. A.K. abgegeben werden mußte, ebenso die schwere Artillerieabteilung I./108[48]).

Ferner halten sich, wie die Heeresgruppe mitteilte, in den Wäldern südlich von Brjansk zwei russische Reservedivisionen auf, mit deren Einsatz gegen die durchbrechende 167. I.D. ebenfalls zu rechnen ist.

Diese Nachrichten veranlaßten das Generalkommando, von dem Plan des weitgesteckten ersten Offensivzieles zurückzutreten und dafür in kleineren Etappen abschnittsweise vorzugehen[49]). Mit der Eröffnung des Angriffs soll nun die HKL des Gegners durchbrochen und im ersten Anlauf der Bereich der Artilleriestellungen erreicht werden; das bedeutet einen erwarteten Geländegewinn von etwa 12 km Tiefe. Der Ssudostj-Fluß soll überschritten und darauf so weit vorgestoßen werden, daß die Brücken über den Wasserlauf von der feindlichen Artillerie nicht mehr erreicht werden können. „Führt jetzt der Stoß auch nicht sofort bis Brjansk, so müssen nun umsomehr Gefangene eingebracht werden[50])."

Aus den Nachrichten der letzten Stunden hatte sich also eine veränderte Feindlage ergeben. Zwar stuften die deutschen benachbarten Korps die Kampfkraft der gegenüberliegenden Divisionen nicht hoch ein, aber das Verhältnis der eigenen zu den festgestellten feindlichen Kräften veranlaßte das LIII. A.K. im letzten Augenblick, auf erste weitgesteckte Angriffsziele zu verzichten, wie sie doch dem Auftakt des raschen Bewegungskrieges entsprochen hätten. Ähnlich wie die 167. wurde die 31. I.D. in Ssokolja Sloboda um 10.55 Uhr instruiert. Auch für diese Division gilt jetzt als Auftrag nicht der Vorlstoß in die Tiefe, sondern der „Schwerpunkt liegt in der Aufrollung der gegnerischen Front"[51]). Die Aufstellung der Regimenter ist in Hinsicht auf dieses begrenzte Ziel vorzunehmen, wenn trotz des abschnittweisen Vorgehens der gesamte Angriff flüssig in Bewegung bleiben soll, ist rasches und genaues Melden an die vorgesetzten Kommandostellen Vorbedingung. Wo dann die Lage es gestattet, ist hinter einem weichenden Feind energisch nachzustoßen. Dabei ist zu beachten: Die 31. I.D. muß mit der 167. I.D. beim Vorgehen stets auf gleicher Höhe bleiben.

---

[48]) Als am 30. September um 20.05 Uhr vom Ia der Armee die Anordnung durchgegeben wurde, die Sturmgeschützabteilung 226 und die schwere Artillerieabteilung I/108 an das XXXXIII. A.K. weiterzuleiten, entgegneten der Chef und der Ia des LIII. A.K., „daß damit wesentliche Grundlagen für den Angriff des LIII. A.K. fortfallen. Der Armee ist dies klar. Es kommt dann aber nur auf Wegnahme der Ssudostj-Stellung an". KTB LIII. A.K. zum 30. 10. 1941.

[49]) Siehe KTB LIII. A.K. zum 1. 10. 1941: „6.30 Uhr Änderung des Korpsbefehls für die Bereitstellung Taifun".

[50]) Fahrtbericht Nr. 54; 1. 10. 1941.

[51]) Fahrtbericht Nr. 54; 1. 10. 1941.

Gegen 12 Uhr führte der Regimentskommandeur des I.R. 17 den General auf eine Beobachtungsstelle[52]) bei Golubkowa. Der gesamte Aufmarschraum der beiden Divisionen war von hier zu übersehen, ebenso das Gelände, in dem der Angriff morgen vorgetragen werden sollte. An der Front herrschte völlige Ruhe. Im Hintergrund des Panoramas standen einige Siedlungen in Flammen. Seit sechs Tagen, so hieß es, brennen die Russen Dörfer in ihrem Gebiet ab.

Durch den Angriff der Heeresgruppe Mitte am 2. Oktober (das Unternehmen erhielt am 19. 9. den Decknamen „Taifun") sollte in einer letzten Anstrengung mit der Eroberung von Moskau die Entscheidung des Krieges gegen die Sowjetunion erzwungen werden. Die Heeresgruppe Mitte stellte drei Armeen und drei Panzergruppen mit nahezu 80 Divisionen bereit; eine Luftflotte mit zwei Fliegerkorps und einem Flakkorps unterstützte die Operationen der Herresverbände. Vorgesehen war wieder ein Zangenangriff. Einmal sollte die 4. Armee mit der unterstellten Panzergruppe 4 in Richtung Roslawl – Moskau nach Nordosten vorgehen, und als linker Flügel sollte die 9. Armee mit der unterstellten Panzergruppe 3 aus der Gegend nordostwärts von Smolensk in Richtung nach Südosten angreifen. Die Mittelachse der aufeinanderzustrebenden Angriffslinien stellte die Rollbahn Smolensk – Moskau dar. Die Zangen sollten sich vorerst zu einem Ring bei Wjasma, etwa 230 km w.südwestlich der Sowjethauptstadt, schließen. In diesem so entstandenen Kessel sollte die Hauptmasse der vor Moskau aufgebauten feindlichen Kräfte zerschlagen und damit der Zugang zur Hauptstadt freigemacht werden.

Die Panzergruppe Guderian war an dieser zentralen Unternehmung nicht beteiligt. Sie konnte nach ihrer Verwendung in der Schlacht um Kiew in der zur Verfügung stehenden Zeit nicht mehr in den Raum vor Moskau gebracht werden. Guderian erhielt den Auftrag, den Angriff an der Straße Smolensk – Moskau gegen Süden hin abzuschirmen. Aus dem Raume Gluchow sollte er gegen Orel – Brjansk vorgehen und zusammen mit der 2. Armee die Feindteile südlich des Wjasma-Kessels einfangen. Weiter sollten dann die Guderian-Verbände in ausholender Verfolgung von Orel nach Tula vorstoßen, um sich dann von Süden der Hauptstadt zu nähern[53]).

In der Nacht vom 1. zum 2. Oktober wurde Hitlers Proklamation den Soldaten bekanntgegeben, worin versichert wurde, daß nunmehr der angeschlagene Feind den letzten, den tödlichen Stoß erhalten würde[54]).

---

52) Fahrtbericht Nr. 54; 1. 10. 1941. – Bei Golubkowa hatte sich eine B.Stelle einer Lichtmeßbatterie eingerichtet. Auch ein Fesselballon stand bereit.

53) Darstellung und Literatur zum Angriff auf Moskau bei E. Klink in: Das Deutsche Reich und der Zweite Weltkrieg, 4. Bd., S. 575 ff.; dazu die Karte im Beiheft, Nr. 18. – Vgl. G. Ueberschär in „Unternehmen Barbarossa" S. 154 ff. – Siehe auch die älteren Karten bei A. Philippi und F. Heim, Der Feldzug gegen Sowjetrußland 1941–1945, Skizze 6.

54) U. a. wurde die Truppe mit folgenden Sätzen angesprochen: „In diesen 3½ Monaten, meine Soldaten, ist nun aber endlich die Voraussetzung geschaffen worden zu dem letzten gewaltigen Hieb, der noch vor dem Einbruch des Winters diesen Gegner zerschmettern soll. Alle Vorbereitungen sind – soweit sie Menschen meistern können – nunmehr fertig. Planmäßig ist dieses Mal Schritt um Schritt vorbereitet worden, um den Gegner in jene Lage zu bringen, in der wir ihm jetzt den tödlichen Stoß versetzen können. Heute ist nun der Beginn der letzten großen Entscheidungsschlacht dieses Jahres. . ." – M. Domarus, Hitler-Reden und Proklamationen II, S. 1757 f. – Am folgenden Tage, 3. Oktober, zur Eröffnung des Winterhilfswerkes, verkündete Hitler, die Sowjetunion sei nunmehr niedergeworfen, um sich nicht wieder zu erheben. Im selben Tenor verbreitete der deut-

Die Panzergruppe Guderian rechts von der 2. Armee war schon am 30. September angetreten[55]) und hatte im Vorstoß auf Orel nach anfänglichen Schwierigkeiten rasch Raum gewonnen. Was aber brachte der 2. Oktober beim LIII. A.K.? Morgens um 5.30 Uhr, während an der Front der Angriff begann, verließ Weisenberger den Korps-Gefechtsstand und traf um 6.15 Uhr bei der 31. I.D. in Ssokolja Sloboda ein. Planmäßig hatte bei der Division vor dreiviertel Stunden der Angriff begonnen[56]). Der Bach Rosha wurde überschritten und das hochgelegene Gelände vor den Ortschaften Schustowa und Schidlowa besetzt. Die feindlichen Vorposten hatten sich zurückgezogen. Jedoch das weitere Vordringen des I.R. 82 (Hoßbach) wurde durch starke flankierende Feindeinwirkung von den nördlich zum Angriffsstreifen gelegenen Höhen bei Moratschewo empfindlich behindert. Weitere Meldungen vom Angriff gegen den Dolganfluß (I.R. 17) lagen zur Zeit noch nicht vor[57]).

Weisenberger fuhr darauf zum I.R. 82, um an Ort und Stelle ein Bild von der Entwicklung des Angriffs zu erhalten. Um 7.30 Uhr suchte er 2 km nordostwärts von Golubkowa den Regimentskommandeur, traf ihn jedoch auf dem Gefechtsstand nicht an. Der Regimentsadjutant konnte nur melden, daß sein Kommandeur nach vorn geritten sei.

Um 8 Uhr fand die Generalsstaffel dann an der Rosha in dem abgebrannten Dorf Jurkowa den vorgeschobenen Gefechtsstand des I.R. 82, und Oberst Hoßbach meldete. Was er mitteilte ging nicht wesentlich über das hinaus, was schon bei der Division zu erfahren gewesen war. Eine Brücke über die Rosha war im Bau. Zwei Bataillone hatten sich bis vor die Dolganstellung vorgearbeitet. Dort aber wirkte von Moratschewo weiterhin M.G.- und Artilleriefeuer „außerordentlich störend" auf die angreifende Infanterie ein. „Der Rgt.Kdr. bat deshalb um Art.-Zusammenfassung auf Moratschewo mit Artillerie-Flieger oder Ballon[58])."

Während dieser Meldung lag „geringes Art.Feuer" auf Jurkowa und den Höhen westlich davon.

Die Notizen vom Besuch beim I.R. 82 geben – ohne Kommentar von Seiten des Kommandierenden Generals – nur die knappe Auskunft: Der Angriff des Regiments kam zweieinhalb Stunden nach dem Antreten nicht mehr vorwärts[59]).

---

sche Rundfunk die Nachricht, der Zusammenbruch der Sowjetunion stehe bevor. – Domarus II, S. 1758 f.

55) Guderian, Erinnerungen, S. 207.

56) Allgemeine Darstellung der Operation „Taifun" siehe bei E. Klink, Das Deutsche Reich und der Zweite Weltkrieg, Bd. 4, S. 575 ff.

57) Um 8.45 Uhr konnte der Ia der 31. I.D. dem Korps telefonisch melden: „Schustowo von I.R. 17 genommen. 2 km nördlich davon liegt I.R. 82 am Fluß Dolgan fest". – KTB LIII. A.K. zum 2. 10. 1941.

58) Fahrtbericht Nr. 55; 2. 10. 1941.

59) Hoßbach hat die ersten Stunden des Angriffs später beschrieben. (Infanterie im Ostfeldzug 1941/42, S. 102) „Der Gegner hatte zunächst alle Vorteile eines Verteidigers, der seit Wochen diesen Augenblick des Angriffs erwartet hatte, auf seiner Seite. Das Gelände, das die 82er im Feuer der feindlichen Infanterie und Artillerie zu durchschreiten hatten, fiel wie eine flache Tenne fast deckungslos gegen die Stellungen des Feindes ab. . . die frontale Gegenwehr und eine sehr unangenehme flankierende Wirkung russischer M.Gs. und Batterien aus dem Raume Stolby und Moratschewo machten einen Einbruch in die feindliche Dolgan-Stellung unmöglich".

Wieviel ein Fahrtbericht von der Lage und den betroffenen Personen aussagen kann und wieviel darin keinen Platz findet, mag die Erinnerung, die Oberst Hoßbach an dieses Treffen vom 2. Oktober behielt, dartun. Sein Bericht sei eingefügt: „Während dieser Zeit (morgens 8 Uhr) erschien der Kommandierende General des LIII. A.K., General W., auf dem Gefechtsstand des I.R. 82 bei Jurkowo. Draußen war es kühl, die Gefechtslage war ernst, die Situation konnte auch nicht dadurch sonniger werden, daß W. sich die Zeit nahm, zunächst belanglose Dinge zu besprechen. Der Vorstellung seiner Begleitung maß er eine bisher auf dem Gefechtsstand I.R. 82 unbekannte Bedeutung bei. Der betonte Hinweis, daß der eine seiner Begleiter im Zivilleben ein hoher Ministerialbeamter sei und der andere über einen Vorfahren verfüge, der eine Geschichte des I.R. 82 verfaßt haben sollte (was kaum zutreffen konnte), trug nicht dazu bei, daß das Gespräch im Augenblick als nützlich empfunden wurde. Auch das Geschenk, das W. in Gestalt eines Kriegsberichterstatters dem I.R. 82 mitgebracht hatte, fiel nicht auf dankbaren Boden.

Das Ergebnis der anschließenden sachlichen Unterredung war unbefriedigend, weil W., auf die Gefahr in der Nordflanke aufmerksam gemacht, keine Abhilfe schaffen konnte. Aus telefonischen Anrufen der ersten Generalstabsoffiziere der 31. I.D. und des LIII. A.K. erfuhr der Kdr. I.R. 82 noch am gleichen Tage, daß der General sich bitter über den frostigen Empfang bei I.R. 82 beklagt hatte[60])."

In der Zeit zwischen 8.30 Uhr und 9.45 Uhr melden sich im Raume um Golubkowa ununterbrochen Stabsoffiziere, Artilleristen, Flak, Beobachtungsstellen, auch die Ballonbatterie; die Schlacht war im vollen Gange. Um 9.50 Uhr fuhr die Generalsstaffel in Kulnjewo auf dem Gefechtsstand des I.R. 315 (167 I.D.) vor. Oberst Wenk meldete, daß dem Regiment der Einbruch in die feindliche Linie zwischen Kaschewo und Ratnja gelungen war. Eine Batterie der Heeresflak-Abt. 274 hatte die Bunkerstellung südlich von Kaschewo für die angreifende Infanterie geöffnet. Freilich bleibt der Gegner in seinen Positionen neben der Einbruchstelle stehen

[60]) F. Hoßbach, Infanterie im Ostfeldzug 1941/42, S. 101. – Das Porträt von Weisenberger, das Hoßbach, ohne dessen Namen zu nennen zeichnete, ist überspitzt und sicherlich ungerecht im Urteil, denn hier erscheint er als ein Vorgesetzter, der zu höchst ungelegener Zeit nur Belanglosigkeiten vorträgt, unnütze Bekanntschaften an unpassendem Ort zu vermitteln sucht und in den entscheidenden Dingen keinen Rat und keine Hilfe weiß. – Obwohl ich – wegen ihrer häufigen Unzuverlässigkeit – persönliche Erinnerungen nicht in den Bericht hineinbringen will, sei hier doch bemerkt, daß mir die „frostige" Art, mit der „General W." aufgenommen wurde, im Gedächtnis geblieben ist, und ich mich an etwas Entsprechendes bei Besuchen anderer Truppenteile nicht erinnern kann. Das Bild und das Verhältnis der beiden Offiziere war wohl weitgehend aus ihrer persönlichen Art, Haltung und Herkunft zu erklären. Für Hoßbach, der aus dem preußischen Kadettenkorps hervorgegangen war, und der gegenüber Vorgesetzten immer sehr selbstbewußt blieb, entsprach General Weisenberger in seinem Auftreten, seiner Sprechweise und seinen Vorlieben nicht den Vorstellungen, die Hoßbach aus seiner Laufbahn als „Schüler" der Generalobersten von Fritzsch und Beck und nach seiner in Ungnade erfolgten Ablösung als Adjutant Hitlers mitbrachte. – Im übrigen kann ich mich noch an die von Hoßbach erwähnten zwei Beamten erinnern. Sie waren von ihren Ministerien für eine kurze Zeit zur Truppe geschickt worden, um eine Vorstellung vom Kriegsschauplatz zu erhalten; der eine von ihnen kam, wie ich mich entsinne, aus dem Außenministerium. Der „Kriegsberichterstatter" war ein Soldat des Korpsstabes, von Beruf Schriftsteller, der häufig in der Generalsstaffel mitfuhr und Ereignisse und Erlebnisse in novellenartigen Skizzen festhielt.

und hemmt durch flankierende Abwehr das weitere Vorgehen des Regiments. Ein Plan zum Aufrollen der Stellung bei Ratnja wird besprochen.

Bald darauf, um 10.15 Uhr, ergänzt der Kdr. der 167. I.D. in Babinitschi den Bericht des Oberst Wenk. Bei allen drei Regimentern ist im Überraschungsangriff der Einbruch in die Bunkerstellungen gelungen[61]). Bislang wurden 200 Gefangene gemeldet. Die Artillerie des Gegners hat nach dem Einbruch in die russische HKL sogleich Stellungswechsel nach hinten gemacht. Mit dem Aufrollen der Front wurde begonnen. Das Wetter bei Beginn des Angriffs war sehr gut. Ein Nachteil war, daß die Schützen, besonders am M.G. durch die im Osten tiefstehende Sonne geblendet wurden. Über den Gegner wird, nachdem der Angriff seit fünf Stunden im Gange ist, gesagt: „Die Russen verteidigten sich in ihren Bunkern wie immer zäh[62])."

Der 2. Oktober verging beim LIII. A.K. mit schwierigen und langsamen Vorwärtskämpfen; z.T. wurden Gegenangriffe gemeldet. Am Abend ergab sich als Tagesergebnis: Einbrüche in die stark ausgebaute russische Bunkerlinie sind wie vorgesehen gelungen, darüber hinaus aber hält der Gegner verbissen an den nicht angegriffenen Stellen fest. Damit entwickelte sich die Offensive beim LIII. A.K. nicht völlig wie erhofft. Abends um 21 Uhr erging vom A.O.K. 2 über Fernschreiben der Befehl an das Generalkommando: „Einstellung des Angriffs bei LIII. A.K. am 3. 10."[63]), und um 23 Uhr lautete der abgeänderte Korpsbefehl an die Divisionen für den nächsten Tag: „Das Korps hält die am 2. 10. 41, abends, gewonnene Linie unter örtlichen Verbesserungen[64])." Das bedeutete: Am zweiten Tag der Herbstoffensive ging das LIII. A.K. im wesentlichen zur Verteidigung über. Im Gesamtbild der Heeresgruppe Mitte ergab sich freilich ein positiverer Eindruck vom ersten Angriffstag. Halder erschienen die Ergebnisse im ganzen „erfreulich"[65]).

Den Vormittag des 3. Oktober verbrachte Weisenberger wieder auf dem Gefechtsfeld. Um 8.05 Uhr war er bei der 31. I.D., die ihren Befehlsstand vorwärts

---

[61]) Bereits um 7.50 Uhr hatte der Ia der 167. I.D. zum Generalkommando gemeldet: „Bei Asarowa [10 km n.n.ostw. Potschep] ist der Ssudostj 07.30 Uhr überschritten. Asarowa in unserer Hand. Ebenfalls nördl. Ssinjkowo ist der Ssudostj 07.30 Uhr überschritten." – KTB LIII. A.K.; 2. 10. 1941.

[62]) Fahrtbericht Nr. 55; 2. 10. 1941 – Um 10.55 Uhr meldet der Ia der 167. I.D. dem Generalkommando: „Wo Feind angegriffen ist, ist Stellung durchbrochen. Zwischen den Angriffs-Btl. durchschnittlich 6–8 km Zwischenraum. Hier weicht Feind nicht, sondern flankiert. Btl. können nicht nach rechts und links eindrehen, sondern müssen weiter vorstoßen. Sind zu schwach. Feind in alter Stärke und hält bis zum letzten". – KTB LIII. A.K. zum 2. 10. 1941.

[63]) KTB LIII. A.K. zum 2. 10. 1941.

[64]) KTB LIII. A.K. zum 2. 10. 1941.

[65]) Halder KTB III, S. 264, zur Abendlage 2. 10. 1941: „Mitte: der Angriff ‚Taifun' ist mit Wucht angetreten und ist in erfreulichem Fortschreiten. Guderian hat den Eindruck, daß er den gegenüberstehenden Feind voll durchbrochen hat. Seine Mitte ist im Rollen auf Orel. 2. Armee hat harte Kämpfe gehabt, um über die Desna zu kommen. Sie hat den Übergang erzwungen und den Feind etwa 5 km zurückgeworfen". – Auch im KTB OKW I, S. 673, zum 2. 10. 1941, lautet die Beurteilung des ersten Angriffstages im ganzen positiv: „2. Armee durchbrach die vom Gegner zäh verteidigte Südost-Desna-Stellung [mißverstanden für „Ssudostj-Desna-Stellung"] an mehreren Stellen. Trotz stellenweise hartnäckiger Verteidigung einzelner Kampfgruppen ist eine einheitliche Abwehr nicht mehr zu erkennen".

nach Wissokoje verlegt hatte. Der Gegner führte heute nacht bei Pawlowitschi verlustreiche Gegenstöße. 250 Tote beim Gegner und 135 Gefangene wurden darauf gemeldet[66]). Das I.R. 12 ist nachgezogen worden. Nachdem der Dolgan überschritten ist, wird es nach links abgedreht, um die beherrschende Höhen bei Moratschewo[67]) wegzunehmen.

Weisenberger lobte die Leistungen des I.R. 17. Er ließ sich mit dem Kommandeur, Oberstlt. von Stolzmann, verbinden und sprach ihm seine Glückwünsche für die gestrigen Erfolge seines Regiments aus. Für die Einstellung des Großangriffs schon am zweiten Tag findet Weisenberger auf dem Gefechtsstand der Division eine beruhigende Erklärung. Das „bedeutet durchaus keinen verlorenen Tag"[68]). Nach den Einbrüchen in das russische Verteidigungssystem müssen die Divisionen das Gelände selbst säubern, weil Einheiten der zweiten Welle, denen diese Aufgabe sonst zustehen würde, zunächst noch nicht folgen.

Von der 31. I.D. begab sich die Generalsstaffel in die Gegend nördlich von Schustowo, wo sich der Gefechtsstand des I.R. 12 befand. Um 8.35 Uhr meldete Oberstleutnant Krohn, daß sich das Regiment, wie vorgesehen, im Angriff nach Norden befand. Vordere Teile hatten Lissizy bereits erreicht. Ein Gegenangriff, der in Stärke eines Regiments von Osten die rechte Flanke des I.R. 12 treffen sollte, war soeben abgewehrt worden. Der Stoß auf Moratschewo ging weiter. (Oberstleutnant Krohn wurde kurze Zeit darauf schwer verwundet).

Bei der hochgelegenen Ortschaft Schustowo zeigten sich eindrucksvoll die russischen Befestigungsarbeiten. „Mit großem Arbeitsaufwand war durchlaufend eine 5 m hohe senkrechte Wand in den Berg geschnitten worden[69])," ein Hindernis für Panzer, aber auch für die Fußkämpfer. Hier wurden Gefangene beobachtet, die zurückgebracht wurden; sie schienen meist älter zu sein, bis zu etwa 45 Jahren.

Um 9.30 Uhr berichtete Oberst Wenk in Kuljnewo, daß das I.R. 315 gestern abend die Dörfer Kaschewo, Ratnaja und Bolotschowa besetzt und damit die heutigen Tagesziele erreicht hat. Der 2. Oktober brachte erhebliche eigene Verluste. Das Regiment verlor gestern fünf Offiziere und 120 Mann. Das Urteil über die Erdbefestigungen des Gegners lautet auch hier ähnlich wie bei der Nachbardivision, besonders die Holzbunker erwiesen sich als „recht stark".

Eine grundsätzlich berichtigte Feindbeurteilung trug um 10 Uhr Gen.Maj. Trierenberg, Kdr. der 167.I.D., in Babinitschi vor. Entgegen seiner Auffassungen während der Tage vor Beginn der Offensive äußerte er am 3. Oktober: „Der Widerstand der Russen ist weitaus härter und erbitterter als nach den Gefangenenaussagen und den Überläufermeldungen geschlossen werden konnte[70]). In ganz aussichtslo-

---

[66]) Fahrtbericht Nr. 56; 3. 10. 1941.

[67]) „In den Höhen von Stolby und Moratschewo besaßen die Russen den Schlüsselpunkt der ganzen Gegend, der ihnen einen weiten Einblick in unser Angriffsgelände gestattete". — Hoßbach, Infanterie im Ostfeldzug 1941/42, S. 103.

[68]) Fahrtbericht Nr. 56; 3. 10. 1941.

[69]) Fahrtbericht Nr. 56; 3. 10. 1941.

[70]) Es ist dies die deutliche Feststellung eines Truppenführers zur „Quellenkritik" bei der Darstellung eines Feindbildes, das zu taktischen Entschlüssen führen soll. Gefangenen- und Überläuferaussagen, mögen sie subjektiv überzeugt vorgetragen werden, bleiben (mindestens im Ostkrieg) immer unzureichend für das Gesamturteil über den Gegner. — Ganz entsprechend sagte ein Ordonnanzoffizier beim I.R. 331 am 5. Oktober 1941 in Igru-

sen Lagen kämpft der Russe mit bewundernswerter Zähigkeit, seine Kampfmoral ist vorzüglich". Trierenberg berichtete von einem Beispiel: „Bei einem Brückenbau hinter der Front wurden zusammen mit Pionieren auch Gefangene eingesetzt. Als durch russische Granatwerfer ein Feuerüberfall auf die Brücke erfolgte, benutzten die Gefangenen die Gelegenheit, ergriffen die zusammengesetzten Gewehre der Pioniere und begannen zu schießen. Ähnliche Fälle haben sich mehrfach ereignet[71])." Nicht nur in der Verteidigung zeigte sich der schwer zu brechende Abwehrwille des Feindes, die Regimenter Golle (I.R. 339) und Kullmer (I.R. 331) mußten auch heftige Gegenangriffe abwehren. Dennoch haben alle drei Einheiten ihre Tagesziele erreicht und viele Hunderte Gefangene eingebracht. Besonders erfolgreich war das Regiment Kullmer; sein Durchbruch erfolgte im Handstreich; dabei konnte es zwei feindliche Batterien erobern. Die 167. I.D. hatte gestern 250 Mann Verluste. Den Regimentskommandeuren sprach der Kom.Gen. seine dankbare Anerkennung aus. Bei der II./A.R. 238 stellte er jedoch wieder mit dem empfindlichen Blick des Infanteristen fest, daß sich eine Artillerie-Beobachtungsstelle sieben km hinter den vorderen Stellungen befand. „Auch wenn ein VB [Vorgeschobener Beobachter] eingesetzt ist, gehört die B.-Stelle unmittelbar zur Infanterie. Gestern abend schon hätte Stellungswechsel befohlen werden müssen[72])."

Ein Resumé des zweiten Angriffstages ergab: Gegen sehr starke Abwehr hatte sich der Angriffsgeist der zum Korps gehörigen Divisionen durchgesetzt; dessen ungeachtet mußte die Generaloffensive auf Dauer zu verlustreich werden, wenn die gegnerische Front vor der Heeresgruppe überall und gleichmäßig mit derselben Verbissenheit verteidigt wurde. Jedoch schon am zweiten Tage zeigte sich, daß sich das LIII. A.K. einer besonderen Feindlage gegenüber befand. Die Armee hatte das schon am Abend des 2. Oktober gesehen und hier den Stop des Angriffs befohlen. An andern Stellen der Armee verliefen die Operationen günstig[73]), und auch in der

---

schino: „Die Russen, die hier noch gefunden werden, wehren sich bis zuletzt und müssen einzeln aus ihren Schlupfwinkeln herausgezogen werden... Die harten Kämpfe beweisen immer wieder, daß Gefangenen- und Überläuferaussagen, allein genommen, ein völlig schiefes Bild von dem Kampfwert der roten Truppen vermitteln". – Fahrtbericht Nr. 57; 5. 10. 1941.

[71]) Fahrtbericht Nr. 56; 3. 10. 1941. – Vgl. dazu die Erklärungsversuche für die Widerstandskräfte in der Sowjetarmee, die in der Denkschrift des XXXIX. A.K. vom 18. September 1941 formuliert wurden: „Der bisherige Verlauf des Ostfeldzuges hat gezeigt, daß der bolschewistische Widerstand an Härte und Verbissenheit die meisten Erwartungen bei weitem übersteigt. Insbesondere verfügt die Rote Armee über ein Unterführerkorps, das die Mannschaften immer wieder in Angriff und Verteidigung fest zusammenhält... In Rußland leben mehr überzeugte Kommunisten, als die Optimisten wahrhaben wollen... Es ist auch nicht zu bestreiten, daß für das Industrieproletariat eine ganze Menge getan wurde. Auf dem Lande wiederum empfinden auch nur die Menschen den Kommunismus als unerhörtes Übel, die früher eigenes Land besaßen..." Abgedruckt in: G.R. Ueberschär/ W. Wette (Hrsg.) „Unternehmen Barbarossa", S. 394.

[72]) Fahrtbericht Nr. 56; 3. 10. 1941.

[73]) Im KTB OKW I, S. 675 heißt es zum 3. 10. 1941: „Vor Südflügel 2. Armee leistete der Feind hartnäckigen Widerstand. Dagegen kam der linke Flügel der Armee gegen geringen Feindwiderstand gut vorwärts".

Großlage schien sich bereits ein Erfolg, ähnlich wie in bisherigen Kesselschlachten, anzubahnen[74]).

Vor dem LIII. A.K. blieb auch am 4. Oktober die Aufgabe bestehen, die erreichte Linie zu halten und örtliche Verbesserungen einzuleiten. Eine kritische Situation zeichnete sich um die Mittagszeit ab. Um 11.45 Uhr meldete die 31. I.D., daß das I.R. 17 vor Pawlowitschi von 40 Panzern und Infanterie in Stärke eines Regiments angegriffen wurde, und von der 167. I.D. traf um 12.10 Uhr ebenfalls die Nachricht ein, daß ein Infanterie- und Panzerangriff bei I.R. 315 auf Kutschejewo im Gange war. Sturzkampfflieger gegen feindliche Panzerversammlungen bei Shirjatino wurden beantragt; für 14 Uhr wurde ein entsprechender Einsatz zugesagt. Der russische Panzervorstoß konnte abgewehrt werden. Auch am dritten Tag der Herbstoffensive war das Korps, wenn auch unter Anstrengungen, seinem Auftrag nachgekommen[75]).

Weisenbergers Fahrt am 5. Oktober ergab mit den Berichten auf den Divisions- und Regiments-Gefechtsständen ein Bild von den Reaktionen der Truppe auf den gestrigen Panzerangriff und überhaupt auf die eigene Offensive, die sich rasch in eine Abwehroperation gewandelt hatte. Um 7.45 Uhr meldete in Igruschino auf dem rechten Flügel des Korps ein Ordonnanzoffizier des I.R. 339: „Der Feind hat sich allgemein von der Überraschung erholt und leistet in neuer Abwehrstellung erbitterten Widerstand[76]).“

Er setzt Scharfschützen ein, dringt wieder vor und wehrt sich bei der Säuberung des Hintergeländes bis zuletzt. Weittragende Artillerie, vermutlich Eisenbahngeschütze, wirkt in den Abschnitt des I.R. 339 hinein. „Typenmäßig ist die Truppe vor I.R. 339 gut und ausgesucht, meist zweijährig gedient[77]).“ Die eigenen Verluste sind erheblich. Über den Wert von Überläuferaussagen äußert sich der Ordonnanzoffizier, ähnlich wie sein Divisionskommandeur am 3. Oktober, sehr kritisch[78]).

Weisenberger sieht sich veranlaßt, die entscheidende Bedeutung der Abwehraufgabe des LIII. A.K. zu erklären: „Es kommt alles darauf an, daß wir hier aushalten. Wir fesseln vor unserer Front 8 Divisionen, dazu ist gestern die 108. Pz.Div. aufgetaucht. Alles, was sich vor unserer Front hält, wird später der Vernichtung nicht entgehen können[79]).“ Offensichtlich gibt der General hier seine Unterrich-

---

[74]) Halder notierte am 3. Oktober 1941 abends: „Die ‚Taifun‘-Front macht erfreuliche Fortschritte. Guderian hat Orel erreicht. An der übrigen Front ist der Widerstand des Feindes fast überall überwunden (ausgenommen 2. Armee). Die Pz.Div. sind bis zu 50, die Inf.Div. bis zu 40 km in den Feind hineingestoßen“. Halder KTB III, S. 266.

[75]) Siehe KTB OKW I, S. 677 zum 4. Oktober 1941: „Vor rechtem Flügel und Mitte der 2. Armee teilweise erheblicher Feindwiderstand. Gegen Südflügel und Mitte des LIII. A.K. erfolgten mehrere Angriffe des Gegners. Ein von starker Artillerie und 50 bis 70 Panzern unterstützter Vorstoß des Gegners führte zu einem Einbruch in Gegend 3 km südw. Shirjatino. Der Angriff konnte unter Einsatz von Reserven und Kampffliegern zum Stehen gebracht werden.“

[76]) Fahrtbericht Nr. 57; 5. 10. 1941.

[77]) Fahrtbericht Nr. 57; 5. 10. 1941.

[78]) Fahrtbericht Nr. 56; 3. 10. 1941.

[79]) Fahrtbericht Nr. 57; 5. 10. 1941.

tung durch die vorgesetzte Stelle über die Großlage und die Möglichkeiten der eigenen Operationen weiter[80]).

Es besteht jedoch kein Grund zu zweifeln, daß Weisenberger auch persönlich im Augenblick vom Erfolg der Heeresgruppe überzeugt war. Er konnte sich auf seine Erfahrungen im Abwehrkampf bei Rogatschew berufen, wo das Infanteriekorps wochenlang zahlenmäßig überlegene, angreifende Divisionen gefesselt hatte, bis schließlich der gesamte Gegner vor seiner Front mit Waffen und Gerät im Einschließungsring gefangen wurde. Dem Führer des Regiments (Golle) ließ der General für das „vorbildliche Verhalten“ der Truppe Dank und Anerkennung sagen.

Bei der 167. I.D. in Babinitschi berichtete der Divisionskommandeur um 8.55 Uhr, daß ihm, wie vom Korps befohlen, angesichts der gestrigen kritischen Situation zwei Radfahrerkompanien von der Vorausabteilung der 56. I.D. zugeführt wurden. Eine Kompanie erhielt das Regiment Golle, ebenso eine schwere Batterie. Die zweite Kompanie behielt die Division in Reserve. „Die Bereinigung von Federowka ist im Gange[81])“. Die Division hat infolge der Abwehrlast auch einen ziemlichen Ausfall an Infanteriewaffen. Der Kommandierende General charakterisierte die derzeitige Lage und bemerkte zum weiteren Verlauf: Für die nächsten Tage ist „nichts wesentlich Neues zu erwarten“[82]). Der Auftrag lautet weiterhin, die „erreichten Stellungen auszubauen und weiter zu festigen“. Das Korps rechnet jedoch damit, „daß durch Vordringen der Pz.Gr. Guderian nach Nordosten und Norden auch bei uns in nächster Zeit eine Entlastung eintritt“[83]).

Bei der 31. I.D. in Wyssokoje berichtete der Ia um 10.20 Uhr: Das I.R. 12 geht weiter in Richtung Norden vor. Nächstes Ziel ist Krasnyj Pacharj. Dieser Bewegung will der Gegner offenbar entgegentreten; denn er führt neue Kräfte vor I.R. 12 und I.R. 82 heran, meist auf Kraftfahrzeugen. Vom Beobachtungsflieger wird gemeldet, daß sich Panzer und Fahrzeuge aus der Gegend s.ostwärts Kutschejewo nach Südosten wegbewegen. Stukas sollen wieder auf diese Reste der Panzerversammlung, die gestern bei Pawlowitschi angriff, angesetzt werden. Von den gestrigen Kämpfen gegen Panzer und Infanterie berichtet der Ia: „Die Division hat gestern wenig Gefangene gemacht, der Feind hat aber sehr starke blutige Verluste[84]).“

Auf die schweren Verluste des Gegners bei seinem gestrigen Panzerangriff wies auch eine Stunde später der Regimentskommandeur I.R. 17 (von Stolzmann)

---

80) Am 4. Oktober hatte Halder im Tagebuch notiert: „Die Operation ‚Taifun‘ läuft geradezu klassisch. Guderian hat über Orel hinaus Mzensk erreicht und stößt völlig in das Leere. Hoepner ist durch den Feind durch und hat Mossalsk erreicht. Hoth ist bis Cholm am oberen Dnjepr durchgestoßen und hat sich im Norden bis Bjelyi Luft gemacht. Der Feind hält überall an der nicht angegriffenen Front, so daß die Kesselbildung sich vielversprechend anbahnt.“ Halder KTB III, zum 4. 10. 1941, S. 267.

81) Fahrtbericht Nr. 57; 5. 10. 1941.

82) Fahrtbericht Nr. 57; 5. 10. 1941.

83) Fahrtbericht Nr. 57; 5. 10. 1941 — Am 3. Oktober hatte die Panzergruppe Guderian mit der 4. Pz.Div. Orel erreicht. Am 4. Oktober stießen Teile des XXIV. Panzerkorps über Orel in Richtung auf Tula 50 km nach Nordosten vor und erreichten Woin. Die 17. Pz.Div. dagegen rollte auf der Straße von Orel nach Westen auf Brjansk zu. — Siehe Guderian, Erinnerungen eines Soldaten, S. 209 ff. — Es verstand sich, wenn Brjansk von „rückwärts“ genommen wurde, mußte auch die hartnäckigste Verteidigung russischer Positionen am Ssudostj aufgegeben werden und damit eine Entlastung beim LIII. A.K. eintreten.

84) Fahrtbericht Nr. 57; 5. 10. 1941.

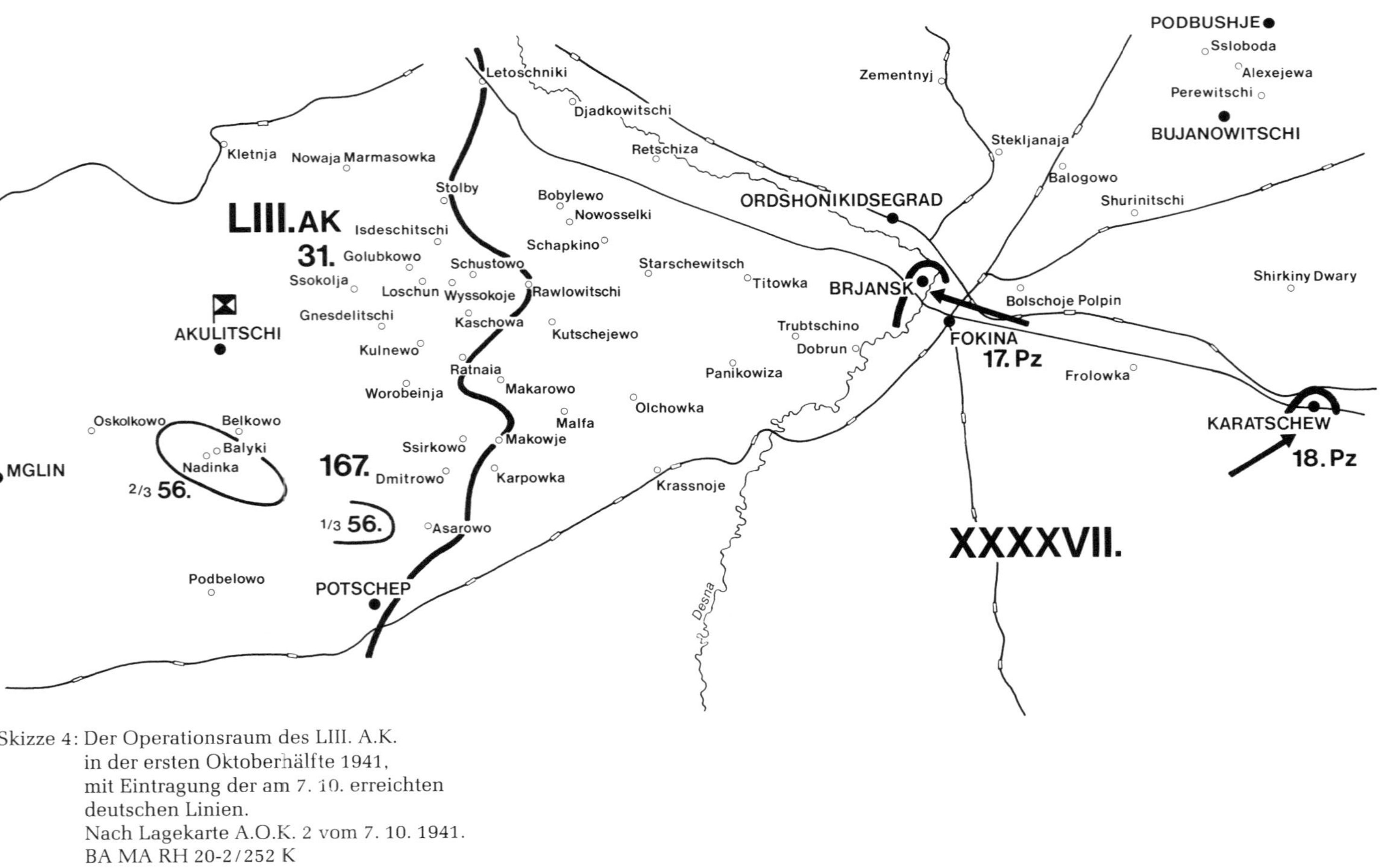

Skizze 4: Der Operationsraum des LIII. A.K. in der ersten Oktoberhälfte 1941, mit Eintragung der am 7. 10. erreichten deutschen Linien. Nach Lagekarte A.O.K. 2 vom 7. 10. 1941. BA MA RH 20-2/252 K

in Pawlowitschi hin. Insgesamt wurden gestern 51 angreifende feindliche Panzer gezählt. Die Zahl der Kampfwagen, die sich heute zum Rückmarsch in Bewegung setzten, betrug nur 15. Danach sind 36 Feindpanzer ausgefallen. Es handelte sich um 32- und 48- oder 54-Tonner. Die deutsche 3,7 cm Pak bleibt gegen ihre Panzerung meist ohne Wirkung — eine schon vielfach beobachtete Tatsache. Dagegen zeigten Versuchssprengungen der Pioniere, daß 3 kg-Sprengladungen erfolgversprechend gegen schwere Tanks eingesetzt werden können. Wieder heißt es: „Die Kämpfe bei I.R. 17 waren sehr erbittert. Das Regiment hat bisher 214 Mann Verluste[85]).“ Damit ist eine Schwächung der Kampfkraft eingetreten, die nach Meinung von Stolzmanns bei weiterem Vorgehen seines Regiments nach Nordosten das enge Zusammengehen mit I.R. 315 notwendig macht. Weisenberger schlägt dem Regiment dagegen ein begrenztes Einzelunternehmen gegen Shirjatino vor.

Gleich nach Eintreffen auf dem Gefechtsstand hatte der General dem Regimentskommandeur noch einmal seine „besondere Anerkennung“ für den „kühnen Durchstoß“ am 2. Oktober und den Abwehrerfolg gestern gegen die russische Panzerdivision ausgesprochen.

Bei einer Geländebegehung zeigte von Stolzmann dann von einer Höhe den gut eingesehenen Frontverlauf. Nahe dem Gefechtsstand wurde ein Friedhof für die Gefallenen angelegt. Vor den Soldaten, die hier arbeiteten, hielt der General eine kurze Ansprache. Nachdem er die Kühnheit der Soldaten gerühmt hatte, deren Regiment am ersten Angriffstage am tiefsten in den Feind eingedrungen war und gestern in der Panzerabwehr Hervorragendes geleistet hatte, meinte er, daß nunmehr die abschließende Anstrengung, der Endkampf, der über die Zukunft bestimmt, begonnen habe: „Mögen die Opfer schwer sein, in dieser letzten großen Entscheidungsschlacht müssen wir sie für unsere große gemeinsame Sache bringen. Sagt allen euren Kameraden, daß euer Kom.Gen. euch dankt für euren Opfermut und eure großen Erfolge[86])!“

Alle „Feldherrnansprachen“ unterliegen einfachen und eigenen stilistischen Gesetzen; dennoch darf man annehmen, daß die wenigen, gleichmäßig ins „Große“ gesteigerten Punkte der Rede die persönlichen Überzeugungen des Generals wiedergeben, die er mit vielen seines Ranges teilte, nämlich: Das letzte Gefecht hat begonnen. Der Schwere der Opfer entsprachen die Hingabe, der Mut und die großen Erfolge für unsere „große gemeinsame Sache“.

Als Weisenberger dann am 5. Oktober um 12.50 Uhr nochmals den Gefechtsstand der 31. I.D. aufsuchte, erfuhr er fernmündlich vom Generalkommando, daß die Armee einen neuen Auftrag für das LIII. A.K. befohlen hatte. Seine vor wenigen Stunden bei der 167. I.D. geäußerte Meinung, in den nächsten Tagen sei nichts wesentlich Neues zu erwarten, war damit überholt. Das LIII. A.K. sollte so bald wie möglich gegen die Straße Roslawl—Brjansk vorgehen[87]). Für die Wiederaufnahme

[85]) Fahrtbericht Nr. 57; 5. 10. 1941.

[86]) Fahrtbericht Nr. 57; 5. 10. 1941.

[87]) Siehe KTB LIII. A.K. vom 5. 10. 1941. Im Ferngespräch des Chefs Genst. d. Armee mit dem Chef des LIII. A.K. heißt es um 12.30 Uhr: „56. I.D. bleibt dem LIII. A.K. unterstellt. Übermorgen greift LIII. A.K. mit 56. I.D. an. Straße Roslawl—Brjansk möglichst bald in die Hand des Korps bringen. Pz.Gruppe Guderian braucht diese Straße für Nachschub. Pz.Gruppe Guderian schwenkt mit Teilen in Richtung Brjansk ein“. — Vgl. Halder KTB III, S. 268 zum 5. Oktober 1941: „Die Schlacht der Heeresgruppe Mitte nimmt weiter ei-

des Angriffs erhielt das LIII. A.K. die 56. I.D. unterstellt. Das bedeutete aber, der Vorstoß konnte erst beginnen, wenn diese Division an den Abschnitt des Korps herangeführt worden war, mit anderen Worten, nicht vor drei oder vier Tagen.

Weisenberger entschied sogleich an Ort und Stelle. Die 31. I.D. erhielt die Weisung, umgehend die Wegnahme von Shirjatino vorzubereiten. Das I.R. 12 muß ebenfalls „im Vorstoß nach Norden jetzt unbedingt Boden gewinnen[88])".

Die Angriffsrichtung des Korps wird sich gemäß dem neuen Auftrag nach Norden verlagern, um einen möglichst kurzen Anlauf zur Straße Roslawl–Brjansk zu gewinnen.

Auch zur 167 I.D. fuhr der Kommandierende General noch einmal zurück und gab um 13.10 Uhr den neuen Auftrag der Armee bekannt. Dabei plante er, die Regimenter 315 und 331 aus der Front zu ziehen, um sie in Angriffsformation auf die Brjansker Straße vorgehen zu lassen. In die freigemachten Abschnitte sollte die 56. I.D. einrücken. Bei Staraja Gat ist noch vor dem 8. Oktober ein Brückenkopf über den Ssudostj zu bilden, damit hier bei Angriffsbeginn kein Aufenthalt entsteht.

Am 6. Oktober erschien höheren Orts die Großlage bei der Heeresgruppe Mitte soweit entwickelt[89]), daß die Wiederaufnahme des Angriffs auch am bisherigen Zentrum des Widerstandes vor der 2. Armee ohne Zeitverzug dringlich wurde. Während das LIII. A.K. zunächst noch um Zeit zur Vorbereitung gebeten hatte und den 9. Oktober als Termin der erneuten Angriffsbewegung ins Auge fassen mochte[90]), hieß es am 6. Oktober um 15.45 Uhr von Seiten der Armee durch Ia an Ia telefonisch voraus: "Guderian hat Brücken von Brjansk genommen. Korps wird sich darauf einzustellen haben, am 7. Oktober aus bisheriger Linie anzutreten[91])".

Hatte das Korps bislang abwarten wollen, um mit der 56. I. richtig ablösen zu können, so hieß es jetzt: Sofort, aus dem Stand heraus, in Richtung Nordost antreten!

Die Bitte des Korps um Zeit hing mit dem Zustand der 56. I.D. zusammen. Die Berichte über die Marschfähigkeit und damit die Verwendungsmöglicheit dieser Division lauteten wenig ermutigend. Weisenberger benützte daher den Nachmittag des 6. Oktober, um sich die Einheiten auf dem Marsche anzusehen. Die Truppen

---

nen geradezu klassischen Verlauf. Guderian ist an der Straße Orel – Brjansk. Gegen seinen linken Flügel herangeworfene Teile sind zurückgeworfen und werden später mit eingeschlossen werden. Die 2. Armee ist mit ihrem Nordflügel fast ohne Feindwiderstand in raschem Fortschreiten".

[88]) Fahrtbericht Nr. 57; 5. 10. 1941.

[89]) Siehe Halder KTB III, S. 270 zum 6. 10. 1941: „Der 17. Pz.Div. ist es gelungen, von Osten her Brjansk zu nehmen. Wenn auch die Berührung mit der von Westen her bisher entgegenkommenden 2. Armee noch nicht besteht, ist doch zu erwarten, daß durch die Besitznahme von Brjansk nicht nur die für Guderian wichtige Nachschubstraße Roslawl – Brjansk – Orel in kürzester Zeit in unserer Hand sein wird, sondern auch der vor 2. Armee und 1. Kav.Div. stehende Feind, der streckenweise, namentlich vor 1. Kav.Div. abzubröckeln beginnt, zerteilt und damit seine Erledigung in örlichen Kesseln erleichtert wird".

[90]) KTB LIII. A.K. zum 5. 10. 1941.

[91]) KTB LIII. A.K. zum 6. 10. 1941. – Um 16 Uhr wurde dann explizit der Befehl durch den Chef des Generalstabes der Armee durchgegeben. „LIII. A.K. tritt am 7. 10. aus jetziger Linie zum Angriff mit rechtem Flügel auf Ordshonikidsegrad an".

kamen in der Gegend etwa 10 km südlich von Akulitschi unter. Das Bild war nicht erfreulich. Im Fahrtbericht heißt es: „Die Pferde der Division machen durchweg einen abgetriebenen Eindruck und sind stark abgemagert. Der größte Teil der alten Truppenpferde ist durch beigetriebene Russenpferde ersetzt. Eine große Reihe von Panjefahrzeugen wurde mitgeführt[92]).“ Unter dem Zustand der Tiere litt die Marschordnung. Typisch dafür waren Nachzügler; erschöpfte Pferde mußten hinterhergeführt werden. Es war abzusehen, daß die Division mit dieser Pferdeausstattung bei einer zügigen Offensive nicht würde mithalten können. Am folgenden Tage, als der Kdr. der 167. I.D. meldete, eine ihm unterstellte Artillerieabteilung der 56. I.D. bliebe bei dem allgemeinen Angriffstempo zurück, gab der Kommandierende General die Erklärung. Er selber habe am 6. Oktober den Eindruck gewonnen, daß die Gespanne sehr erschöpft und die Division damit nicht voll einsatzbereit seien. „Die Pferde der 56. Div. haben sich nach den großen Anstrengungen beim Marsch durch die Pripjet-Sümpfe nicht mehr erholen können[93]).“ Gewiß waren die Pripjet-Sümpfe ein besonders extremer Schauplatz, was die schweren Bedingungen für die Bewegungen des Heeres anging; dennoch wird hier wieder etwas Grundsätzliches von den Gesetzen des Ostkrieges deutlich. Die spezifische Abwehrkraft des Geländes im Mittelabschnitt hatte einen Verband so weit ruiniert, daß er nicht mehr voll verwendungsfähig schien, als die „Entscheidung“ bevorstand[94]). – Beim LIII A.K. blieb es jedoch beim Befehl zur Wiederaufnahme des Angriffs sofort und unmittelbar aus „bisheriger Linie“.

Während die Divisionen am 7. Oktober die Offensive wieder begannen, machte das Generalkommando Stellungswechsel und verlegte seinen Gefechtsstand nach Babinitschi. Daraus allein war schon zu erkennen, daß das Korps mit dem Fortschreiten des Angriffs rechnete. Bevor der neue Gefechtsstand bezogen wurde, besuchte Weisenberger die 167. I.D. in Kuljnewo um 13.15 Uhr. Hier lauteten die Nachrichten günstig. Um 10 Uhr erreichte heute morgen das Regiment Kullmer (331) die Ortschaft Malfa und hatte damit etwa 6 km Raum gewonnen. Dabei war es gelungen, die unzerstörten Brücken in Malfa in Besitz zu nehmen. Ein Tross mit einer Reihe guter Militärfahrzeuge und eine Reihe schwerer Infanteriewaffen wurden erbeutet. Bis 10 Uhr wurden auch 300 Gefangene gemeldet. Das Regiment stößt jetzt über Malfa weiter nach Nordosten vor. Dem geworfenen Feind gelingt es nicht, sich wieder festzusetzen, aber rechts flankierend und aus Richtung Nordosten bekämpft der Gegner das weitere Vorgehen mit starkem Artilleriefeuer. Das I.R. 171 von der 56. I.D. wird inzwischen nach Malfa nachgezogen. Etwas langsa-

---

[92]) Fahrtbericht Nr. 58; 6. 10. 1941.

[93]) Fahrtbericht Nr. 59; 7. 10. 1941 – Die 56. I.D., eine Division 2. Welle, gehörte zu Beginn des Ostkrieges innerhalb der 6. Armee zur Heeresgruppe Süd. Siehe: Das Deutsche Reich und der Zweite Weltkrieg, Bd. 4, S. 187.

[94]) Man erinnert sich unwillkürlich an Weisenbergers tadelnde Bemerkungen gegenüber dem Kommandeur der 167. I.D. wegen der mangelnden Leistungsfähigkeit der Pferde am 8. Juli (Fahrtbericht Nr. 4). Wenn der Vorgesetzte damals den Zustand der Tiere mit mangelnder Pflege und Dienstaufsicht erklären wollte, so ist eine solche Haltung nun nicht mehr möglich. Der Gegner „Gelände“ wird stillschweigend anerkannt. – Vgl. H. Meier – Welcker, Aufzeichnungen eines Generalstabsoffiziers 1939–1942, Einführung S. 18: „In Rußland war die Natur stärker als alle *Kriegskunst*. Die Natur als Raum, Klima, Zahl und Wesen der Menschen sowie Reichtum des Bodens war durch keine operative Konzeption zu überwinden.“

mer kommt das Regiment Wenk vorwärts. Doch auch I.R. 315 hat die Ortschaft Kolytschewa genommen; feindliche Artillerie feuert ebenfalls aus dem Waldgebiet südlich von Kolytschewa weiter.

Insgesamt gesehen war die Wiederaufnahme des Angriffs aus dem Stand gelungen[95]). Mit weiterem Raumgewinn war zu rechnen. So erklärte Weisenberger: Das nächste Angriffsziel ist die Straße Roslawl-Brjansk, auf der augenblicklich in großen Kolonnen die feindlichen Truppen zurückfluten. Die Brücken über die Desna bei Brjansk sind zwar durch Guderian versperrt, doch die zurückgehenden Verbände könnten noch die Übergänge bei Ordshonikidsegrad benutzen, um nach Shisdra zu entkommen. Daher ist die Blockierung der Landstraße von größter Bedeutung Das ist sicher auch der Führung auf der Gegenseite bewußt; sie hat offenbar befohlen, durch zähen, hinhaltenden Widerstand die Brjansker Straße für die wegströmenden Verbände offen zu halten.

Weisenberger sieht die Risiken, die mit dem Auftrag des Korps verbunden sind und verschweigt sie vor dem Divisionskommandeur nicht; sie bestehen in den ungenügend abgesicherten Flanken. Gegen Süden soll daher die 56. I.D. eine starke seitliche Abwehrfront bilden. Im Norden aber fehlt dem Korps schlicht ein Regiment, nachdem die 31. I.D. die Straße erreicht hat. Dann besteht nämlich die Gefahr, daß die feindlichen Massen vor der Straßensperre nach Westen ausweichen und in die schwache Nordflanke des LIII. A.K. eindringen. Der weitere Verlauf der Angriffsoperationen sollte freilich ergeben, daß derartige Befürchtungen nicht berechtigt waren.

Im Fahrtbericht vom 7. Oktober findet sich in den angeschlossenen „Bemerkungen" eine beiläufige Anweisung des Generals, die plötzlich die fortgeschrittene Jahreszeit zu erkennen gibt. Es heißt: „An die Angehörigen der Generalsstaffel ist möglichst bald die Winterbekleidung auszugeben (Wachmäntel). Die Ausgabe eines Wachmantels an Herrn Kom.Gen. ist vorzubereiten[96])." Das hieß, der Herbst ging zu Ende; es wurde kalt. Aber nicht nur die kühlen Temperaturen wurden zur neuen Größe in der Auseinandersetzung auf dem östlichen Kriegsschauplatz; jetzt in der Zeit zwischen Herbst und Winter gewannen die Verkehrswege eine geradezu schicksalhafte Bedeutung[97]). Durch Regen und schmelzenden Schnee wurde die russische Erde mit allen Straßen plötzlich zum Schlamm-Meer.

Doch vorerst entwickelte sich die Operation „Taifun" wie von der deutschen Führung erwartet. Zwar war Guderian auf der Straße Orel – Tula südlich von Mzensk gestoppt worden, die 4. Panzer-Division hatte dort erhebliche Verluste[98]), doch Brjansk

---

[95]) Schon um 9 Uhr hatte der Kommandeur der 31. I.D. dem Chef Genst. des Korps mitgeteilt: „I.R. 12 hat die vordersten feindl. Postierungen durchbrochen bei Kolchose Borjba." Aber auch hier wurde um Hilfe durch Stukas gegen starkes feindliches Artilleriefeuer in der linken Flanke gebeten. KTB LIII. A.K. zum 7. 10. 1941.

[96]) Fahrtbericht Nr. 59; 7. 10. 1941.

[97]) Siehe Guderian, Erinnerungen, S. 212: „In der Nacht vom 6. zum 7. Oktober fiel der erste Schnee dieses Winters. Wenn er auch nicht lange liegen blieb, so verwandelte er doch die Wege in der bekannt kurzen Frist in grundlose Schlammkanäle, auf denen sich unsere Fahrzeuge nur im Schneckentempo und unter übermäßiger Abnutzung bewegen konnten."

[98]) „Zum ersten Male zeigte sich die Überlegenheit der russischen T 34 in krasser Form". – Guderian, Erinnerungen, S. 212 – Das sowjetische Hauptquartier hatte die Gefahr eines schnellen Vorstoßes auf Tula gesehen und direkt reagiert: „Am 3. Oktober nahmen deut-

mit der Brücke über die Desna war von der 17. Panzerdivision besetzt worden, und am 7. Oktober erreichte die 2. Armee mit ihrem nördlichen Flügel Suchinitschi[99]).

Vor allem aber war es im Zusammenwirken von 4. Armee, 9. Armee und der Luftflotte 2 gelungen, um den Raum westlich von Wjasma und nördlich von Dorogobusch einen riesigen Ring aus Panzer- und Infanteriedivisionen zu bilden[100]). In Ansehung der Großlage vor der Heeresgruppe Mitte wie auch besonders vor Brjansk durfte das LIII. A.K. damit rechnen, daß nun auch der Gegner nordostwärts von Potschep nachgeben und „weich" würde.

---

sche bewegliche Verbände Orjol ein und rückten entlang der Chaussee Orjol-Tula weiter vor. Auf Befehl des Hauptquartiers wurde das 1. Gardeschützenkorps gegen sie eingesetzt. In schweren Kämpfen im Raume Mzensk brachte das Korps, unterstützt von der 6. Fliegergruppe der Reserve des Hauptquartiers und von Fliegerkräften der Front, den Gegner zum Stehen." Geschichte des Zweiten Weltkrieges 1939—1945. Hrsg. vom Institut f. Militärgesch. d. Ministeriums f. Verteidigung der UdSSR, Bd. 4, Berlin-Ost, 1977, S. 121 – Auf Karte Nr. 40 des Kartenwerkes dieser offiziellen Darstellung ist der Angriff des 1. Gardeschützenkorps mit dem Namen des Verbandes verzeichnet.

99) Suchinitschi liegt 170 km ostwärts von Roslawl.

100) KTB OKW I, S. 624 zum 7. 10. 1941: „Der Kessel wurde bei Wjasma geschlossen." – Aus den Erinnerungen sowjetischer Heerführer ist ungefähr zu ersehen, wie sich der Ablauf und die Beurteilung der Lage in diesen Tagen auf russischer Seite darbot. Am 5. Oktober erhielt der Oberbefehlshaber der 16. Armee, Generalleutnant (später Marschall) Rokossowski, den Auftrag, seinen Gefechtsabschnitt einem Kollegen zu übergeben und sich mit dem Armeestab nach Wjasma zu verfügen. Von hier aus sollte er einen Gegenstoß mit fünf angeblich bereitgestellten Divisionen in Richtung Juchnow führen. Als er nach einer Irrfahrt durch ein von russischen Truppen verlassenes Gebiet und ohne Nachrichtenverbindung schließlich am 6. Oktober nachmittags im Kellergewölbe der Kathedrale von Wjasma eintraf, wo die örtlichen Sowjetbehörden und Parteiorgane tagten, „kam der Vorsitzende des Smolensker Stadtsowjets, Wachterow, in den Keller gestürzt und rief: Deutsche Panzer sind in der Stadt!" Rokossowski gelang es in letzter Minute, sich nach Osten durchzuschlagen. Am 9. Oktober traf er beim Stab der Front (Heeresgruppe) West im Raume von Moshaisk ein. „Die Genossen Woroschilow, Molotow, Konew und Bulganin erwarteten uns bereits!" (Woroschilow, Molotow und Bulganin waren von Stalin an die Front geschickt worden, um die völlig unklaren Zustände zu klären.) Woroschilow rief den General Schukow herbei und sagte zu Rokossowski und seiner Begleitung: „Das ist der neue Oberbefehlshaber der Westfront. Er wird Ihnen eine neue Aufgabe stellen." (Siehe K.K. Rokossowski, Soldatenpflicht. Erinnerungen eines Frontoberbefehlshabers, Moskau 1968, S. 65 ff.) – Der Armeegeneral Schukow hatte einige Stunden vorher das Kommando über die West-Front erhalten. – Er selber berichtete später darüber. Schukow war von der Leningrader Front nach Moskau beordert worden und traf dort am 7. Oktober ein. Der Chef der Leibwache Stalins unterrichtete ihn, daß der Oberste Befehlshaber an Grippe erkrankt sei. Er arbeitete „zu Hause" und erwartete Schukow dort. „Stalin nickte mir zur Begrüßung zu und wies auf seine Karte: Schauen Sie sich das an. Hier ist eine äußerst kritische Lage entstanden. Von der Westfront erhalte ich keine genauen Meldungen über die wirklichen Verhältnisse. Wir können keinen Beschluß fassen, wenn wir nicht wissen, wo und in welcher Gruppierung der Gegner angreift und in welchem Zustand unsere Truppen sind." – Schukow erhielt den Auftrag, zunächst eine genaue Erkundung der Lage an der Westfront vorzunehmen und das Ergebnis unverzüglich an Stalin zu melden. Nachdem Schukow seine Erkundungsergebnisse nach Moskau gegeben hatte, teilte ihm Stalin am 8. Okt. telefonisch mit, daß das Hauptquartier beschlossen habe, ihn zum Oberbefehlshaber der Westfront zu ernennen. Mit der Übertragung des Oberbefehls vor Moskau an Schukow war in der Tat eine die Zukunft bestimmende Entscheidung getroffen. – Schukow, Erinnerungen und Gedanken, S. 314 ff. – Vgl. K. Reinhardt, Die Wende vor Moskau, S. 74.

Als Weisenberger am 8. Oktober um 7.50 Uhr bei der 167. I.D. in Kulnjewo eintraf, konnte der Divisionskommandeur zwar mitteilen, daß der Angriff in Richtung Nordost zügig vorangekommen sei, (das Regiment Kullmer eroberte eine feuernde Batterie, drehte die Rohre um 180 Grad und unterstützte damit den eigenen Angriff), dennoch lautete das Urteil über den Gegner weiterhin: Er geht zurück, aber wehrt sich zäh, wirkt flankierend, weicht erst nach „hartem Widerstand"[101]). Freilich konnten sich die angegriffenen Verbände nicht geordnet, sondern nur mit schweren Verlusten absetzen. Das beweisen z. B. die Erfolgszahlen des Regiments Kullmer vom 7. Oktober. An diesem Tage wurden von I.R. 331 790 Gefangene gemacht, dazu u. a. erbeutet: 4 Geschütze, 29 schwere und 24 leichte Maschinengewehre, 420 Gewehre, Granatwerfer, Feldküchen, Fahrzeuge, Pferde etc. Im Abschnitt des Regiments wurden 130 russische Gefallene festgestellt. Auch beim linken Nachbarn ist mit Fortschreiten des Angriffs zu rechnen. Es ist ungefähr 8 Uhr, als Weisenberger erklärt: „Die 31. I.D. erreicht heute noch die Straße Roslawl – Brjansk[102])." Mit einem kritischen Verlauf des Angriffs rechnet der Kommandierende General nicht mehr, daher lautet der Auftrag weiterhin: Die 167. I.D. stößt weiter vor. Nachdem die Brjansker Straße erreicht ist, übernimmt sie zusätzlich den bisherigen Gefechtsabschnitt der 31. I.D., da diese nach links abschwenkt, um das Gebiet zwischen dem bisherigen Frontverlauf und der Desna durchzukämmen. Die 167. I.D. treibt über die Straße hinaus Gefechtsaufklärung bis zur Desna vor.

Der Arko 27 meldet 8.35 Uhr, daß im Korpsbereich seit der Nacht vom 7. zum 8. Oktober die Artillerie-Tätigkeit „fast völlig" nachgelassen hat. Vereinzelt schoß ein weitreichendes Rohr aus Norden, wahrscheinlich ein Eisenbahngeschütz[103]). Daraus darf geschlossen werden, daß sich der Gegner absetzt und nicht nur einen örtlichen Stellungswechsel macht.

Bei der 31. I.D. 9.20 Uhr in Paschkowo ergab sich ein ähnliches Bild wie im rechten Abschnitt. Die Regimenter gehen seit der Frühe planmäßig vor und dürften bald die Straße Roslawl–Brjansk erreichen. Auch hier wurde durch I.R. 82 eine Batterie erbeutet; die Division machte gestern etwa 500 Gefangene.

Sieben Tage nach Beginn der Offensive war also der tiefe Stoß durch das Stellungssystem an Ssudostj und Desna gelungen. Zwar hatte sich die handstreichartige Wegnahme des Stadtgebietes von Brjansk – eine Möglichkeit, die der Heeresgruppenbefehl nicht ausgeschlossen hatte –, keineswegs verwirklichen lassen, doch das erste wesentliche Angriffsziel des LIII. A.K. war erreicht. Der Preis für den als reines Infanterieunternehmen durchgeführten Durchbruch war hoch. Seit dem 2. Oktober meldet die Division 150 Gefallene und 750 Verwundete. Die Verluste auf der Gegenseite mochten wesentlich höher sein, aber hier war abzusehen, daß bei weiterer derartiger Beanspruchung der Truppe die Kampfkraft sich erschöpfen mußte, wenn nicht eine grundsätzliche Veränderung in Bezug auf Ergän-

---

[101]) Fahrtbericht Nr. 60; 8. 10. 1941.

[102]) Fahrtbericht Nr. 60; 8. 10. 1941 – Um 10.25 Uhr kam dann beim Generalkommando die Meldung ein: „Das verstärkte I.R. 12 hat um 9.40 Uhr die Rollbahn Roslawl – Brjansk südostwärts Pessotschnja erreicht." KTB LIII. A.K. zum 8. 10. 1941.

[103]) Wenn es sich um ein Eisenbahngeschütz handelte, müßte es auf der Strecke Shukowka-Ordshonikidsegrad gestanden haben.

zung und Versorgung oder eine Wendung in der Großlage eintrat. Derartige Überlegungen und Hinweise tauchen im Fahrtbericht jedoch nicht auf. Bei der Division herrschte offenbar die Auffassung, daß diese letzte Anstrengung des Feldzuges die Opfer notwendig machte. Dabei möchten Stimmung, Hoffnung und Ungeduld die Erfolge der Offensive nicht abwarten. Denn so heißt es: „Durch einen Panzer-Verbindungsoffizier hat die 31. Div. erfahren, daß nur schwache Teile der 17. Pz.Div. in Brjansk zurückgeblieben sind. . ." Damit ist gesagt, die Panzer stoßen schon weiter vor, denn Guderians Kampfwagen stehen „bereits bei Tula"[104]). Diese Nachricht aber stimmte nicht. Die 4. Panzerdivision lag seit dem 6. Oktober etwa 40 km nordostwärts von Orel fest. Nach Tula waren es von dort in der Luftlinie noch 120 km[105]).

Weisenberger rechnet damit, daß es zu einer kleinräumigen Kesselbildung vor dem Abschnitt des LIII. A.K. kommt, nachdem das XXXXIII. Korps nach Süden einschwenkt. Doch schon am nächsten Tag, am 9. Oktober, eröffnete er für das Korps viel weiter reichende Aussichten. Bei einem Besuch der 56. I.D. in Makowje informierte er um 9 Uhr den Divisionskommandeur Gen.Lt. von Oven[106]): Die Armee hat den ihr unterstellten Armeekorps neue Vormarschziele befohlen. Rechts von uns strebt das Höhere Kommando XXXV nach Tula und links von uns das XXXXIII. A.K. auf Kaluga. Das LIII. A.K. marschiert auf Aleksin[107]). Dabei bildet es zwei Marschsäulen. Von Brjansk aus bewegen sich die 31. I.D. als linke, die 167. I.D. mit nachfolgender 56. I.D. als rechte Gruppe in nordostwärtiger Richtung auf die Oka vorwärts.

Vom Feinde vor dem LIII. A.K. gibt es keine besonderen Meldungen mehr. Vor der ersten Kavalleriedivision, dem rechten Nachbarn, der zum 2. Pz.A.O.K. gehört, geht der Feind zurück; Feindteile, die sich noch nordwestlich von Ordshonikidsegrad in Wäldern aufhalten, bleiben angesichts des Vormarschbefehls vom LIII. A.K.

---

104) Fahrtbericht Nr. 60; 8. 10. 1941.

105) Bedeutsamer als der Irrtum in Bezug auf den Standort der deutschen Panzer am 7./8. Oktober 1941 war die Unkenntnis über den materiellen wie psychischen Zustand bei der Panzerarmee. Darüber berichtete Guderian als von einem damals neuen Phänomen. Er war am 8. Oktober in Orel beim XXIV. Panzerkorps. Hier berichtete ihm der Kom.Gen. von Geyr von der Panzerschlacht südwestlich von Mzensk am 6. Oktober. (Die Russen hatten in drei Tagen 5500 Soldaten und Ausrüstung mit Flugzeugen nach Mzensk gebracht. – Reinhardt, Wende vor Moskau, S. 65, Anm. 113). Der Gegner wandte eine für ihn erfolgreiche neue Taktik an. Die Schützen gingen frontal vor; die Panzer kamen in Massen von der Seite. Dabei waren die T 34-Kampfwagen durch den deutschen Panzer IV kaum zu beschädigen. „Die Schwere der Kämpfe übte allmählich ihre Wirkung auf unsere Offiziere und Soldaten aus." Auf dem Gefechtsfeld vom 6. und 7. Oktober sah sich Guderian die Kampfspuren an den zerstörten Waffen an. „Die beiderseits ausgefallenen Panzer standen noch an Ort und Stelle. Die Beschädigungen der Russen waren wesentlich geringer als die der unseren." Aber stärker noch als das Bild materieller Verluste wirkte auf den Oberbefehlshaber die menschliche Verfassung, in der sich bewährte Panzerkommandeure wie der schon legendäre Oberst Eberbach befanden. „Zum erstenmal während dieses anstrengenden Feldzuges machte Eberbach einen mitgenommenen Eindruck, und es war nicht körperliche, sondern die seelische Erschütterung, die man ihm anmerkte. Daß unsere besten Offiziere durch die letzten Kämpfe so stark beeindruckt waren, mußte stutzig machen." Guderian, Erinnerungen, S. 213.

106) Fahrtbericht Nr. 61; 9. 10. 1941.

107) Die damit vorgegebenen Marschziele lagen 250 bis 300 km vor der augenblicklichen Position der Verbände. Vom Zielraum der 2. Armee bis Moskau waren es dann noch 180 km (Luftlinie).

„unberücksichtigt"[108]). Das Korps hat an Ssudostij und Desna (vergleicht man mit den Erfolgen nach den Einschließungskämpfen ostwärts des Dnjepr) nur wenig Beute gemacht. Die Zahl der Gefangenen, 3000, ist „verhältnismäßig gering", ebenso beträgt die Zahl eroberter Geschütze „nur" 13. Es ist ein Zeichen, daß der Gegner vor dem LIII. A.K. nicht nur hartnäckig verteidigte, sondern sich auch unter Behalt des größten Teiles seiner Leute und seines Geräts geschickt absetzen konnte.

Im folgenden Gespräch entwickelte Weisenberger seine Auffassungen vom weiteren Verlauf der Herbstoperationen. Zunächst wiederholte er seine schon früher vorgetragene Meinung[109]), daß sich auf dem weiten östlichen Kriegsschauplatz nicht die großen operativen Umfassungsbewegungen zur Vernichtung der Feindkräfte am besten eignen. Bei weiträumiger Umarmung können Teile des Gegners vielfach durchbrechen oder durchsickern, weil die eigenen Linien zu dünn werden. Bei kleinräumigen Kesseln ist für den Eingeschlossenen die Möglichkeit auszuweichen geringer. So konnte sich auch vor unserer Korps-Front der Gegner dem umfassenden Zugriff entziehen. Dennoch, meint Weisenberger, ist jetzt das Industriegebiet um Moskau für die Sowjetarmee verloren. Die Kräfte, über die der Gegner noch verfügt, sind Reste. Wenn er diese ringsum vor Moskau aufstellt, wird seine Front zu dünn; sie würde durchbrochen werden. Sollte die gegnerische Führung die letzten Kräfte aber massiert einsetzen wollen, so stoßen wir daran vorbei, „dringen ins Industriegebiet ein und umschließen Moskau"[110]). Die Aufgabe der Infanterie besteht im Augenblick vor allem in der raschen Überwindung des Raumes. Einmal erfordert die allgemeine Lage große Marschleistungen, um den Gegner nicht zur Ruhe kommen zu lassen, zum anderen treibt die Jahreszeit. Das Wetter ist (hier) noch gut. Derzeit verlangt ein Tag Gewaltmarsch den Menschen und Pferden nicht mehr Kraft ab, als ein durchschnittlicher Tagesmarsch in der bevorstehenden Regenperiode.

Das Gespräch zwischen Weisenberger und von Oven am 9. Okt. ist symptomatisch und verrät, wie wir heute wissen, jene verhängnisvollen Einschätzungen, die weithin in der mittleren und hohen Führung vorhanden waren und zum Anhalt für die Planung der nächsten Wochen wurden[111]). Im nachhinein ist es nicht schwer,

---

[108]) Fahrtbericht Nr. 61; 9. 10. 1941.

[109]) Fahrtbericht Nr. 34; 20. 8. 1941.

[110]) Fahrtbericht Nr. 61; 9. 10. 1941 — Dieses Bild von den eigenen und den Möglichkeiten des Gegners entsprach ganz der „zusammenfassenden Feindbeurteilung am 8. 10. 1941" der Heeresgruppe Mitte, die Reinhardt (Wende vor Moskau S. 71 f.) zitiert.

[111]) Zur Beurteilung der Lage höheren Orts am 7. Oktober schrieb Guderian (Erinnerungen S. 212): „Nach Auffassung des OKH wurde durch diese günstige Entwicklung das Weiterführen der Operationen auf Moskau ermöglicht. Man wollte verhindern, daß die Russen sich westlich Moskau noch einmal zu gegliederter Verteidigung festsetzten. Für die 2. Panzerarmee schwebte dem OKH der weitere Vormarsch über Tula auf die Oka-Übergänge zwischen Kolomna und Serpuchow vor — ein allerdings sehr weites Ziel! Diesem Streben sollte das Vorgehen der Panzergruppe 3 nördlich um Moskau herum entsprechen. Der Oberbefehlshaber des Heeres fand bei der Heeresgruppe „Mitte" volle Übereinstimmung mit seinen Gedankengängen". Guderian war freilich, wie er später schrieb, nach der Panzerschlacht bei Mzensk gegenüber den Plänen des OKH und der Heeresgruppe grundsätzlich bedenklich geworden. Nach den Berichten und den Führungen auf dem Gefechtsfeld am 8. Oktober tat sich für ihn eine „Kluft der Anschauungen" zu der „siegestrunkenen Einstellung" seiner Vorgesetzten auf, die „später kaum zu überbrücken war". (S. 213) — Vgl. K. Reinhardt, Wende vor Moskau, S. 73.

die Irrtümer in einer derartigen Lagebeurteilung aufzuzeigen[112]). Einmal schätzte Weisenberger (als einer von vielen) die Auswirkungen der „Regenperiode" falsch ein, wenn er meinte, daß bei besonderen Anstrengungen dennoch die Entfernung üblicher Tagesmärsche durch die Divisionen bewältigt werden könnten, die Zeit bis zum Wintereinbruch also reichen würde. Die andere weitaus schwerer wiegende Falschbeurteilung war, daß nach Ausräumung der Kessel von Wjasma und Brjansk der Sowjetunion militärisch nur noch „Reste" zur Verfügung stünden. Es war ein schwerer Irrtum nicht nur Weisenbergers, sondern der Heeresgruppe und des OKH, anzunehmen, daß nach den Oktoberschlachten nun endlich die Kernmasse des Sowjetheeres vernichtet sein würde.

Das Riesenreich sollte vielmehr trotz unglaublicher Verluste in der Lage sein, innerhalb von zwei Monaten gegenüber der Heeresgruppe Mitte eine neue Angriffsarmee in Stärke von etwa 80 Divisionen vorzuführen und damit faktisch die Wende des Ostkrieges einzuleiten[113]).

Die Auffassung des Divisionskommandeurs von Oven zu Weisenbergers operativen Zukunftsaussichten ist aus dem Protokoll nicht zu erkennen. Er hielt sich offenbar zurück. Auch von den Möglichkeiten des Vormarsches auf Moskau, wie der Kommandierende General sie schilderte, schien er nicht recht überzeugt. Das erkennt man freilich nur an beiläufigen Bemerkungen. Weisenberger berichtete, daß er bei der Fahrt zur Division die Bespannungen der schweren Artillerieabteilung gesehen hätte. Die Pferde machten auf ihn doch „einen recht guten Eindruck". Dieses relative Lob konnte die Stimmung von Ovens nicht allzu sehr heben. „Der Div.Kdr. erwiderte, daß das Aussehen der Pferde wohl gut ist, daß sich die Mehrzahl der Pferde aber beim Marsch durch die Pripjet-Sümpfe organische Schäden an Herz und Lunge zugezogen hat und dadurch wenig leistungsfähig ist[114])."

Offenbar um von Oven etwas zukunftsfroher zu stimmen, erzählte Weisenberger zum Abschluß von den Erfolgen der Abwehrschlacht am Dnjepr und den Einschließungskämpfen ostwärts von Rogatschew-Shlobin.

---

[112]) Dabei braucht nicht direkt die offizielle politische Propaganda das militärische Urteil mitbestimmt haben. Am 9. Oktober erfolgte nämlich die Erklärung des Reichspressechefs Dr. Dietrich, daß „die militärische Entscheidung im Osten gefallen" und Rußland „erledigt" sei. Siehe die „Chronik" von Hillgruber und Hümmelchen in: KTB OKW I, S. 1231. — Dazu schrieb Rendulic später, daß ihm „in diesen Oktobertagen" von den Erklärungen des Reichspressechefs berichtet wurde. „Wir waren sehr unangenehm berührt über diese den Tatsachen absolut widersprechende Ansicht." — Gekämpft, Gesiegt, Geschlagen, S. 72.

[113]) „Chronik" von Hillgruber und Hümmelchen in: KTB OKW I, S. 1240: „6. 12. (1941) Die sowjetische „Westfront" (Armeegeneral Shukow) tritt zur Gegenoffensive an. Shukow verfügt über 47 Schützen-Divisionen, 36 Schützen-Brigaden, 10 NKWD-Brigaden, 3 Kavallerie-Divisionen und 15 Pz.-Brigaden". — Vgl. K. Reinhardt, Die Wende vor Moskau, S. 202: „Das rechtzeitige Aufstellen von strategischen Reserven, auf die die sowjetische Führung größten Wert legte, erlaubte der Roten Armee den Übergang zur Gegenoffensive, als sie nach deutschen Berechnungen völlig am Ende ihrer Kräfte hätte sein müssen. Die gesamten Kräfte, die bei Moskau aus der Abwehr heraus zur Gegenoffensive übergingen, betrugen trotz der vorangegangenen Verluste rund 1 060 300 Mann, rund 8000 Geschütze und Granatwerfer, 720 Panzer und 1370 Flugzeuge."

[114]) Fahrtbericht Nr. 61; 9. 10. 1941.

Am 10. Oktober, als das Generalkommando Stellungswechsel von Babinitschi nach Starschewitschi[115]) machte und der Kommandierende General nach Glinischtschewo[116]) zu einem Besuch der 31. I.D. fuhr, registrierte der Fahrtbericht[117]) zum ersten Male den Umschlag der Witterung gemäß der fortgeschrittenen Jahreszeit. Die hinfort so genannte Schlammperiode kündigte sich an. „Der erste Schneefall hatte den Zustand der Wege erheblich verschlechtert. Bei anhaltendem schlechten Wetter und bei fortdauernder Benutzung ist es unmöglich, die Versorgung der Divisionen über die Landwege zu leiten. Der Nachschub muß deshalb so bald wie möglich über die große Straße Roslawl—Brjansk und die Roslawler Eisenbahn geleitet werden. Auch ist vor Märschen in dieser Jahreszeit ganz besonders sorgfältige Wegeerkundung notwendig."

Was das neue Wetter für die Truppe bedeutete, meldete sogleich der Ia der 31. I.D. um 9.50 Uhr: Die Pferde leiden unter der Witterung und den Anstrengungen der Märsche. Die Tiere können nicht, wie es notwendig wäre, versorgt werden; wegen fehlender Quartiere müssen sie die Nacht im Freien verbringen. Schließlich lautet die taktisch entscheidende Feststellung: „Bei den augenblicklichen Verhältnissen ist Tagesdurchschnitt für den weiteren Vormarsch 20 km[118])." Das war ungefähr die Hälfte von dem, was Weisenberger erwarten mochte. Doch es sollte schlimmer kommen.

Die 31. I.D. war am 10. Oktober mit Angriffen auf Feindteile in Brjansk-Ost und in Ordshonikidsegrad beschäftigt[119]). Mittags beobachtete die Generalsstaffel im Nordteil von Brjansk, wie der Angriff über die Desna im Gange war. In Sturmbooten setzten die Kampfgruppen unter dem Schutz schwerer Infanteriewaffen über. Der jenseitige Stadtteil Worowskogo wurde rasch eingenommen. — Um 12.15 Uhr meldete Oberst Wenk auf dem Gefechtsstand von I. R. 315 in Brjansk, daß sein Regiment sich für den Vormarsch in Bewegung gesetzt hat. Zwischenfälle gäbe es dabei nicht[120]).

Der Bau einer Holzbrücke über die Desna mit einem Knüppeldamm von 500 m Länge wurde begonnen, außerdem ist eine Pontonbrücke im Nordteil von Brjansk geplant. Vordringlich ist angesichts der Wetterlage im Augenblick die Instandsetzung und Unterhaltung der Vormarschstraßen. Als Korps-Pionierführer wird der Oberst Menneking mit der einheitlichen Leitung dieser Arbeiten unter Zusammenfassung aller verfügbaren Pionier- und Arbeitskräfte bestimmt.

Am 11. Oktober machte das Generalkommando wiederum Stellungswechsel, diesmal nach Brjansk —, ein Zeichen, daß der Marsch der Verbände trotz der

---

115) Starschewitschi liegt 48 km n.ostwärts Potschep, 33 km westl. Brjansk.

116) Glinischtschewo liegt 24 km nordwestl. Brjansk an der Straße nach Roslawl.

117) Fahrtbericht Nr. 62; 10. 10. 1941.

118) Fahrtbericht Nr. 62; 10. 10. 1941.

119) Siehe KTB LIII. A.K. zum 10. 10. 1941, 7.00 Uhr: „Ruhiger Verlauf der Nacht. 31. I.D. säubert mit 2 I.R. Brjansk und Ordshonikidsegrad von schwachem Feind. Bis zum Nachmittag ist das Industriegebiet frei vom Feind und die Verbindung mit der 17. Pz.Div. hergestellt."

120) Fahrtbericht Nr. 62; 10. 10. 1941 — Das KTB OKW I, S. 690 meldet dazu zum 10. 10. 1941: „Angriff durch Teile LIII. A.K. aus Gegend Brjansk nach Nordosten wurde eingeleitet. Starke Brückenzerstörungen nördl. Brjansk und hartnäckiger Feindwiderstand verzögerte(n) Vorgehen des LIII. A.K."

schwierigen Verkehrsverhältnisse (gesprengte Brücken, verminte Straßen, verschlammte Wege, hinhaltender Feindwiderstand) ungefähr wie vorgesehen begonnen hatte.

Doch um 10.30 Uhr meldete der Ia der 31. I.D. in Brjansk, daß die Regimenter nur mit Verzögerungen vorankommen. Am Rodixoe-See (nördlich Brjansk) wurde letzter Feindwiderstand gebrochen. 200 Gefangene und Beute wurden eingebracht. Aber viele Minen müssen aufgenommen, Brücken gebaut und ausgebessert, Sperren beseitigt werden. Weisenberger möchte auf die Gründe für eine erhebliche Verlangsamung der Bewegungen nicht eingehen. Er treibt[121]). Jedenfalls müssen, da das Wetter im Augenblick gut ist, noch einmal alle Kräfte bei den Marschleistungen eingesetzt werden. „Möglichst ist der gefrorene Zustand der Wege durch Nachtmärsche auszunützen[122])". Dem General erscheint eine durchschnittliche Tagesleistung von 30 km für die nächsten Etappen „durchaus tragbar"[123]).

Um 12.45 Uhr meldete sich in Brjansk der Ic der 167. I.D., Major König, der die Wegeverhältnisse für die Verbände seiner Division erkunden sollte. Das Regiment Wenk (I.R. 315) bewegt sich in Richtung Nordost über Brjansk hinaus. Weisenberger läßt bei Wenk sofort anfragen, ob der von ihm vorgesehene Vormarschweg (Polpino–Shurynitschi)[124]) derart beschaffen ist, daß die ganze Division hier nachgezogen werden könnte[125]). Denn in der Gegend von Podbushje[126]) ist eine größere Feindansammlung und viel Material gemeldet worden[127]). Gegen diese versprengten sowjetischen Gruppen soll die Division vorgehen (und bei der Bildung eines Kessels mitwirken).

Um 13.15 Uhr traf der Kommandierende General in Suponewo[128]) den Divisionskommandeur der 56. I.D. von Oven. Dieser zeigte sich befriedigt, daß seine Division am 11. Oktober einen Ruhetag hatte. Ebenfalls war erfreulich, daß in den letzten Nächten Soldaten und Pferde in Ortschaften, d. h., nicht im Freien untergebracht werden konnten. Dennoch: „Der Div. fehlen zur Erlangung ihrer Marschtüchtigkeit frische Pferde[129])."

Ein Grund zur Klage ist auch die fehlende Versorgung mit Feldpost. Durch den Wechsel unter den Befehl des LIII. A.K. stockt bei der Division die Zustellung der

---

[121]) So sollten bei der Brücke in Brjansk die Fahrzeuge nicht mit Abständen fahren. Das dauert zu lange. Solche Vorsichtsmaßnahmen sind bei einer 20 to-Brücke nicht notwendig. – Fahrtbericht Nr. 63; 11. 10. 1941 – Siehe auch „Bemerkungen während der Fahrt" zum selben Fahrtbericht: „Der schlechte Zustand der Wege und die Überfüllung der Straßen beim Vormarsch machen die schärfste Befolgung der Verkehrsvorschriften notwendig. Beim Halten stets scharf rechts ran! Niemals 2 Bespannfahrzeuge nebeneinander!"

[122]) Fahrtbericht Nr. 63; 11. 10. 1941.

[123]) Fahrtbericht Nr. 63; 11. 10. 1941.

[124]) Shurynitschi liegt etwa 24 km nordostwärts von Brjansk.

[125]) Nachdem der Auftrag an Wenk vermittelt worden war, gab die 167. I.D. dessen Antwort (laut KTB LIII. A.K. vom 12. 10. 1941, 8.45 Uhr) an das Generalkommando weiter: „167. I.D. hat Funkspruch von I.R. 315 bekommen: ‚Weg über Malaja Polpino auf Shurynitschi für ganze Div. unmöglich'".

[126]) Podbushje liegt 40 km nordostwärts von Brjansk.

[127]) Am 11. 10. 1941 um 9.50 Uhr hatte der Ia der Armee das Generalkommando informiert (KTB LIII. A.K. zum 11. 10.): „Orientierung über die Lage. Feind im Kessel im Raum: Podbushje – Ssloboda – Bujanowitschi – Penewitschi. 1000 (e) von Fahrzeugen, 100 (e) von Kfz. XXXXIII. A.K. greift erfolgreich an".

[128]) Suponewo liegt 6 km südwestlich von Brjansk.

[129]) Fahrtbericht Nr. 63; 11. 10. 1941.

Post. Seit drei Wochen haben die Leute keine Sendungen mehr aus der Heimat erhalten. Das Marschbataillon der Division mit Ersatzmannschaften hängt noch mehrere Tagesmärsche ab. Doch auch eine gute Nachricht in dieser Zeit der abgrundtiefen Wege hat der Divisionskommandeur: Die Eisenbahn von Potschep nach Brjansk ist sehr gut erhalten, zweigleisig und noch verhältnismäßig neu (1920 erbaut).

Am 13. Oktober erschien Weisenberger wieder in Suponewo bei von Oven und unterrichtete ihn über die sich in der Region von Brjansk entwickelnde Lage. Nordostwärts der Stadt ist eine Umfassung zusammengepreßter Feindteile im Gange[130]). „Im Raume um Bujanowitschi[131]) ist vom Rgt. Wenk [I.R. 315], V.A. [Vorausabteilung] 56. I.D., I.R. Großdeutschland, 18. Pz.-Div. und 112. I.D. mit unterstelltem I.R. 17 [von 31. I.D.] ein Kessel gebildet[132])." Größere Feindgruppen versuchen, die Einkreisung zu durchbrechen. Teile sind auch nach Westen entkommen. Solche Gruppen wären imstande, nachfolgende Teile der 167. I.D. von Osten anzugreifen. Das von Ordshonikidsegrad nach Norden marschierende Regiment Hoßbach (I.R. 82) ist seinerseits von Spähtrupps aus westlicher Richtung angegriffen worden. Nordwestlich von Brjansk verbergen sich wahrscheinlich noch Feindteile im Waldgelände. Aufgabe der 56. I.D. wird es sein, die Wälder besonders nordwestlich Brjansk durchzukämmen.

Der vorgesehene Marsch des Korps nach Nordost verzögert sich auf unberechenbare Weise, denn die Wegeverhältnisse bei der 31. I.D. sind schlecht. Hinzu kommt, daß die Kämpfe beim Kessel von Bujanowitschi das Korps aufhalten. Für die 56. I.D. bedeutet das aber noch einige weitere Tage Ruhe. Diese Nachricht kommt dem Div.Kdr. „sehr gelegen"[133]). Gen.Lt. von Oven wiederholt notorische Gravamina. Die Artilleriepferde sind „sehr erschöpft". Daher muß die Hälfte der Munitionsausstattung in Brjansk zurückgelassen werden. Doch hofft von Oven, daß, wenn er bis zum 15. Oktober in der jetzigen Unterkunft verbleiben kann, das Marschbataillon dann die Division erreicht haben wird. Auch Ersatzpferde dürften dann eingetroffen sein. Bislang ist der Nutzen durch Einstellung von Panjepferden nicht groß.

Einen Einblick in die Psychologie der weit von der Heimat abgesetzten Truppe und der Truppenführung erhalten wir aus der erneut und dringlich vorgetragenen Klage des Kommandeurs, daß die Division seit Mitte September keine Post mehr erhalten hat[134]).

---

[130]) Zum 12. 10. 1941 verzeichnete das KTB OKW I, S. 695: „2. Armee setzte Angriff nach Nordosten und Süden zur Vernichtung der im Kessel nördlich Brjansk eingeschlossenen Feindteile fort".

[131]) Bujanowitschi liegt 12 km südlich von Podbushje und 36 km nordostwärts von Brjansk.

[132]) Fahrtbericht Nr. 64; 13. 10. 1941. — Bei den eingeschlossenen Verbänden handelte es sich um Teile der sowjetischen 50. Armee. Siehe Karte 19 des Beiheftes zu Bd. 4. Das Deutsche Reich und der zweite Weltkrieg. — Auch südlich von Brjansk wurde in der Gegend von Trubtschewsk ein Kessel gebildet in dem Teile der 3. und 13. sowjetischen Armee eingeschlossen wurden. Siehe die oben genannte Karte.

[133]) Fahrtbericht Nr. 64; 13. 10. 1941.

[134]) Mit den „Bemerkungen während der Fahrt" zum Fahrtbericht Nr. 64; 13. 10. 1941 wurde der Quartiermeister angewiesen, sich um die Zuführung der Feldpost der 56. I.D. zu bemühen.

Aus dem, was der Kom.Gen. über die Lage um Brjansk vortrug, ergab sich, daß der Vormarsch durch Bedingungen im Gelände und vor allem durch den andauernden Widerstand versprengter Feindkräfte nicht zügig in Gang kam; das war angesichts des kanppen Zeitvorrats, der bis zum Wintereinbruch nur zur Verfügung stand, ein bedenklicher Tatbestand. Jedoch solche Bedenken wurden durch die Ergebnisse der Großlage, so wie Weisenberger sie sah, aufgehoben. Folgendermaßen unterrichtete er den Divisionskommandeur: „Der Angriff der Heeresgruppe ist im weiteren Fortschreiten. Die russische Front ist in Auflösung. Die 4. Armee hat bis jetzt 250 000 Gefangene eingebracht[135]).“ Daraus wird geschlossen, daß das LIII. A.K. mit einer größeren Schlacht nicht mehr zu rechnen braucht. Denn nur noch einzelne Truppenteile[136]) werden vom Gegner, um einen letzten Widerstand zu organisieren, an die Vormarschstraßen herangebracht: Baubataillone und Reserveeinheiten mit nur wenigen schweren Waffen. Die derzeitigen Feindkräfte stellen daher nicht das Problem dieser Herbsttage dar, sondern der Wettlauf mit der Zeit. So bleibt das Urteil über Lage und Entscheidungen unverändert, wie es Weisenberger vor vier Tagen[137]) schon einmal dem Divisionskommandeur vorgetragen hatte: „Es kommt darauf an, noch vor Einbruch des Winters die marschtechnischen Schwierigkeiten zu überwinden und Moskau einzuschließen[138]).“ Auf die Reaktionen von Ovens auf diese Informationen gibt der Fahrtbericht wieder keinen Hinweis.

Beim Brückenübergang in Brjansk meldete sich der Ia[139]) der 167. I.D. um 10.30 Uhr und berichtete: Die 18. Panzerdivision hatte heute nacht Funkverbindung mit der 167. I.D. Feindteile im Kessel von Bujanowitschi versuchten nach Osten und Süden auszubrechen. Zwar wurden diese Angriffe abgewehrt, aber eine Gruppe konnte sich nach Westen durchschlagen. Das Regiment Wenk (I.R. 315) setzt heute, zusammen mit den übrigen Einschließungsverbänden, die Angriffe in Richtung

---

[135]) Fahrtbericht Nr. 64; 13. 10. 1941 – Siehe die Feststellung im KTB OKW I, S. 697 zum 13. 10. 1941: „Die Kesselschlacht von Wjasma geht ihrem Ende entgegen. Nur noch an einzelnen Stellen geringer örtlicher Feindwiderstand“.

[136]) Was die Einschätzung der Feindkräfte anging, entsprach Weisenbergers Urteil weiterhin dem Feindbild, das bei der Heeresgruppe Mitte bestand. Im Ic-Bericht der Heeresgruppe vom 14. 10. 1941 hieß es: „Der Gegner ist zur Zeit nicht in der Lage, dem Angriff auf Moskau Kräfte entgegenzuwerfen, die befähigt wären, westlich und südwestlich Moskau längeren Widerstand zu leisten“. Siehe K. Reinhardt, Die Wende vor Moskau, S. 76.

[137]) Fahrtbericht Nr. 61; 9. 10. 1941.

[138]) Fahrtbericht Nr. 64; 13. 10. 1941 – Keineswegs nur marschtechnische Schwierigkeiten sah für die nächsten Wochen Guderian für die 2. Panzerarmee voraus. Am 11. Oktober hatte das XXIV. Panzerkorps heftige Ortskämpfe in Mzensk, nordostwärts von Orel geführt. Guderian schrieb dazu: „Zahlreiche russische Panzer vom Typ T 34 traten auf und verursachten starke deutsche Panzerverluste. Die bisherige materielle Überlegenheit unserer Panzer verkehrte sich bis auf weiteres in das Gegenteil. Die Aussichten auf rasche, durchschlagende Erfolge schwanden dahin. Ich verfaßte über diese, für uns neue Lage einen Bericht an die Heeresgruppe, in welchem ich die Vorzüge des T 34 gegenüber unserem Panzer IV klar schilderte und daraus die Folgerung für unsere künftigen Panzerkonstruktionen zog. Der Bericht gipfelte in dem Antrag, alsbald eine Kommission an meine Front zu entsenden, die sich aus Vertretern des Heereswaffenamts, des Rüstungsministeriums, der Panzerkonstrukteure und der panzerbauenden Firmen zusammensetzen sollte“. – Guderian, Erinnerungen, S. 215 f.

[139]) Major i. G. Niklaus.

auf Bujanowitschi fort[140]). Gestern machte das I.R. 315 tausend Mann Gefangene[141]), erbeutete vier Geschütze und einen Panzer.

Der General bemerkte, daß die auf dem Marsch befindliche 167. I.D. darauf eingestellt sein muß, aus Richtung Ost angegriffen zu werden von Feindteilen, die aus dem Kessel entkommen sind. Aber auch Feindberührung von Westen ist nicht ausgeschlossen durch versprengte Kräfte, die aus der Gegend nordwestlich von Brjansk stammen.

Möglicherweise muß noch ein weiteres Regiment der 167. Division nach Osten eingedreht werden, um an der Auflösung des Kessels bei Bujanowitschi mitzuwirken. Wieder wird zur Eile ermahnt: Bis heute abend muß die marschierende Division mit letzten Teilen über die Brücke sein. Als Weisenberger um 11.15 Uhr auf dem Gef.Std. der Division den Kommandeur trifft, sichert dieser ihm zu, daß die gesamte Division heute abend die Brücke überschreiten und mit der ersten Regimentsgruppe die Gegend von Stjekljanaja Radiza-Gorodok[142]) erreichen wird. Der nächste Tag brachte jedoch ganz neue Befehle.

Die Auflösung des Kessels nordostwärts von Brjansk entwickelte sich langwieriger als erwartet. Am 14. Oktober meldet das Kriegstagebuch eine Reihe rascher Aushilfen, um einen drohenden Durchbruch von Feindteilen aus dem Einschließungsring nach Süden zu vereiteln. Die 167. I.D. wird umdirigiert und in Richtung auf Karatschew angesetzt. Dabei werden alle verfügbaren Fahrzeuge der Pionier-Brückenkolonnen verwendet, um Infanteriebataillone zu transportieren[143]). Zu der Belastung der plötzlich kritisch gewordenen Lage kommen die schwierigen klimatischen Verhältnisse. „Die Wetterlage im gesamten Bereich der 2. Pz.Armee hat sich auch am 14. 10. nicht gebessert. Der dadurch bedingte schlechte Straßenzustand machte Bewegungen der mot. Verbände z. T. unmöglich und wirkte sich auch auf das Vorwärtskommen der Inf.Verbände stark hemmend aus[144]).“ Von den Kämpfen im Kessel bei Brjansk vermerkt der OKW-Bericht, daß bei Sheltowodje[145]) heftige Ausbruchsversuche abgewiesen wurden, unter „starken Verlusten“ für den Gegner, aber auch „teilweise eigenen starken Verlusten“ bei der 18. Panzerdivision und beim I.R. „Großdeutschland“[146]).

Für das LIII. A.K. bedeutete das eine unwillkommene Verzögerung der vorgesehenen Gewaltmärsche in Richtung Nordost. Dennoch ging die Planung der Vor-

---

[140]) Siehe KTB OKW I, S. 697, zum 13. 10. 1941: „2. Armee setzte im Verein mit 2. Pz.Armee die Vernichtung des ostw. Brjansk eingeschlossenen Feindes fort. Hierbei stieß 1 Rgt. der 167. I.D. in nordostw. Richtung quer durch den Kessel hindurch und nahm Verbindung mit 112. I.D. auf“. Es handelte sich um das Regiment Wenk.

[141]) Am Tage darauf, am 14. 10. 1941, um 11.40 Uhr, vermerkt das KTB LIII. A.K.: „I.R. 315 über 2 000 Gefangene gemacht“.

[142]) Stjekljanaja Radiza liegt etwa 18 km n.ostwärts Brjansk.

[143]) So befiehlt der Chef Genst. des Korps dem Korps-Pionierführer am 14. Okt. 1941 um 23.10 Uhr: „Eine Brückenkolonne bereitstellen zur Verladung von einem Inf.Btl. der 56. I.D. nach Malaja Perkowa [etwa 18 km ostw. Brjansk]. Alle andern Brükos bereitstellen zum Transport von Inf. der 167. I.D. am 15. 10. morgens“. KTB LIII. A.K. zum 14. 10. 1941. – Ähnliche Befehle am 15. 10. 1941.

[144]) KTB OKW I, S. 699, zum 14. 10. 1941. – Im KTB LIII. A.K. heißt es zum 14. 10. 1941: „Radfahrer haben Panjewagen“.

[145]) Sheltowodje liegt etwa 40 km ostwärts von Brjansk.

[146]) KTB OKW I, S. 700, zum 14. 10. 1941.

wärtsbewegung trotz des Aufenthalts durch Kampfaufträge und der schwierigen Wegeverhältnisse weiter, und entsprechend machte das Generalkommando am 15. Oktober Stellungswechsel von Brjansk nach Karatschew[147]).

Im Fahrtbericht finden sich dazu nur einige Bemerkungen über die Beschaffenheit und den Betrieb auf der Straße. Der Zustand der Chaussee erscheint angesichts der sonstigen Verhältnisse auf den Landwegen „im allgemeinen gut"[148]). Außerdem war Frostwetter eingetreten; das wirkte sich vorteilhaft aus. Die Notwendigkeit, alle Verkehrswege zu nützen, hatte auch den Eisenbahnbetrieb in begrenztem Maße wieder in Gang gesetzt. Auf dem Bahnhof von Brjansk rangierten zwei Lokomotiven. Entlang der Straße nach Karatschew waren Sicherungen postiert, ein Zeichen, daß mit ausgebrochenen Feindteilen und Partisanen gerechnet wurde[149]). Auf dem Verkehrsweg herrschte lebhafter Betrieb, nicht nur durch militärische Einheiten und Fahrzeuge – Teile der 56. I.D. marschierten in Richtung auf Karatschew[150]). Auch viele Landeseinwohner befanden sich auf der Wanderung. Sie strebten offenbar zurück in ihre verlassenen Wohnungen. Aber nicht nur Leute, die ihre Heimstätten wieder aufsuchten, waren unterwegs. „Eine große Anzahl von Zivilisten, die meist gruppenweise marschierten, waren unschwer als russische Soldaten zu erkennen, die sich Zivil besorgt hatten, nachdem sie von Hunger und Kälte aus den Wäldern getrieben wurden[151])."

In Karatschew blieb der Korps-Stab acht Tage, bis zum 23. Oktober. Während dieser Zeit wurden keine Fahrten mit der Generalsstaffel unternommen, damit liegen für diese Tage keine Fahrtberichte vor. Die Erklärung für den verzögerten Vormarsch des Generalkommandos und das Verstummen unserer Quellen ist einfach. Mit einer für die Deutschen unvorstellbaren Heftigkeit war die Schlammperiode ausgebrochen. Sie machte vorerst alle Vorhaben für großzügige Bewegungen und operative Planung zunichte. Dieses klimatische Phänomen, die „Rasputiza"[152]), ist oft beschrieben worden; aus der Menge der Schilderungen seien einige Sätze aus der Darstellung von A. Philippi und F. Heim zitiert: Die Auswirkung der Schlammperiode „überraschte, und sie überbot alle Vorstellungen von dieser Naturkatastrophe. Dem Angreifer wurden jetzt Wetter und Boden zum grimmigsten Feind. Der Marsch auf den morastigen Wegen setzte die Beweglichkeit der Verbände, die Kampfkraft der Truppe und die Leistungsfähigkeit des Nachschubs aufs Spiel ...

147) Karatschew liegt etwa 45 km o.s.ostwärts von Brjansk.

148) Fahrtbericht Nr. 65; 15. 10. 1941.

149) Die Einschließungskämpfe bei Bujanowitschi waren noch keineswegs abgeschlossen. Als der Kommandeur der Pz.-Jäger-Abteilung 238 (167. I.D.) am 15. 10. um 11 Uhr vom Chef des Generalstabes einen Kampfauftrag erhielt, orientierte dieser den Panzerjäger: „Es können noch 10–20 000 Mann im Kessel sein. Nach Gefangenenaussagen ist Kampfmoral noch gut". – KTB LIII. A.K. zu 15. 10. 1941.

150) Von Teilen der 167. I.D. sagt der Fahrtbericht Nr. 65 nichts; doch auch diese Division war auf der Straße unterwegs. Am 14. 10. abends spät (22.50 Uhr) hatte der Kom.Gen. dem Div.Kdr. neue Weisungen für den nächsten Tag gegeben. KTB LIII. A.K. zum 14. 10. 1941: „Durchbruch [des Gegners] nach Süden zeichnet sich ab. Räume für morgen überholt. Möglichst weit nach Karatschew marschieren. Pz.Jäg. möglichst früh losschicken. Schwere Inf. Waffen mitgeben. Außerdem Teile der Infanterie auf Brükos verladen ... Div. muß am 16. 10. mittags Karatschew erreichen ...".

151) Fahrtbericht Nr. 65; 15. 10. 1941.

152) K. Reinhardt, Die Wende vor Moskau, S. 78 ff.

Mensch und Tier versanken knietief, die Fahrzeuge bis über die Achsen im Schlamm. Nur Gleisketten und leichte Panjewagen blieben ein unzulängliches Bewegungsmittel . . . der Nachschub floß nur noch in dünnen Rinnsalen zur Front"[153]).

Während der folgenden Tage blieb, nachdem der Kessel bei Brjansk aufgelöst worden war, der allgemeine Auftrag für das LIII. A.K. bestehen, nämlich aus der Region um Karatschew in nordostwärtiger Richtung den Oka-Abschnitt in der Gegend von Bolchow zu erreichen; d. h., bei der derzeitigen Wetterlage war auf Landwegen vorerst eine Entfernung zu überwinden, die in der Luftlinie etwa 100 km betrug[154]).

Am 20. Oktober konnte der erste Abschnitt der deutschen Herbstoffensive, die Doppelschlacht bei Wjasma und Brjansk, als abgeschlossen gelten, wenn auch bei Brjansk noch zäher Widerstand einige Tage weiterging. Sah man auf die Erfolgsmeldungen, den Raumgewinn, die Beute, die Gefangenenzahlen, faßte auch die „klassische" Anlage der Einkreisungsschlachten ins Auge, dann trat die Führungskunst im deutschen Heer wieder ebenso hervor, wie die Moral der Truppe, die mit größter Anstrengung bis zur Erschöpfung kämpfte[155]).

Auf einer begrenzten Bühne mußte das die Entscheidung sein; doch hinter den im Oktober erreichten deutschen Linien tat sich weiter der unbegrenzte Raum auf, mit seiner aus dem Gelände stammenden, unglaublichen Abwehrkraft, seinen riesigen Menschenzahlen, anspruchslosen, belastungsfähigen Kämpfern, riesigen materiellen Reserven, hervorragenden Waffen – und mit einer unerschütterten Führungsschicht, die unerhörte Verluste negierte und aus ihnen einen verdoppelten Willen zu gewinnen schien, den eingedrungenen Feind zu vernichten[156]).

---

[153]) A. Philippi und F. Heim, Der Feldzug gegen Sowjetrußland 1941 bis 1945, S. 90 – Die Folgen der Schlammperiode für die Panzerwaffe schildert mit vielen Beispielen R. Steiger, Panzertaktik im Spiegel deutscher Kriegstagebücher 1939–1941, S. 124 ff. – Vgl. L. Rendulic, Gekämpft, Gesiegt, Geschlagen, S. 72 f.

[154]) Siehe KTB OKW I, S. 708, zum 18. 10. 1941: „Bei 2. Armee sammelt LIII. A.K. nach Säuberung des bisherigen Kampfgeländes nördlich Karatschew zum weiteren Vormarsch".

[155]) „Chronik" von Hillgruber und Hümmelchen in KTB OKW I, S. 1231: „2.–20. 10. Doppelschlacht bei Wjasma und Brjansk. Teile der 30. (Chomenko), 19. (Jerschakow), 20. (Lukin), 24. (Rakutin), 43. (Golubew) und 32. sowjetischen Armee (Wischnewskij) vernichtet. Die Befehlshaber der 19., 20. und 32. Armee geraten in deutsche Gefangenschaft. Im Raum Brjansk werden Teile der 3. sowj. Armee (Kreiser) und das Gros der 50. (Petrow †) und 13. Armee (Gorodnjanskij) vernichtet. 673 000 Gefangene eingebracht, 1 242 Panzer und 5 412 Geschütze aller Art erbeutet oder vernichtet". – Der Befehlshaber der 50. sowj. Armee, Gen.Lt. Petroff fiel in einem Gefecht mit der Vorausabteilung des LIII. A.K. – KTB LIII. A.K. vom 20. 10. 1941 – Siehe auch KTB OKW I, S. 713 zum 20. 10. 1941: „Bei den Säuberungsunternehmungen der 56. I.D. wurde in einem Feuergefecht mit einer versprengten Feindgruppe der OB der russ. 50. Armee, General Petroff (Mitglied des Obersten Sowjet), mit einigen Offizieren seines Stabes getötet".

[156]) Guderian, Erinnerungen S. 220: „Mit der siegreich beendeten Doppelschlacht von Brjansk und Wjasma war abermals ein großer taktischer Erfolg bei der Heeresgruppe „Mitte" errungen. Ob sie noch die Kraft zu weiterem Angriff besaß, um den taktischen Sieg operativ zu nutzen, war die ernsteste Frage, die der Krieg der obersten Führung bisher gestellt hatte".

11. Bei der 2. Panzerarmee

Nach der Ausräumung des Kessels bei Brjansk trat eine Umgruppierung der hier eingesetzten Verbände ein. Am 19. Oktober trat das LIII. A.K. unter den Befehl der 2. Panzerarmee. Das Generalkommando gab die 31. und 56. I.D. ab. Zur verbleibenden 167. trat die 112. I.D. hinzu[1]), so daß das LIII. A.K. hinfort nur mit zwei Divisionen operierte. Neuer Oberbefehlshaber war Generaloberst Guderian. Schon am 17. Oktober besuchte er das Generalkommando in Karatschew und machte Weisenberger mit den Aufgaben bekannt, die ihn bei der 2. Panzerarmee erwarteten. Die knappen Stichworte der Besprechung im Kriegstagebuch lassen eine veränderte Mentalität in der Führung ahnen, die ihre Ursache ebenso in der neuen Lage, durch die Witterung wie in dem Charakter des neuen OB haben mochte. Es heißt lapidar: „Lage bei Pz. Armee. Ganzer Nachschub steckt im Schlamm. Nachschub kommt mit Bahn ... Auftrag der Armee ist, Moskau nach Osten abzuschließen. Pz. Armee steht vor schwerem Frontalangriff. Entlastung durch Vorgehen LIII. A.K. und XXXXIII. A.K. auf Bolchow–Belew und Tula[2]).“ Wiederholt weist Guderian auf den „sehr schweren Angriff“ hin, der der 2. Pz. Armee beim Vorgehen entlang der Straße über Mzensk nach Nordosten bevorsteht[3]). Um dabei die 3. und 4. Pz.Div. und I.R. „Großdeutschland“ in der linken Flanke abzuschirmen, muß das LIII. A.K. so rasch wie möglich über Bolchow an die Oka herankommen[4]).

Am 22. Oktober um 9 Uhr telefonierte Guderian wieder mit Weisenberger[5]). Der Generaloberst teilte mit, daß er morgen, am 23. Oktober, bei Mzensk antreten wird[6]). Daher wünscht er, daß möglichst bald Infanterie bei Bolchow (wenn auch nur mit „schwächsten“ Teilen) erscheint, um dort die Panzer-Aufklärungsabteilung 3 abzulösen. Darüber hinaus sollte die Oka bei Bedrinzy[7]) erreicht werden. Der Kom.General schildert die Schwierigkeiten, aber sagt zu, „daß er den Marsch der Infanterie vorwärts treiben würde“. Er rechnet damit, daß die ersten Teile der 167. I.D. morgen abend in Bolchow eintreffen werden.

Als kurz darauf der Ia des A.K. bei der 167. I.D. anruft, und den Vormarsch „vorwärts zu treiben“ versucht, antwortet der Ia der Division: „Auf der Straße nach

---

1) Guderian, Erinnerungen, S. 218 f.

2) KTB LIII. A.K. zum 17. 10. 1941, 11.30 Uhr.

3) Im KTB der Heeresgruppe Mitte heißt es zum 17. Oktober: Die 2. Panzerarmee stellte „beiderseits Mzensk Feind in unveränderter Stärke fest ... Feind leistete aus seinen ausgebauten Feldstellungen und Bunkern mit Panzerkuppeln ungewöhnlich zähen Widerstand“ – K. Reinhardt, Wende vor Moskau, S. 79.

4) Bolchow liegt 54 km nördlich von Orel, Belew 42 km nördlich von Bolchow; Tula liegt 175 km nordostwärts von Orel.

5) KTB LIII. A.K. zum 22. 10. 1941, 9.00 Uhr.

6) Schon am 22. Oktober unternahm das XXIV. Panzer-Korps einen Angriff bei Mzensk, der aber keinen Erfolg brachte. „Er wurde am 23. unter Vereinigung aller verfügbaren Panzer bei der 3. Panzer-Division nordwestlich Mzensk wiederholt und gelang nun. In der Verfolgung des geschlagenen Feindes wurde am 24. Oktober Tschern genommen. Ich hatte an beiden Angriffstagen teilgenommen und mich von den Schwierigkeiten überzeugt, die durch den nassen Boden und die ausgedehnten russischen Verminungen hervorgerufen wurden“. – Guderian, Erinnerungen, S. 218.

7) Bedrinzy am Westufer der Oka liegt 21 km nordostwärts von Bolchow. – Geländebeschreibung des Flußabschnitts bei Bedrinzy siehe Fahrtbericht Nr. 76; 23. 12. 1941.

Bolchow kann nichts schneller voran. Reiterzüge bei den I.R. nur noch 25 bis 30 Mann. Sind zur Aufklärung angesetzt. ‚Es ist ein Marsch durch den Leim'[8]).“ Zusammenfassend heißt es im KTB: „Zwischenmeldungen ergaben ein langsames Vorwärtsmarschieren der 167. I.D. und 112. I.D. unter den größten Schwierigkeiten[9]).“ Vom Zustand der Nachschubstraße meldet am 23. Oktober der Ia an die Armee: „Straße 23 km westlich Karatschew so schlecht, daß alles stecken bleibt[10]).“ Während sich die Divisionen mühsam durch den Schlamm vorwärtsquälten, machte das Generalkommando am 23. Oktober seinerseits Stellungswechsel von Karatschew nach Orel. Natürlich finden sich im Fahrtbericht Anmerkungen über den Zustand der Straße. Auf einer Strecke von 35 km ist die erste Hälfte hinter Karatschew „sehr schlecht“[11]); der zweite Abschnitt ist „besser befahrbar“. – Vieh war von der Rollbahn aus nirgends zu sehen, offenbar war es in den Wäldern versteckt. Es fiel auf, daß viele Felder neu bestellt waren.

Um 12 Uhr traf Weisenberger auf dem Gefechtsstand der 2. Panzerarmee in Orel ein. Der Oberbefehlshaber war zur angreifenden Truppe bei Mzensk gefahren. Der Chef des Generalstabes[12]) gab einen Lagebericht. Heute morgen hat die 3. Pz.Div. bei Kusnezowo[13]) angegriffen; die Suscha wurde überschritten[14]). Die Division bewegt sich auf die Vormarschstraße Mzensk, Tschern, Tula zu. Die 4. Pz.Div. schließt sich dem Angriff an. Von Verbänden des Gegners bei Mzensk kennt der Chef des Generalstabes die 6. rote Gardedivision und die 4. und 11. Panzerbrigade[15]). An der Straße nach Tschern[16]) haben die Russen drei Auffangstellungen gebaut. Mit schwerem Widerstand wird auf deutscher Seite im Augenblick dennoch nicht gerechnet. Die feindliche Artillerie scheint meist herausgezogen und in Richtung Aleksin weggeführt zu sein. Der Chef vermutet, daß sich der Gegner absetzen wird, um sich dann bei Tula zu stellen, (womit er zutreffend urteilte)[17]).

---

[8]) KTB LIII. A.K. zum 22. 10. 1941, 9.45 Uhr.

[9]) KTB LIII. A.K. zum 22. 10. 1941, 9.45 Uhr.

[10]) KTB LIII. A.K. zum 23. 10. 1941, 10.20 Uhr.

[11]) Fahrtbericht Nr. 66; 23. 10. 1941.

[12]) Guderians Chef des Generalstabes war Oberstleutnant i.G. Freiherr von Liebenstein.

[13]) Kusnezowo liegt 12 km nordwestlich von Mzensk auf dem westlichen Ufer der Suscha, einem Nebenfluß der Oka.

[14]) Eine Darstellung der Operationen der 2. Pz.Armee gegen Tula gibt K. J. Walde, Guderian und die Schlacht um Moskau, Wehrforschung 1972, S. 125 ff.

[15]) Die sowjetische Geschichte des Zweiten Weltkrieges 1939–1945, 4. Bd., S. 121, nennt als rote Truppenteile im Oktober bei Mzensk das 1. Gardeschützenkorps und die 4. und 11. Panzerbrigade. – Die 4. Panzerbrigade wurde nach Mzensk ausgezeichnet und in „1. Gardepanzerbrigade“ umbenannt. – Schukow, Erinnerungen, S. 331.

[16]) Tschern liegt auf der Strecke nach Tula 30 km nordostwärts von Mzensk.

[17]) In der offiziellen sowjetrussischen Geschichtsschreibung lautet die Darstellung dieser Tage folgendermaßen: „In der zweiten Oktoberhälfte gelang es, den Angriff der faschistischen Truppen im Streifen der Brjansker Front zum Stehen zu bringen. Danach konnte die 3. und 13. Armee, die fast drei Wochen schwere Kämpfe im Rücken des Gegners geführt hatten, am 23. 10. aus der Einschließung ausbrechen [Es handelte sich um Verbände im Kessel von Trubtschewsk] . . . Durch ihre Handlungen fesselten die Truppen der Front die 2. Panzerarmee in Richtung Tula. Erst Ende Oktober . . . konnte die 2. Panzerarmee ihren Angriff wieder aufnehmen. Ihre Panzerdivisionen stießen bis zum 29. Oktober von Mzensk bis Tula vor; hier aber wurden auch sie zum Stehen gebracht“. – Geschichte des Zweiten Weltkrieges 1939–1945, 4. Bd. S. 128 f.

Ist mit stärkerem Feindwiderstand im Augenblick auch nicht zu rechnen, so besteht doch die Gefahr, daß der Angriff im Schlamm stecken bleibt. Die 10. Pz.Div. ist zur Zeit „nahezu bewegungsunfähig"[18]). Um die Division dennoch mit dem Allernotwendigsten zu versorgen, wurden Pferdestationen eingerichtet; so wird der Nachschub z. T. mit Panjewagen herangebracht. Eine hochtechnisierte, voll motorisierte, gepanzerte Truppe, versorgt mit Hilfe von Panjepferdchen, das ist das veränderte Bild des Krieges im Osten 17 Wochen nach seinem Beginn[19]).

Einige Pionierkräfte sind zum Straßenbessern eingesetzt. Die Erfolge sind gering, denn Material, besonders Steine, fehlen. Zu diesen Zustandsbildern der Panzertruppen trägt General Weisenberger seine Beschreibung der Infanteriedivisionen bei. Bei den augenblicklichen „außerordentlich schlechten"[20]) Wegeverhältnissen fordert eine tägliche Marschleistung von nur 10 bis 15 km den Menschen und den Pferden ungewöhnliche Anstrengungen ab. Bei solchem „Vormarsch" ziehen sich die Verbände weit auseinander. Die 167. I.D. ist auf ihrem Wege in einer Tiefe von 40 km verteilt. Die Oka hofft Weisenberger dennoch in zwei Tagen zu erreichen. Danach wird allerdings noch einige Zeit benötigt, um die Division in sich aufschließen zu lassen.

Das Korps wünscht sich eine Flak-Abteilung, die auch für die Panzerabwehr benötigt wird. Die Infanterie hat nur 3,7 cm Pak, deren mangelnde Durchschlagskraft ja bekannt ist. Der Chef des Generalstabes kann da nichts in Aussicht stellen. Weisenberger klagt auch über den Zustand der dem Korps unterstellten Brückenkolonnen (tschechische Bauart). Eine Kolonne befindet sich noch bei Gomel, eine zweite wird repariert und ist vor vier Tagen nicht einsatzbereit, die dritte „hat starke Ausfälle"[21]).

Der Chef kann darauf nur erwidern, daß das Armeekorps, nachdem die Oka überschritten sein wird, „zunächst in den Raum um Krapiwna vorgeführt werden soll"[22]).

Als Weisenberger am 25. Oktober von Orel nach Bolchow[23]) fuhr, um die 167. I.D. zu besuchen, mochte er sich im Stillen eine Vorstellung machen von dem, was er bei der Truppe zu sehen und zu hören bekommen würde. Die Nachrichten, die ihm dann vorgetragen wurden, waren massiv und so bislang im Ostfeldzug

---

[18]) Fahrtbericht Nr. 66; 23. 10. 1941.

[19]) Wenn die Russen auch die Natur ihres Landes und des Klimas von Haus aus kannten und sich eher einrichten konnten, lähmte die Schlammperiode doch die sowjetischen Operationen ebenfalls. Dabei ähnelten sich die Reaktionen und Aushilfen auf beiden Seiten. So veranlaßte auf russischer Seite der für die rückwärtigen Dienste verantwortliche General Chrulev, daß sogleich Nachschubverbände mit Panjegespannen gebildet wurden. Es war die im Augenblick einzige, wenn auch unvollkommene Lösung. Stalin äußerte sich, als ihm der Plan vorgetragen wurde, sozusagen süßsauer: „Offenbar weiß Chrulev nicht, daß wir schon im Zeitalter der Technik leben". — Reinhardt, Wende vor Moskau, S. 81 f.

[20]) Fahrtbericht Nr. 66; 23. 10. 1941.

[21]) Fahrtbericht Nr. 66; 23. 10. 1941.

[22]) Fahrtbericht Nr. 66; 23. 10. 1941. — Krapiwna liegt 72 km in nordostwärtiger Richtung von Bedrinzy entfernt, wo die 167. I.D. die Oka überschreiten sollte.

[23]) Bolchow war am 9. Oktober von der 3. Pz.Div. eingenommen worden. Vgl. Walde, Guderian und die Schlacht um Moskau, Wehrforschung 1972, S. 126.

nicht vorgekommen. Aus ihnen ergab sich ein Bild, das nicht nur für die Divisionen des LIII. A.K. galt, sondern allgemeine Bedeutung in jenen Tagen hatte. Dabei begann die Fahrt nicht einmal schlecht, was die Wegeverhältnisse anging. Die Landstraße von Orel nach Bolchow hatte einen Unterbau, war eine Art Chaussee. Im Protokoll heißt es daher, die Straße ist für russische Verhältnisse „recht gut“[24]). Während sich die Kampfverbände mühsam durch die Landwege vorwärtsbewegten, benutzten mancherlei Versorgungseinheiten die feste Straße nach Bolchow, z. B. eine Bäckereikompanie, eine Sanitätskompanie, eine Brückenbaukolonne, Korps-Nachschub etc.

In Bolchow traf die Generalsstaffel um 11.05 Uhr[25]) den Ib der 112. I.D. Der Führungsstab der Division machte Stellungswechsel und war noch unterwegs.

Der Ib bezeichnete die Versorgungslage als so schwierig „wie noch nie in diesem Feldzug“[26]). Die Zuführung von Betriebsstoff, Verpflegung und Hafer ist unterbrochen. „die Bäckerei-Kp. steckt fest“. Die Brotzuteilung wurde gekürzt, z. T. auf die Hälfte, z. T. „muß die Truppe hungern“. Fleisch kann ebenfalls nicht beigebracht werden. Den Einheiten wurde Selbstschlachtung empfohlen, aber das Vieh, das in den Kolchosen gehalten wurde, ist von den Russen weggetrieben worden. Da kein Hafer nachgeschoben wird, dennoch von den Pferden schwere Anstrengungen verlangt werden, sind die Tiere entkräftet. Der Versorgungsstützpunkt der Armee für die 112. I.D. befindet sich in Brjansk. Um die Entfernungen vom jetzigen Standort bis Brjansk und zurück mit Nachschubfahrzeugen zu überwinden, werden 6 Tage benötigt. „Wo aber ist die Truppe in 6 Tagen?“ Was bleibt zu tun? Die Division muß sich, wie es eben geht, aus dem Lande versorgen.

Der Kommandierende General kann dazu nichts versprechen. Verbesserung der Versorgung ist vorerst nicht zu erwarten. Erst, wenn die Divisionen bei Tula die „Rollbahn“ erreicht haben werden, hat ihre Versorgung mit dieser Straße sozusagen wieder ein „Rückgrat“[27]). Einen schwachen Trost hat der General: „Es ist aber in den nächsten Tagen wahrscheinlich mit Frost zu rechnen.“

Um 11.15 Uhr traf Weisenberger auf dem Gefechtsstand der 167. I.D. in Bolchow ein. Der Kommandeur berichtete: Die Division wird mit ersten Teilen heute noch die Oka erreichen[28]). Der Weg, der von Bolchow nach Nordost zum Fluß

---

[24]) Fahrtbericht Nr. 67; 25. 10. 1941.

[25]) Zur Überwindung der Strecke Orel – Bolchow, Straßenentfernung rund 65 km, hatten die einigermaßen geländegängigen Kübelwagen der Generalsstaffel etwa 2 Stunden und 20 Minuten benötigt. Die verhältnismäßig hohe Reisegeschwindigkeit, knapp 28 km in der Stunde, erklärt sich aus dem Zustand der Straße, die einen Unterbau hatte.

[26]) Fahrtbericht Nr. 67; 25. 10. 1941.

[27]) Siehe dazu die Beschreibung der Straße in jenen Tagen bei Guderian, Erinnerungen, S. 220: „Die 2. Panzerarmee setzte nun den Vormarsch auf Tula fort. Die einzige Straße Orel – Tula, auf der sich diese Bewegung vollziehen mußte, war der Beanspruchung durch schwere Fahrzeuge und Panzer in keiner Weise gewachsen und brach nach wenigen Tagen zusammen“. – Am 30. Oktober teilte das XXXXVII. Pz.Korps mit: „Auf der Straße [Orel – Tschern] befinden sich noch mehrere 100 steckengebliebene Kfz. Zur Ausbesserung der Straße müssen Steine aus Karatschew und Baumstämme aus 25 km Entfernung herangeholt werden. Die Straße ist vollkommen gesperrt. Zeitpunkt der Herstellung ist nicht zu berechnen“. – KTB LIII. A.K. zum 30. 10. 1941, 10.20 Uhr.

[28]) Siehe KTB OKW I, S. 1233, Chronik von Hillgruber und Hümmelchen: „26. 10. LIII. A.K. (Weisenberger) erreicht die Oka“.

führt, ist noch schlechter als die bisher benutzten Straßen[29]). Gestern abend schon haben Spähtrupps festgestellt, daß das ostwärtige Okaufer bei Woronez[30]) feindbesetzt ist. Da es schon dunkel wurde, konnte Näheres über den Feind nicht festgestellt werden. Nördlich von Woronez wurde durch Aufklärungsflieger eine vom Gegner gebaute 8 to-Brücke gemeldet.

Weisenberger wies darauf hin, daß so bald wie möglich ein Brückenkopf über die Oka gebildet werden muß. Wenn die russische Brücke noch intakt ist, ist sie für den Übergang der Division herzurichten. Eine Brückenbaukolonne trifft heute noch in Bolchow ein. Von den bevorstehenden Aufgaben der Division teilt der Kommandierende General folgendes mit: Guderians Panzerarmee hat den Auftrag, Moskau von Osten her einzuschließen. Die Kampfwagenverbände stoßen nach ihrem Durchbruch bei Tschern auf der Straße gegen Tula vor. Bis zu dieser Stadt dürfte der Gegner nicht mehr zum Stehen kommen. Die 167. I.D. marschiert nach Überschreiten der Oka links der Tula-Rollbahn in Nordostrichtung nach Krapiwna, von dort weiter auf Tula. Die Division hat zwei Tage Zeit, die Oka zu überschreiten.

Angesichts dieser weitgreifenden Vormarschpläne gab der Divisionskommandeur einen Zustandsbericht, der die reduzierten Möglichkeiten der Division für die nächsten Tage und Wochen vor Augen stellte. Im Augenblick ist die Division 45 km lang. Die tägliche Marschgeschwindigkeit beträgt höchstens 15 km, darin sind An- und Abmarsch von der jeweiligen Unterkunft zur Vormarschstraße enthalten[31]). Die Infanterie bewältigt in der Stunde einen bis eineinhalb Kilometer. Bei den Radfahrkompanien mußten z. B. die Räder verladen werden, andernfalls hätten sie durch den tiefen Schlamm getragen werden müssen. Auch der Divisionsstab hat sein Arbeitsgerät auf Panjegespanne verladen. Da die Mot.-Fahrzeuge auf den Vormarschwegen nicht nachgeführt werden konnten, wurden die Mitglieder des Divisionsstabes beritten gemacht. Allgemein sind die Pferde stark erschöpft. Beim Artillerieregiment werden wieder 100 Ausfälle gemeldet. Die schwere Abteilung kann über die Landwege nicht nachgezogen werden, sondern muß weiter über die „Rollbahn" marschieren; das bedeutet jedoch, daß schwere Artillerie bei Angriffshandlungen, etwa beim Oka-Übergang, nicht zur Verfügung steht. Bei den geringen Marschleistungen, so erklärt Weisenberger, dürften nicht die schwächsten Pferde das Tempo bestimmen; man muß sie ausmustern. Das ist jedoch schon geschehen, erwidert der Divisionskommandeur. Panjepferde aus dem Lande sind nicht mehr aufzutreiben. Zwar sind in der Kesselschlacht bei Brjansk Russen-Pferde erbeutet

---

29) Siehe KTB LIII. A.K. zum 25. 10. 1941, 13.05 Uhr: „167. I.D. meldet, daß die Wege, die von der Straße Bolchow – Belew nach Osten zur Oka führen, derart beschaffen sind, daß nur noch Fußgänger vorwärts kommen".

30) Woronez liegt auf dem Ostufer der Oka, Bedrinzy gegenüber.

31) Zur Erhöhung der Marschleistungen ließ der Kom.Gen. folgende Anweisung für den Korpsbefehl aufnehmen: „Die marschierenden Truppenteile, die nachts in einer Ortschaft abseits der Vormarschstraße unterziehen, lassen ihre Fahrzeuge in Höhe der Ortsunterkunft auf der Vormarschstraße unter Bewachung zurück und ziehen mit den Mannschaften und den ausgespannten Pferden nur mit angespannter Feldküche in die Unterkunft. So kann die tägliche Marschleistung z. B. um 6 km gesteigert werden, wenn die Unterkunft jeweils 3 km von der großen Straße entfernt ist". – Fahrtbericht Nr. 67, 25. 10. 1941, Bemerkungen während der Fahrt, 6.

worden, doch die „waren noch viel schlechter als unsere und konnten nicht eingestellt werden“[32]).

Zur Versorgung der Leute: Durch die verschlammten Wege stockte die Versorgung mit Truppenverpflegung. Aus dem Land konnten nur Kartoffeln beigebracht werden. Vieh aus den Kolchosen war meistens weggetrieben worden. Teilweise litt die Truppe Hunger.

Die ununterbrochenen Märsche wirken sich übel auf die Ausrüstung aus. Die Soldaten finden keine Zeit zur Ausbesserung der Bekleidung. Strümpfe, Hemden und Unterhosen zerreißen immer mehr. Die Verlausung nimmt zu. Nicht nur, daß die Soldaten ihre Wäsche nicht wechseln können, sie finden auch keine Gelegenheit, sich gründlich zu waschen. Das hat zur Folge, daß Hautkrankheiten auftreten. Ein Ausschlag befällt vor allem die Schenkel. Die Zahl der Kranken nimmt zu.

Der Kommandierende General teilt die Aussagen der Metereologen bei der Panzerarmee mit. Danach soll ab heute Frostwetter eintreten, was die Verkehrsverhältnisse plötzlich verbessern würde. Nach Aussagen der Landeseinwohner dauert regnerisches Wetter meist bis Anfang November an. Mitte November kommt Frost, im Dezember Schnee.

Zu dem sich offensichtlich der Erschöpfung nähernden Zustand der Truppe trägt Weisenberger seine Philosophie der Krise vor: „Es kommt jetzt gar nicht darauf an, daß bei uns ein vorbildlicher Zustand herrscht, das kann man gar nicht verlangen, sondern, daß wir eine Nuance besser sind als der Gegner[33]). Diese Nuance gibt den Ausschlag[34]).“ Am Beispiel der erbeuteten Russenpferde mag man das se-

---

[32]) Fahrtbericht Nr. 67; 25. 10. 1941.

[33]) Daß im Hauptquartier in Moskau in diesen Tagen die Gesamtlage tatsächlich als höchst bedrohlich angesehen wurde, geht daraus hervor, daß seit Mitte Oktober die Regierungs- und Parteibehörden aus der Hauptstadt nach Kujbyschev an der Wolga (800 km rückwärts) verlegt wurden. Die Sprengung des Kreml wurde vorbereitet. – Nachweise zur Situation in Moskau verzeichnet G.R. Ueberschär, Das Scheitern . . ., in „Unternehmen Barbarossa“, S. 157. – Siehe dazu die offizielle sowjetische Darstellung „Geschichte des Zweiten Weltkrieges 1939–1945“, 4. Bd., S. 125: „Das Politbüro des Zentralkomitees der Kommunistischen Partei, das staatliche Verteidigungskomitee, das Hauptquartier sowie eine Operative Gruppe des Generalstabes blieben weiterhin in Moskau.“

[34]) Fahrtbericht Nr. 67; 25. 10. 1941. – Es ist anzunehmen, daß Weisenberger das Bild der „Nuance“ von vorgesetzten Stellen übernommen hat. Vgl. K. Reinhardt, Wende vor Moskau, S. 101. „Hitler und seine Berater waren davon überzeugt, daß es der Roten Armee noch viel schlechter gehe als der eigenen Truppe und, daß daher trotz der vorhandenen Schwierigkeiten auf der Fortsetzung des Angriffs auf Moskau und auf Operationen über dieses Ziel hinaus bestanden werden könne“. –
In Bezug auf die Vorgesetzten-Mentalität in Krisenlagen verhielt sich Weisenberger nach einem Kodex, den der Kommandierende General des IX. A.K., H. Geyer, am 5. 9. 1941 in einem Brief an seine Divisionskommandeure formulierte: „Wer in kriegerischen Dingen «objektiv» das Für und Wider abzuwägen versucht, kommt leicht dazu, das Wider, also die Schwierigkeiten, stärker zu sehen als das Für. So sind nun einmal der menschliche Charakter und die Natur des Krieges . . . es kommt darauf an, in jeder Lage auch das Positive zu erkennen und zu betonen, dieses in erster Linie. Bekanntlich hat auch der Gegner stets Sorgen, bekanntlich ist nichts verloren, was man nicht selbst verloren gibt . . . Oft hängt der Erfolg nur an einem seidenen Faden, in der letzten Sekunde. Oft merkt man erst später, daß der Gegner gefallen wäre, wenn man nur noch ein klein wenig gestoßen hätte.“ – (H. Geyer, Das IX. Armeekorps im Ostfeldzug 1941, Hrsg. von W. Meyer-Detring, 1968, S. 127.) –

hen. Gewiß sind unsere Pferde geschwächt, aber sie sind immer noch besser als die der Russen.

In dem Bewußtsein letzter Überlegenheit müssen wir uns darauf einstellen, daß die Kämpfe hier vor Ende November nicht zum vorläufigen Abschluß kommen. Aber auch nach der Einnahme von Moskau ist der Feldzug nicht abgeschlossen, und auch, wenn der Ural erreicht sein wird, „ist mit Fortbestehen einer kämpferischen Front zu rechnen. Eine beständige kriegerische Sicherung wird an der Grenze das Normale sein, ähnlich wie die Engländer in Nordindien ihre Grenze halten“[35]).

Die Äußerungen des Kommandierenden Generals verraten eine neue Einstellung zum Gegner, zur Entscheidung in diesem Krieg und daraus folgend ein modifiziertes Wir-Gefühl. „Bei uns“ herrscht kein „vorbildlicher Zustand“ mehr. Von man-

---

Gut drei Wochen später als Weisenbergers Ausführungen bei Trierenberg notierte Halder in seinem Tagebuch am 18. November 1941 „Im übrigen ist Fm. v. Bock ebenso wie wir durchdrungen von dem Gedanken, daß es bei den Gegnern um die letzte Kraftanstrengung geht und der härtere Wille recht behält. Feind hat auch keine Tiefe mehr und ist sicherlich noch schlechter dran als wir“. — Halder KTB III, S. 294. — Jedoch am 19. November schreibt Halder über Hitlers Einschätzung der Lage: „Politische Gespräche ... Im ganzen kommt die Erwartung zum Ausdruck, daß die Erkenntnis, daß die beiden Feindgruppen sich gegenseitig nicht vernichten können, zu einem Verhandlungsfrieden führt“. — Halder KTB III, S. 295. — Dazu merkt der Herausgeber an: „Dieses Eingeständnis war bemerkenswert; möglicherweise hat Hitler diesen Gedanken gegenüber dem Verf. [Halder] unbeabsichtigt geäußert“. — Vgl. auch Halder KTB III, S. 306. — K. Reinhardt, Die Wende vor Moskau, S. 132.

[35]) Fahrtbericht Nr. 67; 25. 10. 1941. — Weisenbergers Vorstellung von einer Militärgrenze am Ural kann man nicht als persönliche Phantasmagorie abtun, denn er gab etwas wieder, was in der zweiten Julihälfte, also vor drei Monaten, das OKH beschäftigt hatte. So trug Halder am 23. Juli Hitler vor: Etwa in einem Monat (25. 8.) dürften unsere Truppen die Linie Leningrad, Moskau, Orel, Krim erreicht haben, Anfang Oktober die Wolga, im November Baku am Kaspischen Meer und Batum am Ostufer des Schwarzen Meeres (Halder KTB III, S. 106 f. — vgl. Hillgruber, Hitlers Strategie, S. 542 f.) — In der zweiten Julihälfte 1941 entstand im OKH eine Studie für eine Operation „über den Kaukasus und Westiran ... zum weiteren Vorgehen auf Bagdad“ und eine weitere Studie „für ein raidartiges Unternehmen schneller Heeresverbände gegen das Industriegebiet im Ural“. (Hillgruber, Hitlers Strategie, S. 543 f.) Siehe KTB OKW I, S. 1037: „Op.Abt. (I) Erläuterungen zur Karte ‚Kräfteeinsatz für Unternehmen gegen Industrie-Gebiet am Ural‘“. Vorgesehen waren für den Raid zum Ural acht Pz.Div. und vier mot. I.D., dazu einige I.D. zur Sicherung der rückwärtigen Verbindungen. — Vgl. auch K. Reinhardt, Das Scheitern des deutschen Blitzkriegskonzepts vor Moskau, in: Kriegswende Dezember 1941, hrsg. von J. Rohwer und E. Jäckel, 1984, S. 201.
Der Vergleich einer künftigen Grenze nach dem englischen Muster in Indien dürfte auch nicht von Weisenberger persönlich stammen. A. Hillgruber teilte mir in einem Brief vom 22. 10. 1985 dazu mit: „Was Ihre Frage betrifft, so gibt es m. E. nur einen Hinweis, der dafür spricht, daß der Gedanke — Vergleich Ostfront—nordindische Grenze — damals durchaus verbreitet war. Im Goebbels-Tagebuch vom 20. 3. 1942 heißt es: ‚Eventuell kann es im Osten zu einem hundertjährigen Krieg kommen, der uns dann aber keine besonderen Sorgen mehr zu bereiten braucht. Wir stehen dann dem übrig bleibenden Rußland gegenüber, wie England Indien gegenübersehť. Goebbels beruft sich dabei auf Äußerungen Hitlers. Ich vermute, daß Hitler solche Äußerungen auch schon im Spätherbst 1941 gegenüber der Wehrmacht und Heeresführung gemacht hat und daß diese Äußerungen bis zur Ebene der Kommandierenden Generale durchgedrungen sind“. Für den Hinweis sage ich meinen Dank an A. Hillgruber.

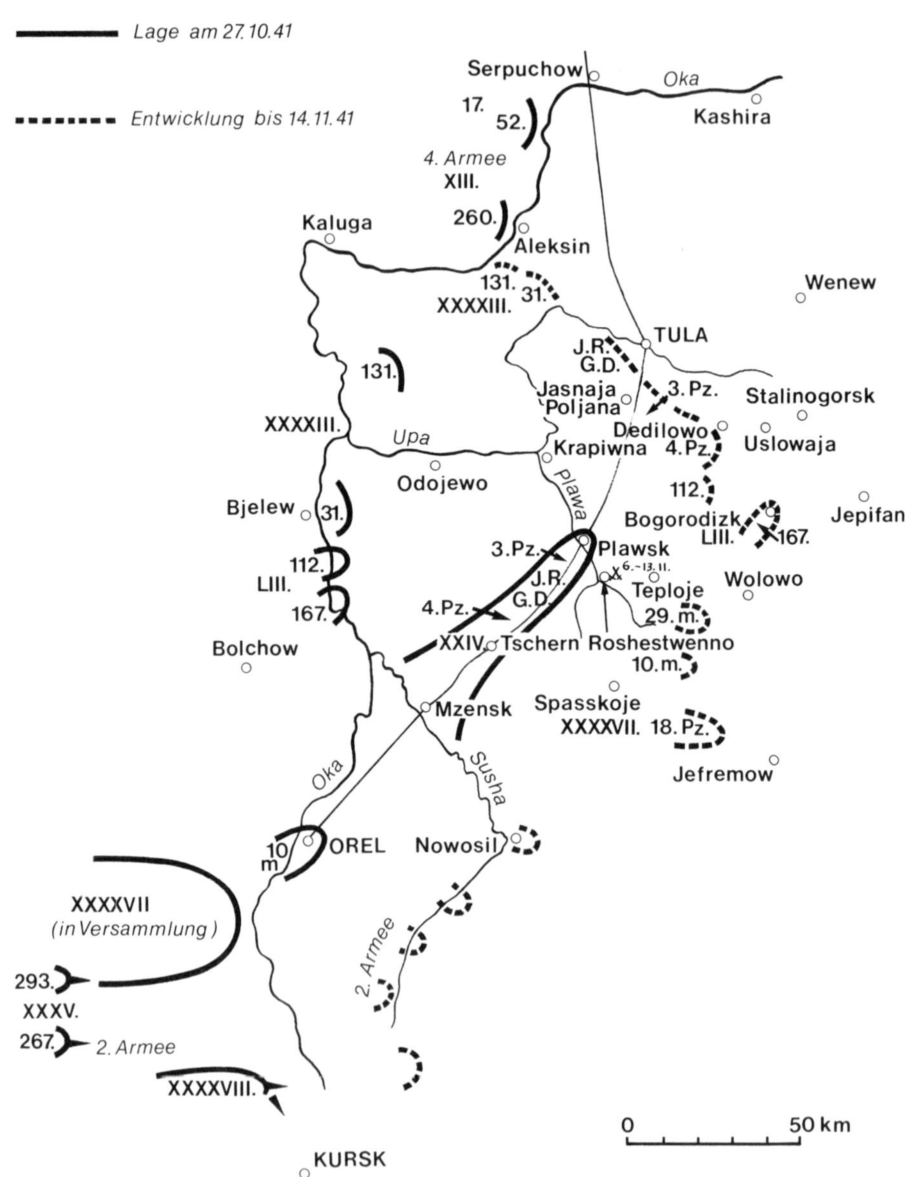

Skizze 5: Das LIII. A.K. im Verband der 2. Panzerarmee vor Tula.
Ende Oktober bis Mitte November 1941.
Nach einer Skizze bei H. Guderian

gelnder Pferdepflege und ungenügender Dienstaufsicht als Ursache für die Erschöpfung der Zugtiere ist nicht mehr die Rede („das kann man gar nicht verlangen".) Das Verhältnis der verbliebenen Kräfte zu denen der Gegenseite ist derart, daß nur noch eine „Nuance" über Bestehen oder Niederlage entscheidet. Damit wird ein allgemeiner kritischer Zustand anerkannt. Dennoch besteht offenbar noch eine Sicherheit des eigenen, wenn auch geringen Übergewichts, anders wären die Vorstellungen von den zukünftigen Grenzverhältnissen am Ural nicht zu erklären.

Der Fahrtbericht verrät nichts von den Reaktionen des Divisionskommandeurs auf die Zukunftsausblicke des Kommandierenden Generals. Trierenberg konnte im Augenblick solchen Gedanken auch kaum nachhängen, denn er mußte die Befehle vorbereiten, um mit seinen begrenzten Möglichkeiten morgen einen Brückenkopf über die Oka zu bilden[36]).

Auch während der folgenden Oktobertage lautete der allgemeine Auftrag für das Korps: Weiterer Vormarsch in Richtung Nordost. Dabei durften sich die Divisionen in der Nähe links der Straße Mzensk–Tula halten, da von dieser „Rollbahn" her die Nachschubmöglichkeiten etwas günstiger erschienen. Außer stereotypen[37]) Hinweisen auf schwierigste Straßenverhältnisse bringen die Meldungen keine besonderen Nachrichten; am 30. Oktober jedoch um 17.50 Uhr teilt der Generalsstabschef der 2. Pz. Armee mit, daß ihr die Infanteriedivisionen bei Tula nicht mehr so dringend notwendig erscheinen; vielmehr soll das LIII. A.K. den Schutz der rechten Flanke der Armee übernehmen[38]). Die Divisionen ändern daher ihre Vormarschrichtung und bewegen sich sofort nach Osten. Quer zur allgemeinen Vormarschrichtung der Panzerarmee überschreitet das LIII. A.K. die Straße Mzensk–Tula und marschiert nun mit rechtem Flügel auf Jepifan, mit dem linken auf Stalinogorsk zu[39]).

Die noch einsatzfähigen Kampfwagen der 2. Panzerarmee waren inzwischen vereinigt und zusammen mit I.R. Großdeutschland als „Gruppe Eberbach" auf Tula angesetzt worden. Am 29. Oktober kam der Verband bis auf 4 km an die Stadt heran (bei Kossaja Gora). Der Versuch, Tula handstreichartig wegzunehmen, erwies sich jedoch als unmöglich. Angesichts eigener großer Verluste mußte überhaupt

---

[36]) Am Abend des 25. Oktober meldete der Ia der 167 I.D. an das Generalkommando: „Das Rgt. [I.R. 339] beabsichtigt am 26. 10. die Erzwingung des Überganges [über die Oka] bei Fedischewa, Angriff in den Rücken des Feindes gegenüber Bedrinzy, danach Erweiterung des Brückenkopfes bis zur Straße Mzensk–Belew". – KTB LIIII. A.K. zum 25. 10. 1941, 22.30 Uhr.

[37]) „Der Zustand der Straße Orel–Tula war inzwischen so schlecht geworden, daß für die vor Tula angelangte 3. Panzerdivision Versorgung aus der Luft angeordnet werden mußte". – Guderian, Erinnerungen, S. 222.

[38]) KTB LIII. A.K. zum 30. 10. 1941, 17.50 Uhr „Anruf Chef Armee – Chef".

[39]) Vgl. Guderian, Erinnerungen, S. 222: „Die uns seit dem 27. Oktober gemeldeten russischen Transporte von Osten veranlaßten mich, das LIII. A.K. zur Sicherung der rechten Flanke gegen die Linie Jepifan–Stalinogorsk anzusetzen". – Jepifan liegt etwa 74 km s.ostwärts Tula, Stalinogrosk etwa 42 km s.ostwärts Tula. – Stalinogorsk ist in Nowomoskowsk unbenannt worden. Hier wird die alte Bezeichnung gleichlautend mit den Quellen beibehalten.

von einem Frontalangriff abgesehen werden[40]. Die Armee begann mit dem Versuch, die Stadt rechts zu umgehen.

Während die deutschen Panzerkräfte bei Tula unter schwierigen Umständen operierten – die Nachschubverhältnisse blieben weiterhin völlig ungenügend –, näherten sich die Infanterieeinheiten des LIII. Korps von Westen der Straße Orel – Tula; am 2. November überschritten erste Teile der 167. I.D. diesen Hauptnachschubweg in der Gegend zwischen Tschern und Plawsk[41]). Darauf gingen während der ersten Novembertage die Divisionen in der Gegend etwa 70 km südlich Tula weiter nach Osten vor, ohne besondere Vorkommnisse zu melden[42]). In der Nacht vom 4. zum 5. November trat Frost ein, die Verkehrsbedingungen besserten sich[43]).

Die bis zum Beginn des November andauernden katastrophalen Straßenverhältnisse hatten Fahrten der Generalsstaffel zur Truppe nicht zugelassen; daher liegt auch erst vom 2. November wieder ein kurzer Bericht vor, der anläßlich des Stellungswechsels des verkleinerten Führungsstabes entstand. Die Entfernung Orel – Mzensk beträgt in der Luftlinie etwa 50 km; die Straße verläuft zwischen den genannten Städten, ohne große Umwege zu machen. Dennoch benötigten die Kübelwagen für diese Reise 6 ½ Stunden. Im Fahrtbericht finden sich nur einige Bemerkungen zum Zustand des Hauptnachschubweges der 2. Pz. Armee. Es heißt, die erste Hälfte der Straße Orel – Mzensk ist „gut", die zweite „sehr schlecht", auch für die Kübelwagen „kaum passierbar"[44]). Zugmaschinen der 17. Pz.Div. schleppten die steckengebliebenen Fahrzeuge ab. Pioniere und Reichsarbeitsdient waren mit Verbesserung der Straße beschäftigt. Weder das Arbeitstempo noch die Arbeitsweise überzeugten den General. Er war der Meinung, man täte besser daran, die glitschigen Massen von der Straße herunterzukratzen, um auf eine festere Schicht zu kommen[45]). Es bewähren sich unter diesen Umständen nur Panjewagen und die

---

[40]) Marschall Schukow beschreibt in seinen Erinnerungen (S. 326) die Kämpfe bei Tula: „Dem Verteidigungskomitee Tulas, das von W. G. Schaworonkow, dem Sekretär des Gebietskomitees der Partei geleitet wurde, gelang es, in kurzer Frist Arbeiterabteilungen aufzustellen und zu bewaffnen. Zusammen mit den Truppen der 50. Armee der Brjansker Front schlugen sie sich tapfer im Vorgelände der Stadt und ließen den Gegner nicht nach Tula herein. Besondesres Lob verdient das Tulaer Arbeiterregiment unter Hauptmann A. P. Gorschkow und Kommissar G. A. Agejew".

[41]) KTB LIII. A.K. zum 2. 11. 1941, 17.40 Uhr: „Funkspruch 167. I.D.: Überschreiten der Straße Tschern – Plawsk durch 167. I.D. Bitte um Erwirkung von Vorrang".

[42]) Siehe K. J. Walde, Guderian und die Schlacht um Moskau, Wehrforschung 1972, S. 127: Die 2. Pz.Armee „zog das Inf.K. hinter dem XXIV. Pz.K. durch, um ihm den Schutz ihrer Ostflanke anzuvertrauen . . . Guderian mag durch sein ungewöhnliches Ahnungsvermögen geleitet worden sein. Denn am 2. November stieß das LIII. A.K. im Raume Teploje ganz überraschend mit starkem Feind zusammen". – Hier wurde, was das Datum angeht, ein Irrtum aus Guderians Erinnerungen übernommen. Bis zum 6. November meldeten die Divisionen des LIII. A.K. keine Feindberührung.

[43]) KTB LIII. A.K. zum 5. 11. 1941, 7.00 Uhr: „Durch den Nachtfrost ist der Boden hart gefroren, die bisher verschlammten Wege einigermaßen gut befahrbar". – Vgl. K. Reinhardt, Wende vor Moskau, S. 126: „Am 5. 11. setzte im Bereich der H.Gr. Mitte Frostwetter ein, das sich mit Schneefall verbunden bis zum 7. 11. fortsetzte". Nach dem KTB H.Gr. Mitte.

[44]) Fahrtbericht Nr. 68; 2. 11. 1941.

[45]) In einem Ferngespräch des Ia wurde der Vorschlag, den Schlamm von der Straße herunterzuschaufeln, an die Pz.Armee weitergegeben. – KTB LIII. A.K. zum 2. 11. 1941, 17.40 Uhr.

schweren Zugmaschinen. Vor Mzensk waren noch Spuren der Panzerkämpfe neben der Straße zu sehen.

Drei Tage später, am 5. November, wechselte der verkleinerte Führungsstab wiederum den Gefechtsstand und siedelte nach Plawsk über. Für den Weg Mzensk—Plawsk, etwa 70 km in der Luftlinie, benötigte die Generalsstaffel wiederum 6 ¾ Stunden. Freilich verging davon unterwegs einige Zeit mit Besprechungen, von denen gleich die Rede sein wird. Über Nacht hatte der Frost die Passierbarkeit der Straße erheblich verbessert. Wenn trotzdem die Marschgeschwindigkeit der motorisierten Fahrzeuge relativ gering blieb, so lag das an den in der Straße tief eingefrorenen Rillen, die nunmehr eingeebnet werden mußten. Mit dieser Arbeit waren Kriegsgefangene beschäftigt; deren Einsatz machte jedoch „keinen überzeugenden Eindruck"[46]).

Weisenberger sah seine Theorie auch jetzt bestätigt: Wäre die Schlammschicht in den vorhergehenden Tagen abgekratzt worden, brauchte man jetzt keine gefrorenen Rillenfurchen zu beseitigen.

Unterbrochen wurde die Fahrt bei einem Feldflugplatz in der Nähe von Tschern[47]). Hier erwarteten der Divisionskommandeur der 167. I.D., der Ib der 167. und der Ib der 112. I.D. den Kommandierenden General. Von der Q-Abteilung des LIII. A.K. waren Major i. G. Siebert und der Oberintendanturrat erschienen.

Generalmajor Trierenberg berichtete, daß der Marsch der Division durch das Frostwetter jetzt wesentlich leichter vonstatten geht. Erschwerend wirken nun aber die tiefgefrorenen Rillen und die starken Höhenunterschiede, die bei dem glattgefrorenen Boden überwunden werden müssen. Die Division ist nicht in sich aufgeschlossen, sondern mit ihren Einheiten in einer Tiefe von 50 km verteilt.

Weisenberger rechnet damit, daß die Division in nächster Zeit auf Feind stößt. Von der sibirischen Fernostarmee sind Verbände mit Eisenbahntransporten im Anrollen. Diese Truppen, die in Wladiwostok verladen wurden, werden, nachdem sie 14 Tage unterwegs waren, derzeit bei Dedilowo[48]) ausgeladen. Wenn es demnächst zur Feindberührung kommt, sollte die Division in sich aufgeschlossen sein; daher werden die Marschstrecken der Verbände nicht erhöht, auch nicht, wenn das Frostwetter es zuläßt[49]). Etwa 15 km südlich des Vormarschweges der Division wurde durch Fliegerbeobachtung ein feindliches Kavallerieregiment festgestellt. Dieser Verband versucht offenbar nach Osten zu kommen. „Das Korps hat im Augenblick nicht die Möglichkeit, sich um diesen Feind zu kümmern[50])."

Die 167. I.D. erhielt den Auftrag, die Eisenbahnlinie, die etwa 8 km südlich von Plawsk in allgemeiner West-Ost-Richtung verläuft, bis zum Bahnhof Wolowo[51]) zu sichern. Der Schutz aller Kunstbauten entlang der Geleise muß dauernd gewährleistet sein.

---

[46]) Fahrtbericht Nr. 69; 5. 11. 1941.

[47]) Tschern liegt 30 km nordostwärts von Mzensk.

[48]) Dedilowo liegt 30 km südostwärts von Tula, gut 50 km nordostwärts von Plawsk.

[49]) Gedacht ist bei der Nichterhöhung der Tagesstrecken nur an die Verbände, die an der Spitze der Division marschieren; wenn auch die rückwärtigen Teile sich langsam wie bisher weiterbewegten, käme ein Aufschließen innerhalb der Division ja nicht zustande.

[50]) Fahrtbericht Nr. 69; 5. 11. 1941.

[51]) Wolowo liegt etwa 50 km o.s.ostwärts von Plawsk.

Von besonderem Interesse waren die Berichte über die Nachschubdienste. Sowohl der Ib der 112. wie der 167. I.D. meldeten, daß die Versorgung der Truppe sich normalisiert; einmal hilft das Frostwetter, andererseits wirkt sich der Einsatz von Transportflugzeugen der Luftwaffe förderlich aus. Auf dem Feldflugplatz war zu beobachten, wie aus Junkersmaschinen laufend Verpflegung und Genußmittel ausgeladen wurden: Brot, Getränke, Zucker, Fleischkonserven, Tabakwaren; mit Panjekolonnen wurden die Güter sofort zu den Divisionen abgefahren.

Bei Kondyrewka, 20 km südwestlich von Plawsk, traf die Generalsstaffel um 12.10 Uhr auf marschierende Kompanien der 167. I.D. (9. und 10. I.R. 331). Die Einheiten sollten schon um 12.30 Uhr ihre Tagesziele erreicht haben. Es klang beruhigend, wenn es hieß, am Nachmittag werde Gelegenheit zur Pferdepflege sein. Die Pferde machten übrigens „noch einen recht leistungsfähigen Eindruck". Auch für die Pflege der Waffen und Bekleidung sollte am Nachmittag Zeit sein.

Was von den Kompanien über die Verpflegung der letzten Tage zu hören war, überraschte. „Kartoffeln, Kraut und Fleisch konnten täglich aus dem Lande ausreichend beschafft werden. Meist gab es am Tage zwei warme Mahlzeiten[52])." Mit den Beständen eines Haferlagers in Bolchow wurde auch das Pferdefutter aufgebessert. So ergibt sich ein nicht erwarteter Gesamteindruck: „Die Stimmung der Mannschaften ist gut[53])." Schlecht steht es dagegen mit dem Schuhzeug der Soldaten. Der Kompanieschuster kommt bei den täglichen Märschen nicht zur Arbeit. Außerdem muß er alle Arbeit mit der Hand machen, da die Maschine fehlt[54]).

Wie mögen diese Bilder nach den Erlebnissen der Schlammperiode in so raschem Wechsel zu erklären sein? Ein wesentliches Stimulanz für den Soldaten ist der Vormarsch. Geht es vorwärts und stimmt die Verpflegung, wirkt das stärker als die Unbill von Wetter und Strapazen. Doch die letzte und schwerste Bewährung des Jahres stand noch bevor, unmittelbar bevor.

Am 6. November gegen Mittag meldete der Ia der 112. I.D., daß heute früh um 7.45 Uhr ein Erkundungskommando Feindberührung bei Rshawa hatte. Auch bei Ssorotschinka wurde Feind festgestellt[55]). Darauf ließ die 112. I.D. das I.R. 256 gegen die beiden Ortschaften vorgehen; I.R. 258 wurde nachgezogen und links von 256 vorgeführt. Um 14.20 Uhr meldet die 112. I.D.: „Div. im Angriff gegen Feind bei Rshawa und Ssorotschinka[56])."

General Weisenberger war morgens zu einer Besprechung gefahren, die der Oberbefehlshaber der Armee auf dem Gef.Std. des XXIV. Pz. Korps abhielt. Nach

---

52) Fahrtbericht Nr. 69; 5. 11. 1941. — Auch andernorts wußten sich die Einheiten in bezug auf die Versorgung während der Schlammperiode zu behelfen. Am 7. November 1941 schrieb der Ia der 251. I.D. nördlich Rshew (am linken Flügel der Heeresgruppe Mitte) in sein Tagebuch: „. . . die Verpflegung erfolgte aus Restbeständen und vornehmlich aus dem Lande. Die Truppe buk sich ihr Brot selbst und schlachtete selbst. Wir fanden hierfür noch genügend Getreide vor. Vor allem lebte die Truppe auch von Kartoffeln". — H. Meier-Welcker, Aufzeichnungen eines Generalstabsoffiziers 1939—1942, S. 137.

53) Fahrtbericht Nr. 69; 5. 11. 1941.

54) Selten finden sich Randbemerkungen von seiten des Chefs des Generalstabes am Text der Berichte. Bei der Nachricht vom verbrauchten Schuhzeug zeichnete er einen dicken Strich mit dem Hinweis: „Q".

55) KTB LIII. A.K. zum 6. 11. 1941, 12.00 Uhr. — Rshawa liegt 22 km n.ostw. von Plawsk; Ssorotschinka liegt 3 km nördlich von Rshawa.

56) KTB LIII. A.K. zum 6. 11. 1941, 14.20 Uhr.

der Rückkehr von dort fuhr die Generalsstaffel von Plawsk sofort zur 112. I.D. Beim Bahnhof Lasarewo[57]) traf die Generalsstaffel auf das marschierende I.R. 258, das im Begriff war, neben dem Nachbarregiment anzugreifen. Der Regimentsführer gab einen Bericht von der Versorgungslage während der Tage, da der Nachschub nahezu zum Erliegen gekommen war. Ähnlich wie gestern bei den Kompanien der 167. I.D. lauteten die Auskünfte, was die Verpflegung anging, keineswegs dramatisch. Während der Schlammzeit konnte das Regiment 258 „behelfsmäßig" aus dem Lande versorgt werden. „Truppenverpflegung war immer noch genügend vorhanden, ebenso Hafer[58])." Dagegen fehlt im Augenblick Munition. Die erste Ausstattung ist nicht vollständig vorhanden, ferner benötigt die Truppe Winterbekleidung. Heute beträgt die Temperatur −10 Grad. Die Soldaten haben keine Handschuhe und Kopfschützer.

Um 14.05 Uhr traf Weisenberger auf dem vorgeschobenen Gefechtsstand der 112. I.D. in Lominka[59]) den Divisionskommendeur, Generalleutnant Mieth. Der Angriff des I.R. 256 auf Rshawa war im Gange. Das nachgezogene Regiment 258 sollte bei Ssorotschinka und Rshawa umfassend von Norden her angreifen. Heute morgen um 10.00 Uhr hatte die Division eine Meldung erhalten, daß sich aus südostwärtiger Richtung (Pirogowo) Feindgruppen auf Ssorotschinka und Rshawa zubewegen[60]). Zur Unterstützung des Infanteriekampfes stellte Weisenberger der Division eine Sturmgeschütz-Abteilung in Aussicht. Dann berichtete er über die Lage bei der Panzerarmee und gab damit weiter, was er vor einigen Stunden beim Oberbefehlshaber erfahren hatte[61]). Auch die 167. I.D. stieß heute bei Teploje[62]) auf

[57]) Der Bahnhof Lasarewo liegt 20 km nordostwärts von Plawsk.

[58]) Fahrtbericht Nr. 70; 6. 11. 1941.

[59]) Lominka, (Fominka?), in der Nähe des Bahnhofs Lasarewo.

[60]) Pirogowo liegt 7 km südostwärts von Rshawa.

[61]) Von seiner Gemütsverfassung nach dieser Besprechung schrieb Guderian später: „Am 6. November flog ich an die Front. Meine Eindrücke von diesem Flug gab nachstehender Brief wieder: ‚Für die Truppe ist es eine Qual und für die Sache ein großer Jammer, denn der Gegner gewinnt Zeit, und wir kommen mit unseren Plänen immer tiefer in den Winter. So bin ich also recht traurig gestimmt. Der beste Wille scheitert an den Elementen. Die einzigartige Gelegenheit, einen ganz großen Schlag zu führen, entschwindet immer mehr, und ich weiß nicht, ob sie je wiederkehrt'." — Guderian, Erinnerungen, S. 223. — Am selben Tage (6. November) hielt Stalin eine Rede vor dem Moskauer Rat der Deputierten der Werktätigen und der Partei- und öffentlichen Organisationen. Dabei gab er seine Deutung des bisherigen Kriegsgeschehens. U. a. sagte Stalin: „Bei ihrem Überfall auf unser Land rechneten die deutsch-faschistischen Eroberer damit, daß sie mit Sicherheit mit dem Sowjetbund in anderthalb bis zwei Monaten ‚fertig würden' und im Laufe dieser kurzen Zeit bis zum Ural kämen ... Jetzt muß man diesen verrückten Plan als endgültig gescheitert ansehen (Beifall) ... Die Mißerfolge der Roten Armee haben sowohl den Bund der Arbeiter und Bauern als auch die Freundschaft der Völker der SSSR nicht nur nicht geschwächt, sondern im Gegenteil noch mehr befestigt ... Wenn nun der Sowjet-Aufbau diese Prüfung so leicht überstanden hat, so bedeutet das, daß der Sowjet-Aufbau jetzt der allerfesteste ist. (stürmische Beifallskundgebungen)". — BA MA LIII. A.K. Abt.Ic/19198/36. — Die Übersetzung der Stalinrede wurde als Ic-Sache am 29. 11. an die unterstellten Divisionskommandeure gegeben. — Vgl. Schukow, Erinnerungen S. 238: „Bekanntlich fand am Vorabend des 24. Jahrestages der Großen Sozialistischen Oktoberrevolution in der Metro-Station „Majakowskaja" eine Festsitzung statt, und am 7. November wurde auf dem Roten Platz die traditionelle Truppenparade abgehalten."

Feind. Zehn russische Panzer griffen dort an. Aus Gegend Jefremow[63]), also von Südost, werden Feindkräfte herangeführt. Gegen Jefremow setzt die Pz. Armee das XXXXVII. Panzerkorps an. Dadurch braucht sich die 167. I.D. nicht nach rechts zu wenden. Für beide Divisionen des Korps bleiben die befohlenen Marschziele bestehen, für die 112. I.D. also Stalinogorsk. Die Armee plant für den 10. November einen Angriff in Richtung auf Aleksin[64]); an Tula soll auf beiden Seiten vorbeigestoßen werden. Das LIII. A.K. nimmt am Angriff teil, wenn das Wetter und die neue Lage es gestatten. Beim weiteren Vorgehen der Division, über Stalinogorsk hinaus, wird sie ein Regiment zur Sicherung dieses Industriekomplexes zurücklassen müssen. „Stalinogorsk brennt seit Tagen[65])."

Nach den Angriffen bei Tula ist vorgesehen, die Division weiter nach Rjasan vorzuführen[66]). Dort werden dann für das Korps die Bewegungen dieses Jahres „wahrscheinlich" abgeschlossen.

Bei Dedilowo griffen gestern Sibirier an. Fortwährend werden dort neue Kräfte zugeführt. Inzwischen dürfte eine Division versammelt sein. Das Vorgehen dieser fernöstlichen Truppen läßt jedoch nach Weisenbergers Auffassung nicht auf die Vorbereitung einer großzügigen Offensive schließen; angriffsweise geführte Verteidigung ist für die gegnerische Mentalität „etwas Normales"[67]).

Der Regimentskommandeur von I.R. 256, der seinen Gefechtsstand neben dem der Division hatte, berichtete, daß der Gegner in Rshawa zähen Widerstand leistet. Ein Bataillon meldet schon 10 Mann Verluste. Dabei sind die Gefechtsstärken ohnehin sehr gering, (Kompanien mit 30 Mann). Daher wird vorgeschlagen, ein Bataillon aufzulösen und statt dessen nur eine Kompanie als Reserve des Regiments bestehen zu lassen. Der Kommandeur erklärt: Dringend notwendig ist der Nachschub von Munition, aber ebenso vordringlich ist die Zufuhr von Winterbekleidung; besonders Handschuhe, Kopfschützer und Fahrermäntel fehlen.

Darauf erwidert Weisenberger, daß von seiten des Oberquartiermeisters mehrfach verlautete, Winterbekleidung solle erst ausgegeben werden, wenn feststehe, welche Truppenteile den Winter in Rußland bleiben werden[68]). Bestätigt wurden

---

[62]) Teploje ist eine Bahnstation auf der Strecke Plawsk – Wolowo, 63 km südlich Tula, 22 km südostwärts Plawsk.

[63]) Jefremow liegt etwa 100 km ostwärts Mzensk, 65 km südostwärts von Teploje.

[64]) Aleksin an der Oka liegt etwa 50 km nordwestlich von Tula.

[65]) Fahrtbericht Nr. 70; 6. 11. 1941.

[66]) Rjasan an der Oka liegt etwa 145 km in nordostwärtiger Richtung von Tula.

[67]) Fahrtbericht Nr. 70; 6. 11. 1941.

[68]) Siehe dazu Guderian, Erinnerungen, S. 212: „Wir wiederholten 6./7. Oktober unsere bereits früher erhobene Bitte um Winterbekleidung, erhielten aber nur den Bescheid, daß sie rechtzeitig zugewiesen würde und wir überflüssige Mahnungen unterlassen sollten. Ich habe dann noch mehrfach gemahnt, aber ihr Eintreffen an der Front in diesem Jahr nicht mehr erlebt". – Wiederholt war in den Sommermonaten zwischen Halder und dem Gen.Qu. über die Vorbereitung von Wintertextilien etc. gesprochen worden. Ursprünglich vorgesehene wattierte Kleidung wurde von Hitler abgelehnt. Erst nach dem Kälteeinbruch erfolgte ein Aufruf zur Spende von warmer Kleidung an das deutsche Volk. Um die Jahreswende kam der „normale" Kälteschutz dann zu den Frontsoldaten. Siehe A. Philippi u. F. Heim, Der Feldzug gegen Sowjetrußland 1941 bis 1945, S. 89 f. – Die Überlegungen bei der obersten Heeresleitung betreffs der Winterversorgung waren davon ausgegangen, daß der Feldzug gegen Sowjetrußland im Herbst beendet sein würde. Daraufhin sollten nur 58 Divisionen im Osten verbleiben, und nur für einen Teil die-

die Schilderungen des Regimentskommandeurs, als auf der Rückfahrt ein Kompanieführer vom I.R. 258 Meldung machte. Wieder hieß es, die Beibringung von Lebensmitteln macht keine Sorgen, aber „Es fehlt Winterbekleidung"[69]). Gefechtsstärke der Kompanie: 37 Mann.

Die niedergedrückte Stimmung, die der Generaloberst Guderian nach seinem Flug zu den Kommandierenden Generälen am 6. November einem Brief anvertraute, wird verständlich, wenn die kargen Berichte zum Zustand der Truppe einmal durch Anschauung lebendig gemacht werden. Seit Beginn des Krieges im Osten marschierten und kämpften die Infanteristen ununterbrochen. Die Verluste waren hoch, die Erfolge groß; immer wieder war eine weitere Anstrengung gefordert worden. Die Truppe blieb verläßlich. Auch nach Beendigung der Einschließungskämpfe im Oktober, nach dem „Taifun", von dem proklamiert worden war, daß nun der Gegner endgültig zerschmettert würde, trieb die unentschiedene Zeit weiter, ließ keine Möglichkeit zur Regeneration körperlicher und seelischer Kräfte, von den schweren Verlusten an Menschen, Pferden, Waffen und Gerät zu schweigen[70]). Jetzt Anfang November fiel der Frost ein, die Männer der Kompanien, auf eine Minderheit zusammengeschmolzen, konnten sich gegen die Kälte nicht schützen, das Schuhzeug war zerschlissen, Unterwäsche und Strümpfe zerrissen, Verlausung trat ein; viele Soldaten hatten keine Tuchhosen, sondern liefen in Drillich. So war mit Eintritt des Frostes zu fürchten, daß die Einheiten stärker noch als durch Feindeinwirkungen Verluste durch Erfrierungen erleiden würden.

Jetzt vor Tula hieß es wieder Angriff. Wenige Kilometer entfernt wurden Sibirier, frische Verbände, sehr gut für den Winterkrieg ausgerüstet, mit fortwährenden Transporten versammelt. Die Bataillone der 112. Division, die kaum noch Kompaniestärke hatten, griffen weiter an, bei schneidender Kälte, denn es hieß, erst bei Rjasan soll Ruhe sein.

---

ser Verbände brauchte danach Winterausrüstung bereitgestellt werden. – Erschreckend deutlich wird die katastrophale Fehlplanung bei einem Zusammenstoß des Oberquartiermeisters des Heeres mit Hitler, als jener wieder auf die bevorstehenden Versorgungsschwierigkeiten im Winter hinwies. Nach den Aufzeichnungen von Paulus äußerte Hitler: „Ich will diese Rederei über die schwierige Versorgung unserer Truppen im Winter nicht mehr hören ... Denn es wird keinen Winterfeldzug geben ... Ich verbiete hiermit ausdrücklich, von einem Winterfeldzug mir gegenüber zu sprechen". – Nach K. Reinhardt, Wende vor Moskau, S. 126 f. – Von Interesse mag an dieser Stelle die hochoffizielle sowjetische Darstellung zum Problem der Bekleidung in der „Geschichte des Zweiten Weltkrieges 1939–1945" sein (4. Band, S. 120): „Die Versorgung mit warmer Kleidung war im wesentlichen bis zum 5. Dezember abgeschlossen. Hierbei spielten die Betriebe von Moskau und des Moskauer Gebiets und die Werktätigen des Ural sowie die West- und Ostsibiriens eine große Rolle. Die sowjetischen Soldaten konnten so mit zweckentsprechenden Uniformen und mit warmem Schuhwerk versehen in den kalten Winter des Jahres 1941 gehen". – Wie gesagt die Darstellung ist offizieller Natur.

69) Fahrtbericht Nr. 70; 6. 11. 1941.

70) Eine Beurteilung der Kampfkraft des Ostheeres durch das OKH kam am 6. 11. 1941 zu dem Ergebnis, die vorhandenen 136 Verbände hätten noch den Kampfwert von 83 Verbänden. Siehe KTB OKW I, S. 1074 f. – Bei der Feststellung, daß für die Vorbereitung der kommenden Frühjahrsoffensive „von der Wehrmacht weitere Opfer zu verlangen seien, waren sich Hitler und das Oberkommando des Heeres einig. Beide schätzten die Kampfkraft des Heeres nach einer Auffrischungspause noch als hoch ein". – E. Klink, Das Deutsche Reich und der Zweite Weltkrieg, Bd. 4, S. 586. – Ebenda: Die Verluste der Heeresgruppe Mitte waren bis zum 16. Oktober bis auf 277 000 Mann angestiegen.

Ging das noch? Das ging vielleicht, wenn wesentlicher Feindwiderstand nicht mehr zu erwarten war[71]), wenn also wirklich nur die letzten nervlichen Reserven den Ausschlag gaben. – Der edelste Stahl biegt sich, bis er bricht. Guderian sah sich am 6. November an einen Abgrund der Ungewißheit gestellt.

Nach den Meldungen, daß vor der 167. I.D. seit dem 6. November bei Teploje starker Feind aufgetreten sei[72]), begab sich Weisenberger am 7. November zu dieser Division[73]). Ihr Gefechtsstand befand sich in Roshestwenno (12 km südostwärts von Plawsk). Nach der Ankunft dort um 12.10 Uhr gab Weisenberger sofort an den Chef des Generalstabes die Weisung durch, die 112. I.D. mit großen Teilen nach Süden abzudrehen, um dem schweren Feinddruck bei Teploje zu begegnen und die 167. I.D. zu entlasten. Wie sich herausstellte, war überraschend, aus Richtung Jefremow kommend, ein starker russischer Kampfverband vor der 167. I.D. aufgetreten, der von Südosten gegen die Aufstellung der 2. Pz. Armee bei Tula vorging[74]).

Der Divisionskommandeur Trierenberg gab folgenden Bericht von den Ereignissen. Am 6. November früh um 3 Uhr wurde das I.R. 339 in Teploje angegriffen. Der Gegner setzte Artillerie und Panzer ein. Die Panzerangriffe wiederholten sich. Am Nachmittag wurde der Ort aufgegeben. Das Regiment wich nach Norden aus

---

[71]) In der Tat lautete die Beurteilung im OKH entsprechend. In einer Denkschrift, die Halder am 7. November von der Operationsabteilung vorgelegt wurde und die für die Einstimmung der Generalstabschefs der Heeresgruppen und Armeen bestimmt war, wurde die Meinung vertreten, daß die Rote Armee nicht mehr die Möglichkeit habe, eine durchgehende Front zu verteidigen. Der Gegner würde sich weitgehend zurückziehen und weitere Flächen aufgeben. Angesichts der noch anstehenden Kämpfe und Bewegungen sei die „anerkanntermaßen geschwächte Kampfkraft der eigenen Truppe ... den ‚noch verwendbaren russischen Kräften' eindeutig überlegen". – E. Klink in: Das Deutsche Reich und der Zweite Weltkrieg, Bd. 4, S. 587 f. gemäß: Chef Genst.d.H./Op.Abt. (Ia)/G.Z. Nr. 1630/41 vom 7. 11. 1941, BA MA, RH 21–2/879 – Den Feldkommandobehörden mußte „die völlige Irrealität" der mit dieser Denkschrift vorgesehenen, operativen Absichten sofort klar sein, so E. Klink, S. 588: „Sie lagen folglich weit außerhalb des ernsthaft von ihnen zu Erwägenden".

[72]) Am 6. November hatte die Armee mehrfach mitgeteilt, daß von Süden gegen Teploje Feindverbände im Anmarsch seien. – KTB LIII. A.K., 6. 11. 1941, 13.00 Uhr: „Feindl. mot. Kolonne auf Straße Jefremow–Teploje mit Anfang am Eisenbahnübergang, 3 km südostw. Teploje (Tjaplaja) weitere Marschkolonne (30–40 Fahrzeuge) auf der Straße Archangelskoje–Teploje. Alle beide Richtung nach Norden". – Im Lagebericht der Abteilung Fremde Heere Ost wurde am 6. November gemeldet: „Das Feindbild vor der Heeresgruppe hat sich dahingehend verändert, daß sich der Gegner vor der 2. Pz.Armee erheblich verstärkt hat. Feindkräfte ... wurden in Gegend Teploje festgestellt ... In und beiderseits Tula ... zeigt starke Artl. Wirkung, daß der ... verstärkte Feind zur Verteidigung entschlossen ist". Zitiert bei K. Reinhardt, Die Wende vor Moskau, S. 132.

[73]) Fahrtbericht Nr. 71; 7. 11. 1941.

[74]) „Es handelte sich um eine starke russische Kräftegruppe von zwei Kavalleriedivisionen, fünf Schützendivisionen und einer Panzerbrigade, die längs der Straße Jefremow–Tula offenbar mit der Absicht vorgingen, den vor Tula festliegenden Verbänden des XXIV. Panzer-Korps in Flanke und Rücken zu stoßen". – Guderian, Erinnerungen, S. 223. – Vgl. Halder KTB III, S. 282; zum 7. 11. 1941 – Der Vorstoß dieses Verbandes ging offenbar auf eine persönliche Entscheidung Stalins zurück, der Anfang November, entgegen dem Rat von Schukow, Gegenstöße im Raume des Heeresgruppe Mitte befohlen hatte. Als Schukow Bedenken vorbrachte, damit würden die Reserven verbraucht, die er für die Abwehr der bevorstehenden deutschen Offensive benötigte, brach Stalin „übellaunig" das Telefongespräch ab und sagte: „Betrachten Sie die Frage der Gegenstöße als entschieden." Schukow, Erinnerungen, S. 329.

und setzte sich in Chomotowka, später in Marjina fest[75]). Auch in Chomotowka fuhren heute morgen feindliche 25 to-Kampfwagen ein. Die Panzerangriffe konnten mit den Mitteln des Regiments nicht abgewehrt werden. Ein Feindpanzer erhielt z. B. zwei Geschützvolltreffer, wurde aber nicht beschädigt. Ein Infanterieangriff dagegen wurde abgewiesen. Das Regiment Kullmer (I.R. 331) wird zur Zeit aus der Gegend Wassiljewskaja, das ist ungefähr 14 km südlich Plawsk, herangebracht und soll neben dem Regiment 339 bei Teploje angreifen. Kullmer kommt nur mühsam voran, die Wegeverhältnisse sind sehr schlecht. Das Regiment wird besonders durch die vielen tiefen Schluchten aufgehalten[76]).

Angesichts der kritischen Lage, die den Einsatz des I.R. 331 möglichst sofort verlangt, wird Weisenberger nervös und „rügte die große Tiefe, die die Division beim Vormarsch hatte"[77]). Die letzten Tage mit Frostwetter und gehärteten Wegen hätten genutzt werden müssen, um innerhalb der Division aufzuschließen. Der Zustand der Truppe hätte doch bei den derzeitigen Verhältnissen eine tägliche Marschleistung von 25 km möglich gemacht. Der Divisionskommandeur erwiderte, daß die Marschleistungen erhöht worden seien. Mehr als geschehen, sei jedoch nicht möglich. Denn mögen sich die Pferde auch vielfach in gutem Futterzustand zeigen, so haben sie sich doch bleibende organische Schäden durch frühere Überanstrengungen zugezogen[78]).

Darauf bestimmte der Kommandierende General den Gefechtsauftrag der Division: „Der weitere Angriff russ. Panzer muß unbedingt aufgehalten werden[79])." Auf keinen Fall darf das I.R. 339 weiter zurückgehen. Solange schwere panzerbrechende Waffen fehlen, sind alle anderen Mittel zur Bekämpfung der Panzer einzusetzen, die vorhandene Pak, MG, Handgranaten und nach vorn gebrachte Feldhaubitzen.

Der Divisionskommandeur erklärte seinen Plan, wie das Regiment Kullmer morgen den Gegner bei Ostrowki angreifen wird. Die Artillerie, die mit dem Infanterieregiment zusammenwirken soll, wird nördlich der Ortschaft in Stellung gehen. Die Infanteristen, bei denen sich ein vorgeschobener Beobachter der Artillerie befinden wird, greifen den Ort von Südwesten an. Die Haubitzen stehen morgen also nicht hinter den angreifenden Kompanien, sondern diese gehen auf die feuernden Geschütze zu. Weisenberger erleichterte dem Divisionär die Planung des nächsten Tages nicht gerade, wenn er erklärte, die Annahme, auf diese Art eine geeignete Artillerieunterstützung zustande zu bringen, sei Utopie. Trierenberg aber blieb ruhig und erwiderte, auf andere Weise kommt die Artillerie überhaupt nicht mehr zum Angriffstermin zurecht. „Angegriffen muß werden, besser ist diese Artillerie-

---

75) Chomotowka liegt 3 km nordwestlich von Teploje, Marjina 1 km nordwestlich von Chomotowka.

76) Typisch für den Raum südlich Tula sind die tief ins Gelände eingeschnittenen Erosionsfurchen, sogenannte Rachel.

77) Fahrtbericht Nr. 71; 7. 11. 1941.

78) Die bei den Pferden „verdeckten" organischen Schäden waren eine Erklärung, die Weisenberger schon mehrfach vorgetragen worden war. Er blieb ihr gegenüber kritisch und beauftragte den Korps-Veterinär, solche Fälle zu prüfen. – Fahrtbericht Nr. 71; 7. 11. 1941, Bemerkungen während der Fahrt 3.

79) Fahrtbericht Nr. 71; 7. 11. 1941.

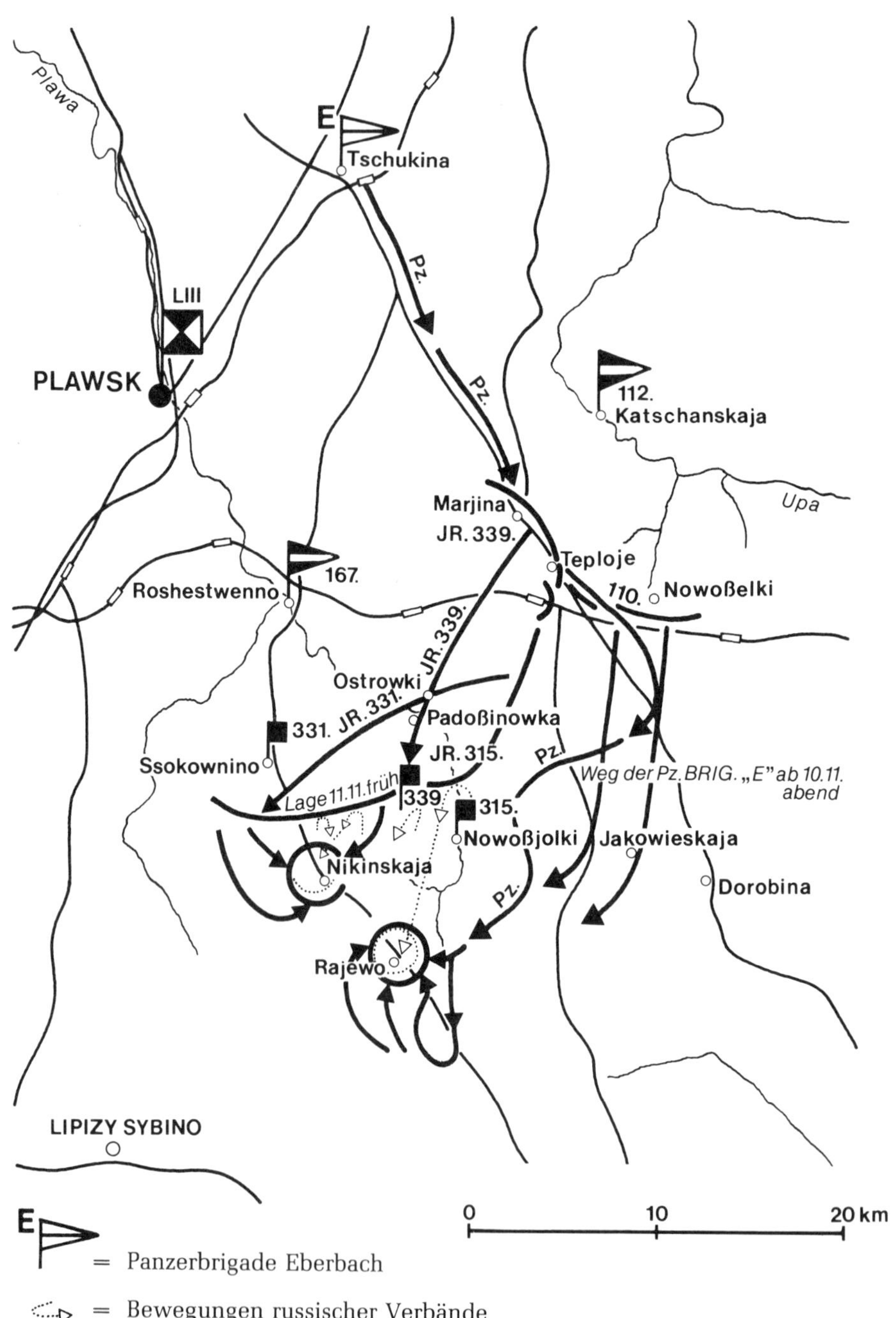

Skizze 6: Die Schlacht bei Teploje.
Nach einer Skizze der Führungsabteilung des LIII. A.K. in: „Unser weiter Weg", Gabe an die Mitglieder des Korpsstabes zu Weihnachten 1941

unterstützung als gar keine[80])." Außerdem erhält das Regiment Kullmer die in Aussicht gestellten Sturmgeschütze zugeteilt. Zwei Geschütze dieser Batterie sind im Augenblick einsatzbereit, morgen früh werden es „wahrscheinlich" vier sein.

Gefangene wurden vom sowjetischen Schützenregiment 401, das zur 6. Gardedivision[81]) gehört, eingebracht. Das Regiment hat 40 Offiziere und 400 Mann, heißt es. Die Leute sind drei Monate lang ausgebildet worden. Unterstützt wird das Regiment von vier 7,6 cm-Geschützen und mehreren 25 to-Panzern. Hinter diesem Verband folgt das Schützenregiment 474 nach. Eingesetzt war die 6. Gardedivision vorher schon bei „Petersburg", Smolensk und Orel. Jetzt richtet sich ihr Stoß nach Meinung der Gefangenen gegen Tula.

Weisenbergers Drängen auf energischen und raschen Gegenangriff läßt sich verstehen, wenn man bedenkt, daß der vor der 167. I.D. aufgetretene Verband nur 24 km ostwärts der Hauptnachschubstraße der 2. Pz. Armee stand und noch keineswegs abzusehen war, welche weiteren Einheiten zu dieser Stoßgruppe gehörten und nachfolgen würden[82]).

Von der Division fuhr Weisenberger zum Gefechtsstand des Infanterieregiments 339 in Krasawka[83]). Um 14.15 Uhr berichtete der Kommandeur, Oberstleutnant Strehle, von den Verlusten, die das Regiment durch Panzerangriffe erlitten hatte. Die feindlichen Kampfwagen, gegen die Pak und leichte Feldhaubitzen nichts ausrichten konnten, überrollten Teile des Regiments. Dabei gingen zwei Infanteriegeschütz-Züge und 6 MG verloren. Infanterieangriffe in Bataillonsstärke wurden abgewehrt. An Menschenverlusten wurden bisher 17 Verwundete und 8 Vermißte gemeldet.

Weisenberger erklärte, daß das Regiment Kullmer von Südwesten unter „Aufbietung aller Kräfte" herangeführt wird, um morgen den Gegner von rückwärts anzugreifen; von Norden nähert sich das I.R. 110 (112. I.D.). Die Panzerjägerabteilung der Division ist auf dem Wege zur Front und wird sich bald auf dem Gefechtsstand melden[84]). So wird morgen schon vor dem I.R. 339 eine Entspannung eintreten. Die jetzige Stellung muß unbedingt gehalten werden.

---

[80]) Fahrtbericht Nr. 71; 7. 1. 1941 — Dieser Zusammenstoß des Kommandierenden Generals mit dem Divisionär mag zeigen, daß die taktische Anpassung an den „ungewöhnlichen" Kriegsschauplatz und damit der Verzicht auf klassische Formationen des Gefechts um so eher möglich wurde, je näher sich die Führungsstäbe an der Front befanden. An sich war Weisenberger, wie er selbst bemerkte, jeweils für die „einfachste" Lösung, auch wenn sie nicht immer der Dienstvorschrift entsprechen mochte. Hier war er offenbar der Meinung, das ginge zu weit.

[81]) Die 6. rote Gardedivision hatte schon das Vorgehen der 2. Pz.Armee bei Mzensk gebremst. Der Chef des Generalstabes der Armee, von Liebenstein, erwähnte sie vor Weisenberger am 23. Oktober 1941 in Orel. — Fahrtbericht Nr. 66.

[82]) Vor zwei Stunden (um 10.15 Uhr) hatte Weisenberger mit Guderian telefoniert und dem Oberbefehlshaber vorgetragen, daß der vorgesehene Angriff morgen, 8. November, tief in die linke Flanke und in den Rücken des Gegners stoßen sollte, „um auch das zu fassen, was dahinter kommt". Guderian war mit Weisenbergers Vorstellung einverstanden. „Es kommt jetzt zunächst darauf an, den Feind vor 167. I.D. zu vernichten". — KTB LIII. A.K. zum 7. 11. 1941, 10.15 Uhr.

[83]) Krasawka liegt 8 km nordwestlich von Teploje.

[84]) Der marschierenden Panzerjägerabteilung war die Generalsstaffel um 11.25 Uhr auf dem Wege zur Division etwa 7 km ostwärts Plawsk schon begegnet. — Fahrtbericht Nr. 71; 7. 11. 1941.

Während der folgenden Tage führte die 167. I.D. bei Teploje, unterstützt von Teilen der 112. I.D. eine erbitterte Abwehrschlacht gegen einen sich täglich verstärkenden Feind[85]). Am 10. November griffen das verstärkte Panzer-Rgt. 18 unter Graf Strachwitz und am 11. 11. die Panzerbrigade Eberbach in die Kämpfe ein. — Am 11. November wurden auch vor dem LIII. A.K. drei Kampfgeschwader der Luftwaffe mit 100 Maschinen und eine Jagdgruppe eingesetzt.

Während sich mit der 112. I.D. ein Umfassungsversuch bei Teploje abzeichnete und Eberbachs Panzer nach Süden stießen, fiel am Nachmittag des 11. November die Entscheidung. Um 18.45 Uhr meldete Weisenberger an Guderian: „2000 Gefangene gemacht am heutigen Tage[86]).“ Um 19.30 Uhr funkte die Panzerbrigade Eberbach: „Beute 83 Geschütze, 400 Gefangene, 140 Pferde (29. russ. K.D.)[87]).“

Nach 6 Tagen schwerer Kämpfe hatte das LIII. A.K. große Teile des russischen Stoßverbandes bei Teploje zerschlagen und die verbliebenen Teile nach Jefremow zurückgetrieben. Das war, denkt man an den körperlichen und materiellen Zustand, in dem sich die Infanterie nach den Strapazen von „Taifun“ und Schlammzeit befand, ein staunenswertes Ergebnis gegenüber überlegenen Feindkräften und ein Hinweis auf die noch ungebrochene Moral der Truppe und Führungskunst auf deutscher Seite. Am 12. November betrug die Temperatur minus 15°, am 13. November minus 22°[88]).

Die Verfassung der Verbände nach der Schlacht und die Reaktionen auf die Belastungen des nunmehr begonnenen Winterkrieges wurden deutlich, als am 14. November der Oberbefehlshaber, begleitet vom Kommandierenden General, die Gefechtsstände der Divisionen des LIII. A.K. und der Panzerbrigade Eberbach aufsuchte. Guderian war schon am 13. November 14.15 Uhr beim Generalkommando in Plawsk eingetroffen[89]). Am 14. November morgens um 7.50 Uhr setzten sich

[85]) Ein Beispiel aus den Meldungen der 167. I.D. zu den Kämpfen bei Teploje sei genannt, KTB LIII. A.K., 9. 11. 1941, 9.30 Uhr: „Zur Zeit wieder feindl. Angriffe auf ganzer Front. Sturmgeschütze sind 7.30 Uhr an Div.Gef.Stand eingetroffen und kommen zu I.R. 315, das heute von Pokrowskoje nach Nordosten angreift. [Pokrowskoje liegt 11 km südwestlich von Teploje.] Der Russe soll gestern hohe Verluste gehabt haben. III./I.R. 331 ist noch eine Kp. stark. I.R. 331 hat bisher Verluste: 29 Tote, 13 Vermißte, 130 Verwundete (4 Offz.) 6 feindliche Panzer vernichtet“. — Sechs Stunden später, um 15.30 Uhr meldete die 167. I.D. wieder: „Auf ganzer Front greift Feind weiter an. I.R. 315 hat kleines Wäldchen nordostw. Pokrowskoje genommen. Südostw. Pokrowskoje feindl. Panzer“.

[86]) KTB LIII. A.K. 11. 11. 1941, 18.45 Uhr — Die kritische Lage der 2. Pz.Armee wurde auch beim OKH registriert. Im Halder KTB III, S. 287 zum 11. 11. 1941 heißt es: „Die Lage um Guderian ist ohne Zweifel voller Spannungen. Er läßt in die Lage nicht hineinsehen; er hat mindestens gleich starke Kräfte gegenüber, vielleicht sogar überlegene“. (Halder war unzufrieden mit den Meldungen der 2. Pz.Armee, die ihm die Lage nicht deutlich genug machten.)

[87]) Die hohe Zahl eroberter Geschütze war unzutreffend und durch ein Mißverständnis im Funkverkehr entstanden. — KTB LIII. A.K., 11. 11.1941, 19.30 Uhr — Als am 13. 11 dem OB der Irrtum gemeldet wurde, heißt es dazu im KTB: „Generaloberst will mit Meldung 24 Stunden warten. Evtl. gleichen sich Zahlen heute noch etwas aus“. — KTB LIII. A.K. 13. 11. 1941, 14.15 Uhr.

[88]) Guderian, Erinnerungen S. 224.

[89]) KTB LIII. A.K., 13. 11. 1941, 14.15 Uhr: „Generaloberst hat viel E.K. mit. Die einzige Freude, die er jetzt den Truppen bieten kann“. — Guderian selbst berichtete von dieser Fahrt in seinen „Erinnerungen“ (S. 224): „Am 13. November startete ich mit dem Storch von Orel, geriet jedoch nördlich von Tschern in einen Schneesturm, der mich zur Landung

die Staffeln mit den Generälen in Bewegung. Der erste Halt erfolgte in Roshestwenno um 9.10 Uhr auf dem Gefechtsstand der 167. I.D. Der Divisionskommandeur berichtete zunächst von den abgeschlossenen Kämpfen bei Teploje.

Die 167. Division schlug den mehrfach überlegenen Gegner, machte 1500 Gefangene, zerstörte 12 Panzer und eroberte 12 Geschütze. Vernichtet wurde das rote Kavallerieregiment 107. Die eigenen Verluste der Division bei Teploje betragen 550 Mann, davon sind 100 tot, 57 vermißt. Guderian fragte: „Wie ist der Zustand der Truppe?" Er erhielt vom Divisionskommandeur die erstaunliche Antwort: „Die Division ist angestrengt, aber voll einsatzfähig[90])." Diese Auskunft ist jedoch zusammenzusehen mit der folgenden Beschreibung der Zustände bei den Einheiten. Die Kälte und die Anstrengungen der letzten Kampftage haben auch die Pferde schwer mitgenommen. Etwa 100 Pferde gingen verloren. Allgemein sind die Tiere sehr erschöpft. Es fehlen Stollen für die Hufeisen, so daß die Pferde auf glattgefrorenem Boden rutschen. Häufig sterben die Tiere im Geschirr: Herzschlag durch Überanstrengung, Aufgeregtheit und eisige Kälte. Heute nacht sind allerdings Stollen eingetroffen; sie werden sofort verteilt. Zum Zustand der Truppe heißt es: Bislang sind der Division 200 Fälle von Erfrierungen gemeldet. Sie sind zu erklären mit der zerschlissenen Bekleidung und dem Fehlen von Winterausrüstung. Trierenberg wiederholte vor dem Oberbefehlshaber, was er vor dem Kommandierenden General schon am 25. Oktober vorgetragen hatte[91]). Die Leute finden keine Zeit, die Bekleidung zu pflegen und wiederherzurichten. Da die Handwerker durch die ununterbrochenen Märsche und Kampfhandlungen nicht auspacken und reparieren können, sind 60 % der Stiefel und Hosen zerrissen. Ersatz für Strümpfe und Unterwäsche gibt es nicht. Bei einem Regiment tragen 25 % der Leute Drillichhosen.

In letzter Zeit traten Darm- und Grippekrankheiten auf[92]). Die meisten Kranken werden bei der Truppe mitgeführt. 300 Wiedergenesene traten zur Division zurück. Brot wurde knapp, da die Bäckereikompanie der Division für das ganze Korps backen mußte. Die Kompanien haben durchschnittlich eine Stärke von 70 Mann.

Nach dem Vortrag des Divisionskommandeurs sagte Guderian: „Was ich habe, bekommen Sie[93])." Er ordnete an, daß die Bestände an Hosen, Stiefeln und Unter-

---

auf dem Feldflugplatz Tschern zwang. Von dort fuhr ich mit dem Wagen bei 22° Kälte nach Plawskoje zu General Weisenberger. Es war der letzte Tag der Schlacht um Teploje, und Weisenberger berichtete über seine Erfahrungen. Er erhielt die Richtung auf Wolowo – Stalinogorsk und die Zusicherung, die Panzer-Brigade Eberbach solange zu behalten, bis die 18. Panzer-Division zur Sicherung seiner rechten Flanke gegen die auf Jefremow ausgewichenen Russen heran sei".

[90]) Fahrtbericht Nr. 72; 14. 11. 1941.

[91]) Fahrtbericht Nr. 67; 25. 10. 1941.

[92]) Am 12. November 21.55 Uhr hatte der Ia der 167. I.D. dem Korps gemeldet: „Bei den Kämpfen und Märschen große Zahl von Grippe-Erkrankungen, außerdem I./A.R. 238 und IIII./A.R. 238 Magenerkrankungen, schmerzhafte Darmentleerungen. I.R. 339 und I.R. 315 Erfrierungen der Füße. Bei 112. I.D. ein Fall Fleckfieber . . . Komm. General beauftragt Oberstarzt persönlich, sofort Klarheit zu schaffen". – KTB LIII. A.K. zum 12. 11. 1941, 21.55 Uhr.

[93]) Fahrtbericht Nr. 72; 14. 11. 1941. – Guderian beschrieb die schlimme Versorgungslage der Infanteriedivisionen mit Einzelheiten in seinen Erinnerungen (S. 225): „Was die Panzerarmee an Bekleidungsvorräten noch besaß, ging unverzüglich an die Front. Es war bei dem Bedarf allerdings nur ein Tröpfchen auf dem „kalten" Stein". – Siehe auch Fahrtbe-

wäsche, die bei der Panzerarmee noch vorhanden waren, an die Infanteristen ausgegeben würden. — Der Divisionskommandeur wünschte sich noch eine Aufklärungsabteilung von der Pz. Armee. Diese Bitte konnte nicht erfüllt werden; doch Trierenberg erhielt die Zusage, daß die 18. Pz.Div. vor seinem Abschnitt mit aufklären würde.

Nachdem der Divisionskommandeur seinen Vortrag beendet hatte, sprach der Generaloberst vor den versammelten Offizieren. Die Erklärung hat erhebliches Gewicht für den Historiker. Auf die Eindrücke dieser Fahrt zu den Divisionen am 13./14. November berief sich Guderian nämlich, als er nach der Rückkehr von der Fahrt sich „zunächst schriftlich" an den Oberbefehlshaber der Heeresgruppe Mitte wandte und in dem Schreiben erklärte, daß die 2. Panzerarmee nicht mehr in der Lage sei, einen Angriffsbefehl, der als Angriffsziel für die Panzerarmee die Stadt Gorki vorsah, auszuführen[94]).

Die Ansprache lautete in der Form, in der sie mitgeschrieben wurde, folgendermaßen: „Ich erkenne die großen Schwierigkeiten, mit denen die Truppe kämpft, durchaus. Erst wenn man sie kennt, kann man die Leistungen der Div. in den letzten Tagen würdigen. Die 167. I.D. hat in den Kämpfen um Tjoplaja Leistungen vollbracht, die meine vollste Anerkennung verdienen. Ich bin Ihnen dafür sehr dankbar. Es hört sich sicher sehr einfach an, wenn ich sage, daß wir die nächsten Wochen weiter durchhalten müssen, um das Ziel dieses Feldzuges zu erreichen. Wenn wir nämlich die Kräfte nicht mehr aufbringen würden, so würde damit der große Erfolg des ganzen Sommers fraglich werden. Deshalb müssen wir weiter mit dem Ziel, Moskau[95]) einzuschließen. Geben Sie dies bitte weiter und wirken Sie in diesem Sinne auf Ihre Kommandeure ein[96])."

Danach sah Guderian im Augenblick, „kurz vor dem Ziel", noch eine Möglichkeit, mit einer letzten Anstrengung durch die Einschließung Moskaus die Erfolge des Sommers vollenden zu können. Oder wollte er das glauben?

Aber auch die Befürchtung ist aus den Worten herauszulesen, daß die „Kräfte" nicht mehr reichen könnten, daß wir sie „nicht mehr aufbringen würden". Nicht die

---

richt Nr. 72; 14. 11. 1941: „Der Oberbefehlshaber kündigte die Zuführung von Schneehemden an".

[94]) Gorki liegt etwa 450 km nordostwärts von Tula. — Am 13. November hatte in Orsha eine Besprechung der Generalstabs-Chefs der Heeresgruppen und Armeen stattgefunden, die der Generaloberst Halder leitete. Hier waren die Pläne für die bevorstehende „Herbstoffensive 1941", (die an sich eine Winteroffensive werden mußte) bekanntgegeben worden. Guderians Chef, von Liebenstein, hatte angesichts der weitgreifenden Pläne geäußert: „Wir sind nicht mehr im Mai und nicht in Frankreich"; höchstens Wenew könne noch bei den augenblicklichen Verhältnissen erreicht werden. Guderian, Erinnerungen S. 224, schrieb dazu: „Ich teilte die Auffassung meines Chefs des Stabes vollkommen . . ." und wandte sich entsprechend an die Heeresgruppe. — Siehe auch K. Reinhardt, Die Wende vor Moskau, S. 136, 139 ff. und K. Reinhardt, Das Scheitern des deutschen Blitzkriegskonzeptes vor Moskau, in: Kriegswende Dezember 1941, hrsg. von J. Rohwer und E. Jäckel, 1984, S. 206.

[95]) Es ist die Frage, wie weit Guderian in diesem Augenblick überzeugt war, daß die Einschließung Moskaus mit der Winteroffensive noch möglich war. Als am nächsten Tag, am 15. 11., von Liebenstein von der Besprechung in Orsha berichtete, wurde im KTB der Pz.Armee die Einschließung von Moskau als „kaum mehr durchführbar bezeichnet". — K. Reinhardt, Wende vor Moskau, S. 144.

[96]) Fahrtbericht Nr. 72; 14. 11. 1941.

Truppe, ihr guter Wille, ihr Mut ließen angesichts der Leistungen der letzten Tage einen Zweifel aufkommen – die Anerkennung, die der Panzerführer vor den Infanteristen aussprach, war schlicht und kam aus mitfühlender Überzeugung –, aber das Bild der Verhältnisse, wie es sich unmittelbar vor Augen, unübersehbar darbot und in täglichen Meldungen immerfort wiederholte, zeigte eine unbarmherzige Rechnungslegung über den Bestand an „Kräften". In Wahrnehmung dieser Wirklichkeit und im Ringen mit den Verantwortungen nach mehreren Seiten, glaubte Guderian noch einmal die letzte Hingabe von der Truppe verlangen zu müssen. Schon länger mochte er spüren, daß sich vor Tula die operative Entwicklung einer Klimax näherte, ähnlich der Septembersituation von 1914 an der Marne[97]); sollte das Schicksal in der absoluten Krise 1941 wieder dieselbe Frage stellen, dann mußte diesmal derjenige obsiegen, der den letzten Augenblick durchstand und nicht aufgab. Deshalb forderte Guderian die versammelten Befehlshaber auf, „wirken Sie in diesem Sinne auf Ihre Kommandeure ein". Was er hier nicht sagen konnte, hatte er in einem Brief nach dem 6. November geschrieben: „Wie das noch werden soll, weiß Gott allein. Man muß hoffen und darf den Mut nicht sinken lassen, aber es ist gegenwärtig eine harte Prüfung ...[98])."

Inzwischen war eine Reihe von Soldaten der 167. I.D., die vom Oberbefehlshaber ausgezeichnet werden sollten, beim Gefechtsstand angetreten. Während bei klirrender Kälte die Eisernen Kreuze aus einem Stahlhelm ausgeteilt wurden[99]), sprach Guderian auch zu den Soldaten. Er rühmte ihre Tapferkeit, betonte die Härte der Kämpfe und die schwierigen Wetterverhältnisse. Bei der Begründung der noch bevorstehenden Märsche und Angriffshandlungen wiederholte er, was er vor dem Divisionsstab gesagt hatte, nur bei Schilderung der Folgen, die eintreten müßten, falls die Armee nicht durchhalten würde, wurde er deutlicher: „Ihr habt dem überlegenen Feind eine glatte Niederlage beigebracht. Trotz allem weiter vorwärts, denn wir dürfen, nachdem wir die großen Erfolge des Sommers errungen haben, nicht kurz vor dem Endziel stehen bleiben. Diese eine Anstrengung müssen wir noch durchstehen, um den vom Führer gestellten Auftrag zu Ende zu führen. Tun wir das nicht, sondern bleiben stehen, dann geben wir dem Feind Gelegenheit, sich im Winter von seinen Niederlagen zu erholen, und wir stehen im nächsten Jahre einem ebenso starken Gegner wie in diesem Sommer gegenüber und die Opfer dieses Sommers waren umsonst. Sagt das euern Kameraden in den Kompanien und bestellt ihnen meine Grüße. Unserem Führer und Obersten Befehlshaber Sieg Heil."

---

[97]) Siehe Reinhardt, Die Wende vor Moskau, S. 133: „Die Furcht der deutschen Heeresführung davor, ähnlich wie 1914 an der Marne vorzeitig den Kampf um die Entscheidung zu beenden und damit den an sich schon greifbaren Sieg aus der Hand zu geben, war ein Moment, das in der damaligen Beurteilung der Lage eine sicher nicht unerhebliche Rolle gespielt haben dürfte". – Reinhardt vermutet, daß schon in den ersten Novembertagen 1941 bei der Heeresgruppe Mitte die Vorstellung von der „Marnesituation" eine mitbestimmende Rolle spielte.

[98]) Guderian, Erinnerungen, S. 223.

[99]) Guderian beschrieb die Szene in seinen Erinnerungen S. 225 u. a.: „Ein großer Teil der Männer lief in Drillichhosen und das bei 22 Grad Kälte!"

Um 11.25 Uhr trafen die Generalsstaffeln auf dem Gefechtsstand der Panzerbrigade Eberbach in Pokrowskoje ein[100]). Guderian sprach dem Führer dieser Truppe seine Anerkennung aus für den kühnen, umholenden Stoß der Panzer bei Nikitinskaja[101]).

Eberbach beschrieb die Verhältnisse in der Brigade nach dem Wintereinbruch. Der Bericht zeigte, daß bei der derzeitigen Witterung, dem Gelände, der Versorgungslage und den hohen Verlusten an Waffen und Gerät von Panzerführung im „Guderian-Stil" nicht mehr die Rede sein konnte. Das Regiment Graf Strachwitz hat nur 25 Panzer einsatzbereit, das Regiment Kuno 20[102]). Aber auch bei den noch kampftüchtigen Kampfwagen springen bei der Kälte die Motoren nicht an. Das Öl wird hart und der Kraftstoff gefriert. Frostschutzmittel sind nicht vorhanden. Die Panzerketten haben keine Stollen, bei glattgefrorenem Boden rutschen die Kampfwagen. Kettenbrüche treten auf. Durch die große Kälte beschlagen die Gläser der Optik. Die Salbe, die das verhindern soll, fehlt. Gründliche Reparaturen sind zur Zeit nicht möglich, weil die Werkstattkompanien nicht nachgezogen werden konnten. Bei der Kälte richten auch Instandsetzungstrupps kaum etwas aus. Winterbekleidung ist nicht vorhanden; vor allem fehlen Handschuhe und Überschuhe.

Das Bild von der Panzerbrigade wurde nicht dadurch erfreulicher, daß Guderian die „schweren modernen Panzertypen" der Sowjets sehr hoch bewertete. Die Rüstungstechnik des Gegners, der man von unserer Seite zu Anfang keine besonderen Leistungen zugetraut hatte, entwickelte Panzermodelle, die sehr beweglich sind und denen unsere Pak nichts anhaben kann; sie sind „hervorragend". – Sicher sagte er dem Oberst Eberbach damit nichts Neues.

Angesichts der dezimierten Regimenter sprach Guderian davon, die Restverbände zusammenzulegen und die Leute, die damit ohne Fahrzeuge sind, in die Heimat zu schicken, um mit ihnen neue Einheiten aufzustellen. Demnächst werden deutsche Panzerkonstrukteure bei der Armee eintreffen (Guderian hatte eine Frontfahrt aller mit dem Panzerbau befaßten Fachleute als dringlich angeregt). Ihnen werden die neuen sowjetischen Typen vorgestellt werden. „Gleichzeitig sollen sie mit der Kampferfahrung und der Stimmung der Panzersoldaten, mit ihren Wünschen und Vorschlägen vertraut werden[103])."

---

[100]) Pokrowskoje liegt 24 km südostwärts von Plawsk.

[101]) Nikitinskaja liegt 26 km s.s.ostwärts von Plawsk. Eberbach war am 11. 11. nach Süden in Richtung Jefremow gestoßen und hatte die 29. russische Kavalleriedivision zerschlagen.

[102]) Eberbach hatte noch etwa 50 Panzer, schrieb Guderian in seinen Erinnerungen (S. 225). „Die Zahl der Panzer von drei Divisionen hätte 600 betragen müssen". – Vgl. K. J. Walde, Guderian und die Schlacht um Moskau, Wehrforschung 1972, S. 127: „Man mußte jetzt offene Feuer unter den Motoren anzünden, bevor sie sich anwerfen ließen . . . die automatischen Waffen schossen nur noch Einzelschuß. Wie sollte man da kämpfen?" – Am 18. November 1941 teilte Guderian einer „Panzer-Sonderkommission" des Heereswaffen-Amtes mit, daß die gesamte Pz.Armee nur noch über 150 Panzer verfügte. Dabei war sein Verband bei Beginn des Ostfeldzuges mit 1000 Panzern angetreten und hatte in der Zwischenzeit 150 Kampfwagen zugewiesen erhalten. – KTB Pz.AOK 2, 18. 11. 1941, nach Reinhardt, Wende, S. 155. – Das Ostheer begann den Rußlandkrieg mit 3580 Panzern und Selbstfahrlafetten; Ende Dezember 1941 betrugen die Verluste an Panzern und Sturmgeschützen 3750. – Siehe K. Reinhardt, Das Scheitern . . ., in: Kriegswende Dezember 1941, S. 207.

[103]) Fahrtbericht Nr. 72; 14. 11. 1941.

Abb. 1:
Lt. Lammers im Pionierboot auf der Beresina, 13. Juli 1941

Abb. 2:
Gen. Weisenberger bei der Truppe, Juli 1941

Abb. 3: Gen. Weisenberger bei Gen.Major Dr. Rendulic, 52. I.D.

Abb. 4: Gen. Weisenberger bei Eisenbahnpionieren, 11. 8. 1941

Abb. 5: Artillerie der 167. I.D., Juli 1941, Vormarsch in Weißrußland

Abb. 6: Gen.Major Trierenberg, 167. I.D.

Abb. 7: Generaloberst Guderian und Oberst Eberbach, September 1941

Über die bevorstehenden Unternehmungen der nächsten Tage und Wochen äußerte sich Guderian bei Eberbach nicht; aber aus dem, was er sagte, verstand sich von selbst, daß fürs erste mit weitausgreifenden Panzeroperationen nicht zu rechnen war.

Von Oberst Eberbach ging die Fahrt zur 112. I.D. Deren Gefechtsstand befand sich in Fjodorowka[104]). Um 13.45 Uhr berichtete Generalleutnant Mieth von den Erfahrungen seines Verbandes in der Schlacht bei Teploje. Der Kampfwert sowjetischer Truppenteile erwies sich als ungleichmäßig. Während die 41. Kavalleriedivision zwar als wendig, aber wenig energisch bezeichnet wurde, erhielt die 6. Gardedivision von Mieth das Prädikat: „zäher und geschickt geführter Verband"[105]). Guderian bestätigte das Urteil; er kannte die 6. Gardedivision aus den Kämpfen von Mzensk. – Die 112. Division setzt ihren Vormarsch in Richtung Ost fort und will morgen Bogorodizk[106]) erreichen.

Der Zustandsbericht der Division lautet ähnlich wie bei der 167. I.D. Bisher hatte sie 3700 Mann Verluste, dazu kommen 1800 Kranke. Insgesamt hat die Division 1100 Mann Ersatz erhalten. Derzeit wird kein Ersatz zugewiesen. Wiedergenesene kehren zur Truppe zurück. Bei Stiefeln und Unterwäsche ist die Ausstattung ähnlich schlecht wie bei 167. I.D. Eine 2. Decke und Überschuhe fehlen. Allerdings ist erste Winterbekleidung eingetroffen. Auch Stollen für den Pferdebeschlag wurden zugewiesen. Glysantin fehlt[107]).

Deutlicher als bei bisherigen Zustandsschilderungen treten beim Bericht der 112. I.D. die Folgen der Verluste an Führungspersonen hervor. Schon die durchschnittlichen Kompaniestärken sind sehr gering (48–67), aber besonders macht sich „der Mangel an Unteroffizieren und Offizieren bemerkbar. Die Leute brauchen bei den augenblicklichen schwierigen Verhältnissen besonders energische und selbstlose Offiziere und Unteroffiziere, die die Mannschaften mitreißen. Dringend notwendig ist der Ersatz von Btl.-Kommandeuren. 3 Btl. werden bereits von Oberleutnanten geführt." Überraschend klingt die Meldung über den Gesundheitszustand; er ist „zufriedenstellend, wenn man die schlechten Witterungsverhältnisse berücksichtigt"[108]). Fleckfieber trat in einigen Fällen auf.

Aus dieser Beschreibung des Divisionskommandeurs darf man die Einsicht herauslesen, daß natürlich die Verluste und die schweren äußeren Bedingungen, unter denen die Truppe augenblicklich lebt, ihre Schlagkraft sehr herabmindern, daß aber eine entscheidende Gefahr für die Verläßlichkeit und das Gefüge der Einheiten im Abgang befähigter Führungspersonen besteht. Eine solche Meldung, die die Vorstellung vermittelt, infolge des Fehlens von Offizieren und Unteroffizieren könnte sich eine Krise in der Truppe anbahnen, tritt hier zum ersten Mal in den Fahrtberichten auf. Dabei ist zu bedenken: Es liegt in der Natur derartiger Meldungen gegenüber Vorgesetzten, daß sich der Vortragende zurückhaltend und sachlich

[104]) Dieses Fjodorowka (es gibt mehrere Orte dieses Namens in der Gegend), wird auf anderen Heereskarten auch Upskoje genannt. Es liegt 16 km ostwärts von Teploje.

[105]) Fahrtbericht Nr. 72; 14. 11. 1941.

[106]) Bogorodizk liegt 60 km südostwärts von Tula.

[107]) Glysantin, Frostschutzmittel, muß bei Kälte dem Kühlwasser der Motoren zugesetzt werden, um die Gefriertemperatur zu senken.

[108]) Fahrtbericht Nr. 72; 14. 11. 1941.

bei der Schilderung von Gefahrenpunkten äußert. D. h., die Sorgen, die sich Mieth um das weitere Schicksal der Division machte und die Befürchtungen, die er hegte, dürften viel größer gewesen sein, als die kurzen Zeilen im Fahrtbericht verraten.

Guderian dankte, wie bei Trierenberg, Generalleutnant Mieth „für die großen Leistungen der 112. I.D."; ebenfalls gab er hier den Auftrag für die nächsten Wochen bekannt, „die Oka zu erreichen und Moskau abzuschnüren"[109]). Das Ziel dieses Jahres für die Infanterie ist Rjasan; ungefähr 160 km in nordostwärtiger Richtung vom derzeitigen Standort der Division entfernt. In etwa drei Wochen, also am 5. Dezember (!) dürfte Rjasan erreicht sein. Auch hier wurde eine Reihe von Soldaten der 112. I.D. vom Oberbefehlshaber mit Eisernen Kreuzen ausgezeichnet.

Der Besuch der Generäle wurde mit einem Imbiß, zu dem der Divisionskommandeur eingeladen hatte, beschlossen. Die Dunkelheit brach herein, als die Staffeln wieder in Richtung auf Plawsk abrückten; um 19.10 Uhr trafen sie auf dem Korps-Gefechtsstand ein[110]).

Nach Teploje ging der Vormarsch der beiden Divisionen weiter. Wenn der Gegner auch auswich, so leistete er doch weiterhin zähen hinhaltenden Widerstand. Am 15. November nahm die 112. I.D. Bogorodizk nach Straßenkämpfen. Der Generaloberst sandte der Division am folgenden Tag ein Anerkennungsschreiben[111]). Über Bogorodizk kämpften sich die Verbände langsam nach Norden vor. Zum 18. November sollte der von der Heeresgruppe Mitte befohlene Angriff beginnen, wie er am 13. November in Orsha vor den Generalstabschefs bekannt gegeben worden war. Am 17. November meldete die 112. I.D., daß auf dem Bahnhof Uslowaja zwei sibirische Divisionen[112]) und 40 Panzer ausgeladen wurden.

---

[109]) Fahrtbericht Nr. 72; 14. 11. 1941.

[110]) Das Erlebnis der Fahrten in den Novembertagen vor Tula hat Guderian später beschrieben (Erinnerungen, S. 231). Er meinte, die Ereignisse damals könne nur gerechterweise beurteilen, „wer die endlosen Weiten der russischen Schneeflächen in diesem Winter unseres Unheils gesehen hat, über welche der eisige Wind strich und jede Unebenheit des Bodens verwehte, nur wer Stunden um Stunden durch Niemandsland gefahren ist, um dann auf dünne, nur zu dünne Sicherungen schlecht gekleideter und schlecht ernährter Männer zu treffen . . ." – Es ist merkwürdig, was alles dem Erinnerungsvermögen verloren geht, und welche Bilder es bewahrt. Das Jahr 1941 muß bei Tula ein besonderes Mäusejahr gewesen sein. Mit Deutlichkeit erinnere ich mich daran, wie Hunderte von Feldmäusen, wenn die Wagenkolonne während der Fahrt am 14. November sich näherte, über die schneeverwehten Äcker und Stoppelfelder flohen und sprangen. Niemals hatte ich solche Mäuseheere gesehen.

[111]) KTB LIII. A.K. zum 16. 11. 1941, 9.20 Uhr.

[112]) KTB LIII. A.K. zum 17. 11. 1941, 14.50 Uhr. Siehe auch KTB LIII. A.K. zum 19. 11. 1941, 16.30 Uhr. Es handelte sich um die 239. sibirische Schützendivision. „Da sie personell und materiell voll ausgerüstet war, übte sie einen starken Einfluß auf den Kampfverlauf der 2. Pz.Armee aus". K. Reinhardt, Wende vor Moskau, S. 155. – Das Sowjetoberkommando hatte begonnen, ausgeruhte Truppen aus Fernost abzuziehen. Das war möglich geworden, weil mit der Neutralität bzw. der Nichteinmischung Japans gerechnet werden konnte. Denn am 9. August „wurde von der japanischen Führung definitiv beschlossen, im Jahre 1941 nicht mehr in den deutsch-sowjetischen Krieg einzugreifen". Siehe A. Hillgruber, Die Bedeutung der Schlacht von Smolensk in der zweiten Juli-Hälfte 1941 für den Ausgang des Ostkrieges, S. 274. – Am 17. November 1941 schrieb Guderian in einem Brief: „Wir nähern uns unserem Endziel nur schrittweise bei eisiger Kälte und bei schlechtester Unterkunft für die arme Truppe. Dennoch erringt die brave Truppe einen Vorteil nach dem anderen und kämpft sich in bewundernswerter Geduld durch alle Wid-

Im Rahmen des Angriffsbefehls der 2. Pz. Armee zum 18. November erhielt das LIII. A.K. den Auftrag, in allgemeiner Richtung Nord vorzugehen und das Industriegebiet von Stalinogorsk wegzunehmen. Gleichzeitig sollte es die rechte Flanke des XXIV. Panzerkorps abschirmen[113]). Dadurch wurde notwendig, nach rechts einen Brückenkopf über den Don[114]) zu bilden. Das XXIV. Pz. Korps sollte seinerseits ostwärts an Tula vorbei auf Wenew stoßen; als Fernziel war die Oka-Brücke bei Kaschira vorgesehen. Mit dem allgemeinen Angriffsbeginn am 18. November machte die Führungsabteilung des Korps Stellungswechsel nach Bogorodizk. Die Fahrt über die etwa 75 km lange Strecke dauerte sechs Stunden, ein Zeichen dafür, daß die russische Winterlandschaft den Kübelwagen weiterhin große Schwierigkeiten bereitete. Im Fahrtbericht heißt es: „Durch die anhaltende Kälte sind die Wege im allgemeinen befahrbar. Auch über Stoppelfelder kann marschiert werden. Verkehrshindernisse bilden die vielen tiefen Schluchten in diesem Gelände. Auch Kettenfahrzeuge kommen auf den rutschigen Hängen nur schwer vorwärts[115])."

Der Angriff der 2. Pz. Armee am 18. November brachte sogleich Erfolge[116]). Mochte Guderian auch nicht mit großen Erwartungen in die Offensive gegangen sein, so war doch der Gegner, die russische 50. Armee, ebenfalls sehr geschwächt; sie konnte die Panzer, die dem XXIV. Panzerkorps noch verblieben waren, nicht aufhalten. Am 18. November wurde Dedilowo[117]) eingenommen, und am 19. November war Bolochowo[118]) erreicht; am 24. fuhren die Kampfwagen in Wenew[119]) ein; 50 russische Panzer wurden abgeschossen[120]). Das LIII. A.K. besetzte am 21. November Uslowaja[121]).

Verlief damit die Eröffnung des Angriffs einigermaßen planmäßig, so trat doch bei einer Einheit erstmals ein Phänomen auf, das nach den bisherigen Erfahrungen des Ostfeldzuges ungewöhnlich war und anzeigte, daß eine Wendung im Verhalten der Truppe eingetreten war. Am 20. November wurde das I.R. 256 der 112. I.D. aus der Gegend Jegorjewskoje[122]) von den vor einigen Tagen ausgeladenen Sibiriern angegriffen. Der Angriff konnte nicht aufgehalten werden. Guderian hat die Ereignisse folgendermaßen beschrieben: „Die 112. I.D. geriet an die frischen Sibirier. Als nun gleichzeitig aus Richtung Dedilowo feindliche Panzer gegen die Division vorgingen, war die geschwächte Truppe dieser Belastung nicht mehr gewachsen ... es kam hier zu einer Panik, die sich bis Bogorodizk auswirkte. Diese erstmals im Rußlandfeldzug auftretende Panik war ein ernstes Warnungszeichen, daß

---

rigkeiten hindurch. Man muß immer wieder dankbar sein, daß unsere Männer so gute Soldaten sind ..." (Erinnerungen, S. 226).

113) K. J. Walde, Guderian und die Schlacht um Moskau, Wehrforschung 1972, S. 128.

114) Der Don beginnt seinen Lauf wenige Kilometer ostwärts Stalinogorsk bei Iwan Osero.

115) Fahrtbericht Nr. 73; 18. 11. 1941.

116) Zum Angriff am 18. 11. siehe E. Klink. In: Das Deutsche Reich und der Zweite Weltkrieg, Bd. 4, S. 592 ff.

117) Dedilowo liegt 30 km südostwärts von Tula.

118) Bolochowo liegt 18 km südostwärts von Tula.

119) Wenew liegt 45 km nordostwärts von Tula.

120) Guderian, Erinnerungen, S. 228; vgl. Walde, Guderian und die Schlacht um Moskau, Wehrforschung 1972, S. 128.

121) Uslowaja liegt 24 km nördlich von Bogorodizk.

122) Jegorjewskoje liegt 19 km n.n.ostwärts Bogorodizk.

die Kampfkraft unserer Infanterie am Ende war und starken Belastungen nicht mehr ausgesetzt werden konnte[123])."

An sich war der Vorgang, daß ein Bataillon eine Stellung aufgeben und sich absetzen mußte, nichts Ungewöhnliches. Für einen derartigen Fall wurden – wenn auch nur knappe – Reserven bereitgehalten, und es gab entsprechende taktische Erfahrungen für den Ansatz von Gegenstößen. Auch in diesem Fall wurde der Einbruch bei der 112. I.D. durch eigene Kräfte des LIII. A.K. bereinigt. Das Bedenkliche an diesem (erstmaligen) Falle war, daß ein Bataillon panikartig floh und fürs erste nicht aufzuhalten war[124]).

Am 21. November fuhr Weisenberger zur 112. I.D., um vom Divisionskommandeur unmittelbar unterrichtet zu werden. Um 11.10 Uhr traf die Generalsstaffel auf dem Divisionsgefechtsstand ein. Dieser befand sich auf einem Kolchos ostwärts von Bolotowka[125]). Der Kommandeur meldete, daß gegen den Abschnitt der Division gestern mehrere „massierte Angriffe" geführt wurden; es entstanden „erhebliche eigene Verluste". Das I.R. 110 und die Aufklärungsabteilung der Division konnten die Angriffe abwehren. Aber: „Ein besonders massierter Infanterieangriff der Russen aus Gegend Jegorjewskoje wurde vom I.R. 256 nicht aufgehalten, so daß der Gegner mit starken Kräften in Jemanowka[126]) eindringen konnte. Ein Batl. des I.R. 256 ging ungeordnet zurück und war vom Batl.-Führer zunächst nicht mehr einzufangen. Es wurde erst südlich Jemanowka wieder geordnet. Die Lage mußte durch das Eingreifen des Nachbar-Batl. gerettet werden. Die Russen setzten die unverbrauchten Kräfte ihrer sibirischen Division (Kp. mit 170 Mann Gefechtsstärke) so massiert ein, weil sie hoffen, durch ihr reines zahlenmäßiges Übergewicht einzubrechen[127])." Der Divisionskommandeur schilderte, wie er einen derartigen Angriff

---

[123]) Guderian, Erinnerungen, S. 226. — Aus Guderians Textanordnung muß man schließen, daß die Vorgänge sich am 17. November zutrugen; dieses Datum hat auch Walde, (Guderian und die Schlacht um Moskau, Wehrforschung 1972, S. 128) übernommen. Der Einbruch bei I.R. 256 erfolgte jedoch am 20. 11. 1941. Siehe KTB LIII. A.K. zum 20. 11. und Fahrtbericht Nr. 74 vom 21. 11. 1941. Siehe auch Guderian, Der Vorstoß auf Tula, Allgem. Schweizerische Militärzeitschrift, 11, 1949, S. 825.

[124]) Die eigentliche Krise im Gefecht bei Jegorjewskoje ist aus dem Gespräch des Ia der 112. I.D. mit dem Chef des Generalstabes am 20. 11. noch nicht recht zu erkennen. Der Einbruch erscheint im Augenblick bloß als Störung des grundsätzlichen Angriffs des Armeekorps, der mit eiliger Alarmierung von Reserven zu begegnen ist. Am 20. November 19.20 Uhr lautete der Bericht des Ia laut KTB LIII. A.K. folgendermaßen: „A.A. eingeriegelt in Jemanowka, [18 km n.ostwärts Bogorodizk] Feind auf 400 m gegenüber . . . Rechtes Btl. I.R. 110 gleichfalls angegriffen. Etwa 400 m zurückgebogen, wird zur Zeit noch angegriffen. Lücke entstanden. Lage nicht ganz klar. Reserve-Btl. eingesetzt mit Auftrag, gegenüber Lücke abzuriegeln. Keine Reserven mehr vorhanden. Wiedergewinnen der alten Linie nicht möglich . . . Geschickte Umfassung und Angriff bis in den Rücken. Div. hofft, daß neue Linie gehalten werden kann. Russe hat Jegorjewskoje mit 2 Btl. von zwei Seiten angefaßt". — Am selben Tag um 20.10 Uhr verzeichnet das KTB LIII. A.K.: „Fernspruch von Pz.A.O.K. 2: Angriff auf Stalinogorsk am 21. 11. fortsetzen".

[125]) Bolotowka liegt 6 km n.n.ostwärts von Bogorodizk.

[126]) Die Entfernung von Jegorjewskoje nach Jemanowka beträgt etwa 6 km.

[127]) Fahrtbericht Nr. 74; 21. 11. 1941. — Eine Vorstellung von dem Einbruch beim I.R. 256 gibt die Meldung von Lt. Vetter, 3./Sturmgeschütz-Abt. 202 zum 20. 11. 1941. (BA MA, LIII. A.K./19198/16 – 17 – 18). „Unser Geschütz lag in der Schlucht Ostausgang Kuliski, Westausgang Klein Jemanowka 17 km n.ostw. Bogorodizk. Zunächst war alles ruhig. Einige Infanteristen, die aus Jemanowka auf unser Geschütz zukamen, hielt ich an und

der Sibirier heute morgen gegen 7 Uhr beobachtete. Wie auf dem Exerzierplatz bewegte sich die angreifende Infanterie auf die eigenen Linien zu, artilleristisch nur wenig unterstützt, aber für unsere Verhältnisse sehr stark, „tief gegliedert, die rückwärtigen Teile dicht aufgeschlossen"[128]). Zunächst gingen die Angriffsreihen durch das deutsche Artilleriefeuer „unbeirrt" hindurch; als diese Abwehr sich jedoch steigerte, wurde der Angriff gestoppt und abgewiesen. „Die Russen verschwanden und konnten bisher nicht mehr festgestellt werden." Vermutlich halten sie sich zusammengedrängt in den Schluchten auf, deren tiefe Einschnitte das hiesige Gelände kennzeichnen. Es wird damit gerechnet, daß der Angriff heute abend wiederholt wird. Der Gegner scheut bei Helligkeit das beobachtete Feuer der überlegenen eigenen Artillerie.

Der 112. Division ist mit zwei Bataillonen das Rgt. Kullmer (I.R. 331) von der 167. I.D. zugeführt und unterstellt worden[129]). Es kann gegebenenfalls hier eingesetzt werden.

Mit einem zusammenfassenden Urteil über die allgemeine Verfassung und Stimmung in der Division beendete der Kommandeur seinen Bericht: Die letzten Kämpfe verursachten weitere hohe Verluste, besonders bei Offizieren und Unterführern; hierdurch und infolge der großen Anstrengungen und der schlechten Versorgung (bei eisiger Kälte), tritt „eine starke Ermüdung und eine Krise bei der Truppe ein"[130]). Die Kompanien sind stark dezimiert. Die Gewißheit, einem zahlenmäßig starken, soeben ausgeladenen, für den Winterkrieg ausgerüsteten Gegner vor sich zu haben, wirkt deprimierend. „Der Gegner selbst nimmt unsere Angriffe nicht ernst, sondern hält sie für starke Spähtruppunternehmen"[131]).

Der Kommandierende General äußerte sich zu dieser Beschreibung des Divisionskommandeurs nicht[132]). Zur Lage, wie sie entstanden war, sagte er: Durch das zugeführte „sehr gute Rgt. Kullmer" hat der Abschnitt der 112. I.D. eine genügende

---

fragte, was los sei. Sie erzählten mir, sie seien in Jegorjewskoje beim I. Batl. gewesen, als der russische Angriff startete. Die Russen seien in hellen Scharen gekommen, vor dem Angriff war eine ungeheure Artilllerievorbereitung und während dem Angriff ein mörderisches S.M.G.-Feuer, sodaß unsere eigenen wenigen Leute dem gewaltigen Ansturm nicht standhalten konnten. Etwa 30 Verwundete hätten sie zurücklassen müssen, sie seien erst jetzt während der Dunkelheit aus einem Stall hervorgekrochen und hätten sich auf Umwegen zu uns durchgeschlagen . . . Ich traf noch mehrere Infanteristen, die vollkommen verstört eingetroffen waren und schickte sie zum Regiment".

[128]) Fahrtbericht Nr. 74; 21. 11. 1941.

[129]) KTB LIII. A.K. zum 20. 11. 1941, 18.10 Uhr: „I.R. 331 (ohne 1 Btl.) verstärkt durch eine Battr. wird ab sofort 112. I.D. unterstellt. Das I.R. ist zu alarmieren und erreicht, sofort antretend, Wegekreuz Whs. 1 km südl. Iwanowskoje. Kdr. voraus zum Div.Gef.Stand". (Iwanowskoje, 13 km nordostwärts Bogorodizk).

[130]) Fahrtbericht Nr. 74; 21. 11. 1941.

[131]) Fahrtbericht Nr. 74; 21. 11. 1941.

[132]) Vor ungefähr einer Stunde, um 10.10 Uhr – der General hatte den Korps-Gefechtsstand noch nicht verlassen –, hatte der Chef des Stabes mit dem Chef der Armee (von Liebenstein) telefoniert. U. a. berichtete er: „Heute morgen haben mindestens 1 ½ bis 2 Rgt. angegriffen. Infanterie, neue Kräfte. Nach Gefangenenaussagen aus Sibirien. Vorgegangen wie im Frieden auf dem Exerzierplatz. Schwer für unsere Leute mit Gefechtsstärken von 40–50 Mann . . . Heute und morgen werden wir halten. Kom. General wird 112. I.D. auf Schwung bringen. Massenandrang der Russen erstaunlich. Fabelhaft aufgefüllt, gut ausgebildet. Munition hat bisher gereicht". – KTB LIII. A.K. zum 21. 11. 1941, 10.10 Uhr.

Verstärkung erfahren; ein weiteres Zurückweichen der Division „kann und muß" verhindert werden[133]). Die Straße Pritony–Jepifan[134]) muß in unserer Hand bleiben. Diesen Weg benötigt die 10. mot. Division, die in unserer rechten Flanke angesetzt werden soll. Das Korps wird der Armee vorschlagen, die 10. mot. I.D. rechts vom LIII. A.K. nach Norden gegen Donskoj anzusetzen, um den Gegner vor dem Korps in dessen Ostflanke zu treffen. Die Panzerverbände westlich der 112. I.D. (4. Pz.Div. und 3. Pz.Div.) müssen selber heftige Gegenangriffe der Russen abwehren, von dort ist für das LIII. A.K. keine Entlastung zu erwarten; allerdings sind die schweren Panzer und ein Teil der Artillerie, die der 239. sibirischen Schützendivision beigegeben waren, abgezogen worden, eine Folge des deutschen Panzerstoßes im Nordwesten. Vor dem Korps steht nur die 239. Schützendivision. Sie hat jedoch volle Gefechtsstärken, während die 112. I.D. nur über ein Viertel ihrer ursprünglichen Gefechtskraft verfügt. Allein seit der Einnahme von Bogorodizk hatte die 112. I.D. wieder 300 blutige Verluste.

Die russische Kampfführung ist durch eine „auffallende Unempfindlichkeit" gekennzeichnet, läßt sich nicht ablenken. Der Gegner greift weiter an, obwohl er in seiner Westflanke durch unsere Panzer sehr gefährdet ist.

Der Kommandierende General ordnet an: Noch heute morgen sind die Einheiten, besonders das Regiment 256, neu zu formieren. Das Regiment Kullmer steht alarmbereit. Diese Truppe hat gestern einen Ruhetag gehabt. Die derzeitigen Stellungen sind unbedingt zu halten[135]). Die Munitionslage bei der Artillerie ist zufriedenstellend. Sperrfeuer ist vorzubereiten. Wenn der augenblickliche Widerstand des Gegners gebrochen ist, geht die 112. I.D. auf Donskoj[136]) vor, die 167. I.D. auf Stalinogorsk.

Inzwischen meldete sich Oberstleutnant Kullmer, der Kommandeur des Eingreifregiments, auf dem Divisionsgefechtsstand. Was er berichtete, konnte die Stimmung nicht heben. Als das Regiment 331 in Iwanowskoje untergezogen war, verlor ein Bataillon sogleich 10 Mann durch Artilleriebeschuß. Der durchschnittliche Abgang durch Krankheit beträgt am Tage acht Mann. Kullmer sagte dazu: „Unter den augenblicklichen Umständen gleicht mein Regiment einem Faß, das langsam leerfließt[137])." Er schlug vor, was auch bei Einheiten der 112. I.D. vorgesehen war, ein Bataillon aufzulösen, um andere Einheiten zu stärken.

---

133) Fahrtbericht Nr. 74; 21. 11. 1941.

134) Pritony liegt 7 km nördlich, Jepifan 29 km ostwärts von Bogorodizk.

135) Schon am 20. November um 17.40 Uhr hatte der Chef des Generalstabes den Kommandeur der 112. I.D. entsprechend ferndmündlich informiert: „Besprechung über Zurücknahme des rechten Flügels I.R. 256. Erwägungen über evtl. Zurücknahme der Div. werden auf Grund der Gesamtlage abgelehnt. Einsatz der letzten Reserven zum Schutz der rechten Flanke kommt noch nicht in Frage. Kom. General lehnt ein Absetzen der ganzen Div. durchaus ab". KTB LIII. A.K. zum 20. 11. 1941, 17.40 Uhr.

136) Donskoj liegt 24 km n.n.ostwärts von Bogorodizk. Stalinogorsk, ein ausgedehntes Industriegebiet, liegt etwa 12 km nordwestlich von Donskoj.

137) Fahrtbericht Nr. 74; 21. 11. 1941. – Was Kullmer sagte, galt für alle Kampfverbände des Korps. Die Angriffshandlungen im Winter waren sehr verlustreich geworden. Am 21. 11. abends um 19.05 Uhr meldete der Chef des Generalstabes an die Armee: „Verluste in den letzten Tagen: 183 tot (4 Offz.), 603 verwundet (6 Offz.). Seit Unterstellung unter Pz.A.O.K 2 (19.10.): 305 tot, 1210 verwundet". – KTB LIII. A.K. zum 21. 11. 1941, 19.05 Uhr.

Der Fahrtbericht meldet nichts davon, wie der Kommandierende General auf die Meldung des Oberstleutnant Kullmer reagierte. Als Weisenberger sich bei der Division verabschiedete, gab ihm der Ia noch eine letzte Meldung mit: Vor der Division war soeben ein russischer Panzer abgeschossen worden.

Auf der Rückfahrt nach Bogorodizk traf die Generalsstaffel auf die Stabskompanie des Regiments Kullmer. Weisenberger ließ halten, um zu den versammelten Soldaten zu sprechen. Die Ansprache lautete: „Kameraden! Ich weiß, welche Strapazen und Mühen ihr in den letzten Tagen auf euch genommen habt. Ich weiß auch, daß durch die schlechten Nachschubverhältnisse euch Wäsche, Hosen, Stiefel, Kopfschützer, Handschuhe und Verpflegung fehlen. Ich weiß das und habe alles getan, um dem abzuhelfen. Aber mehr als man hat, kann man nicht geben. Im Augenblick brauchen wir Munition, und deshalb muß so manches wieder zurücktreten." Nach dieser Versicherung des besten Willens der Führung möchte der General trotz der unzureichenden Verhältnisse den Leuten Mut machen. „Der Angriff auf Moskau rollt wieder ... Schon eilen unsere Panzer und eine mot.-Division heran, um uns zu entlasten, in wenigen Tagen ist auch dieser Gegner niedergekämpft." Wieder wendet Weisenberger den Gedanken von der „Nuance" an, die wir besser sein müssen, diesmal mit der dem Soldaten verständlichen Formel „die Zähne länger zusammenbeißen". –

„Für uns kommt es jetzt darauf an, 5 Minuten länger die Zähne zusammenzubeißen, als es der Gegner vermag. Denn drüben beim Feind sieht es noch weit schlechter aus als bei uns."

Jedoch die Entlastung von diesen Kämpfen steht noch keineswegs bevor. Auch in dieser Situation der Kälte und Verluste bleibt das weitausgreifende Angriffsziel bestehen. „Aber auch für die Tage nachher will ich euch nicht mehr versprechen, als ich halten kann. Auch dann heißt es, noch weiter tippeln, bis der große Schnee kommt. Erst dann haben wir Ruhe. Aber ich glaube fest, daß ihr weiter die Zähne zusammenbeißt. Glaubt mir, auch eure Führer und ich haben es nicht leicht; was von den Nerven verlangt wird, ist viel. Dennoch weiter! Heil Kameraden!"

Gewiß ist dieser Ansprache persönliche und menschliche Betroffenheit, Mitgefühl und Verbundenheit mit der Truppe anzumerken, stärker jedenfalls als bei vergleichbaren Ansprachen an Soldaten, etwa zu Beginn der Abwehrkämpfe am Dnjepr. Verständlicherweise konnte ein Kommandierender General den Einheiten – solange die Angriffsbefehle der Armee galten –, nicht sagen: Wir nähern uns einem nicht mehr zu verantwortenden Zustand körperlicher, seelischer und materieller Erschöpfung; die Führung muß sich Gedanken machen, wie sie unter Schonung der letzten Kräfte aus den Angriffsoperationen herauskommt und eine Möglichkeit zur Abwehr in einer soliden Winterstellung findet. Aber es war doch die Frage, ob jene Sätze ausreichten und ob die Truppe überzeugt wurde mit der Meinung, dieses Land und dieser Gegner wären zu überwinden, wenn man „die Zähne zusammenbeißt".

Mit der allgemeinen Lagebeurteilung, aus der heraus die Ansprache formuliert wurde, hatte sich – jedenfalls soweit man hieraus sehen kann –, Weisenbergers Urteil in den letzten Wochen nicht verändert. Damit befand er sich in Übereinstimmung mit den Auffassungen der Heeresgruppe und des OKH[138]). Offenbar entspra-

---

[138]) „Nach Halders Tagebuch (18. und 23. Nov.) war er [Feldmarschall von Bock] der Ansicht, beide Gegner seien am Ende ihrer Kräfte, gewinnen werde der stärkere Wille; also wei-

chen solche Vorstellungen in der mittleren Führungsebene weithin einer Art Sprachregelung. Sie galt freilich, wie die Besprechung der Generalstabschefs in Orsha am 13. November gezeigt hatte, nicht überall, vor allem nicht für Guderian[139]).

Von der 112. fuhr Weisenberger zur 167. I.D. in Bogorodizk; um 12.45 Uhr traf er dort auf dem Divisionsgefechtsstand ein. Trierenberg erklärte, daß in Fortsetzung des Angriffs morgen das Dorf Fjodorowka weggenommen werden soll. Für das Vorgehen auf die Höhen des Dorfes braucht die Division das II. Batl. des I.R. 315. Dieses war jedoch noch bei der 112. I.D. eingesetzt; Trierenberg bat um die Rückunterstellung. Die Kämpfe der letzten Tage brachten starke Ausfälle. Gestern entstanden der Division folgende Verluste: Gefallen sind 3 Offiziere, 30 Unteroffiziere und Mannschaften, verwundet 104, vermißt 3[140]). Gefangene wurden 19 eingebracht, Feindverluste wurden 185 gezählt. Vernichtet wurden 22 russische MG, 120 Gewehre und 5 MP.

Bei den fortwährenden Verlusten und den geringen Gefechtsstärken lohnen die eigenen Angriffe nicht, wenn nicht gleichzeitig die nordwestlich stehenden Panzerverbände angreifen. „Von einer Zusammenarbeit im Angriff war aber bisher nichts zu spüren, da die Panzer weiterhin verteidigen[141]).“ Weisenberger stimmte dem Divisionskommandeur völlig zu. Die Infanterieangriffe wurden von der Armee befohlen; sie können aber nur erfolgreich sein, wenn die Panzer gleichzeitig antreten. Am Abend wird der Kommandierende General dem Oberbefehlshaber die Sache vortragen.

---

ter angreifen“. Walde, Guderian und die Schlacht um Moskau, S. 128. — Vgl. dazu die Absage des Oberbefehlshabers des Heeres v. Brauchitsch auf Guderians Antrag, den Angriff der 2. Pz.Armee einzustellen am 24. November. Guderian, Erinnerungen, S. 230. — Die Beurteilung, daß beide Gegner am Ende ihrer Kräfte seien, war, bei allen Schwierigkeiten, die dem sowjetischen Oberkommando bei der Verteidigung Moskaus entstanden, falsch. — A. M. Samsonow: „Anfang November, als der Feind bei Kalinin, im Abschnitt Moshaisk und bei Tula zum Stehen gebracht worden war, kam im sowjetischen Oberkommando die Idee einer Gegenoffensive auf ... Ende November wandten sich das Staatliche Verteidigungskomitee und das Oberkommando erneut dem Vorhaben der Gegenoffensive zu. Die Westfront wurde durch die 1. Stoßarmee, die 10. und die 20. Armee verstärkt“. Die Schlacht vor Moskau, in: Kriegswende Dezember 1941, hrsg. von J. Rohwer und E. Jäckel, S. 192.

139) Am 21. 11. schrieb Guderian in einem Brief: „Die eisige Kälte, die elenden Unterkünfte, die mangelhafte Bekleidung, die hohen Verluste an Menschen und Material, der klägliche Brennstoffnachschub machen die Kriegführung zu einer Qual, und ich werde je länger je mehr bedrückt durch die ungeheure Verantwortungslast, die trotz aller schönen Worte niemand mir abnehmen kann ... nun will ich, wenn die Kampflage es gestattet, Sonntag zur Heeresgruppe zum Vortrag über die Gestaltung der nächsten Zukunft, über die noch nichts verlautet. [Der 21. November, an dem der Brief geschrieben wurde, fiel auf einen Freitag.] Wie sich die Leute das denken, weiß ich nicht, auch nicht, wie wir bis zum nächsten Frühjahr wieder in Ordnung sein sollen“. Erinnerungen, S. 228. — Guderian flog am 24. November zur Heeresgruppe und bat um Abänderung der Angriffspläne, d. h. um *Aufhebung* des Befehls zum Angriff und Übergang zur Abwehr. Von Brauchitsch lehnte ab, machte nur einige Zugeständnisse in Bezug auf die Angriffsziele. Siehe Guderian, Erinnerungen, S. 230.

140) Am 21. November, 10.10 Uhr teilte der Chef des Korpsstabes dem Armeechef mit: „Kampf um Krutaja hat 150 Mann Verluste gekostet bei einem Rgt“. — KTB LIII. A.K. zum 21. 11. 1941.

141) Fahrtbericht Nr. 74; 21. 11. 1941.

Von dem Erfolg dieser Meldung bei der Armee verlautet im Kriegstagebuch nichts. Der Mangel an Zusammenarbeit von Panzern und Infanterie dürfte weniger an fehlender Abstimmung in der Führung gelegen haben als vielmehr an der ungenügenden Versorgung der Panzerdivisionen mit Brennstoff und Gerät. Beim mangelnden Nachschub reagieren mechanisierte Verbände noch empfindlicher als Infanterie.

Während der folgenden Tage bewegten sich die Divisionen langsam weiter in allgemeiner Richtung Nord vorwärts. Vor der 167. I.D. wurde am 22. November kein Feind gemeldet. Am 23. November, nachdem Weisenberger die Nachricht seiner Versetzung zum XXXVI. Gebirgs-A.K. nach Norwegen erhalten hatte, fuhr er ein letztes Mal zu den Divisionen, um sich zu verabschieden.

Um 12.30 Uhr traf er auf dem alten Gefechtsstand der 112. I.D. in Iwanowskoje nur noch den Ia an. Der Kommandeur hatte schon Stellungswechsel nach Weljminowa gemacht[142]). Der Ia meldete, daß der Angriff auf Donskoj[143]) durch zähen Feindwiderstand aufgehalten wird. Weisenberger befahl darauf die Konzentration der Angriffsgruppen bei der Wegnahme von Ssmorodinaja. Dieser Ort, etwa 4 km südlich von Donskoj, muß heute noch unbedingt besetzt werden, schon weil die Truppe sonst für die Nacht keine Unterkunft hat. Im Rücken der schwachen Front der 112. I.D. wird das Regiment Kullmer nachgeführt und ist in der Gegend von Iwanowskoje und Marjina[144]) untergebracht. Das Regiment 331 bleibt weiterhin der 112. I.D. unterstellt.

Weisenberger verabschiedete sich von dem Generalstabsoffizier[145]) und sagte unter anderem: „Ich spreche Ihnen meinen Dank und meine Anerkennung aus für Ihre vorbildliche und aufopfernde Gehilfentätigkeit, mit der Sie Ihren Kommandeur in den vielen schwierigen Situationen unterstützt haben"[146]).

Um 13.35 Uhr traf die Generalsstaffel in Weljminowa[147]) ein. Generalleutnant Mieth schilderte die laufenden Vorbereitungen für den Angriff in Richtung auf Donskoj. Weisenberger wies wiederum darauf hin, daß auf dem Wege dorthin das Dorf Ssmorodinaja heute noch eingenommen werden muß. Ferner muß recht bald auf Klin[148]) vorgegangen werden, um die rechte Flanke der 167. I.D. zu entlasten. Dann verabschiedete sich Weisenberger von dem Divisionskommandeur und sagte seinen Dank „für die unerschütterliche ruhige Führung seiner Division in den schwersten Tagen"[149]). Zum Zustand und zur Haltung der Division sagte er zum Abschied nichts.

Eine Stunde später, um 14.35 Uhr auf dem Gefechtsstand in Fjodorewka berichtete Trierenberg. Der Angriff der 167. I.D. in Richtung auf Stalinogorsk wurde aufgehalten, weil die 112. I.D. nur langsam vorwärtsgeht. Von Klin aus stört der Gegner in die rechte Flanke der 167. I.D. In Donskoj und Stalinogorsk steht feindli-

[142]) Iwanowskoje liegt 12 km n.ostwärts von Bogorodizk, Weljminowa (auch als Welmino verzeichnet) 16 km n.n.ostwärts von Bogorodizk.
[143]) Donskoj, 11 km ostwärts von Uslowaja, Industriegelände.
[144]) Marjina, 3 km nördlich von Iwanowskoje.
[145]) Ia der 112. I.D. war Oberstlt. i.G. Werner Bodenstein.
[146]) Fahrtbericht Nr. 75; 23. 11. 1941.
[147]) Fahrtbericht Nr. 75; 23. 11. 1941.
[148]) Klin, unmittelbar südlich von Stalinogorsk-Süd.
[149]) Fahrtbericht Nr. 75; 23. 11. 1941.

che Artillerie. Morgen will die Division mit dem Schwerpunkt auf dem linken Flügel weiter angreifen und von Westen umholend Stalinogorsk wegnehmen. Das Gelingen dieses weiteren Angriffs setzt aber voraus, daß die Flankierung von Klin aus unterbunden wird. D. h., die 112. I.D. muß im Gleichschritt mit angreifen. Weisenberger antwortete darauf: Die 112. I.D. befindet sich zur Zeit in einer Krise. „Sie ist stark in ihrer Kampfkraft geschwächt und körperlich und moralisch ermüdet[150])." Im Augenblick ist es notwendig, daß der „labile Zustand" von anderer Seite abgestützt wird. Die Rückkehr des Regiments Kullmer zur 167. I.D. ist daher nicht möglich.

Trierenberg erwiderte: „Es ist nicht so, daß es bei den Angehörigen der 167. I.D. diese schwere Belastung nicht auch gäbe. Auch hier sind die „Ermüdung und die Nervenbeanspruchung besonders bei den Kdrs. sehr groß[151])."

Darauf wieder Weisenberger: Wenn der Don erreicht und ein Brückenkopf gebildet ist, stelle ich zwei bis drei Ruhetage in Aussicht. Für morgen aber gilt, „mit starkem linken Flügel Stalinogorsk zu nehmen und den Feind in den Don zu werfen".

Oberstleutnant Kullmer meldete übrigens, daß er mit seinem Regiment in Iwanowskoje keine Quartiere vorfand, weil der alte Divisionsgefechtsstand der 112. I.D. „reserviert" gehalten wurde. Offenbar rechnet die 112. I.D. mit der Möglichkeit, daß sie sich wieder zurückorientieren muß. Weisenberger verabschiedete sich mit folgenden Worten: „Ich bin vor meiner Abreise anläßlich meiner Versetzung noch einmal zu Ihnen gekommen, um Ihnen meinen Dank und meine Anerkennung für die Leistung Ihrer ausgezeichneten Division zu sagen. In den letzten schweren Tagen bildete Ihre Division den Halt des Korps. Sie hat die ihr gestellten Aufgaben stets gelöst. Wenn ich später einmal an mein altes Korps zurückdenke, werde ich damit auch stets dankbar an die 167. I.D. denken müssen. Ich wünsche Ihnen und Ihrem tüchtigen Ia[152]) weiterhin alles Gute, der braven Division Sieg und Soldatenglück[153])." Damit enden die Fahrtberichte, die für den Kommandierenden General Weisenberger beim LIII. A.K. aufgezeichnet wurden[154]). Weisenbergers letztes aufgezeichnetes Urteil über die Verfassung der ihm unterstellten Verbände stammt vom 26. November, kurz bevor er das Generalkommando verließ. An diesem Tage um 19 Uhr war Guderian zum LIII. A.K. gekommen. Vom Gespräch des Oberbefehlshabers mit dem Kommandierenden General und dem Chef des Gene-

---

150) Fahrtbericht Nr. 75; 23. 11. 1941.

151) Siehe dazu A. M. Samsonow: „Mangels verfügbarer Reserven hatte der Gegner gegen Ende November keine Möglichkeit mehr, die Offensive fortzusetzen. Zugleich wurden die sowjetischen Fronten in der Westrichtung immer stärker". – Die Schlacht vor Moskau, in: Kriegswende Dezember 1941, S. 192.

152) Ia der 167. I.D. war Major i.G. Walter Niklaus.

153) Fahrtbericht Nr. 75; 23. 11. 1941.

154) Ein kurzer Bericht über eine Geländeerkundung an der Oka bei Bedrinci wurde noch am 22. Dezember 1941 verfaßt (Fahrtbericht Nr. 76). Die Fahrt wurde vom Korps-Gef.Std. Bolchow aus unternommen, wo das Generalkommando am 21. 12., nunmehr auf dem Rückzug, eingetroffen war. Die Erkundung sollte über die Möglichkeiten einer Auffangstellung an der Oka Auskunft verschaffen. Andere Fahrten mit Weisenbergers Nachfolger, Gen.Lt. Fischer von Weikersthal und mit dessen Vertreter, Gen.Lt. Clößner, wurden nicht mehr in Berichten festgehalten.

ralstabes liegen stichwortartige Notizen vor[155]). Aus ihnen geht hervor, daß die Verluste bei beiden Divisionen des Korps etwa gleich hoch waren. Auch bei der 167. I.D. war die Durchschnittsstärke der Kompanien auf 40 gesunken. Wörtlich heißt es: „Die 167. I.D. sei eine weit bessere Division als die 112. Die Leute dieser Division gingen gut vorwärts[156]), während die 112. I.D. nicht über dieselbe Härte verfüge[157]). Der Herr Kommandierende General glaubt aber, daß auch diese Division wieder in Ordnung käme, wenn sie die notwendigen 2–3 Tage Ruhe gehabt habe.

Der Herr Oberbefehlshaber bemerkt, daß es im Augenblick schwer sei, eine Ruhe zu garantieren ... Jedoch sei mit einem weiteren Vormarsch bis zur Oka, etwa in den Raum zwischen Kaschira und Kolomna zu rechnen. Die Marsch- und Kampfleistungen des Korps seien ungewöhnlich gut gewesen. Er könne nur seinen besten Dank zum Ausdruck bringen. Es sei geleistet worden, was menschenmöglich sei ... Auf die Frage des Herrn Oberbefehlshabers, ob die 167. I.D. noch nach Wenew marschieren könne, antwortete der Herr Kommandierende General, „daß die Division dies nach kurzer Ruhe noch leisten werde“[158]).

12. Die Stationen des Urteils im Überblick

In der Einleitung war gesagt worden, daß mit der Vorstellung der Fahrtberichte nicht die Absicht verbunden sein konnte, von dort her die Ereignisgeschichte in einem Abschnitt der Heeresgruppe Mitte zu rekonstruieren. Eine entsprechende

---

[155]) BA MA, LIII. A.K. Gefechts- u. Erfahrungsberichte /19198/16–18. – Es ist nicht deutlich, von wem die Aufzeichnung stammt; aber es ist anzunehmen, daß der Ia des A.K. bei der Unterredung mitgeschrieben hat.

[156]) Am Abend des 26. 11. um 21.40 Uhr vermittelt der Chef des Generalstabes an die 167. I.D. den Wunsch des OB der Pz.Armee, daß die Division am 27. 11. auf dem Ostufer des Don die dort eingeschlossene sibirische Schützendivision angreift, die mit Masse in Schirina und Iwanjkowo (6 km ostwärts Iwan Osero) gemeldet ist. Trierenberg weist auf die ernormen Schwierigkeiten im Gelände hin und auf die geringen Gefechtsstärken. „2 Btl. sind 2 Stoßtrupps, mehr nicht“. Wenn der Chef des Korpsstabes auf die große Beute hinweist, die bei den eingeschlossenen Sibiriern zu holen sei, erwidert der Divisionskommandeur: „Truppe ist kaputt und erschöpft. Es ist ihr ganz egal, ob sie Kanonen erbeutet oder nicht“. – KTB LIII. A.K. zum 26. 11. 1941, 21.40 Uhr. – Am 27. 11. erfolgte trotzdem der Angriff. Siehe Guderian, Erinnerungen S. 230: „Die tapfere Division nahm 42 Geschütze und eine Anzahl Fahrzeuge und machte 4000 Gefangene.“

[157]) Am 24. 11., abends um 21.30 Uhr hatte eine Eintragung im KTB LIII. A.K. gelautet: „112. I.D. meldet, daß sie morgen nicht angreifen kann. Heute 150 Tote und Verwundete. Kp. durchschnittlich nur noch 20 Gewehre“. – Das bedeutete, die Truppe blutete aus; auch wenn am 23. November um 17.45 Uhr der Chef der Pz.Armee gegenüber dem Korps-Chef fernmündlich geäußert hatte: „Es liegt nicht im Interesse der Armee, der 112. I.D. den letzten Blutstropfen auszupressen“. KTB LIII. A.K. zum 23. 11. 1941, 17.45 Uhr.

[158]) Tatsächlich gelangte die 167. I.D. bis zum 5. Dezember, bevor der Angriff der 2. Pz.Armee abgebrochen wurde, bis in die Gegend 25 km nördlich von Wenew (Mordweß). – Der Korps-Gefechtsstand war am 4. Dezember in Powetkino, 6 km ostsüdostwärts von Wenew. – KTB LIII. A.K. zum 4. 11. und 5. 11. 1941.

Befragung der Quellensammlung stieße aufgrund ihres fragmentarischen Charakters bald auf die Grenzen ihrer Auskunftsmöglichkeiten.

Unvermutet setzen die Berichte ein, unregelmäßig folgen sie aufeinander, ihr Sichtbereich geht meist nur so weit, wie der Abschnitt des Armeekorps reicht, und zu einem Zeitpunkt, da die Ahnung vom Zusammenbruch der deutschen Angriffsfront beginnt, brechen die Protokolle „plötzlich" ab.

Fragt man jedoch nicht nach den kontinuierlich geordneten Geschehnissen des Kriegsverlaufes, (dessen Zusammenhänge überdies durch die Forschungen der letzten Jahrzehnte weithin ans Licht gezogen sind) sondern nach den Vorstellungen und Einstellungen verantwortlicher Kommandoinhaber, so wie sie im Augenblick ihrer Formulierung festgehalten wurden, dann erscheint eine Befragung dieser Quellen auch gemäß *allgemeiner* Gesichtspunkte gestattet, und es verliert sich ihr begrenzter persönlicher und lokaler Horizont.

Wenn wir davon ausgehen, daß im Kriegsablauf nicht nur die Menge der Kämpfer, der Ausbildungsstand bei Soldaten und Vorgesetzten, die Qualität ihrer Ausrüstung, das Klima, der Raum, das Gelände und die Kunst strategischer Planung die Erfolge und Mißerfolge bestimmen, sondern ebenso die „Moral" der Verbände und Führungsschichten, dann muß auch die Darstellung mentaler Verfassung näher an das Verstehen des eigentlichen Geschehens heranführen.

In vielen Gesprächen und Mitteilungen verraten sich (wie nur natürlich) die *persönlichen* Wahrnehmungen und Auffassungen der in den Fahrtberichten auftretenden Personen, aber vieles von diesen Äußerungen ist doch als Bestandteil allgemeiner Überzeugungen, Gewißheiten und Verbindlichkeiten erkennbar.

So wird bei dem Kommandierenden General Weisenberger sein besonderer und großer Ehrgeiz deutlich, der stärker sein mochte als bei manchen seiner Kollegen; andererseits muß man bei Generälen auch Ehrgeiz als etwas Allgemeines im Kriege unterstellen. In der Beurteilung der Großlage zeigte sich Weisenberger, wo er sich als Vorgesetzter äußerte, durchaus in Übereinstimmung mit den Auffassungen und Entwürfen, wie sie von höherer Stelle kamen; ein entsprechendes Verhalten dürfte vielfach in der Ebene der mittleren militärischen Führung vorhanden gewesen sein.

An Zügen kollektiven Selbstverständnisses sind am Beginn weiter zu erkennen: Die Gewißheit von der Überlegenheit der eigenen Truppe und eigener Führungskunst, wenn auch sogleich nach den Erfahrungen mit den Gewaltmärschen in dem strapaziösen Gelände sich die Einsicht aufdrängte (die sich bis zum Schock steigern konnte), daß der Blitzkrieg in diesen weglosen Räumen, wenn auch noch nicht so sehr für die Menschen, aber für die Pferde eine Überforderung darstellte.

Eine Berichtigung erfuhr auch die Überzeugung vom steten taktischen Erfolg der deutschen Angriffsführung mit ihren Charakteristika der Schwerpunktbildung, der weitgesteckten Angriffsziele und der ununterbrochenen Führung aus der Bewegung heraus.

Sehr bald wußte man, daß die sowjetische Infanterie in der geschickten Ausnützung ihrer Erdbefestigungen verbissen kämpfte; dabei war sie flankenunempfindlich und verfügte über besondere Abwehrformen (z. B. Baumschützen). Von der Führung wurde sie meist mit starrer Konsequenz und ohne Rücksicht auf Verluste eingesetzt.

Solche Erfahrungen im Juli am Dnjepr führten auf deutscher Seite zunächst zu einer Art Unvermögen, den Kampfwert des Gegners widerspruchsfrei zu beschreiben. Es gab bei den Sowjetsoldaten, so wurde vielfach gemeldet, Überläufertendenzen, die über das, was im Kriege als normal gelten konnte, hinauszugehen schienen. Aber Überläuferaussagen waren, wenn sie die Lage auf der Gegenseite schwarz malten, meist nicht allgemein zutreffend. Andererseits kam es vor, etwa bei Einschließungskämpfen, daß sich große Gruppen reihenweise ergaben, während in der Nähe bis zuletzt erbitterte Ausbruchsversuche unternommen wurden. So entstand die Meinung, daß der große Kampfwert der sowjetischen Armee wesentlich von der Struktur, der Organisation, den Überzeugungen, der Kontrolle, kurz von der Mentalität des Führungspersonals abhing. Wenn die Führung ausfiel, wurde die Truppe, wie man sagte, weich. Lothar Rendulic, der mit eigenem Interesse solchen Fragen nachging, kam früh zur Meinung, daß das Kommissarsystem wesentlich den Kampfwert der roten Armee bestimmte.

Rasch wandelte sich auf deutscher Seite auch das Bild von der Qualität der sowjetischen Waffen. Anfängliche Vorurteile veränderten sich in dramatischer Weise, z. B. gegenüber den neuen russischen Panzertypen, besonders dem T 34, die von den üblichen deutschen Panzerabwehrwaffen nicht zerstört werden konnten. Als hervorragend wirksam galten auch sogleich die gegnerische Artillerie und schwere Infanteriewaffen.

Die Führung auf sowjetischer Seite wurde trotz der schweren Verluste, die sie hinnehmen mußte, sofort als unbeirrbar im Abwehrwillen erkannt. Dabei wurde Verteidigung grundsätzlich offensiv geführt. Die dauernden russischen Angriffe mit kleineren Verbänden waren nach deutscher Auffassung nicht lohnend, da sie bestenfalls die deutsche Front fesselten, während bei versammeltem Einsatz der feindlichen Kräfte Durchbrüche und operative Ziele möglich gewesen wären. Doch offenbar kam es dem Gegner vor allem darauf an, wo immer es nur ging und mit allen Kräften, die verfügbar gemacht werden konnten, den deutschen Vormarsch aufzuhalten und dem Angreifer möglichst große Verluste zuzufügen, um dadurch den Blitzkrieg überhaupt unmöglich zu machen. (Ein Gedanke jedoch, daß durch die sowjetische Abwehrtechnik und den russischen Raum das deutsche Angriffskonzept von Anfang an zum Scheitern bestimmt sein könnte – daß der Abnützungskrieg aus der Tiefe prinzipiell die überlegene Formel gegenüber dem Blitzkrieg sein könnte –, taucht zu Anfang des Feldzuges in den Fahrtberichten noch keineswegs auf.)

Als in der zweiten Hälfte des Monats August sich das Ende der Schlacht bei Gomel mit riesigen Erfolgszahlen abzeichnete, hatte sich bei den Divisionen eine Art Resümee im Urteil über den Rußlandkrieg gebildet. Der Feldzug ging zu Ende: Der Feind schien gebrochen, aber verglichen mit den Gegnern auf den bisherigen westlichen Kriegsschauplätzen, hatte er sich als unvergleichlich härter erwiesen, sein Widerstandswille war verbissen. Bei den immer erneuten Versuchen, die Eindringlinge zu stoppen, nahm er unerhörte Ausfälle auf sich, aber auch die deutschen Verluste waren dadurch viel höher als bei den raschen Siegen im Westen. Kurz: Vom Schauplatz, von der Bewaffnung und vom „inneren Gefüge" der Roten Armee wurde klar, daß der russische Feldzug von anderer Art war, als die bisherigen Operationen der Wehrmacht in Europa.

Die Reaktion der deutschen Führung, die auf diesen „anderen" Krieg beim Oberkommando der Wehrmacht (nicht beim OKH) erfolgte, und die absehen wollte von der Anlage großer, raumgreifender Kesselschlachten, um dafür kleinere Umfassungen einzuleiten, traf bei den Kommandeuren der Infanterieverbände übrigens auf Verständnis. Die Erfolge vor der Front des LIII. A.K. erschienen als Bestätigung des kleinräumigen Vernichtungskrieges. Während sich im Hochsommer zwischen OKW und OKH eine schwere Führungskrise entwickelte, war in der zweiten Augusthälfte die Stimmung bei dem Armeekorps und den Divisionen gut. Die Truppe spürte nach harten Prüfungen im Gefühl des Erfolges neuen Auftrieb.

Ab Juli – August wird auch das Verhältnis zur einheimischen Bevölkerung in den Berichten klarer. Durchweg lauten die Auskünfte: Die Leute benehmen sich der Truppe gegenüber freundlich, (oder auch sehr freundlich). Es gibt deutliche Hinweise, daß Teile der Bevölkerung die Ankunft der Deutschen begrüßen und mit Hoffnungen verbinden (wie bei der Kirchenrenovierung in Mstislawl, 26. 8. 1941) oder daß sie etwa dankbar ärztliche Hilfe bei einem Feldlazarett annehmen (wie in Michalewo am 29. 7. 1941). Spannungen in der Zusammenarbeit, etwa bei der Einbringung der Ernte, bestehen nicht.

Es ist ganz im Interesse der militärischen Führung, daß die Truppe korrekt gegenüber der Zivilbevölkerung auftritt. Übergriffe gegen die Landeseinwohner sind Verstöße gegen die Truppendisziplin; sie sind sofort und streng zu ahnden. Hinter solchen Anordnungen steht die pragmatische Auffassung, daß die gute Behandlung der Einwohner ein Mittel zur Sicherung des rückwärtigen Gebietes darstellt und dem Partisanenkrieg entgegenwirkt. Daneben entspricht es im Offizierkorps menschlicher Auffassung, die Schrecken des Krieges nicht an den Landeseinwohnern auszulassen. Bei einem Besuch des Kommandierenden Generals bei der 31. I.D. am 18. September in Akulitschi wird beispielhaft deutlich, daß das Bild vom Gegner und vom Menschen, wie es aus der Maxime eines „rassenideologischen Vernichtungskrieges" folgte, von der mittleren militärischen Führung nicht angenommen wurde. Der Vorstellung von einer Herrschaft des Schreckens über die Zivilbevölkerung, wie sie in Führeranweisungen als notwendig bezeichnet wurde, stand die „Mentalität" der Generäle entgegen[1]).

Neben solchen Bildern einer freundlich gesonnenen, ja sympathisierenden Bevölkerung treten seit September verstärkt die Meldungen über Aktionen von Parti-

---

[1]) G. L. Weinberg formulierte in einem Diskussionsbeitrag auf dem Stuttgarter Symposion „Kriegswende Dezember 1941" im September 1981: Hitler machte im Sommer 1941 die Erfahrung, „daß die hohen Offiziere des deutschen Heeres zu einem großen Teil mit großer Freude an dem Massenmord mitmachten, ihn sogar selbst teilweise radikalisierten und weiter betrieben". Durch solche hohen Wehrmachtoffiziere sei Hitler geradezu veranlaßt worden, „diesen Prozeß weiter zu führen und zu beschleudigen". Kriegswende Dezember 1941, S. 237. – Dagegen sprach H.-A. Jacobsen, S. 240: „Ich möchte, wenn man überhaupt von der Haltung der Generäle insgesamt spricht, als viel symptomatischer behaupten, sie blieben bestrebt, ihre Hände im Sinne von Pontius Pilatus in Unschuld zu waschen und nicht diese Dreckarbeit zu übernehmen ..." – Hier kann von den vereinzelten Beobachtungen der Fahrtberichte aus natürlich nichts über schuldhafte Verstrikkungen hoher militärischer Führer in Untaten im rückwärtigen Gebiet gesagt werden, was aber aus den Protokollen beim Kommandoinhaber an der kämpfenden Front sichtbar wird, ist die bewußte oder instinktive Ablehnung der von Hitler stammenden Pläne des ideologischen Vernichtungskampfes.

sanenabteilungen hervor. Die aus dem Hinterhalt operierenden Partisanen erzeugen bei der deutschen Führung und Truppe große Erbitterung; falls Partisanen gefangen werden, erfahren sie das Schicksal als Freischärler, d. h. den Tod nach Kriegsrecht. Im weiteren Verlauf der Kämpfe wird das Partisanenproblem zu einem Kennzeichen, welches das Bild vom „anderen" Krieg im Osten wesentlich mitbestimmt.

Im September, nachdem die Panzerkräfte unter Guderian nach Süden zur Schlacht bei Kiew abgedreht worden waren, blieb die Front vor der Heeresgruppe Mitte stehen. Aus dem Zwang zur Bewegungslosigkeit entsteht auf deutscher Seite das Bild: Wir müssen hier zur Zeit den „Krieg des armen Mannes" führen. Die Russen kämpfen an der stehenden Front zäh und offensiv aus ihren Stellungen heraus. Dabei werden auch Durchbruchsversuche mit größeren Verbänden unternommen. Aber das kann auf deutscher Seite die Meinung nicht umstürzen, die der Kommandierende General des VII. A.K. Fahrmbacher am 1. September in Kosaki beschrieb: Im rücksichtslosen Masseneinsatz sind die Russen überlegen, im kritischen Zeitpunkt neigen sie jedoch zum Überlaufen. In der Kunst der Führung und auch in der Kampfmoral erreichen sie den deutschen Status nicht.

Ähnliche Meinungen herrschen beim XII. A.K. (Marmasowka, 16. September). Der gegenüberliegende Gegner erscheint durch seine dauernden erfolglosen Angriffe zermürbt, größere Trupps von Überläufern sind etwas Alltägliches. Eine eigene Offensive müßte gelingen, wenn die Kräfte bereitgestellt werden. Entsprechend lautet das Urteil bei der 167. I.D. (28. September in Ssuprjagina) kurz vor Beginn der Operation „Taifun". Der stark angeschlagene Gegner vor der Division wird als demoralisiert bezeichnet. Zweifel am Gelingen des Angriffs bestehen nicht.

Schwachpunkte, die auf deutscher Seite gesehen werden, haben ihre Ursache in folgenden Erfahrungen: Der Gegner erscheint überlegen mit der Qualität seiner Panzer und durch seine Vorherrschaft im Luftraum; ferner ist den Gefahren des Partisanenkrieges im Hinterland schwer zu begegnen. Für den bevorstehenden neuen Bewegungskrieg sind die Infanteriedivisionen durch den Ausfall vieler Pferde gehandikapt. Die Schäden, die sich die Tiere durch die Gewaltleistungen beim Aufmarsch und zu Beginn des Rußlandkrieges zugezogen haben, wirken weiter. Es ist dies eine Klage, die sich bis in den Winter hinein wiederholen wird.

Die Feindbeurteilungen, die in den Tagen vor dem 2. Oktober beim LIII. A.K. und bei den Nachbarkorps einigermaßen einheitlich gelautet hatten und die dem Gegner nur geringen Kampfwert zugestanden, bestätigten sich mit Beginn der Offensive „Taifun" *nicht.* Wohl gelangen sogleich deutsche Einbrüche in das hervorragend ausgebaute System der Erdbefestigungen, aber zwischen den Angriffskeilen blieben die russischen Besatzungen am Platz, verteidigten zäh und gaben wieder Beispiele typischer Flankenunempfindlichkeit. Die sowjetische Abwehr war so heftig, daß vor dem LIII. A.K. der Großangriff schon am zweiten Tage eingestellt werden mußte. Zwar gewannen im Süden und im Norden des Korpsabschnittes die deutschen Stoßgruppen weite Räume, dennoch äußerte sich der Divisionskommandeur der 167. I.D. am 3. Oktober in Babinitschi zum Feindverhalten mit einer Feststellung von grundsätzlicher Bedeutung: Der russische Widerstand ist viel härter und verbissener als aus Überläuferaussagen geschlossen werden konnte. In ganz aussichtslosen Lagen kämpft der Russe mit bewundernswerter Zähigkeit. Die eigenen Verluste waren erheblich. Dennoch entsteht beim Korps kein Zweifel, daß die

Offensive gelingt und große Teile der Roten Armee der Vernichtung entgegengehen. Die eigenen Regimenter erfahren während der Gefechte mehrfach hohe Anerkennung. Weithin herrscht die Überzeugung, daß mit „Taifun“ die letzte Entscheidungsschlacht des Krieges begonnen hat, so Weisenberger am 5. Oktober bei Pawlowitschi. (Doch Guderian erinnerte sich später, daß ihm am 8. Oktober, nach der verlustreichen Panzerschlacht von Mzensk, zum ersten Mal der „mitgenommene und erschütterte“ Zustand seiner Kommandeure auffiel. Es war dies ein bedenkliches Zeichen, das für ihn schwerer wog als das Bild der Panzerverluste.)

Nach dem Fall von Brjansk lautet die Feindbeurteilung weiter: Der Gegner hat nicht nur hartnäckig verteidigt, sondern sich auch geschickt abgesetzt, dennoch ist aus der Gesamtlage heraus damit zu rechnen, daß mit den beginnenden neuen Gewaltmärschen Moskau eingeschlossen wird. Die Sowjet-Hauptstadt ist nicht mehr ernsthaft zu verteidigen, denn an Kräften stehen dem Gegner nur noch „Reste“ zur Verfügung. (Weisenberger, 9. Oktober in Makowje.)

Doch schon mit dem 10. Oktober wirkt sich das schlechte Wetter und die beginnende „Schlammperiode“ auf die Bewegungen der Verbände aus, und es entstehen ganz andere Bilder. Nicht nur andauernde russische Abwehrkämpfe im Raume Brjansk verlangsamen die Vormarschbewegung, sondern in bis dahin unvorstellbarer Weise die Schlammzeit. Ab Mitte Oktober war deutlich, daß in diesem Jahr der Wettlauf mit der Zeit nicht mehr gewonnen werden konnte. Unter Aufbietung aller Kräfte bewältigen die Infanterie-Einheiten 10–15 km Tagesleistung. Ein Bild von der eigenen Truppe, die sich durch den Schlamm vorwärtsquält, gibt Gen.Maj. Trierenberg am 25. Oktober in Bolchow. Die Pferde sind stark erschöpft, besonders die Artillerie hat starke Ausfälle. Aber auch die motorisierten Fahrzeuge können im Schlamm nicht nachgeführt werden. Die Versorgung stockt, z. T. leidet die Truppe Hunger. Die Ausrüstung der Soldaten ist zerschlissen, aber die Männer kommen nicht dazu, Bekleidung und Unterwäsche in Ordnung zu bringen. Verlausung nimmt zu. Hautkrankheiten tauchen auf. Die Leute finden keine Möglichkeit, sich gründlich zu waschen. Kurz: Die Division hat an Kampfwert erheblich verloren. Angesichts dieser Schilderung gesteht der Kommandierende General zu: Vorbildliche Zustände kann man bei uns nicht mehr erwarten, doch beim Gegner sieht es noch schlechter aus. Wir müssen nur eine Nuance besser sein; das wird den Ausschlag geben. Die Kämpfe werden nicht vor Ende November das vorläufige Ende finden. Aber dann ist der Feldzug nicht abgeschlossen. Auch wenn der Ural erreicht ist, wird es nach Osten eine Militärgrenze geben, die der dauernden Sicherung bedarf.

Mit der Vorstellung der „Nuance“ ist Ende Oktober die riesige Abwehrkraft des sowjetischen Gegners und des russischen Geländes eingestanden und das eigene Überlegenheitsbewußtsein zurückgenommen. Aber ein bleibendes geringes Übergewicht im Selbstbewußtsein reicht aus, den endgültigen Erfolg des Rußlandkrieges und das Gelingen des weiteren Vormarsches bis zum Ural für gewiß zu halten.

Der 5. November brachte Frost; die Schlammperiode war plötzlich beendet. Südlich von Tula begannen für das LIII. A.K. Anfang November bei großer Kälte Winterkämpfe. Die Anforderungen an die durch die kräftezehrenden letzten Märsche erschöpfte, schlecht für das Klima ausgerüstete, durch Verluste, Strapazen und Krankheit ausgedünnte Infanterie sind außerordentlich; trotzdem erledigt sie weiter alle Aufträge gegen überlegene Feindkräfte, z. T. gegen frisch ausgeladene Sibirier in Winterausrüstung. Der Truppe wird von höchster Stelle gesagt: Mit einer allerletzten Anstrengung müssen wir die großen Erfolge des Sommers sicherstellen. Guderian erklärte am 14. November vor Soldaten in Roshestwenno: Wenn wir kurz vor dem Ziel nicht durchhalten, wenn wir „die Kräfte nicht mehr aufbringen würden", wären die Siege des Sommers umsonst gewesen. Damit wurde die Möglichkeit angedeutet, daß schon in diesen Tagen sich das Schicksal gegen die deutsche Wehrmacht entscheiden könnte.

Am 14. November äußerte der Divisionskommandeur der 112. I.D. in Fjodorowka, daß der Zustand seines Verbandes kritisch wird, nicht nur, weil die Kompaniestärken sehr abgesunken sind, sondern vor allem, weil durch die hohen Verluste an Offizieren und Unteroffizieren die verläßliche Führung der Einheiten nicht mehr garantiert werden kann.

Am 18. November begann der letzte Angriff der 2. Panzerarmee. Die ersten Tage brachten, trotz aller Erschwernisse durch Witterung, Gelände und mangelnden Nachschub, Erfolge. Doch am 20. November zeigte ein Ereignis bei der 112. I.D., daß die erschöpfte Infanterie den Belastungen nicht mehr gewachsen war. Ein Bataillon ging bei einem Angriff der Sibirier panikartig zurück und war vorerst nicht aufzufangen. Es war ein Alarmzeichen, wie es als ein erstmaliges und grundsätzliches Phänomen von der Führung wahrgenommen, aber in seinen Konsequenzen noch nicht voll verstanden wurde. Doch es ging nur noch um Tage.

Während die Angriffe bei Tula fortgesetzt wurden, meldete der Kommandeur der 167. I.D., ein besonnener und energischer Mann, am 26. November abends dem Chef des Korpsstabes, nachdem dieser darauf hinwies, der Russe sei „stark angeschlagen": „Truppe ist kaputt und erschöpft. Es ist ihr ganz egal, ob sie Kanonen erbeutet oder nicht."

Auch wenn die Division am nächsten Tag 4000 Gefangene machte und eine Vielzahl Geschütze erbeutete, besagt diese Meldung, daß die Infanterie am Ende war, ausgebrannt und zu Tode entkräftet. Jenes Bild, daß es beim Gegner noch schlechter stünde und daß es darauf ankäme, auf deutscher Seite einige Augenblikke länger die Nerven zu behalten, um den Feldzug doch für sich zu entscheiden, war falsch. Die Truppe sah, und die nächsten Tage zeigten das.

„Am 5. Dezember, an dem Tag, als die gesamte Heeresgruppe Mitte zur Abwehr übergegangen war, trat die Rote Armee mit ihren ostwärts von Moskau zusammengefaßten und neu aufgestellten Kräften zur Gegenoffensive an. Während sich die deutschen Verbände immer mehr ausgeblutet hatten, hatte die russische Führung, von der deutschen Aufklärung unbemerkt, sieben neue Armeen aufgebaut . . ."[2]).

Die Zeichen und Urteile, die Ende November von den Divisionen gekommen waren, erfuhren während der Rückzugstage im Dezember ihre furchtbaren Bestätigungen[3]). Es sind Bilder, die an das Chaos des napoleonischen Rückzuges erinnern, die nun mit den wörtlichen Meldungen der Generäle auftauchen.

---

[2]) K. Reinhardt, Das Scheitern . . ., in: Kriegswende Dezember 1941, hrsg. von J. Rohwer und E. Jäckel, S. 207.

[3]) Halder notierte am 9. 12. in seinem Kriegstagebuch: „Gespräch mit Fm. von Bock: Guderian meldet, der Zustand der Truppe sei so bedenklich, daß er nicht wisse, wie er den Feindangriff abwehren solle, «Vertrauenskrise ernster Art in der Truppe»". Halder KTB III, S. 336.

Am 13. Dezember sagt der Kommandeur der 112. I.D. in verzweifelter Stimmung, daß der angreifende Gegner doch keinen hohen Kampfwert habe. „Schlecht ausgebildet, daher muß das Gefühl der Überlegenheit bei uns hochgehalten werden[4]).“ Am 16. Dezember aber verzeichnet das Kriegstagebuch: „Kdr. 112. I.D. meldet physische und psychische Erschöpfung der Truppe. Es sei unbedingt notwendig, daß wenigstens ein Regiment eine Nacht Ruhe bekommt[5]).“ Am Tage darauf meldet Gen.Lt. Fischer von Weikersthal, Weisenbergers Nachfolger, an die Armee: „I.R. 331 (167. I.D.) ist erledigt, Leute vor Erschöpfung gestorben[6]).“ Es handelte sich um das Regiment Kullmer.

Überschauen wir die mentalen Äußerungen vom Beginn des Vormarsches in Weißrußland bis zum Kollaps der 2. Panzerarmee bei Tula, dann wird in den Vorstellungen und Urteilen der Kommandeure die steile Kurve von dem Überlegenheitsbewußtsein bis zur Innewerdung des Absturzes deutlich. Erstaunlich ist dabei das Bild, das die Truppe, insbesondere die Infanterie bietet. Auch hier liegt zwischen den Nachrichten vom Sommer bis zum Winter die ungeheure Spanne von der Siegesgewißheit bis zur Erfahrung des Unterganges in der Kälte.

Erinnern wir uns. Am 15. Juli verzeichnete der Fahrtbericht: Der Kommandierende General wurde bei Barki von den Infanteristen „mit lachenden Gesichtern begrüßt“, und „die Truppe war in ausgezeichneter Angriffsstimmung“. – Dagegen meldet der Kommandierende General am 17. Dezember: Das Regiment 331 ist „erledigt“.

Erstaunlich, ja erschütternd ist es zu sehen, wie lange zwischen Juli und November immer wieder gemeldet wird: „Die Stimmung bei der Truppe ist gut.“ Natürlich sagen die pauschalen Urteile nichts im einzelnen und für den Einzelnen aus, aber im Ganzen scheinen solche Meldungen doch berechtigt und bestätigt durch die Erfolge und die Verläßlichkeit der Einheiten bis an die Grenze des Menschenmöglichen. Als diese Grenze erreicht ist, heißt es nicht, die Truppe lehnt sich auf oder will aufgeben, sondern: Sie ist „kaputt“; es ist ihr „egal“, ob sie Geschütze erobert. – Endlich heißt es von den Soldaten eines (wie Weisenberger sagte, „sehr guten“) Regiments: Sie sterben vor Erschöpfung[7]).

---

[4]) KTB LIII. A.K. zum 13. 12. 1941, 14.25 Uhr.

[5]) KTB LIII. A.K. zum 16. 12. 1941, 17.30 Uhr.

[6]) KTB LIII. A.K. zum 17. 12. 1941, 20.20 Uhr. – Am 22. 12. 1941 notierte Halder: „Die Kommandierenden Generale melden, daß ihre Truppen erschöpft und weiteren Angriffen nicht gewachsen seien. Befehl zu halten ist gegeben.“ Halder KTB III, S. 362.

[7]) In der sowjetischen Forschung gewann die Frage nach der „moralischen“ Verfassung der deutschen Truppe ein besonderes Interesse und entsprechende Bedeutung. Einen Überblick über die Literatur und Quellen hierzu gaben Olga Kusnezowa und Konstantin Selesnjow: „Der politischmoralische Zustand der faschistischen deutschen Truppen an der sowjetisch-deutschen Front in den Jahren 1941–1945“, Zs. f. Militärgesch. 9, 1970, S. 598 ff. – „Wie gelang es, die Wehrmacht in ein gehorsames und blindes Werkzeug der deutschen Monopolisten zu verwandeln? Wie gelang es, den Kampfgeist der Soldaten auf eine so bedeutende Höhe zu bringen?“ (S. 598). Eine von vielen Antworten gab M. Leonow mit dem Topos: Es ist „die Kraft der deutschen Armee die Kraft einer Maschine, die Standhaftigkeit der Soldaten eine mechanische Standhaftigkeit, die ihre Quellen im militärischen Drill hat.“ So kämpfen die Soldaten der Wehrmacht „unter dem Druck des militärischen Mechanismus einerseits und mit der Verzweiflung einer Räuberbande andererseits“. (S. 605) – Sachlicher schrieb Marschall Schukow (Erinnerungen u. Ged. S. 385). „Der deutsche Soldat kannte seine Pflicht im Gefecht und im Felddienst und war

Der Gegenangriff der Sowjets, der am 5. Dezember begonnen hatte, brachte vor Moskau die Wende des Krieges; er führte auch auf dem Felde, das wir im Ausschnitt beobachteten, zum Zerbrechen vieler Sicherheiten, Urteile und Einstellungen. Freilich war es noch nicht die Innewerdung des absoluten Sturzes. Das LIII. A.K. blieb Ende Dezember mit seinem Gefechtsstand in Bolchow stehen, und Ende Februar 1942 war die Offensivkraft der sowjetischen Kräfte vorerst aufgezehrt. Die erste ganz große Krise schien mit der Neueinrichtung einer z. T. mehrere hundert Kilometer zurückgenommenen Frontlinie einigermaßen aufgefangen. Ähnlich trat eine Beruhigung, wenn man will eine Erholung der Mentalität auf seiten der deutschen Kommandeure ein.

Doch eines blieb und war nicht mehr umzukehren: Die Gewißheit von der Unbesiegbarkeit der deutschen Wehrmacht gab es nicht mehr; die Strategie des Blitzkrieges hatte versagt vor dem russischen Raum, der Natur, den Menschen, den Waffen und der bedingungslosen Entschlossenheit der sowjetischen Führung. Das Vertrauen aber in die oberste Kommandogewalt des deutschen Heeres – auch wenn es im Augenblick gelungen war, den Rückzug zum Stehen zu bringen –, war zerstört. Der unheimliche Gedanke vom beginnenden Untergang meldete sich an.

---

ausdauernd, selbstsicher und diszipliniert". Die besondere Qualität der Truppe stand jedoch nicht im rechten Verhältnis zur strategischen Planung. „Bei den politischen und strategischen Berechnungen hatte man sich grob verkalkuliert. Die Kräfte, über die Deutschland (selbst unter Berücksichtigung seiner Satelliten) verfügte, reichten keinesfalls aus, um gleichzeitig an drei Schwerpunkten strategische Operationen durchzuführen."

B. Quellenedition

Zur Edition der Fahrtberichte[1])

Der Abdruck der Protokolle und „Bemerkungen“ erfolgt wörtlich und ohne irgendwelche Kürzungen. Nur, wo offensichtliche Schreibfehler oder bei der Niederschrift nicht bemerkte Irrtümer festgestellt wurden, erfolgte eine Berichtigung unter Hinweis auf die im Original befindliche Fassung.

Ein Problem für sich bildet die Orthographie der in großer Zahl auftretenden Ortsnamen. Ihre jeweilige Schreibweise wurde aus den damals vorliegenden Karten entnommen. Diese waren jedoch häufig verschiedener Herkunft und verschiedenen Alters; entsprechend verschieden waren vielfach die Benennungen und die Schreibweisen der Ortsnamen. Im allgemeinen wurde beim Abdruck die im Protokoll vorgefundene Fassung des Ortsnamens übernommen, auch wenn dieser an anderer Stelle in etwas abweichender Form wieder auftauchte. So wurde darauf verzichtet, bei der Wiedergabe der Ortsbezeichnungen nach einem einheitlichen orthographischen System zu verfahren. Nur wo sich falsche Schreibweisen bei häufig wiederkehrenden Namen (aus anfänglicher Unkenntnis des Verfassers und des Schreibers verständlich) zeitweilig reihenweise eingeschlichen hatten, wurde beim Druck stillschweigend einheitlich verbessert; ebenso wurde festgelegt, wie bei sehr häufig genannten Ortsnamen einheitlich zu drucken sei, z. B. Rogatschew statt Rogatscheff. Soweit es möglich schien, wurden die Ortsnamen mit heute greifbaren Karten der betreffenden russischen Gebiete verglichen und ggf. verbessert.

Nicht im Druck berücksichtigt wurden: Regelmäßig auftauchende Paraphen des Kommandierenden Generals, Chefs des Generalstabes, Ia und 1. Ordonnanzoffiziers, Eingangsstempel für Geheimschreiben bei der Abt. Ia, Marginalien mit Weisungen an die einzelnen Abteilungen des Generalkommandos oder Anordnungen zur Aufnahme einzelner Passagen in Korpsbefehle.

[1]) Quelle: BA MA 191 98/15 u. 16, Anl. GI u. GII zum KTB Nr. 1.

Verzeichnis der Fahrtberichte

Die Fahrtberichte Nr. 1 bis 76 im Wortlaut

Nr. 1

Generalkommando LIII. A.K. K.Gf.St., 5. Juli 1941
Ltn. Lammers
Begleitoffizier

Fahrtbericht vom 5. 7. 1941.

Der Herr Kommandierende General fuhr am 5. 7. 41, 8.00 Uhr, vom Korpsgefechtsstand Kosow zu einer Besprechung zum A.O.K. 2 nach Slonim. Nach Ende der Besprechung rückte die Generalsstaffel um 13.45 Uhr in den neuen Korpsgefechtsstand Ucios ein.

Fahrtweg: Kosow – Rozana – Slonim – Tartak – Lesna – Milowidy – Ucios.

Etwa drei Kilometer südwestlich Slonim ereignete sich im Beikrad der Staffel ein Unfall, bei dem ein Fahrer sich die linke Hand brach. Er wurde in der Krankensammelstelle Slonim behandelt.

Die Besprechung beim A.O.K. 2 dauerte von 10.40 Uhr bis 11.40 Uhr.

In der Anlage werden die Bemerkungen und Beanstandungen des Herrn Kommandierenden Generals während der Fahrt vorgelegt.

Lammers
Leutnant

Bemerkungen und Beanstandungen
des Herrn Kommandierenden Generals
auf der Fahrt am 5. Juli 1941.

1.) Fahrräder sollen nicht auf die Fahrzeuge marschierender Kolonnen aufgeladen werden, Radfahrer nicht auf Fahrzeuge aufsitzen, sondern auf Fahrrad marschieren.
2.) Es ist festzustellen, ob die Funker nicht während des Marsches aus ihren Fahrzeugen senden können.
Wenn nicht, warum nicht?
3.) Falls auf der Rollbahn von pferdebespannten Kolonnen gerastet werden soll, müssen vorausschauend Erkunder vorgeschickt werden, die Rastplatz ausmachen.
Rasten nicht auf Rollbahn sondern auf Sommerweg!
4.) Marschdisziplin der (mot.) Korpsstaffeln auf Rollbahn 1 wurde beanstandet. Grund: zu schnelles Fahren auf schlechten Strassen.

Nr. 2

Generalkommando LIII. A.K. K.Gf.St., 6. Juli 1941.
Ltn. Lammers
Begleitoffizier

Fahrtbericht vom 6. Juli 1941.

Der Herr Kommandierende General verliess am 6. 7. 41., 9.00 Uhr, den Korpsgefechtsstand Ucios, um die Truppen der vorderen Divisionen des Korps auf dem Marsche zu sehen und um anschliessend den Divisionsgefechtsstand der 167. I.D. in Nowosady aufzusuchen.

Die Generalstaffel rückte um 13.10 Uhr wieder auf dem Korpsgefechtsstand ein.

Fahrtweg: Ucios – Rollbahn 1 bis zum Übergang über die Szczara – Mysloboje – Lachowicze – Podborocze – Wilkie-Luki – Wolka – Rollbahn 1 – Ucios – Nowosady – Ucios.

300 m ostwärts der Rollbahnbrücke über die Szczara bei Dubiszcze wurden am Waldrande sechs gut erhaltene russische Feldhaubitzen und ein Granatwerfer in Feuerstellung festgestellt. Die Richtmittel der Geschütze waren zerstört. In Mala Lotwa traf der Herr Kommandierende General Teile der 52. I.D., besonders Einheiten des I.R. 181. Um 10. 20 Uhr meldete hier Herr Oberst Mahlmann, Kommandeur I.R. 181, dem Herrn Kommandierenden General sein Regiment.

Um 12.00 Uhr begegnete Herr Generalmajor Rendulic dem Herrn Kommandierenden General bei Ucios und meldete die 52. I.D. auf dem Vormarsch.

Der Herr Kommandierende General sprach der Division seine Anerkennung aus. Gut gefallen hatte dem Herrn Kommandierenden General die Haltung der Leute und der Zustand der Pferde. 12.45 Uhr traf die Generalsstaffel in Nowosady ein. Der Stab der 167. I.D. war noch nicht eingerichtet. Herr Major König meldete, dass der Divisionsstab beim Stellungswechsel sei. Der Herr Divisionskommandeur, Generalleutnant Schönhärl, war noch nicht eingetroffen.

In der Anlage werden die Bemerkungen und Beanstandungen des Herrn Kommandierenden Generals während der Fahrt vorgelegt.

Lammers
Leutnant

Bemerkungen und Beanstandungen
während der Fahrt am 6. 7. 41.

1.) Das Rauchen am Steuer bei marschierenden Kraftfahrzeugen ist verboten.
2.) Jeder unnötige Gegenverkehr unserer Formationen muss unterbleiben.
3.) Die Marschstrassen der marschierenden Truppenteile, die der Herr Kommandierende General besuchen will, müssen vor Beginn jeder Fahrt auf einer Karte 1 : 100 000 eingezeichnet vorliegen.
4.) Ein Dolmetscher soll an den Fahrten des Herrn Kommandierenden Generals teilnehmen.

5.) Meldung an Qu.:
6 gut erhaltene russische Feldhaubitzen und 1 Granatwerfer befinden sich 300 m ostwärts der Rollbahnbrücke über die Szczara am Waldrand in Feuerstellung. Richtmittel sind zerstört.

Nr. 3

Generalkommando LIII. A.K. — K.Gf.St., 7. Juli 1941.
Ltn. Lammers
Begleitoffizier

Fahrtbericht vom 7. 7. 1941.

Der Herr Kommandierende General verliess am 7. 7. 1941 den Korpsgefechtsstand Ucios 8.05 Uhr, um die Regimenter der 167. I.D. und 52. I.D. auf dem Marsche zu sehen. Um 14.00 Uhr traf die Generalsstaffel in Kleck ein, wo inzwischen der neue Korpsgefechtsstand bezogen war.

Fahrtweg: Ucios – Nowosady – Bohusze – Mijanka – Olchowka – Lachowicze – Zerebkowicze – Vw. Burakowce – Vw. Zabielowszczyzna – Kleck.

Um 8.20 Uhr meldete in Nowosady auf dem Gefechtsstand Herr Generalleutnant Schönhärl die 167. I.D. Herr Generalleutnant meldete, dass die Division einige Leute verloren hat, die sich beim Baden, abseits von der Truppe, ohne Waffen bewegt haben. Es ist notwendig, auch bei kleineren abgesetzten Trupps, etwa beim Sport oder Baden, stets Wachen auszustellen und die Waffe griffbereit zu halten.

Die Stimmung in der 167. I.D. ist trotz anstrengender Märsche sehr gut. Der Zustand der Pferde, insbesondere bei der schweren Abteilung I/A.R. 40, ist nicht zufriedenstellend. Zur Entlastung der Pferde stellt eine Entgiftungsabteilung ihre Schleppfahrzeuge der schweren Artillerie zur Verfügung.

8.30 Uhr meldete der Führer der Regimentsstabsbatterie A.R. 238 seine Einheit auf dem Marsch.

Die 167. I.D. legte dem Korps ein erbeutetes russisches Hautentgiftungsmittel vor.

Um 8.50 Uhr begann die Generalsstaffel die Truppen des I.R. 315 im Raum um Bohusze zu überholen. Die Bataillone machten allgemein einen frischen und munteren Eindruck. Schwierigkeiten, die durch[1]) Ausfall bei den Pferdebespannungen aufgetreten waren, wurden durch beigetriebene Panjefahrzeuge behoben.

9.35 Uhr wurde das Pi.Batl. 238 im Raume Wolka dem Herrn Kommandierenden General bei der Rast gemeldet.

9.40 Uhr traf die Staffel auf das I.R. 339. Das Regiment machte denselben sehr frischen Eindruck. Nur Pferde im allgemeinen erschöpft. Der Herr Kommandierende General erkundigte sich nach der ärztlichen Versorgung; Schwierigkeiten sind auch hier nicht aufgetreten.

---

[1]) Verbessert durch Streichung von „aus".

An der Strassenkreuzung bei Olchowka warteten sechs Kolonnen des Divisionsnachschubführers der 52. I.D., die um 8.00 Uhr hier abmarschieren sollten, und die sich jetzt nicht mehr, ohne Verstopfungen bei 167. I.D. hervorzurufen, einfädeln konnten. Der Herr Kommandierende General befahl, dass nur drei Kolonnen sich bei Gelegenheit einfädeln sollten, der Rest soll noch nachts nachgezogen werden.

In einem solchen Falle muß die Division, die einen[2]) Verband nachzieht, vorher erkunden, ob nicht hierdurch die Marschfolge einer anderen Division gestört wird.

Um 10.30 Uhr meldete Herr Oberst Hübner, Kommandeur I.R. 339, in Fw. Holdowicze sein Regiment. In letzter Nacht erlebte das Regiment einen russischen Fliegerangriff. Am 6. 7. 41. wurde ein Radfahrspähtrupp des Regiments aus einem Walde angeschossen.

Bei den rastenden Truppen nahm der Herr Kommandierende General aus fast allen Feldküchen eine Kostprobe und äusserte überall seine Zufriedenheit über die Zubereitung. Den Mannschaften sprach der Herr Kommandierende General mehrfach seine Anerkennung aus über die bisherigen Marschleistungen und die gezeigte frische Haltung.

In Zubielewicze traf die Staffel auf die I/A.R. 238 und auf Teile des I.R. 331. Zustand und Stimmung der Truppe waren gut. Pferde, besonders bei Artillerie, etwas erschöpft, aber marschfähig.

Bei Zwebkowicze klagte ein russischer Bauer sein Leid, dessen einziges Pferd requiriert worden war. Ihm wurde eine Bescheinigung gegeben, durch die er möglichst bald wieder in den Besitz eines anderen, erschöpften und zurückgelassenen Pferdes kommen soll.

Um 13.00 Uhr traf die Staffel auf Artillerie der 52. I.D. bei Solowje. Zustand der Truppe und Pferde war gut.

Herr Oberst Reymann, Kommandeur I.R. 205, meldete um 13.10 Uhr sein Regiment bei Fw. Zabielowszczyzna. Der Herr Kommandierende General äußerte seine Freude darüber, die alten Beziehungen zu Herrn Oberst Reymann in der Praxis wiederaufzufrischen.

Herr Oberst meldete noch, daß die Flugzettelpropaganda bei den Russen sehr gute Wirkung gezeigt hätte.

In der Anlage werden die Bemerkungen und Beanstandungen des Herrn Kommandierenden Generals während der Fahrt vorgelegt.

Lammers
Leutnant

Bemerkungen und Beanstandungen während der Fahrt.

1.) Bei abgesetzten Trupps auch in der Freizeit (Sport, Baden) stets Wachen ausstellen und Waffen griffbereit halten, besonders in Nähe von Wäldern.

---

[2]) Verbessert aus einem.

2.) Beim Marsch Pferde nur, wenn unbedingt nötig, traben lassen. Große Führstrecken einlegen.
3.) Wenn die marschierende Truppe gezwungen ist, für erschöpfte Pferde aus dem Lande Ersatz zu requirieren, sind, wenn möglich, die erschöpften Panjepferde dagegen einzutauschen; besonders dann, wenn der betreffende Bauer nur ein Pferd hat. Auch bei Pferde*kauf* immer einen Beleg ausstellen.
4.) Sollen von einer Division zurückliegende Teile (z. B. Versorgungstruppen) nachgezogen werden, so muss vorher festgestellt werden, ob diese nachziehenden Teile nicht in die Marschfolge einer anderen Division hineingeraten und hier Verstopfungen hervorrufen. Gegebenenfalls muss zwischen den Divisionen *vorher* eine Regelung getroffen werden.
5.) Paks sollen sich beim In-Stellung-Gehen nicht immer an die Wege klammern, sondern müssen so hoch stehen, dass sie über die Kornfelder schiessen und das *gesamte* Gelände bestreichen können.
6.) Ist es ratsamer, auf dem Marsch warme Kost abends auszugeben? Wird Frischfleisch verdorben, wenn es erst spät am Nachmittag gekocht wird? In diesem Falle müsste das Fleisch vorher angebräunt werden.

Nr. 4

Generalkommando LIII. A.K. — K.Gf.St., 8. Juli 1941.
Ltn. Lammers
Begleitoffizier

Fahrtbericht vom 8. 7. 1941.

Der Herr Kommandierende General verliess am 8. 7. 41 um 9.45 Uhr den Korpsgefechtsstand, um die Artillerie-Abteilungen der 167. I.D. zu sehen und besonders den Zustand der Pferde dieser Einheit zu prüfen, da diese Truppenteile bei weitem den grössten Ausfall an Pferden im A.K. gemeldet haben. Die Generalsstaffel traf um 15.00 Uhr wieder in Kleck ein.

Fahrtweg: Kleck – D. Nacz Bryndzowska – Lachowicze – Olchowska – Lachowicze – D. Hroszowka – Kleck.

Als erste Artillerie-Einheit begegnete der Generalsstaffel 10.10 Uhr die Regiments-Stabs-Batterie A.R. 238. Meldung im Vorbeifahren. Um 10.20 Uhr traf der Herr Kommandierende General auf dem Divisionsgefechtsstand der 167. I.D. ein. Der Divisionskommandeur meldete, dass III. Abtlg. 238 heute aus der Unterkunft Olchowka den Weitermarsch nicht antreten konnte, weil eine zu große Anzahl Pferde wegen Erschöpfung ausgefallen ist. Der Weitermarsch kann erst in der Nacht vom 8.–9. Juli angetreten werden. Den Ausfall so vieler Pferde bei der I.D. erklärte Herr Generalleutnant mit dem *Landwehrcharakter* der Division, die insgesamt solchen Anstrengungen nicht gewachsen sei.

Der Kom. General entgegnete, daß gerade die schwere Abteilung I/A.R. 40 die größten Schwierigkeiten hat und doch eine rein aktive Abteilung ist.

Herr[1]) Generalleutnant erklärte, daß diese Abteilung die Einmärsche und Feldzüge Österreich, Sudetenland, Tschechoslowakei, Polen, Frankreich und jetzt Rußland mitgemacht, und schon mehr marschiert wäre, wie das übrige Regiment (Einsatz bei Brest).

Der Kom. General entgegnete hierauf, daß die Anstrengungen des Frankreichfeldzuges überwunden sein müßten. Schon bei einem Besuch des Regiments in Günzburg habe er die Beobachtung gemacht, daß Stallpflege und Fürsorge für das Pferd vernachlässigt wurde. Nasse Pferde wurden in feuchte und dumpfe Ställe gestellt, obwohl draußen die Sonne schien. Pferde wurden nicht versorgt, während die Leute Essen faßten.

Der Herr Kom. General führt deshalb die Ausfälle der Pferde auf Mangel der Pflege und ungenügende Dienstaufsicht durch die betreffenden Organe zurück. (Futtermeister und Veterinäroffz.).

Der Div.Kdr. meldete, daß er stets den Eindruck gehabt habe, Herr Oberstlt. Baer, Kdr. A.R. 238 und Herr Oberstlt. Dorn, Kdr. I/A.R. 40 bemühten sich ganz besonders und energisch um die Wartung und Pflege der Bespannung.

Der Kom. General wies auf die unbedingte Notwendigkeit hin, die abhängenden Art.Abt. unter allen Umständen in die zugewiesenen Tagesräume nachzuziehen; da sie sonst vom nachrückenden XXXXIII.[2]) A.K. abgeschnürt werden und dann mindestens drei Tagemärsche abhängen. Mit nur zwei 2 Art.Abt. ist aber die 167. I.D. nicht mehr einsatzfähig.

Eine wesentliche Erschwerung ist bei der schw. Abt. durch die Vorverlegung der Heeresart. eingetreten, die bisher ihre Zugmaschinen zur Verfügung der schw. Art.Abt. gestellt hat. Die Fahrzeuge der Entgiftungsabt. eignen sich nicht gut zum Abschleppen, da hierdurch die Sprühvorrichtungen beschädigt werden können.

Um 11.00 Uhr begegnete die Generalsstaffel der II./A.R. 238 auf dem Marsch bei Perechrescie. Herr Hptm. Dr. Keuth meldet die Abt. 10 Pferde wurden vor dem heutigen Abmarsch von der Abt. abgegeben. Bisher hat die Abt. insgesamt 90 Pferde durch Erschöpfung verloren. 80 Panjepferde sind als Ersatz beigetrieben worden. Die II.[3]) Abt. hat die 2. Munitionsstaffeln zurückgelassen und so den Fehlbestand in den Bespannungen ausgeglichen. Jede Battr. hat jetzt nicht[4]) 504 sondern nur 360 Schuß in der Erstausstattung.

Der Abt.Kdr. äußerte seine Zweifel, ob das heutige Marschziel zu erreichen sei. Das Futter ist unzureichend. Der Hafer genügt für die Pferde gerade zu ihrer Ernährung *ohne* besondere Dienstleistungen und Anstrengungen. Rauhfutter fehlt fast ganz.

Für die Art. der 167. I.D. wurde vom Kom. General auf Vorschlag des begleitenden Gen.Vet. 14 Tage lang 5 Pfund Haferzulage zugeteilt.

Die Pferde werden bei jeder Gelegenheit geschont. Von bisher bewältigten 650[5]) km sind die Kanoniere 600 km zu Fuss marschiert.

---

[1]) Im Text handschriftl. verbessert statt: Ein.
[2]) Verbessert statt: 43.
[3]) Verbessert statt: 2.
[4]) Ergänzt aus nich.
[5]) Im Text verbessert aus 600.

Hierzu äußerte der Herr Kom. General, daß die Einstellung und Mentalität zur Marschleistung eine vollständig andere werden muß. Bis Moskau sind es noch über 1000 km, 600 km sind ein Drittel der zu erwartenden Gesamtmarschleistung.

11.30 Uhr meldete Herr Oberstlt. Dorn, Kdr. I./A.R. 40 seine Abt. bei der Rast in Zadworze.

Die Pferde machten auf den Herrn Kom. General nicht den schlechten Eindruck, der erwartet worden war. Allerdings hat auch diese Abteilung sehr viele Fehlstellen. Die Pferde erholen sich durch die Arbeit der Schleppfahrzeuge. Allerdings brechen die erschöpften Pferde mitunter schon beim Nachführen, ohne Zugleistung, zusammen.

Herr Gen.Vet. wies auf die Notwendigkeit hin, erschöpfte Pferde *frühzeitig* abzugeben und nicht erst im letzten Augenblick beim Zusammenbrechen. Pferde sollen auch nicht sofort erschossen werden. Die russischen Bauern sind froh, wenn sie ein erschöpftes Pferd bekommen können.

Um 12.30 Uhr meldet Herr Oberstlt. Baer, Kdr. A.R. 238, die III./A.R. 238. Sämtliche Pferde waren aufgestellt. Sie machten im ganzen einen mitgenommenen Eindruck. Eine Ausnahme machten die Pferde der 9. Battr. Der Rgts.Kdr. schlug deshalb vor, die 7. Battr. zurückzulassen und die brauchbaren Pferde auf 8. Battr. und Stab zu verteilen.

Die III.[6]) Abt. ist somit in Zukunft nur mit 2 Battr. einsatzbereit. Der Kom. General sprach im Anschluß an die Pferdebesichtigung kurz an die Mannschaften. Er drückte seine Erwartung aus, daß die Fahrer alles daran setzen würden, um durch unermüdliche Pflege den Bestand der Pferde zu erhalten. Besonderen Dank und Anerkennung sprach er den Angehörigen der 9. Battr. aus, deren Pferde einen voll befriedigenden Eindruck machten. Allgemein lobte der Kom. General die frische Haltung der Mannschaften selber. Er schloss: „Bleibt so frisch, munter und unermüdlich, denn ich weiß, Ihr alle wollt noch an den Feind, und nicht als Heeresreserve liegen bleiben!“

Zusammenfassend äußerte Herr General, daß außerordentlich vordringlich die Versorgung der 167. I.D. mit 500 Pferden, 200 Pferde für I/A.R. 40 und 300 Pferde für I,II,III/A.R. 238 sei.

Um 13.30 Uhr besuchte Herr Kom. General das Arabergestüt in D. Horoscowka. Hier meldete sich eine von der Armee gestellte Stallwache.

Die Fahrt wurde beschlossen um 14.00 Uhr mit einer Besprechung mit dem Ia der 167. I.D.

Herr Major Niklaus bat darum, die Div. nachts marschieren zu lassen. Grund: 1. nachts ist es kühler und angenehmer zum Marschieren, 2. hierdurch wird ein Pufferabstand zur vorausmarschierenden 52. I.D. gewonnen.

Der Herr Kom. General entgegnete, daß die 167. I.D. hierdurch einen Tagesmarsch zurückbleibt. Um den Abstand zu gewinnen, müßte die 52. I.D. durch etwas erhöhte Marschleistungen langsam diesen Abstand schaffen.

In der Anlage werden die Bemerkungen und Beanstandungen während der Fahrt vorgelegt.

Lammers
Leutnant

---

[6]) Verbessert aus: 3.

Bemerkungen und Beanstandungen
während der Fahrt.

1.) Einzelfahrende Kraftfahrzeuge stören die marschierende Inf. Einzelne Kraftfahrzeuge zu Kolonnen zusammenschließen und fahren lassen, wenn Infanterie nicht mehr marschiert.
2.) Auf dem Marsch sehen Mannschaften und Uffz. einen höheren Vorgesetzten nur frei an. Keine verkrampfte Haltung der Hände.
3.) Bei den bespannten Truppenteilen ist augenblicklich von *ganz besonderer* Bedeutung die Aufsicht der Vet.Offz., Futtermeister und Schmiede. Gerade bei anstrengenden Märschen besondere Sorgfalt auf Pferdepflege und Versorgung legen. Immer überprüfen! Immer wieder auf die Fahrer erzieherisch einwirken: Zuerst kommen die Pferde.
4.) Um Scheuerung bei den Pferden zu vermeiden, sind Pelze und Felle beizutreiben, um die Brustblätter zu polstern. (Besonders bei frischeingespannten Reitpferden, die keinen Zug gewöhnt sind).
5.) Dem Art.Rgt. 238 ist 14 Tage lang eine Haferzulage von 5 Pfund pro Pferd aus Beutebeständen zuzuführen.
6.) *Jeder* gelegentliche Aufenthalt ist zum *Tränken* zu benützen. Pferde sind gegen Durst empfindlicher als gegen Hunger.
7.) Lahme oder übermüde Pferde dürfen niemals geritten werden. Vermehrte Marschaufsicht ist notwendig. Jeder Chef muß in Abständen von 2 Stunden seine Einheit einmal an sich vorbeiziehen lassen. Dasselbe gilt für Vet.Offz.
8.) Die Truppe muß durch Belehrung und Einwirkung zu einer anderen Auffassung und Mentalität gegenüber Marschleistungen erzogen werden. Bis Moskau sind es noch über 1000 km. Der bisherige Marschweg ist der kleinere Teil der zu bewältigenden Strecke.
9.) Auf Trossfahrzeugen sitzt nur der Fahrer auf, sonst niemand.
10.) Jede Straße muß beim Halten immer auf einer Seite freigehalten werden.
11.) Pferde nicht bis zum völligen Zusammenbrechen eingespannt lassen, sondern frühzeitig an Vet.Komp. abgeben.
12.) Pferde nie zu früh töten. Lieber noch einem Bauern überlassen, und dem Pferd so die Gelegenheit zur Erholung geben.
13.) Die mit Zugmaschinen beförderten Geschütze dürfen nicht über 10 Stkm. fahren.
14.) Falls Straßenverhältnisse und Witterung es erlauben, können die bespannten Einheiten ruhig über die gesteckten Marschziele hinausstoßen. Werden am nächsten Tage die Wege schlechter, ist so ein Ausgleich gewonnen.
15.) *Große Führstrecken einlegen!*
16.) Vor der Wohnung des Herrn Kom. Generals zieht immer ein Posten auf.
17.) Die Zubereitung des Essens nach Beziehung einer O.U. muß sofort abwechslungsreicher werden (Braten, Hackbraten, Klops, Gulasch usw.). Wer ist für Aufstellung des Küchenzettels verantwortlich?
18.) Es ist anzustreben, daß bei jeder Mittagskost der einzelne Mann sein eigenes Stück Fleisch sieht; Fleisch nicht zerkochen lassen.

Nr. 5

Generalkommando LIII. A.K. K.Gf.St., 9. Juli 1941
Ltn. Lammers
Begleitoffizier

Fahrtbericht vom 9. Juli 41.

Der Herr Kommandierende General verliess am 9. 7. 41. 13.00 Uhr den Korpsgefechtsstand Kleck. Um 14.50 Uhr traf die Generalsstaffel auf dem neuen Korpsgefechtsstand in Sluck ein.

Fahrtweg: Kleck – Mala Balwan – Rollbahn 1 – Sluck.

Auf der Rollbahn marschierte die Artillerie der 267. I.D. nach Osten. Um 13.40 Uhr überholte die Generalsstaffel die II./A.R. 267.

Die Pferde dieser Abteilung machten trotz der Mittagshitze einen durchaus marschtüchtigen und leistungsfähigen, teilweise munteren Eindruck.

Um 13.50 Uhr meldete der Kommandeur der II./A.R. 267, dass Pferde und Mannschaften die bisherigen Anstrengungen gut überstanden haben. Die Kanoniere waren bei den Batterien aufgesessen.

13.55 Uhr wurde ein Bataillon Infanterie, 14.20 Uhr eine Gruppe Panzerspähwagen überholt, beide von 267. I.D.

Der Staffel begegnete eine Kolonne O.K.H.-Fernlastwagen von etwa zwanzig Fahrzeugen, die voll beladen mit russischen Gefangenen waren, und die nach Westen abgeschoben wurden.

Um 14.25 Uhr wurde die Staffel von einem Posten der Feldgendarmerie angehalten, der ein Schreiben des XXIV. Pz.Korps abgab. Dieses Schreiben war an den Kommandeur oder Ia der am weitesten vorn auf der Rollbahn marschierenden Division gerichtet. Das Pz.Korps bat um schnellste Heranführung der Division, um dadurch selber möglichst bald für einen bevorstehenden eigenen Angriff entlastet zu werden.

14.35 Uhr traf die Generalsstaffel auf eine rastende Kompanie der Aufklärungsabteilung 267.

In der Anlage werden die Bemerkungen und Beanstandungen des Herrn Kommandierenden Generals während der Fahrt vorgelegt.

Lammers
Leutnant

Bemerkungen und Beanstandungen
während der Fahrt am 9. 7. 41.

1.) Hält ein Fahrzeug auf der Strasse, so muss grundsätzlich rechts herangefahren werden.
2.) Will ein einzelnes Kraftfahrzeug eine Kfz.-Kolonne überholen, muss es eine genügend große Geschwindigkeit haben, sonst wird die Fahrbahn auf zu lange Zeit verstopft.

3.) Radfahrer gehören nicht auf die Mitte der Fahrbahn. Sie fahren rechts oder auf dem Sommerweg.
4.) Der Gefreite Rode der Aufklärungsabteilung 267 fuhr mit seinem Fahrrad auf der Mitte der Strasse und gefährdete dadurch den Verkehr auf der Rollbahn.

Nr. 6

Generalkommando LIII. A.K. K.Gf.St., 10. Juli 1941
Ltn. Lammers
Begleitoffizier

Fahrtbericht vom 10. 7. 1941

Am 10. Juli 1941 um 9 Uhr 15 verließ der Herr Kommandierende General den Korpsgefechtsstand, um die dem Korps zugeteilte Aufklärungsstaffel der Luftwaffe zu sehen.

Nach seinem Eintreffen auf dem Flugplatz, um 9 Uhr 25, begrüßte der Herr Kommandierende General die zu seinem Empfang angetretenen Offiziere und Mannschaften und sprach ihnen seinen Dank und seine Anerkennung für ihre Leistungen und die gute Zusammenarbeit zwischen Korps und Staffel aus und lobte besonders den frischen Geist und die Kampffreudigkeit der Luftwaffe.

Anschließend hieran besichtigte der Herr Kommandierende General den Flugplatz und interessierte sich lebhaft für die Bildstelle und deren Arbeiten zur Auswertung des Bildmaterials. Im Gespräch mit den Mannschaften des Bodenpersonals wies der Herr Kommandierende General auf die hohe Bedeutung hin, die dem Bodenpersonal zukomme, das durch seine Verläßlichkeit mit teilhabe an den Erfolgen der Staffel.

Um 9 Uhr 53 verließ der Herr Kommandierende General den Flugplatz und traf um 10 Uhr 10 auf die vor dem Korpsgefechtsstand ihn erwartende Generalsstaffel.

Die Generalsstaffel fuhr darauf zum Gefechtsstand der 52. I.D. nach Polikarowka und kehrte um 14.15 Uhr nach Sluck zurück.

Fahrtweg: Straße Sluck – Minsk bis zur Rollbahn, Polikarowka, weiter Rollbahn in ostwärtiger Richtung bis in Gegend Szczytkowicze, Rückkehr auf demselben Wege.

Große Kolonnen O.K.H.-Fernlastzüge, die dicht mit Gefangenen beladen waren, kamen der Staffel entgegen.

Um 11.30 Uhr überholte die Staffel auf der Rollbahn das Pionier-Batl. 238. Die Truppe machte einen guten Eindruck, nur waren die Troßfahrzeuge mit Rädern hoch beladen (fünf Fahrräder auf einem Fahrzeug). Ein Panjefahrzeug wollte im Trabe eine Kolonne überholen. Der Fahrer des Fahrzeuges gab an, daß er nicht wusste, daß dies verboten ist; er sei von der Radfahrer-Kp.

Die Karte 1 : 100 000 ist im Gebiet um Sluck besonders ungenau. Eine neu angelegte Straße ist z. B. in der Karte nicht vermerkt. Die Rollbahn verläuft völlig anders, wie in der Karte angegeben (durch xxx angedeutet).

Um 11.15 Uhr traf der Herr Kommandierende General auf dem Div.Gef.St. der 52. I.D. ein. Herr Generalmajor Rendulic berichtete, daß die 2. Radf.-Kp. und ein Pakzug bei Ossipowitschi ein Gefecht geführt hätten, bei dem der Kommandeur der Aufklärungsabteilung, Rittmeister v. Taysen, schwer verwundet wurde. Die Zivilbevölkerung erzählt, daß südwestlich von Ossipowitschi sich noch 1500 Russen in den Wäldern verborgen halten. Auch wurde ein Reiter-Spähtrupp, in Stärke von etwa 15 Mann, von der Truppe gesehen. Eine Meldung über neun schwerverwundete Pioniere, die die Div. bekommen hatte, stellte sich als nicht richtig heraus. Vor zwei Tagen ist ein Pionier verletzt worden.

Die 52. Div. hat jetzt zur Nachbardivision und zum Nachbarkorps aufgeschlossen und zur nachfolgenden 167. I.D. einen Abstand von 18 km gewonnen. Ein Feld-Gend.[1])-Trupp wurde von Russen beschossen. Es stellte sich heraus, daß der Gend.-Trupp keine Waffen griffbereit hatte und diese außerdem nicht geladen waren.

Das Brot, das die Div. augenblicklich fasste, ist meistens noch zu frisch und verschlägt nicht. So klagen die Leute über Mangel an Brot. Der Herr Kommandierende General lobte das Feldküchenessen des Div.-Stabes, das er selbst probierte.

Um 12. 15 Uhr verließ der Herr Kommandierende General den Gefechtsstand und fuhr weiter ostwärts auf der Rollbahn, um noch einige Truppen der marschierenden 52. Div. zu sehen.

Um 12.30 Uhr überholte die Staffel das Pionier-Btl. 152, um 12. 40 Uhr das I.[2]) Btl. Inf.Rgt. 205.

Um 13.00 Uhr traf die Staffel auf die III.[3]) Abtl. Art.Rgt. 152. Die Truppen machten insgesamt einen guten Eindruck, obwohl Mannschaften und Pferde unter Staub und Hitze zu leiden hatten. Die Kp.- und Bttr.-Chefs meldeten, daß die Stimmung der Truppen gut ist. Ein Soldat fragte, ob es nicht bald Feldpost gäbe. Die Pferde waren allgemein gut im Zuge.

In der Anlage werden die Bemerkungen und Beanstandungen des Herrn Kommandierenden Generals vorgelegt.

Lammers
Leutnant

Bemerkungen und Beanstandungen des Herrn Kommandierenden Generals auf der Fahrt am 10. Juli 1941

1.) Jeder Fahrer eines [4])Fahrzeuges soll vor der Abfahrt im Besitze einer Karte sein.
2.) Der Wagen des Herrn[5]) Kommandierenden Generals darf niemals mit Fahrzeugen, die nur 20 St.km. fahren, zusammen-gespannt werden.
3.) Fahrräder sollen nicht auf Fahrzeuge aufgelegt werden, sondern auf ihnen wird während des Marsches gefahren.

---

[1]) Feldgendarmerie.

[2]) Verbessert aus 1.

[3]) Verbessert aus 3.

[4]) Vor „Fahrzeuges" befindet sich von Weisenberger handschriftlich eingefügt ein unleserliches Wort. Wahrscheinlich bezieht es sich auf ein Fahrzeug der Generalsstaffel.

[5]) Verbessert aus Herr.

4.) Ein pferde-bespanntes Fahrzeug darf eine bespannte Kolonne nicht im Trab überholen. Die Straße wird dadurch auf zu lange Zeit verstopft.
5.) Intakte Brücken müssen stets unter Bewachung gehalten werden und werden an die nachfolgende Division übergeben.
6.) Allgemein interessierende Erfahrungen über Marschschwierigkeiten, z. B. wasserlose Räume, müssen von Division zu Division selbsttätig weitergegeben werden.
7.) Bei der Fahrt durch Wälder und bisher nicht berührte Ortschaften muss stets eine Waffe schussbereit gehalten werden.
8.) Ist es möglich, schon etwas älteres Brot auszugeben? Frisches Brot verschlägt nicht.
9.) Der Werkstattzug befindet sich immer dort, wo die meisten Fahrzeuge sind.

Nr. 7

Generalkommando LIII. A.K. K.Gf.St., 11. Juli 1941
Ltn. Lammers
Begleitoffizier

Fahrtbericht vom 11. Juli 1941

Der Herr Kommandierende General verliess am 11. 7. 41. 9.05 Uhr den Korpsgefechtsstand Sluck, um die dem Korps unterstellte Heeres-Flak-Abteilung zu sehen.

Um 15.40 Uhr rückte die Generalsstaffel auf dem neuen Korpsgefechtsstand Bobruisk ein.

Fahrtweg: Sluck – Rollbahn – Bobruisk.

Auf der Rollbahn marschierten Truppen der 267. und 255. I.D. nach Osten.

9.30 Uhr wurden eine Inf.Gesch.[1])Kompanie, Nachschubdienste, ein Bataillon Infanterie, die schwere Abteilung und die III./A.R. 267, sämtlich von 267. I.D., überholt. Die Truppen machten einen geordneten, die Pferde auf der guten Strasse einen frischen Eindruck. Besonders erfreulich war der Zustand der Pferde bei der schweren Abteilung. Allerdings machten die aufgesessenen Kanoniere einen unaufmerksamen Eindruck. Um die Pferde zu schonen, müssen die Kanoniere absitzen.

Um 9.55 Uhr traf der Herr Kommandierende General auf dem Divisionsgefechtsstand 267. I.D. ein. Herr Generalmajor von Wachter meldete. Der Zustand der Pferde ist gut bei der Division, besonders auch bei Di.Na.Fü.[2]) Der Herr Kommandierende General unterrichtete kurz über die allgemeine Lage. Der eilige Anmarsch der Divisionen an die Beresina und das mot. Vorwerfen von einzelnen Verbänden ist durch das Abfließen der 3. Pz.Div. und der 1. K.D. nach Norden notwendig geworden. Diese beiden Divisionen standen bisher vor dem LIII. Korps am

---

[1]) Inf.Geschützkompanie.
[2]) Divisions-Nachschubführer.

Dnjepr im Raum um Rogatschew. Jenseits des Dnjepr sind in dieser Gegend 5 russische Divisionen festgestellt. Ein starker Brückenkopf ist deshalb vor den Beresina-Brücken bei Bobruisk zu bilden, so weit vorgesetzt, dass der Übergang des Korps durch russische Artillerie nicht gestört werden kann. Der Herr Kommandierende General erklärte zu den anstrengenden Märschen, die dadurch notwendig werden: „Was ich mit Schweiss erkaufen kann, brauch' ich mit Blut nicht zu bezahlen!"

Dem Div.Vet. sprach der Herr Kommandierende General seine Anerkennung für den guten Zustand der Pferde aus.

Beim Weitermarsch auf der Rollbahn überholte die Generalsstaffel ab 10.25 Uhr Truppen der 255. I.D. Sehr gut war die Marschordnung beim Div.Nachschub. Dazu machten die Pferde einen frischen Eindruck, ein Beweis, dass bei guten Strassen die Marschleistungen von den Pferden durchaus bewältigt werden können.

11.10 Uhr traf der Herr Kommandierende General auf dem Divisionsgefechtsstand der 255. I.D. in Sawrolotschicy ein. Herr Generalleutnant Wetzel meldete, dass die schwere Artillerie-Abteilung nachts angeschossen wurde und zwei Verletzte hat.

Herr Major von Lentzke meldete 200 Gefangene.

Vor Westeingang Bobruisk meldete sich der Ia der 267. I.D., der die Brücken über die Beresina erkundet hatte. 2 16t-Brücken über den westlichen Arm sind fertiggestellt. Über den ostwärtigen Arm führt *eine* nicht sehr gute Brücke. Hier ist der Bau einer zweiten Brücke notwendig, da Stockungen sonst unvermeidlich sind.

Der Kommandeur der Heeres-Flak-Abteilung 274, Herr Major Hett, meldete sich am Westeingang Bobruisk und führte die Generalsstaffel in die Feuerstellungen der Flak-Batterien, um Bobruisk.

Mit großem Interesse ließ sich der Herr Kommandierende General den Dienst an Meßgeräten erklären und besichtigte überall das Geschützexerzieren.

Alle drei Batterien machten rein haltungsmäßig und beim Geschützdienst einen vorzüglichen Eindruck. Der Herr Kommandierende General sprach deshalb den Chefs und dem Kommandeur seine besondere Anerkennung aus.

Zu den Kanonieren sagte er: „Als eine junge Einheit des Heeres[3]) habt ihr bereits beim Angriff über den Bug eure Feuerprobe bestanden. Seien es Panzer oder Flugzeuge, ich weiß, dank eurem Schneid und eurer guten Ausbildung werdet ihr sie treffen. Ich wünsche euch Soldatenglück und nach schönen Erfolgen eine gute Heimkehr."

Als sich der Herr Kommandierende General in der Feuerstellung der 3. Batterie ostwärts der Beresina bei Jassnyj-Less befand, musste das Geschützexerzieren unterbrochen werden, weil drei russische Flugzeuge erschienen, die Bomben warfen. Die Batterie eröffnete sofort das Feuer und zwang ein Flugzeug zum Abscheren. Offensichtlich hatte es einen Treffer erhalten. Nachdem ein deutscher Jäger das Flugzeug noch beschossen hatte, stürzte es ab. Gleich die erste Gruppe war sehr gut gelegen. Herr Major Hett, Kommandeur der Abteilung, meldete, dass in der Nacht vom 10. zum 11. 7. eine Flak-Batterie an der Beresina mit Bomben beworfen wurde und drei Tote hatte.

---

[3]) Die Flak-Abteilung war nicht Teil der Luftwaffe.

Beim Brückenübergang über die Beresina meldete Herr Major Dr. Schulz von der 1. K.D., der den Brückenverkehr beaufsichtigte, dass der Angriff über den Dnjepr am 10. 7. um 5.00 Uhr morgens gelungen sei. Bei Star. Bychow ist ein Brükkenkopf gebildet. Die dritte Pz.Div. und die 1. K.D. sind bereits in Marsch, um hier überzusetzen. Von den Russen sind bereits rückläufige Bewegungen nach Nordosten gemeldet.

Durch einen Panzerzug, der sich südwestlich Bobruisk in den Waldungen aufhält, sind neun eigene Panzerspähwagen verloren gegangen.

Als die Generalsstaffel um 14.50 Uhr über die Brücken nach Bobruisk zurückkehrte, überschritt gerade eine Radfahrkompanie der 267. I.D. die Beresina.

In der Anlage werden die Bemerkungen und Beanstandungen während der Fahrt vorgelegt.

Lammers
Leutnant

Bemerkungen und Beanstandungen
während der Fahrt am 11. 7. 1941.

1.) Bespannte Truppenteile müssen beim Marsch auf der Rollbahn den Sommerweg benutzen.
2.) Bei der Artillerie müssen aus Pferdeschonungsgründen die Kanoniere zu Fuss marschieren.
3.) Die 255. I.D. bittet um Zuweisung von 3 Dolmetschern.
4.) Ein Dolmetscher soll bei der Bevölkerung feststellen, warum so viele Zivilisten mit ihrem notdürftigsten Gut nach Osten auswandern.
5.) Über die Beresina müssen für *2* Fahrbahnen Brücken geschlagen werden.
6.) Der Kaffee beim Korpsstab wird grundsätzlich nicht mit Milch gemischt ausgegeben. Wer Milch zum Kaffee wünscht, soll sie gesondert erhalten.

Nr. 8

Generalkommando LIII. A.K. — K.Gef.St. Bobruisk, 13. 7. 1941.
Lt. Lammers
Begleitoffizier

Fahrtbericht vom 13. 7. 1941.

Der Kom. General verließ am 13. 7. 41 mit der Gen.Staffel den Korpsgefechtsstand um 10.00 Uhr, um bei Bobruisk die Brücken über die Beresina zu besichtigen, die von den dem Korps unterstellten Pionier- und Baubatl. geschlagen wurden. Um 13.00 Uhr rückte die Staffel wieder auf dem Korpsgefechtsstand ein.

Fahrtweg: Korpsgefechtsstand, Brücken über die Beresina, Titowka, Bukihja, Meljniki, Wlassowitsch, Schtschatkowo, Bobruisk.

Herr Oberst Kubitza, Kommandeur Pi.Rgt.Stab 518, übernahm die Führung zu den einzelnen Baustellen.

Über den Westarm der Beresina führen zwei 16 t Brücken, über den Ostarm *eine.* Diese Ostbrücke wird jedoch verbreitert und erhält eine zweite Bahn zur Aufnahme des Gegenverkehrs. Die Brücken machen einen sauberen, soliden Eindruck und sind in kürzester Zeit, vor dem gestellten Termin, unter schwierigen Verhältnissen fertiggestellt worden.

Die Eisenbahnbrücke über die Beresina konnte, da sie von den Russen schlecht gesprengt wurde, durch wenige Mittel soweit wieder benutzbar gemacht werden, daß die Infanterie hier, abseits vom Kraftfahrzeugverkehr, den Fluß überschreiten kann.

Beim Bau wurden russische Gefangene mitverwendet.

Der Herr Kom. General sprach von der Brücke aus kurz zu den Pionieren: „Ihr habt hier, Pioniere, weit abgesetzt von der nachmarschierenden Truppe, ganz auf Euch allein gestellt, den dauernden Angriffen aus den Wäldern und aus der Luft ausgesetzt, diese Brücken über die Beresina geschlagen.

Diese Brücken sind für das Korps von ganz außergewöhnlicher Wichtigkeit. Wer jetzt mit dem Auto über den Fluß fährt, kann das gar nicht ermessen, was Ihr an Mühe, Dienstfreudigkeit und Hingabe geleistet habt. Deshalb bin ich selber zu Euch gekommen und spreche Euch meinen ganz besonderen Dank und meine Anerkennung aus für die saubere Arbeit, die Ihr dem Korps geleistet habt. Euer Dienst mag häufig etwas in den Hintergrund treten, er ist für uns alle von größter Wichtigkeit. Pioniere sind immer vorn!"

Die Fahrt ging hierauf weiter nach Schtschatkowo, wo eine weitere Brücke gebaut wurde zur Ablenkung des Verkehrs zu den Panzerdivisionen im Nordosten.

Diese Brücke, die einen sehr guten Anfahrtweg durch einen langen Knüppeldamm bekommen hat, hat sicher am meisten Mühe gemacht. Sie macht aber einen ganz besonders sauberen, gründlich gearbeiteten Eindruck.

Bei der Ankunft in Schtschatkowo meldete Herr Oberst Kubitza, daß der Pi.Rgt.Stab 518 dieser Brücke den Namen „General Weisenberger-Brücke" gegeben hat, als Zeichen der Verbundenheit der unterstellten Pioniertruppen mit dem LIII. Korps und ihrem Kom. General. Gleichzeitig erfolgte die Vorstellung der Kommandeure, deren Bataillone[1]) am Brückenschlag beteiligt waren. Auf die Meldung antwortete der Herr Kom. General den Kommandeuren: „Was Sie und Ihre wackeren Pioniere in dieser kurzen Zeit hier unter schwierigsten Verhältnissen geleistet haben, verdient meinen ganz besonderen Dank und Anerkennung. Was jetzt so sauber und selbstverständlich dasteht, birgt in Wirklichkeit unendlich viel Denken, Planen und Mühe in sich. Richten Sie Ihren Formationen aus, daß ich volles Verständnis für ihren schweren Dienst habe. Den anderen Truppen voraus, öffnen sie uns den Weg gegen den Feind. Mit Opferwilligkeit und Dienstfreudigkeit haben sie die Ihnen gestellte Aufgabe gelöst.

Meinen besonderen Dank spreche ich Herrn Oberst Kubitza aus, der immer vorne dran war, die Aufklärungstätigkeit selber leitete und in vollständiger Hinga-

[1]) Verbessert aus Battailone.

be, nach klugen taktischen Gesichtspunkten diesen Brückenschlag entworfen und durchgeführt hat.

Eine besondere Freude haben Sie mir gemacht, indem Sie der Brücke über diesen historischen russischen Strom meinen Namen gegeben haben. Hierfür danke ich Ihnen herzlich!"

Herr Oberst Kubitza meldete noch, daß zum Bau dieser Brücke auch Einwohner herzugezogen wurden, die sich recht freundlich und dienstwillig gezeigt haben. Besonders günstig ist die Lage eines alten russischen Truppenlagers für die Brücke. Es führt vom Ufer an die Brücke ein gepflasterter Damm, der früher russischen Truppen zum Übersetzen diente.

Ein Leutnant der Heeres-Fla.Abt. 274 meldete, daß die Brücke durch zwei leichte Fla.Geschütze gesichert wird. Abgeschlossen wurde die Besichtigung durch eine Motorbootfahrt, die den Herrn Kom. General auf der Beresina nach Bobruisk zurückführte. An der Behelfsbrücke erwartete die Staffel den Herrn Kom. General und rückte zum Korpsgefechtsstand ab.

In der Anlage werden die Bemerkungen während der Fahrt vorgelegt.

Lammers
Leutnant

Bemerkungen während der Fahrt.

1.) Ein Dolmetscher sollte feststellen, warum so viele Einwohner mit geringer Habe auszuwandern versuchen.

Als Erklärung wurde angegeben:

1. Es handelt sich gar nicht immer um Flüchtlinge, sondern um Landbewohner, die ihre Erzeugnisse der Stadt verkaufen wollen.
2. Es sind Städter, die den Fliegerangriffen entgehen wollen.
3. Es besteht in der Bevölkerung eine gewisse Angst vor den Deutschen. Die Einwohner versuchen vor den Truppen zu fliehen.

Diese Erklärungen genügen nicht, denn die Einwohner können vor den Deutschen nicht fliehen, weil sie gerade dadurch in die Marschbewegungen der Truppen hineingeraten.

Es ist weiter nachzuforschen, welches die Gründe für obige Beobachtung sind.

Nr. 9

Generalkommando LIII. A.K. K.H.Qu., 14. Juli 1941.
Lt. Dr. Lammers
Begleitoffizier

Fahrtbericht vom 14. 7. 41.

Der Herr Kom. General verließ am 14. 7. 41 9.00 Uhr mit der Generalsstaffel den Korpsgefechtsstand Bobruisk, um sich persönlich von den Kämpfen der 255. Div. vor Rogatschew ein Bild zu verschaffen.

Wiedereintreffen auf Korpsgefechtsstand 13.30 Uhr.

Fahrtweg: Bobruisk, Titowka, Liskowskaja, Gegend ostwärts Kolotowka und auf selbem Wege zurück.

Beim Überschreiten der Brücke 9.05 Uhr bei Bobruisk überholte die Generalsstaffel die II./A.R. 267, die gerade über den Fluß ging.

Nach Eintreffen in Dworez auf Div.-Gefechtsstand 255. I.D. um 11.15 Uhr erstattete Herr Generallt. Wetzel folgenden Bericht:

Auf der ganzen Front der Division von Shlobin bis Rogatschew versucht der Feind in hartnäckigen Angriffen Gelände zu gewinnen. Scheinbar ist ein größerer Angriff auf den rechten Flügel geplant. Leider kann die Div. im Augenblick keine ernsthaften Gegenstöße unternehmen, weil der Abschnitt im Angriff für 2 Regimenter zu je 2 Btl. zu breit ist.

Die zugeteilte S.F.H. Battr. hat 2 erkannte Bereitstellungen durch Störungsfeuer zerschlagen. Gut bewährt hat sich die Beob.Abt.[1]), die mehrere Feindbattr. aufklärte und wirksam bekämpfte. Eine russ. Battr. wurde von deutschen Stukas erkannt und zum Schweigen gebracht.

An Verlusten bei Offz. meldete die Div. einen Komp.Fhr. und einen Ordonnanzoffz. Dieser wurde bei der Gefangennahme eines abgesprungenen russ. Fliegers durch Kopfschuss getötet.

Während des Berichts des Div.Kdrs. erhielt der Ia die Meldung, daß aus Richtung Lutschin ein neuer russ. Angriff erfolgte und daß beiderseits der Pz.Jg.Kp.[2]) der Russe über den Bahndamm bei Lutschin vorgestoßen war.

Der Div.Kdr. meldete, daß die Lage der Div. zwar schwierig ist, eine Gefahr besteht aber nicht.

Die Verluste der Vorausabt. sind bisher gemeldet mit 7 Toten und 21 Verwundeten.

Die Russen haben ausserordentlich starke Verluste erlitten, obwohl sie nicht mehr so massiert angreifen, sondern schon lockerer als Einzelkämpfer auftreten und geschickt das Kusselgelände ausnutzen.

Der Kom. General fuhr hierauf weiter vor zum Rgts.-Gefechtsstand I.R. 475 in Kolotowka. In Kolotowka meldete sich der Kdr. III./I.R. 475. Das links eingesetzte Batl. hatte seit den frühen Morgenstunden 3 gut vorbereitete Angriffe der Russen abgeschlagen. Im Abschnitt vor Kolotowka schoß der Gegner regelmäßiges Störungsfeuer rechts und links der Rollbahn.

---

[1]) Beobachtungsabteilung.
[2]) Panzerjäger-Kompanie.

Auf dem Rgts.-Gefechtsstand erstattete der Kdr. I.R. 475, Oberst Hauschulz[3]) folgenden Bericht:

Offenbar haben die Russen, die etwa in Stärke von 2 Divisionen gegenüber liegen, das Gefühl, eingeschlossen zu sein oder eingekreist zu werden. Sie versuchen deshalb, in rücksichtslosen Angriffen, meistens in Batls.-Stärke durchzubrechen. Sie sind im Besitz von Sodrutje und setzten hier mit Floßsäcken über den Dnjepr. Sie konnten mit einem Batl. die Höhe 149 bei Formin gewinnen.

Die Russen kämpfen verbissen und sind nicht zu unterschätzen. Nach Erreichen einer Stellung graben sie sich sofort tief ein und stellen Baumschützen. In der Verteidigung lassen sie ihre Gegner, selber gut versteckt, bis auf 10 Meter herankommen und eröffnen erst dann wirksames Feuer.

Sie verfügen über starke Art. (15,2 cm) und bereiten ihre Angriffe hiermit gut vor, sodaß bei uns hierdurch schon beträchtliche Verluste entstanden. Der Rgts.Kdr. hielt für möglich, daß der Gegner mit motorisierten Kräften eine Umfassung nördlich Rogatschew versucht und bat um Zuführung seiner noch abhängenden Reservebatl.

Ukrainische Gefangene sagten aus, daß sich hinter dem Dnjepr Befestigungsanlagen befinden. Diese waren aber für Ukrainer nicht zugänglich, da sie bei den Russen nicht als verläßlich gelten. Die Ukrainer klagten darüber, daß die russ. Truppen schlecht verpflegt werden.

Der Drut in Gegend Rogatschew ist an einzelnen Stellen in Furten zu durchschreiten.

Der Herr Kom. General gab dem Rgt. weiter den Auftrag, die erreichte Stellung zu halten. Er dankte dem Rgts.Kdr. für das überaus tapfere Durchhalten in diesem schwierigen Abschnitt und bat, allen Truppen seine Anerkennung für ihren selbstlosen Einsatz auszurichten.

Der erste Wagen der Staffel fuhr darauf allein noch etwa 1000 m ostwärts. Der Herr Kom. General wünschte hier noch den Gefechtsstand der schweren Abt., die im linken Abschnitt des Rgts. eingesetzt war, zu sehen.

An einer Wegespinne 1000 m ostwärts Kolotowka stellte sich am Wagen eine Panne heraus. Die Rollbahn ist hier von einem Wasserturm, der im Westteil von Rogatschew steht, völlig einzusehen. Im Turm befindet sich vermutlich eine Art.Beobachtung.

Der im Gelände stehende Generalswagen wurde sofort mit Art. beschossen. Die erste Gruppe lag vor, die zweite hinter dem Wagen. Auch die Straße wurde in unmittelbarer Nähe beschossen.

Der Uffz. Knaab erhielt von Herrn Kom. General den Auftrag, den liegengebliebenen Wagen mit einem anderen Fahrzeug aus dem Feuerbereich abzuschleppen. Der Uffz. Knaab meldete, daß das Abschleppen unter fortwährendem Art.Beschuss erfolgte. Der Kom. General stieg später in den vorgezogenen 2. Wagen der Staffel und rückte in diesem Wagen zurück.

Einer der Verwundeten, die in einem Kraftfahrzeug zurückgebracht wurden, machte aus seiner gedrückten Stimmung heraus ziemlich niedergeschlagene Bemerkungen: Die 10. Komp. wäre umgangen und sei zu schwach.

---

[3]) Verbessert aus: Kauschulz.

Als der Herr Kom. General auf dem Rückweg nochmals auf dem Div.-Gefechtsstand eintraf, ersuchte er den Div.Kdr., das I.R. 475 weiter vorzuziehen und eine erhöhte Alarmstufe für dieses Rgt. anzuordnen.

Der Div.Kdr. meldete, daß bereits 4 Lkw. bereitgestellt seien, um die Reservebatl. beschleunigt vorzuschaffen.

Die eigene Beobachtung der Div. hat festgestellt und durch Gefangenenaussagen wurde bestätigt, daß ostwärts des Dnjepr motorisierte russische Verbände nach Süden marschieren. Es ist deshalb damit zu rechnen, daß diese Kräfte die Südflanke der Div. bedrohen werden.

Der Herr Kom. General befahl daher, daß die 255. Div. starke Aufklärungskräfte in ihrer rechten Flanke nach Süden vortreibt, da hier mit ernsten Angriffen gerechnet werden muß, die von einem Oberkommando, mit dem Sitz Gomel, geleitet werden.

Herr Generallt. Wetzel bat um Anforderung von Stukas auf Shlobin, woher starke Feindteile gemeldet seien.

Auf der Rückfahrt erwartete Herr Generalmajor v. Wachter den Herrn Kom. General an der Brücke über die Beresina.

Vor der über die Brücke marschierenden[4]) Truppe zeichnete der Herr Kom. General den Div.Kdr. der 267. I.D. mit dem E.K. 1. Kl. aus mit den Worten:

„Hier, angesichts Ihrer Truppen, verleihe ich Ihnen im Namen des Führers und Obersten Befehlshabers der Wehrmacht das Eiserne Kreuz 1. Klasse. Ich kenne keinen besseren Platz für die Verleihung der Auszeichnung als vor diesen tapferen Truppen, die Sie in den ersten Tagen des Feldzuges so erfolgreich geführt haben[5]). Ich danke Ihnen und Ihrer Division für die heldenhafte Einsatzfreudigkeit und wünsche Ihnen weiterhin alles Soldatenglück!"

Herr Generalmajor von Wachter antwortete:

„Ich erblicke in dieser Auszeichnung eine Ehrung für meine ganze Division. Ihr verdanke ich sie. Ich spreche in ihrem Namen Herrn General meinen gehorsamsten Dank aus."

In der Anlage werden die Bemerkungen des Herrn Generals während der Fahrt vorgelegt.

Lammers
Leutnant

Bemerkungen während der Fahrt

1.) Der Generalswagen führt auch solche Ersatzteile ständig mit, die nach Vorschrift nicht mitgeführt werden brauchen, um möglichst jede auftretende Panne schnellstens ausbessern zu können.
2.) Die *vorgeschriebenen* taktischen Zeichen, die im Gelände den Weg zu den Gefechtsständen anzeigen, *müssen* ausgesteckt werden.

---

[4]) Ergänzt aus: marschierende.

[5]) Die 267. I.D. hatte zusammen mit der 255. I.D. am 25. Juni bei Maloryta, südostwärts von Brest-Litowsk, heftige Kämpfe gegen eingeschlossene Feindteile geführt.

Beim Ausstecken der Zeichen müssen irgendwelche Irrtümer, in welcher Richtung der Gefechtsstand zu suchen ist, ausgeschlossen sein. (Vorsicht bei Wegegabeln und Wegespinnen.)

3.) Bei rückwärtigen Teilen von Truppen, die im Kampf stehen, muss immer eine erhöhte Alarmstufe bestehen. Die Mannschaften müssen immer vollständig angezogen sein, (nicht in Badehose) Pferde dürfen sich nicht auf der Weide befinden und müssen möglichst angeschirrt bleiben.

Nr. 10

Generalkommando LIII. A.K.
Lt. Dr. Lammers
Begleitoffizier

Fahrtbericht vom 15. 7. 41.

Der Herr Kom. General verließ am 15. 7. 41 den Korpsgefechtsstand Bobruisk um 10.30 Uhr, um sich von dem Stand der Kämpfe der 255. I.D. zu überzeugen. Wieder Eintreffen auf Korpsgefechtsstand 16.30 Uhr.

Fahrtweg: Bobruisk – Titowka – Dworez – Barki – Titschiwizy – Barki – Dworez – Bobruisk.

Um 11.15 Uhr traf der Herr Kom. General auf Div.-Gefechtsstand 255. I.D. ein und sprach zunächst dem Div.Kdr. seinen herzlichen Glückwunsch zum Geburtstag aus. Darauf erstattete der Div.Kdr. folgenden Bericht: Obwohl der Russe sehr zäh kämpft und immer wieder angreift, berechtigt die Lage durch die herbeigeführten Verstärkungen und den beginnenden Flankenschutz doch zur Hoffnung, heute bis zum Abend die Russen über den Dnjepr zurückzuwerfen.

Der Herr Kom. General wies auf die Notwendigkeit hin, auf der Front etwa 3 Schwerpunkte zu bilden, durch einen straffen Feuerplan der Art. werden schwere Feuerschläge vor diese Schwerpunkte gelegt, die einen zügigen und weit vorstoßenden Angriff der Infanterie an diesen Stellen wirksam vorbereiten.

Die wertvollen und frischen Kräfte, die von 52. und 267. I.D. zugeführt worden sind, dürfen jetzt nicht in bloßer Verteidigungsarbeit verbraucht und abgestumpft werden, sondern sind ausschließlich für kühne und weitreichende Angriffe vorzubehalten. Die Zeit des „Flickens" und des „Reparierens" der Front ist vorbei. Unbedingt muß im Angriff der Dnjepr genommen werden. Hierbei sind nicht zu viele und zu kurze Angriffsziele zu wählen, hierdurch geht der Schwung verloren und durch vieles Stoppen wird der Angriff schwerfällig. Das erste Angriffsziel ist Durchstoß bis zum Dnjepr.

Das Batl. Altstätter hat die Höhe 149 zurückgenommen. Auf der ganzen Front wurden Angriffe abgewiesen. Vor Rogatschew wurden Angriffe durch Art. in Keime erstickt und Bereitstellungen zerschlagen[1]).

[1]) Verbessert aus: geschlagen.

Hier wurden ebenfalls 4 Panzerkampfwagen vernichtet.

Ziemlich heftige Angriffe erfolgten aus Gegend Shlobin. Der Rgts.Kdr. des südlich eingesetzten Rgts. bat um Verstärkung.

Am Nordflügel bei Leitschizy erfolgten ebenfalls Angriffe. Hier beabsichtigte die Div. einen Gegenantriff bis zum Drut anzusetzen mit I.R. 497. Nach Erreichen des Drut schwenkt das Rgt. nach Süden ein und stößt vor auf Rogatschew.

An Verlusten meldete die Div. 10 Offz. und 120 Mann. Gefangene sagten aus, daß der Russe starke Verluste durch Art.-Feuer erhalten hat.

Dem Arko 27, Generalmajor von Krischer, gab der Herr Kom. General Anweisung, Feuerpläne für schwere Feuerschläge auf die Durchbruchsstellen[2]) vorzubereiten. Notwendig ist das nahe Heranführen an die Infanterie, Verbindung halten durch A.V.Ko.[3]) und V.B.[4]) und das Massieren schweren zusammengefassten Feuers unmittelbar vor dem Angriff auf die Durchbruchsstelle. An den Pi.Rgts.Kdr. Oberst Kubitza gab der Herr Kom. General die Anweisung, möglichst viel Floßsäcke und Übersetzmittel nach Rogatschew und Shlobin heranzuführen, da diese Übersetzstellen für das Korps werden. Es setzen über 2 Div. bei Rogatschew, 1 bei Shlobin.

Vom Div.Gefechtsstand fuhr der Kom. General nach Barki zum I.R. 497, das sich im Angriff gegen Leitschizy[5]), Weritscheff befand.

In Barki meldete sich der Batl.Kdr. III./497, der sich mit seinem Batl. in Reserve befand. Die Truppe war in ausgezeichneter Angriffsstimmung, überall wurde der Herr Kom. General mit lachenden Gesichtern begrüßt.

Gleichfalls meldete sich der Kdr. der IV/A.R. 267, der für den Einsatz der beiden zugeteilten Abt. verantwortlich war.

Der Herr Kom. General rügte an der Verwendung der Art. in diesem Angriff folgende Punkte und teilte sie dem Rgts.Kdr. A.R. 267, der sich gleichfalls meldete, mit:

Die Feuerstellung der Art. muß so nahe wie möglich an die Inf. herangebracht werden bei derartigem Angriff; denn ich muß weit und tief in das Feindgelände hineinreichen können. Desgleichen spare ich einen Stellungswechsel und halte am Anfang die Fernsprechleitungen so kurz wie möglich.

Die B-Stelle gehört unmittelbar hinter die vorderste Inf.; denn sonst sehe ich in diesem Gelände nichts. Auch überlässt dann der Battr.Chef die Führung seiner Battr. nicht dem V.B., der meistens ein junger Leutnant oder Wachtmeister ist, sondern leitet vorne bei der Inf. sein Schießen selbst.

Die Abstände zu den Protzenstellungen sind so kurz wie möglich zu halten. Nachdrücklichst ist während eines rollenden Angriffs jeglicher „Friedens- und K.d.F.-Betrieb" in der Protzenstellung zu verbieten. Während der Kampfhandlung ist es unmöglich, daß die Leute in der Protzenstellung sich ausziehen, sich in die Sonne legen, und die Pferde weiden lassen. Während Kampfhandlungen herrscht auch bei Protzen und Trossen Alarmbereitschaft.

---

[2]) Verbessert aus: Durchbruchststellung.

[3]) Artillerie-Verbindungskommando.

[4]) Vorgeschobener Beobachter.

[5]) Verbessert aus: Litschizy.

Wenn bei einem Inf.Rgt. 2 Art.Abt. (darunter die schwere) zugeteilt sind, so gehört der Art.Rgts.Kdr. zu seinen Abt. als Art.Fhr. *Ein* Abt.Kdr. kann nicht zwei Abteilungen führen, hierzu hat er nicht die Mittel und Erfahrung.

Beim Angriff gegen Leitschizy aber standen die Geschütze 6 km hinter der Inf. und von den B-Stellen war vom Feinde nichts zu sehen. Frühzeitige Stellungswechsel müssen den flüssigen Angriff der Infanterie ermöglichen. Grundsatz ist: dicht aufgeschlossen bei Inf. bleiben mit B-Stellen, Feuerstellungen und Protzen. Verbindung durch A.V.Ko. darf niemals abreißen. Der V.B. gehört an die Spitze der vordersten Kompanie.

Die Art. soll schießen und den Gegner vor dem Angriff weich machen. Das hat sie nicht getan, weil sie nichts sehen konnte. Das A.V.Ko. war ausserdem verlorengegangen.

Die Art. muß jederzeit im Stande sein, bei feindl. Feuer auf unsere Inf. schlagartig zu antworten. Niemals darf die Inf. das Vertrauen zur Art. verlieren.

Der Kom. General fuhr aus Barki in die vordersten Stellungen der V.A.[6]) nach Leitschizy, wo sich I. und II./I.R. 497 zu einem Angriff auf[7]) Weritscheff bereitstellten. Vom Gegner war nicht mehr viel zu spüren. Es schossen eigene M.G. und I.G.

Ganz besondere Freude hatte der Kom. General am I. Batl., das in glänzender Verfassung den Angriff abwartete.

Auf der kleinen Kirchenhöhe von Leitschizy sprach der Kom. General zu den Soldaten: „Kameraden, ich freue mich immer wieder, wenn ich Euch im Kampf in vorderer Linie besuchen kann. Trotz der Märsche seid Ihr frisch. Ich weiß, daß ich mich auf Euch verlassen kann. Wir stoßen durch bis zum Drut und werfen die Russen, wo wir sie treffen."

Hierauf kehrte der Herr Kom. General noch einmal zum Div.Gefechtsstand 255. I.D. zurück und gab für den Angriff folgende Richtlinien:

Angriffe in diesem Gelände niemals erstarren lassen oder sich an ein Schema klammern. Die Bewegung muß immer erhalten bleiben. Befehle müssen aus der Bewegung heraus gegeben werden. Reserven nicht abhängen lassen, sondern dicht aufschließen. Weit gesteckte Angriffsziele bestimmen.

So ist z. B. das frühzeitige Absitzenlassen bei den Radfahrkomp. unzweckmäßig. Die Fahrrädier dienen dazu, den Mann schnell an den Feind heran zu bringen. Falsch ist es, wie heute geschehen, 30 Fahrräder 6 km hinter der Front liegen zu lassen und später die Trosse mit dem Nachführen zu belasten.

Ist ein Angriffsstreifen besonders breit, dann ist es falsch, die schweren I.G.[8]) bei den Trossen in Reserve liegen zu lassen. Bei einem derartigen Angriff gehören die schweren Inf.Gesch. vor die Art. Sie sind im Stande, einem Batl. den Weg für den Angriff zu bahnen.

An Arko 27 gab der Kom. General die o. a. Richtlinien für die Art. bekannt und bat darum, in besonderen Befehlen diese Richtlinien bekanntzugeben und ihre Befolgung zu überwachen.

---

[6]) Vorausabteilung.

[7]) Verbessert aus: auch.

[8]) Infanteriegeschütze.

Dem Abt.Kdr. IV./A.R. 255, Hptm. Böhm, ließ der Herr Kom. General durch den Div.Kdr. seine besondere Anerkennung für den schneidigen Einsatz seiner Abt. vor Rogatschew aussprechen.

In der Anlage werden die Bemerkungen während der Fahrt vorgelegt.

Lammers
Leutnant

Bemerkungen während der Fahrt.

1.) Es müssen im Gelände mehr Wegweiser zu den Gefechtsständen ausgesteckt werden.
2.) Während eines Angriffs herrscht in den Protzenstellungen und bei den Trossen erhöhte Alarmbereitschaft. Die Leute sind vollständig angezogen. Die Pferde bleiben angespannt. Auch die Protzen müssen Sicherungen ausstellen.
3.) Nach Meldung des Verb.Offz.[9] zum XXXXIII.[10] A.K. befinden sich in der Zitadelle von Bobruisk große Waffen- und Materiallager, die nicht bewacht sind. Nachforschungen sind einzuleiten.
4.) Radfahrer dürfen sich nicht an Lkw. anhängen und dadurch die Straße sperren.
5.) Der 267. Div. ist die besondere Anerkennung des Herrn Kom. Generals für das I./I.R. 497 mitzuteilen. Die Haltung des Batl. beim Angriff auf Weritscheff war vorzüglich.
6.) Tierkadaver im Stadtbereich sind durch die Ortskommandantur vergraben zu lassen.
7.) Wenn der Herr Kom. General sich zu den Truppen in die vordersten Linien begibt, so darf das kein Freibrief für andere höhere Vorgesetzte sein, gleich oft die kämpfende Truppe zu besuchen.
8.) Ein Korpsbefehl für die unterstellten Art.Rgtr. über taktische Richtlinien beim Einsatz von Art. ist vorzubereiten.
9.) Erhält ein einzelner Uffz. oder Mann während des Gefechts einen Sonderauftrag, so ist dieser *unverzüglich* auszuführen. Ein Hauptfeldw. der 255. I.D. unterbrach während des Gefechts seinen Auftrag, um ein abgestürztes russ. Flugzeug zu besichtigen.
10.) In der Kirche von Leitschizy befindet sich ein Haferlager.
11.) In Nowasselky gibt es auf einem Kolchos besonders viel Pferde.
12.) Es ist verboten, Mutterstuten mit Fohlen zu requirieren.

[9]) Verbindungsoffizier.
[10]) Verbessert aus ILIII.

Nr. 11

Generalkommando LIII. A.K. K.H.Qu., 17. Juli 1941.
Lt. Dr. Lammers
Begleitoffizier

Fahrtbericht vom 17. 7. 1941.

Der Herr Kom. General verließ am 17. 7. um 9.30 Uhr den Korpsgefechtsstand Bobruisk und fuhr zur 255., 267. I.D., um ein unmittelbares Bild von den Kämpfen bei Rogatschew und Shlobin zu bekommen.

Wiedereintreffen auf Korpsgefechtsstand 12.45 Uhr.

Fahrtweg: Bobruisk – Titowka – Dworez – Popolowo – Krassnyj Bereg, – Bobruisk. Rückfahrt auf neu erbauter Straße Shlobin – Bobruisk (auf Karte nicht verzeichnet).

Nach Eintreffen auf dem Gefechtsstand der 255. I.D. gab der Div.Kdr., Herr Generallt. Wetzel, folgenden Lagebericht:

Nach den vielen vergeblichen Versuchen, die Front bei Rogatschew zu durchbrechen, scheint der Angriffsgeist des Feindes zu ermüden.

Die 52. I.D. hat von Weritscheff aus, vor der alten Front entlang nach Süden vorstoßend, die Rollbahn bei Skotschki erreicht. Der Nordflügel der 255. I.D. hat eindrehend sich dem Angriff angeschlossen.

Ein starker Angriff des Feindes aus Gegend Sapolje wurde abgewiesen, so daß die Lage nördlich Rogatschew entspannt ist.

Die 52. I.D. setzt ihren Angriff in ostwärtiger Richtung auf Rogatschew fort. Die 255. Div. folgt dicht aufgeschlossen nach.

Das südliche Regiment erhielt ausserordentlich starkes Art.-Feuer. Ein Angriff erfolgte hier nicht.

Während des Berichts des Div.Kdr. traf die Meldung bei Ia ein, daß südlich Kolotowka ein russ. Panzerangriff erfolgte. Der Angriff wurde als Entlastungsunternehmen für die über Rogatschew zurückgehenden Feindteile gedeutet.

Die Art. der Division hat sich im Abwehrkampf hervorragend bewährt. V.B. wurde an allen Stellen mit Erfolg verwendet. Allerdings ist im ganzen Abschnitt der Feind an Art.-Kräften überlegen.

Wie ein Wunder wirkte der Bombenangriff unserer Flieger in den heutigen Morgenstunden auf feindliche Battr.-Stellungen nördlich Rogatschew. Das starke russ. Trommelfeuer wurde völlig unterbrochen und später weitaus schwächer fortgesetzt. Beim Auftauchen eines einzelnen deutschen Aufklärungsfliegers schweigt jetzt die russ. Art.

Der Div. sind durch russ. Art.-Feuer zerstört worden: 6 s. Mg., 12 l. Mg., 2 Pak und 1 l. I.G. Allgemein sind die Waffen verdreckt. Da wenig Zeit zum Reinigen ist, treten häufig Hemmungen ein.

Major Budde[1]), Kdr. einer Vorausabteilung des LIII. A.K., erhielt die Anweisung, seine Abt. zu sammeln und sie zur Verfügung zu halten, um einen etwaigen Angriff der Russen aus Gegend Stasewka auf die Rollbahn abfangen zu können.

---

[1]) Verbessert aus Budee.

Die 52. I.D. erhielt fernmündl. die Anweisung, so frühzeitig zum Angriff gegen Rogatschew anzutreten, daß noch bei Helligkeit der Brückenkopf über den Dnjepr gebildet werden kann.

Für die Art. ordnete der Herr Kom. General eine Umgruppierung an. Eine S.F.H. und eine 10 cm Abt. werden nach Süden verlegt, um beim Angriff gegen Shlobin mitwirken zu können.

Beim Verlassen des Div.-Gefechtsstandes sprach der Herr Kom. General dem Div.Kdr. seine herzliche Anerkennung aus für die stets beherrschte, unbeirrbare und überlegene Führung der Division im Kampf gegen die zahlenmäßig stark überlegenen Russen.

Der Herr Kom. General fuhr hierauf nach Krassnyj Bereg zur 267. I.D. Unterwegs meldete der Div.Veterinär der 267. Div., daß in den letzten Tagen eine große Anzahl von Pferden ausgefallen sei und bat, wenn möglich, um einen Ruhetag.

Auf dem Div.Gefechtsstand 267. I.D. meldete Herr Generalmajor v. Wachter, daß die Div, in ihrem Abschnitt die Eisenbahnlinie Shlobin – Starina erreicht hat. Angriffe des Gegners erfolgten nicht. Vereinzelte russ. Spähtrupps wurden gemeldet.

Der Gegner hat in diesem Abschnitt eine starke art. Überlegenheit. Allein an schwerer Art. stehen der Div. gegenüber 2 schw. Haubitzen- und eine Mörserabt. Die Russen sparen nicht an Munition. Die Div. hatte bisher 2 Tote durch Art.-Feuer.

Der Kom. General kündigte die Verlegung eigener schwerer Art. in den Südflügel an und gab der Div. den Befehl, die Ausgangsstellungen für einen Angriff in der Gegend südlich Shlobin einzunehmen. Die Stadt wird ausgespart. Mit starker Abschirmung nach Norden gewinnt die 267. Div. das Gelände südlich und südostwärts von Shlobin und die Strasse nach Gorodjez.

Gleichzeitig erhält die Div. einen Sicherungsauftrag gegen die in Gegend Paritschi über die Beresina gegangenen Feindteile. Die Vorausabt. der Div. ist deshalb in Gegend um Pless zu versammeln und zur Verfügung zu halten. Gleichzeitig ist starke Aufklärungstätigkeit nach Süden und Südwesten gegen die Beresina vorzutreiben. Die Div. ist verantwortlich für den Schutz der Rollbahn gegen Angriffe von Süden. Bei den gegen Süden als Sicherung eingesetzten Pionieren ist Alarmbereitschaft zu befehlen.

In der Anlage werden die Bemerkungen während der Fahrt vorgelegt.

Lammers
Leutnant

Bemerkungen während der Fahrt.

1.) Kraftfahrzeuge fahren aus Materialschonungsgründen auf Feldwegen ruhiges Tempo.
2.) Es werden immer wieder Kolonnen und Trosse beobachtet, die mit Pferd und Mann absolut nicht kampfbereit sind, obwohl sie sich unmittelbar hinter der Front und im feindgefährdeten Gebiet befinden. Während des Gefechts sind auch bei den Trossen die Leute angezogen und die Pferde fertig zum Anspannen.

3.) Bei den Baustellen der Pioniere und Bautruppen sind Waffen und Munition auch während der Arbeit unmittelbar griffbereit zu legen.

Nr. 12

Generalkommando LIII. A.K. K.H.Qu., 18. Juli 1941.
Lt. Dr. Lammers
Begleitoffizier

Fahrtbericht vom 18. 7. 1941.

Der Herr Kom. General verließ am 18. 7. 41 9.10 Uhr den Korpsgefechtsstand Bobruisk und fuhr zu den Div.-Gefechtsständen der 267., 255. und 52. I.D., um ein unmittelbares Bild von dem Stand der Kämpfe bei Rogatschew zu gewinnen.

Wiedereintreffen auf Korpsgefechtsstand 14.30 Uhr.

Fahrtweg: Bobruisk, Krasnyj Bereg, Pobolowo, Parchimkowskaja, Bobruisk.

Nach Eintreffen in Krasnyj Bereg auf Div.-Gefechtsstand 267. I.D. um 10.20 Uhr gab der Div.Kdr., Generalmajor v. Wachter, folgenden Lagebericht:

Die Nacht verlief ruhig. Auch am Morgen des 18. 7. ereignete sich im Div.-Abschnitt nichts Besonderes. Auffällig ist das Schweigen der schweren russ. Art.Abteilungen. Der Feind schießt nur mit leichten Kalibern, meist nur mit einzelnen Arbeitsgeschützen.

Offensichtlich nimmt der Feind mit der Art. Umgruppierungen vor. Auf der Gegenseite wurden Schanzarbeiten beobachtet. Vielleicht fürchtet der Feind einen Angriff auf seine Südflanke.

Der Herr Kom. General gab als mögliche Erklärung für die Ruhe an der Front an:

1. Der Feind bereitet nach seinen vielen vergeblichen Versuchen mit überlegenen Kräften einen neuen Großangriff vor;

oder 2. der Feind, bedroht durch den Vormarsch des XIII. und XII. A.Ks. über Star. Bychow und den langsam vorschreitenden Angriff des XXXXIII. A.K. gegen Paritschi, baut ab und zieht sich zurück.

Da die Fliegeraufklärung wegen des schlechten Wetters nichts ergibt, ist heute noch eine gewaltsame Erkundung in Stärke einer Kompanie mit Art.-Vorbereitung und Unterstützung durchzuführen. Hierdurch muß Klarheit über die Absichten beim Gegner geschaffen werden. Ziel der als Angriff vorgetragenen Erkundung ist nicht unbedingt ein lokaler Erfolg, sondern *heute noch* Gefangene zu machen, um deren Aussagen für die Abendbefehle des Korps auszunützen.

Das Korps braucht für seine Entschlüsse unbedingt die Erklärung für die Ruhe in der letzten Nacht und am Vormittag.

Der Div.Kdr. meldete, daß die Munition für die Abwehr eines Angriffs vorhanden ist. Vorne ist alles eingegraben und Stacheldraht gespannt.

Heute morgen flog ein russ. Aufklärungsflieger sämtliche Art.-Stellungen ab. Die Division bittet um Fliegeraufklärung der Brücken bei Shlobin und um Zuweisung eines Art.Fliegers.

Die meisten Verwundungen bei der Division entstanden durch das schwere Artilleriefeuer.

Die russische Art. schießt nicht beobachtet auf Augenblicks- und Punktziele, sondern streut nach einem Schema im ganzen möglichen Bereich unserer vorderen Linien durch.

Nach Gefangenenaussagen sollen die Russen in großen Mengen Munition lagern haben und sollen die Möglichkeit haben, noch tagelang ununterbrochen schießen zu können.

Der Angriff der Russen erfolgt nicht mehr so massiert. Er erfolgt meistens gruppenweise, häufig kriechend.

Die Div. bat um Verwendung der B-Abteilung[1]) in ihrem Abschnitt.

In Popolowo auf dem Gefechtsstand der 255. I.D. gab der Ia folgenden Bericht:

Die befohlene Umgruppierung der Art. ist vollzogen. Die Div. selbst hat gegen Mittag ihre Neugruppierung beendet. Der Munitionsnachschub klappt.

In letzter Nacht wurde wenig geschossen.

Nach Meinung des Ia nimmt der Gegner Neuordnungen seiner Kräfte vor, wahrscheinlich um einen umfassenden Angriff von Süden her zu unternehmen.

Auf Höhe 149 wurden starke Feindansammlungen gemeldet.

Der Herr Kom. General gab den Befehl, die schwere Artillerie der Div. so in Stellung zu fahren, daß sie bei einem Angriff von Süden her ebenfalls vor den Abschnitt der 267. Division wirken kann.

Die 255. I.D. erhielt denselben Auftrag einer gewaltsamen Erkundung in Kompaniestärke wie die 267. I.D., mit dem Ziel, Gefangene zu machen und diese sofort zu vernehmen.

Die Division bat um Zuführung von Zeitungen, da sie seit 5 Tagen keine mehr bekommen habe.

Nach Eintreffen in Parchimkowskaja auf Div.-Gefechtsstand 52. I.D. gab der Ia einen Lagebericht, der vom Div.Kdr. später ergänzt wurde.

Der Herr Kom. General bemerkte, daß die gestrige Meldung der Div. ein zu optimistisches Bild ergeben hat. Der feindliche Brückenkopf vor Rogatschew ist auch nach dem Angriff der Division von Norden her noch nicht erschüttert und die Gegend hinter der H.K.L.[2]) ist noch nicht von Russen gesäubert. Die Bereinigung des Gebietes hinter der H.K.L. ist die erste und dringendste Aufgabe der Division. Ferner sind die Höhenzüge nördlich und südlich Sapolje mit kampfstarken Postierungen besetzt zu halten.

Das Art.Feuer ist auch in diesem Abschnitt sehr schwer. Der Gegner im infanteristischen Angriff ist nicht besonders zäh und schwungvoll. Nach Gefangenenaussagen hat der Feind noch Angriffsabsichten.

Ein Abt.Kdr., der zu einer Erkundung mit dem Krad nach vorne fuhr, wurde abgeschossen und wird vermißt. Er trug bei sich einen Befehl des Art.Rgts. mit der Gliederung der Division und der Angabe, daß das Korps sich zur Verteidigung einrichtet.

Der Div.Kdr. meldete, daß die Haltung der Truppe während der schweren Abwehrkämpfe sehr gut ist.

---

[1]) Beobachtungsabteilung.

[2]) Hauptkampflinie.

Die Division erhielt den Auftrag, die Rollbahnbrücke über die Dobysna zu sichern und wie die anderen Divisionen des Korps eine gewaltsame Erkundung durchzuführen, um Gefangene zu machen und diese sofort zu vernehmen.

In der Anlage werden die Bemerkungen während der Fahrt vorgelegt.

Lammers
Leutnant

Bemerkungen während der Fahrt.

1.) Durch den Bau einer Notbrücke wird häufig ein neuer Anfahrtweg rechts oder links der Straße nötig. Dieser Anfahrtweg ist gleichfalls von den Pionieren beim Bau der Brücke mit anzulegen (Knüppeldamm).

2.) Der Herr Kom. General hat heute nach Abbiegen von der Rollbahn dreiviertel Stunde nach dem Gefechtsstand der 52. I.D. suchen müssen. Auch für andere Melder war der Gefechtsstand nicht aufzufinden, weil keine taktischen Zeichen oder Wegweiser angebracht waren. Außerdem lag der Gefechtsstand weit entfernt von großen durchgehenden Straßen.
Gefechtsstände gehören an die Stellen, von wo aus die Truppen gefasst und geführt werden können, und wo sie selber leicht gefunden werden können. Sofort nach Wechsel des Gefechtsstandes ist die Beschilderung des Weges notwendig. Möglichst sollen die Gefechtsstände sich an die großen und guten Straßen halten.
Die Unterbringung der Stäbe richtet sich nicht nach Komfort, sondern nach taktischen Gesichtspunkten.

3.) Heute ist in vorderer Linie ein Abteilungskommandeur erschossen worden und wird vermißt, der einen Befehl mit genauer Gliederung seiner Division mit sich führte. Der Befehl besagte, daß sich das Korps zur Verteidigung bereitstellt.
Es ist verboten, in die vorderen Linien Befehle oder Lagekarten mitzunehmen. Die Befehle selbst enthalten nur die nötigsten Angaben für den Empfänger, kein Gesamtbild.
In die Karten sind nicht die taktischen Zeichen einzutragen, sondern nur die notwendigsten Einzeichnungen unauffällig mit Punkten oder Strichen anzudeuten.

Nr. 13

Generalkommando LIII. A.K. K.H.Qu., 19. Juli 1941.
Lt. Dr. Lammers
Begleitoffizier

Fahrtbericht vom 19. 7. 41.

Der Herr Kom. General verließ am 19. 7. 41 den Korpsgefechtsstand Bobruisk um 9.50 Uhr, um bei der 255. I.D. und 52. I.D. ein unmittelbares Bild von den Kämpfen zu gewinnen.

Wiedereintreffen auf Korpsgefechtsstand 14.00 Uhr.

Fahrtweg: Bobruisk, Pobolowo, Trotzkij, Bobruisk.

Beim Überqueren der Beresinabrücke überholte die Generalsstaffel die I./A.R. 238, die zusammen mit Inf.Rgt. 315 auf der Rollbahn nach Osten marschierte.

Der Batl.Kdr. III./I.R. 315 meldete, daß die Truppe übermüdet sei. Der Herr Kom. General entgegnete, daß das Batl. gar kein Recht hätte, über Müdigkeit zu klagen in Hinsicht auf die Regimenter, die vor Rogatschew fortwährende schwere Angriffe abzuwehren hätten.

Auf der neu gebauten Steinstraße Bobruisk – Shlobin überholte die Staffel Teile des I.R. 339, die in Gegend Ssawitschi rasteten.

10.40 Uhr bei der Olabrücke traf die Generalsstaffel die schwere Abt. I/A.R. 40, von der 1 Geschütz beim Brückenübergang im Sumpf stecken blieb, weil die Bohlen des Knüppeldamms gebrochen waren.

Es meldete sich hier auch der Abteilungskdr., Oberstleutnant Dorn, der gerade von der 267. I.D. kam. Die I/A.R. 40 bezieht heute Nachmittag die Stellung einer schweren mot. Abteilung. Die mot. Abteilung bezieht Feuerstellungen weiter abgesetzt von guten Zufahrtsstraßen, um für die pferdebespannte Artillerie günstige Möglichkeiten zum Nachschub von Munition auf guten Straßen zu haben. Die Feuerstellungen der I/A.R. 40 befinden sich im Raume um Tertesh.

Nach Ankunft auf Divisions-Gefechtsstand 255. I.D. in Pobolowo meldete der Divisionskdr.:

Bei Sabolotje wurde ein Angriff abgewiesen. In letzter Nacht legte der Russe gegen 2.15 Uhr schweres Artilleriefeuer auf die Rollbahn, wobei auch Artilleriestellungen gefaßt wurden. Wahrscheinlich hervorgerufen wurde das Feuer durch unvorsichtige Ablösungen.

Die Artillerie der Division ist an den Flügeln so aufgestellt, daß sie mit in die Abschnitte der Nachbardivisionen hineinreichen kann. Ähnlich werden die Reserven an die Abschnittsgrenzen der Div. gelegt, so daß sie gegebenenfalls im Abschnitt der Nebendivision eingesetzt werden können.

Der Kom. General bemerkte, daß der Schwerpunkt der Division in ihrem Nordflügel liegt. Die Munitionslage der Division reicht aus bei S.F.H. Für L.F.H. ist sie noch knapp. Im allgemeinen sind die Batterien im Besitz der ersten Munitionsausstattung.

Nach Gefangenenaussagen sind die Verluste beim Feinde sehr groß, besonders durch Artilleriefeuer.

In Trotzkij meldete Herr Generalmajor Dr. Rendulic die 52. Division. Durch die heftigen Angriffe am Morgen hat das Infanterie-Rgt. 163 ziemliche Verluste erlitten. Die Division hat deshalb ihre Reserven fast sämtlich eingesetzt. Das I.R. 205 hat sich mit in den Abschnitt des I.R. 163 eingeschoben. Die Ortschaft Strenki an der Rollbahn ist verloren gegangen, sonst wurde die befohlene Linie gehalten.

Der Kom. General wies auf die Notwendigkeit hin, aus dem Nordflügel der Division bei Podsioly Truppen abzuziehen und daraus eine neue Reserve zu bilden.

Die Russen, die schwere Verluste haben müssen, schaffen rücksichtslos ihre Truppen in die vordere Linie. Bei Sapolje wird die Infanterie mit Lkw. nach vorne gefahren und in unserem Artilleriefeuer ausgeladen.

Gefangene sagten bei der Division aus, daß sie von Kommissaren und Offizieren mit der Pistole vorgetrieben wurden. Abgeworfene Flugzettel bewirkten, daß sie überliefen. Auch hier wurde ausgesagt, daß durch Artilleriefeuer schwere Verluste beim Feinde eintreten. Der Herr Kom. General ordnete an, daß heute noch das I.R. 315 mit I/A.R. 238 (167. I.D.) bis in den Raum um Trotzkij vorgezogen wird und als Reserve unter den Befehl der 52. I.D. tritt.

Im Augenblick des Berichts des Divisionskommandeurs erhielt der Ia die Meldung, daß bei Sapolje ein russisches Batl. durch eine S.F.H. Abtl. zerschlagen worden ist.

Der Arko bat dringend um einen Artillerieflieger, um die Brücken und Übersetzstellen für den russischen Nachschub über den Dnjepr bekämpfen zu können. Auf der Rückfahrt nach Bobruisk begegnete der Generalsstaffel das I.R. 315 mit I./A.R. 238. Den Batl. wurde vom Herrn Kom. General das neue Marschziel Trozkij bekanntgegeben.

In der Anlage werden die Bemerkungen während der Fahrt vorgelegt.

Lammers
Leutnant

Bemerkungen während der Fahrt.

1.) Wenn der Herr Kom. General im Kraftwagen an rastenden Truppen vorüberfährt, dann stehen die Mannschaften nicht auf, sondern bleiben sitzen oder liegen; nur der Führer der Einheit meldet.
2.) Jeder Führer einer Einheit ist auf dem Marsche für den richtigen Marschweg verantwortlich, auch wenn seine Einheit im Bataillons- oder Regimentsverband marschiert. Das Marschziel muß bekannt sein und der Marschweg muß laufend auf der Karte verfolgt werden. Reißt ein größerer Verband einmal ab, darf ein Verfahren der nachfolgenden Teile nicht vorkommen.

Nr. 14

Generalkommando LIII. A.K.
Lt. Dr. Lammers
Begleitoffizier

K.H.Qu., 21. Juli 1941.

Fahrtbericht vom 21. 7. 1941.

Der Herr Kom. General verließ am 21. 7. 41 den Korpsgefechtsstand Bobruisk um 9.15 Uhr, um bei 267., 255. und 52. I.D. ein unmittelbares Bild von den Kämpfen zu gewinnen.

Wiedereintreffen auf Korpsgefechtsstand: 13.45 Uhr.

Fahrtweg: Bobruisk, Krassnyj Bereg, Gefechtsstand I.R. 467, Tertesh, Pobolowo, Trotzkyj, Bobruisk.

Beim Überqueren der Beresinabrücken überholte die Generalsstaffel die II./A.R. 238 und Teile des Inf.Rgts. 315. Der Kommandeur der II./A.R. 238 meldete, daß die Abteilung bei der 134. I.D.[1]) gestern eingesetzt wurde und geholfen hat, einen russischen Angriff zurückzuschlagen.

Nach Eintreffen auf Div.Gefechtsstand 267. I.D. gab der Divisionskommandeur folgenden Bericht:

Die Lage vor der Division ist im Großen unverändert. Es erfolgen vom Feinde laufend Angriffe in Kompanie- und Batl.-Stärke. Die Abwehrkraft der Division ist durch Zuführen von Artillerie größer geworden. Dadurch, daß Paritschi vom XXXXIII. A.K. genommen wurde, ist die Division nicht mehr im Rücken bedroht.

Artilleristisch ist der Feind unverändert stark und wachsam. In letzter Nacht konnten Essenträger durch das starke Art.-Feuer nicht zu den vorderen Linien kommen.

Die Munitionslage der Division entspricht dem Bedarf des Bewegungskrieges. Die notwendige Menge für einen Stellungskrieg (Sperrfeuer) ist nicht vorhanden.

Gleichfalls hat die Division großen Bedarf an Marketenderwaren.

Der Herr Kom. General wies darauf hin, daß Munition für 10 cm Kanone reichlich vorhanden ist. Der eingetroffene Munitionszug führte aber große Mengen Mörsermunition mit, die nicht verwendet werden können.

Für das Korps liegen Marketenderwaren in Warschau. Die Division wird auf die Herbeischaffung selbst angewiesen. Der Auftrag für die Division lautet, die erreichten Stellungen weiterhin zu halten. Durch überraschende Gegenstöße ist festzustellen, ob der Feind die Absicht hat, sich zurückzuziehen. Übermorgen Nacht ist mit Ablösung im Abschnitt Shlobin durch XXXXIII. A.K. zu rechnen.

Da 10 cm Kanonenmunition genügend vorhanden ist, empfiehlt es sich, die vorhandenen Batterien in zwei Züge zu teilen. Jeder Zug wird wie eine Battr. eingesetzt und verschießt die Munition von 4 Geschützen.

Vom Div.-Gefechtsstand 267. I.D. fuhr der Herr Kom. General zum Regimentsgefechtsstand I.R. 467. Unterwegs traf die Staffel auf den Truppenverbandsplatz dieses Regiments. Der Divisons- und Regimentsarzt meldeten. Das I.R. 467 hatte bei den Kämpfen vor Rogatschew bisher 170 Durchgänge, davon etwa 30 Tote. Die

[1]) Die Abteilung war außerhalb des Korps-Abschnitts eingesetzt gewesen.

Division hat seit Beginn des Feldzuges etwa 320 Tote und 700 Verwundete. Die Verwundungen besonders durch Granatwerfer sind meist recht schwer.

Den versammelten Sanitätsoffizieren und den beiden Pfarrern sprach der Herr Kom. General seinen Dank für die geleistete Arbeit aus:

„Ich weiß sehr gut, wie schwer, hingebungsvoll und verantwortlich Ihr Dienst hinter den vordersten Linien auf dem Truppenverbandsplatz ist. Auch Sie helfen hiermit zum Siege. Denn wenn der Soldat weiß, daß die Ärzte alles tun, um ihn zu versorgen, so stärkt das seinen Angriffsgeist und seinen Willen zum Sieg. Für Ihren selbstlosen und aufreibenden Dienst spreche ich Ihnen meinen vollen Dank und meine Anerkennung aus und bitte Sie, dies in einem Sonderbefehl an alle Ihnen unterstellten Sanitätssoldaten weiterzugeben."

Herr Oberst Stephan, Kommandeur I.R. 467, gab auf dem Rgts.-Gefechtsstand folgenden Bericht:

Es entsteht beim Regiment jetzt der Übergang zum Stellungskrieg. Heute morgen wurden 2 kleinere Angriffe abgewiesen. Starke Verluste hat das Regiment bei Malewitschi erlitten. 2 Kompanien haben ihre sämtlichen Offiziere verloren.

Gefangene sagten beim Regiment aus, daß sie überlaufen und daß viele ihrer Kameraden auch überlaufen, wenn sie die Möglichkeit dazu finden würden.

Der Herr Kom. General wies darauf hin, daß es unbedingt notwendig ist, diese Stellung noch 2 Tage zu halten, auch gegen Panzerangriffe. In vorderer Linie sind Panzerbüchsen und H.-Munition[2]) bereitzuhalten.

2 Pak wurden dem Regiment durch Artilleriefeuer zerstört.

Der Herr Kom. General dankte beim Abschied dem Regimentskommandeur herzlich für das unermüdliche Aushalten.

Auf dem Wege zur 255. I.D. besuchte der Herr Kom. General Feuerstellungen der I./A.R. 101 und I./A.R. 40. Die feindliche Artillerie beschränkte sich in diesem Abschnitt auf gelegentliches Streufeuer.

Um 12.00 Uhr meldete der Ia der 255. Div. auf dem Gefechtsstand:

Die Artilleriegruppierung des Gegners scheint im Abschnitt vor der Division unverändert zu sein. In letzter Nacht legte die russische Art. starkes Feuer in's Hintergelände. Nach wie vor ist sie sehr wachsam. „Wer den Kopf raussteckt, wird bepflastert".

Von einer Loslösung des Gegners ist noch nichts zu bemerken. Aufklärungstätigkeit wird fortgesetzt. Der Herr Kom. General befahl, die Vorbereitung zur Abwehr eines Panzerangriffs zu treffen.

Die 255. I.D. bittet um Zuweisung von Nachrichten-Dolmetschern.

In Ssloboda meldete der Kdr. III/I.R. 315 (167. I.D.) um 12.30 Uhr, daß das Batl. in seinem zugewiesenen Raum eingetroffen ist. Truppe und Pferde in Ordnung.

12.35 Uhr meldete der Herr Generalmajor Dr. Rendulic die 52. I.D. in Trotzkij. Es war gerade ein russischer Angriff aus Richtung Kostjaschowo im Gange. Die Division setzt einen Gegenangriff an, um die beherrschende Sapolje-Höhe zu gewinnen.

Große, entscheidungsuchende Angriffe sind nach Meinung des Divisionskommandeurs nicht mehr zu erwarten. Die jetzigen Unternehmungen des Feindes sollen vielmehr die Aufgabe seiner Angriffsabsichten verschleiern.

---

[2]) Hohlgeschosse für Panzerabwehr.

Die Division treibt fortwährend Aufklärung in das große Waldgebiet 10 km nördlich Rogatschew vor.

Der Herr Kom. General empfahl die Zusammenstellung einer beweglichen Reserve mit zu Hilfenahme der beweglichen Teile des neuunterstellten I.R. 315 (167. I.D.).

Auf dem Rückweg begegnete der Generalsstaffel noch einmal die II/A.R. 238. Die Abteilung hat von jeder Batterie ein Geschütz durch russische Zugmaschinen motorisiert und führt die Geschütze geschlossen nach, so daß diese Abteilung über 3 pferdebespannte und eine motorisierte Batterie zu je drei Geschützen verfügt.

In der Anlage werden die Bemerkungen während der Fahrt vorgelegt.

Lammers
Leutnant

Bemerkungen während der Fahrt.

1.) Soldaten, die auf dem Felde arbeiten (z. B. Klee mähen), müssen ihre Waffen griffbereit haben.
2.) Bei Trossen und Protzenstellungen in Waldlagern ist regelmäßig Pferdebewegen anzusetzen.
3.) Es ist verboten, unreifes Getreide als Pferdefutter zu mähen. Statt dessen ist Klee und Grünfutter einzubringen.
4.) Die 167. I.D. soll sofort innerhalb der Division eine gleichmäßige Verteilung der M.G. vornehmen.
5.) 167. I.D. gibt an 267. I.D. 2 Pak ab.

Nr. 15

Generalkommando LIII. A.K. — K.H.Qu., 22. Juli 1941.
Lt. Dr. Lammers
Begleitoffizier

Fahrtbericht vom 22. 7. 1941.

Der Herr Kommandierende General verließ am 22. Juli 1941 den Korpsgefechtsstand Bobruisk um 9.10 Uhr, um bei 52. I.D. ein unmittelbares Bild von den Kämpfen zu gewinnen und um sich vom Eintreffen der Regimenter der 167. I.D. in ihren Bestimmungsräumen zu überzeugen.

Wiedereintreffen auf Korpsgefechtsstand 12.00 Uhr.

Fahrtweg: Bobruisk, Trotzkyj, Bobruisk.

Um 10.10 Uhr meldete der Div.Kdr. 52. I.D. auf dem Divisionsgefechtsstand:

Gestern nachmittag griff der Feind, unterstützt von Panzerkampfwagen, an 2 Stellen im Abschnitt der 52. I.D. an:

1. südlich der Rollbahn aus Gegend Kupowje,

2. nördlich Rogatschew aus Gegend Lushkj.

Die geringen Geländegewinne, die der Feind anfangs hatte, wurden ihm in Gegenangriffen wieder weggenommen, so daß heute morgen die eigenen alten Stellungen wieder besetzt waren. 2 feindliche Panzer wurden abgeschossen.

Bei Blisnezy haben die Russen mit dem Bau einer Brücke begonnen, wahrscheinlich um eine Übersetzstelle für ihren geplanten Panzerangriff zu schaffen. Der Platz des Brückenschlages wurde von 9 Batterien unter Feuer genommen.

Der Wasserturm von Rogatschew, der den russischen Beobachtern Einblick in unsere Stellungen bietet, wurde von einer 10 cm Kanone unter Feuer genommen und getroffen.

In letzten Tagen schoß der Feind mit Artillerie stark ins Hintergelände. Das Offizierkasino I.R. 181 erhielt einen Volltreffer. 3 Offiziere, darunter der Regimentskommandeur, Oberst Mahlmann, wurden verwundet.

Oberst Reymann, Kdr. I.R. 205, wurde in der Nähe seines Gefechtsstandes in einem Deckungsloch verschüttet.

Herr Generalmajor Dr. Rendulic vermutet, daß russische Beobachter als Zivilisten verkleidet, sich in unserem Hintergelände aufhalten und das Feuer durch Funk oder Draht auf solche wichtigen Punkte leiten, die von den russischen B-Stellen nicht eingesehen werden können. Mehrere als Frauen verkleidete russische Offiziere sind bereits gefaßt worden. Sämtliche noch im Gelände liegenden russischen Leitungen sind deshalb zerschnitten worden. Die Zivilbevölkerung ist aus dem besagten Kampfabschnitt evakuiert.

Nachts erfolgen von russischer Seite außer Artilleriefeuer keine Kampfhandlungen. Wahrscheinlich fürchten die russischen Vorgesetzten nachts vermehrtes Überlaufen.

Der Herr Kom. General befahl, alle Vorbereitungen zur Abwehr eines starken Panzerangriffes zu treffen: Bereitstellung von Panzerbüchsen und H.-Munition[1]) in vorderer Linie, Vorbereitung der Artillerie auf den Beschuß schwerster Panzer und Einrichtung einer Auffangstellung an der Dobysna durch unterstelltes I.R. 331.

10.40 meldete der O 1 der 167. I.D. den vorgeschobenen Gefechtsstand der Division in Trotzkyj. Die I.R. 331 und 315 haben die zugewiesenen Räume erreicht, I.R. 331 mit Regimentsgefechtsstand in Trotzkyj, I.R. 315 in Omelino.

Die I/A.R. 238 ist in letzter Nacht im Nordflügel der 52. I.D. in Stellung gegangen mit Abteilungs-Gefechtsstand auf Höhe ostwärts Weritscheff.

10.45 Uhr meldete Herr Oberstleutnant Kullmer, Kdr. I.R. 331, sein Regiment in Trotzkyj.

Die Auffangstellung, die das Regiment im Falle eines russischen Durchbruchs hinter der Dobysna bezieht, ist bereits vollständig für Infanterie, Artillerie, Pak und I.G. erkundet und angewiesen.

Ein Batl. und Panzerjäger sichern vor der Dobysnabrücke. Die übrigen Teile des Regiments sind tief hinter der Dobysna und rechts und links davon gegliedert mit besonderer Rücksicht auf Panzerabwehr. Einige motorisierte Geschütze der II/A.R. 238 halten sich für die Verfolgung von durchgebrochenen Panzern bereit. Auf Befehl des Herrn Kom. Generals werden in der Auffangstellung bereits einige

[1]) Hohlgeschosse für den Panzerkampf.

M.G.-Nester besetzt. Eine eigene Aufklärungsabteilung ist vom Rgt. weiter vorne angesetzt.

Der Zustand der Pferde beim Regiment ist gut. Sie sind zwar mager, aber bei den guten Straßen weiterhin leistungsfähig. Die Marschfähigkeit der Mannschaften ist sehr gut.

Bei den Waldkämpfen nördlich Bobruisk hatte das Regiment etwa 250 Mann Verluste, davon 104 Tote. Bei vielen Gefallenen waren Soldbuch und Erkennungsmarke von den Russen entwendet.

Der Divisionsarzt meldete, daß die gesamte Division in den Waldkämpfen 200 Gefallene und 250 Verwundete hatte. Die Verwundungen sind fast alle schwer. Verstümmelungen wurden nicht festgestellt. Die Kämpfe in den Wäldern und Sümpfen wurden außerordentlich verbissen und auf allernächste Entfernung geführt. Die Russen schossen häufig als Baumschützen. Eine Reihe von Leuten sind im Sumpf versunken.

Bei der Division treten zur Zeit ziemlich viel Darmerkrankungen auf, die wahrscheinlich durch den Witterungsumschwung bedingt sind.

In der Anlage werden die Bemerkungen während der Fahrt vorgelegt.

Lammers
Leutnant

Bemerkungen während der Fahrt.

1.) Es werden häufig Fälle von Zerstörung an wertvollem Beutegut durch die Truppe gemeldet, so z. B. in Apotheken und Krankenhäusern das Zerstreuen und Vernichten wichtiger Arznei- und Verbandmittel.
Durch Belehrung ist die Truppe darauf hinzuweisen, daß solche Lager für die Versorgung der eigenen Belange außerordentlich wichtig und unter allen Umständen zu schonen sind. Die betreffenden Offiziere sorgen gegebenenfalls für Sicherstellung.

2.) Durch Korpsapotheker ist nochmals festzustellen, ob sich der in Bobruisk fabrizierte Wodka nicht zur Ausgabe an die Truppe eignet (Verbesserung der Getränke).
Untersuchungsergebnis mit Begründung ist vorzulegen.

Nr. 16

Generalkommando LIII. A.K. K.H.Qu., 24. Juli 1941.
Lt. Dr. Lammers
Begleitoffizier

Fahrtbericht vom 23. 7. 1941.

Der Herr Kommandierende General verließ am 23. 7. 1941 6.30 Uhr zusammen mit Herrn General Heinrici, Kommandierender General des XXXXIII. A.K., den Korpsgefechtsstand Bobruisk zu einer Fahrt zum A.O.K. 2.

Fahrtweg: Bobruisk, Titowka, Dubrowo, Belynitschi, Bobruisk.

Ankunft bei A.O.K. 12.30 Uhr.

Die Fahrt führte durch das Waldgebiet ostwärts Gorodez. Diese Straße wird vor allem benutzt von Nachschubdiensten der Panzertruppe und von Truppen, die bei Star. Bychow über den Dnjepr setzen wollen.

Das Waldgebiet ostwärts Gorodez ist immer noch durch Partisanen gefährdet. Ein Pionier erzählte in Dubrowo, daß er in einem Pkw. von mindestens 3 M.G. beschossen wurde. Dabei gab es 4 Tote.

Nach der Besprechung beim A.O.K. flog der Herr Kommandierende General mit einem Fieseler Storch zum Korpsgefechtsstand Bobruisk zurück. Die Generalsstaffel rückte um 20.00 Uhr ein.

In der Gegend um Borki versuchten 4 russ. Bomber einen Angriff auf die Waldstraße. Sie wurden von deutschen Jägern abgeschossen. 5 russ. Flieger sprangen mit Fallschirmen ab und halten sich wahrscheinlich noch in den Wäldern ostwärts der Straße Bobruisk – Mogilew auf.

Lammers
Leutnant.

Nr. 17

Generalkommando LIII. A.K. K.H.Qu., 25. Juli 1941.
Lt. Dr. Lammers
Begleitoffizier

Fahrtbericht vom 24. 7. 1941.

Der Herr Kom. General verließ den Korpsgefechtsstand Bobruisk am 24. 7. um 18.10 Uhr zu einer Besprechung auf Divisionsgefechtsstand der 52. I.D.

Wiedereintreffen auf Korpsgefechtsstand 20.05 Uhr.

Fahrtweg: Bobruisk, Trotzkij, Bobruisk.

Auf Divisionsgefechtsstand der 52. I.D. erwarteten den Herrn Kom. General die Kommandeure der 52. und 255. Division und Arko 27.

Der Herr Kom. General erklärte:

Durch das Anrücken des XII. A.K. an unseren Nordflügel wird eine Verbesserung und Verlegung unserer Stellungen an Drut und Dnjepr notwendig.

Die Vorbereitungen für einen Angriff mit dem Ziel der Erreichung der Flüsse sind zu treffen. Um Verluste zu sparen, soll nicht ein großer Angriff auf der Länge der Korpsfront vorgetragen werden, sondern, am Nordflügel bei 52. I.D. beginnend, werden durch starke Stoßtruppunternehmungen abschnittsweise Teile der Divisionsfronten vorverlegt.

Die Art des Angriffs muß sich richten nach dem Unterstützungsvermögen der Artillerie. Die Munitionslage ist knapp und wird es in nächster Zeit bleiben. Bei einem Angriff darf sich die Artillerie deshalb niemals verausgaben, sondern muß immer noch soviel Munition bereithalten, wie sie zur Zerschlagung eines russischen Gegenangriffs benötigt. Unser Vorgehen wird also letztlich bestimmt von der vorhandenen Artillerie-Munition.

Sorgfältigste Vorbereitung jedes Angriffs im Zusammenarbeiten mit Arko ist deshalb notwendig.

Der erste zu gewinnende Abschnitt ist für 52. I.D. die Sapolje-Höhe.

255. I.D. setzt mit Angriffen ein, wenn 52. I.D. auf der Rollbahn vorgestoßen ist.

Ziel dieser Unternehmung ist nicht unbedingt, feste Brückenköpfe über den Dnjepr zu bilden, sondern eine günstige Abwehrlinie unmittelbar am Fluß zu gewinnen und die vorhandenen Brücken zu beherrschen. Kommt eine Brücke in unsere Hand, so ist zum Schein ein schwacher Brückenkopf zu bilden, die Brücke selber aber sofort zur Sprengung vorzubereiten.

Enge Fühlung ist mit dem XII. Korps weiterhin zu halten.

52. und 267. I.D. erhalten je einen Pionier-Sperrverband in Stärke von 2 Bataillonen zugeteilt.

Neue Abschnittsgrenzen werden noch befohlen.

Herr Generalmajor Dr. Rendulic bat darum, das Dorf Sabolotje geschlossen im Abschnitt der 255. I.D. zu lassen.

Die Artillerie bleibt vorläufig unverändert gruppiert. Die Regimenter der 167. I.D. stehen wieder als Reserven zur Verfügung.

Generalleutnant Wetzel bat um die Zuteilung der B-Abteilung bei den Angriffsunternehmungen.

Generalmajor Dr. Rendulic wies darauf hin, daß ein Luftangriff auf Gomel, das Sitz eines A.O.K. und großer Lager ist, eine Entlastung für unsere Front bringen würde.

Die 255. I.D. bittet um Luftbilder vom Dnjepr.

Auf der Rückfahrt nach Bobruisk traf die Generalsstaffel Teile des Rgts.Stabs I.R. 339. Der Regiments-Gefechtsstand wird wieder nach Omelino gelegt.

Der Herr Kom. General befahl, daß das Regiment in einen Raum weiter südlich verlegt würde. Wenn das Regiment schon einmal in Omelino lag, so ist das kein Grund, bei einer veränderten taktischen Lage das Regiment wieder dorthin zu legen.

Lammers
Leutnant

Nr. 18

Generalkommando LIII. A.K.
Lt. Dr. Lammers
Begleitoffizier

K.H.Qu., 26. Juli 41.

Fahrtbericht vom 26. 7. 1941.

Der Herr Kom. General verließ am 26. 7. 1941 den Korpsgefechtsstand Bobruisk um 9.10 Uhr, um bei 267, 255. und 52. I.D. ein unmittelbares Bild von den Kämpfen zu gewinnen.

Wiedereintreffen auf Korpsgefechtsstand 13.45 Uhr.

Fahrtweg: Bobruisk, Krasnyj Bereg, Pobolowo, Trotzkyj, Bobruisk.

Um 10.05 Uhr besuchte der Kom. General in Teluscha die Werkstattkompanie der 267. Division, die hier in einer Kolchos-Werkstätte untergebracht ist.

In diesem Augenblick erschien über der Straße Bobruisk – Shlobin ein russischer Tiefflieger, der Kolonnen des XXXXIII. A.K. mit M.G. beschoß. Auch auf zwei Wagen der Generalsstaffel wurde vom Flugzeug aus geschossen. Der 2. Wagen schoß mit M.G. auf den Flieger zurück.

Obwohl der Herr Kom. General sich etwa eine Viertelstunde bei der Werkstattkompanie aufhielt, wurde vom Kompaniechef nicht gemeldet, der sich in der Schreibstube ganz in der Nähe befand. Der Herr Kom. General rügte dem Werkmeister gegenüber diese militärische Vernachlässigung.

Kolonnen des XXXXIII. A.K. auf der Straße Shlobin – Bobruisk schickten Pferde-Suchkommandos aus, um weidende Paniepferde einzufangen.

Bei den Truppen des eigenen Korps ist in solchem Falle vermehrte Bewachung der Pferde nötig, die auf der Weide gehen. Nötigenfalls sind durch Feldgendarmerie Streifen einzurichten.

Auf Divisionsgefechtsstand 267. I.D. meldete um 10.50 Uhr Generalmajor v. Wachter:

Seit gestern 15.00 Uhr greift der Feind in Stärke etwa einer Division bei 267. I.D. an und hat sich im Laufe der Nacht sehr geschickt bis auf 100 Meter an unsere Stellungen herangearbeitet.

Der Herr Kom. General wies darauf hin, daß im Falle einer ernsthaften Bedrohung der Divisionsfront das I.R. 339 als Reserve der Division zur Verfügung steht.

Der Sperrverband der Division sichert den Südflügel mit Schwerpunkt bei Mormal.

Bis Mormal befindet sich der Feind auf der Gegenseite in festen Stellungen und hat sich eingegraben, so daß bis *Mormal* die Front jetzt *fest* ist.

Die Division treibt Aufklärung vor nach Süden und Südwesten bis in Gegend Paritschi.

Die beiden Batterien, die vom Regiment Hübner (I.R. 339) im Divisionsabschnitt eingesetzt sind, verbleiben hier. 1 Battr. vom Regiment Kullmer (I.R. 331) wird dafür zum I.R. 339 kommandiert.

Artilleristisch ist die Division jetzt stärker geworden, allerdings herrscht der übliche Munitionsmangel.

Die Division hat täglich einen Ausfall von etwa 25 Mann. Mit Ersatz ist im Augenblick nicht zu rechnen. Es ist deshalb notwendig, Leichtverwundete und Leichtkranke in Feldlazaretten auszuheilen und die Geheilten der Truppe möglichst schnell wieder zuzuführen.

Die Division hat weiterhin den Auftrag, die feste Front im Stellungskrieg unter allen Umständen zu halten. Bei einem schweren Angriff auf die Südflanke kann sich die Division für eine bewegliche Verteidigung entscheiden und bis auf Paritschi zurückgehen.

Die Division erbittet ihre Radfahrkompanie und Pak-Kompanie, die zum Korps kommandiert sind, zurück und schlägt vor, eine Radfahrkompanie der 167. I.D. zu kommandieren.

Das Regiment Hübner (I.R. 339) ist stets bei einem russischen Angriff zu benachrichtigen und alarmbereit zu machen.

Bei 255. I.D. in Pobolowo meldete 11.10 Uhr der Ia:

Der Gegner verhält sich im Augenblick ziemlich ruhig. Gestern abend erfolgte der letzte russische Angriff. Die Kompanien der Division haben durchschnittlich 1200 m Frontbreite. Die Division hat nur 2 Bataillone in Reserve.

Für die bevorstehende Vorverlegung der Front im Abschnitt der 255. I.D. ist besonders wichtig der Gewinn des Waldstückes von Ostrowok. Für diesen Angriff braucht die Division eine starke Art.-Unterstützung, mindestens 2 Ausstattungen.

Der Herr Kom. General kündigte für die nächsten 5 Tage erhöhten Munitionsnachschub an, früher hat die 52. I.D. die Rollbahn wahrscheinlich noch nicht erreicht und vor diesem Termin ist ein Angriff auf das Waldstück nicht anzusetzen. Die 255. Division bittet für den Fall des Angriffs auf den Ostrowoker Wald um die Zuteilung der Artillerieabteilung vom Regiment Hübner.

Heute sind 3 Gefangene bei der 255. Division gemacht worden. Es handelt sich um Ersatzmannschaften, die aus Truppenlagern in Gomel kommen. (1 Türke, 1 Armenier und 1 Russe). Der Russe sagte aus, daß mehrfach Fälle von Selbstverstümmelung in der Roten Armee auftreten.

Die Division veranstaltet zur geistigen Betreuung der Truppe mit einer Beutemaschine Tonfilmvorführungen in Pobolowo.

Bei 52. I.D. meldete 12.40 Uhr der Divisions-Kommandeur:

Im Abschnitt der Division nichts Besonderes. 2 Brücken wurden von den Russen gesprengt, wahrscheinlich weil sie fürchteten, daß dem Angriff der 52. I.D. ein Durchstoß über den Dnjepr folgen sollte.

Bei der Division erfolgen bei den vorne eingesetzten Truppenteilen laufend Ablösungen.

Der Herr Kom. General kündigte die Rückkommandierung des I.R. 497 zur 267. I.D. an, die zunächst bataillonsweise erfolgen wird.

Nachts schießt ein Ferngeschütz der Russen dauernd Störungsfeuer in die Nähe des Divisionsgefechtsstandes. Es ist deshalb für die Nacht eine Verlegung des Gefechtsstandes 2 km rückwärts geplant.

In der Anlage werden die Bemerkungen während der Fahrt vorgelegt.

Lammers
Leutnant

Bemerkungen während der Fahrt.

1.) Trifft der Herr Kom. General bei einer Einheit ein, so ist schnellstens der Chef der Einheit zu benachrichtigen, der persönlich Meldung zu erstatten hat.
2.) Rastende und ruhende Truppen stellen sofort M.G. als Fliegerschutz aus. Auch besonders wichtige, feste Einrichtungen wie Werkstattkompanien[1]) müssen ständig mit M.G. gegen Flugzeuge gesichert sein. Erhöhte Wachsamkeit ist gegen Tiefflieger geboten.
3.) Bei den augenblicklich angestrengten Pferden ist jedes unnütze Galoppieren von Einzelreitern verboten.
4.) Das Beitreiben von Paniepferden ohne ordnungsgemäß ausgefüllten Requirierschein ist verboten.
5.) Feldgendarmerie stellt Straßenstreifen, wenn fremde Truppenteile durch den Unterkunftsbereich des Korps ziehen, um zu verhindern, daß weidende Truppenpferde mitgetrieben werden.
6.) Unreifer Hafer darf nicht gemäht werden. Er ist als Pferdefutter ungeeignet und verursacht Koliken. Stattdessen ist Klee und Grünfutter einzubringen. Die Divisions-Veterinäre überwachen, daß kein unreifes Getreide verfüttert wird.
7.) Ein Regiment, das in Reserve liegt, muß seinen Gefechtsstand in der Unterkunft besonders deutlich und reichlich durch Richtungsschilder anzeigen, sodaß jeder uneingeweihte Meldefahrer im Alarmfalle das Regiment auch bei Dunkelheit sofort finden kann.
8.) Jede ruhende Truppe muß sofort nach Eintreffen in einer Ortsunterkunft die Verbesserung der Zufahrtswege und Brücken selbsttätig in Angriff nehmen. Dadurch wird ihre Alarmbereitschaft gewährleistet.

Nr. 19

Generalkommando LIII. A.K. K.H.Qu., 27. Juli 1941.
Lt. Dr. Lammers
Begleitoffizier

Fahrtbericht vom 27. 7. 1941.

Der Herr Kom. General verließ am 27. 7. 1941 den Korpsgefechtsstand Bobruisk um 9.05 Uhr zu einem Besuch der Truppen der 267. I.D. in vorderer Linie.

Fahrtweg: Bobruisk, Krasnyj Bereg, Rgt.-Gefechtsstand I.R. 467, B.-Stelle 2./A.R. 267, Btl.-Gefechtsstand I./I.R. 467, Tertesh, Kowali, Bobruisk.

Auf der Steinstraße Shlobin – Bobruisk marschierten Formationen der 131. I.D. Durch diese langen Marschkolonnen sind wahrscheinlich die recht zahlreichen russischen Fliegerangriffe auf die Straße in den letzten Tagen hervorgerufen worden.

[1]) Ergänzt aus: . . . kompanie.

Um 10.15 Uhr meldete Herr Generalmajor von Wachter auf Div.-Gefechtsstand 267. I.D.:

Es herrscht im Augenblick vor der Front der Division Ruhe, lediglich rege russische Fliegertätigkeit. Durch Fliegerangriffe hatte das I.R. 339 (167. I.D.) 7 Tote und 21 Verwundete.

Die 267. Division will morgen Lessana nehmen und erhält hierzu ein Btl. des I.R. 339 zugeteilt.

Die schwere Abteilung I./A.R. 40 ist im Div.-Abschnitt in Stellung gegangen. Bei Lebedewka erfolgte eine weithin hörbare Explosion, möglicherweise eine Brükkensprengung durch die Russen. Es wurde hierfür sofort Fliegeraufklärung angefordert. Später wurde als mögliche Erklärung angegeben, daß es sich um die Explosion eines eigenen abgeschossenen Flugzeuges handelte.

Der Herr Kom. General befahl, in der Division besonders den infanteristischen Fliegerschutz zu überwachen und in der Nähe aller Mannschaftsunterkünfte Splittergräben anzulegen.

Gefangenenaussagen bestätigen große Verluste beim Feinde. Nach Auffüllung der Fehlstellen durch Ersatz greift der Feind weiter an.

Der Herr Kom. General erkundigte[1]) sich nach Leutnant Wiemann, dem Btl.-Adjutanten bei I./467, der ein erfolgreiches Unternehmen gegen einen russischen Einbruch bei Korma geleitet hat. Bei diesem Unternehmen fielen 30 Russen, 5 wurden gefangen genommen, 20 konnten entkommen. Eigene Verluste: 2 Tote, 1 Verwundeter. Leutnant Wiemann wurde selbst am Oberschenkel verwundet.

Um 11.10 Uhr meldete Herr Oberst Stephan auf Rgt.-Gefechtsstand I.R. 467, 1 km südlich Tertesh; der Feind verhält sich augenblicklich recht ruhig. Er arbeitet sich neuerdings bis auf 50 m an unsere vordere Linie heran und gräbt sich dann ein. Das Regiment unternimmt mit Offz.-Spähtrupps regelmäßig Gegenstöße und beherrscht so das Vorfeld.

Nach Verlassen des Rgt.-Gefechtsstandes besuchte der Herr Kom. General die B.-Stelle der 2./A.R. 267 am Bahndamm etwa 2 km südostwärts Tertesh. Von hier aus hat man gute Sicht auf Malewitschi und Shlobin.

Hierauf besuchte der Kom. General den Btl.-Gefechtsstand I./467 und beglückwünschte den Btl.-Kdr., Oberstlt. Hoffmann, zu dem gelungenen Unternehmen bei Korma. Initiative und Plan zu diesem Unternehmen stammten vom Btl.-Kdr. persönlich.

Oberstleutnant Hoffmann zeigte die Anlage und die Durchführung des Unternehmens im Gelände. Mit dem Ausdruck des Dankes und der vollen Anerkennung für das Btl. verließ der Herr Kom. General den Gefechtsstand und ließ dem[2]) Leutnant Wiemann baldige Wiederherstellung wünschen. Der Herr Kom. General bedauerte sehr, daß infolge der Verwundung des Leutnant Wiemann er ihn nicht persönlich mit dem E.K. I auszeichnen konnte.

Der Feind verhielt sich im Gegensatz zu den Tagen vorher in dem besuchten Abschnitt zurückhaltend. Eigene Artillerie und J.G. schossen Störungsfeuer, von beiden Seiten M.G.- und Schützenfeuer.

---

[1]) Verbessert aus: erkundete.

[2]) Verbessert aus: den.

Am Bahndamm südlich Tertesh steht eine verlassene Abt. russischer Feldhaubitzen. Auf dem Rückweg meldete sich der Rgt.-Arzt vom I.R. 467. Die Zahl der Verwundeten wird geringer. In letzter Nacht gab es 3 Tote.

Bei Tertesh besuchte der Herr Kom. General die Feuerstellung der 1./A.R. 101. Die Battr. hatte in dieser Feuerstellung noch keine Verluste. Der Kom. General nahm eine Kostprobe vom Mittagessen, das gerade ausgegeben wurde.

Die Truppen, die der Herr Kom. General in den vorderen Linien sah, machten insgesamt einen guten Eindruck. Die Stimmung ist trotz der überstandenen schweren Kämpfe zuversichtlich.

Ein Filmberichter der PK. nahm an der Fahrt teil und machte in vorderer Linie eine Reihe von Aufnahmen.

In der Anlage werden die Bemerkungen während der Fahrt vorgelegt.

Lammers
Leutnant

Bemerkungen während der Fahrt.

1.) Es wird immer noch beobachtet, daß große Wagenladungen voll unreifen Hafers von der Truppe eingebracht werden, um an Pferde verfüttert zu werden. *Die Verfütterung von unreifen Getreide ist schädlich und verboten.*

2.) Die russischen Wegweiser, die im Gelände aufgestellt sind, sind mit *lateinischer* Schrift umzuändern.[3])

3.) Die Pak., die der Generalsstaffel zugeteilt ist, braucht einen geländegängigen Zugwagen. Es ist von abgelöster Pak.-Kp. der 267. I.D. ein Geschütz zur Generalsstaffel zu kommandieren, da die ablösende Pak.-Kp. der 167. I.D. über keine geländegängigen Wagen verfügt.

4.) Der Wasserstand der Beresina steigt in letzten Tagen durch die Regenfälle, sodaß die Brücken bei weiterem Steigen überspült werden. Gegenmaßnahmen sind einzuleiten.

---

[3]) Es ist dies eine der wenigen Stellen, wo Weisenberger etwas im Text veränderte. Ursprünglich lautete die „Bemerkung" 2.): Die russischen Wegweiser, die von der Truppe im Gelände aufgestellt werden, sind mit *lateinischer* Schrift zu bezeichnen.

Nr. 20

Generalkommando LIII. A.K. K.H.Qu., 28. Juli 1941.
Lt. Dr. Lammers
Begleitoffizier

Fahrtbericht vom 28. 7. 1941.

Der Herr Kom. General verließ am 28. 7. 41 9.00 Uhr den Korpsgefechtsstand Bobruisk, um das I.R. 181 zu besuchen, das nach den schweren Abwehrkämpfen vor Rogatschew einige Tage abgelöst ist und Ruhe hat.

Wiedereintreffen auf Korpsgefechtsstand 13.00 Uhr.

Fahrtweg: Bobruisk, Bortniki, Liskowskaja, Batl.Gefechtsstand I/181, Batl.Gefechtsstand II/181, Batl.Gefechtsstand III/181, Bobruisk.

Bei den Beresinabrücken waren Eisenbahnpioniere dabei, die große, von den Russen gesprengte Brücke wiederherzustellen.

9.30 Uhr meldete der Div.Kdr. 52. I.D. auf dem neu eingerichteten Gefechtsstand *Bortniki*:[1])

Heute morgen um 5.00 Uhr begann der Russe fünf Viertelstunden lang, Trommelfeuer im Abschnitt der Division zu schießen und trug anschließend im Nord- und Südflügel mit je einem Regiment einen Angriff vor. Mit Hilfe von vorher angelegten Laufgräben arbeitete sich der Gegner bis auf Handgranatenwurfweite an unsere Linien heran. Der Angriff erfolgte in mehreren Wellen. Er wurde abgeschlagen. 3 russische Panzerwagen wurden dabei vernichtet und brannten aus.

Die russische Artillerie ist gleichbleibend stark. (An der Rollbahn stehen etwa 20 Batterien). Der Kampfwert der russischen Infanterie wird zusehends schlechter. Der russische Ersatz, der zum Auffüllen der Verluste nachgeführt wird, ist vielfach schlecht oder noch gar nicht ausgebildet. Gefangene wurden gemacht, die erst 8 Tage lang Soldat sind.

Als gestern russische Bomber über den Stellungen erschienen, kamen die deutschen Jäger viel zu spät. Die Division schlägt deshalb vor, einen besonderen Warnmeldedienst bei feindlichen Luftangriffen einzurichten. Auf die Infanterie wirken zu spät kommende Jäger stimmungsmäßig schlechter, als wenn sie gar nicht kommen.

Bei Malaja Konopliza, Kropizkij und Nowaja Konopliza befinden sich frisch ausgeworfene russische Feldbefestigungen, die aber vom Feind wieder geräumt wurden. Ostwärts dieser Ortschaften wurden von uns 300 russische Minen ausgegraben.

Die 52. I.D. beginnt ebenfalls mit dem Verminen ihrer Stellungen.

Das Regiment Wenk (I.R. 315), das den heutigen Angriff mit abgeschlagen hat, hat sich hierbei und schon bei einem vorherigen Gegenangriff gut bewährt.

Der Div.Kdr. bat darum, auch das Regiment Kullmer (I.R. 331) einzusetzen, um die Regimenter der 52. I.D. ablösen zu können. Ebenfalls bittet die Division, ein verstärktes Bataillon des I.R. 497 im Nordflügel der 52. I.D. zu belassen. Der Herr

[1]) Hinter Bortniki setzte der Ia ein Fragezeichen und schrieb an den Rand: „Nach Meldung der Div. Peresseka!" Die 52. I.D. hatte ihren Gefechtsstand dorthin verlegt.

Kom. General ordnete an, daß die pferdebespannten Teile dieses zurückbleibenden Bataillons mit dem Regiment abrücken können. Im Falle einer Neugruppierung des Korps wird das Bataillon auf Lkw. der 267. I.D. zugeführt.

Die Munitionslage der Division hat sich gebessert, doch ist weiterhin mit Munition zu sparen, da der Gegner fortwährend mit starken Verbänden unsere Zufahrtstraßen blockiert oder sabotiert.

Nach Verlassen des Divisionsgefechtsstandes fuhr der Herr Kom. General zum Gefechtsstand I.R. 181 in Liskowskaja. Nach der Meldung sprach der Herr Kom. General dem Rgts.Kdr., Herrn Oberst Mahlmann, seinen ganz besonderen Dank und seine Anerkennung aus für die hervorragende Führung seines Regimentes in der Abwehrschlacht bei Rogatschew.

Der Rgts.Kdr. führte die Generalsstaffel hierauf zu den Bataillonen, die im Raume Lutschinskij, Kaschary untergebracht sind. Allen Bataillonskommandeuren und Kompanieführern sprach der Herr Kom. General seine ganz besondere Anerkennung und seinen Dank aus für die heldenhafte und todesmutige Führung ihrer Einheiten vor Rogatschew, in Sonderheit dem III.[2]) Bataillon, das die Hauptlast des Kampfes an der Rollbahn zu tragen hatte. Bei allen Bataillonen sprach der Herr Kommandierende General zu den Mannschaften:

„Soldaten des I.R. 181! Ich bin zu Euch gekommen, um Euch meinen Dank und meine Anerkennung auszusprechen.

Im Brennpunkt der großen Abwehrschlacht bei Rogatschew stand Euer Regiment in vorderster Linie. Wenn es den zahlenmäßig weit überlegenen Russen nicht gelang, in seinen fortwährenden Angriffen durchzubrechen, so ist das Euer hervorragendes Verdienst. Auf Eure Tapferkeit, Eure todesmutige Hingabe habe ich mich verlassen und Ihr habt mein Vertrauen erfüllt.

Eine Reihe unserer Kameraden sind gefallen, aber sie starben für eine große Sache. Wir wollen uns unserer Toten würdig erweisen.

Wenn nach Tagen der Ruhe für Euch wieder Kampf und Einsatz kommen, so denkt an Eure gefallenen Betaillonskommandeure und Kompanieführer, die im Geiste weiter mit Euch marschieren. Kämpft weiter unter ihren Augen, wie Ihr bisher unter ihren Befehlen gefochten habt.

Ich weiß, in allen künftigen Kämpfen werdet Ihr Euch weiter bewähren. Dafür wünsche ich Euch Soldatenglück und Sieg — Heil Kameraden!"

Sämtliche Bataillone waren beim Waffenreinigen und setzten ihre Sachen in Stand. Die Stimmung der Truppe war gut und zuversichtlich, obwohl die Kompanien ziemliche Verluste hatten. Die 10. Kompanie hatte vor Rogatschew 21 Gefallene.

Der Herr Kom. General gratulierte der großen Zahl von Offizieren und Mannschaften, die gestern mit dem E.K. I und II ausgezeichnet wurden. Ein Feldwebel hat mit der Panzerbüchse 2 Panzer vernichtet und erhielt das E.K. I.

Verpflegung beziehen die Einheiten vielfach aus dem Lande, besonders Gemüse und Gartengewürze, auch einiges Frischfleisch.

Bei Lutschinzkij geriet die Generalsstaffel in das Streufeuer der russischen Artillerie. Wahrscheinlich vermutet der Gegner hier unsere Artilleriestellungen.

---

[2]) Verbessert für 3.

Zum Abschied dankte der Herr Kom. General dem Regimentskommandeur des I.R. 181 nochmals für die besonders einsatzbereite und willensstarke Führung des Regimentes und wünschte dem Regiment alles Gute für den weiteren Einsatz.

In der Anlage werden die Bemerkungen während der Fahrt vorgelegt.

Lammers
Leutnant

Bemerkungen während der Fahrt.

1.) Immer noch werden ruhende Truppen im Kampfgebiet angetroffen, deren Mannschaften nicht vollständig angezogen sind.
Im Kampfgebiet sind die Truppen auch während der Ruhezeit stets alarmbereit und vollständig angezogen.
2.) Für den Zugwagen der Pak, die zur Generalsstaffel kommandiert ist, ist sofort ein besserer Ersatz mit stärkerem Motor zu stellen, da dieser Wagen das Tempo der Generalsstaffel nicht halten kann.

Nr. 21

Generalkommando LIII. A.K. K.H.Qu., 29. Juli 1941.
Lt. Dr. Lammers
Begleitoffizier

Fahrtbericht vom 29. 7. 1941.

Der Herr Kom. General verließ am 29. 7. 41 um 8.55 Uhr den Korpsgefechtsstand Bobruisk, um die Schlächtereikompanie in Bobruisk und das Feldlazarett der 52. I.D. in Michalewo zu besuchen.

Wiedereintreffen auf Korpsgefechtsstand 11.10 Uhr.

Fahrtweg: Bobruisk, Michalewo, Bobruisk.

Nach der Besichtigung der Schlächterei-Kompanie fuhr die Generalsstaffel nach Michalewo.

Eine Beresinabrücke über den Westarm ist wegen Pionierarbeiten gesperrt. Da der Verkehr jetzt eingleisig über die Beresinabrücke geleitet werden muß, ist jedes nicht unbedingt notwendige Überschreiten des Flusses von den Verkehrsposten zu unterbinden.

Die Generalsstaffel wurde längere Zeit durch etwa 20 Handpferde aufgehalten, die unter Führung eines Offiziers in der Beresina zur Schwemme geritten werden sollten. Derartiges Pferdebewegen sperrt die Brücke für taktisch wichtige Bewegungen und ist strengstens zu verbieten.

In Michalewo besichtigte der Herr Kom. General das Gelände eines sowjetrussischen Konzentrationslagers. Nach gründlicher Reinigung wäre dies Gelände bei einem Stellungswechsel nach vorwärts als Korpsgefechtsstand geeignet. In der Nähe dieses KZ.-Lagers befindet sich ein altes Sommerlager der kommunistischen Jugendorganisation. Hier ist jetzt unter sehr guter Ausnutzung der Verhältnisse das Feldlazarett der 52. I.D. eingerichtet worden.

Nach der Meldung des Chefarztes besichtigte der Herr Kom. General das Lazarett. Es ist mit etwa 100 Verwundeten und Kranken belegt. Zugänge in den letzten Tagen sind sehr wenig geworden. Obwohl gestern bei 52. I.D. Großkampftag war, wurden nur wenig Verwundete eingeliefert.

Das Lazarett ist mit Spezialärzten für Chirurgie, Inneres und Nasen und Ohren gut versorgt.

Im Feldlazarett bleiben Kranke und Verwundete, deren Heilung in 4 Wochen zu erwarten ist.

Neben Lungenentzündungen[1]), Gelenkrheumatismus, Abszessen, Furunkulosen und Granatsplitterverwundungen gab es 5 leichte Fälle von Ruhr.

Um festzustellen, ob es sich unter Umständen um schwere Fälle handelt, muß eine Stuhlprobe der Kranken zum bakteriologischen Institut nach Minsk zur Untersuchung gebracht werden. Der Chefarzt bat darum, wenn möglich, die Stuhlproben einem Kurier des Generalkommandos mitzugeben, da das Feldlazarett selber keine Möglichkeit hat, nach Minsk zu kommen.

Kranke russische Landbevölkerung hatte sich im Lazarett zahlreich versammelt und wurde mitbehandelt. Ein russischer Junge wurde gerade chirurgisch an einer Knochenmarkvereiterung behandelt.

Bei den Verwundeten erkundigte sich der Herr Kom. General einzeln nach den Verletzungen, dankte allen Verwundeten für ihren Einsatz und sagte:

„Gerade Ihr von der 52. I.D. habt beiderseits der Rollbahn die Hauptlast des Kampfes getragen. Trotz seiner hartnäckigen Versuche ist der Russe nicht durchgekommen, weil Ihr so unerschütterlich und tapfer ausgehalten habt. Dafür danke ich Euch und wünsche Euch allen gute Besserung."

Dem Chefarzt des Feldlazaretts sprach der Herr Kom. General seine Zufriedenheit für die saubere Einrichtung aus.

In der Anlage werden die Bemerkungen während der Fahrt vorgelegt.

Lammers
Leutnant

Bemerkungen während der Fahrt.

1.) Der Verkehr über die Beresinabrücken ist auf die taktisch notwendigen Fahrten zu beschränken. Der Verkehrsposten ist anzuweisen, daß Kolonnen, die Pferdebewegen machen oder zur Schwemme reiten auf gar keinen Fall die Brücke überschreiten dürfen, zumal bei dem augenblicklich eingleisigem Betrieb, große motorisierte, für den Kampf notwendige Kolonnen hierdurch unnötig aufgehalten werden (Nachschubkompanie 167. I.D.).

2.) Es sind beim Korps leichte Ruhrfälle aufgetreten. Der Chefarzt des Feldlazaretts 52. I.D. bat den Herrn Kom. General darum, die Stuhlproben der Ruhr-

[1]) Verbessert aus: Lungenentzündung.

kranken mit Kurier zum bakteriologisch-histologischen Institut nach Minsk zur Untersuchung zu schicken.

IVb forscht nach, ob bei den übrigen 3 Divisionen des A.K. ebenfalls Ruhrfälle aufgetreten sind und sorgt dann für die geschlossene Überbringung sämtlicher Stuhlproben nach Minsk zur Untersuchung.

3.) In der Niederung der Beresina nahe der Brücke befinden sich einige deutsche Soldatengräber; eines davon befindet sich bereits unter Wasser. Es ist damit zu rechnen, daß bei auftretendem Hochwasser sämtliche Gräber überspült werden. Bei der Anlage von Soldatengräbern sind deshalb Flußniederungen zu meiden.

Nr. 22

Generalkommando LIII. A.K. K.H.Qu., 30. Juli 1941.
Lt. Dr. Lammers
Begleitoffizier

Fahrtbericht vom 30. 7. 1941.

Der Herr Kom. General verließ am 30. Juli 1941 um 9.05 Uhr den Korpsgefechtsstand Bobruisk, um bei 267., 255. und 52. I.D. ein unmittelbares Bild von den Kämpfen zu gewinnen.

Wiedereintreffen auf Korpsgefechtsstand 12.40 Uhr.

Fahrtweg: Bobruisk, Krasnyj Bereg, Pobolowo, Peresseka, Bobruisk.

Um 10.10 Uhr meldete der Div.Kdr. 267. I.D. auf Divisionsgefechtsstand in Krasnyj Bereg:

Die Nacht verlief ruhig.

Teile der 267. I.D. haben mit dem XXXXIII. A.K. bei Paritschi Verbindung aufgenommen. Das XXXXIII. A.K. hatte in unserem Abschnitt Minen gelegt, ohne uns das mitzuteilen. Bei dem Versuch, Verbindung aufzunehmen, geriet ein Trupp der 267. I.D. in dieses Minenfeld. Dabei gab es einen Toten.

Die 267. I.D. hat den Eindruck, daß von Seiten des XXXXIII. A.K. zu wenig für Aufklärung und Verbindunghalten an der schwach besetzten Südfront getan wird.

Das Waldgebiet links und rechts der Ssossniza ist durch den Verband Matthaei gesperrt. Es ist außerdem durch Sumpf und schlechte Wege für größere Operationen ungeeignet, so daß von dieser Seite ein Angriff nicht zu erwarten ist.

Die Eisenbahnbrücke über die Beresina südwestlich Starina ist gesprengt. Von Schtschetrin treibt die Division fortwährend Aufklärung nach Süden vor.

Der Herr Kom. General befahl, daß Schtschetrin durch eine weitere Radfahrkompanie verstärkt wird.

Der Gefechtsstand Sperrverband Matthaei befindet sich in Garmowitschi.

Die Zufahrtswege hierher sind durchwegs sehr schlecht. Der Herr Kom. General befahl, daß sofort eine gangbare Straße, von Norden nach Süden verlaufend, in Gegend Garmowitschi, Mormal ausgebaut wird für einen später zu erwartenden Aufmarsch der Division in diesem Raum und den dann folgenden Nachschub.

Der Ausbau dieses Weges ist bereits in Angriff genommen. Die Division hat dazu Zivilisten und Gefangene herangezogen. Diese Straße muß in etwa 14 Tagen fertiggestellt sein.

Die Division erbittet das verstärkte Bataillon des I.R. 497 zurück, das im Nordflügel der 52. I.D. eingesetzt ist.

Die Russen haben sich bis auf 40 m an unsere Stellungen herangearbeitet. Besonders unangenehm wirkt sich jetzt das russische Granatwerferfeuer aus. Die Russen verfügen reichlich über Granatwerfer. Der Nachschub an Waffen klappt auf der Gegenseite gut. Auch Munition ist dort in großen Mengen vorhanden. Auch der Nachschub von Ersatzmannschaften geht beim Feinde laufend vor sich, teilweise werden zweijährig gediente, teilweise ungediente Leute nachgeschoben. Die deutschen Flugzettel mit Passierschein sind auf der Gegenseite sehr beliebt. Ein Überläufer berichtete, daß die russischen Mannschaften die Passierscheine bei sich verstecken. Wer von Kommissaren mit Flugzetteln erwischt wird, wird erschossen.

Auf dem Gut Krasnyj Bereg beginnt unter Aufsicht der Division morgen die Ernte. Die Bevölkerung konnte man bereits auf dem Felde bei Erntearbeiten beobachten.

In 10 Tagen steht die Tomatenernte auf Krasnyj Bereg bevor; wahrscheinlich kann das ganze Korps dann mit Tomaten versorgt werden.

Um 10.55 Uhr meldete der Ia bei 255. I.D.:

Die Nacht verlief ruhig. Ein junger Offizier ist bei der Führung eines Stoßtrupps zur Aushebung russischer Granatwerfer gefallen.

Bei Sabolotje wird der VB. einer Batterie sofort beschossen, wenn er anfängt zu funken, ein Zeichen, daß die Russen ausgezeichnet anpeilen.

7 Gefangene kamen mit Passierscheinen. Einer erzählte, daß ein später gefallener Bataillonskdr. 4 Russen erschossen hat, weil sie nicht vorgehen wollten.

11.30 Uhr meldete der Div.Kdr. 52. I.D. auf Gefechtsstand Peresseka:

An der Front herrscht Ruhe.

Der Herr Kom. General bemerkte, daß das im Nordflügel verbliebene Bataillon des I.R. 497 von 267. I.D. zurückerbeten wird. Der Divisionskommandeur 52. I.D. hält das Herausziehen des Bataillons für nicht zu verantworten, da sich die Lage hier keineswegs verändert hat. Ein Verschieben des Divisionsabschnitts nach Norden ist unzweckmäßig, weil das Gelände rechts und links der Rollbahn in einer Hand bleiben muß. Der Div.Kdr. schlug vor, ein Bataillon vom Regiment Kullmer hier als Ablösung einzusetzen. Heute rückt das I.R. 181 wieder in die Stellungen ein und löst das Regiment Wenk ab, das in den bisherigen Raum des Rgt. Mahlmann zieht.

Da das Rgt. Kullmer morgen ablöst, steht das Regiment Wenk als bewegliches Eingreif-Regiment für Bobruisk bereit. Die Lkw, die den schnellen Transport nach Bobruisk durchführen sollen, sind deshalb aus dem Raume Trotzkij an das Regiment Wenk heranzuführen und hier in den Unterkünften so aufzustellen, daß sie sofort in Richtung Rollbahn – Bobruisk anfahren können. Gleichzeitig ist das Regiment so unterzubringen und zu belehren, daß die Lkw in kürzester Zeit beladen und jederzeit marschbereit sind.

Bei dem der Division zustehenden Ersatzbataillon wird die Ausbildung fortgetrieben.

Die Division hat erfahren, daß 2 russ. Reserve-Divisionen im Anmarsch auf Rogatschew sind. Nach Meinung des Kdr. ist deshalb mit einem größeren Angriff auf die Rollbahn in einigen Tagen zu rechnen.

Die Division sammelt augenblicklich Artillerimunition und hat bereits Bestände gestapelt.

Für Agenten, die unter Aufsicht des Sonderführers Wlassow arbeiten, hat die Division vor längerer Zeit von der Armee Geld angefordert, das ihr aber trotz mehrmaliger Anfragen nicht zugeteilt wurde. (Das Geld ist inzwischen beim Generalkommando eingetroffen!).

In der Anlage werden die Bemerkungen während der Fahrt vorgelegt.

Lammers
Leutnant

Bemerkungen während der Fahrt.

1.) Die Divisionen erhalten für die Einbringung der Ernte Bezirke zugeteilt und beaufsichtigen die Erntearbeiten.
2.) In der Unterkunft der 267. I.D. beginnt in 10 Tagen die Tomatenernte. Qu.[1]) setzt sich rechtzeitig mit der Division in Verbindung, um für den Korpsstab Tomaten zugeteilt zu bekommen.

Nr. 23

Generalkommando LIII. A.K. — K.H.Qu., 2. Aug. 1941
Lt. Dr. Lammers
Begleitoffizier

Fahrtbericht vom 2. 8. 1941

Der Herr Kom.General verliess am 2. 8. 41 9.05 Uhr den Korps-Gefechtsstand Bobruisk zu einem Besuch des Sperrverbandes Matthaei am Südflügel des Korps.

Wiedereintreffen auf Korpsgefechtsstand 14.00 Uhr.

Fahrtweg: Bobruisk, Krasnyj Bereg, Raduscha, Korotkowitschi, Garmowitschi, Mormal, Bobruisk.

Um 10.10 Uhr meldete der 0.1 der 267. I.D., dass an der Front außer Artillerie- und Granatwerfer-Feuer Ruhe herrscht. Der Div.-Kdr. befand sich ebenfalls zum Besuch seiner Truppen am Südflügel der Div. Die Generalsstaffel fuhr hierauf auf dem neu hergerichteten Weg zum Gefechtsstand des Sperrverbandes Garmowitschi.

Auf diesem Wege arbeiten auf der ganzen Strecke Pioniere, Reichs-Arbeitsdienst und Gefangenentrupps. Der Weg ist jetzt schon für den Nachschub in den Südflügel durchaus geeignet.

---

[1]) Quartiermeister = Ib.

In Garmowitschi meldete 11.15 Uhr der Führer des Sperrverbandes Oberstlt. Matthaei. Während früher das Dnjepr-Beresina-Dreieck vom Feind frei war, scheint der Feind neuerdings durch die rege Aufklärungstätigkeit in Gegend Mormal und südlich davon beunruhigt zu sein und hat Sicherungsverbände unserem Sperrverband gegenüber gelegt. Angriffsstärke hat der Gegner hier nicht.

Die Südostflanke des Sperrverbandes wird durch Minengürtel gesperrt. Der Sperrverband treibt fortwährend Aufklärung nach Osten und Süden vor. Auch russische Spähtrupps werden von unseren Gefechtsvorposten angetroffen. Der Gegner schiesst mit Artillerie stark flankierend von Norden.

Der Herr Kom. General sprach zum Abschied dem Oberstlt. Matthaei seinen Dank für die bisherige Leistung bei der Führung der Vorausabteilung der 267. I.D. aus.

Um 11.50 Uhr meldete der Kdr. des Pi-Bat.[1]) 751 in Mormal.

In Mormal liegt die 1. Komp. des Bataillons mit dem Auftrag, den Ostrand des Dorfes zu verteidigen. Eine 2. Auffanglinie stellt der Bahndamm dar. Die Gefechtsvorposten der Komp. sind etwa 1500 m vor den Ortsrand vorgeschoben. Sie werden fortlaufend mit Scherenfernrohr aus Mormal beobachtet. Der Kdr. der Pioniere sagte, dass sich seine Leute über diese Verwendung an der Front allgemein gefreut hätten. Für Spähtrupps und andere besondere Aufgaben melden sich immer viele Freiwillige. Die Pioniere machten einen frischen Eindruck. Der Kom. General unterhielt sich mit ihnen und probierte 2 von den Pionieren gebratene Kartoffelpuffer.

Die Vorposten der Komp. haben heute morgen 2 Spähtrupps der Russen in Stärke von 20 Mann zurückgewiesen. Im Vorfeld ist es ratsam, Zivil zu tragen, da die Russen auf jeden Soldaten mit Infanterie-Waffen schiessen und Tiefangriffe von Fliegern erfolgen. Im linken Abschnitt vor der Komp. scheint sich der Russe einzugraben und ganz auf Verteidigung einzurichten.

Auf der Rückfahrt sprach der Kom. General noch einer Abteilung RAD[2]) seine Anerkennung für ihren unermüdlichen Wegebau aus.

In der Anlage wird die Bemerkung während der Fahrt vorgelegt.

Lammers
Leutnant

Bemerkung während der Fahrt.

1.) Der neu hergerichtete Waldweg von Raduscha nach Plessowittschi überquert bei Sswjatiza einen moorigen Bachgrund. Hier braucht der Knüppeldamm noch einige Ausweichen, um den Gegenverkehr zu ermöglichen.

[1]) Pionierbataillon.
[2]) Reichsarbeitsdienst.

Nr. 24

Generalkommando LIII. A.K. K.H.Qu., 6. Aug. 41
IIb

Fahrtbericht vom 6. 8. 41

Der Herr Kom. General verliess am 6. 8. 41 9.45 Uhr den Korpsgefechtsstand Bobruisk zu einer Fahrt zu den Gefechtsständen der 3 Divisionen, um nochmals die Grundlagen für den geplanten Angriff zu besprechen.

Wiedereintreffen auf Korpsgefechtsstand 13.30 Uhr.

Etwa 11.00 Uhr Eintreffen in Krasnyj Bereg, dort, ausser Div.Kdr. 267 Gen.Mjr. v. Wachter und sein Ia und Ib, auch anwesend Arko 27, Gen.Mjr. Krischer.

Zunächst wird die Bereitstellung der Artillerie besprochen. Gen.Mjr. Krischer meldet, daß die Artillerie wie befohlen und geplant zu Beginn des Angriffs auf Shlobin feuerbereit sein wird.

Ia/267. I.D. meldet, dass Gegner seine Front offenbar mit Kavallerie nach Süden verlängert hat.

Der Herr Kom.Gen. bemerkt hierzu, dass mit Eintreffen von Teilen des XXXXIII. A.K. bis morgen früh in Schazilki zu rechnen sei und dass nötigenfalls Teile der A.A. 267 zur Sicherung nach Süden gegeben werden müssten.

Zum geplanten Angriff auf Shlobin bemerkt der Herr Kom. General, dass die Heeresgruppe Weisung gegeben hat, sich bei starkem Widerstand des Gegners in Shlobin nicht in verlustreiche Ortskämpfe zu verbeissen. Wesentlich ist, die Dnjepr-Brücken zu erreichen oder doch mindestens nachhaltige Einwirkung sicherzustellen.

Ia 267 meldet, dass der Angriff an sich schmal und tiefgegliedert mit Schwerpunkt von Süden auf die ostwärtige (Dnjepr-)Seite von Shlobin vorgetragen werden soll und demnach mit Schwerpunkt auf die Dnjepr-Brücken gerichtet sei.

Der Herr Kom.Gen. gibt Weisung für den Fall starken, zu schweren eigenen Verlusten führenden Widerstandes, in Shlobin sich mit der Zerstörung der Dnjepr-Brücken zufrieden zu geben und nötigenfalls auf die Einnahme und das Halten von Shlobin zu verzichten.

Div.Kdr. u. Ia/267 machen für die weitere Entwicklung auf folgende Punkte aufmerksam:

Nach Vortragen des Angriffs auf Shlobin wird der Gegner alles versuchem, um im Gegenangriff das verlorene Gelände wieder zu gewinnen. Hierbei bieten sich ihm zwei Vorteile:

1.) Der Südflügel der Div. kann nur mit schwachen Kräften gesichert werden. Er ist ausserdem in südwestlicher Richtung zurück-gebogen und gegen die Ausgangsstellung wesentlich verlängert.

2.) Gegen die neu entstandene Nordfront der Div. stehen dem Gegner Bahn und Straße von Rogatschew zum Verschieben und Heranführen neuer Kräfte fast ungehindert zur Verfügung.

Nachteilig für die Div. wäre ausserdem im Falle starken feindlichen Gegenangriffs auch die schwache Munitionsversorgung. Es bestehe Gefahr, dass sich die Einheiten verschiessen, wenn zu dem starken Munitionsaufwand des Angriffs dann noch der Munitionsaufwand für die Abwehr stärkerer Gegenangriffe käme.

Zum Ausgleich dieser Bedenken hat die Div. folgende Wünsche:

1.) Verstärkung der Munitions-Ausstattung.
2.) Zur Verfügungsstellung eines Batl. zur Sicherung des verlängerten rechten Flügels.
3.) Vortragen des Angriffs durch 255. I.D. soweit, dass der Gegner an einem Heranführen namhafter Kräfte auf Bahn und Strasse von Rogatschew gehindert werden kann.

Der Herr Kom.Gen. wendet hierzu ein:

1.) Eine Verstärkung der Munitions-Ausstattung vor Beginn der Angriffe ist nicht möglich, jedoch hat die Heeres-Gruppe die laufende Munitionsversorgung während der Kampfhandlungen zugesichert. Die Versorgungslinien der Div. von Bobruisk her sind ausserordentlich günstig, im Gegensatz beispielshalber zum XII. und XIII. Korps, die ebenfalls von Bobruisk aus versorgt werden müssen und auch keine höhere Munitions-Ausstattung haben. Diesbezüglich beständen also keine wesentlichen Bedenken.
2.) Ein Batl. zur Verstärkung des Südflügels der Div. kann nicht zur Verfügung gestellt werden. Die wenigen Reserven müssen für eintretende besondere Lagen des Korps bereitgehalten werden. Jedoch bildet der Dobysna-Abschnitt schon geländemässig eine Sicherung gegen Angriffe, ferner wirkt sich der im Süden vorwärtsschreitende Angriff des XXXXIII. A.K. am 7. 8. schon wesentlich stärker aus, als dies beispielshaber der Fall gewesen wäre, wenn der Angriff, wie ursprünglich geplant, schon am 5. 8. hätte durchgeführt werden müssen.
   Die Div. muß demnach in der Lage sein, ihre Südflanke mit eigenen Kräften zu sichern.
3.) Die 255. I.D. kann sich am Angriff nicht beteiligen. Ihre Kräfte reichen knapp zum Halten der jetzigen H.K.L. aus. Sie verfügt über keinerlei Reserven mehr und kann nur durch einzelne Stosstruppunternehmen den Gegner binden und täuschen.
   Hingegen kann die am Südflügel der 255. I.D. eingesetzte Artillerie zur Zerschlagung gegnerischer Bereitstellungen und Abwehr von Gegenangriffen herangezogen werden. Ferner käme nach gelungenem Angriff der 267. I.D. eine entsprechende Vorverlegung der Front der 255. I.D. in Frage, die demnach aber nicht als Entlastungsangriff für den Angriff der 267. I.D. zu werten wäre.

Der Herr Kom.Gen. ordnete hierzu an, mindestens je eine B-Stelle für l.u.s. Art. Abt. am Südflügel der 255. I.D. einzurichten, unter Leitung eines besonders geeigneten Batteriechefs, die dann das Feuer der Artillerie entsprechend zu leiten in der Lage und auf Zusammenwirken mit der 267. I.D. anzuweisen wären.

Die entsprechenden Einzelheiten wären durch den bei der Besprechung anwesenden Arko 27, Gen.Mjr. Krischer zu veranlassen.

Ia/267. I.D. meldet, dass der Gegner nach Feststellung der letzten Tage seine gesamte Artillerie auf dem Westufer des Dnjepr eingesetzt hat und fragt an, ob Stukas zur Ausschaltung dieser Art. zur Verfügung stehen.

Der Herr Kom.Gen. bemerkt, dass Stukas bei Armee angefordert seien; eine endgültige Zusage sei jedoch noch nicht gegeben. Das Korps würde diesbezüglich nochmals bei der Armee anfragen.

Ia 267. I.D. meldet, dass der Angriff mit Überschreiten der Dobysna und Brükkenschlag beginnen müsse. Um die verzögernde Wirkung dieser Flussüberschreitung auszugleichen, wird gebeten, schon um 3.15 Uhr antreten zu dürfen. Der Herr Kom.Gen. ist einverstanden, jedoch muss ebenfalls beantragtes, vorzeitiges Art.-Feuer vermieden werden, da sonst der Gegner vorzeitig auch an der übrigen Front aufmerksam würde und dadurch das Moment der Überraschung gefährdet wäre.

Abschliessend gibt der Herr Kom.Gen. nochmals Anweisung, wenn die Einnahme von Shlobin zu schwere Verluste kosten sollte, Shlobin eben nicht zu nehmen und im äussersten Notfall unter Vernichtung der Dnjepr-Brücken sich wieder abzusetzen auf eine schräg von Shlobin aus nach Südwesten verlaufende Linie.

Etwa 11.45 Uhr Weiterfahrt zum Gef.Std. 255. I.D. nach Popolowo.

Dort meldet der Div.Kdr.Gen. Lt. Wetzel zunächst über den am Morgen, den 5. 8., bei Kalejeff Grud erfolgten Einbruch des Gegners.

Der Gegner hielt Kalejeff Grud die ganze Nacht unter schwerem Art.-Feuer und brach am 5. 8. früh mit dem letzten Granatwerferschuss überraschend aus Sturmentfernung vor, sodass Einbruch nicht mehr verhindert werden konnte. Noch am gleichen Tage konnte die Div. aus eigenen Kräften die Lage wieder herstellen. Gesamtverluste der Div. hierbei etwa 50 Mann.

Der Herr Kom.Gen. bespricht hierauf die Wünsche der 267. I.D. bezüglich des Angriffs auf Shlobin.

1.) Die Sicherstellung der artilleristischen Unterstützung des Angriffs durch Einrichtung entsprechender B-Stellen.

2.) Die Vorverlegung des Südflügels der 255. I.D. in Anlehnung an den fortschreitenden Angriff der 267. I.D. Hierbei betont der Herr Kom.Gen. ausdrücklich, dass diese Aufgabe nicht angriffsweise zu lösen wäre, sondern dass die Teile der 255. I.D. dem durch den Angriff der 267. I.D. zurückgedrückten Gegner lediglich zu folgen und dadurch den entstehenden Knick des Frontverlaufes auszugleichen hätten.

Div.Kdr. 255. I.D. meldet, dass 1.) bezüglich der artilleristischen Unterstützung des Angriffs die entsprechenden Maßnahmen schon veranlasst wären. 2.) Zur Vorverlegung der Front die entsprechenden Weisungen gegeben würden. Ferner sei zum 7. 8. 15.00 Uhr ein Stosstruppunternehmen auf Gstaryj Masloff und um 18.00 Uhr auf Werbitscheff geplant.

Mit dem Unternehmen auf Gstaryj Masloff ist der Herr Kom.Gen. einverstanden, insbesondere da es zeitlich mit dem Vordringen der 267. I.D. in Shlobin zusammenfallen dürfte.

Hingegen würde im Falle eines günstigen Verlaufes der Kämpfe und besonders einer im Laufe des Nachmittag erfolgenden Einnahme von Shlobin das Unternehmen auf Werbitscheff entfallen zu gunsten der besprochenen Vorverlegung des Südflügels der Div.

Etwa 12.15 Uhr Weiterfahrt zum Gef.Std. der 52. I.D. nach Peresseka.

Bei der Besprechung des am 7. 8. gepanten Angriffes mit dem Div.Kdr. Gen.Mjr. Rendulic betont der Herr Kom.Gen., dass die Voraussetzung zum Gelingen des Angriffs der 52. I.D. die Ausschaltung der Flankierung durch den fortschreitenden von Norden nach Süden angesetzten Angriff der 167. I.D. sei.

Div.Kdr. 52. I.D. glaubt, dass der Angriff der 167. I.D. durch starke durch den Gegner vorgenommene Verminungen nur langsam Boden gewinnen dürfte; es sei aber schon eine entscheidende Entlastung, wenn durch den *drohenden* Angriff der 167. I.D. wesentliche Kräfte des Gegners nach Norden zu gebunden würden.

Während der Besprechung trifft ein Fernspruch mit Inhalt „Alles anhalten." durchgegeben vom Chef des Gen.Stabes LIII. A.K. Oberst Waeger ein. Auf fernmündliche Anfrage des Herrn Kom.Gen. bei Oberst Waeger kann dieser nähere Angaben hiezu nicht geben.

Div.Kdr. 52 I.D. meldet, dass heute morgen ein feindlicher Angriff westl. Sapolje abgewiesen und dabei 40 Gefangene gemacht wurden.

Aus der Erwägung heraus, dass die Heeresgruppe keinen *unbedingten* Wert auf die Einnahme von Shlobin legt, beauftragt der Herr Kom.Gen. Div.Kdr. 52. I.D., sich darüber Gedanken zu machen, welche Möglichkeiten bei zur Verfügungstellung von 4 Batl. sich für die 52. I.D. für den Angriff ergeben würden und ob dann ein Einbruch von entscheidender Bedeutung möglich wäre.

Unter Umständen könnte eine Umgruppierung in Frage kommen.

Div.Kdr. 52. I.D. meldet, dass er sich an sich schon Gedanken gemacht hätte über einen Durchbruch südl. an Rogatschew vorbei mit dem Ziel der Inbesitznahme der großen Nordsüdstraße ostwärts Rogatschew (in Karte nicht eingezeichnet).

Zum Schluß beauftragt der Herr Kom.Gen. den Div.Kdr. 52. I.D., die Verbindung mit der 167. I.D. zu vertiefen und sich über die Absichten der 167. I.D. für den Angriff im einzelnen zu orientieren und eine Karte mit entsprechenden Einzeichnungen und Bericht an das Korps zu geben.

Rückfahrt nach Bobruisk zum Korps-Gefechtsstand. Ankunft dort 13.30 Uhr.

Schürnbrand[1])

Nr. 25

Generalkommando LIII. A.K. K.H.Qu., 9. Aug. 1941
IIb

Fahrtbericht vom 9. 8. 41

Der Herr Kom.Gen. verliess am 9. 8. 9.45 Uhr den Korpsgefechtsstand Bobruisk zur Fahrt zu den drei Divisionen.

Eintreffen in Krasnyj Bereg Gefechtsstand 267. I.D. 10.40 Uhr. Anwesend: Div.Kdr. Gen.Mjr. v. Wachter.

Der Herr Kom.Gen. bespricht mit dem Div.Kdr. 267 die am 9. 8. 18.00 Uhr wirksam werdende Unterstellung der 267. I.D. unter Gen.Kdo. XXXXIII. A.K. und den geplanten Angriff der Armee.

Das XXXXIII. A.K., das heute mit Masse die Beresina zu überschreiten beginnt, stößt vor der Front der 267. I.D. gegen den Dnjepr vor. Aus dieser Lage ergibt sich die Unterstellung der 267. I.D. unter Gen.Kdo. XXXXIII. A.K. Hingegen bleibt das durch eine Art. Abt. verstärkte I.R. 467 weiter bei LIII. A.K. und wird der 255. I.D.

---

[1]) Die Fahrtberichte Nr. 24 und Nr. 25 wurden vom IIb des Korpsstabes Major Schürnbrand verfaßt, da der Begleitoffizier erkrankt war.

unterstellt. Hierdurch verbleibt Shlobin weiter im Gefechtsstreifen des LIII. A.K. und wird vermieden, dass das XXXXIII. A.K. durch Shlobin von seiner eigentlichen Aufgabe, Angriff über den Dnjepr in ostwärtiger Richtung, abgelenkt wird.

Der Angriff der von Norden vorstossenden Korps der Armee ist so geplant, dass am 9. 8. (also heute) das XXIV. Pz. Korps am weitesten ostwärts antritt und dann am 10. das XIII. und am 11. das XII. Korps sich dem Angriff anschliesst. Bis zu diesem Zeitpunkt dürfte dann auch das XXXXIII. A.K. in breiter Front an den Dnjepr heran sein.

Zunächst wäre die wichtigste Aufgabe der Div., durch erhöhte Spähtrupptätigkeit ein Absetzen des Gegners sofort festzustellen, um dann nachzustossen.

Die Frage, ob das Div.St.Qu.[1]) in Krasnyj Bereg verbleibt oder nicht, wird kurz besprochen. Der Herr Kom.Gen. hat nichts gegen das Verbleiben des Div.St.Qu., ersucht jedoch um Meldung, falls Krasnyj Bereg durch 267. I.D. geräumt werden sollte.

Zur Unterstellung des I.R. 467 (Obst. Stephan) unter 255. I.D. soll Ib/267 mit Ib/255 besprechen, ob es zweckmässig ist, das Rgt. 267. I.D. versorgungsmässig weiter unterstellt zu lassen.

Zum Abschied spricht der Herr Kom.Gen. Gen.Mjr. v. Wachter seinen Dank und seine Anerkennung für die ausserordentlichen Leistungen von Führung und Truppe der 267. I.D. während der Unterstellung unter Gen.Kdo. LIII. A.K. aus.

In diese Zeit fallen wohl die schwersten und krisenreichsten Tage des Russenfeldzuges überhaupt und es ist *mit* den außerordentlichen Leistungen der Div. zu verdanken, dass auch die schwierigsten Lagen gemeistert wurden.

Der Herr Kom.Gen. wird diese Anerkennung auch im Korps-Tagesbefehl zum Ausdruck bringen.

Etwa 11.00 Uhr Weiterfahrt zum Div.Gef.Stand 255. I.D. nach Pobolowo.

Dort mit Div.Kdr. 255. I.D., Genlt. Wetzel, Besprechung des geplanten Angriffs im gleichen Sinne wie bei 267. I.D.

Das Korps verbleibt hierbei weiter in Verteidigung. Es besteht jedoch die Möglichkeit, daß der Feind das Vorrücken des XXXXIII. A.K. als Vorbereitung zu einem Grossangriff auf Shlobin auffasst und über den Dnjepr zurückgeht.

Dieses Absetzen des Gegners muss durch erhöhte Spähtrupptätigkeit unbedingt rechtzeitig erkannt werden, um dann sofort nachstossen zu können.

Eine Auswirkung des Angriffs der von Norden vorstossenden Korps dürfte wohl erst einige Tage später, etwa am 13. 8. zu erwarten sein.

Die Unterstellung des verst. I.R. 467 (Obst. Stephan) und die Herstellung entsprechender Fernsprechverbindungen, sowie das Ausscheiden der 267. I.D. wird besprochen.

Genlt. Wetzel meldet, dass durch die heftigen Regengüsse der letzten Tage die Leute in den Stellungen erheblich gelitten hätten. (Einsturz und Überschwemmung der Schützenlöcher usw.) Er bittet womöglich um Zuweisung von Chinin zur prophylaktischen Anwendung gegen fiebrige Erkältungskrankheiten.

11.45 Uhr Weiterfahrt zum Gef.Stand Peresseka 52. I.D. Dort mit Div.Kdr. 52. I.D. Gen.Mjr. Dr. Rendulic Besprechung des geplanten Angriffs der Armee im

---

[1]) Divisions-Stabsquartier.

gleichen Sinne wie bei 267. und 255. I.D. Ferner weist der Herr Kom.Gen. darauf hin, dass im Abschnitt der 52. I.D. voraussichtlich 3 Brücken-Kolonnen und alle zur Verfügung stehenden Bau-Batl. eingesetzt werden. Pi.-Kdr. soll sich Gedanken über den Einsatz dieser Pi.-Kräfte machen.

Gen.Mjr. Dr. Rendulic bittet um Einsatz des RAD für Strassenbau.

Die Munitionslage wird als zufriedenstellend bezeichnet.

Die durch das Herausziehen der 167. I.D. am linken Flügel der Div. neuentstehende Lage wird besprochen.

Gen.Mjr. Dr. Rendulic meldet, dass damit zu rechnen ist, dass gegenüber der 167. I.D. die ganze russische 161. I.D. liegt. Er befürchtet, dass der Gegner das Herausziehen der 167. I.D. bemerkend, mit starken Kräften in diese schwache Stelle stösst, insbesondere, wenn der Druck des allgemeinen Angriffs fühlbar wird. Dies würde eine starke Gefährdung des linken Flügels der Div. bedeuten.

Der Herr Kom.Gen. bemerkt hiezu, dass diese Angelegenheit in erster Linie Sache des XII. Korps sei, das dann eben entsprechende Kräfte gegen diesen Durchbruchsversuch ansetzen müsste. Aufgabe der 52. I.D. sei lediglich, der Sicherung der linken Flanke erhöhte Aufmerksamkeit zu schenken. Im Augenblick seien nach Herausziehen der 167. I.D. nurmehr zwei Pi.-Batl. zwischen Drut und Dnjepr.

Abfahrt von Peresseka 12.55 Uhr.

Auf Rückfahrt nach Bobruisk werden die I./A.R. 40 und die s. Art. Abt. (mot.) 430 auf dem Marsch überholt. Die beiden Abteilungen scheiden aus dem LIII. A.K. aus. Der Herr Kom.Gen. spricht den beiden sich meldenden Abt.Kdr. zum Abschied seinen Dank und seine Anerkennung aus.

Rückfahrt nach Bobruisk 13.40 Uhr.

Schürnbrand

Nr. 26

Generalkommando LIII. A.K. — K.H.Qu., 11. Aug. 1941
Lt. Dr. Lammers
Begleitoffizier

Fahrtbericht vom 11. 8. 1941

Der Herr Kom.Gen. verliess am 11. 8. 41 9.45 Uhr den Korpsgefechtsstand Bobruisk, um die Wiederherstellungsarbeiten an der Eisenbahnbrücke über die Beresina zu besichtigen und um die Div. Gefechtsstände zu besuchen.

Wiedereintreffen auf Korpsgefechtsstand 13.45 Uhr.

Fahrtweg: Korpsgefechtsstand, Eisenbahnbrücke, Pobolowo, Peresseka, Bobruisk.

Um 9.55 Uhr meldet der Batl.Kdr. der Eisenbahnpioniere an der Brücke:

Von den zwei zerstörten und parallellaufenden Brücken wird eine wieder hergestellt. Ein Drittel dieser Brücke wird wieder gehoben und durch einen neuen, in den Flussgrund gesenkten Betonpfeiler gestützt. Ein zweites unzerstörtes Drittel der Brücke bleibt, und das letzte Drittel wird durch eine neue Behelfsbrücke ersetzt.

In einigen Tagen ist der Beton, der gerade in die Pfeilerform gegossen wurde, soweit gehärtet, dass er die Last der Brücke aufnehmen kann. Damit ist die Brücke gebrauchsfertig.

Bei den Arbeiten wurden Eisenbahnpioniere, Gefangene und deutsche Zivilisten eingesetzt. Bei den Zivilisten handelt es sich um Spezialisten aus den Krupp-Werken. Gearbeitet wird Tag und Nacht. Das Batl. ist mit modernsten Hilfsmitteln ausgerüstet. Es wurden u. a. Unter-Wasser-Schneide-Trupps mit Taucherausrüstung eingesetzt.

Die Schienen der Brücke werden auf Normalspur verlegt. Die Pioniere haben den Auftrag, die Linie bis Gomel von der russischen Spurbreite sofort auf Normalspur umzunageln.

Bis Bobruisk führt eine russische und eine Normalspur. Ab morgen wird auch diese russische Spur zur Normalspur umgenagelt. Tagesleistung für das Umnageln ist 7 km.

Wenn die Brücke über die Beresina fertiggestellt ist, können Nachschubtransporte ohne Umladen von Berlin bis nach Shlobin herangeführt werden.

Erkundungstrupps in Richtung Shlobin sind bereits von Eisenbahnpionieren angesetzt.

Die Eisenbahntruppen werden neuerdings motorisiert vorgeworfen, um so schnell wie möglich und unmittelbar hinter der kämpfenden Truppe die Nachschubwege der Eisenbahn zu öffnen.

An der Wiederherstellung der Brücke arbeiten drei Kompanien.

Der Batl.Kdr. erklärte, dass sich die Aufstellung einer besonderen Eisenbahntruppe nach den Erfahrungen des Polen-Krieges bestens bewährt hat. Die früheren Instandsetzungstrupps der Reichsbahn reichten für die zufallenden Aufgaben nicht aus, und Schwierigkeiten ergaben sich vor allem daraus, dass das Personal der Reichsbahn nicht in *militärischen* Formationen zusammengefasst war und befehlsmässig und disziplinarisch nicht erfasst werden konnte.

Zum Schluss der Besichtigung aller Arbeiten an der 280 m langen Brücke sprach der Kom.Gen. den Offizieren seine Anerkennung mit den Worten aus:

„Es ist eine Freude zu sehen, wie vorzüglich ihre Männer arbeiten, und wie, von Geschick und Zielsicherheit angetrieben, diese schwierige Arbeit fortschreitet.

Dass diese Aufgabe so befriedigend gelöst wurde, ist vor allem ihnen, den Offizieren, zuzuschreiben; aber ihre Männer verdienen ebenfalls meine besondere Anerkennung. In wenigen Tagen können die Züge wieder über die Beresina nach Osten weiterrollen. Sie haben damit geholfen, uns den Weg zum Sieg zu bahnen.

Sprechen Sie Ihren Pionieren meinen ganz besonderen Dank und meine Anerkennung aus.“

Der Herr Kom.Gen. fuhr hierauf zur 255. I.D. nach Pobolowo. Auf dem Wege dorthin war auf dem grössten Teil der Felder das Korn bereits geschnitten und in Garben aufgestellt zu sehen. An einer Stelle wurde das Stoppelfeld umgepflügt. Die Bevölkerung war gemeinschaftlich auf den Feldern bei der Arbeit.

Um 11.15 Uhr meldete der Ia der 255. I.D. auf Div.Gef.Stand:

Heute morgen 7.00 Uhr griffen drei Stukas den Nord-Teil von Shlobin an.

An der Front konnte die Div. eine bedeutende Veränderung beim Gegner nicht feststellen. Gestern überschritt der Gegner den Dnjepr südwestlich von Shlobin. Vor allem durch Artillerie wurde er zurückgetrieben, sodass abends die alte Front wieder hergestellt war. Der Gegner drückte vermehrt gegen Lesana, allerdings ohne etwas damit zu erreichen.

Ein großer Teil der Front steht augenblicklich unter Wasser.

Für den bevorstehenden Angriff über den Dnjepr trug der Ia folgendes vor: Der Feind, der der Div. gegenüberliegt, ist zwar ausbildungs- und stimmungsmässig schlecht, aber zahlenmässig überlegen und fest eingebaut. Bei der bisher gleichmässig gezeigten Sturheit auf der Gegenseite ist bei der Erzwingung des Dnjepr-Überganges weiterhin mit zähem und für uns verlustreichen Widerstand zu rechnen.

Die 255. I.D. hält deshalb einen Angriff mit betontem Schwerpunkt im Zusammenwirken mit 52. I.D. für zweckmässig. Die 255. I.D. schlägt einen gemeinsamen Angriff vor, der die Division südlich an Rogatschew vorbei über den Dnjepr führt und den Ostrowoker Wald als Flankenbedrohung ausschaltet.

Für einen Angriff auf Shlobin ist die Div. zu schwach, soll hart nördlich an Shlobin vorbei gestossen werden, so entsteht durch die Ausbuchtung eine zu lange Front, in die die Reserven des Korps notwendigerweise eingebaut werden müssen.

Der Herr Kom.Gen. erwiderte hierauf: Ein gemeinsamer Angriff der Divisionen auf Rogatschew liegt nicht im Interesse des Korps und führt ab von der dem Korps gestellten Aufgabe. Dieser gestellte Auftrag lautet: Vorstoss in Anlehnung an die Stein-Strasse Bobruisk – Shlobin, die Verlängerung dieser Strasse über Shlobin hinaus nach Gomel ist zu gewinnen und damit die Möglichkeit des Vormarsches auf Gomel zu schaffen. Ein massierter Angriff des Korps auf Rogatschew würde deshalb von der Aufgabe und der Marschrichtung ablenken und uns in den Abschnitt des XII. Korps hineinführen. Das Korps will nicht nach Moskau, sondern nach Gomel.

Es ist wenig wert, den Angriff an einer taktisch angenehmen Stelle anzusetzen, wenn mir nach dem gelungenen Erstangriff die Möglichkeit fehlt, diesen Erfolg *operativ* auszuwerten.

Der Div. steht für den Angriff in südostwärtiger Richtung reichlich Artillerie-Munition zur Verfügung. Das Rgt. Stephan kann zur Schwerpunktbildung herangezogen werden.

Der Herr Kom.Gen. gab im Anschluss an die taktische Besprechung ein Schreiben der Armee vom 8. 8. 41 betr. Manneszucht bekannt und wies auf die unbedingte Notwendigkeit hin, die im Befehl angeführten Massnahmen zur Verhinderung von Plündereien und Zuchtlosigkeiten mit aller Schärfe durchzuführen.

In Repki meldete 12.00 Uhr der Adj. der Heeres-Fla-Abtlg. 274. In Repki befindet sich der neue Gefechtsstand der Abteilung. Die Abtlg. hat neue Feuerstellungen im Raume von Smoljnoje, Pobolowo und Krasnyj Bereg bezogen. Der grösste Teil der Fahrzeuge ist bereits nachgezogen. Die Artillerie-Räume sind durch Heeres-Fla-Abtlg. 274 geschützt.

Um 12.25 Uhr meldete Gen.Mjr. Dr. Rendulic auf Div.Gef.Stand 52. I.D. Es waren noch anwesend Arko 27 und Oberst Reymann, Kdr. I.R. 205.

Oberst Reymann meldete, daß bei seinem Rgt. verhältnismässig viel Hautkrankheiten auftreten. Diese werden wahrscheinlich dadurch hervorgerufen, dass die Leute seit drei Wochen nicht aus den Kleidern gekommen sind und sich nur selten waschen konnten.

Die Myk-Höhe ist vom Artillerie-Feuer umgepflügt wie das Weltkriegsgelände bei Verdun.

Der Div.Kdr. meldete, daß ein grösseres Stosstruppunternehmen im Nordflügel mit kräftiger Artillerie-Unterstützung geplant ist.

3000 Minen sind der Div. zugeteilt worden und werden im Südflügel eingebaut.

Die Lage auf der Gegenseite scheint unverändert.

Arko 27 meldete, dass heute ungewohnterweise ein starker deutscher Feuerüberfall vom Russen unbeantwortet blieb. Ein Plan der Artillerie-Gruppierung des Korps wurde vorgelegt. Die Aufstellung der Artillerie ermöglicht jederzeit ein Kreuzen des Feuers an den Flügeln der Divisionen. Gegenseitige Artillerie-Unterstützung und vollständige Überwachung des infanteristischen Geländes sind gewährleistet.

Der Herr Kom.Gen. gab auch hier das Schreiben der Armee betr. Manneszucht bekannt und wies auf schärfste Verfolgung entsprechender Vorfälle durch die Kriegsgerichtsräte hin. Der Div.Kdr. meldete noch, dass die Truppen, die aus besonders anstrengenden Kämpfen herausgezogen werden, eine von der Division beschaffte Verpflegungszulage an Milch bekommen.

In der Anlage werden die Bemerkungen während der Fahrt vorgelegt.

Lammers
Leutnant

Bemerkungen während der Fahrt.

1.) Die Divisionen machen bis 16. Aug. 41 einen älteren Oblt. oder jüngeren Hauptmann namhaft, der beim Gen.Kdo. als OI verwendet werden soll. Es ist nur ein solcher Offz. vorzuschlagen, der die Qualifikation für eine spätere Generalsstabslaufbahn besitzt.
2.) Es ist nichts dagegen einzuwenden, wenn die Divisionen aus den Kolchosen gewisse Verpflegungszulagen herausziehen für Truppen, die durch den Fronteinsatz sich eine solche Kostverbesserung verdient haben.
3.) Die Divisionen[1]) leiten sofort zur Erhaltung der Manneszucht die Massnahmen ein, die im Geheimschreiben der Armee vom 8. 8. 41 befohlen worden sind.

---

[1]) Verbessert aus: Divionen.

Nr. 27

Generalkommando LIII. A.K.
Lt. Dr. Lammers
Begleitoffizier

K.H.Qu., 12. Aug. 1941

Fahrtbericht vom 12. 8. 41

Der Herr Kom.Gen. verliess am 12. 8. 41 9.25 Uhr den Korpsgefechtsstand Bobruisk zu einem Besucht der Aufklärungs-Abteilung 152, I.R. 205 und I.R. 163.

Wiedereintreffen auf Korpsgefechtsstand 15.30 Uhr.

Fahrtweg: Bobruisk, Peresseka, Nadejkowitschi, Lejtschizy, Falewitschi, Malaja Kruschinowka, Oserany, Sslapischtscha[1]), Lukojanoff Rog, Peresseka, Bobruisk.

Um 9.40 Uhr marschierte auf der Rollbahn eine bespannte Pionier-Kolonne mit Brückenbau-Gerät nach Osten, auf der Stein-Strasse eine motorisierte Brückenbau-Einheit in Richtung Shlobin.

Um 10.10 Uhr meldete Gen.Mjr. Dr. Rendulic auf Div.Gef.Stand 52. I.D.:

Das Erkundungsunternehmen, das heute morgen in Gegend Kostjaschowo angesetzt wurde, hat die unverändert starke Besetzung der gegnerischen Front erwiesen. Die hier angesetzten 2 zugstarken Spähtrupps wurden mit M.G. Feuer und Handgranaten empfangen und abgewiesen.

Im Südabschnitt der Division stellte ein Spähtrupp bei Strenki ein gut ausgebautes russisches Grabensystem fest.

Als Gesamteindruck bleibt: Der Gegner vor der 52. I.D. ist weiterhin zäh entschlossen, seine gut, teilweise raffiniert angelegte Stellung zu halten. Er ist auch nach kräftiger Artillerie-Vorbereitung (2000 Schuss) noch Soldat genug, unsere Spähtrupps auf nächste Entfernung herankommen zu lassen und dann abzuschiessen. Seine infanteristischen Stellungen sind nicht geschwächt, nur die russische Artillerie schiesst etwas weniger.

Der Div.Kdr. äusserte die Meinung, dass der Gegner die Truppen in unseren Abschnitt opfern will, während er sich an anderen Stellen absetzt.

Gleichzeitig fragte der Div.Kdr., ob nicht ein Angriff mit Schwerpunkt südlich Rogatschew zusammen mit 255. I.D. möglich wäre. Auch für 52. I.D. ist der Ostrowoker Wald eine unangenehme Flanken-Bedrohung.

Der Kom.Gen. erwiderte, dass ein solcher Angriff nicht im Sinne des A.K. liegt und uns von der eigentlichen Angriffsrichtung abbringt. Zu erwägen wäre, ob nicht die beiden Reserve-Bataillone[2]), die in Ostrow liegen, der 52. I.D. für einen Angriff unterstellt werden können.

Der Angriff der Div. ist anzusetzen, wenn das XII. A.K. in taktische Nähe rückt, d. h. wenn beim gegenüberliegenden Gegner die Einwirkungen des fortschreitenden Angriffs des XII. Korps spürbar werden. Sobald er hierauf weich wird, ist nachzustoßen. Bei Schapany ist ein starker Minengürtel mit 16 000 S-Minen anzulegen. Durch die Minen soll Infanterie zu Angriffszwecken freigemacht werden.

---

[1]) Verbessert aus: Olapischtscha.

[2]) Die „beiden Reserve-Bataillone“ wurden vom Chef d. Genst. unterstrichen und am Rand ein Fragezeichen gesetzt.

Hierauf fuhr der Herr Kom.Gen. zum Abteilungs-Gef.Std. der A.A. 152 nach Malaja Kruschinowka. Um 11.45 Uhr meldete hier ein Ordonanz-Offizier, dass der Kdr. mit dem Adj. zum I.R. 205 gefahren war, da die Abteilung Teile dieses Regiments ablösen soll.

Die Generals-Staffel fuhr hierauf nach Oserany. Um 12.10 Uhr meldete sich hier ein Leutnant der Reiter-Schwadron, die zur Sicherung von Oserany eingesetzt ist. Der Chef der Schwadron war hinten bei den Hand-Pferden. Die Schwadron sichert mit 3 Zügen den Ostrand von Oserany. Das Dorf liegt auf einem Höhenzug unmittelbar westlich vom Drut. Vom Ostrand hat man gute Sicht auf den Fluss, der mit Fähre und in einer Furt zu überschreiten ist, und auf das ostwärts hinter dem Drut sich ausbreitende Waldgelände. Die M.G.-Stände der Schwadron waren eingebaut. Mit einer A.A. des linken Nachbar-Korps besteht Sicht-Verbindung. Irgendwelche Feindtätigkeit gab es hier nicht. Oserany machte einen durchaus friedlichen Eindruck.

In Lejtschizy meldete sich der stellv. Batl.Fhr. Pi.-Batl. 654 mit 2 Kompanie-Führern. Das Pi.-Batl. rastete hier und soll eingesetzt werden, um Teile des I.R. 205 abzulösen. Eine Pi.Komp. legt Minen. Das Pi.-Batl. hat bisher mässige Verluste.

Um 13.30 Uhr meldete Oberst Reymann, Kdr. I.R. 205, auf Reg.Gef.Std. in Sslapischtscha[3]).

Die Spähtrupp-Unternehmungen bei Chomitschi Sapoljskije und Kostjaschowo stiessen auf ausserordentlich harten Widerstand. Nachdem der Spähtrupp, der von Norden kommend, auf Kostjaschowo vorging, zunächst sehr gut vorwärts kam, trat das ganze Bataillon an. Die Russen liessen den Spähtrupp bis auf Handgranaten-Wurfweite heran, wiesen ihn erst auf 10 m Entfernung ab und zwangen das Bataillon zur Umkehr. Die Verluste sind stark. Das Batl. besitzt nach Aussage des Regiments-Kommandeurs noch 50 % seiner Kampfkraft. Es besteht jedoch Hoffnung, dass ein grosser Teil der Vermissten sich im Laufe des Tages zu seinen Einheiten zurückfindet.

Der Gegner selber hat bewiesen, dass seine Kampfkraft keineswegs gebrochen ist. Er verfügt über gute Nerven, ausgesprochenen Kampfwillen und gut ausgebildete Leute. Von allgemeinen Überläufer-Tendenzen ist nichts zu bemerken.

Eine Komp. des angreifenden Bataillons ist nur noch 35 Mann stark.

Oberst Reymann hält einen Angriff des Regiments mit einem oberen, südlich vorstossenden und zwei ostwärts stossenden Bataillonen nicht eher für möglich, solange nicht ein starker, links angelehnter Verband den Flankenschutz übernimmt. Das Unternehmen heute morgen hat die große Verteidigungskraft des Gegners gezeigt.

Der Herr Kom.Gen. bat den Reg.Kdr., dem Batl., das den Angriff heute morgen führte, seinen besonderen Dank für die Leistungen und Opfer auszusprechen. Das Unternehmen hat dem Korps ausserordentlich wertvolle Aufklärungs-Ergebnisse gebracht.

Um 13.55 Uhr meldete der stellv. Rgt.Fhr. I.R. 163 auf dem Rgt.Gef.Std. in Lukojanoff Rog. Das Rgt. hat nur ein Batl. eingesetzt. Die übrigen Bataillone sind abgelöst und haben Gelegenheit zu Instandsetzungsarbeiten. Die Gesamtfront des Regiments wird vermint. Gesundheitszustand und Verpflegung im Rgt. sind gut.

---

[3]) Verbessert aus Olapischtscha.

Um 14.15 Uhr meldete noch einmal der Div.Kdr. 52. I.D. in Peresseka. Der Herr Kom.Gen. bat, die Verbindung zwischen A.A. 152 und den südlich davon eingesetzten Pionieren zu überprüfen, da Oberst Reymann meldete, dass die Myk-Höhe neuerdings stark flankierendes, fast rückwärtiges M.G.-Feuer erhält.

Ein Angriff des Regiments Reymann ist erst vorzusehen, wenn der Gegner weich geworden ist, oder eine Flankensicherung nach links vorhanden ist.

Der Div.Kdr. führte den hartnäckigen Widerstand der Russen auf den Einfluss der Kommissare zurück, die in vorderer Linie kämpfen.

In der Anlage werden die Bemerkungen während der Fahrt vorgelegt.

Lammers
Leutnant

Bemerkungen während der Fahrt.

1.) Die Feldküche der 8./I.R. 205 stellt in 2 Stunden mit 2 Mann 104 grosse Klopse her. Bei der A.A. 152 gab es Rindsrouladen. Wenn es den Truppen-Einheiten möglich ist, die Fleischspeisen derartig zuzubereiten, muss es beim Korps-Stab ebenfalls möglich sein.

2.) Die A.A. 152 liegt seit 4 Wochen in Oserany. Es führt aber heute noch kein Wegweiser zur Abteilung und zur Schwadron in Oserany. Es ist für die Gefechtsführung notwendig, sofort nach Beziehen einer Stellung Wegweiser und taktische Zeichen anzubringen.

Nr. 28

Generalkommando LIII. A.K. — K.H.Qu., 13. Aug. 1941
Lt. Dr. Lammers
Begleitoffizier

Fahrtbericht vom 13. 8. 41

Der Herr Kom.Gen. verliess am 13. 8. 41 14.05 Uhr den Korpsgefechtsstand Bobruisk zu einem Besuch der 255. und 52. I.D.

Wiedereintreffen auf Korpsgefechtsstand 17.30 Uhr.

Fahrtweg: Bobruisk, Omelino, Pobolowo, Peresseka, Bobruisk.

In Omelino besuchte der Herr Kom.Gen. die A.A. 255. Die Abtlg. hatte von jeder Schwadron 30 Mann zum Baden nach Bobruisk geschickt. Die Abteilung ist Korps-Reserve. Es ist deshalb nicht möglich, Teile dieser stets alarmbereiten Truppe über 30 km weit zum Baden zu schicken.

Der Herr Kom.Gen. kündigte dem Abtlgs.Kdr. an, dass bei Beginn des Angriffs der 255. I.D. die Abteilung nach Ostrow verlegt wird.

15.20 Uhr meldete Gen.Lt. Wetzel auf Div.Gef.Std. 255. I.D. in Pobolowo.

Zum Angriffsentwurf, den die Div. dem Gen.Kdo. vorgelegt hat, befahl der Kom.Gen., das I.R. 455, das bei Ssenoshatki versammelt ist, weiter südlich in Gegend Tertesh zu legen.

Der Herr Kom.Gen. gab darauf einen Überblick über die allgemeine Lage im Raume Rogatschew – Shlobin.

Der Angriff des XII. Korps ist im Fortschreiten. Das Straßenkreuz 30 km nordostwärts Rogatschew und Churowitschi sind genommen. Von hier aus greift das XII. Korps mit der 31. I.D. Rogatschew von Osten an, während es mit anderen Kräften in Richtung Gorotjetz weiter vorstösst.

Das XXXXIII. Korps setzt die 267. I.D. bei Streschin über den Dnjepr und baut hier eine Brücke. In seiner Südfront wehrt das Korps einen Einbruchsversuch von drei russischen Divisionen ab.

Für den morgigen Angriff der 255. I.D. auf Shlobin stehen Stukas zur Verfügung. Allerdings können die Flugzeuge wahrscheinlich vor 8 Uhr nicht starten, da bis dahin der Bodennebel die Sicht erschwert. Die Div. verzichtet daher lieber auf Stuka-Unterstützung bei Angriffsbeginn, da das Versammlungsgelände bei Helligkeit eine gedeckte Aufstellung, besonders des auffälligen Pioniergerätes, nicht zulässt.

Die Div. schlägt als Angriffsbeginn 4.00 Uhr vor, bittet aber um einen Aufklärungsflieger für 4.30 Uhr, da beim Erscheinen der deutschen Flieger die gegnerische Artillerie meistens schweigt.

Die 52. I.D. erhält Anweisung, mit Angriffsbeginn starkes Feuer auf den Ostrowoker Wald zu legen. Das XXXXIII. A.K. treibt gleichzeitig Spähtrupps von Süden gegen Shlobin vor, um das russische Artillerie-Feuer zu zersplittern. Als Bombenziel für die Stukas schlägt die Div. die Ortschaft Luka vor, da von hier aus die Strasse nach Shlobin stark flankiert wird. Mit Artillerie ist auf Luka Nebel-Schiessen vorgesehen.

Die A.A. 255 wird nach Ostrow vorgezogen und ist Korps-Reserve. Eine Komp. vom Pi.-Batl. 654 kommt in Gegend Krasnyj Bereg und steht zur Verfügung. Eine weitere Komp. und der Batl.Stab folgt nach.

Auf dem Wege zur 52. I.D. meldete in Repki ein Landwirtschafts-Offizier, dass die Einbringung der Ernte gut voranschreitet.

Gleichfalls meldete in Repki für die Heeres-Flak-Abtlg. 274 der Adjutant. Der Herr Kom.Gen. befahl, dass im Falle einer Verlegung des Korps-Gef.Standes nach Krasnyj Bereg die Abteilung hier einen Schutz mit leichter Flak stellt.

Die 2. Batterie der Abteilung wurde in ihrer Feuerstellung in der Nähe der Rollbahn beim Unterricht gemeldet.

16.35 Uhr meldete der Div.Kdr. 52. I.D. in Peresseka:

Der bevorstehende Angriff der 52. I.D., der am zweckmässigsten in Anlehnung an die Rollbahn erfolgt, setzt an, wenn die Einwirkungen beim Feinde durch den Stoss der 31. I.D. in den Rücken von Rogatschew spürbar werden. Der Div.Kdr. schlug vor, kurz vorher Propaganda-Zettel über der russischen Front abzuwerfen, da wahrscheinlich die Kommissare nach Bekanntwerden der kritischen Lage zu fliehen versuchen und dann die Masse der Russen vielleicht in ihrer Mentalität durch Propaganda zu beeinflussen ist[1]).

---

[1]) Verbessert statt „sind".

Die Div. hat bis heute abend etwa 5000 S-Minen ausgelegt und spart dadurch einen Teil ihrer Infanterie ein.

Durch die 500 Mann Ersatz, die heute eingetroffen sind, haben die Regimenter gleichmässige Grabenstärken von 1670 Mann.

Oserani wird künftig durch einen stehenden Offizier-Spähtrupp gesichert. Die Reiter-Schwadron, die bisher Oserani sicherte, wird weiter südlich im Abschnitt der Pioniere eingesetzt.

Die Division erhielt den Auftrag, mit Beginn des Angriffs der 255. I.D., starkes Artillerie-Feuer auf den Ostrowoker Wald zu legen.

Einwirkungen beim Feinde, hervorgerufen durch den Angriff der 31. I.D. auf Rogatschew, dürften frühestens morgen Abend zu erkennen sein.

In der Anlage werden die Bemerkungen während der Fahrt vorgelegt.

Lammers
Leutnant

Bemerkungen während der Fahrt.

1.) Es fahren vielfach Lastwagenzüge in Richtung Rogatschew, um über Rogatschew nach Smolensk zu kommen. Sie geraten dadurch leicht in den Bereich der russischen Artillerie und ziehen das Feuer auf sich und die kämpfende Truppe. – Anzeige beim A.O.K.

2.) Die Beresina führt Hochwasser. Bei weiterem Steigen des Flusses wird die bisher nicht gehobene Brücke und der Zuführungsweg überflutet.

3.) Die A.A. 225 stellt zwar Wegweiser zu ihrem Gef.Stand aus, auf diesen sind aber nicht die vorgeschriebenen taktischen Zeichen sondern willkürliche Beschriftungen angebracht.

Richtungsschilder und Wegweiser müssen die vorgeschriebenen taktischen Zeichen tragen.

Nr. 29

Generalkommando LIII. A.K. K.H.Qu., 14. Aug. 1941
Lt. Dr. Lammers
Begleitoffizier

Fahrtbericht vom 14. 8. 41

Der Herr Kom.Gen. verliess am 14. 8. 41 um 5.10 Uhr den Korpsgefechtsstand Bobruisk, um beim Angriff auf Shlobin bei der Truppe zu sein.

Wiedereintreffen auf Korps-Gefechtsstand Bobruisk 10.30 Uhr.

Fahrtweg: Bobruisk, Pobolowo, Ssenoshatki, Steinstrasse bis in Höhe von Kabanowka, Rgt.Gef.Std. I.R. 465, Sloboda, Sagradje, Pobolowo, Bobruisk.

Um 6.05 meldete Gen.Lt. Wetzel in Pobolowo: Der Angriff hat gute Anfangserfolge. Nowiki und Makarenko sind genommen. Gestern abend hat Oberst Hauschulz seine Stellung vorverlegt und die Linie Formin[1]) – Star Maslow gewonnen. Ein Gegenangriff der Russen wurde abgewiesen.

Der Herr Kom.Gen. fuhr hierauf zum Rgt.Gef.Std. I.R. 465, der sich bei dem Punkt 146,7 an der Steinstrasse befand. Der Stab hatte keinerlei taktische Zeichen oder Wegweiser ausgestellt, auch das Batl., das sich hier befand, war nicht kenntlich gemacht. So fuhr die Generals-Staffel über den Rgt.- und Batl.Gef.Std. hinaus weiter vor, und wurde erst durch eine Minensperre kurz vor dem noch besetzten Belischa aufgehalten. Hierdurch wurde ein Einblick in das vorderste Kampfgelände möglich. Belischa brannte.

Nach der Umkehr auf der Steinstrasse meldete Reg.Kdr. I.R. 465 Oberst Poppe auf dem Rgt.Gef.Std.: Der Angriff des Regiments entlang der Steinstrasse schreitet gut voran. Belischa ist erreicht. Nur eine Häusergruppe nördlich Belischa stört noch durch Flankierung. Nach Vorziehen eines weiteren Bataillons und Ausschaltung der Flankierung stößt das Rgt. vor auf Lebedewka. Wenn es notwendig werden sollte, läßt der Rgt.-Kdr. das nachziehende Batl. tropfenweise über die Steinstrasse in Belischa einsickern.

In Sloboda wurden, als die Generals-Staffel vorbeifuhr, drei Soldaten des Regiments Hauschulz beerdigt, die gestern bei Star. Maslow gefallen waren.

Der Herr Kom.Gen. selber wohnte der Bestattung bei und sprach am Grabe zu den angetretenen Soldaten: „Symbolhaft steht ich an diesem Grabe dreier wackerer Soldaten und spreche hier zu allen gefallenen Kameraden meines Korps, an deren Gräbern ich nicht stehen kann. All diese Männer besiegelten ihre Treue zu Volk und Führer mit dem Tode. Sie fielen zwischen Rogatschew und Shlobin. Durch ihr Opfer bereiteten sie dem Reich eine schönere und grössere Zukunft. Wie sie Wegbereiter waren für unseren Sieg, so marschieren sie auch weiter in ihrer Kompanie. Sie werden mit uns den Sieg erleben!"

Durch den Hauptfeldwebel ließ der Kom.Gen. dem Komp.Chef sein Beileid und seinen Dank aussprechen.

In Sloboda meldete sich Oberstlt. Maetzke[2]). Er hatte den Auftrag, die Verteidigungsstellung des Rgts. Poppe zu übernehmen.

---

[1]) Verbessert statt: Fomin. [2]) Verbessert statt: Metzke.

Um 8.10 Uhr meldete in Sagradje Oberst Stephan das I.R. 467:

Der Angriff des Regiments begann erfolgreich. Die Sprengung einer Brücke, die über einen breiten Graben nach Nowiki führt, wurde in letzter Minute durch unsere Pioniere verhindert. Der Angriff wurde etwas gestoppt durch die stark befestigte große Bahnschleife westlich Shlobin. Oberst Stephan beabsichtigte, diese Befestigungen an der Bahn von Süden zu umgehen. Ausserordentlich erfreulich war die Wirkung der Stuka-Angriffe. Die moralische Wirkung auf der Gegenseite ist stark, unseren Leuten wird durch die Flieger grosser Auftrieb gegeben.

Das II./I.R. 467 hatte bis 8 Uhr 13 Verwundete.

Um 8.50 Uhr traf die Generals-Staffel in Ssenoshatki auf das III.[3]) Batl. I.R. 455, das mit Lkw herantransportiert worden war und nach Tertesh marschierte, um mit gegen Shlobin angesetzt zu werden. Besser hätte man das Batl. bis nach Tertesh herangefahren. 6 km Fussmarsch wären dann erspart geblieben.

9.00 Uhr traf der Herr Kom.Gen. noch einmal bei 255. I.D. ein und wies hier daraufhin, dass die Artillerie bei fortschreitendem Angriff rechtzeitig Stellungswechsel machen muß. Bei 11. A.R. 255 war die B-Stelle bei der Feuerstellung auf einem Baum und der Chef gab selber zu, dass er nichts mehr sehen konnte.

Gen.Lt. Wetzel bat, die 52. I.D. zu veranlassen, den Gegner in ihrem Südabschnitt zu beschäftigen, da die 255. Div. für den Angriff auf Shlobin noch 2 Bataillone vom Rgt. Hauschulz benötigt. Der Herr Kom.Gen. entschied, daß die A.A. 255, (bisher Korps-Reserve), anstelle der beiden herausgezogenen Bataillone eingesetzt wird. Pi.-Batl. 654 wird Korps-Reserve.

Die 255. Div. bereitet gleichfalls Angriff auf Luki vor. Der Kom.Gen. wies auf die Notwendigkeit des stetigen und flüssigen Munitionsnachschubs hin.

Um 13.20 Uhr verliess die Generals-Staffel wieder Bobruisk und fuhr nach Gef.Std. 52. I.D. und 255. I.D. Um 16. 15 Uhr rückte sie auf den neuen Korps-Gefechtsstand Krasnyj Bereg ein.

14.00 Uhr meldete Gen.Mjr. Dr. Rendulic in Peresseka. Ein Abt.Kdr. ist schwer verwundet, sein Adj. ist gefallen.

Der Herr Kom.Gen. befahl für morgen den Angriff der 52. I.D. beiderseits der Rollbahn. Das XII. Korps ist bei seinem Angriff von Osten auf Rogatschew auf Widerstand gestoßen. Zur Entlastung des XII. Korps ist Rogatschew auch von Westen anzugreifen. Ein Vorschlag des Chefs des Stabes des A.O.K. 2, Rogatschew nördlich zu umgehen und in Gegend Blisnezy oder Konobliza vorzustossen, verspricht nach Meinung des Herrn Kom.Gen. und des Div.Kdrs. keine Aussicht auf Erfolg. Zwar ist ein *direkter* Stoss auf Rogatschew schwierig und erfordert weit stärkere Kräfte, als wir sie haben, ist aber vom Korps auch gar nicht geplant. Die Div. will vielmehr südlich an Rogatschew vorbeistossen und mit Schwerpunkt Sadrutje gewinnen.

Ein Angriff auf die Wälder von Blisnezy oder Konobliza kann nur mit einem Rgt. geführt werden, (die Rollbahn darf nicht entblösst werden). Beim Angriff entlang der Rollbahn können aber beide Regimenter eingesetzt werden. Die Gegend bei Konobliza und Blisnezy ist stark vermint. Die Annäherungsmöglichkeiten sind durch starke Flankierungen längst nicht so günstig wie an der Rollbahn. Ein beim Angriff im Norden sich anschliessender Übergang über den Dnjepr nordostwärts

---

[3]) Verbessert statt: 3.

Rogatschew wird sich recht schwierig gestalten, da hier keine Strassen vorhanden sind und der Antransport von Brückenbaugerät hierher viel schwerer ist. Dagegen kann beim Angriff südlich Rogatschew sehr bald die Strasse nach Propoiszk und Gomel gewonnen werden. Die Erkundungen des Rgts. Reymann haben Schwierigkeiten im Gelände nördlich Rogatschew ergeben.

Hinzu kommt, dass die Artillerie so gruppiert ist, dass sie sowohl auf Rollbahn als auch auf Steinstrasse wirken kann, aber nicht mehr massiert in den Nordflügel der 52. Div.

Für das Korps wären außerdem 2 Angriffsschwerpunkte, die soweit auseinanderliegen wie Shlobin und Konobliza, ausserordentlich ungünstig.

Die Div. greift deshalb morgen zu einer selbst zu bestimmenden Zeit entlang der Rollbahn an und versucht Sadrudje zu gewinnen. Stukas stehen ab 5.00 Uhr zur Verfügung. Ziele und Angriffszeit für Stukas bestimmt die Div. Die Infanterie muss sich 500 m von den Stuka-Zielen zurückhalten und sofort nach letztem Bombenwurf stürmen, um die lähmende Wirkung beim Gegner auszunützen.

Gen.Mjr. Rendulic bittet um Stuka-Angriff auf Strenki, auch bei Einsetzen der Flakabwehr, da dies Dorf ausserordentlich stark ausgebaut ist, und die Rollbahn festungsähnlich blockiert. Der Herr Kom.Gen. schlägt der Div. einen vorherigen oder gleichzeitigen Täuschungsangriff bei Myk vor, stellt dies aber ins Belieben der Division. Besonderes Augenmerk ist auf den Ostrowoker Wald zu richten, da von hier aus die Rollbahn flankiert wird. Hinzu kommt, daß die Verteidungsfront des Rgts. Hauschulz verdünnt worden ist.

In Repki meldete 15.00 Uhr Mjr. Hett die Heeres-Flak-Abteilung 274. Der Korps-Gef.Std. Krasnyj Bereg ist durch einen Zug leichter Flak gesichert.

Um 15.10 Uhr meldete Gen.Lt. Wetzel in Pobolowo:

Der Angriff des Rgts. Stephan hat weiter an Boden gewonnen. Die Bahnschleife westlich Shlobin ist überschritten. Das Rgt. dringt in Shlobin bis zur Westkirche ein, um den um 16.00 Uhr fälligen Stuka-Angriff hier abzuwarten.

Das Rgt. Poppe (I.R. 465) nähert sich Lebedewka. Luki macht sich immer noch flankierend bemerkbar. Stuka-Angriff hierher soll 16.00 Uhr erfolgen. Angriff auf Luki wird vorbereitet.

Die Artillerie hat überall Stellungswechsel gemacht und günstige Schussentfernungen wieder gewonnen.

Um 15.45 Uhr meldete der Adj.Pi.-Batl. 654 in Ortschaft Krasnyj Bereg. 2 Komp. des Bataillons sind hier als Korps-Reserve versammelt. Eine Komp. kann sofort auf Abruf mit Lkw abtransportiert werden.

In der Anlage werden die Bemerkungen während der Fahrt vorgelegt.

Lammers
Leutnant

Bemerkungen während der Fahrt.

1.) Im Gefecht müssen an den Strassen, die an die Front führen, Posten eingeteilt werden, die die Fahrzeuge abfangen und sie nicht in das eingesehene Gelände fahren lassen.

2.) Beerdigungen von gefallenen Kameraden sollen nicht stumpf als „Arbeitsdienst" aufgefasst werden, sondern sind grundsätzlich auch wenn wenig Zeit ist, in würdiger und feierlicher Form durchzuführen.
3.) Die Artillerie ist immer wieder anzuhalten, bei fortschreitendem Angriff rechtzeitig Stellungswechsel vorzubereiten und stets dicht der Infanterie zu folgen. Dass bei einem fortschreitenden Angriff der Batterie-Chef „nichts sieht" darf niemals vorkommen.
4.) Es sind sofort nach Beziehen eines Gefechtsstandes taktische Wegweiser auszustellen. Sind diese noch nicht zur Stelle, so ist ein Mann zu bestimmen, der die Einweisung übernimmt.
5.) Sollen im Gefecht Gefangene zurückgebracht werden, so ist das Begleitkommando auf eine Mindestzahl zu beschränken.

Nr. 30

Generalkommando LIII. A.K. K.H.Qu., 15. Aug. 41.
Lt. Dr. Lammers
Begleitoffizier

Fahrtbericht vom 15. 8. 41

Der Herr Kom.Gen. verliess am 15. 8. 41 den Korpsgefechtsstand Krasnyj Bereg um 8.30 Uhr, um beim Angriff auf Rogatschew bei der Truppe zu sein.

Wiedereintreffen auf Korpsgefechtsstand 14.00 Uhr.

Fahrtweg: Krasnyj Bereg, Pobolowo, Posjolok Kaschary, Rogatschew, Pobolowo, Krasnyj Bereg.

8.50 Uhr meldete auf Div.Gef.Std. 255. I.D. der Ia: Nach der Einnahme von Shlobin ist das I.R. 467 noch nicht über den Dnjepr gekommen. Die noch intakte Eisenbahnbrücke wird vom Feinde beherrscht, der in gutgetarnten Bunkern am gegenüberliegenden Ufer sitzt. Flak und Pak, die auf die Brücke angesetzt wurden, hatten keinen Erfolg. Der Russe schiesst hier mit Explosivgeschossen.

Der Herr Kom.Gen. erklärte, dass sofort nach Einnahme von Shlobin, kleinere Verbände, angefangen mit Spähtrupps, unbedingt den Dnjepr hätten überschreiten müssen. Die Abspannung bei der Truppe nach den grossen Anstrengungen durch die Einnahme von Shlobin ist verständlich; aber gerade in dem Augenblick, wenn der Fluss erreicht ist, ist die Gelegenheit zum Übersetzen am günstigten. Tritt eine Pause ein, so vergeht der Schock beim Feinde, er sammelt sich wieder und kann sich am jenseitigen Flussufer zur Verteidigung einrichten.

Der Einwand des Ia, es hätte heute morgen Nebel geherrscht, kann nicht gelten, denn der Nebel hätte das Übersetzen links oder rechts der Brücke nur begünstigt. Wenn auch keine stärkeren Kräfte zur Verfügung standen, ein Lt. und 10 Mann hätten sofort das andere Ufer gewinnen müssen. Es ist nämlich durchaus möglich, daß die kämpfende Division das jenseitige Ufer schon verlassen hat, und nur die Bunker von einer Sonderbesetzung noch verteidigt werden. Aufklärung durch Spähtrupps hätte das im Schutze der Nacht ergeben müssen.

Luki ist heute genommen worden, sodass die Div. im ganzen Abschnitt den Fluss erreicht hat und sich mit ihren Kräften auf das Übersetzen konzentrieren kann.

Verluste sind bisher 150 Mann gemeldet. Gefangene werden bisher auf etwa 400 geschätzt, wahrscheinlich ist die Zahl aber grösser. Zur Erfassung der Beute werden besondere Suchkommandos angesetzt.

Die Vorbereitungen für[1]) einen Angriff über den Dnjepr werden von der Div. getroffen.

Der Herr Kom.Gen. fuhr hierauf über Rollbahn 1 zum Gef.Std. 52. I.D. Auf der Rollbahn herrschte bereits richtige Vormarschstimmung. Unaufhörlich rollten Infanterie-Trosse, Artillerie und Brückenbau-Kolonnen in Richtung Rogatschew und folgten der Angriffs-Infanterie, die heute morgen 4.30 Uhr mit dem Vorstoss auf Strenki die Rollbahn nach Osten geöffnet hatte.

Bei Strenki und Kolodowka fuhr die Generals-Staffel an der seit den frühen Morgenstunden verlassenen H.K.L. der Deutschen und der Russen vorbei. Die Stellungen machten den Eindruck eines Weltkriegsgeländes.

Um 10.25 Uhr meldete Gen.Mjr. Dr. Rendulic auf Div.Gef.Std. am Drut:

Die 52. Div. hat Rogatschew genommen und mit einem Batl. den Dnjepr überschritten. Eine Brücke über den Drut und 2 Brücken über den Dnjepr sind nahezu unversehrt durch das schnelle Zupacken der Vorausabteilung in unseren Besitz gekommen.

Beim Angriff haben sich wieder die Stukas gut bewährt.

Beim Überschreiten des Dnjepr eilte der Div.Kdr. selber nach vorn und erreichte als erster zusammen mit dem Rgts.Kdr. und der ersten Komp. den Fluß. Dabei mußte ein Minenfeld durchquert werden. Ein dem Div.Kdr. nachfolgendes I.G. ging dabei hoch.

Der Herr Kom.Gen. sprach dem Div.Kdr. seinen herzlichen Glückwunsch zur Einnahme von Rogatschew aus. Der Gewinn Rogatschews ist ein glänzender Abschluss und eine Krönung der heldenhaften Abwehrkämpfe an der Rollbahn.

Die Div. erhält den Auftrag, mit einem Rgt. zunächst nach Osten auf der Hauptstraße vorzustossen und dann über Tursk auf Gorodetz abzudrehen. Ein Batl. nimmt in Gadilowitschi[2]) Verbindung mit XII. Korps auf.

Ein zweites Rgt. stösst über Chodossowitschi nach Süden vor, übernimmt die Flankensicherung und kämmt das Waldgebiet nach Gefangenen und Beute durch.

Das 3. Rgt. tritt auf Befehl der Armee nach Norden an und bewegt sich, zunächst mit Aufklärungsauftrag, gegen Blisnezy und Schabrin.

Der Herr Kom.Gen. fuhr darauf, begleitet vom Div.Kdr., über den Drut nach Rogatschew hinein bis an den Dnjepr.

Rogatschew ist vollständig zerstört.

Es war eine grosse Minute für denjenigen, der die harten Kämpfe vor Rogatschew miterlebte, die beiden Generale auf den Trümmern der Stadt am Steilufer des Dnjepr zu sehen, während die ersten Soldaten den Fluss überschritten und bei Sonnenschein in das tiefliegende Waldgelände nach Osten marschierten.

---

[1]) Verbessert statt: über.

[2]) Verbessert statt: Gadibowitschi.

Eine Brücke über den Dnjepr war etwas angebrannt, sie kann aber leicht wieder hergestellt werden. Die beiden übrigen Brücken sind benutzbar und tragen die Fahrzeuge der leichten Artillerie durchaus. Es sind nach russischer Art gebaute Flossbrücken, die auf dem Wasser schwimmen.

Den Artillerie-Kommandeuren, die am Div.Gef.Std. waren, sprach der Herr Kom.Gen. seine Anerkennung aus für den grossen Beitrag der Artillerie bei der Abwehrschlacht vor Rogatschew.

Bei der Rückfahrt nach Pobolowo wohnte der Herr Kom.Gen. der Beerdigung eines Kameraden bei, der gestern abend bei einem Spähtrupp gegen Strenki gefallen ist. Er dankte dabei in einer kurzen Ansprache allen Gefallenen des Korps und sagte: „Unsere Toten werden mit uns zum Endsieg marschieren."

Durch den Hauptfeldwebel liess der Herr Kom.Gen. der Kompanie seinen Dank für ihre Opfer aussprechen.

Um 13.05 meldete Gen.Lt. Wetzel auf Div.Gef.Std. Pobolowo. Der Herr Kom.Gen. gratulierte dem Div.Kdr. zu der Einnahme von Shlobin. Diese Stadt, die der Div. über vier Wochen lang wie eine Festung gegenüberlag, ist schliesslich von der Div. selbst bezwungen worden. Dieser Abschluss der Schlacht ist für die Div. eine Genugtuung und der letzte Beweis ihrer zielbewußten Führung vor Shlobin. Besonders dankte der Herr Kom.Gen. für die stetige Ruhe die der Div.Kdr. und sein Ia während der kritischen Tage beim Beginn der Abwehrkämpfe gegen die russische Übermacht bewiesen haben. Das Korps wusste immer, bei der[3]) 255. I.D. verliert man nicht die Nerven.

Die Div. bereitet sich vor, rechts und links der Brücken über den Dnjepr zu gehen und die Uferbesatzung von hinten auszuheben.

Shlobin wird sorgfältigst nach Gefangenen durchsucht, es finden sich viel verdächtige Zivilisten, die alle nach hinten abgeschoben werden.

Beim Bahndamm, der vor Shlobin wie eine Festung lag, haben sich die Stukas wieder außerordentlich gut bewährt. Der Bahndamm war so geschickt als Deckung ausgenutzt, dass von unserer Artillerie nicht hingelangt werden konnte.

Die Masse der ausgelegten Minen ist von 255. I.D. wieder gehoben worden.

In der Anlage werden die Bemerkungen während der Fahrt vorgelegt.

Lammers
Leutnant

Bemerkungen während der Fahrt.

1.) Bei der Armee ist anzufragen, wer zur Aufräumung des Minenfeldes bei Chapany angesetzt werden soll.
2.) Der Korps-Pionier-Führer setzt sofort Gefangene zur Ausbesserung der Rollbahn bei Strenki und Kolodowka ein.
3.) Die Marschdisziplin auf der Rollbahn war schlecht. Auf Marschdisziplin ist bei den Einheiten wieder vermehrt zu achten.
4.) Lahme Pferde, die nachgeführt werden, dürfen nicht einfach an Fahrzeuge angebunden werden. Sie behindern den Verkehr.

[3]) Eingefügt: „der".

5.) Vom Feind zurückgelassene unzerstörte Brücken sind auf Zeitzünder zu untersuchen.
6.) Es entsteht der Eindruck, dass die Bevölkerung im Augenblick, in dem die Truppe die Gegend verlässt, die Arbeit auf den Feldern einstellt. Die Beaufsichtigung der Ernte muß weiterhin gewährleistet sein.

Nr. 31

Generalkommando LIII. A.K.
Lt. Dr. Lammers
Begleitoffizier

K.H.Qu., 16. August 1941

Fahrtbericht vom 16. 8. 41

Der Herr Kom.Gen. verliess am 16. 8. 41 um 8.30 Uhr den Korpsgefechtsstand Krasnyj Bereg zum Besuch der Truppen, die bei Shlobin den Dnjepr überschreiten.

Fahrtweg: Krasnyj Bereg, Malewitschi, Shlobin, Rgt.Gef. I.R. 467 in Wirnja[1]), Shlobin, Lebedewka, Krasnyj Bereg.

Wiedereintreffen auf Korpsgefechtsstand: 12.30 Uhr.

Auf dem Wege am Bahndamm entlang nach Malewitschi zog die Bevölkerung, die evakuiert worden war, in ihre Dörfer zurück. Die verlassenen deutschen Stellungen wurden dabei eifrig von ihr nach brauchbarem Gut untersucht.

Um 9.20 Uhr meldete Gen.Lt. Wetzel auf Div.Gef.Std. 255. I.D. in Shlobin:

Die Flossbrücke der Russen über den Dnjepr ist von Pionieren in kurzer Zeit wieder hergestellt worden. Das Rgt. Stephan (I.R. 467) ist mit Artillerie bereits übergesetzt. Ausserdem ist die A.A. 255 und ein Batl. vom Rgt. Maetzke (I.R. 455) über den Dnjepr. Dies Batl. hat den Auftrag, nach Norden zu sichern.

Während der Meldung des Div.Kdrs. wurde der Herr Kom.Gen. vom Korps angerufen. Die Armee teilte mit: Das XXXXIII. A.K. wird aus dem Raum um Baranowka von stärkeren Feindkräften von Norden her angegriffen.

Das LIII. Korps setzt deshalb zu einem Entlastungsangriff auf diesen Gegner, von Norden kommend, an. Die ursprünglich geplanten Bewegungen der 255. Div. werden daher folgend geändert.

Der Herr Kom.Gen. befahl: Das Rgt. Stephan (I.R. 467) stösst, von Wirnja[2]) kommend, zwischen Dnjepr und der Linie Kolibowka[3]) – Baranowka nach Südosten vor. Grenze zum linken Rgt. ist der zwischen den genannten Orten verlaufende Waldrand. Nach Erreichen des Baches Okra ist das Rgt. aus dem Verbande des LIII. Korps entlassen und tritt zur 267. Div. zurück. Es ist damit zu rechnen, dass nach Überwinden des russischen Wiederstandes das Rgt. im Okra-Abschnitt auf Teile des XXXXIII. Korps trifft. Das Rgt. hält sich, wie die übrigen Regimenter der

[1]) Verbessert statt: Wetka.
[2]) Verbessert statt: Wetka.
[3]) Verbessert statt: Koplisowka.

Div. nicht an die Strassen, sondern kämmt das Waldgelände nach Feind und Beute durch.

Das Rgt. Maetzke stösst, angelehnt an I.R. 467, gleichfalls durch das Waldgelände ostwärts Kolibowka[4]) nach Südosten und erreicht bei Star.Rudnja die Okra[5]).

Die Eisenbahnbrücke über den Dnjepr bei Shlobin ist von den Russen schlecht gesprengt worden, sie kann in kurzer Zeit wieder hergestellt werden.

Bei der Erkundung der Brücken hat sich der Hauptmann Strobl von den Eisenbahn-Pionieren besonders ausgezeichnet. Hauptmann Strobl kam als erster mit 5 Mann über den Dnjepr, und schoss die Russen, die die Brücke sprengen sollten, einzeln ab und verhütete so grössere Zerstörungen, obwohl er selber schwer von den Russen eingedeckt wurde, 2 deutsche Stuka-Angriffe auf dem gegnerischen Ufer mit erlebte und die Hälfte seiner Leute verlor.

Bei den Instandsetzungsarbeiten der russischen Flossbrücke zeichnete sich der Oberleutnant Kaschig, Chef 2/Pi.-Batl. 255 aus, der aus eigner Initiative handelnd, durch schnelles Anpacken in kürzester Zeit die Brücke wieder gebrauchsfähig machte. Sein energisches Handeln verdient besonders hervorgehoben zu werden, da er erst vor kurzem eine schwere Nierenoperation überstanden hat und sich dennoch sofort wieder freiwillig an die Front meldete.

Der Herr Kom.Gen. fuhr von 255. I.D. über den Dnjepr zum Rgt.Gef.Std. I.R. 467 in Wirnja[6]) und gab Oberst Stephan selber den neuen Auftrag für das Rgt. bekannt.

Oberst Stephan meldete, daß er von 267. Div. bereits eine gleichlautende Meldung erhalten hat und gebeten wurde, mit Schwerpunkt auf Tschetwerni vorzustossen.

In diesem Augenblick lief beim Rgt. die Meldung ein, dass die vorderen Teile bei Ruda, etwa 1½ km südostwärts Regiments-Gefechtsstand, auf stärkeren Feind gestossen sind. Der Rgt.Gef.Std. befand sich auf einem turmartigen Bahnwärterhaus, das die Sicht bis auf dieses Gebiet erlaubte. Geringes Artilleriefeuer war zu hören.

Die Verlängerung der Steinstrasse über Shlobin hinaus nach Südosten ist nicht gepflastert, sondern ein tiefer Sandweg, in dem das Vorwärtskommen von motorisierten Kolonnen fast unmöglich ist.

Der Herr Kom.Gen. sprach zum Abschied Herrn Oberst Stephan und seinem Rgt. seinen herzlichen Dank und seine vollste Anerkennung für die Einnahme von Shlobin aus und wünschte dem tapferen Rgt. beim XXXXIII. Korps weiter Heil und Sieg.

Bei der Rückfahrt der Generals-Staffel nach Shlobin kamen die Infanterie-Trosse und die Artillerie der Staffel nicht geschlossen genug entgegen, sondern marschierten zum großen Teil als Einzelfahrzeuge und in großen Abständen über die Dnjepr-Brücke und den Behelfsweg, der durch das Sumpfgelände am Fluss entlang führt. Durch eine solche lückenhafte Marschordnung wird das Übersetzen ausserordentlich verlangsamt.

---

[4]) Verbessert statt: Kolisowka.

[5]) Hier ist im Fb. folgender Satz gestrichen worden: Das dritte Regiment marschiert nach Übersetzen nach Nordosten und nimmt bei Gorodetz Verbindung mit 52.I.D. auf.

[6]) Verbessert statt Wetna.

11.05 Uhr meldete nochmals Gen.Lt. Wetzel in Shlobin.

Der Herr Kom.Gen. befahl, die Verkehrsdisziplin über die Brücke vermehrt zu überwachen. Dauerndes lückenloses Übersetzen und Abfliessen ist notwendig. Einzelfahrzeuge, die den Verkehr behindern, und Fahrzeuge, die nicht unbedingt gefechtsnotwendig sind, sind zurückzuhalten.

Die Rückfahrt zum Korps-Gefechtsstand über Lebedewka führte durch die Hauptstrasse von Shlobin. Die Stadt hat einen grossen, wie es scheint, noch intakten Güterbahnhof. Der Ort hat nicht entfernt unter den Kämpfen so gelitten wie Rogatschew.

In der Anlage werden die Bemerkungen während der Fahrt und ein Tagesbefehl der 255. I.D.[1]) vorgelegt.

Lammers
Leutnant

Bemerkungen während der Fahrt.

1.) Beim Nachführen von Tross-Fahrzeugen, besonders beim Übersetzen über Flüsse, ist straffste Zusammenfassung und Marschdisziplin notwendig. Einzelfahrzeuge, die mit großen Abständen fahren, verhindern den flüssigen Übergang und verzögern dadurch den Vormarsch der grösseren Verbände. Alle Fahrzeuge werden unter einem verantwortlichen Führer zusammengefasst und marschieren grundsätzlich geschlossen.
2.) Einzelfahrzeuge und nicht gefechtsnotwendige Fahrzeuge werden ohne Rücksicht von den Organen der Marschordnung zurückgehalten.
3.) Für jeden Flussübergang ist von der betreffenden Division ein genauer Ablaufplan aufzustellen, dessen genaue Einhaltung überwacht wird.
4.) Bei Brückenschlägen ist sofort eine Telefonleitung von Ufer zu Ufer zu legen.
5.) Vom Korps-Pionier-Führer ist bei Shlobin eine Brücke begonnen, aber nicht fertiggestellt worden. 255. I.D. prüft nach, ob diese Brücke, notwendigenfalls durch Einschalten von Fähren, den Gegenverkehr von Osten nach Westen aufnehmen kann.
6.) Bespannte Kolonnen fahren sich bei schlechtem Wetter häufig fest. Die Einheiten sorgen dafür, daß bei einer jeden solchen Kolonne ein erfahrener Pferde-Fachmann dabei ist, da derartige Fälle durch richtiges Anpacken (Umspannen, energische Einwirkung auf die Pferde etc.) schnell zu beheben sind.
7.) Die Brücken auf der Steinstrasse in Gegend Beliza sind zerstört und nur notdürftig wiederhergestellt. Auch befinden sich hier eine große Anzahl alter Pferde-Kadaver (auch ein toter Russe) unmittelbar an der Straße. Durch Pi.-Fhr. sind die Instandsetzungsarbeiten einzuleiten.

[1]) Siehe Anlage 5, S. 358.

Nr. 32

Generalkommando LIII. A.K. K.H.Qu., 17. 8. 41.
Lt. Dr. Lammers
Begleitoffizier

Fahrtbericht vom 17. 8. 1941

Der Herr Kom.Gen. verliess am 17. 8. 41 um 8.05 den Korpsgefechtsstand Krasnyj Bereg zum Besuch der Truppen 255. I.D. im Raume südostwärts Shlobin.

Wiedereintreffen auf Korpsgefechtsstand 12.30 Uhr.

Fahrtweg: Krasnyj Bereg, Shlobin, Lugowaja Wirnja, Kolybowka, Shlobin, Krasnyj Bereg.

8.30 Uhr war auf der Steinstrasse bei Beliza das Bau-Batl. 125 eingetroffen, um hier die Brücken instandzusetzen.

8.50 Uhr meldete in Shlobin der Ia der 255. I.D. auf Div.Gef.Std.:

Das Rgt. Stephan (I.R. 467[1]) ist heute morgen 7.00 Uhr wieder angetreten. Es ist jetzt aus dem Verbande der Division ausgeschieden und hat wahrscheinlich schon die Verbindung mit 267. I.D. aufgenommen.

Durch den Druck der nach Südosten strebenden Regimenter der 255. Div. sind die Russen abgedrängt worden. Teile von ihnen sind, von uns getrieben, durch die Linie des XXXXIII. Korps durchgebrochen.

Laut Fliegermeldung sind Rudenka und Skepnja von deutschen Truppen besetzt. Es handelt sich hier zweifellos um Einheiten des XXXXIII. Korps.

Das Rgt. Maetzke (I.R. 455) wurde heute nacht ziemlich heftig aus dem Walde ostwärts Tschetwerni beschossen. Das Rgt. säubert dies Waldgelände und stösst dann weiter vor auf Sawod.

Das Rgt. Hauschulz (I.R. 475) säubert von Star. Rudnia aus und kämmt das Waldgelände nördlich Sawod in westlicher Richtung durch.

Bei Kolybowka wurden eine Reihe schwerer Geschütze, 20 schwere Traktoren und Zugmaschinen, 4 beladene Anhänger (Treibstoff), ausserdem 30 Lkw und drei eingegrabene Panzer erbeutet. Die Gesamtzahl der Gefangenen beträgt über 2000 bei der Division.

Die Wälder zwischen Kolybowka – Tschetwerni und Star. Rudnia scheinen noch ziemlich voll von Russen zu sein, besonders bei Bahnhof Chaltsch wurde stärkere Feindansammlung gemeldet.

Der Herr Kom.Gen. befahl, dass das Korps heute noch laut Anweisung der Armee die Linie Sawod – Sababje erreicht. Die 255. Div. setzt sich mit 52. I.D. in Verbindung und führt gemeinsam mit 52. I.D. die Säuberung der kleineren Waldstücke zwischen Star. Rudnia und Rudenka durch. Es ist anzunehmen, daß bei dieser Aktion die Verbindung mit XXXXIII. A.K. gelingt.

Die 52. I.D. befindet sich in Swjatoje. Sie geht über Bahnhof Szoltanowka in Richtung Sababje vor.

---

[1]) Im Original verbessert statt: I.R. 465.

Eine sorgfältige Gefangenen- und Beutemeldung ist am frühen Nachmittag an das Korps zu geben, da die Armee um 16.00 Uhr der Heeresgruppe eine vorläufige Sammelbeute-Meldung aus dem Kessel ostwärts Rogatschew – Shlobin geben will.

Der Herr Kom.Gen. fuhr hierauf über die vom Korps-Pionier-Führer erbaute Brücke nach Lugowaja Wirnja, wo sich auf dem vorgeschobenen Div.Gef.Std. Gen.Lt. Wetzel befand.

In der Mitte dieser Brücke fehlen noch 25 Meter Pontons. Für diese Lücke ist ein Fährbetrieb eingerichtet, der von 2./Pi.-Batl. 654 versehen wird.

Der Herr Kom.Gen. sagte dem Komp.Chef der Pioniere, dass heute mit dem Eintreffen einer weiteren Brücken-Kolonne zu rechnen ist. Der Einbau der fehlenden Pontons in die Brücke dauert dann etwa eine Viertelstunde. Die Brücke trägt 8 to. Der Dnjepr ist hier 180 m breit. An- und Abfahrtwege werden vom Bau-Batl. gebaut. Der Fährbetrieb geht Tag und Nacht. Vor allem werden hier Verwundete, Munition und Verpflegung übergesetzt. Eine Batterie der schweren Abteilung A.R. 255 ging gerade auf dieser Brücke über den Fluss.

Nach dem Übersetzen fuhr die Generals-Staffel an einer langen, haltenden Tross-Kolonne vorbei, die gleich hinter der Brücke hielt, dadurch den gesamten Verkehr aufhielt und das Übersetzen hinderte. Da der Führer der Kolonne nicht in der Nähe war, befahl der Herr Kom.Gen. sofort das Anfahren.

So dicht hinter Übersetzstellen darf niemals gehalten oder gerastet werden.

In Lugowaja Wirnja meldete sich Oberst Poppe, der seinem Rgt. über den Fluss vorausgeeilt war. Auf den tiefen Sandwegen ist das Nachführen der bespannten Teile für die Pferde sehr anstrengend.

Auf dem vorgeschobenen Div.Gef.Std. in Lugowaja Wirnja meldete Gen.Lt. Wetzel.

Die Div. beabsichtigt, mit neuem Div.Gef.Std. nach Osinowka zu gehen.

Die Russen kämpfen, wenn sie noch Offiziere haben, überall verbissen weiter, auch wenn sie sich in aussichtsloser Lage befinden.

Der Herr Kom.Gen. gab das Tagesziel des Korps, die Linie Sawod – Sababje, bekannt. Wahrscheinlich wird das Korps nach Abschluss der Einkesselungskämpfe als Heeresreserve über Gorodetz nach Gomel weiter marschieren. Die Div. erkundet deshalb den Weg über Zuper, Gorodetz auf die Hauptstrasse nach Gomel.

Der Kampf beim Durchkämmen der Wälder gibt der Artillerie keine Wirkungsmöglichkeit, er wird von der Infanterie allein durchgeführt.

Der Herr Kom.Gen. wies auf die Notwendigkeit hin, die Eisenbahn möglichst unzerstört in unsere Hand zu bekommen, da die Linie Shlobin – Gomel ein Teil der wichtigen Erzbahn nach Charkow ist.

Der Herr Kom.Gen. fuhr hierauf nach Kolybowka. Hier war an der Bahn die 7./A.R. 255 in Stellung. Es meldete sich der Abteilungs-Kommandeur der III./A.R. 255. In den Wäldern unmittelbar in der Nähe stecken noch Russen, die in Trupps von 20 Mann herausgeholt werden. Es wurde hier heute morgen noch gekämpft. Ein Hauptmann und 4 Mann, die hier in den Waldkämpfen gefallen waren, waren gerade in Kolybowka begraben worden.

Es befanden sich bei Kolybowka vier erbeutete 15 cm Kanonen und 18 Traktoren, dazu 4 Anhänger, die mit Treibstoff beladen waren.

An den Traktoren arbeiteten eine Reihe von Leuten herum, die offensichtlich nicht viel davon verstanden. Es besteht die Gefahr, dass derartiges wertvolles

Beutegut, wenn Nichtfachleute daran herumhantieren, beschädigt wird und uns verloren geht.

Bei der Rückfahrt zum Korps-Gef.Std. fuhr der Herr Kom.Gen. noch einmal zum vorgeschobenen Div.Gef.Std. der 255. I.D. und befahl die sorgfältige Behandlung des Beutematerials.

Nach einer Meldung, die bei der Div. eingelaufen war, sollte in Sawod Feind sein. Wahrscheinlich sind aber deutsche Truppen hier als feindlich angesprochen worden. In Rudenka ist eine deutsche Truppe eingeschlossen, wahrscheinlich von Russen, die beim XXXXIII. Korps durchgebrochen sind. Durch 255. I.D. wird Rudenka entsetzt.

Der Div. wurden heute bis 10.30 Uhr etwa 30 Ausfälle gemeldet. Der Kom.-Gen. befahl, mit einem Batl. noch einmal das Waldstück westlich der Strasse Lugowaja Wirnja – Tschetwerni durch das[2]) das Rgt. Stephan vorausgegangen ist, durchzukämmen. – Unter den Gefangenen befindet[3]) sich eine Reihe Wolga-Deutscher. Diese sind auch heute noch gläubige Menonniten.

In der Anlage werden die Bemerkungen während der Fahrt vorgelegt.

Lammers
Leutnant

Bemerkungen während der Fahrt.

1.) Um Stauungen bei Übersetzstellen zu vermeiden, ist das Halten und Rasten von Kolonnen nach dem Übersetzen in der Nähe der Brücken streng verboten.
2.) Bei erbeuteten Traktoren, Zugmaschinen und Lastkraftwagen sind, wenn möglich, fachkundige russische Trecker-Führer einzuteilen. Um wertvolles Beutegut der Truppe zu erhalten, ist das Herumhantieren von nicht fachkundigen Leuten an diesen Fahrzeugen grundsätzlich zu verbieten.
3.) Der Herr Kom.Gen. verbietet, müde Pferde, die auf schlechten Wegen Schwierigkeiten im Zuge haben, mit Stockschlägen zu bearbeiten.
4.) Tritt bei einer Kolonne eine Stockung ein, so erkundigt sich der Führer der Einheit sofort nach der voraussichtlichen Dauer des Haltens und lässt, wenn die Zeit sich lohnt, abspannen und tränken.
5.) Die Eisenbahnbrücke bei Lebedewka ist scheinbar von den Russen nicht fertiggestellt worden, es steht zwar das Gerüst über den Dnjepr, aber An- und Abfahrtswege fehlen.

---

[2]) Verbessert statt: den.
[3]) Verbessert statt: befinden.

Nr. 33

Generalkommando LIII. A.K.
Lt. Dr. Lammers
Begleitoffizier

K.H.Qu., 18. Aug. 1941.

Fahrtbericht vom 18. 8. 41

Der Herr Kom.Gen. verliess am 18. 8. 41 um 8.05 den Korps-Gefechts-Stand Krasnyj Bereg zu einem Besuch der Truppen, die den Kessel südostwärts Shlobin gebildet haben, und zu einer Besichtigung der Beute in diesem Raum.

Wiedereintreffen auf Korpsgefechtsstand 14.00 Uhr.

Fahrtweg: Krasnyj Bereg, Shlobin, Osinowka, Swatoje, Bahnhof Saldanowka, Star. Rudnja, Rudenka, Baranowka, Tschetwerni[1]), Lugowaja Wirnja[2]), Shlobin, Krasnyj Bereg.

Die vom Korps bei Shlobin über den Dnjepr gebaute Brücke ist jetzt vollständig ausgebaut. Der Fährbetrieb ist daher nicht mehr nötig. Es herrscht augenblicklich wenig Verkehr, da die Hauptmasse der Division übergesetzt ist. Eine Dauerbrücke soll vom Pi.-Batl. 577 erbaut werden. Ein vorausgeschickter Offizier hat bereits den Platz in der Nähe der Eisenbahnbrücke erkundet.

9.05 Uhr meldete Gen.Lt. Wetzel auf Div.Gef.Std. 255. I.D. in Osinowka. Die Regimenter der Div. haben die ihnen befohlenen Linien erreicht und suchen die zugeteilten Räume systematisch nach Beute durch und holen die letzten Gefangenen aus den Wäldern. Feindberührung wurde nicht mehr gemeldet.

Neben 18 schweren, 19 leichten Geschützen, 3 I.G., 7 Pak, 43 M.G., 7 Panzerspähwagen und anderem[3]) Gerät meldete die Div. 7700 Gefangene. Diese Zahl erhöht sich aber noch dauernd.

Mit 267. I.D. ist bei Baranowka Verbindung aufgenommen.

Aus dem Walde westlich Star. Rudnja versuchten 18 Lkw, dicht mit Russen beladen, auszubrechen. Sie wurden sämtlich abgeschossen und aufgehalten. Es wird jetzt auch ein Lautsprecherwagen eingesetzt, um die letzten Gefangenen aus den Wäldern zu holen. Meistens ist jetzt endlich der Widerstandswille[4]) bei den Russen gebrochen.

Interessant war die Meldung des Oberst Hauschulz, der bei anbrechender Dunkelheit mehreren hundert Gefangenen durch Dolmetscher sagen liess, wer während der Nacht nicht wegliefe und sich friedlich aufführte, dem würde nichts passieren. Diese Ausführungen wurden von den Russen mit Hallo aufgenommen. Wie Oberst Hauschulz der Div. meldete, „erntete er Beifall in allen Rängen".

Die Bevölkerung verhält sich der Truppe gegenüber sehr freundlich.

Den Einheiten haben die sichtbaren Erfolge und das Vorwärtsdringen neuen Auftrieb gegeben.

---

[1]) Verbessert statt: Tschetwernerni.
[2]) Verbessert statt: Wirnoja.
[3]) Verbessert aus: anderen.
[4]) Verbessert statt: Widerstandwille.

Auf dem Wege nach Swatoje kamen der Generals-Staffel laufend große Gefangenen-Transporte entgegen. Auffällig ist auch die beträchtliche Anzahl verwundeter Russen.

In Barsuki meldete der Batl.-Kdr. II/I.R. 163.

In Swatoje besuchte der Herr Kom.Gen. die San.Kom.[5]) der 52. I.D., die die Verwundeten der Div. betreute. Die Anzahl der Verletzten betrug 52. An zwei Tischen wurde operiert. Der Herr Kom.Gen. ging zu allen Verwundeten und wünschte ihnen gute Besserung. Die meisten Verwundungen waren durch Infanterieschüsse hervorgerufen, meistens aus nächster Nähe abgegeben.

Um 10.25 Uhr meldete der Ia auf dem Div.Gef.Std. 52. I.D. in Swatoje.

Die 52. I.D. hat bisher etwa 10000 Gefangene gemacht, die Zahl der Geschütze ist noch nicht ganz zu übersehen. Ihre Zahl beträgt etwa 60 bis 100.

Die Entsetzung des als eingeschlossen gemeldeten Bataillons in Rudenka wurde ohne großen Widerstand von der Div. durchgeführt. Näheres meldete darüber später Oberst Mahlmann in Rudenka selbst. Die Fahrt führt dann weiter auf der Strasse von Swatoje nach Bahnhof Saltanowka. Diese Strasse hat „Dünkirchen-Charakter".

Sie ist besät mit russischen Treckern, Geschützen, (einmal stehen 12 schwere Geschütze hintereinander), Munitionswagen, zerschossenen und heilen Lkw., unzähligen toten Pferden und gefallenen Russen, Munition, M.G., Gewehren, Mänteln, sonstiger Bekleidung, Gasmasken, Stahlhelmen und allen erdenklichen anderen Ausrüstungsgegenständen.

An dieser Strasse entstand der einfache Eindruck: Der Feind ist vernichtet worden.

Um 11.15 Uhr meldete Oberst Hauschulz das I.R. 475 in Star Rudnja. Der Herr Kom.Gen. gratulierte dem Rgts.Kdr. zu seinen schönen Erfolgen. Das I.R. 475 konnte bis heute morgen 4345 Gefangene und 90 erbeutete Lkw melden. Dazu hat das Rgt. 300 bis 400 Pferde eingefangen.

In Star. Rudnja meldete noch der Abtlgs.Kdr. II/A.R. 255 und der Batls.Kdr. II./I.R. 475. Beiden Kommandeuren sprach der Kom.Gen. seinen Dank aus zu den schönen Erfolgen ihrer Truppen.

In Ossinowiza befindet sich ein grosses Pferde-Sammellager mit 200 Beute-Pferden. Der Herr Kom.Gen. befahl, dass Gefangene laufend das Tränken der Pferde besorgen und die Pferde täglich einen neuen Weideplatz erhalten.

In Rudenka meldete 12.00 Uhr Oberst Mahlmann das I.R. 181.

Zu der Entsetzung des eingeschlossenen II. Batl. I.R. 497 (267. I.D.) in Rudenka meldete Oberst Mahlmann: Die Russen, die sich ausserhalb des Ortes befanden und damit das deutsche Batl. einschlossen, hatten dies keineswegs aus kriegerischer Absicht getan, sondern warteten nur auf eine günstige Gelegenheit, sich gefangen nehmen zu lassen. Das I.R. 181 vereinnahmte diese Russen ohne eigene Verluste.

Als besonders schöne Beute hat das Rgt. die Fahne des russischen Schützen-Regiments 437 eingebracht. Die rote Fahne zeigt auf der einen Seite Hammer und Sichel mit der Bezeichnung des Regiments, auf der anderen Seite die Abbildung ei-

---

[5]) Sanitätskompanie.

nes russischen Ordens mit dem Kreml und einen Infanteristen in der Mitte, dazu einen Ausspruch von Timoschenko.

Das I.R. 181 hat heute morgen etwa 3000 Gefangene gemeldet, dazu eine grosse, noch nicht abschätzbare Zahl von Pferden, 25 Geschütze, 9 Pak, 3 schwere Granat-Werfer, 6 Lkw. Die Gesamtzahl der Gefangenen, die das Rgt. bisher gemacht hat, beträgt etwa 9000. Bei Bahnhof Saltanowka fiel eine ganze schwere Art.Abt. in die Hand des Rgts. Ein russischer Art.Rgts.Kdr. verteidigte sich mit seinem Adj. im Bahnhof Saltanowka bis zuletzt und ist dabei gefallen.

In Rudenka befinden sich die ersten Teile des Rgts. seit gestern abend 18.30 Uhr.

Die Fahrt der Gen.Staffel ging dann über Baranowka[6]) – Gluschiza – Tschetwerni zurück nach Shlobin. Der größte Teil der Brücken in diesem Raume ist zerstört. Die Fahrt ging deshalb nicht ganz ohne Aufenthalt häufig durch Niederungen und Moräste. Die Okra wurde in einer Furt durchquert.

Bei Tschetwerni hatten die Russen viel für Panzerabwehr getan. Durch tiefe Gräben waren Panzerfallen angelegt worden, und die Dorfausgänge hatten durch eingegrabene dicke Baumstämme Tanksperren erhalten. Auch russische Pak war an der Strasse noch in Stellung zu sehen.

In der Anlage werden die Bemerkungen während der Fahrt vorgelegt.

Lammers
Leutnant

Bemerkungen während der Fahrt.

1.) Die mehrfach beobachtete verschlechterte Marschdisziplin macht sofort den Einsatz von Marschüberwachungs-Kommandos notwendig.
2.) Auf einem Panje-Wagen mit 2 kleinen Pferdchen sassen bei schlechtestem Sandweg neben dem Transportgut noch 7 Mann. Derartige Fälle sind vom Marschüberwachungs-Kommando sofort abzustellen.
3.) Einzelfahrzeuge gehören nicht auf die Vormarschstraße. Müssen Fahrzeuge nachgeführt werden, so sind sie grundsätzlich unter einem verantwortlichen Führer zusammenzufassen.
4.) Erbeutete russische Zugmaschinen müssen mit deutschem Kennzeichen versehen werden. (Hakenkreuztuch, weisses Kennkreuz)
5.) Besondere Beaufsichtigung der Pflege zusammengetriebener Beute-Pferde ist notwendig. Genügend Personal zum Tränken einteilen (Gefangene), täglich neuen Weideplatz einrichten.
6.) Im Raume Ossinowiza – Rudenka – Baranowka[7]) – Sawod sind zahlreiche kleine Brücken zerstört. Die Instandsetzung ist einzuleiten.

---

[6]) Verbessert statt: Babanowka.
[7]) Verbessert statt: Babanowka.

Nr. 34

Generalkommando LIII. A.K. K.H.Qu., 20. Aug. 41.
Lt. Dr. Lammers
Begleitoffizier

Fahrtbericht vom 20. 8. 41

Der Herr Kom. General verliess am 20. 8. 41 um 8.15 Uhr den Korps-Gefechtsstand Krasnyj Bereg zu einem Besuch der dem LIII. Korps neu unterstellten 267. Division.

Wiedereintreffen auf Korpsgefechtsstand 12.15 Uhr.

Fahrtweg: Krasnyj Bereg, Shlobin, Kolybowka, Schitna, Shlobin, Krasnyj Bereg.

Über die Ponton-Brücke bei Shlobin rückten um 9.00 Uhr Kolonnen des Div.-Nachschubes, 255. I.D.

Die Arbeiten an der gesprengten Eisenbahnbrücke und zu einer neuen festen Brücke sind von den Pionieren begonnen worden.

Um 9.15 Uhr kam der Generals-Staffel bei Kolybowka ein großer Zug Gefangener etwa in Stärke eines Bataillons entgegen. Fast jeder Russe hatte sich aus einem am Wege liegenden Weisskohlfeld einen Kohlkopf besorgt und verzehrte ihn roh während des Marsches.

In Tschetwerni besuchte der Herr Kom.Gen. 9.45 Uhr den Rgt.Gef.Std. I.R. 455. Nach der Meldung von Oberstlt. Maetzke sprach der Kom.Gen. dem Regiments-Kommandeur seine Anerkennung für die vielfache Bewährung und erfolgreiche Führung des Regiments bei Maloryta[1]) und Shlobin aus.

Das Rgt. hat die Beute aus dem ihm zugeteilten Raum zusammengefahren. Sie befindet sich zum grössten Teil jetzt in Sawod. Der Regiments-Kommandeur wies darauf hin, daß dieses Verfahren auch seine Gefahrenseite hat. Rückt nämlich das Rgt. nächstens aus diesem Unterkunftsraume ab, so haben Partisanen-Truppen leicht Gelegenheit, sich schnellsten ganze Artillerie-Abteilungen mit Munition wieder zusammenzustellen. Besondere Massnahmen zur Bewachung und zum Abtransport ausserhalb des Versorgungsweges sind deshalb notwendig.

Das Rgt. legte einen erbeuteten Sextanten vor, der von der Generals-Staffel mitgenommen wurde. Dazu bemerkte Oberstlt. Maetzke, dass er sich immer wieder über die gute Ausrüstung der roten Armee wundert. Der Kom.Gen. erwiderte, dass dies umso bemerkenswerter ist, da beim Einmarsch der Russen in Polen und im russisch-finnischen Krieg beobachtet wurde, dass die Ausrüstung der Russen schlecht war.

In Sawod besichtigte der Herr Kom.Gen. den reichen Beute-Park. Hier sind leichte und schwere Feldhaubitzen, schwere Kanonen, leichte und schwere Pak, Traktoren und Zugmaschinen zusammengefahren. Hier meldete sich auch Mjr. Mainzinger und Oblt. Mannhardtsberger[2]), die auf der Suche nach Zugmaschinen waren. Sawod ist von den Russen angesteckt worden und ist völlig abgebrannt.

---

[1]) Bei Maloryta war das I.R. 455 am 25. Juni gegen eingeschlossene Feindverbände eingesetzt gewesen (südostwärts Brest–Litowsk).

[2]) Mitglieder des Korps-Stabes.

In einem Wäldchen, 2 km nördlich von Skepnia, ist vom I.R. 487 ein Heldenfriedhof angelegt worden, der trotz seiner Schlichtheit ausserordentlich schön und würdig gestaltet ist. Auf diesem Friedhof liegen 59 Angehörige des Regiments begraben, die hier beim Durchbruchsversuch der Russen nach Süden gefallen sind.

Um 11.25 Uhr meldete Gen.Mjr. von Wachter die 267. I.D. in Schitna.

An der Abstellung des Regiments hat sich nach der letzten Meldung nichts geändert. Die Div. hat das Rgt. Höcker (I.R. 487) an das höhere Kommando XXXV abgeben müssen. Der Div.Kdr. bemerkte, dass zu seinem Bedauern seit den Kämpfen bei Rogatschew die Div. immer nur 2 Regimenter zur Verfügung hatte.

Gen.Mjr. von Wachter hob die Leistungen des Regiments Daubert hervor (I.R. 497), das durch kühnes Zupacken den Übergang der Div. bei Streschin ermöglichte. Nachdem durch Spähtrupps über den Dnjepr festgestellt war, dass der Gegner auf dem gegenüberliegenden Ufer nicht allzustark war, (wie sich später herausstellte nur 90 Mann), wurde sofort der Angriff eingeleitet. Von den 90 Russen wurden 30 gefangen, die übrigen 60 sind gefallen. Durch die überraschende Vernichtung des Gegners gelang es diesem gar nicht mehr, eine Meldung vom Angriff weiterzugeben. Der Übergang der Div. konnte deshalb schnell und reibungslos vor sich gehen.

Einen besonderen Doppelerfolg hatte die Div. gleich zu Beginn der Einkesselung mit der Vernichtung von 2 Munitionszügen beim Bahnhof Saltanowka. Durch die heftigen Explosionen wurden nicht nur die Munitionszüge vernichtet, sondern auch die Eisenbahnstrecke Shlobin – Gomel, die ja ein sehr wichtiger Nachschubweg der Russen war, zerstört und unterbrochen.

Ziemliche Verluste hat die Div. erlitten durch den Durchbruchsversuch des von Norden her schon eingeschlossenen und jetzt verzweifelt nach Süden drängenden Feindes. In 6 Tagen hat die Div. 1000 Mann verloren.

Der Durchbruch erfolgte in 2 Stössen und wurde planmässig durchgeführt, wie sich aus den später gefundenen Befehlen ergab, die bei dem Kom.Gen. Petrowski und mehreren Kommissaren gefunden wurden. Diese beiden Stösse trafen auf die 267. Div., die sich in der Linie Streschin, Skepnia, Kwartaj aufgestellt hatte.

Eine Bewegung wurde aus dem Raume Tschetwerni geführt und sollte westlich an Skepnia vorbei nach Süden gehen. Der 2. Stoss erfolgte aus dem Raume um Baranowka[3]) und sollte ostwärts von Skepnia den Weg nach Süden öffnen. Bei dieser 2. Gruppe befand sich auch der General Petrowski, dazu eine Reihe anderer höherer Offiziere und Kommissare. Der Einbruch gelang den Russen zeitweilig an einigen Stellen, sodass auch der Div.Gef.Std. vorübergehend eingeschlossen war und zur Nahverteidigung überging.

Die Div. meldete bis gestern 7350 Gefangene, wobei zu berücksichtigen ist, dass bei diesen Russen sich alle diejenigen befanden, die sich um keinen Preis gefangen nehmen lassen wollten, und die bis zuletzt unter dem Befehl fanatisierter roter Offiziere und Kommissare standen.

Die Anlage dieses Kessels, so bemerkte der Herr Kom.Gen., hat sich vollauf gelohnt, denn trotz seiner geschickten Absetzung ist doch der gesamte Feind, der sich im Raume Rogatschew – Shlobin uns gegenüber befand, gefangen genommen und

---

[3]) Verbessert aus: Babanowka.

vernichtet worden. Seine Artillerie und seine mot. Fahrzeuge sind erbeutet. Eine Wiederauffüllung dieser Divisionen ist ausgeschlossen. Etwa 6 Divisionen sind damit von uns völlig vernichtet worden.

Die erfolgreiche Durchführung dieses Kessels beweist, dass die Anlage kleinerer Einschliessungen vielmehr Aussicht auf Erfolg hat, als grosse operative Kessel, da bei zu weit ausholenden Umfassungen die Möglichkeit des Ausweichens beim Feinde grösser ist.

Der Div. wurde gemeldet, dass das XIII. Korps in letzter Nacht in Strassenkämpfen in Gomel eingebrochen ist.

Die 267. Div. hat seit Beginn des Feldzuges etwa 2700 Ausfälle. Die schwere Artillerie ist jetzt mit 3 Geschützen pro Batterie ausgerüstet. Die leichte Artillerie hat 4 Geschütze pro Batterie, aber hier fehlen Pferde.

Die Div. versucht, ihre Leichtkranken aus dem Lazarett mit auf den bevorstehenden Weitermarsch zu nehmen.

Der Div.Kdr. bat um Zuweisung von Eisernen Kreuzen für die letzten Einschliessungskämpfe und die Abwehr des Durchbruchs. Die Div. hat ihre letzten Auszeichnungen nach dem Dnjepr-Übergang vergeben. Der Herr Kom.Gen. versprach die Zuteilung, wenn das Korps von der Armee neue Auszeichnungen erhalten hat. Die 267. Div. hat bisher 60 % der Auszeichnungen erhalten, die sie nach dem Westfeldzug bekommen hat. Die Verluste im Ostfeldzug sind aber weit grösser als in Frankreich.

Beim Abschied drückte der Herr Kom.Gen. dem Div.Kdr. gegenüber seine Freude aus, dass die bewährte 267. Div. wieder unter dem Befehl des LIII. A.K. tritt.

Auf dem Rückweg zum Korpsgefechtsstand begegnete die Generals-Staffel auf der Steinstrasse einem Beute-Bergungstrupp, der dabei war, 2 wertvolle Entfernungsmesser sicherzustellen.

In der Anlage werden die Bemerkungen während der Fahrt vorgelegt.

Lammers
Leutnant

Bemerkungen während der Fahrt.

1.) Bei der Armee sind die von den Regimentern zusammengefahrenen Beute-Parks zu melden. Auf die Notwendigkeit besonderer Bewachung und Abtransporte außerhalb des Versorgungsweges mit Hinsicht auf Partisanen-Verbände muss hingewiesen werden.
2.) Durch IVb ist festzustellen, wieviel Leichtkranke aus dem Lazarett in Bobruisk herausgezogen und auf dem bevorstehenden weiteren Vormarsch bei der Truppe mitgeführt werden können.
3.) Es ist nachzuprüfen, ob es möglich ist, einige Pionier-Verbände durch erbeutete Lkw motorisiert zu machen.

Nr. 35

Generalkommando LIII. A.K.
Lt. Dr. Lammers
Begleitoffizier

K.H.Qu., 22. 8. 41.

Fahrtbericht vom 22. 8. 41

Der Herr Kom. General verliess am 22. 8. 41 um 8.55 Uhr den Korpsgefechtsstand Krasnyj Bereg zu einem Besuch der 252. Division in Bobruisk, die dem LIII. Korps unterstellt worden ist.

Wiedereintreffen auf Korpsgefechtsstand 13.15 Uhr.

Fahrtweg: Krasnyj Bereg, Bobruisk, Gluscha, Bobruisk, Krasnyj Bereg.

Auf den Feldern an der Steinstrasse nach Bobruisk war fast überall die Ernte schon eingebracht. Auffällig war auch, dass sämtliche Windmühlen, an denen die Generals-Staffel vorbei kam, in Betrieb waren.

Um 10.05 Uhr meldete Gen.Lt. von Boehm-Bezing die 252. I.D. in Bobruisk auf dem alten Gef.Std. des LIII. Korps.

Die 252. I.D. ist eine schlesische Division, die der Div.Kdr. seit Beginn des Krieges führt. Sie nahm am Polenfeldzug teil, durchbrach beim Westfeldzug die Maginot-Linie und kämpfte zu Beginn des russischen Feldzuges im Verbande des XXXXIII. A.K. Mit diesem Korps marschierte die Div. vor bis in die Gegend von Rozana. Von hier aus wurde sie abgedreht, um im Forst von Bialystok[1]) einen Säuberungsauftrag durchzuführen. Nach Ausführung dieses Auftrages hing die Div. zu weit ab und schied aus dem XXXXIII. A.K. aus. Während sie nachgezogen wurde, hatte die Div. meist weitere Säuberungsaufträge und kämmte die Wälder nach Partisanen-Gruppen durch. Zuletzt reinigte die Div. das Beresina-Waldgebiet westlich Bobruisk und vernichtete hier Teile des bei Gluscha über die Rollbahn gedrungenen russsischen Kavallerie-Verbandes und den Rest einer Schützendivision, der unter der geschickten Führung des Ia dieser ehemaligen Division stand. 4000 Mann wurden dabei gefangen genommen, 33 Geschütze erbeutet.

Die Div. hatte bisher Gesamtverluste: 13 Offiziere tot, 11 Offiziere verwundet, 103 Unteroffz. und Mannschaften tot, 219 verwundet, 5 vermisst.

Fehlstellen hat die Division: 4 Truppenoffiziere, 3 San.-Offiziere, 4 Vet.-Offiziere, 19 Beamte, 78 Unteroffz., 1086 Mannschaften.

Das Durchschnittsalter bei der Div. beträgt 27 Jahre.

Die Ausstattung ist vollständig.

Der Div.Kdr. meldete, die Offiziersstellenbesetzung ist in Ordnung.

Das Abzeichen der Div. bilden zwei Eichenblätter.

Der Herr Kom.Gen. gab darauf einen Bericht von den Leistungen und Erfolgen des Korps in der Abwehrschlacht bei Rogatschew, und wies neben den Verlusten von 192 Offizieren und 5500 Mann auf die glänzenden Erfolge des Korps hin, die sich sowohl in der Einnahme der Städte Rogatschew und Shlobin aussprechen mit der Überschreitung des Drut und Dnjepr, als auch in der darauf folgenden vollstän-

[1]) Verbessert aus: Byalistok.

digen Vernichtung 6 russischer Divisionen mit der Beute von 300 Geschützen, 850 Kraftfahrzeugen, 1000 Pferden, 850 Fahrzeugen, 50 Panzer, 72 Pak und 5 Flugzeugen.

Das Korps ist durch die Bildung des Kessels südostwärts Shlobin aus der eigentlichen Marschrichtung herausgekommen. Es marschiert deshalb auf der Rollbahn als Heeres-Gruppen-Reserve weiter nach Nordosten. Die 252. I.D. folgt dem Korps. Da sie mit einem Tage-Marsch abhängt, ist anzustreben, in etwa 4 Tagen durch erhöhte Marschleistungen diesen Abstand aufzuholen.

Nach diesen Besprechungen begleitete der Div.Kdr. den Herrn Kom.Gen. im ersten Wagen der Staffel auf der Fahrt zu den Teilen der Division, die sich heute auf dem Marsch befinden.

Um 10.50 Uhr meldete sich Oberst Karst, Kdr. I.R. 461, auf der Rollbahn etwa 20 km westlich Bobruisk.

Die drei Bataillone dieses Regiments marschierten der Gen.Staffel in Abständen mit angezogenem Gewehr entgegen. Die Bataillone machten einen gleichmässig aufmerksamen und frischen Eindruck. Der Kdr. des I. Bataillons und der Chef der 11. (Radfahr)Kompanie sind Träger des Ritterkreuzes. Beide Offiziere wurden beim Einbruch in die Maginot-Linie ausgezeichnet. Das I.R. 461 hat besonders hartnäckige Kämpfe mit der russischen Kavallerie-Division an der Rollbahn westlich Bobruisk hinter sich. Jetzt ist die Rollbahn an allen wichtigen Punkten, besonders an den Brücken, gleichmässig durch Polizei-Posten gesichert.

Die Div. führte eine ganze Anzahl von Russen, zum Teil Wolga-Deutschen, als Dolmetscher mit, die sich bei der Auskämmung der Wälder bewährt haben, weil sie vielfach die Partisanen durch Überredung aus ihren Verstecken holten.

Etwas eigenartig wirkte es, dass diese Russen dem Herrn Kom.Gen. in Reih und Glied mit Blickwendung folgten und bei der Begrüssung ebenfalls „Heil Herr General“ riefen.

Die Kommissare, die sich noch im Hintergelände aufhalten, finden bei der Bevölkerung meist keinen Anhalt. Sie werden von ihr häufig an die Truppe verraten.

Um 11.00 begegnete die Generals-Staffel auch der Vet.Kp. der 252. Div. Hier fielen die guten Pferde auf, wie überhaupt bei allen Teilen der Div., die der Staffel begegneten, der Pferdezustand durchaus befriedigend war.

Um 11.40 Uhr besuchte der Herr Kom.Gen. die 1. Batterie A.R. 252, die Feuerstellung 18 km westlich Bobruisk nördlich der Rollbahn bezogen hatte.

Die Feuerstellung war gut getarnt. Die Pferde waren in der Protzen-Stellung in zwei grossen Scheunen sehr sauber und friedensmässig untergebracht, sodass der Eindruck entstand, die Truppe richtet sich so ein, als ob sie damit rechnet, auf längere Zeit hier friedensmässiges Quartier zu beziehen.

Beim Abschluß der Besichtigung dankte der Herr Kom.Gen. dem Div.Kdr. für die Führung und sagte, dass die Truppenteile, die er gesehen hätte, einen guten und zufriedenstellenden Eindruck gemacht hätten.

In der Anlage werden die Bemerkungen während der Fahrt vorgelegt.

Lammers
Leutnant

Bemerkungen während der Fahrt.

1.) Bezieht die Truppe ein neues Quartier, so richtet sie sich sofort so ein, als ob sie hier für längere Zeit friedensmässig bleibt und betrachtet den Aufenthalt im neuen Quartier niemals als vorübergehenden Zustand.

Nr. 36

Generalkommando LIII. A.K. K.H.Qu., 23. August 41.
Lt. Dr. Lammers
Begleitoffizier

Fahrtbericht vom 23. 8. 41

Der Herr Kom.Gen. verliess am 23. 8. 41 um 5.05 Uhr den Korpsgefechtsstand Krasnyj Bereg zu einem Besuch der 52. I.D. Gleichzeitig wurde mit dem Korps-Stabe Stellungswechsel nach Korma gemacht.

Eintreffen auf Korpsgefechtsstand Korma um 12.15 Uhr.

Fahrtweg: Krasnyj Bereg, Rogatschew, Nowyje Shurawitschi, Korma, Tschetschersk, Korma.

Auf der Rollbahn in Gegend Liskowskaja befanden sich Teile der 252. I.D., besonders Artillerie.

Ostwärts Rogatschew in Gegend Gadilowitschi marschierten Teile der 255. I.D. (Vet.Kp., Div.-Nachschub) und Infanterie der 267. I.D.

Am weiteren Ausbau der Brücken in Rogatschew wurde gearbeitet.

Um 8.05 Uhr meldete Gen.Lt. Wetzel auf Gef.Std. in Bolotnja die 255. I.D. Der Marsch bei der Div. erfolgt planmässig. Der Herr Kom.Gen. bemerkte, dass das Korps als Heeresgruppen-Reserve noch mit etwa 200 km Vormarsch rechnen muß.

Nach Eintreffen auf dem neuen Korps-Gefechtsstand Korma wurde festgestellt, dass die 52. Div. nicht, wie ursprünglich vorgesehen, Stellungswechsel mit dem Div.Gef.Std. macht. Herr Gen.Mjr. Dr. Rendulic und der Ia erwarteten den Herrn Kom.Gen. an der Brückenstelle über den Ssosh[1]) bei Tschetschersk. Die Generals-Staffel setzte darauf die Fahrt fort nach Tschetschersk.

Die Brückenstelle liegt etwa 2 km nordostwärts der Ortschaft. Der Weg von Tschetschersk zur Brücke führt durch sumpfiges Wiesengelände und ist sehr schlecht und nur einbahnig zu befahren. Die Brücke über den Ssosh ist von deutschen Truppen erbaut. Die alte russische Brücke ist zerstört. Die deutsche Brücke ist nur einbahnig. Die Pioniere beginnen mit der Arbeit zu einer zweiten Bahn. Diese ist aber erst in 4 Tagen fertig.

Um 10.30 Uhr meldete Gen.Mjr. Dr. Rendulic an der Ssosh-Brücke. Die 52. Div. ist marschtechnisch dem XII. A.K. unterstellt worden, weil sie im Vormarschstreifen dieses Korps nachgezogen wird.

---

[1]) Vereinheitlicht aus: Szosh.

Während die drei übrigen Divisionen des LIII. Korps auf der Rollbahn marschieren, geht die 52. Div. auf Befehl der Armee südlich abgesetzt vom Korps vor, damit sie bei Angriffsversuchen des Gegners von Süden her sofort im Süden verwendet werden kann.

Die Div. hatte zunächst die Brücke nur bis 13.00 Uhr zur Verfügung, da dann der Gegenverkehr einsetzt. Durch die Verpflegungslager und Versorgungsdienste der weiter voraus marschierenden Divisionen, die in Tschetschersk liegen, ist der Gegenverkehr auf der Brücke ziemlich stark. Die Div. setzt deshalb heute nur mit dem I.R. 181 und einer Art.Abt. über.

Das I.R. 181 hatte sämtliche Panje-Wagen durch russische Militärfahrzeuge ersetzt und Pferdefehlstellen mit Beutepferden aufgefüllt.

Der Herr Kom.Gen. wies darauf hin, dass damit zu rechnen ist, dass das XII. Korps Abkommandierungen von Einheiten der 52. I.D. vornimmt. Die Div. muss mit allen Mitteln dahin wirken, solche Kommandierungen zu verhindern, da die Division taktisch nach wie vor zum LIII. A.K. gehört.

Gen.Mjr. Dr. Rendulic teilte mit, dass zeitweilig Unstimmigkeiten zwischen der Division und dem XII. Korps betreff Verteilung der Beute bestanden.

Rogatschew, so sagte der Div.Kdr. weiter, sei nach der Einnahme das Ziel vieler Besucher gewesen, ein Zeichen dafür, dass die Stadt durch die harten Kämpfe einen Namen bekommen hat.

Aus dem Brückenübergang bei Rogatschew, der nicht ganz nach einem festen Ablaufplan vor sich ging, hat die Div. ihre Erfahrungen gezogen. Der Brückenübergang bei Tschetschersk verläuft nach einem genauen, vorher aufgestellten Plan mit Einsatz aller nötigen Ablaufposten und Marschüberwachung.

Zum Abschied dankte der Herr Kom.Gen. dem Div.Kdr. für die Überreichung eines Beutedegens durch 52. I.D.

In der Anlage werden die Bemerkungen während der Fahrt vorgelegt.

Lammers
Leutnant

Bemerkungen während der Fahrt.

1.) Die Div. Kommandeure erhalten den Bericht des LIII. Korps von der Abwehrschlacht bei Rogatschew vorgelegt.
2.) Feldgendarmerie- und Verkehrsposten müssen immer von der Anwesenheit eines höheren Vorgesetzten in ihrer Nähe informiert sein.

Nr. 37

Generalkommando LIII. A.K. K.H.Qu., 25. Aug. 41.
Lt. Dr. Lammers
Begleitoffizier

Fahrtbericht vom 25. 8. 41

Der Herr Kom.Gen. verliess am 25. 8. 41 um 8.30 Uhr den Korpsgefechtsstand Korma zu einem Besuch der 255. und 267. I.D.

Wiedereintreffen auf Korpsgefechtsstand 15.00 Uhr.

Fahrtweg: Korma, Propoiszk, Tscherikow, Nowoje Churawitschi, Korma.

Auf der Strasse Gajschin – Propoiszk befinden sich alte Feindstellungen und deutliche Spuren der letzten Kämpfe. Besonders gelitten hat Rudnja, wo sich auch ein grösserer deutscher Heldenfriedhof befindet.

Bei Propoiszk rasteten 9.45 Uhr Teile des A.R. 267 und Panzerjäger 267. I.D.

Vor den Brücken über den Ssosh etwa 2 km nordostwärts Propoiszk, stauten sich grosse Kolonnen. Von den drei Brücken wurde eine repariert, eine andere ist nur einbahnig. Die Marschregelung drang nicht durch, die langen wartenden Kolonnen kamen nicht in Fluss.

Die 13./A.R. 255, das ist eine Batterie mit erbeuteten schweren russischen Kanonen der 255. I.D., durch Trecker motorisiert, marschierte auch gerade über die Brücke. Die Batterie hatte ein gutes Tempo, etwa 12 km in der Stunde.

Die Rollbahn zeigt etwa 10 km nordostwärts Propoiszk Spuren schwerer Panzerkämpfe. Eine grosse Zahl zerstörter Panzer, Geschütze, Flak, Fahrzeuge und Munition liegen noch dicht am Strassenrand.

10.55 Uhr meldete der Ia der 255. I.D. in Tscherikow. Gen.Lt. Wetzel ist erkrankt. Die Div. hat den ihr zugewiesenen Raum heute morgen in Nachtmärschen erreicht. Morgen bezieht die Div. Unterkunftsraum um Kritschew mit vordersten Teilen in Sztarosselje.

Auf dem Div.Gef.Std. meldete sich auch Oberst Meltzer, Kdr. A.R. 255. Die III. Abteilung hat einen plötzlichen Ausfall von 83 Mann durch eine fiebrige Erkrankung, sodass die Abteilung im Augenblick nur beschränkt einsatzfähig ist.

Befallen sind von diesem Fieber Angehörige von Einheiten, die vor ein paar Tagen in derselben Ortschaft untergebracht waren. Es dürfte die Krankheit deshalb auf das Wasser dieses Ortes oder besonders ungünstige Bedingungen in der Lage der Unterkunft zurückzuführen sein. Anfangs bestand Verdacht auf Trichinose. Durch Untersuchung wurde festgestellt, dass es sich darum nicht handelt. Die Leute erholen sich meist recht schnell. Sonst geht es dem Rgt. gut. Von den Pferden werden auf der Rollbahn keine besonderen Zugleistungen verlangt, und die Nachtmärsche werden gut überstanden.

Der Herr Kom.Gen. dankte dem Regiments-Kommandeur Oberst Meltzer für die Leistungen der Artillerie in der Schlacht bei Rogatschew und sprach den Artilleristen durch den Regiments-Kommandeur seine Anerkennung aus.

Herrn Gen.Lt. Wetzel ließ der Herr Kom.Gen. durch den Ia gute Besserung wünschen.

Auf der Rollbahn herrscht lebhafter Verkehr in beiden Richtungen. Neben den marschierenden Infanterie-Divisionen bewegen sich hier vor allem motorisierte Kolonnen des Nachschubs dieser Divisionen, Nachrichten-Kolonnen und Panzernachschub. Bei der Rückfahrt war an der Ssoshbrücke nordostwärts Propoiszk durch diese mot.-Kolonnen eine noch grössere Stauung entstanden. Die Fahrzeugreihen standen in zwei, mitunter in drei Gliedern nebeneinander, sodass ein Abfluss zeitweilig selbst dann nicht möglich war, wenn die Brücke frei wurde.

In Anspruch genommen wurde die Brücke um 11.45 Uhr durch I.R. 497 (267. I.D.), das ununterbrochen über die Brücke ging und den mot.-Kolonnen sowohl auf der einen als auf der anderen Seite den Weitermarsch versperrte.

Falsch am Marsch des Regiments war:

1. Es handelte sich nicht, wie befohlen, um einen *Nachtmarsch*. Dieser war vom Korps angeordnet worden, um den Gegenverkehr auf der Rollbahn zu ermöglichen. Gegenverkehr setzt erst mit Beginn der Helligkeit ein.

2. Das Rgt. durfte nicht ununterbrochen übergeschleust werden, sondern musste in kleinen Marschgruppen, jeweils mit einer Viertelstunde Zwischenraum, über die Brücke gehen, um den mot.-Kolonnen das Weiterfliessen und den Gegenverkehr zu ermöglichen.

Der Regiments-Adjutant I.R. 497 meldete, dass das Rgt. um 2.30 Uhr aufgebrochen ist und heute 38 km marschiert. Es hätte aber das Rgt. so frühzeitig abrücken müssen, etwa 22.00 Uhr abends, dass der Brückenübergang bei Nacht erfolgte.

Die Stimmung der Truppe und Pferdezustand waren gut.

Nach längerem Warten konnte auch die Generals-Staffel über die Brücke geschleust werden. Westlich der Brücke traf die Staffel auf Herrn Gen.Mjr. von Wachter.

Der Herr Kom.Gen. wies daraufhin, dass die Division eine straffere Kontrolle des Brückenverkehrs handhaben muss. Ein genauer Anmarschplan der Div. mit vielen kleinen Lücken von etwa einer Viertelstunde zur Aufnahme des Gegenverkehrs muss vom Generalstabs-Offizier entworfen werden. Die genaue Einhaltung dieses Plans muss überwacht werden. Genügend Telefonleitungen sind zu legen und ausreichend Posten zu stellen.

Die Div. muss früher aufbrechen, da sonst die Gefahr besteht, dass die folgende 252. I.D. in die 267. I.D. hinein marschiert. Ausserdem beginnt mit Helligkeit der Gegenverkehr.

Die 267. I.D. hat ihren Adjutanten durch Krankheit verloren.

Südwestlich Propoiszk marschierte 12.50 Uhr I./A.R. 267 und das I.R. 467.

Die schwere Abteilung A.R. 267 wurde 13.05 Uhr 12 km südwestlich Propoiszk gemeldet. Die Abteilung hat eine Reihe von erbeuteten Treckern vorgespannt und kann daher die schweren Geschütze achtspännig fahren.

13. 15 Uhr rasteten 15 km südwestlich Propoiszk II. u. III./I.R. 487. Beim III.[1]) Batl. ist ebenfalls eine Reihe von Leuten an Fieber erkrankt.

13.35 Uhr meldete sich 10 km nordostwärts Nowoje Churawitschi der Ib der 267. I.D. Der Herr Kom.Gen. wies nochmals auf die straffe Organisation des Brükkenübergangs hin, die notwendig ist, wenn der Verkehr einigermaßen flüssig wei-

---

[1]) Verbessert statt: 3.

tergehen soll. Dazu muss die Div. frühzeitig abrücken. Über die Brücke ist grundsätzlich nachts zu marschieren. Es muss deshalb unbedingt gewährleistet sein, dass diejenigen Teile der Div., die noch die Ssosh-Brücke bei Propoiszk überschreiten müssen, dies heute *nacht* tun, da sonst die 252. I.D. in die 267. I.D. hinein marschiert, und die Verstopfung dadurch immer grösser wird. Ein genauer Plan ist vorzubereiten, die Überwachung entsprechend zu regeln. Der Ib meldete, dass der Hafer für die Div. in den letzten Tagen nicht mehr nachgeschoben wird. Der Herr Kom.Gen. befahl, in diesem Falle Hafer von den Kolchosen zu requirieren und notfalls selber zu dreschen.

Die 267. I.D. bemüht sich um deutsche Öfen für die Feldbäckerei. Sie ist mit tschechischen Öfen ausgestattet, das Brot wird in diesen Öfen bei den wechselnden Mehlsorten aber nicht durchgebacken. Es scheint auch, dass die tschechischen Öfen sich langsam verbrauchen.

Um 13.50 Uhr passierte die Generals-Staffel Rjekta. Hier rastete bereits ein Btl. der 252 I.D.

Um 14.10 Uhr erstattete Oberstleutnant Harries, Kdr. I.R. 472, Meldung in Christopolje. Der Herr Kom.Gen. drückte seine Freude darüber aus, einen Batl. Kommandeur seiner alten Div. als Regiments-Kdr. in seinem Korps wiederzusehen. Er wünschte Herrn Oberstlt. Harries und dem Rgt. alles Gute und Soldatenglück.

Nowoje Churawitschi war von Truppenteilen der 252. I.D. bereits belegt, die zur Rast übergegangen waren.

Auf der Rollbahn wurde ein neuartiges russisches Flugblatt gefunden und von einem Oberlt. Herrn General übergeben. (weitergereicht an IC)

In der Anlage werden die Bemerkungen während der Fahrt vorgelegt. –

Lammers
Leutnant

Bemerkungen während der Fahrt.

1.) Es ist falsch, an Verkehrsengen die Einheiten in Reihe zu einem marschieren zu lassen, da dadurch die Marschkolonne dreimal so lang wird und der Verkehr nur noch mehr verzögert wird.
2.) Die Divisionen müssen auf der Rollbahn unbedingt in Nachtmärschen marschieren und frühzeitig, mit Beginn der Nacht aufbrechen, da mit der Helligkeit der Gegenverkehr einsetzt und die Rollbahn dann durch die Verkehrsengen völlig blockiert[2]) wird.
3.) Soll eine einbahnige Brücke oder sonst eine Verkehrsenge mit einem grösseren Verbande überschritten werden, so ist es notwendig, diesen grossen Verband in kleinere Marschgruppen zu zerlegen, die mit Abständen von einer Viertelstunde über die Brücke geführt werden, um mit den Lücken dem Gegenverkehr eine Gelegenheit zum Abfliessen zu geben.
4.) Vor dem Überschreiten aller einbahnigen Brücken und Verkehrshindernisse erstellt die Div. vorher einen Anmarschplan und überwacht straff den Über-

[2]) Verbessert statt: blokiert.

gang mit Einsatz aller möglichen Organisationsmittel (genügend Posten, Telefon)!

5.) Durch frühzeitiges Aufbrechen ist zu verhindern, dass eine nachfolgende Div. in die eigene Div. hineinmarschiert. Keineswegs darf durch zu späten Abmarsch eine Div. von der anderen im Weitermarsch und im Beziehen des neuen Quartiers behindert werden.

Nr. 38

Generalkommando LIII. A.K. K.H.Qu., 26. 8. 41.
Lt. Dr. Lammers
Begleitoffizier

Fahrtbericht vom 26. 8. 41

Der Herr Kom.Gen. verliess am 26. 8. 41 um 7.10 Uhr den Korpsgefechtsstand Korma zu einem Besuch der 255. I.D. Gleichzeitig wurde mit dem Gen.Kdo. Stellungswechsel in den neuen Korps-Gef.Std. Bahnhof Kritschew gemacht.

Eintreffen auf Korpsgefechtsstand Bahnhof Kritschew um 15.10 Uhr.

Fahrtweg: Korma, Nowoje Churawitschi, Propoiszk, Kritschew, Mstislawl, Bahnhof Kritschew.

Ab 8.20 Uhr überholte die Gen. Staffel etwa 10 km nordostwärts Nowoje Churawitschi Truppen der 252. I.D.: III./461, I./A.R. 252. Die Art.Abt. hatte auffällig gutes Pferdematerial.

Die Truppenteile der 252. Div. waren gegen 23.00 Uhr aus ihren Quartieren abgerückt und hatten im Durchschnitt 42 km zu marschieren.

Der Bataillons-Kdr. III./461 wurde vom Herrn Kom.Gen. befragt, ob ihm Tag- oder Nachtmarsch für die Truppe zuträglicher erscheint. Die Antwort war, wie bei allen Kommandeuren die gleiche: Für den reinen Marsch, besonders bei Hitze, ist die Nacht besser geeignet. 1. Es ist kühler. 2. Der Gegenverkehr ist nicht so gross. 3. Verkehrsengen sind dadurch leichter und reibungsloser zu überwinden.

Allerdings wird die Truppe durch regelmäßige Nachtmärsche mit der Zeit übermüdet, da sie am Tage nicht recht zum Ausschlafen kommt. Es wäre deshalb nach Meinung des Bataillons-Kommandeurs besser, bei Gelegenheit die Truppe wieder auf einige Tage bei Helligkeit marschieren zu lassen.

Der Kdr. meldete, dass die Hufeisen sehr knapp werden. Wenn kein Ersatz nachgeschoben wird, sind die Schmiede in 14 Tagen ohne Eisen. Der Herr Kom.Gen. erwiderte, dass in der Synagoge von Bobruisk ein grosses Hufeisenlager von uns beschlagnahmt worden ist, aus dem sicher Nachschub möglich sein wird.

8.45 Uhr meldete der Kdr. I./I.R. 461 etwa 9 km südwestlich Propoiszk. Das Btl. zog gerade in seine Quartiere ein. Die Antwort auf die Frage, ob Tag- oder Nachtmarsch, war dieselbe wie beim III. Btl.

Auch am II./I.R. 461 fuhr die Staffel vorbei. Der Ordonnanz-Offizier des Bataillons meldete, daß das Btl. 600 Ltr. Bier gefaßt hat.

Bei Propoiszk marschierte der Div.Nachschub 252. I.D.

Um 9.20 Uhr wurden 2 Radfahr-Schwadronen von der A.A. der 267. I.D. gemeldet. Die Schwadronen waren morgens 7.00 Uhr abgerückt und dadurch in die Marschkolonne der 252. I.D. hineingeraten. Um 9.30 Uhr überholte die Staffel Div.-Nachschub-Kolonnen der 267. I.D. 10 km nordostwärts Propoiszk.

9.35 Uhr traf Herr Gen.Mjr. von Wachter auf die Staffel und meldete, dass heute nacht ein Rgt. der 252. I.D. auf die Truppen der 267. I.D. aufmarschiert ist. Dadurch entstanden bei der Ssosh-Brücke Stockungen. Abgerückt sind die Einheiten der 267. I.D. gegen 2.00 Uhr.

Der Herr Kom.Gen. entgegnete, dass das Abrücken zu spät war. Da die 252. I.D. zeitgerecht zwischen 22.00 und 23.00 Uhr abgerückt ist, musste sie auf die 267. I.D. aufprallen. Schuld an diesen Marschstockungen ist die 267. I.D.

Der Div.Kdr. meldete, der Gesundheitszustand in der Div. ist gut. Die Haferversorgung ist im Augenblick ungenügend, auch Heu wird nicht nachgeschoben. Da in der Gegend hier nur wenig Hafer geerntet wird, füttert die Truppe augenblicklich zusätzlich ungedroschenes Roggenstroh. Der Kräftezustand der Pferde geht dadurch zurück.

Der Herr Kom.Gen. gab das neue Marschziel der 255. I.D. bekannt: Smolensk. Es ist damit zu erwarten, dass die 255. I.D. aus dem Verbande des LIII. A.K. ausscheidet. Möglicherweise wird dann die 267. I.D. nördlich der Rollbahn vorgezogen.

10.05 Uhr überholte die Generals-Staffel eine schwere Batterie vom A.R. 267, die mit Treckern bespannt gemacht war.

10.15 Uhr meldete der Bataillons-Kdr. II./487. Dem Btl. fehlt der Hafer, durch zu häufiges Roggenfüttern entsteht Verschlag[1]). Das Btl. hilft sich zunächst mit Grünfutter aus. Der Aufbruch erfolgte heute nacht um 2.00 Uhr. An der Ssosh-Brükke musste das Btl. heute nacht 2 Stunden warten.

Das I./I.R. 467 wurde 10.35 Uhr gemeldet. Es ist 0.30 Uhr abmarschiert und hatte noch 5 km vor sich, sodass die Truppe etwa 12.00 bis 12.30 Uhr zu Ruhe kommt. 10.45 Uhr überholte die Gen. Staffel 4 deutsche Panzer, die auf der Rollbahn Richtung Nordost marschierten.

Längs der Rollbahn ostwärts Rogatschew befinden sich noch eine grosse Zahl von Beutegegenständen, vor allem Geschütze und Munition, die noch nicht zusammengefahren sind und dadurch Partisanen-Gruppen ohne weiteres zugänglich sind.

Nach Ankunft in Kritschew suchte die Gen. Staffel zunächst vergeblich den Korps-Gef.Std., der sich, wie sich später herausstellte, gar nicht wie gemeldet in Kritschew, sondern in der Bahnhofs-Siedlung 3 km nördlich Kritschew befand. Die Beschilderung mit Wegweisern zum Gen.Kdo. war ausserdem zu unauffällig und begann zu spät. Ein Gendarmerie-Posten zur Einweisung war nicht vorhanden.

Anschliessend fuhr der Herr Kom.Gen. nach Mstislawl zum Gef.Std. 255. I.D. Hier meldete 13.10 Uhr Gen.Lt. Wetzel.

---

[1]) Entzündung der Huflederhaut, Gliederschmerz der Pferde.

Die III./A.R. 255 hat inzwischen 100 Ausfälle durch die schon gemeldete fiebrige Erkrankung. Auch bei der A.A. sind Leute erkrankt, und zwar handelt es sich um Soldaten, die gleichzeitig einmal in Kolybowka untergebracht waren. Auch bei den Pferden der Abt. wurden vielfach auffällige Erschöpfungserscheinungen festgestellt.

Die Russen sollen in einen Brunnen von Kolybowka Munition geworfen haben. Möglicherweise ist dadurch das Wasser vergiftet worden. Gen.Lt. Wetzel bezeichnete die Erkrankungen nicht als bösartig. Der Verdacht auf Trichinose besteht nach wie vor.

In der Gegend um Mstislawl wurde eine ganze Anzahl von Gefangenen ohne Bewachung festgestellt. 50 Gefangene arbeiteten ohne Aufsicht auf einem Kolchos und wurden von der Div. in ein Gefangenen-Lager überwiesen.

Der Herr Kom.Gen. gab der Div. das neue, von der Armee befohlene Marschziel, Smolensk, bekannt. Die Div. war bereits vom Ia des Gen.Kdo.s unterrichtet und muss bis zum 30. August im Raume Smolensk eintreffen.

Es ist damit zu rechnen, dass hiermit die Div. aus dem LIII. A.K. ausscheidet und möglicherweise der 9. Armee unterstellt wird, die seit 14 Tagen schwere Angriffe der Russen abwehrt.

Während die 2. Armee nach Süden abdreht, behält das LIII. Korps, bisher als Heeres-Gruppenreserve noch von der Armee betreut, seine Marschrichtung auf der Rollbahn bei. Es ist damit zu rechnen, dass später das LIII. A.K. zur 4. Armee tritt.

Für den Fall, dass die 255. Div. aus dem Verbande des LIII. Korps ausscheidet, wünschte der Herr Kom.Gen. der Div. weiterhin alles Soldatenglück und sprach die Hoffnung aus, dass die Div. ähnlich schöne Erfolge wie Maloryta[2]), Rogatschew und Shlobin haben möge. Nochmals dankte der Herr Kom.Gen. dem Div.Kdr. und dem Ia für das unerschütterliche Durchstehen in den kritischen Tagen, als die Div. allein die Abwehrfront vor Rogatschew bildete.

Der Herr Kom.Gen. besichtigte noch vor der Rückfahrt eine griechisch-katholische Kirche in Mstislawl, die von Einheimischen in einer Art Gemeinschaftsarbeit wiederhergestellt wird. Die recht ansprechende Kirche erhält einen neuen Anstrich. Ein Sternenhimmel wurde an die Decke gemalt. Alte Schmuckgegenstände und Heiligenbilder kamen nach 23 Jahren wieder zum Vorschein. Die religiöse Tradition muß bei der älteren Bevölkerung noch sehr stark sein; denn für das phlegmatische slawische Gemüt ist eine solche freiwillige Wiederaufbauarbeit, die von keiner Seite befohlen wird, doch etwas Ausserordentliches. Gleichzeitig muss in der Bevölkerung der Glaube an den Sieg der Deutschen gewiss sein. Im Falle der Rückkehr der Bolschewiken bedeutete für jeden Einzelnen die Mitarbeit am Einrichten der Kirche sicherlich den Tod.

Auf dem Rückwege besuchte der Herr Kom.Gen. den Rgt.s Gef.Std. I.R. 465 und I.R. 475. Oberst Hauschulz meldete, dass das I.R. 475 heute 2 Jahre besteht. In

[2]) Auch die 255. I.D. war zu Beginn des Feldzuges bei Maloryta (südostwärts Brest-Litowsk) gegen eingeschlossene Feindteile eingesetzt worden.

einem Tagesbefehl hat der Rgt.s-Kdr. heute die Verleihung der Inf. Sturmabzeichen ausgesprochen und so diesem Tage auch zwischen den Märschen ein würdiges Gepräge gegeben.

Bei 4./I.R. 465 wurde dem Herrn Kom.Gen. gemeldet und eine Kostprobe aus der Feldküche gereicht.

In der Anlage werden die Bemerkungen während der Fahrt vorgelegt.

Lammers
Leutnant

Bemerkungen während der Fahrt.

1.) Beim Vormarsch grösserer Verbände müssen die Rasten für alle Einheiten vorausschauend vorher bestimmt werden. Um Überholungen und Verkehrsstokkungen zu vermeiden, darf nicht jede Kp. für sich rasten.
2.) Bei Abrücken aus einer Unterkunft müssen sämtliche ausgesteckten Wegweiser und taktische Zeichen mitgenommen werden.
3.) Auf grossen Vormarschstrassen, wie der Rollbahn, dürfen die Marschkolonnen nicht nach Belieben einmal rechts einmal links marschieren. Auf der Rollbahn halten sich die Truppen grundsätzlich scharf an die rechte Strassenseite.
4.) Wenn mehrere Divisionen hintereinander auf derselben Strasse marschieren, so muss die Regelung des Marsches einheitlich vom Korps erfolgen (Aufbrechen der einzelnen Truppenteile, Zeitpunkt, bis wann Verkehrsengen überschritten sein müssen).
5.) Das Vorkommando des Gen.Kdo.s steckt sofort nach Eintreffen die Wegweiser aus, am Ortseingang damit beginnend.
6.) Die Wegweiser, die zum Korps-Gef.Std. führen, müssen mindestens doppelt so gross wie bisher angefertigt werden. Sie haben in Zukunft nicht schwarzen sondern weißen Untergrund. Sie müssen in grösserer Anzahl und auffälliger angebracht werden[3]). In besonderen Fällen sind Einweisungsposten auszustellen.
7.) Oblt. Mannhardtsberger stellt aus einem der letzten H.V.[4]) Blätter fest, auf welchem Wege Radio-Apparate für Pkw höherer militärischer Führer anzufordern sind und leitet die Beschaffung eines derartigen Apparates für den Kübelwagen des Herrn Kom.Gen. ein.
8.) Im Raume Mstislawl befinden sich Gefangene ohne Bewachung.
9.) Die Beutetrecker und Beute-Kfz. des Gen.Kdo.s werden sofort mit einem Edelweiss[5]) bezeichnet.
10.) Wo befinden sich die Panjewagen, die dem Gen.Kdo. zugeteilt wurden?

---

[3]) „werden" ergänzt.
[4]) Heeresverordnungs-.
[5]) Das Edelweiß war das Abzeichen des LIII. A.K.

Nr. 39

Generalkommando LIII. A.K.
Lt. Dr. Lammers
Begleitoffizier

K.H.Qu., 28. August 41.

Fahrtbericht vom 28. 8. 41

Der Herr Kom.Gen. verliess am 28. 8. 41 um 8.55 Uhr den Korpsgefechtsstand Kritschew, um die Truppen der 267. und 252. I.D. auf dem Marsche zu sehen und um die Vorarbeiten bei der Einrichtung des neuen Korps-Gef.Standes in Schumjatschi zu besichtigen.

Wiedereintreffen auf Korps-Gef.Std. 15.00 Uhr.

Fahrtweg: Kritschew, Rollbahn, Schumjatschi, Kritschew.

Vor der Rollbahnbrücke über den Ssosh stauten sich, als die Generals-Staffel den Fluß überquerte, die Kolonnen der 267. I.D. Pioniere und 3./I.R. 487 warteten hier auf das Übersetzen. Dadurch, daß der Armee-Pferdepark und ein Bau-Btl. sich in die Div. einschoben, und durch den starken Gegenverkehr der Fernlastzüge wurde der Übergang der Div. über den Fluss verzögert. Die festgesetzte Zeit konnte nicht ganz eingehalten werden.

Eine zweite Brücke zur Aufnahme des Gegenverkehrs ist von Pionieren begonnen, aber nicht fertiggestellt worden, obwohl die Hauptarbeiten an der Brücke geleistet sind.

Um 9.15 Uhr meldete Gen.Mjr. von Wachter an der Ostseite der Brücke, dass voraussichtlich um 10.00 Uhr die gesamte 267. Div. den Ssosh überschritten haben wird.

Den Ia, Mjr. v. Trotha, wies der Herr Kom.Gen. auf die besonders sorgfältige Vorbereitung der Brückenübergänge hin, da die 252. I.D. auf ihren Vormarsch nachts mehrfach warten musste und auf die 267. I.D. aufprallte, weil der Ablauf über die Brückenstellen bei 267. I.D. nicht flüssig genug war.

8.35 Uhr überholte die Gen.Staffel die II./A.R. 267. Die Pferde der Abteilung (wie des ganzen Art.Rgt.s) machten einen durchaus zugkräftigen Eindruck.

8.40 Uhr wurde I./I.R. 487 gemeldet. Die Mannschaften waren nach den Nachtmärschen durch die erste Nachtruhe wieder erfrischt. Bei dem kühlen Wetter marschiert die Truppe viel lieber tagsüber.

Um 10.00 Uhr rastete die s.Abt. A.R. 267. Der Abt.Kdr. meldete, dass sich der Mangel an Hafer fühlbar macht und die Pferde ihre Kraftreserve verlieren. Der Herr Kom.Gen. wies daraufhin, dass in den nächsten Tagen mit Hafernachschub nicht zu rechnen ist, da die 4. Armee, zu der das Korps jetzt gehört, ihre Verpflegungslager noch nicht fertig eingerichtet hat. Die Truppe muss sich deshalb selbst versorgen. Erkundungskommandos müssen ausgeschickt werden. Diese spüren Haferbestände auf und führen den Hafer mit Kfz. der Truppe zu.

Um 10.10 Uhr traf die Gen.Staffel auf I./A.R. 267. Bei der Abt. befand sich auch der Rgt.s-Kdr. und meldete, dass das Rgt. die Märsche gut übersteht.

10.20 Uhr meldete der Batl.-Kdr. II./I.R. 467. Das Btl. hat heute 44 km zu marschieren, aber die Truppe ist recht frisch. Bei Helligkeit und kühlem Wetter machen die Märsche keine grossen Schwierigkeiten.

10.25 Uhr wurde vom Btl.Kdr. I./I.R. 467 Meldung erstattet.

10.30 Uhr rastete das III./I.R. 467.

10.35 Uhr wurde das III./I.R. 497 überholt, 10.45 Uhr III./A.R. 267. Die III./A.R. 267 hat einigen Hafer und viel Heu beigetrieben. Die Pferde halten den Marsch durch.

Um 11.45 Uhr traf der Herr Kom.Gen. in Schumjatschi ein. Hier meldete sich Oblt. Staab, der das Vorkommando führt. Für die Qu.-Abt. ist eine geräumige, ehemalige Schule in Schumjatschi vorgesehen. Die Führungs-Abt. zieht in eine Häusergruppe 1.5 km im Walde nördlich Schumjatschi ein.

Der Herr Kom.Gen. besichtigte ein etwas abseits gelegenes Holzhaus, das sich Herr Generaloberst Guderian erbauen liess und von dem aus man hier eine schöne Sicht auf das wellige Höhen- und Waldgelände der Gegend um Schumjatschi hat. Auf dem Rückwege zum Korps-Gef.Std. begegnete der Herr Kom.Gen. noch einmal den Einheiten der 267. Div., die ihre Mittagsrast meist beendet hatten.

Um 13.50 Uhr begegnete der Wagen des Div.Kdr.s 267. I.D. dem Herrn Kom.-Gen. Herr Gen.Mjr. v. Wachter meldete, dass mit einer unverschuldeten Verzögerung die Div. die Ssosh-Brücke überschritten hat.

Um 14.05 Uhr meldete der Btl.s-Kdr. II./I.R. 452, der die Marschspitze der 252. Div. bildete. Das Btl. befand sich bei der Rast etwa 12 km ostwärts Kritschew. Das Btl. hatte noch 10 km zu marschieren und ist voraussichtlich 18.00 Uhr im neuen Quartier.

Das III./I.R. 452 wurde 14.15 Uhr bei der Rast auf der Rollbahn bei Shidowa Buda gemeldet. Das Btl. ist 6.00 Uhr früh abgerückt und wurde an der Brückenstelle längere Zeit aufgehalten. Der Herr Kom.Gen. liess sich von den Feldküchen des Btl.s Kostproben geben und unterhielt sich mit den Mannschaften, die als Angehörige der 252. Div. meistens Schlesier sind und den Herrn Kom.Gen. noch nicht kennen. Die II./A.R. 252 wurde dem Herrn Kom.Gen. um 14.25 Uhr gemeldet.

Bei der Ssoshbrücke herrschte wieder eine Stauung. Das I./I.R. 452, die Spitze der Marschgruppe 2, war um 14.40 Uhr beim Übersetzen. Der Rgt.s-Kdr., Oberst[1]) Harries, erstattete Meldung.

An der Strassenkreuzung in Kritschew-Mitte, wo die Rollbahn zur Brücke abzweigt, herrschte eine dichte Verstopfung, weil eine energische Verkehrsregelung fehlte. Hier muss ein besonders gewandter Verkehrsposten aufgestellt werden.

Auf Bahnhof Kritschew besuchte der Herr Kom.Gen. 14.55 Uhr den neuen Div.Gef.Std. 252. I.D. Der Führungsstab war aber noch nicht eingetroffen.

In der Anlage werden die Bemerkungen während der Fahrt vorgelegt.

Lammers
Leutnant

Bemerkungen während der Fahrt.

1.) An der Rollbahn in Höhe von Schumjatschi und bei Schumjatschi selber befinden sich grosse Haferfelder. Die Truppe, die Hafer braucht, ist auf diese Felder anzusetzen.

---

[1]) S. 263 wird Harries Oberstleutnant genannt.

2.) Die Truppen, die Hafer brauchen, entsenden selbständig Spürkommandos. Diese melden Hafervorräte und Haferfelder und führen der Truppe den Hafer mit Kfz. zu.
3.) Von 252. I.D. sind sofort Pioniere anzufordern, die im Waldlager Schumjatschi das für Herrn Kom.Gen. vorgesehene Blockhaus wie folgt verändern:
   1.) Im Blockhaus wird durch Errichtung einer Wand ein Vorzimmer geschaffen.
   2.) Für gute Dichtung der Türen ist zu sorgen.
   3.) Doppelfenster sind einzusetzen.
   4.) Ein Ofen ist einzubauen.

   Bei den Pionieren müssen sich ein Glaser und ein Ofensetzer befinden.
4.) Eine Baukompanie bessert sofort den Weg Schumjatschi – Waldlager aus.
5.) Pferde, die von der Truppe wegen Erschöpfung oder Krankheit zurückgelassen werden, sind der Vet.Kp. zu melden und von dieser einzusammeln.
6.) *Der Armee ist mitzuteilen,* dass eine zweite Brücke über den Ssosh bei Kritschew begonnen worden ist und die Hauptarbeiten daran getan sind. Für den Gegenverkehr auf der Rollbahn ist der Ausbau der 2. Brücke besonders dringlich.
7.) Das Korps sorgt für straffe Verkehrsregelung bei Strassengabel Kritschew-Mitte, wo die Rollbahn zur Brücke abzweigt.
8.) Bei auftretenden Verkehrsstockungen und Verstopfungen ist der nächste Offizier, der sich in der Nähe befindet, für die Regelung verantwortlich. Er unternimmt sofort alles, um die Strasse wieder frei zu machen und den Verkehr wieder in Fluss zu bringen.

Nr. 40

Generalkommando LIII. A.K. — K.H.Qu., 29. 8. 41.
IIb

Fahrtbericht vom 29. 8.41

Der Herr Kom.Gen. verliess den Korpsgefechtsstand Kritschew am 29. 8. um 6.50 Uhr zur Fahrt zum Gef.Std. der 52. I.D. nach Chotimsk.

Fahrtstrecke: Kritschew – Kaimowitschi – Duscholowka – Chotimsk – Semeritschi – Roslawl – Schumjatschi.

Eintreffen in Schumjatschi Waldlager: 17.00 Uhr.

Auf der Fahrt auf Rollbahn 1 bis zur ostwärtigen Abzweigung nach Chaimowitschi[1]) fiel dem Herrn Kom.Gen. auf, dass noch sehr viele Kfz. der 267. I.D. auf diesem Stück der Rollbahn in Richtung Roslawl fuhren. In Gegend Somasstie war noch die 3. Radf.-Kp. der V.A.-Matthaei auf dem Marsch.

Nach der Abzweigung nach Chaimowitschi[1]), in Borrisowka, befand sich noch die 14./497[2]). Der Kp.-Fhr., Oblt. Erhardt, meldete, dass die Kp. viele Reparaturen

---

[1]) Richtig wäre: Kaimowitschi.
[2]) Verbessert aus 297.

an Kfz. auszuführen hatte und infolgedessen der Abmarsch erst für 29. 8. 10.00 Uhr befohlen wurde.

Etwa 11.00 Uhr Eintreffen in Chotimsk. Durch Chotimsk marschierten Teile des I.R. 181.

Vor dem Div.Gef.Std. meldet sich Kdr./I.R. 205, Oberst Reymann. Der Herr Kom.Gen. erkundigt sich nach Zustand und Stimmung der Truppe.

Oberst Reymann meldet, dass Zustand und Stimmung der Truppe nach dem jetzt 12tägigen Marsch über teilweise sehr schlechte Wege gut sei.

Auf dem Div.Gef.Std. meldet sich Gen.Mjr. Rendulic mit Ia Major i.G. Worgitzky.

Gen.Mjr. Rendulic meldet, dass die Truppe die teilweise unter schwierigsten Wegeverhältnissen durchgeführten Märsche sehr gut durchgehalten hat, hingegen ist der Zustand der Pferde schlechter zu beurteilen.

Durch die teilweise sehr schlechten Wege haben besonders die Kfz. gelitten. Die Div. hat starke Ausfälle an Kfz.

Ferner meldet der Div.Kdr., daß die Div. damit rechnen muß, 5 Tage keinen Nachschub zu erhalten.

Den Hafer holt die Div. z. Z. aus Brobruisk heran.

Schwierig gestaltet sich die Brennstoffversorgung und besonders bedenklich die Versorgung mit Motorenöl. Der Verbrauch an Oel ist nahezu auf das doppelte gestiegen – dadurch, dass die Motoren schon ausgefahren sind – während jetzt nur noch etwa 40 % des normalen Oelbedarfs zugeführt werden.

Der Herr Kom.Gen. bemerkt hierzu, dass der Nachschub wieder normal einsetzen wird, wenn die neue Armee eingerichtet ist.

Die Versorgung an Fleisch und Hafer müsste die Div. selbst aus dem Lande sicherstellen.

Gen.Mjr. Rendulic meldet, dass im Gebiet, durch das die Div. in den letzten Tagen marschierte, die Russen das Vieh abgetrieben und die Orte weitgehend niedergebrannt haben.

Zum Abschied gibt der Herr Kom.Gen. seiner Freude darüber Ausdruck, dass die 52. I.D. im Befehlsbereich des LIII. A.K. verblieben ist.

Beim Verlassen des Div.Gef.St. meldet Rgt.s-Kdr./I.R. 181, Oberst Mahlmann, sein Rgt. auf dem Marsch durch Chotimsk in den neuen Unterkunftsbereich.

Abfahrt von Chotimsk etwa 11.15 Uhr.

Auf der Strecke Chotimsk–Semeritschi überholt die Gen.-Staffel Teile des A.R. 152, I.R. 181, der A.A. 267 auf dem Marsch in die neuen Unterkünfte.

Auf der Fahrt von Roslawl auf Rollbahn I nach Schumjatschi, beginnend etwa halbwegs zwischen Roslawl und Kriwolesje, begegnet die Gen.Staffel Teilen des A.R. 267 sowie des I.R. 487 auf dem Marsch in die neuen Räume.

In Kriwolesje trifft der Herr Kom.Gen. den Ia/LIII. A.K. und den Ia/267. I.D. an, die soeben die Lage besprechen.

In der Anlage werden die Bemerkungen während der Fahrt vorgelegt[3]).

Schürnbrand

---

[3]) Verfasser des Fb. Nr. 40 war Major Schürnbrand.

Bemerkungen während der Fahrt.

1.) Der Herr Kom.Gen. wünscht Aufklärung darüber, warum am 29. 8. noch so viele Kfz. der 267. I.D. und eine Radf.-Kp. der V.A. Matthaei auf dem Stück Rollbahn 1 von Kritschew bis ostw. Abzweigung nach Chaimowitschi in Richtung Roslawl fuhren.
2.) Bei den Märschen der Div. sind die grossen Marschpausen zum Vorziehen der mot. Teile auszunutzen, damit während des Marsches die Truppen nicht durch den Staub der vorfahrenden mot. Kolonnen belästigt werden.

Nr. 41

Generalkommando LIII. A.K. K.Gef.Stand, 30. August 1941.
Oberleutnant Grothe
stellv. O 1

Fahrtbericht vom 30. August 1941.

Der Herr Kom. General verließ am 30. 8. 41, 09.05 Uhr, den Korpsgefechtsstand Schumjatschi, um zu einer Besprechung bei dem Herrn Oberbefehlshaber der 4. Armee zu fahren.

Fahrtweg: Schumjatschi – Rollbahn – Kriwoless – Roslawl – Lipoff-Cholm (6 km nordnordwestl. Roslawl) und zurück.

Wiedereintreffen auf Korpsgefechtsstand: 15.25 Uhr.

Der Weg vom Waldlager der Führungsstaffel nach Schumjatschi wurde von einer Baukompanie ausgebessert. Auf der Rollbahn marschierten nur einzelne kleinere bespannte Kolonnen in Richtung Roslawl. Größere marschierende Verbände sah man an diesem Tage nicht auf der Rollbahn, da die Divisionen des Korps alle ihre vorläufigen Endräume bereits am 29. 8. abends erreicht hatten. Es herrschte indessen stärkerer Verkehr von mot. Kolonnen und einzelnen Fahrzeugen, besonders in Richtung Roslawl. In Roslawl selbst war ein außerordentlich starker Verkehr zu beobachten, auch auf der Rollbahn Roslawl – Smolensk.

Die Generalstaffel fuhr auf der Rollbahn Roslawl – Smolensk bis in Höhe der Siedlung Lipoff-Cholm (6 km nordnordwestl. Roslawl), bog dann ab von der Hauptstraße zur Siedlung und wurde hier durch Posten nach dem Sonderzug eingewiesen, der auf einem Anschlußgeleise stand und in dem die Besprechung beim Herrn Oberbefehlshaber stattfinden sollte. An dieser Besprechung nahmen teil:

Die Herren Kom. Generale des VII., XII. und LIII. A.K.

Um 11.00 Uhr erschien der Herr Oberbefehlshaber der 4. Armee, Herr Generalfeldmarschall von Kluge. Nach der Begrüßung der Herren begann der Herr Oberbefehlshaber die Besprechung, die bis 14.00 Uhr dauerte.

Nach der Besprechung fuhr der Herr Kom. General wieder zurück zum Korpsgefechtsstand. In Roslawl und auch auf der Rollbahn herrschte wieder starker mot. Verkehr. In Schumjatschi angekommen, stattete der Herr Kom. General der Abteilung Qu einen Besuch ab, um die Unterbringung in Augenschein zu nehmen. Anschließend fuhr die Generalstaffel zum Kw.Werkstattzug, um den in Reparatur befindlichen Kübelwagen des Herrn Kom. Generals zu besichtigen. Dieser wurde noch am gleichen Tage wieder fahrbereit. Zum Schluß besichtigte der Herr Kom. General noch den zweiten Reisewagen, der in verstaubtem Zustand, ohne daß seit dem vorhergehenden Tage etwas daran getan wurde, in einer Scheune bei H.Qu. stand.

In der Anlage Bemerkungen während der Fahrt[1]).

Grothe
Oberleutnant.

Bemerkungen während der Fahrt.

1.) Die Zufahrten zu Gefechtsständen oder zu den Abteilungen eines höheren Stabes dürfen nicht durch Fahrzeuge verstopft sein. Es darf nicht vorkommen, daß der Herr Kom. General längere Zeit vor einer Zufahrt warten muß, weil dieselbe durch andere Fahrzeuge versperrt wird. Es sind Verkehrsregelungsorgane anzusetzen, die stets für freie Zu- und Abfahrt sorgen.
2.) Die Fahrer der Kfz. sind anzuhalten, ihre Fahrzeuge nach jeder Fahrt umgehend nachzuprüfen und zu säubern. Es darf nicht vorkommen, daß ein Wagen 24 Stunden nach Beendigung der Fahrt völlig verstaubt in einer Ecke steht, ohne daß irgendetwas daran getan worden ist.

Nr. 42

Generalkommando LIII. A.K. — K.H.Qu., 1. Sept. 41.
Lt. Dr. Lammers
Begleitoffizier

Fahrtbericht vom 1. 9. 41

Der Herr Kom.Gen. verliess am 1. 9. 41 um 8.55 Uhr den Korpsgefechtsstand Waldlager Schumjatschi zu einem Besuch des Herrn Kom. Generals des VII. A.K. in Kosaki.

Wiedereintreffen auf Korpsgefechtsstand 12.50 Uhr.

Fahrtweg: Waldlager Schumjatschi, Roslawl, Kosaki, Waldlager Schumjatschi.

Auf der Rollbahn rasteten 9.10 Uhr in Höhe von Schumjatschi Teile von Div.s-Nachschub und Infanterie 252. I.D.

9.25[1]) Uhr rastete in der Schlucht an der Rollbahn bei Prudok die III./A.R. 252. Hier fand eine Beerdigung statt. Wie die Mannschaften der Abteilung erzählten, ist

[1]) Verfasser des Fb. Nr. 41 war Oberleutnant Grothe.

[1]) Verbessert aus: 10.25.

ein Fahrzeug der Abteilung abseits der Rollbahn auf eine Mine aufgefahren. Dabei wurden 2 Mann getötet, auch Pferde getötet und verletzt.

Um 10.05 Uhr kurz vor Kosaki wurden in der Nähe der Generals-Staffel von einem russischen Flieger drei Bomben geworfen.

Um 10.15 Uhr traf der Herr Kom.Gen. auf dem Korps-Gef.Std. des VII. A.K. ein. Herr Gen. Fahrmbacher gab eine Darstellung der Lage bei Kostyri.

Im Abschnitt der 23. Div. unternahm der Feind vorgestern mit einer Panzer-Div. und zwei Schützen-Divisionen einen Angriff und stiess bei Bogdanowo durch die Linien des I.R. 68 durch.

Das Gelände ist hier sehr unübersichtlich und war, wie der gelungene Angriff der Russen zeigt, zu dünn besetzt. Die Div. hatte eine Breite von 30 km. Es gelang den Russen, Gelände bis in Höhe von Kostyri zu gewinnen, wo sich der alte Korps-Gef.Std. befand.

Die zur Verfügung gestellte Voraus-Abteilung der 267. I.D. konnte das VII. A.K. sofort mit Erfolg bei Petrowka[2]) einsetzen. Mit der gestern mittag anrückenden 267. I.D. und der 10. Panzer-Div. gelang es, den inzwischen zum Stehen gebrachten Feind zum Teil abzuschneiden und in einem Kessel einzufangen, zum Teil zurückzudrängen.

Im Augenblick des Gespräches der beiden Kom. Generale meldete der Ia, dass die 10. Panzer-Div. die Höhen bei Bogdanowo wieder besetzt habe. Damit waren die alten Stellungen wieder erreicht und dem Feinde grosse Verluste zugefügt. Allerdings ist auch das deutsche I.R. 68 ziemlich aufgerieben, eine Batterie ging verloren, ist aber wahrscheinlich wiedererobert. Die 267. I.D. hat 2 Btl.s-Kdre. durch Tod verloren. Dem Feinde sind mit Sicherheit über hundert Panzer vernichtet worden. Grosse Schwierigkeit machen der Abwehr die 53 to-Panzer der Russen, gegen die unsere Pak nichts ausrichtet und die nur mit Flak oder Artillerie beschädigt werden können. Es wurde im Augenblick der Unterhaltung dem VII. A.K. gerade ein Panzerangriff von 40 Panzern, darunter überschwere, gemeldet.

Der vorausgesagte Angriff der Russen an der Rollbahn ist noch nicht erfolgt. Südlich der Rollbahn wurden beim Gegner rückläufige Bewegungen festgestellt.

Im Jelnja-Bogen greift der Feind heute im Nordabschnitt heftig an und hat, von Norden kommend, mit Teilen die Eisenbahnlinie erreicht. Hier wurde ein feindlicher Befehl erbeutet, worin schwere Fehler bei den vorhergegangenen russischen Angriffen zugestanden wurden. Diese Fehler sollen aber heute 12.00 Uhr wiedergutgemacht werden.

Herr Gen. Fahrmbacher glaubt, dass es bald notwendig werden wird, die 197. I.D. durch die 252. I.D. abzulösen. Die 267. I.D. bleibt in dem Abschnitt der 23. Div. eingeschoben. Der Herr Kom.Gen. des LIII. Korps sagte, dass bei uns immer noch die Tendenz besteht, die Infanterie der Russen viel zu schlecht zu beurteilen. Nicht nur die russische Artillerie, sondern auch die Infanterie hat einen hervorragenden Kampfwert.

Herr Gen. Fahrmbacher entgegnete, dass dieser Kampfwert vor allem im Masseneinsatz besteht, der nach wie vor rücksichtslos zur Geltung gebracht wird. Dieser Kampfwert dauert aber nur bis zum „Weichwerden". Die Russen werden in der

---

[2]) Verbesserte aus: Petowka.

Mehrzahl doch bald nach Einschließung oder beim Zurückgehen weich und zeigen dann massenweise Bereitwilligkeit zum Überlaufen.

Auffällig ist das Unvermögen der russischen Führung, einen „rollenden" Angriff durchzuführen. Nach Erreichung ihrer nicht weitgesteckten Ziele steht die russische Maschine stille, und keiner weiss zunächst so recht, „wie's weitergeht". Uns ist dann immer Zeit gegeben, entsprechende Gegenvorbereitungen einzuleiten.

Russische Artillerie ist reichlich auf der Gegenseite aufgebaut. Sie „verschiesst" sich aber und nützt ihre Munitionsvorräte nicht zu vernichtenden, zusammengefaßten Feuerschlägen in taktisch wichtigen Augenblicken und auf hervorragende Punkte aus, sondern verteilt ihr Feuer gleichmäßig über Gelände und Zeitraum.

Gestern erfolgte an 2 Stellen im Abschnitt der A.A. der schon erwähnte Ausbruch abgeschnittener Feindteile. Eine Gruppe bestand aus 30 Lkw, geführt von 4 Panzern. Die andere Gruppe bestand aus 500 Mann. Ein Teil der Russen, besonders der motorisierte Teil, konnte entkommen.

Die Div. hat bei ihrem grossen Gegenangriff etwa 800 Gefangene gemacht. Die Zahl ist verhältnismäßig klein, weil ein Kessel nicht gebildet, sondern der Feind nur frontal zurückgedrückt wurde.

Der Gegner war mit einer Panz.Div. an der Spitze und drei nachfolgenden Schützendivisionen angetreten und wollte in einem ausholenden Bogen über Kostyri die Rollbahn bei Kosaki erreichen.

Bei Kostyri traf der Russe auf die 267. Div., während von Nordwesten kommend die 10. Panz.Div. dem Gegner in seine rechte Flanke geriet. Durch die 10. Panz.Div. entstanden sofort rückläufige Bewegungen beim Feinde. Trotzdem kam der Angriff der 267. Div. nur langsam gegen den sich zäh verteidigenden Gegner vorwärts, der noch einmal zu einem Gegenangriff mit Panzern antrat.

Nach 2 Tagen wurde die Desna erreicht. Da das Gelände am Bachgrund ausserordentlich unübersichtlich ist, verlegte die Div. ihre H.K.L. auf einen Höhenzug bei Pjatidworka etwa 1,5 km westlich der Desna. Der Feind hat darauf sofort die Desna überschritten und hier das diesseitige Ufer wieder in Besitz genommen. Die Div. bereitete ein Säuberungsunternehmen in diesem Abschnitt vor.

Die Stimmung bei der Truppe ist gut. Wieder sehr gut bewährt hat sich die Artillerie, die durch ihr schnelles Arbeiten und ihr gutliegendes Feuer der Inf. Vertrauen gibt. Die Gef.Stärken der Kompanien sind bei sehr breiten Abschnitten äusserst gering. Bei Stärke von 35 bis 42 Mann haben die Kompanien einen Kilometer Breite.

Die russische Infanterie, die gegenüberliegt, ist mit Kriegsbeginn bei Moskau eingezogen worden und hat in der Gegend der Sowjet-Hauptstadt geschanzt. Auffällig ist ihre gute Einkleidung. Die Ausbildung ist mittelmäßig. Es handelt sich durchweg um etwas ältere Jahrgänge, Durchschnittsalter etwa 34 Jahre.

Der Durchbruch wurde nicht durch diese Infanterie, sondern durch den unerwarteten Panzerangriff erzwungen. Die Bereitstellung der Panzer war nicht erkannt worden.

Der Div.Kdr., Gen.Mjr. v. Wachter, war erkrankt. Der Herr Kom.Gen. liess beim Abschied gute Besserung wünschen.

Bei Bolischaja Buda besichtigte der Herr Kom.Gen. auf dem Rückwege 15 russische Panzer, die fast alle auf derselben Strasse abgeschossen dastanden.

In der Anlage werden die Bemerkungen während der Fahrt vorgelegt.

Lammers
Leutnant

Bemerkungen während der Fahrt.

1.) Der Omnibus des Kom.Gen. des VII. Korps ist von einem Innenarchitekten in besonders geschmackvoller Weise ausgebaut worden. Bei Gelegenheit der Rückkehr in das Heimatgebiet ist auch beim Omnibus des Herrn Kom.Gen. ein solcher Ausbau einzuleiten (2 Räume, Heizung, eingebaute Couch, Schreibtisch, Schrank, Verkleidung der Wände, Radio, Beleuchtung).

Nr. 43

Generalkommando LIII. A.K.
Lt. Dr. Lammers
Begleitoffizier

K.H.Qu., 3. Sept. 41.

Fahrtbericht vom 3. 9. 41

Der Herr Kom.Gen. verliess am 3. 9. 41 um 9.00 Uhr den Korpsgefechtsstand Waldlager Schumjatschi zu einem Besuch der 252. I.D. und des Infanterie-Regiments 452.

Wiedereintreffen auf Korpsgefechtsstand 12.30 Uhr.

Fahrtweg: Waldlager Schumjatschi, Astapkowitschi, Roslawl, I.R. 452 in Gegend Prijutino, II./A.R. 252, Waldlager Schumjatschi.

Nach einem kurzen Besuch des Gef.Standes 252. I.D. in Astapkowitschi traf die Gen.Staffel um 10.35 Uhr auf dem Rgt.Gef.Std. I.R. 452 in Gegend Prijutino, etwa 10 km nordostwärts Roslawl ein.

Der Rgt.Kdr. Oberstlt. Hartog meldete.

Die Unterbringungsmöglichkeiten werden bei weiterem Vorrücken nach Osten immer schlechter. Das Quartiermachen ist schwierig, weil Mannschaftsunterkünfte und Pferdeställe selten geschlossen zusammenliegen, und weil in diesem Gebiet die Karten nicht stimmen.

Der Herr Kom.Gen. gab einen Bericht von der Lage: Durch das Eingreifen von der 267. I.D. und der 10. Panz.Div. sind die Russen bei Kostyri wieder zurückgeworfen worden. 267. I.D. hatte gestern die Desna nicht ganz erreicht, es ist aber damit zu rechnen, dass heute das westliche Ufer wieder in unserer Hand ist. Die 10. Panz.-Div. wird abgelöst. Es befindet sich von ihr nur noch eine Schützenbrigade beim VII. Korps.

Die Russen kämpfen weiter zäh und standhaft. Auf der Gegenseite hat eine Division Moskauer Jungkommunisten mit angegriffen, deren besonderer Angriffsschwung zu erkennen war.

Das VII. Korps hatte bei dem Gegenangriff gute Erfolge. 154 russische Panzer wurden vernichtet und 1500 Gefangene wurden gestern gemeldet.

Die 267. I.D. hatte 200 Ausfälle und eine beträchtliche Zahl Offz.-Verluste, sodass diese Div. jetzt, ohne bisher Ersatz bekommen zu haben, 100 Offz. und 3100 Mann verloren hat.

Am Jelnja-Bogen wird noch gekämpft.

Die 52. I.D. ist heute nacht alarmiert worden. Sie wurde hinter die Mitte der Front des XII. A.K. vorgezogen, da man auch hier, südlich der Rollbahn, mit grösseren Angriffsunternehmungen der Russen rechnet.

Durch den Angriff bei Bogdanowo[1]) sind wir überrascht worden, da die Zusammenziehung der drei angreifenden Divisionen nicht vorher von unserer Flieger-Aufklärung erkannt wurde.

Die 252. I.D. muß damit rechnen, als Ablösung für die 23. I.D. einzutreten. Die Regimenter tun aber alles zur besseren Herrichtung ihrer Quartiere. Für die Mannschaften sind Bretterhäuser zu errichten, Pferdeställe sind auszubauen.

Gleichzeitig ist Wegeerkundung für den Fall eines plötzlichen Abmarsches einzuleiten, da das augenblickliche Kartenmaterial keinen Aufschluss über die Wegeverhältnisse bietet.

Besondere Sorgfalt ist auf Fliegerabwehr zu legen, da die Russen in unserem Abschnitt Luftüberlegenheit haben.

Zusammenfassend zum Lagebericht sagte der Kom.Gen., hinweisend auf die grossen Frontbreiten (z. B. 120 km für 3 Div. beim XII. A.K.): „Wir führen hier den Krieg des armen Mannes. Wir müssen hier mit wenig auskommen, damit es an anderen Stellen rascher vorwärts geht."

Um 12.00 Uhr besuchte der Herr Kom.Gen. die II./A.R. 252 an der Rollbahn etwa 7 km nordostwärts Roslawl.

Der Abt.Kdr. erstattete Meldung.

Da die Truppenteile sich mit Hafer aus dem Lande versorgen müssen, ist es im Augenblick für die 252. I.D. insofern schwierig, als sie in ein Gebiet gerückt ist, in dem die Haferfelder und Bestände bereits von 267. I.D. beschlagnahmt sind und bewacht werden. Die Betriebsstofflage ist bei der Div. auch so angespannt, daß der Hafer nicht von weit her antransportiert werden kann.

Der Herr Kom.Gen. entgegnet hierauf: Die Haferfelder, die sich im Raume um Schumjatschi befinden, können von den Versorgungsdiensten und dem Feldersatzbataillon der 252. Div. abgeerntet werden. Den Hafer können diese Einheiten den Truppenteilen zuführen. Von der Div. ist die Verteilung zu regeln. Damit werden die Entfernungen auf ein tragbares Mass reduziert.

In der Anlage werden die Bemerkungen während der Fahrt vorgelegt.

Lammers
Leutnant

---

[1]) Verbessert aus: Bogdanowka.

Bemerkungen während der Fahrt.

1.) Wegweiser zu neuen Gefechtsständen dürfen erst dann angebracht werden, nachdem ein Teil des Stabes im neuen Gefechts-Stand zu erreichen ist.
2.) Bei der Truppe ist sofort Unterricht über Verhalten gegenüber 53 to-Panzer anzusetzen.
3.) Der Kolchos in Astapkowitschi ist geeignet zum Korps-Gef.Std. bei einem späteren Stellungswechsel.

Nr. 44

Generalkommando LIII. A.K.
Lt. Dr. Lammers
Begleitoffizier

K.H.Qu., 6. Sept. 1941.

Fahrtbericht vom 6. Sept. 41

Der Herr Kom. General verliess am 6. 9. 41 um 8.15 Uhr den Korpsgefechtsstand Waldlager Schumjatschi zu einem Besuch des VII. A.K. und der 267. Inf.Div.

Wiedereintreffen auf Korpsgefechtsstand 14.30 Uhr.

Fahrtweg: Waldlager Schumjatschi, Roslawl, Kosaki, Kostyri, Wassiljewka, Boljschaja Buda, Kosaki, Roslawl, Waldlager Schumjatschi.

In Kosaki kam der Gen.Staffel ein Zug von 200 Gefangenen entgegen.

Um 9.50 Uhr meldete der Div.Nachsch.Fhr. der 267. I.D. in Kosaki, dass die Munitionsausgabestelle weiter nach vorn verlegt worden ist, und dass die Munitionsausgabe und der Nachschub reibungslos verläuft.

Der Fhr. der Vet.Kp. der 267. I.D. meldete 10.10 Uhr in Krasnaja Ssloboda. In letzter Zeit mehren sich wieder die Fälle von stark erschöpften Pferden, die vor allem durch den Einsatz bei schlechten Wegen zu erklären sind.

Um 10.30 Uhr traf der Herr Kom.Gen. auf dem Korps-Gef.Std. VII. A.K. auf Gut Kostyri ein. Herr Gen. Fahrmbacher und sein Chef des Gen.Stabes gaben einen Bericht über die Lage beim VII. Korps.

Im allgemeinen ist die Lage unverändert. Im linken Flügel des Korps hielten sich in den Wäldern westlich Cholmez noch grössere Feindansammlungen verborgen. Diese versuchten gestern mit Panzern und Lkw nach Osten durchzubrechen. Ein Teil dieser Russen wurde vernichtet, 200 wurden gefangen genommen, etwa 100 sind entkommen.

Aus Plänen, die erbeutet wurden, war der gedachte Angriffsverlauf der Russen deutlich zu erkennen. Darnach sollte in 2 Stössen die Rollbahn bei Kosaki erreicht werden. Ein Stoss zeigte von Süden, aus dem Abschnitt des XII. Korps kommend, auf die Rollbahn in Gegend Kosaki. Ein zweiter Angriffskeil sollte sich im Raume des Desna-Bogens bei Bogdanowo entwickeln, in südwestlicher[1]) Richtung vorstos-

[1]) Verbessert statt: südostwärtiger.

sen und sich mit der von Süden kommenden Angriffsgruppe auf der Rollbahn vereinigen. Während der Stoss aus Süden nicht zum Tragen kam, ist der Angriff bei Bogdanowo als Einbruch gelungen. Er wurde am Ortsrand Kostyri zum Abstoppen gebracht und mit 267 I.D. und 10. Panz.Div. zurückgeworfen.

Die letzten Beobachtungen liessen Bereitstellungen beim Gegner erkennen, sodass das VII. Korps heute mit einem russischen Angriff rechnete. Bis mittags erfolgte aber nichts. Munition ist zur Abwehr eines solchen Angriffs zur Genüge vorhanden.

Bei 34. I.D. wurde ebenfalls mit Feindangriff gerechnet, aber auch von hier wurde nichts gemeldet.

Von Briansk erfolgen russische Angriffe nach Südosten.

Der Herr Kom.Gen. schlug vor, die 267. I.D. möglichst bald herauszuziehen und sich etwas erholen zu lassen. Die Div. hat im Augenblick insgesamt 3800 Fehlstellen. Herr Gen. Fahrmbacher erklärte, daß sich die Div. trotz ihrer geringen Gefechtsstärken hervorragend geschlagen hat. Besonders zustatten kam der Div. ihre Erfahrung im Stellungskrieg, die sie sich vor Rogatschew erworben hat, und womit sie sich den anderen Div. des Abschnitts überlegen erwies. Nach der Besprechung im Zimmer des Chef des Stabes lud Herr Gen. Fahrmbacher den Herrn Kom.Gen. ins Offizierheim zu einem Glas Cinzano ein und berichtete hier von der Vernehmung einer Stenotypistin der 211. russischen Schützendivision.

Darnach „pfeift der Russe auf[2]) dem letzten Loch", wie sich Herr Gen. Fahrmbacher ausdrückte. Es wäre deshalb ausserordentlich wünschenswert, wenn wir jetzt mit allen Mitteln nachdrücken würden. Leider hindern uns im Augenblick daran die stark verminderten Gefechtsstärken. Das Rgt. Höcker besteht nur noch aus 6 Kompanien und hat 2 Btl.Kdre. durch Tod verloren. Munition und Betriebsstoff ist wohl vorhanden, es fehlt aber Öl.

Der Gegenangriff nach dem Einfall der Russen hat eine hervorragende Zahl Einzelleistungen gebracht. Bei der Sturmartillerie schoss ein Wachtmeister 15 Panzer ab, ein Lt. 14 Panzer, ein Gefreiter 9 Panzer. Ein Feldwebel sprang auf einen russischen Panzer. Als sich die Turmlucke etwas öffnete, steckte er einen Zeltstab in den Ritz und hob die Lucke dann mit einem Schraubenschlüssel so weit, dass er eine Handgranate einwerfen konnte und vernichtete damit den Panzer.

Herr Gen. Fahrmbacher berichtete von einer neu durchgegebenen Verfügung, wonach das Kriegsverdienstkreuz nicht mehr abgelegt wird, wenn der Träger das EK erhält. Möglicherweise wird damit das Kriegsverdienstkreuz 1. Klasse ein Orden zwischen EK1 und Ritterkreuz.

Um 11.35 Uhr gab der Ia der 267. I.D. auf dem Div.Gef.Std. in Wassiljewka einen Lagebericht.

Bei Kosaki zeigte Herr Gen. Fahrmbacher im Gelände die Kampfplätze der letzten Tage. Hier vor Roslawl fand keine Panzerschlacht, sondern eine Inf.-Vernichtungsschlacht statt. Mit grosszügigem Einsatz von Stukas wurden hier große Mengen von Material vernichtet und eine grosse Anzahl Gefangener gemacht.

---

[2]) Im Original vom Ia verbessert aus: aus.

Auf dem Rückwege besuchte der Herr Kom.Gen in Astapkowitschi den Rgt.Gef.Std. I.R. 452[3]) Herr Oberstlt. Hartog erstattete Meldung.

Der Herr Kom.Gen. befahl, sofort bei der Truppe Unterricht über Verhalten gegen überschwere Panzer anzusetzen. Mit Pak werden die 53 to-Panzer nicht beschädigt. Die Infanterie hilft sich mit geballten Ladungen.

In der Anlage werden die Bemerkungen während der Fahrt vorgelegt.

Lammers
Leutnant

Bemerkungen während der Fahrt.

1.) Die Truppenteile achten bei der augenblicklichen Unterbringung vermehrt auf infanteristischen Fliegerschutz, da in diesem Raume russische Luftüberlegenheit besteht.
2.) Der Armee ist vorzuschlagen, den Divisionen begrenzte Räume für die Aberntung von Hafer zuzuweisen.
3.) Die 252. I.D. ist für ihre Versorgung auf die Haferfelder um Schumjatschi anzusetzen. Die Versorgungsdienste und das Feldersatzbataillon, die in der Nähe dieser Haferbestände untergebracht sind, sorgen für die Einbringung des Hafers und führen unter Beaufsichtigung der Division die Verteilung an die Truppenteile durch.
4.) Die beiden Kübelwagen der Gen.Staffel sind von einem Fachmann einer gründlichen Durchsicht zu unterziehen.

Nr. 45

Generalkommando LIII. A.K. — K.H.Qu., den 7. 9. 41.
Lt. Dr. Lammers
Begleitoffizier

Fahrtbericht vom 7. 9. 1941.

Der Herr Kom. General verließ am 7. 9. 41 um 9.10 Uhr den Korps-Gefechtsstand Waldlager Schumjatschi, um die Regimenter der 252. I.D. auf dem Marsche zu sehen.

Wiedereintreffen auf Korps-Gef.Std. 13.00 Uhr.

Fahrtweg: Waldlager Schumjatschi, Roslawl, Straße Roslawl—Briansk bis in Höhe von Beswodki, Roslawl, Astapkowitschi, Waldlager Schumjatschi.

Auf dem angegebenen Wege überholte die Gen.Staffel die marschierenden Teile der 252. I.D. in folgender Reihenfolge

[3]) Von der 252. I.D.

9.35 Uhr Div. Nachschub,	10.30 Uhr	Pi.Btl. 252	
9.40 Uhr Vet.Kompanie,	10.35 Uhr	I/I.R. 461	bei einer
9.45 Uhr Felders.Batl.	10.40 Uhr	I/A.R. 252	einhalbstündigen
9.50 Uhr IV/A.R. 252	10.40 Uhr	III/I.R. 461	Rast.
9.55 Uhr III/A.R. 252	10.45 Uhr	II/I.R. 461.	
10.05 Uhr I/I.R. 472			
10.10 Uhr III/I.R. 472			
10.20 Uhr II/I.R. 472			

Von der Spitze der Marschgruppe, die sich um 10.45 Uhr etwa 19 km südostwärts Roslawl befand, fuhr der Herr Kom. General an den Truppen zurück. Hierbei wurde von den Kommandeuren, die sich bei ihren Truppen befanden, Meldung erstattet.

Der Abt.Kdr. IV/A.R. 252 meldete 9.50 Uhr, als sich die Abt. in die Marschgruppe einfädelte, daß sich Truppe und Pferde in 7 Rasttagen gut erholt haben. Hafer hat die Abt. selbst gedroschen und führt aus diesem selbstbeschafften Hafer einen Tagessatz mit. Das Eingliedern der schweren Abt. ist zu spät erfolgt. Die Abt. bildete den Schluß der fechtenden Teile der Div. Sie sollte aber in den Raum des I.R. 472 und hinter diesem 1. Regiment marschieren. Wahrscheinlich hat die Abt., ähnlich wie bei einer Batterie der I/A.R. 252, die auch nachmarschierte, der Befehl zum Abrücken zu spät erreicht.

Die Truppen waren durchschnittlich 5.00 Uhr morgens abmarschiert, und werden etwa um 14.00 Uhr ihr Marschziel erreicht haben.

Die Division machte, was die Marschordnung anging, und rein haltungsmäßig einen guten und frischen Eindruck. Der Zustand der Pferde ist befriedigend und leistungsfähig.

Der Kommandeur II/I.R. 461 erstattete Meldung um 10.45 Uhr, der Kommandeur III/I.R. 461 11.00 Uhr, der Kommandeur I/I.R. 461 11.05 Uhr.

Der Rgt.-Kdr. I.R. 461, Oberst Karst, meldete 11.07 Uhr.

Die Vet.Kompanie hat in ihrem zugewiesenen Raum bei Lipowka ein Felders.-Btl. vorgefunden. Nach Feststellung der Div.-Zugehörigkeit des Bataillons muß über die Armee die Verlegung des Felders.-Btls. erwirkt werden.

Im Rgt. sind bei einigen Mannschaften Läuse aufgetreten. Es wurde deshalb im ganzen Rgt. eine Entlausung durchgeführt.

11.15 Uhr meldete Oberst Harries, Kdr. I.R. 472.

Der Gesundheitszustand und Stimmung im Rgt. sind gut. Die Pferde sind gut erholt und in den Ruhetagen frisch beschlagen worden.

Der Herr Kom. General erklärte, die Verlegung der Division ist eine vorsorgende Maßnahme, da die Armee damit rechnen muß, daß aus dem Dreieck bei Briansk ein russischer Stoß erfolgt. Für diesen Fall ist die Div. weiter nach Süden gezogen worden.

Um 11.45 Uhr zog die IV./A.R. 252 durch Roslawl. Um 12.30 Uhr dürften die letzten Teile der fechtenden Truppe durch Roslawl durchmarschiert sein.

12.10 Uhr besuchte der Herr Kom. General den Div.Gef.Std. 252. I.D. in Astapkowitschi. Der Ia meldete. Die Div. verlegt ihren Gef.Stand morgen nach Sharyni.

Der Verband Andersen, der zur Vernichtung der Partisanen-Gruppe, die im Raume um Lobanowka gemeldet war, zusammengestellt wurde, hat nach Übereinkunft mit einem Gendarmerieverband den Auftrag an diesen abgegeben, da die Partisanen sich nach Mstislawl zurückziehen.

Die Vorausabteilung der Div. steht in Sselinka[1]), in der Nähe der 34. I.D. und wird wahrscheinlich zur 252. I.D. zurücktreten.

Der Herr Kom. General befahl, aus dem neuen Unterkunftsraum der Div. Wegeerkundungen nach Nordosten, Osten und Südosten einzuleiten, da der Einsatz der Division nach allen 3 Richtungen notwendig werden kann. Wir haben unsere Truppen aus dem Jelnja-Bogen zurückgenommen, dadurch dürften beim Russen etwa 15 Divisionen frei werden, und diese können jetzt überall vor der Armee wieder auftreten.

In der Anlage werden die Bemerkungen während der Fahrt vorgelegt.

Lammers
Leutnant.

Bemerkungen während der Fahrt.

1.) IVb bereitet den Einsatz von Entlausungsstationen vor.

Nr. 46

Generalkommando LIII. A.K. — K.H.Qu., 10. Sept. 41.
Lt. Dr. Lammers
Begleitoffizier

Fahrtbericht vom 10. Sept. 41

Der Herr Kom.Gen. verliess am 10. 9. 41 um 6.55 Uhr den Korpsgefechtsstand Waldlager Schumjatschi zu einem Besuch der 252. und 52. I.D.

Wiedereintreffen auf Korpsgefechtsstand 13.55 Uhr.

Fahrtweg: Waldlager Schumjatschi, Astapkowitschi, Roslawl, Rjaptschitschi, Krasnaja Moskwa (auf Karte nicht eingezeichnet), Roslawl, Waldlager Schumjatschi.

Um 7.35 Uhr traf der Herr Kom.Gen. auf Div.Gef.Std. 252. I.D. in Astapkowitschi ein. Der Div.Kdr. erstattete Meldung.

Der Herr Kom.Gen. gab die letzten Feindnachrichten bekannt. Das XII. Korps hat gestern russische Angriffe abgewiesen. Es besteht bei der Armee augenblicklich die Lage, wie sie beim LIII. Korps bei Rogatschew war. Der Feind unternimmt laufend in Kompanie- und Btl.-Stärke Angriffe. Dadurch werden Gegenstösse notwendig.

Die Lage im Grossen ist nach den letzten Meldungen nicht verändert. Die 2. Armee und die Panzergruppe Guderian stossen auf heftigen Widerstand und kommen nur langsam vorwärts.

Eine neue Gliederung der 4. Armee ist zu erwarten, die dann eine Entscheidung über die weitere Verwendung des LIII. Korps bringen wird.

---

[1]) Verbessert aus: Ssetinka.

Um 10.00 Uhr meldete Gen.Mjr. Dr. Rendulic auf dem Div.Gef.Std. der 52. I.D. in Krasnaja Moskwa, etwa 7 km westlich Rjaptschitschi (auf Karte nicht verzeichnet).

Im Augenblick der Ankunft hatte die Div. auf Anweisung des XII. Korps in einem vorher bestimmten Raum gerade die Bereitstellung der Regimenter befohlen. Der Div. war gemeldet, dass der Feind durchgebrochen war. Verbindungen waren unterbrochen. Gleichzeitig mit der Bereitstellung befahl die Div. den Einsatz der A.A. gegen den Raum des russischen Einbruchs.

Die Bereitstellung der Div. erfolgte mit der Front nach Osten auf dem Höhengelände südlich Sselinka[2]). Der Einbruch der Russen erfolgte wahrscheinlich in Anlehnung an die Bahnlinie, die von Nordosten nach Südwesten verläuft und bei B.W. Ugostj die Strasse nach Brjansk überquert. Etwa 4 km westlich dieser Stelle beginnt undurchdringlicher Urwald. Der Angriff der Russen wird sich deshalb nach Erreichen oder Überschreiten der Strasse nach Nordwesten richten. Der Bereitstellung der Div. liegt der Gedanke zugrunde, den Russen nach seiner Schwenkung nach Nordwesten in seiner linken Flanke anzugreifen.

Auf russischer Seite wurde[3]) Bereitstellung grosser Panzerverbände gemeldet.

Der Gegner führt mit Bombenfliegern täglich mehrere Angriffe in das Hintergelände durch. Meistens erscheinen 8 Bombenflieger unter dem Schutz von 4 Jägern. Die russischen Jäger schirmen ab nach Norden gegen die deutsche Abwehr. Etwa 25 km nordwestlich von Rjaptschitschi in Gegend Bahnhof Sseschtschinskaja befindet sich ein ehemaliger russischer Flugplatz mit grosszügigen Anlagen, der jetzt mit starken Kräften unserer Luftwaffe belegt ist.

Im Augenblick des Berichts des Div.Kdr.s überflogen zwei russische Bomber den Div.Gef.Std. Die Flak schoss ohne sichtbaren Erfolg. Heute morgen erfolgte ein russischer Bombenangriff mit 17 tieffliegenden Apparaten. Ein russisches Flugzeug wurde in der Luft abgeschossen. Leider kommen die deutschen Jäger meistens zu spät. 52. Div. hat durch Fliegerangriffe 9 Tote, 25 Verwundete und 70 Pferde verloren.

Von der Div. sind 2 Radfahrer-Kp., 1 Panzer-Jäger-Kp. und eine schwere Schwadron der A.A. im Verbande des XII. Korps eingesetzt. Diese Gruppe hat erfolgreich angegriffen und wurde vom XII. Korps besonders mit Auszeichnungen bedacht.

Vor der Abfahrt lud der Div.Kdr. den Herrn Kom.Gen. noch zu einem Imbiß im Offizier-Heim ein. Der Herr Kom.Gen sagte, dass mit einer Neugliederung der Armee zu rechnen ist. Durch die Rückverlegung der Front am Jelnja-Bogen sind 2 Divisionen frei geworden. Einige Divisionen, besonders die 267. I.D. sind ablösungsbedürftig. Die verschiedenen Breiten der Korps müssen ausgeglichen werden. Es sind deshalb Neuunterstellungen bei den Armee-Korps wahrscheinlich. Die Armee hat in Aussicht gestellt, dem LIII. A.K. seine alten Divisionen wieder zuzuführen. Wo im Abschnitt der Armee dann der Einsatz des Korps erfolgt, ist natürlich nicht vorauszusehen. Der Div.Kdr. wünschte sich keinen Einsatz im Süden der Armee, da die Wegeverhältnisse hier durch die Urwälder unwahrscheinlich schlecht sind. Ein

---

[2]) Verbessert aus: Ssetinka

[3]) Verbessert statt: wurden.

in Aussicht genommener Angriff der 52. I.D. aus dem Waldgebiet 7 km südlich Sselinka[4]) konnte wegen der sehr schlechten Wegeverhältnisse nicht durchgeführt werden.

Der Herr Kom.Gen. entwickelte für den weiteren Einsatz des LIII. Korps folgenden Gedanken: Hinter der Front der Armee stehen folgende Kräfte in Reserve: 52. I.D., 252. I.D., Teile der 167. I.D. und die 10. Panz.Div. Für eine Front, an der keine Bewegung herrscht und die Verteidigungsauftrag hat, ist das ein Kräfteüberschuß, zumal diese Divisionen zur Ausführung grosser operativer Aufgaben in der Ukraine fehlen. Das langsame Vorwärtsdringen der 2. Armee und der Panzergruppe 2 hat seinen Grund in der zu geringen Stärke dieser Kräfte. Zur Schliessung des Kessels in der Ukraine fehlt der Panzergruppe Guderian ein Korps von Infanterie-Divisionen, das den Panzern nach Süden nachstösst und ihnen die Sorge um ihre sich immer mehr verlängernde Flanke abnimmt. Diese Gruppe von Infanterie-Divisionen ist zu gewinnen mit dem LIII. A.K. aus 252. I.D., 52. I.D. und 2 Divisionen, die bei Jelnja frei geworden sind.

Gen.Mjr. Dr. Rendulic berichtete, dass Angehörige seiner Div., die von Bobruisk und Minsk kamen, hier bei den Auskunftsstellen erfahren haben, dass ihre Div. verladen würde. Sie könnten den Transport ihrer Div. in diesen Städten abwarten.

Vom Tross der 18. Panz.Div. geht folgendes Gerücht um: Die Versorgungsdienste dieser Div. sollen zum Teil von den Russen vernichtet worden sein. Unter anderem wurde ein Musik-Korps gefangengenommen. Dieses wurde nach Moskau gebracht und gezwungen, im Rundfunk die Internationale zu spielen. Durch Flugzettel wurden die Angehörigen der Div. aufgefordert, sich das Abhören dieser Sendung nicht entgehen zu lassen. – Es ist nicht bekannt, was an dieser Geschichte wahr ist.

Bei der Rückfahrt bot sich an der Strasse in Höhe von Rjaptschitschi dasselbe Bild wie auf der Hinfahrt: Russisches Artilleriefeuer lag auf den Höhen ostwärts der Strasse nach Brjansk. Im Umkreis brannte es in einer grossen Reihe von Ortschaften. Es herrschte rege Fliegertätigkeit.

In der Anlage werden die Bemerkungen während der Fahrt vorgelegt.

Lammers
Leutnant

Bemerkungen während der Fahrt.

1.) Die 52. I.D. hat vor einiger Zeit eine Eingabe wegen zu hoher Preise der Armeemarketenderei gemacht. Eine Beantworung dieses Schreibens ist nicht erfolgt. In dieser Angelegenheit ist nochmals eine Nachfrage zu stellen.
2.) Wenn an eine andere Dienststelle eine *Anfrage* gerichtet wird, so ist das Datum, das 4 Wochen später als die Abfassung der Anfrage liegt, in den Terminkalender aufzunehmen. Falls eine Beantwortung des betreffenden Schreibens nicht erfolgt, ist nach 4 Wochen nochmals in derselben Sache nachzufragen.

---

[4]) Verbessert aus: Ssetinka.

Nr. 47

Generalkommando LIII. A.K.
Lt. Dr. Lammers
Begleitoffizier

K.H.Qu., den 13. Sept. 41.

Fahrtbericht vom 13. Sept. 41

Der Herr Kom.Gen verliess am 13. 9. 41 um 8.00 Uhr den Korpsgefechtsstand Waldlager Schumjatschi zu einem Besuch der 252. I.D.

Wiedereintreffen auf Korpsgefechtsstand 12.30 Uhr.

Fahrtweg: Waldlager Schumjatschi, Roslawl, Sharyni, Waldlager Schumjatschi.

Nach Eintreffen auf Div.Gef.Std. 252. I.D. in Sharyni 9.50 Uhr meldete der Div.Kdr.

Die Div. war benachrichtigt worden, dass die 34. Div. durch 52. I.D. abgelöst wird.

Der Herr Kom.Gen wies auf die Notwendigkeit energischer Partisanen-Bekämpfung hin. In letzter Zeit mehren sich die Fälle von Überfällen und Sabotageakten im rückwärtigen Gebiet. In der Nähe von Schumjatschi wurde gestern ein Kraftfahrzeug überfallen. Ein Mitfahrer ist tot, einer verschwunden, ein dritter konnte sich nach Schumjatschi durchschlagen. Beim XII. Korps wurden 2 Offiziere im Kraftwagen von Partisanen erschossen.

Die Div. lässt heute 2 Partisanen-Rädelsführer erschiessen.

Darauf gab der Kom.Gen. an den[1]) Div.Kdr. und Ia die Besprechungspunkte weiter, die der Oberbefehlshaber der 4. Armee den Kommandierenden Generalen am 11. Sept. 41 bekanntgegeben hatte[2]).

Auf der Rückfahrt wurde vor Roslawl weithin sichtbar eine große dunkle Brandwolke beobachtet. Es stellte sich heraus, dass ein Eisenbahnwaggon mit Rohöl brannte, der nach Aussage einiger Soldaten im Bahnhof Roslawl angefangen hatte zu brennen, aber noch rechtzeitig auf die freie Strecke geschafft werden konnte und hier unter fortwährenden Explosionen der Fässer ausbrannte.

In der Anlage werden die Bemerkungen während der Fahrt vorgelegt.

Lammers
Leutnant

Bemerkungen während der Fahrt.

1.) Es sind mehrfach Disziplinlosigkeiten von deutschen Soldaten gemeldet worden, die aus irgendwelchen Gründen in kleinen Gruppen, weit abgesetzt von ihrer Truppe, sich im Hinterland aufhalten und die Bevölkerung drangsalieren, zumal diese Trupps keine Verpflegung fassen und sich selbst ernähren.

---

[1]) Verbessert statt: dem.

[2]) Siehe dazu die folgende „Bemerkung" zum Fb. Nr. 47.

In sämtlichen Truppenunterkünften des Korps ist nachzuforschen, ob sich in ihnen Angehörige fremder Truppenteile befinden. Wenn ja, ist genau der Grund der Trennung von der Truppe festzustellen und Meldung an das Gen.-Kdo. zu machen.

Nr. 48

Generalkommando LIII. A.K. | K.H.Qu., 16. Sept. 41.
Lt. Dr. Lammers
Begleitoffizier

Fahrtbericht vom 16. 9. 41.

Der Herr Kom.Gen. verliess am 16. 9. 41 um 6.55 Uhr den Korpsgefechtsstand Waldlager Schumjatschi zu einem Besuch des XII. Korps in Marmasowka.

Wiedereintreffen auf Korpsgefechtsstand 14.45 Uhr.

Fahrtweg: Waldlager Schumjatschi, Roslawl, Rasrytoje, Marmasowka, Roslawl, Waldlager Schumjatschi.

Um 10.30 Uhr traf die Gen.Staffel auf dem Gefechtsstand des XII. A.K. in Marmasowka ein. Da der Kom.Gen. des XII. A.K. bei seinen Divisionen unterwegs war, erstattete der Chef des General-Stabes einen Bericht von der Lage.

Im Gebiet des XII. Korps, besonders aber auch in unmittelbarer Nähe des Korpsgefechtsstandes, herrscht starke Partisanen-Tätigkeit. Es entsteht der Eindruck, dass es sich nicht um zufällige Versprengtentrupps handelt, die, nachdem sie abgeschnitten wurden, weiter kämpfen, sondern um einen planmäßigen Einsatz von Kräften, die durch die Front gesickert sind und unter dauernder Leitung stehen. Dafür spricht die gleichmäßig gute Bewaffnung, die aus Maschinenpistolen, automatischen Gewehren, Handgranaten und Molotow-Cocktails besteht. Ebenfalls ist das immer gleiche Auftreten in Zugstärke ein Zeichen von organisierter Sabotage.

Das Gen.Kdo. des XII. A.K. hat in 8 Tagen drei Offiziere durch Partisanen verloren. Gestern wurde, 3 km vom Korpsgefechtsstand entfernt, ein Stabsarzt erschossen. Ein Sanitätskraftwagen, der von einem Kübelwagen und einem Krad begleitet war, wurde überfallen. Dabei gab es 2 Tote und 2 Verletzte. Das Korps führt einen rücksichtslosen Kampf gegen die Partisanen durch. Wer der Sabotage überführt wird, wird sofort erschossen. Um ein abschreckendes Beispiel zu geben, wurden in einer Ortschaft 20 Partisanen öffentlich gehenkt.

Der Chef des Stabes berichtete, dass das XII. Korps mit baldigem Angriffsbefehl rechnet. Der Angriff soll aus dem Nordflügel des Korps bei der 258. I.D. vorgetragen werden. Das Korps ist mit 150 km Front für diesen Angriff jedoch zu breit, deshalb wird die 31. I.D. herausgezogen und nach Norden zur 258. I.D. in Marsch gesetzt. Gleichzeitig verlegt das XII. Korps seinen Gef.Std. weiter nördlich.

Das LIII. A.K. übernimmt in diesem Falle den Südabschnitt des XII. Korps, in dem im Augenblick die 167. I.D. und 31. I.D. eingesetzt sind. Wahrscheinlich wird in den Abschnitt der nach Norden abrückenden 31. Div. dann die 1. Kav.Div. eingeschoben. Die Kav.Div. ist jedoch durch starke Ausfälle nicht mehr voll kampfkräftig und kann höchstens den Abschnitt von 2 Regimentern decken. Wird das I.R. 331, das bisher in diesem Abschnitt in Reserve lag, mit eingeschoben, so ist dann beim LIII. Korps keine Reserve mehr vorhanden.

Die Lage vor der Front, besonders im Süden des Korpsabschnitts, zeigt in den letzten beiden Tagen ein schlagartiges Nachlassen der russischen Angriffsunternehmungen. Ob der Gegner, beeindruckt durch die Einschliessungskämpfe der Panzergruppen ostwärts Kiew, abrücken will oder sich bereits loslöst, ist noch nicht zu erkennen.

Möglich wäre, dass der Feind nach Süden abzieht, um einen Angriff auf die Ostflanke der kesselbildenden Panzergruppe 2 zu führen oder doch versucht, ostwärts der Panzerlinie eine neue Abwehrfront aufzubauen.

Der Chef des Stabes sprach den Divisionen, die vor dem Südabschnitt des Korps liegen, Angriffswert ab. Durch fortwährende Angriffe, die nie zu einem Erfolg führten, hat der Feind sich aufgerieben. Stimmung und Moral der russischen Truppe ist schlecht. Gestern wurde unmittelbar hinter der russischen Linie ein Streit beobachtet, der mit Pistolenschüssen endete. 58 Mann liefen gestern wieder über. Dies sind Erscheinungen, die sich täglich wiederholen. Ein deutscher Angriff würde im Augenblick, nach Meinung des Chefs des Stabes, unbedingt gelingen.

Die 167. Div., die nächstens wieder zum LIII. A.K. zurücktritt, hat sich im Verbande des XII. Korps sehr gut bewährt.

In der Anlage werden die Bemerkungen während der Fahrt vorgelegt.

Lammers
Leutnant

Bemerkungen während der Fahrt.

1.) Erkundungen für den neuen Korpsgefechtsstand, hinter den augenblicklichen Abschnitten der 167. und 31. I.D. sind einzuleiten. Waldgelände ist dafür zu meiden.
2.) Das XII. Korps hat ähnlich wie das VII. Korps seinen Befehlsomnibus sehr praktisch mit 2 Räumen einrichten lassen. Der Omnibus wird für den Winter in einer Scheune untergestellt. In der Scheune steht er versenkt und splittersicher. Der Ofen, der in der Scheune gebaut wurde, erwärmt den Raum und den Omnibus. Eine ähnliche Unterbringung ist für den Befehlsomnibus des LIII. Korps für den Winter vorzusehen.
3.) Für den Befehlsomnibus sind 2 Katalyth-Heizöfen bereitzustellen.
4.) Unterwegs beobachtete der Herr Kom.Gen. wiederholt, dass Fahrer von Kraftfahrzeugen während ihrer Fahrt Halt machen und anfangen abzukochen. Einmal handelte es sich um 2 Kraftfahrzeuge der Feldpost[1]). Abgesehen davon, dass die Aufträge, die die betreffenden Fahrer haben, dadurch eine Verzögerung erleiden, werden die Kartoffeln, Eier und das, was man zum Kochen

[1]) Nach: Feldpost ist schwer leserlich vom Kom.Gen. eingefügt „der 167. Div.“.

braucht, der Bevölkerung wahrscheinlich abgenommen. Durch Streifen sind solche Fälle zu untersuchen und wenn notwendig abzustellen.

5.) Der Fahrer des Kübelwagens des Kom. Generals, Schtz. Prein, erhält ein Paar Überhandschuhe aus Leder.

6.) Der Glockenturm, der bei der Kirche Schumjatschi errichtet wurde, muss noch ein Dach erhalten.

Nr. 49

Generalkommando LIII. A.K.
Lt. Dr. Lammers
Begleitoffizier

K.H.Qu., 19. Sept. 1941.

Fahrtbericht vom 18. 9. 41.

Der Herr Kom. General verliess am 18. 9. 41 um 6.25 Uhr den Korpsgefechtsstand Waldlager Schumjatschi zu einem Besuch der neu unterstellten 31. I.D. und 167. I.D. Anschliessend rückte die Staffel auf dem neuen Korpsgefechtsstand Oskolkowo ein.

Eintreffen auf Korpsgefechtsstand Oskolkowo 18.00 Uhr.

Fahrtweg: Waldlager Schumjatschi, Roslawl, Molodjkowo, Ormino, Akulitschi, Ssuprjagina, Weljtschitschi, Oskolkowo.

Die Strasse Roslawl–Mglin ist von Roslawl bis Rasrytoje durchaus befahrbar. Ab Rasrytoje wird sie, besonders durch die Einwirkung des Regens, streckenweise unpassierbar. Pioniertruppen waren scheinbar vor einiger Zeit mit stärkeren Kräften zur Verbesserung der Strasse eingesetzt. Jetzt arbeiten Trupps der Org. Todt[1]) an der Strasse, die aber nicht ausreichen, um diesen wichtigen Verkehrsweg befahrbar zu machen und zu erhalten.

Um 13.50 Uhr traf die Staffel, über den besonders schlechten Zufahrtsweg Chornowka, Ormino in Akulitschi ein. Diese Abzweigung von der Strasse Roslawl–Mglin zur 31. Div. ist als Nachschubweg völlig ungeeignet. Der Weg führt laufend durch Morast und die drei Kübelwagen der Staffel staken mehrfach fest. Mit handelsüblichen Kraftfahrzeugen und bespannten Teilen ist bei Regenwetter von der Mgliner Strasse an die Div. nicht heranzukommen.

Nach der Meldung des Div.Kdr., Gen.Mjr. Berthold, gab der Herr Kom.Gen. bekannt, dass nicht wie ursprünglich geplant, die 31. I.D. durch 1. K.D. abgelöst wird. Die 31. I.D. sollte ursprünglich sofort nach Norden in Gegend der 258. I.D. gezogen werden und den Angriff des XII. Korps mitmachen. Die Div. verbleibt jedoch zunächst in ihrem Abschnitt. Es ist damit zu rechnen, dass das LIII. Korps vor Beginn des Angriffs im Norden von 2 Divisionen der anrückenden 2. Armee abgelöst wird. Etwa in 8 Tagen dürften die ersten Teile der 2. Armee in Mglin sein.

---

[1]) Organisation Todt, genannt nach dem „Reichsminister für Bewaffnung und Munition".

Bei dem geplanten Angriff[2]) des XII. Korps wird die 31. Div. wahrscheinlich rechts rückwärts gestaffelt antreten, den Schutz der Flanke übernehmen und bei der Möglichkeit der Kesselbildung Einschliessungskämpfe führen.

Der Div.Kdr. erstattete folgenden Bericht: Der Gegner liegt in der Linie, die durch die Stellungskarte der Armee bezeichnet ist. Meist lehnt sich die Front an Bachläufe an, ein wirkliches natürliches Hindernis ist nicht vorhanden.

Der der 31. Div. gegenüberliegende Gegner hat die Stärke einer Div. und eines Rgt. Ein Stosstruppunternehmen, das gestern durchgeführt wurde, wies die unveränderte Besetzung der russischen Front durch die 260. Schützendivision nach. Die feindliche Artillerie besteht aus drei leichten und einer schweren Abteilung und ist in ihrer Gruppierung ebenfalls unverändert.

Die eigene Front ist stützpunktartig ausgebaut. Bei dem dichten Waldgelände im Norden haben die Stützpunkte Bataillonsstärke. Verbindung wird durch Spähtrupps gehalten.

Im Südabschnitt hält die Div. ein Rgt. mit 2 Bataillonen und 2 Batterien in Reserve.

Vor der Front herrscht seit drei Tagen Ruhe. Die bis dahin regelmäßigen Stosstruppunternehmungen des Feindes unterbleiben.

Im Hintergelände herrscht dauernd Partisanentätigkeit. Eine Brücke der sogenannten R.2 wurde gesprengt und ein Trupp Pioniere wurde an einer Schmalspurbahn überfallen, nachdem vorher auf der Bahn Minen gelegt wurden.

Bei der Bekämpfung der Partisanen hatte die Div. mit grossangelegten Aktionen keine besonders guten Erfolge.

Der Herr Kom.Gen. wies daraufhin, dass Verbindung halten mit der Bevölkerung und gute Behandlung der Bauern, verbunden mit einer gewissen Propaganda durch Dolmetscher der Ic-Abt., beim Korps sehr gute Erfolge gezeigt hat. Bei korrektem Betragen der deutschen Truppe sieht der russische Bauer im Partisanen einen Räuber und Bedrücker und gibt uns dann häufig und freiwillig wichtige Meldungen über die Partisanen.

Nach einem Mittagessen bei der Div. fuhr die Staffel zur 167. I.D. nach Ssuprjagina.

Um 16.40 Uhr meldete der Divisionskommandeur, Gen.Major Trierenberg[3]): Die Division hat bei einer Frontbreite von 35 km 2 Regimenter in vorderer Linie eingesetzt, I.R. 339 mit 2 Batl. und I.R. 315 mit 3 Batl.

Die Front verläuft im allgemeinen entlang dem Bach Ssudostj. Gelegentliche Übertritte des Feindes auf das eigene Ufer lassen sich bei dem stützpunktartigen Aufbau der Front nicht vermeiden und werden durch Gegenstösse wieder ausgeglichen. Die Spähtrupptätigkeit ist beiderseits rege. Der Feind fühlt fortwährend vor, besonders bei Fabrika und Potschep. Nach Gefangenen-Aussagen will der Gegner Potschep wieder haben und plant für 19. Sept. einen Angriff beiderseits dieser Stadt. Nördlich Potschep soll Infanterie angreifen, südlich sollen schwere Panzer zum Einsatz kommen.

Gegen die schweren Panzer hat die 167. I.D. nicht die nötigen Abwehrwaffen. 3,7 cm-Pak durchschlägt diese Panzer nicht. 5 cm-Pak besitzt die Div. nicht. Eine

[2]) Verbessert aus: Angriffs.

[3]) Verbessert aus: Trierenberger.

neu unterstellte Flakabteilung ist für Luft- und Panzerabwehr eingerichtet. Gleichzeitig werden l. F.H.[4]) zum Panzerschutz vorgezogen.

Feindliche Fliegertätigkeit hat nachgelassen.

Der 167. Div. liegen unverändert 2 Divisionen mit 9 Regimentern gegenüber. Beide russische Divisionen sind durch ihre fortwährenden, erfolglosen Angriffe stark angeschlagen, sie sind aber mehrfach aufgefüllt worden. Die südliche Div. erhielt 3000 Mann Ersatz und ein Rgt. neu zugeführt.

Die 167. I.D. hat in ihrem augenblicklichen Abschnitt 3500 Gefangene gemacht und 17 Panzer vernichtet.

Eigene Verluste in dieser Stellung betragen 700 Mann.

Die Mannschaften von einem Drittel Feldersatzbtl. sind der Div. als Ersatz angekündigt, einmal hat die Div. schon 300 Mann Ersatz bekommen. Augenblicklich hat die Div. 1800 Fehlstellen.

Besonders schwierig ist nach wie vor die Lage der pferdebespannten Teile der 167. I.D. Der Div. fehlen 435 Reitpferde, 378 Zugpferde und 37 schwere Zugpferde. Auch das Fehlen der Mun.-Fahrzeuge, die wegen starken Pferdeausfalls zurückgelassen werden mussten, wirkt ausserordentlich erschwerend in der Kampfführung. Die mot. Kolonnen, die bisher die Munition überschlagend nachschafften, haben ebenfalls starke Ausfälle. Durch übermässiges Einstellen von Panjepferden werden die Marschkolonnen sehr lang, da das Fassungsvermögen eines Panjewagens nur sehr gering ist.

Nur ein Teil der erschöpften Pferde hat sich durch die Ruhe des Stellungskriegs erholen können. Durch Veterinär wurden bei einem großen Teil der Pferde organische Schäden festgestellt, die sie sich durch die Anstrengung der Märsche zugezogen haben.

Der Herr Kom.Gen. bezeichnete es als vordringlichste Aufgabe, die Div. auf schnellstem Wege wieder in einen beweglichen Zustand zu bringen.

Beim Vortrag über die Artillerie-Gruppierung bat der Herr Kom.Gen., noch einmal zu prüfen, ob die schwere Art. nicht zu weit rückwärts aufgestellt ist.

Die Div. hat 350 Minen eingebaut. Dieser Einsatz bedeutet aber lediglich eine Verstärkung der Stellungen. Einsparungen von verteidigender Infanterie, um Angriffskräfte freizubekommen, die durch grosszügige Anlage von Minensperren möglich werden, können mit dieser geringen Anzahl von Minen nicht gemacht werden. Deshalb sind sofort Massnahmen für den Nachschub an Minen einzuleiten.

Die 167. Div. wird versorgt nicht von Roslawl, sondern aus Surash. Bis Surash ist die Bahn in Betrieb.

In der Anlage werden die Bemerkungen während der Fahrt vorgelegt.

Lammers
Leutnant

Bemerkungen während der Fahrt.

1.) Für die Verbesserung der Zufahrtsstrassen zu den Div. und zum Korps-Gefechtsstand sind sofort stärkere Bautruppen einzusetzen.

---

[4]) Leichte Feldhaubitzen.

2.) Die Ortschaften in den Div.-Bereichen erhalten an den Eingängen eine Ortsbezeichnung in deutscher Schreibweise.
3.) Genaue und eindeutige Wegweiser müssen von den Hauptstrassen zu den Div.Gef.Ständen führen, auch wenn die Div. weit von den Hauptverkehrsstrassen entfernt liegen.
4.) Die schlechte Kartenlage erfordert, dass Wegweiser zu grösseren Ortschaften, auch wenn sie nicht belegt sind, im Stellungskrieg ausgesteckt werden.
5.) Der Zufahrtsweg, der von der Strasse Roslawl–Mglin zur 31. Div. führt, muss dringend ausgebessert werden.
6.) Von den Divisionen sind Wegekarten anzufertigen auf denen die Wege verzeichnet sind, die durch Geländewagen, Kfz., Krad und bespannte Fahrzeuge zu benützen sind.
7.) IVc wird gebeten, sich mit 167. I.D. wegen Ausgleich der Pferdefehlstellen in Verbindung zu setzen.
8.) Die 167. I.D. wird nicht aus Roslawl, sondern Surash versorgt. Kann das Korps ebenfalls seine Versorgung über Surash leiten?
9.) Sofortiger Nachschub von Minen ist notwendig; Massnahmen sind einzuleiten.
10.) In Weljtschitschi, 6 km ostwärts Korpsgefechtsstand, befinden sich grosse, noch nicht abgeerntete Apfelplantagen. Die Gegend nördlich des Korpsgefechtsstandes ist reich an Gänsen und Hühnern.
11.) In Bol. Deremna, 8 km südostwärts Korpsgefechtsstand, befinden sich Arbeitskräfte der Org. Todt. Diese sind durch Streifen der Feldgendarmerie ebenfalls zu beaufsichtigen.
12.) Es muss versucht werden, der 167. Div. 5 cm-Pak zuzuführen.

Nr. 50

Generalkommando LIII. A.K. O.U., den 24. Sept. 1941.
Lt. Dr. Lammers
Begleitoffizier

Fahrtbericht vom 24. 9. 41.

Der Herr Kommandierende General verließ am 24. 9. 41 um 9.00 Uhr den Korps-Gef.-Std. Oskolkowo zu einem Besuch der Qu-Staffel in Mglin.

Wiedereintreffen auf K.Gef.Std. 12.05 Uhr.

Fahrtweg: Oskolkowo, Wassilewka, Mglin, Oskolkowo.

Auf der Straße Mglin – Weltschitschi marschierten Truppen der 17. Division[1]). Der Gen.Staffel begegneten 09.15 Uhr Div.-Nachschub und schwere Artillerie.

In Mglin meldete um 9.30 Uhr Major Siebert die Qu-Staffel und gab einen Bericht über die Versorgungslage des Korps.

---

[1]) Die 17. I.D. gehörte bei Beginn der Offensive „Taifun" (2. Oktober) im Rahmen der 2. Armee zum XIII. A.K. und bewegte sich zur Front.

Die Versorgung des Korps wird zukünftig vom A.V.L. Unetscha aus durchgeführt. Vorgesehen ist bei einem fortschreitenden Angriffsunternehmen die Verlegung des A.V.L. nach Potshep und später nach Brjansk. Es wird im Augenblick überprüft, ob die Versorgung der 31. Div. von Seschtschinskaja aus erfolgen kann. Wenn die Wegeverhältnisse ungünstig sind, ist die Anlage eines Versorgungszwischenstützpunktes in der Nähe der 31. Div. geplant.

Hinter den Regimentern der 167. Div. sind 3 Stützpunkte eingerichtet, um dieser Div., die mit Fahrzeugen und Pferden unvollständig versehen ist, das Fassen möglichst zu erleichtern.

Von Qu[2]) wurde angeordnet, daß die Division Panje-Fahrzeuge mit Pferden anmietet, um für die bevorstehenden Bewegungen den Ausfall an Fahrzeugen auszugleichen. Auch die Möglichkeit zum Ankauf von Pferden besteht. Bei der Anwerbung von Panje-Fahrern ist ganz besondere Vorsicht notwendig, um nicht irgendwelche Absichten durch die Zivilbevölkerung bekanntwerden zu lassen.

Die Fahrzeuge, die von 167. Div. in Bythen[3]) zurückgelassen wurden, sind inzwischen bis nach Gomel herangeführt und werden noch rechtzeitig für einen bevorstehenden Angriff bei der Div. eintreffen.

Der Herr Kommandierende General wies darauf hin, daß für die Bespannung dieser Mun.-Fahrzeuge vorher auch die Pferde bereitgestellt werden müssen.

Der Oberquartiermeister der Armee hat versprochen, die 2 motorisierten Kolonnen der 167. I.D. mit Neufertigungen aufzufüllen.

Bei der 167. I.D. muß bei einem Angriff die Zuführung der Munition auf kürzestem Wege vorher sichergestellt sein. Schwierigkeiten beim Nachschub sind nur bis Erreichen der Straße Roslawl – Brjansk zu erwarten. Nach Überschreiten dieser Straße ist der Nachschub mit Eisenbahn bis Brjansk möglich, und von Norden steht dem Nachschub dann die Straße selbst zur Verfügung.

Der Korps-Nachsch.Führer liegt in Surash, der Werkstatt-Zug arbeitet in Mglin. In Surash befindet sich ebenfalls ein Vorrat an Betriebsstoff.

Der Herr Kom. General befahl, daß Konserven nicht mehr als Verpflegung ausgegeben werden, sondern für die Ausgabe im Winter gesammelt werden, wenn Frischfleisch wegen schlechter Wegeverhältnisse nicht immer regelmäßig zugeführt werden kann. Im Augenblick ist Frischfleisch laufend aus dem Lande beizutreiben.

Die Alkoholversorgung der Div. bezeichnete der Herr Kom. General als dringlich. Herr Major Siebert entgegnete, daß ein Transport mit alkoholischen Getränken aus Frankreich unterwegs ist und in etwa 10 Tagen eintrifft.

Die Qu-Staffel verfügt über noch weniger alkoholische Getränke als die Führungsstaffel, besonders Rotwein ist nicht vorhanden.

10.05 Uhr meldete Oberintendanturrat Großmann. Die Divisionen haben heute eine geringe Zuweisung an Bekleidung bekommen. Winterbekleidung fehlt noch völlig. Die Bekleidungsausrüstung der Divisonen ist mäßig.

10.10 Uhr meldete Gen.Vet.[4]) Dr. Berger, daß durch A.O.K. 4 der 167. I.D. eine Anzahl Pferde zugeführt worden ist. Die 2. Armee hat ebenfalls die Zuweisung von Pferden an 167. Div. zugesagt.

---

[2]) Qu = Ib-Abteilung.

[3]) Bythen, 150 km nordostwärts von Brest-Litowsk.

[4]) Generalveterinär.

Der Herr Kommandierende General erklärte die Beweglichmachung der 167. I.D. als ganz besonders vordringlich. Der Herr Gen.Vet. sagte, daß notfalls die Vet.-Kompanie ihre Pferde an die Truppe abgeben muß. Ebenfalls müssen die Kolonnen ihre Pferde abgeben und dafür Panje-Pferde einstellen.

Im allgemeinen haben sich die Pferde der 167. Div. erholt. Winterbeschlag ist angefordert. Ab jetzt werden die Pferde mit Wintereisen beschlagen.

10.25 Uhr meldete der Herr Oberstarzt Dr. Baumeister. In Mglin wird an Stelle des Armee-Feldlazaretts der 4. Armee ein Feldlazarett der 2. Armee und eine Krankensammelstelle eingerichtet. In Unetscha befindet sich ebenfalls ein Armee-Feldlazarett. Das Div.Feldlaz. der 31. I.D., das sich bisher in Mglin befand, soll weiter nach vorn verlegt werden. Erkundungen dafür sind bereits eingeleitet. Ein Div.-Feldlaz. der 34. I.D. (XII. A.K.) in Kletnja wird geräumt und soll in einen Truppenverbandsplatz der 31. I.D. umgewandelt werden.

Der Gesundheitszustand bei den Divisionen ist befriedigend, die Darmkrankheiten lassen nach. Entlausungen werden laufend in Mglin durchgeführt.

10.35 Uhr meldete Herr Major Mainzinger. Die Versorgung mit Munition klappt. Die Einheiten sind im Besitz ihrer ersten Ausstattung. Der Verschuß wird laufend nachgeschoben. 5 cm-Pak für 167. I.D. ist angefordert.

Der Herr Kom. General wies darauf hin, daß für den Transport dieser Pak der Opel-Blitz nicht ausreicht. Es muß deshalb Vorsorge getroffen werden, damit später der Transport dieser Geschütze möglich ist.

10.45 Uhr meldete Hptm. Ledl in der Abt. Kfz. In etwa 6 Tagen treffen aus Warschau die Kraftfahrzeuge ein, die für 167. I.D. bestimmt sind.

Ersatzteile für Kfz. sind vorhanden, mit Ausnahme von Federstahl. Um hier einen Vorrat zu beschaffen, müssen liegengebliebene Fahrzeuge ausgeschlachtet werden, und das Ersatzmaterial für Federn von Fall zu Fall umgearbeitet werden.

Die Betriebsstofflage ist günstig. Öl ist nicht in dem Maße wie Kraftstoff vorrätig. Fahrzeuge mit großem Ölverbrauch sind abgestellt und werden nur beim Vormarsch eingestellt.

Die Traktoren hat Qu an die Landwirtschaft abgegeben, da sie eine zu geringe Geschwindigkeit hatten (8 Std.km) und sich als unrentabel erwiesen haben. Weiter benutzt werden die Panzerschlepper.

Der Herr Kom. General besuchte anschließend noch das H.Qu.[5]), die Abt. III[6]), die Bekleidungsausgabe und besichtigte zum Schluß die Wiederinstandsetzungsarbeiten an der Kathedrale in Mglin, an denen sich die ganze Bevölkerung mit großem Interesse beteiligt.

In der Anlage werden die Bemerkungen während der Fahrt vorgelegt.

Lammers
Leutnant.

---

[5]) Kommandant Hauptquartier.

[6]) Kriegsgerichtsrat.

Bemerkungen während der Fahrt.

1.) Die Feldgendarmerie überwacht, dass von den Divisionen, die durch den Korpsbereich marschieren, nicht alle Bestände an Vieh, Hühnern und Gänsen wegrequiriert werden. Die Divisionen sind auf die Bewachung der Kolchosen und Viehbestände hinzuweisen.
2.) Den Mannschaften ist möglichst bald eine Mahlzeit, bestehend aus Gänsebraten, auszugeben.[7])
3.) IVz bereitet den Verkauf einer Feldbluse für den Herrn Kom. General vor.

Nr. 51

Generalkommando LIII. A.K. K.H.Qu., 26. Sept. 1941
Lt. Dr. Lammers
Begleitoffizier

Fahrtbericht vom 25. 9. 41

Der Herr Kom.Gen. verliess am 25. 9. 41 um 12. 30 Uhr den Korpsgefechtsstand zu einer Fahrt zum A.O.K. 2 in Klintzy.

Wiedereintreffen auf Korpsgef.Std. 26. 9. 41 11.15 Uhr.

Fahrtweg: Oskolkowo, Mglin, Unetscha, Klintzy, Mglin, Oskolkowo.

Die Besprechung der Kom. Generale der 2. Armee fand am Nachmittag des 25. Sept. in Klintzy statt. Übernachtet wurde in Klintzy.

Klintzy ist eine unzerstörte Stadt, die von den Bolschewisten scheinbar ganz bewusst als Industriestadt und auch als kommunistisch-geistiger Mittelpunkt aufgebaut worden ist. Auffällig sind die vielen Schulen, Gewerkschaftshäuser, Verwaltungsgebäude und Fabriken. Da alles unversehrt geblieben ist, und das Leben in der Bevölkerung weitergeht, hat man hier das typische Bild einer Stadt, die durch die Sowjets nach ihren eigenen Ideen errichtet wurde.

Durch Klintzy zogen in Richtung Mglin Truppen des XXXXIII. A.K.[1])

Die Strasse Klintzy – Unetscha wird durch den Einsatz von Kriegsgefangenen verbessert. Sie ist teilweise tief und sandig und nach anhaltendem Regen für Kraftfahrzeuge wahrscheinlich unpassierbar.

In der Anlage werden die Bemerkungen während der Fahrt vorgelegt.

Lammers
Leutnant

---

[7]) Nach: auszugeben, fügte der Chef d. Genst. ein: (29. 9.); es war der Geburtstag des Kom. Generals.

[1]) Das XXXXIII. A.K. wird bei der bevorstehenden Offensive Taifun der links anschließende Nachbar des LIII. A.K. sein.

Bemerkungen während der Fahrt.

1.) Auf einer grossen Übersichtskarte ist der bisherige Weg des LIII. A.K. aus der Heimat[2]) nach Rußland einzuzeichnen und fortlaufend weiterzuführen.
Die Korpsgefechtsstände sind mit Korpsflaggen zu bezeichnen. Die Zeit des Aufenthaltes auf den verschiedenen Korpsgefechtsständen ist auf der Karte einzutragen.
2.) Der Weg im Dorfe Oskolkowo, der an die Strasse Weltschitschi – Mglin heranführt, ist sofort durch Einsatz von einer Bautruppe zu verbessern.

Nr. 52

Generalkommando LIII. A.K.
Begleitoffizier
Lt. Dr. Lammers

K.H.Qu., den 28. 9. 41.

Fahrtbericht vom 28. Sept. 1941.

Der Herr Kom. General verließ am 28. 9. 41 um 8.45 Uhr den Korps-Gef.Std. zu einem Besuch der 31. I.D. und 167. I.D.

Wiedereintreffen auf K.Gef.Std. 12.45 Uhr.

Fahrtweg: Oskolkowo – Polchowka – Akulitschi – Ssuprjagina – Weltschitschi – Oskolkowo.

Nach Eintreffen auf dem Div.Gef.Std. Akulitschi gab der Div.Kdr. der 31. I.D. folgenden Bericht. Durch die Vorverlegung des bevorstehenden Angriffs um 2 Tage müssen die dazu notwendigen Truppenbewegungen am Tage durchgeführt werden. Die Div. bittet deshalb um Jägerschutz gegen die in ihrem Raume starke russische Fliegertätigkeit, 1.) um die Truppe gegen die Angriffe aus der Luft zu schützen und 2.) um diese Bewegungen der russischen Luftaufklärung nicht bekanntwerden zu lassen.

Der Gegner hat zweifellos durch die durchziehenden Divisionen des XIII. und XXXXIII. A.K. den Eindruck gewonnen, daß sich nördlich unseres Abschnittes ein größeres Unternehmen vorbereitet.

Durch die Vorverlegung des T-Tages[1]) und durch den Gegenverkehr der durchziehenden Divisionen sind der 31. I.D. einige Schwierigkeiten entstanden. Die Truppe kommt, da die Zeit drängt, um einen verdienten Ruhetag. Sie muß ununterbrochen 4 Tage marschieren und biwakieren und anschließend angreifen.

Durch die entgegenziehenden Divisionen des XXXXIII. Korps wird sie häufig von der Marschstraße abgedrängt und findet, da eine einheitliche Regelung fehlt, die vorgesehenen Quartiere schon belegt vor.

---

[2]) Nach: Heimat hat der Chef d. Genst. eingefügt: Aufstellungsort Strobl. Das LIII. A.K. war in Österreich am Wolfgangsee aufgestellt worden.

[1]) T-Tag ist der vorgesehene Angriffstag.

Die Division hält deshalb eine Regelung der Marschbewegungen durch die Armee für notwendig, zumal ihr gar nicht bekannt ist, welche Divisionen sich auf dem Marsche befinden und welche Straßen benutzt werden.

Über den Sperrverband, der im Nordabschnitt der Div. eingesetzt wird, meldete der Div.-Kdr. folgendes: Der Sperrverband selber ist eingetroffen. Es fehlt noch die Kolonne. (Dieser begegnete die Gen.Staffel in Wjasowka.)

Ebenfalls fehlen noch die Minen. Siebentausend der Div. zugewiesene Minen liegen in Surash. Sie wiegen 60 t; das ist das anderthalbfache des motorisierten Transportraumes, der der Div. zur Verfügung steht. Für den Transport dieser Minen bittet deshalb die Div. um Zuweisung von motorisierten Transportfahrzeugen.

Es handelt sich bei den in Surash liegenden Minen um 3000 T-Minen (gegen Panzer) und um 4000 S-Minen. Es sind dies für den Abschnitt, der zu sperren ist, viel zu wenig Minen, benötigt werden mindestens 20 000 S-Minen. Die Verminung kann am 29. Sept. abends beginnen. Wegen der nahen Feindberührung können die Minen nur nachts gelegt werden. Die im Raume des Sperrverbandes liegenden Truppen der Division, die durch die Pioniere abgelöst werden, rücken so spät wie möglich ab, um die Pionierkräfte alle zum Minenlegen frei zu haben. Die Verminung ist am Angriffstage noch nicht beendet und geht dann noch weiter.

Der Angriff der Division hat seinen Schwerpunkt bei Wyssokoje. Erstes Angriffsziel nach Überschreiten des Dolgan sind die durch Feldstellungen befestigten Höhen bei Krasnoje Swesda und Schustowo. Der Bachübergang muß bei der vorgerückten Jahreszeit aus gesundheitsschonenden Gründen mit Floßsäcken erfolgen, obwohl die Russen bei ihren Angriffen den Bach schon mehrfach durchwatet haben. Die Front vor dem Sperrverband wird voraussichtlich stückweise von Süden her abbröckeln. Selbstverständlich können die Pioniere des Sperrverbandes erst antreten, wenn der Durchgang durch die gegnerische Front südlich von ihnen erzwungen ist.

Der Angriffsbeginn wird von der Div. sehr früh am Morgen gewünscht, da die Bereitstellungsräume ungedeckt sind und mit beginnender Helligkeit verlassen werden müssen.

Die Einführung der Korps-Artillerie in den Abschnitt wird durch Arko erbeten, der nach Fühlungnahme mit der Div. die Marschbewegungen regelt.

Der Herr Kom. General gab bekannt, daß eine Vorausabteilung, bestehend aus 5 Radfahr-Kompanien und 6 Pz.Jg.[2])-Kompanien, dem Korps zugeführt wird und am 1. Oktober in Gegend Buda eintrifft. Hauptsächlich ist die Vorausabteilung zur Sicherung der entstehenden langen Südflanke gedacht. Je nach Feindlage steht sie aber auch zum tiefen Durchstoßen und zur Verfolgung bereit.

Die 56. I.D. trifft am 4. Oktober abends mit ersten Teilen in Mglin ein, das ist 2 Tage nach Angriffsbeginn. Am 5. Angriffstage ist sie an der Stelle, wo der Angriff begonnen wurde, so daß vor dem 7. bis 8. Angriffstage mit dem Eingreifen der 56. I.D. nicht gerechnet werden kann.

Das Angriffsziel der Armee liegt noch 110 km ostwärts Brjansk, so daß von den Divisionen 160 km Geländegewinn gefordert werden. Da dann eine größere Ruhepause eintreten soll, können Beschädigungen an Kraftfahrzeugen in Kauf genommen werden.

---

[2]) Panzerjäger.

Auf dem Wege zur 167. I.D. begegneten der Gen.Staffel auf der Rollbahn II große Teile der 131. I.D.[3]), die sich auf dem Marsche nach Norden befanden.

Um 11.30 Uhr traf der Herr Kom. General bei der 167. I.D. ein. Der Div.Kdr. meldete. Die neuen Grenzen für den Angriff zwischen den beiden Divisionen des Korps gelten nach Vorschlag der 167. I.D. ab 30. Sept. 03.00 Uhr.

Der Schwerpunkt des Angriffs der 167. I.D. liegt beim Regiment Wenk (I.R. 315), das am weitesten nördlich eingesetzt wird und mit 3 Bataillonen in vorderer Linie antritt. In der Mitte greift das Regiment Kullmer (I.R. 331) mit 2 Bataillonen in vorderer Linie an. Das südliche Regiment (I.R. 339) wird von Major Golle, an Stelle des erkrankten Oberst Hübner, geführt, und hat den schwierigsten Auftrag. Das Regiment übernimmt längs der Bahnlinie Potshep – Brjansk rückwärts gestaffelt den Flankenschutz nach Süden.

Für dieses Regiment bittet die Div. um Bereithaltung eines Teiles der Vorausabteilung als Reserve, da mit Angriffen der südlich der Bahnlinie stehenden russischen Division durchaus gerechnet werden muß.

Die Division hat einen Verbindungsoffizier zur rechts von ihr stehenden 1. K.D.[4]) geschickt, um die Pläne dieser Nachbardiv. zu erfahren, ihre eigenen Absichten anzukündigen und einen Eindruck vom Feindbild gegenüber der K.D. zu bekommen.

Den Gegner vor der 167. I.D. bezeichnete der Div.Kdr. als stark angeschlagen und demoralisiert, sodaß mit Gelingen des Angriffs unbedingt gerechnet werden kann, zumal eine Ablösung auf der Gegenseite nicht zu erwarten ist. Gefangene haben ausgesagt, daß der Gegner sich loslösen und zurückziehen wollte. Als wesentlich härter wurde der Gegner vor der 31. I.D. bezeichnet.

Heute nacht überschritt der Gegner nach Art.-Vorbereitung mit 2 Batterien den Ssudostj nördlich von Potshep. Als diese eine russische Kompanie heute morgen von eigener Artillerie beschossen wurde, zog sie sich wieder über den Fluß zurück.

Der Herr Kom. General gab bekannt: Der Angriff beginnt auf der ganzen Front nördlich von uns am 2. Oktober, sodaß eine Entlastung vor unserer Front durch bereits stattgehabte Erfolge im Norden nicht zu erwarten ist.

Die Aufstellung der Artillerie für den Angriff wird geschütz- und zugweise bereits durchgeführt. Munition wird laufend nach vorne gebracht und hier gestapelt.

Der Herr Kom. General bezeichnete die sofortige Schaffung eines minenfreien Weges nach Osten nach dem Angriff als besonders vordringlich.

Die Rückführung der zum Korps-Stab abgestellten Radfahrer- und Pak-Kompanie für den Angriff wurde der Division zugesagt.

In der Anlage werden die Bemerkungen während der Fahrt vorgelegt.

Lammers
Leutnant.

---

[3]) Die 131. I.D. gehörte am 2. Oktober („Taifun") zum XXXXIII. A.K., dem linken Nachbarn des LIII. A.K.

[4]) Kavalleriedivision.

Bemerkungen während der Fahrt.

1.) Die 31. I.D. bittet um Jagdschutz gegen russische Jäger und Aufklärer während der für den Angriff notwendigen Truppenbewegungen im Aufmarschgelände. Falls keine Jäger kommen, bittet die Div. um Flakschutz.
2.) Die marschierenden Truppen müssen auf die Notwendigkeit des eigenen Fliegerschutzes hingewiesen werden. Es darf nicht vorkommen, daß russische Aufklärer in 300 m Höhe lange Zeit über marschierenden Truppen kreisen, ohne daß 1 Schuß von der Truppe abgegeben wird.
3.) Für den Sperrverband der 31. I.D. liegen 7000 Minen in Surash. Der Transportraum der Div. reicht für die Beförderung nicht aus. Ist Zuteilung von Motfahrzeugen durch Korps-Nachsch.-Fhr. möglich?
4.) Bei der Armee ist die schnelle Zuteilung von 20 000 S-Minen für den Sperrverband der 31. I.D. zu erbitten.
5.) Arko 27 setzt sich wegen Einführung der Korps-Art. mit 31. I.D. in Verbindung und regelt die Marschbewegungen der zugeführten Artillerie.
6.) Die für die Bereitstellung der 31. I.D. notwendigen Truppenbewegungen werden durch die entgegenkommenden, durchziehenden Divisionen des XXXXIII. Korps gestört. Die 31. I.D. hält eine einheitliche Marschregelung der sich begegnenden Divisionen durch eine höhere Dienststelle für notwendig. Gleichzeitig bittet die 31. Div. um eine *Übersicht* der marschierenden Teile des XXXXIII. Korps und um Mitteilung, welche Straßen und Quartiere benutzt werden sollen.
7.) Die von 167. I.D. abgestellten Radf.- u. Pak-Kompanien treten vor Angriffsbeginn zur Div. zurück[5]).

Nr. 53

Generalkommando LIII. A.K. | K.H.Qu., 30. Sept. 1941
Lt. Dr. Lammers
Begleitoffizier
IIa Nr. 471/41 geh.

Geheim!

Fahrtbericht vom 30. 9. 41

Der Herr Kom. General verliess am 30. 9. 41 um 8.50 Uhr den Korpsgefechtsstand Oskolkowo zu einem Besuch der 31. und 167. I.D.

Wiedereintreffen auf Korpsgefechtsstand 12.45 Uhr.

Fahrtweg: Oskolkowo, Polchowka, Akulitschi, Ssuprjagino, Wjeltschitschi, Oskolkowo.

---

[5]) Daß diese „Bemerkungen" kurz vor Beginn der Offensive als besonders dringlich empfunden wurden, geht aus den vielfältigen Marginalien von Chef, Ia und Q hervor.

9.55 Uhr meldete der Ia der 31. I.D. auf Div.Gef.Std. Akulitschi: Infolge der überaus schlechten Wegeverhältnisse und der mangelhaften Wasserversorgung gestaltet sich die Ablösung und Einführung der Regimenter in die Bereitstellungsräume, insbesonders bei I.R. 82, sehr schwierig. Der Weg, der von der augenblicklichen Unterkunft des I.R. 82 (Gegend Hf. Weprewskj, Imk. Kasjolkina) in die Bereitstellungsräume bei Dorochowa, Loschunj führt, ist nach Meldung des Rgt.Kdr. Oberst Hossbach in einem „trostlosen" Zustand. Durch den Verkehr und den Regen wird der Weg, der erst durch den Wald angelegt werden musste, immer schlechter, sodass eine vorherige Zeitberechnung und Zeiteinteilung nicht mehr möglich ist.

Der Herr Kom. General wies darauf hin, daß das I.R. 82, besonders das III. Btl., nicht unbedingt in dem weit nördlich gelegenen Raum bei Hf. Weprewskj gelegt werden brauchte, denn beim Einrücken in den Bereitstellungsraum muss das Btl. diesen ganzen weiten und schlechten Weg wieder zurückmarschieren. Es handelt sich hier bei der Unterbringung des Rgt. nicht um einen taktisch notwendigen Raum sondern lediglich darum, dass die Truppe einmal unter Dach untergebracht wurde. Dann kann im Unterkunftsgebiet ruhig einmal eine Überschneidung mit anderen Regimentern, ja nach Anruf beim Korps, eine Überschneidung mit einer anderen Div. stattfinden. Das Einfachste in einem solchen Falle ist das Beste. Dabei muss der Rgt.Kdr. vorübergehend in Kauf nehmen, dass ein Btl. etwas abseits liegt.

Wie schwierig die Wasserversorgung im augenblicklichen Unterkunftsraum der Div ist, erkennt man daran, dass aus Ssokolja Sloboda der Div.Stab, das ganze I.R. 17, Teile des I.R. 82 und die ganze Art. der Div. mit Wasser versorgt werden. Durch den Mangel an Ortschaften ist ein Teil der Truppe gezwungen zu biwakieren. Nach dem 4wöchentlichen Einsatz marschieren die Regimenter im allgemeinen vier Nächte lang, sodass, wie der Ia meldete, die Truppe vor dem Angriff nicht ausgeruht ist.

Es ist beabsichtigt, dass das III./I.R. 82 seine Abwehrstellung nördlich der vorgesehenen Einbruchsstelle bei Angriffsbeginn dem II./I.R. 12 übergibt, damit dies abgelöste Btl. den beiden angreifenden Bataillonen des I.R. 82 möglichst aufgeschlossen nachfolgen kann.

Für die bevorstehende Zusammenarbeit mit der Sturmartillerie gab der Herr Kom. General bekannt: Die Infanterie ist darauf hinzuweisen, dass sie die Stosskraft der Sturmartillerie unter allen Umständen ausnützen muss und den Geschützen aufgeschlossen folgen muss, weil die Sturmartillerie allein ein Gelände nicht gewinnen und halten kann und ohne Infanterie ihre Kraft verpufft.

Es ist vorgesehen, dass den beiden angreifenden Regimentern je eine Sturmbatterie zugeteilt wird.

Die Stellung, die die Russen eingerichtet haben, erscheint auf der Karte eingezeichnet wahrscheinlich weit stärker und solider als sie tatsächlich ist. Nach Gefangenen-Aussagen bestehen die Stellungen meist nur aus Schützenlöchern.

Es kommt darauf an, den ersten Ruck, durch den der Gegner zweifellos überrascht wird, richtig auszunützen und mit ihm sofort so weit wie möglich einzudringen.

Nördlich der Einbruchsstelle stehen bis zur Grenze zum XXXXIII. Korps noch etwa 12 russische Regimenter. Der Ia bat um Zuweisung von Kräften, um im Zusammenwirken mit dem Sperrverband Menneking diese nicht unbedeutende Kampfkraft nach dem Erstangriff zu erledigen.

Der Herr Kom. General entgegnete, dass vom Gen.Kdo. bei der Armee bereits auf diese Frage hingewiesen wurde und dass zu erwarten ist, dass ein Rgt. der 112. I.D. dem Oberst Menneking unterstellt wird, und dass dieses Rgt., von Norden nach Süden herunterstossend, die feindliche Front vor dem Sperrverband in Zusammenarbeit mit den Pionieren bis zu unserer Einbruchsstelle aufrollt.

Nach Verlassen des Div.Gef.Std. begegneten der Gen.Staffel auf der Rollbahn 2 Teile der 131.[1]) und 112. I.D.[2]) auf den Marsch nach Norden.

Um 11.15 Uhr meldete der Div.Kdr. der 167 I.D. auf Div.Gef.Std. in Ssuprjagina.

Nachdem die Umgruppierung der Div. vollzogen war, griff der Feind heute morgen bei Kolodnja um 5.30 Uhr in Btl.Stärke an. Der Angriff wurde im guten Zusammenwirken mit der Art. zerschlagen und ein Hauptmann und 15 Mann gefangen. Der gefangene Hauptmann machte sehr gute und wichtige Aussagen über die Gliederung des Gegners, Aufstellung der Artillerie und Verminungen, die für den bevorstehenden eigenen Angriff von großer Bedeutung sind.

Nach diesen Aussagen befindet sich hinter der gegenüberliegenden Div. keine Reserve mehr, auch in Brjansk stehen danach keine Kräfte.

Der Verbindungs-Offizier der 167. I.D., der zur 1. K.D. geschickt war, meldete, dass die K.D. noch keine Befehle zum Angriff erhalten hat. Bei der K.D. wird vermutet, dass diese Div. nach Süden abgezogen wird und an ihre Stelle für den Angriff 2 Inf.Div. treten.

Der Angriff der 167. I.D. erfolgt also ohne Anlehnung nach rechts. Das Rgt. Golle (I.R. 339) schirmt deshalb beim Angriff ab gegen Süden und läßt ein Btl. in der Gegend von Potschep zurück. Am weitesten stösst das Rgt. Wenk (I.R. 315) im Norden vor, dessen vorderste Teile Brjansk erreichen, einen Brückenkopf nordostwärts der Stadt bilden und wenn möglich, die Industrie-Anlagen südostwärts Brjansk mit dem Bahnhofsgelände im Handstreich nehmen.

Die neue Front der 167 I.D. verläuft nach dem Angriff damit voraussichtlich von Potschep nach Brjansk. Die Div. insgesamt schirmt hiermit den Angriff der 31. I.D. nach Süden ab und ermöglicht der nachfolgenden 56. I.D. einen raschen und ungestörten Vormarsch auf Brjansk. Als Reserve, insbesonders für das Rgt. Golle, steht die V.A.[3]) 156 hinter Potschep.

Der Angriff erfolgt wie bei 31. I.D. 5.30 Uhr ohne Artillerie-Vorbereitung.

Die 167. I.D. verlegt heute nachmittag ihren Gef.Std. nach Babinitschi.

In der Anlage werden die Bemerkungen während der Fahrt vorgelegt.

Lammers
Leutnant

---

[1]) Die 131. I.D. (XXXXIII. A.K.) marschierte in den linken Nachbarabschnitt des LIII. A.K.

[2]) Die 112. I.D. war vorgesehen als Armee-Reserve der 2. Armee.

[3]) Vorausabteilung.

Bemerkungen während der Fahrt.

1.) In Brjansk befindet sich eine chemische Fabrik, die nach Gefangenen-Aussagen beim Rückzug der Russen in die Luft gesprengt werden soll. Dabei sollen sich giftige Gase bilden, die sich in einem Umkreis bis zu 70 km ausbreiten. Wenn diese Meldung auch zweifellos übertrieben ist, muß die Truppe gewarnt werden und eine besondere Gasbereitschaft befohlen werden.
2.) Die Sägewerke bei Kletnja wurden bisher von 31. I.D. gegen Partisanen bewacht. Bei dem bevorstehenden Angriff müssen diese Bewachungsmannschaften abgezogen werden. Der Armee ist das mitzuteilen.
3.) Das I.R. 82 (31. I.D.) hat Mangel an Winter-Stollen. Wieweit sind die Div. mit Stollen versorgt?
4.) Bei der Inf., die mit der Sturmartillerie zusammenarbeitet, ist darauf hinzuweisen, dass zur Ausnutzung der Stosskraft der Sturmart. die Inf. aufgeschlossen den Geschützen folgen muss, wenn der Angriff der Sturmartillerie nicht verpuffen soll.
5.) Wer verwaltet jetzt das vom Gen.Kdo. eingerichtete Sägewerk Chaimowitschi?
6.) Wo befinden sich die dem Gen.Kdo. zugewiesenen Panje-Fahrzeuge?[4])

Nr. 54

Generalkommando LIII. A.K. K.H.Qu., 1. Oktober 41
Lt. Dr. Lammers Geheim!
Begleitoffizier
IIa Nr. 474/41 geh.

Fahrtbericht vom 1. 10. 41

Der Herr Kom. General verliess am 1. 10. 41 um 6.50 Uhr den Korps-Gef.Std. Oskolkowo zu einem Besuch der 31. I.D. und der 167. I.D., I.R. 17 und I.R. 315. Anschliessend rückte die Gen.Staffel auf dem neuen Korps-Gef.Std. Akulitschi ein.

Eintreffen auf Korps.Gef.Std. Akulitschi 14.30 Uhr.

Fahrtweg: Oskolkowo, Babinitschi[1]), Gnesdelitschi, Ssokolja Sloboda – Golubkowa[2]), Ssokolja Sloboda, Buljschewa, Akulitschi.

Um 8.55 Uhr meldete der Div.Kdr. 167. I.D. auf Div.Gef.Std. Babinitschi[3]).

Der Herr Kom. General gab bekannt, dass die Sturm-Artillerie-Abt. und die schwere Art.Abt. I/108 an das XXXXIII. Korps abgegeben werden musste. Morgen abend treffen in Mglin eine andere Sturmart.Abt. und eine schwere Abt. ein, die dem LIII. Korps dann später zugeführt werden.

---

[4]) Handschriftlich wurde hier eingefügt: Verteiler: Ia, Ic, IIa, Qu.
[1]) Verbessert aus: Balinitschi.
[2]) Verbessert aus: Golubkaowa
[3]) Verbessert aus: Balinitschi.

Durch diesen Ausfall an Art. und dadurch, dass die Pz.Gr. Guderian und die 1. K.D. vorläufig nicht angreifen[4]), ist unser rechter Flügel besonders gefährdet. Ausserdem befinden sich lt. Mitteilung der Heeresgruppe im Waldgebiet südlich Brjansk noch 2 russische Res.-Divisionen.

Der gestern morgen gefangene russische Hauptmann hat noch beim Gen.Kdo. ausgesagt, dass sein Rgt.Adj. auf der Strasse Roslawl—Brjansk zahlreiche, gut getarnte Panzer gesehen habe. Es dürfte sich hier um das Pz.Rgt. 50 der Pz.Div. 100 handeln.

All diese Umstände haben den Kom.Gen. veranlasst, den kommenden Angriff abschnittsweise zu führen. Das erste Angriffsziel wird deshalb zurückgezogen. Erreicht werden müssen im ersten Durchstossen die Art.Stellg. des Gegners. Das ist etwa ein Einbruch von 12 km Tiefe von der H.K.L. des Feindes aus gerechnet. Von der 167. Div. müssen die Übergänge über den Ssudostj erzwungen werden. Gleichzeitig muss soweit über diese Übergänge vorgestossen werden, dass die Brücken durch Art.Feuer des Feindes nicht mehr erreicht werden können.

Das Tempo des Vorgehens verlangsamt sich durch das abschnittsweise Vorrükken naturgemäss etwas. Es ist deshalb das Schwergewicht auf die Umklammerung und das Aufrollen der Front nach dem Durchstoss zu legen. Führt jetzt der Stoss auch nicht sofort bis Brjansk, so müssen nun umsomehr Gefangene eingebracht werden.

Für den Ausfall der Sturmbatterie beim Rgt. Wenk soll diesem Rgt. eine schwere Battr. der 31. I.D. unterstellt werden, um das Dorf Kaschewo, an der Nahtstelle von 167. und 31. I.D. abschirmen zu können. Geplant ist dabei auch Nebelschiessen.

Die Heeres-Flak-Abt. 274 wird wahrscheinlich ebenfalls heute nachmittag im Raume an der Grenze zwischen den beiden Div. in Stellung gehen.

Der Div.Kdr. bat, wenn möglich, um Zuteilung von 2 le. Flak-Geschützen an das Rgt. Wenk, da das Rgt. eine Bunkerstellg. am Hinterhang angreifen muss und hier einen Ersatz für die Sturm.Art. benötigt.

Mit Unterstützung aus der Luft kann das Korps nicht rechnen, lediglich Aufklärung aus der Luft steht zur Verfügung.

Rechts neben dem Korps gliedert sich das höhere Kdo. XXXV ein. Mit dem Angriff seiner 2 Divisionen ist hier aber vor 8 Tagen nicht zu rechnen.

Der Ia wies noch einmal auf die besondere Schwierigkeit beim Abschirmen nach Süden im Waldgelände bei einer Front von 50 km hin. – Als Reserve bei einem russischen Angriff von Süden steht die V.A. der 56. I.D. bereit.

Das Rgt. Kullmer hatte noch einmal um Vorverlegung des Angriffs auf 5.00 Uhr gebeten, da es um 5.30 Uhr schon zu hell ist.

Da in der ganzen Heeres-Gruppe auf unseren Vorschlag hin der Angriffsbeginn allgemein auf 5.30 Uhr befohlen ist, ist heute eine Umänderung nicht mehr möglich.

Um die Bereitstellungsräume dürfen vorher keine Kämpfe geführt werden.

Zusammenfassend sagte zum Schluss der Kom.Gen.: Der Angriff wird bei der abschnittsweisen Durchführung nur dann schnell und flüssig weiterlaufen, wenn

---

[4]) Diese Mitteilung stimmte so nicht. Die Pz.Gr. Guderian hatte schon am 30. September den Angriff begonnen; ihre linke Flügeldivision, 1. K.D., war allerdings stehengeblieben.

an das Korps laufend gut und schnell gemeldet wird. Bei dem abschnittsweisen Vorgehen ist es von grösster Wichtigkeit für die Führung, dauernd ein schnelles Bild vom Feinde zu bekommen.

Um 10.00 Uhr traf der Kom.Gen. auf dem Rgt.Gef.Std. I.R. 315 in Gnesdelitschi ein und gab zunächst einen Bericht von der Lage wie bei der Div. Die Truppe muss mit Auftreten von Panzern rechnen.

Das Rgt. will den Brückenübergang bei Mokarowa gewinnen.

Überläufer von heute konnten beim Rgt. keine neuen bedeutungsvollen Aussagen machen. Personell, moralisch und an Waffen erscheint der Gegner geschwächt.

Der Rgt.Kdr. A.R. 238 bat um Zuteilung einer schweren Abt. im Abschnitt Rgt. Wenk. Gleichzeitig teilte der Art.Rgt.Kdr. mit, dass die s.Abt. 841[5]) nur noch aus 2 Batterien zu je 2 Geschützen besteht.

Beim Angriff ist zur Erhöhung des moralischen Eindrucks Nebelschiessen auf lebende Ziele vorgesehen.

Um 10.55 Uhr traf der Kom.Gen. auf dem Div.Gef.Std. der 31. I.D. Ssokolja Sloboda ein. Der Ia meldete. Der Herr Kom.Gen. gab den Lagebericht wie bei 167. I.D. Der Schwerpunkt liegt in der Aufrollung der gegnerischen Front. Deshalb ist es unbedingt notwendig, das I.R. 12 weiter, als von der Div. vorgesehen war, vorzuziehen, um es beim Angriff sofort hinter I.R. 82 durch die Einbruchsstelle durchzuziehen und anschliessend nach Norden abzudrehen. Für diese Aufgabe bestimmte der Kom.Gen. 2 Bataillone mit dem Rgt.Stab.

Die 31. Div. muss unbedingt mit 167. I.D. Fühlung behalten und mindestens dieselbe Höhe wie 167. I.D. beim Vorstoss erreichen.

Besonderer Wert ist auch hier auf schnelle und gute Meldungen über das Feindbild zu legen. Ergibt sich die Möglichkeit, einem weichenden Feinde nachzustossen, so ist das energisch zu tun. Die bewegliche Aufklärung ist sofort, wenn möglich bis Brjansk vorzutreiben.

Der Fhr. des A.R. 31 schlug vor, die 10 schweren Geschütze seines Regiments an den Ballon[6]) anzuhängen.

Um 11.50 Uhr meldete der Kdr. des I.R. 17 auf Rgt.Gef.Std. Golubkowa. Die Lücke, die zum rechten Nachbarn besteht (Rgt. Wenk), wird dadurch ausgeglichen, daß das Rgt. 315 mit dem linken Batl. links rückwärts gestaffelt vorgeht, und I.R. 17 das rechte Batl. rechts rückwärts folgen lässt.

Der Herr Kom.Gen. gab nochmals bekannt, dass das Rgt. beim Angriff auf gleicher Höhe mit 167. Div. bleiben muss.

Anschliessend führte der Rgt.Kdr. den Herrn Kom.Gen. auf eine B-Stelle der zugeteilten Lichtmess-Batterie in der Nähe von Golubkowa. Von hier aus ist eine weite Sicht in den Aufmarschraum und das Angriffsgelände beider Div. möglich. Die Front war völlig ruhig. Im Hintergelände brannten einige Dörfer. Seit 6 Tagen wird beobachtet, dass der Feind die Dörfer in seinem eigenen Gebiet abbrennt.

Um 12.30 Uhr wurden vom Rgt.Kdr. die Batl.Kdre. des II. Batl. und des Jg.-Batl.[7]) vorgestellt, die in Golubkowa ebenfalls ihre Gef.Stände haben. – Das I.R. 17 hatte bisher 1000 Mann blutige Verluste.

---

[5]) Eine für den Angriff zugeführte Abt. schwerer Artillerie.

[6]) Dem Korps war eine Ballon-Batterie zugeteilt worden.

[7]) Das I.R. 17 hatte ein Traditions-„Jägerbataillon".

Auf dem Wege nach Akulitschi begegnete der Gen.Staffel das I.R. 12, das in die Gegend von Ssokolja Sloboda vorgezogen wurde. Der Rgt.Kdr. erstattete in Nidelska Meldung. Der Marsch von Kletnja ist planmäßig verlaufen. Die Rollbahn 2 hat eine Umleitungsbahn erhalten, sodass der Gegenverkehr ausgeschaltet wurde. Das I.R. 12 hatte in der Gegend von Kletnja Verluste durch Partisanen. An einem Tage wurden 4 Offiziere verwundet. Durch Minen, die von Partisanen gelegt wurden, hat das Rgt. einmal 2 Tote, ein anderes mal 4 Tote.

In der Anlage werden die Bemerkungen während der Fahrt vorgelegt.

Lammers
Leutnant

Bemerkungen während der Fahrt.

1.) Obtl. Mannhardtsberger veranlasst die Beschaffung der für den 2. Kübelwagen vorgeschriebenen Spiralfedern.
2.) Können dem Rgt. Wenk 2 Flak-Geschütze bei Bunkerbekämpfung zugeteilt werden?
3.) I.R. 17 bittet zur Einschüchterung der feindlichen Art. um 2 Bombenflugzeuge, die nur zu kreisen brauchen.
4.) Durch Arko 27 ist dem Rgt. Wenk in seinem Nordabschnitt noch eine schwere Abt. zuzuführen[8]).

Nr. 55

Generalkommando LIII. A.K. — K.H.Qu., 2. Okt. 41
Lt. Dr. Lammers — Geheim!
Begleitoffizier
IIa Nr. 475/41 geh. vom 2. Okt. 41

Fahrtbericht vom 2. 10. 41

Der Kom. General verliess am 2. 10. 41 um 5.30 Uhr den Korps-Gef.Std. Akulitschi[1]), um beim Angriff auf die Dolgan- und Ssudostj-Stellungen bei der kämpfenden Truppe zu sein. Wiedereintreffen auf Korpsgef.Std. 11.50 Uhr.

Fahrtweg: Akulitschi, Ssokolja Sloboda, Jurkowa, Golubkowa, Podusowa, Gnesdelitschi, Kuljnewo, Babinitschi, Moschtschanaja, Akulitschi.

Um 6.15 Uhr meldete der Div.Kdr. 31. I.D. auf Div.Gef.Std. Ssokolja Sloboda: Der Angriff der Div. wurde heute 5.30 Uhr planmäßig begonnen. die Roscha wurde überschritten und die Höhen vor Schustowa und Schidlowa besetzt. Die Vorpostenstellungen wurden ohne grossen Widerstand vom Feinde geräumt. Art.Feuer legte

[8]) Handschriftlich wurde hier eingefügt: Verteiler: Ia, Ic, IIa, Qu.
[1]) Verbessert aus: Akulitischi.

der Gegner auf die rückwärtigen Höhen etwa 2 km westlich der Roscha, sodass die eigenen Truppen überschossen wurden.

Das I.R. 12 marschiert auf Golubkowa, um nach dem Durchbrechen des I.R. 82 hinter der feindlichen Front nach Norden abzudrehen und die Höhen beim Dorf Moratschewo, die stark flankierend auf das Rgt. Hossbach wirken, auszuschalten.

Von den russischen Stellungen und der Art der Verteidigung im Dolgan[2])-Abschnitt war noch keine Meldung bei der Div. Der Div.Kdr. hielt für möglich, dass sich der Gegner während der letzten Nacht abgesetzt hat.

Der Herr Kom.Gen. gab bekannt, dass die Pz.Gr. Guderian gestern doch angegriffen hat und zwar bei Gluchow. Am 1. Tage stiessen die Panzer 40 km vor.

Wenn der Gegner vor der Div. weichen sollte, wird nachgestossen; das I.R. 12 dreht dann nicht nach Norden ein, sondern setzt seinen Vormarsch hinter I.R. 82 fort.

Nach dem Bericht des Div.Kdr. fuhr die Gen.Staffel zum Rgt.Gef.Std. I.R. 82, etwa 2 km nordostwärts Golubkowa. Der Rgt.Kdr., Oberst Hossbach, war vorgeritten. Der Rgt.Adj. meldete sich in der Nähe des Rgt.Gef.Std. um 7.30 Uhr, wusste aber zunächst auch nicht, wo in dem weiten Abschnitt sein Kdr. war.

Um 8.00 Uhr meldete Oberst Hossbach mit dem Btl.Kdr. des II. Btl. auf dem vorgeschobenen Rgt.Gef.Std. bei Jurkowa, einem völlig abgebrannten Dorf an der Roscha.

Der Bach wurde an einer Untiefe überschritten, ein Brückenbau war im Gange.

2 Bataillone des Rgt. 82 hatten die Dolgan-Stellungen erreicht. Ausserordentlich störend machte sich M.-G.- u. Art.-Feuer von der Moratschewo-Höhe bemerkbar. Der Rgt.Kdr. bat deshalb um Art.-Zusammenfassung auf Moratschewo mit Artillerie-Flieger oder Ballon.

Der Gegner schoss geringes Art.Feuer in die Nähe von Jurkowa und auf die Höhen westlich Jurkowa.

8.35 Uhr meldete in Golubkowa der Kp.Chef der Stabs-Kp. I.R. 17. Der Rgt.Stab I.R. 17 war nach Wyssokoje vorgegangen. Der Kdr. der dem Rgt. zugeteilten II. Abt.[3]) wurde verwundet.

Von der Höhe südlich Golubkowa war ein tiefer Einblick in das Angriffsgelände möglich. Das dauernde eigene Art.Feuer lag auf den Höhen bei Schustowa und Schidlowa. Schustowa brannte. Deutlich sah man die langen Kolonnen des I.R. 17 auf dem Schlachtfeld, die sich zur Front bewegten.

2 km südlich Golubkowa befand sich 2/H.Flak-Abt. 274 in Feuerstellung. Der Kom.Gen. sprach kurz zu den Soldaten: „Ich freue mich, dass ihr bewährten Heeres-Flak-Soldaten hier beim LIII. Korps seid und wünsche euch weiter Heil und Erfolg."

In Gnesdelitschi meldete 9.10 Uhr der Adj. der H.Flak-Abt. 274. Eine Batterie wurde heute morgen im Bunkerkampf beim Rgt. Wenk eingesetzt.

Der Kdr. des Art.Rgt.Stb. 786[4]) meldete, dass die beiden zugeteilten schweren Abteilungen heute morgen mit Ballon geschossen und feindliche Batterien bekämpft haben.

---

[2]) Verbessert aus: Dolga.

[3]) Artillerie-Abteilung.

[4]) Ein dem Korps zugeteilter Artilleriestab.

Die fehlenden Geschütze der schweren Abteilungen, die zum Teil noch bei Gomel stehen, werden laufend nachgezogen. Durch erhöhten Munitionseinsatz werden die fehlenden Rohre ersetzt.

Die B-Abt. 13 wurde 9.20 Uhr in Podusowa gemeldet. Die Abt. hat seit 6.00 Uhr 5 Batterien aufgeklärt und mit SFH bekämpft.

9.25 Uhr meldete der Batterie-Fhr. der Ballon-Batterie 101 in Podusowa. Der Ballon war gerade heruntergegangen, um den Beobachter abzulösen. 6 Batterien wurden vom Ballon aufgeklärt, eine Batterie wurde bereits zugedeckt und zum Schweigen gebracht. Marschkolonnen konnten wegen diesiger Sicht noch nicht festgestellt werden.

Der Abtl.Kdr. der s.Abt. 108[5]) meldete 9.30 Uhr in Podusowa. Er verfügte über 7 schwere Geschütze. Ein Teil der fehlenden Geschütze trifft noch heute in den Feuerstellungen ein.

Am nördlichen Dorfeingang von Kuljnewo meldete sich 9.45 Uhr Mjr. Hett, Kdr.H.Flak-Abt. 274, der von der Feuerstellung seiner Batterie kam, die mit dem Rgt. Wenk die Bunkerstellungen südlich Kaschewo geöffnet hat. Von der Flak-Batterie wurden 5 Bunker zerstört. Sie hatte dabei 7 Mann Verluste. Mjr. Hett beabsichtigte, die Batterie wieder herauszuziehen, um den Luftschutz beim Fesselballon zu gewährleisten. Der Abt.Kdr. bat darum, zu veranlassen, dass die dritte Batterie, die noch bei Unetscha eingesetzt ist, der Abteilung wieder zugeführt wird.

Um 9.50 Uhr meldete Oberst Wenk, Kdr. I.R. 315 auf Rgt.Gef.Std. in Kuljnewo[6]): Der zwischen Kaschewo und Ratnja beabsichtigte Einbruch in die feindliche Bunkerlinie ist gelungen. Ein weiteres Vordringen wird durch starke Flankierung von Norden (Kaschewa) und Süden (Ratnja) erschwert.

Der Rgt.Kdr. schlug vor, das Res.Btl. von I.R. 331 durch die südliche Einbruchsstelle bei Kuputschewa in den Rücken von Ratnja zu führen und es von rückwärts zu nehmen, während durch eine Radfahr-Kp. der Gegner in Ratnja von Westen her beschäftigt wird.

Gefangene waren noch nicht viel, etwa 20 gemeldet. Über den Tankgraben vor den Bunkerstellungen wird eine Brücke gebaut. Der Ib der 167. ID. meldete, dass die Versorgung der kämpfenden Truppe gewährleistet ist.

Um 10.15 Uhr meldete der Div.Kdr. 167. I.D. auf Div.Gef.Std. Babinitschi: Der Einbruch in die Bunkerlinie ist bei allen drei Regimentern an den vorgesehenen Stellen durch die Überraschung gelungen. Die Russische Art. hat nach dem Einbruch sofort Stellungswechsel gemacht. 200 Gefangene werden im Südabschnitt eingebracht. Vor Potschep ist die Front ruhig. Ein Überläufer aus diesem Abschnitt konnte heute morgen nichts Bedeutendes aussagen.

Die Russen verteidigen sich in ihren Bunkern wie immer zäh. Das Rgt. Golle hat mit dem Aufrollen der Front begonnen.

Ein Wagen der Brückenkolonne wurde von einem MG. in Brand geschossen. Das gesamte Material ging dabei verloren. Der Div.Kdr. bat um Zuführung von Pi.-Kräften. Das sehr gute Wetter heute morgen hatte den einen Nachteil, dass durch

---

[5]) Eine dem Korps zugeteilte Schwere Artillerie-Abt.

[6]) Verbessert aus: Kudjnewo.

die tiefstehende Sonne im Osten die Schützen, besonders am MG., stark geblendet wurden.

In der Anlage werden die Bemerkungen während der Fahrt vorgelegt.

Lammers
Leutnant

Bemerkungen während der Fahrt.

1.) Durch Arko ist Art.Zusammenfassung auf Moratschewo vorzubereiten.
2.) Können zum Brückenschlag bei 167. I.D. Pionierkräfte vom Sperrverband abgezogen werden?
3.) Die Zuführung der dritten Batterie der H.Flak-Abt. 274[7]), noch in Unetscha eingesetzt, zur Abteilung ist zu beantragen[8]).

Nr. 56

Generalkommando LIII. A.K.
Lt. Dr. Lammers
Begleitoffizier
IIa Nr. 478/41 geh.

Geheim!

K.H.Qu., 3. Oktober 41

Fahrtbericht vom 3. Okt. 41

Der Herr Kom. General verliess am 3. Okt. 41 um 6.30 Uhr den Korpsgefechtsstand Akulitschi zum Besuch der kämpfenden Truppen bei 31. und 167. I.D.

Wiedereintreffen auf Korpsgefechtsstand 13.05 Uhr.

Fahrtweg: Akulitschi, Ssokolja Sloboda, Wyssokoje, Schustowa, Kuljnewo, Babinitschi, Dmitrowa, Babinitschi, Akulitschi.

Um 8.05 Uhr meldete der Div.Kdr. 31. I.D. auf dem neuen Div.Gef.Std. Wyssokoje. I.R. 17 hat in Pawlowitschi einen Brückenkopf über die Dobroschowka gebildet. Es wurde heute nacht stark mit Art. beschossen. Der Feind führte von Osten Kräfte gegen Pawlowitschi heran und unternahm vergeblich Gegenstösse, bei denen er schwere Verluste hatte. Einmal wurden 250 Tote gezählt und 135 Gefangene eingebracht.

Zwischen Wyssokoje und Pawlowitschi suchen einzelne Feindteile nach Nordosten zu entkommen.

Das I.R. 12 ist nach Überschreiten des Dolgan bei Schustowo nach Norden angetreten und greift mit 3 Bataillonen an mit dem Ziel: Moratschewo, später soll Stolby erreicht werden. Das Rgt. wird dabei unterstützt von einer leichten und einer schweren Abteilung.

---

[7]) Hinter H.Flak-Abt. 274 wurde „die“ gestrichen.

[8]) Hier wurde vom Büro IIa eingefügt: Verteiler: Ia, Ic, IIa, Qu.

Die A.A.[1]) ist angesetzt, um den Raum Golgasch–Klino zu säubern. Nowyj Sswet ist noch feindbesetzt.

Dem Kdr. des I.R. 17, Oberstlt. von Stolzmann, sprach der Herr Kom. General fernmündlich seine Glückwünsche zu den gestrigen Erfolgen seines Regiments aus.

Der Stop im Angriff, der von der Armee für heute befohlen wurde, bedeutet durchaus keinen verlorenen Tag, bemerkte der Herr Kom. General, da die sofortige Säuberung des Durchbruchsgeländes notwendig ist, weil zunächst unseren Divisionen keine Reserve folgt.

Der Herr Kom. General fuhr hierauf zum Rgt.Gef.Std. I.R. 12, nördlich Schustowo. Oberstlt. Krohn meldete hier um 8.35 Uhr sein Rgt. beim Angriff gegen Norden. Das Gefecht war im vollen Gange. Der Angriff ging flüssig vorwärts. Die ersten Spähtrupps hatten die Höhen bei Lissizy erreicht. Das zum Schutze der Ostflanke rechts rückwärts gestaffelt vorgehende Batl. hatte einen Angriff der Russen, der in Rgt.Breite von Osten vorgetragen wurde, soeben abgewiesen. Der Rgt.Kdr. führte unbeirrt um diese Angriffe von Osten seinen Auftrag aus und setzt seine Bewegung nach Norden fort. (Er wurde kurze Zeit darauf schwer verwundet).

Abgeschirmt nach Osten wurde vom rechten Batl. mit MG.-Feuer und durch Abpraller-Schiessen der Art.

Schustowo, das auf einer Höhe liegt, war durch das Panzerhindernis in eine Festung verwandelt worden. Mit grossem Arbeitsaufwand war durchlaufend eine 5 m hohe senkrechte Wand in den Berg geschnitten worden, die den Panzern und den Infanteristen die Annäherung unmöglich machen sollte.

Die Gefangenen, die hier zurückgebracht wurden, waren meist ältere Jahrgänge, teilweise schienen sie bis etwa 45 Jahre alt zu sein.

Bei der Rückfahrt nach Wyssokoje fiel dem Herrn Kom. General auf, dass bei den, der Infanterie nachfolgenden Trossen eine grosse Zahl taktisch nicht notwendiger Fahrzeuge mitgezogen wurde.

Um 9.30 Uhr meldete Oberst Wenk, Kdr. I.R. 315, in Kuljnewo. Das Rgt. hat gestern abend die Ortschaften Kaschewo, Ratnaja und Bolotschowa genommen. Vor Kugutschewa, Mokarowa und Ssowlukowo steht noch Feind. Das Rgt. hat seine heutigen Tagesziele erreicht.

Die Befestigungsanlagen, besonders auch die Holzbunker, haben sich als recht stark erwiesen. Das Rgt. hatte gestern 5 Offiziere und 120 Mann Verluste.

Die Nachschubstrasse ist über Ratnaja vorgesehen.

Oberst Wenk erklärte die Ausräumung der Gegend zwischen den Bächen Roscha und Dobraschowka an ihrem Zusammenfluss, in seiner linken Flanke als besonders vordringlich. Der Herr Kom. General entgegnete, dass die A.A. der 31. I.D.[2]) bereits in diesem Raume angesetzt ist und empfahl, für alle Fälle eine Kp. am linken Flügel des Rgt. in Reserve zu halten.

Um 10.00 Uhr meldete der Div.Kdr. 167. I.D. in Babinitschi. Der Widerstand der Russen ist weitaus härter und erbitterter als nach den Gefangenenaussagen und den Überläufer-Meldungen geschlossen werden konnte. In ganz aussichtslosen Lagen kämpft der Russe mit bewundernswerter Zähigkeit, seine Kampfmoral ist vorzüglich. Als Beispiel erzählte der Div.Kdr.: Bei einem Brückenbau hinter der

---

[1]) Aufklärungs-Abteilung.

[2]) Im Text handschriftlich verbessert statt: I.R. 31.

Front wurden zusammen mit Pionieren auch Gefangene eingesetzt. Als durch russische Granatwerfer ein Feuerüberfall auf die Brücke erfolgte, benutzten die Gefangenen die Gelegenheit, ergriffen die zusammengesetzten Gewehre der Pioniere und begannen zu schiessen. Ähnliche Fälle haben sich mehrfach ereignet.

Besonders heftig wehrt sich der Russe aus guten Stellungen im Abschnitt des Rgt. Golle, wo er sehr gut beobachtetes Feuer schwerer Batterien auf unsere Stellungen legt.

Im Nordflügel des Rgt. Golle unternahm der Feind in der letzten Nacht einen Gegenangriff. Er wurde heute morgen wieder vertrieben.

Heftig angegriffen wurde beim Rgt. Kullmer bei Fedorowka. Die Div. hat mit den drei Regimentern die befohlene Linie erreicht. Besonders erfolgreich war gestern das Rgt. Kullmer, dessen Durchbruch im überraschenden Handstreich gelang und dabei 2 Batterien erwischte.

Der Div.Kdr. berichtete, dass Herr Gen.Oberst Guderian bei der 1. K.D. war. Darnach ist von der Pz.Gr. beabsichtigt, die K.D. aus ihrem augenblicklichen Abschnitt abzuziehen und die so entstehende Lücke in der Front bis zum Eintreffen von Infanterie bestehen zu lassen.

Die Div. hatte gestern 250 Mann Verluste.

Der Kom. General sprach Mjr. Golle, Fhr. des I.R. 339, telefonisch seinen Dank und seine Anerkennung für die Leistungen des Rgt. aus.

10.20 Uhr meldete Arko 27 auf seinem Gef.Std. in Babinitschi. Der artilleristische Schwerpunkt ist auf Moratschewo gelegt worden. Stellungswechsel der s.Abt. 841 in dem Raum nordostwärts Kaschewo wird vorbereitet. Es ist dies der Raum, der heute von der A.A. der 31. I.D. gesäubert wird.

Der laufende Verschuss bei der Art. ist tragbar.

Der Anmarschweg nach Kaschewo ist stark vermint. Gen.Mjr. von Krischer bat den Herrn Kom.Gen., diesen Weg durch Pi.-Kräfte entminen zu lassen.

Der Herr Kom.Gen. fuhr anschliessend zum I.R. 331 nach Dimitrowa.

Hier befand sich auch die II./A.R. 238 in Stellung. 11.15 Uhr meldete der Abt.Kdr. In die Gegend von Fedorowka wurde gerade mit VB[3]) geschossen. Der Herr Kom.Gen. wies daraufhin, dass die Entfernung der B-Stelle von der Front – 7 km hinter der Inf. – untragbar ist. Auch wenn ein VB eingesetzt ist, gehört die B-Stelle unmittelbar zur Infanterie. Gestern abend schon hätte Stellungswechsel befohlen werden müssen.

11.25 Uhr meldete Oberstlt. Kullmer das I.R. 331. Der Durchbruch bei Dimitrowa und Ssinykowo ist gestern im Handstreich gelungen. Makowje wurde im konzentrischen Angriff genommen. Bei Karpowka[4]) wurde eine Batterie gefangen. Nach dem Durchbruch setzte sich der Gegner erbittert zur Wehr. 250 Gefangene wurden eingebracht. Der Rgt.Kdr. erwähnte die besonders gute Zusammenarbeit mit der Art.Abt.

Durch dauernde Aufklärungstätigkeit wird das Vorgelände vor den besetzten Ortschaften beherrscht. Bei späterem Angriff soll zunächst Malfa erreicht werden.

Der Herr Kom.Gen. sprach dem Rgt. seinen Dank und seine Anerkennung für den Schneid und die Erfolge aus.

---

[3]) Vorgeschobener Beobachter.

[4]) Verbessert aus Kartpowka.

Auf dem Rückwege zum Korps-Gef.Std. überholte die Gen.Staffel einen Zug von 350 Gefangenen (davon waren etwa 30 in Zivil), die vom Rgt. 315 eingebracht worden sind.

In der Anlage werden die Bemerkungen während der Fahrt vorgelegt.

Lammers
Leutnant

Bemerkungen während der Fahrt.

1.) Bei fortschreitendem Angriff sind bei den Trossen der Infanterie nur die unbedingt notwendigen Fahrzeuge sofort nachzuführen, um während des Kampfes die Nachschubstraße nicht unnötig zu belasten.
2.) Der Armee ist mitzuteilen, daß Pz.Gr. 2 beabsichtigt, die 1. K.D. aus der Front herauszuziehen und die entstehende Lücke bis zum Eintreffen von Inf. bestehen zu lassen.
3.) Arko 27 bittet um Pionier-Kräfte, die den Weg nach Kaschewo entminen.
4.) Die Art. ist beim Angriff immer wieder auf rechtzeitigen, mitgehenden Stellungswechsel hinzuweisen[5]).

Nr. 57

Generalkommando LIII. A.K.
Lt. Dr. Lammers
Begleitoffizier
IIa Nr. 484/41 geh.

Geheim!

K.H.Qu., 5. Okt. 41

Fahrtbericht vom 5. 10. 41

Der Herr Kom. General verliess am 5. 10. 41 um 6.25 Uhr den Korpsgefechtsstand Akulitschi zu einem Besuch von I.R. 339, I.R. 17 und der Div.Gef.Stände der 31. I.D. und 167. I.D.

Wiedereintreffen auf Korpsgefechtsstand: 15.15 Uhr.

Fahrtweg: Akulitschi, Alexejewka[1]), Igruschino, Babinitschi, Podusowa, Wyssokoje, Pawlowitschi, Wyssokoje, Babinitschi, Moschtschenaja[2]), Akulitschi.

In Igruschino auf Rgt.Gef.Std. I.R. 339[3]) erstattete 7.45 Uhr ein Ordonanz-Offz. Meldung. Der Feind hat sich allgemein von der Überraschung erholt und leistet in einer neuen Abwehrstellung erbitterten Widerstand, so vor Ssetolowo, wo er zeitweilig eingedrungen ist. Lipki ist in eigner Hand. Bei Fedorowka ist die Bereinigung im Gange.

---

[5]) Durch das Büro IIa wurde hier angefügt: Verteiler: Ia, Ic, IIa, Qu.
[1]) Verbessert aus: Alekxejewka.
[2]) Verbessert statt: Moschenaja.
[3]) Verbessert aus: I.R. 331.

Das Hintergelände hinter der neugewonnenen Linie des Rgt. ist noch nicht völlig gesäubert. Die Russen, die hier noch gefunden werden, wehren sich bis zuletzt und müssen einzeln aus ihren Schlupfwinkeln herausgezogen werden. Typenmässig ist die Truppe vor I.R. 339[4]) gut und ausgesucht, meist zweijährig gedient.

Die harten Kämpfe beweisen immer wieder, daß Gefangenen- und Überläuferaussagen, allein genommen, ein völlig schiefes Bild von dem Kampfwert der roten Truppen vermitteln.

Gestern wurde mit weittragender Art., vermutlich mit Eisenbahngeschützen, in den Abschnitt des I.R. 339[5]), besonders ins Hintergelände geschossen. Bei der 1. KD. wurden gestern grüne Leuchtkugeln beobachtet, d. h. Feind greift an. Der Verbindungsspähtrupp, der regelmässig von I.R. 339[6]) zur Kav.Div. geht, fand die Holzhütten der Postierungen beim rechten Nachbarregiment verbrannt vor. Diese sollen von den deutschen Truppen selbst angezündet worden sein. Nähere Nachrichten fehlen.

Gestern, am frühen Nachmittag, erschien westlich Potschep eine Ju 52, mit Balkenkreuz gekennzeichnet. Als unsere Truppen der Maschine zuwinkten, wurden sie vom Flieger beschossen.

Die Verluste beim Rgt. sind erheblich. 2 Offiziere werden vermisst.

Der Herr Kom. General erklärte: Es kommt alles darauf an, dass wir hier aushalten. Wir fesseln vor unserer Front 8 Divisionen, dazu ist gestern die 108. Pz.Div. aufgetaucht. Alles, was sich vor unserer Front hält, wird später der Vernichtung nicht entgehen können.

Dem Rgts.Fhr. liess der Herr Kom. General seinen Dank und seine Anerkennung für das vorbildliche Verhalten seines Regiments aussprechen.

Um 8.55 Uhr meldete der Div.Kdr. 167. I.D. auf dem Div.Gef.Std. Babinitschi[7]). Das Regt. Golle hat eine schwere Batterie und eine Radfahrkp. der V.A. der 56. I.D. zugeführt bekommen. Eine weitere Radfahrkp. hat die Div. in Reserve behalten. Die Bereinigung von Fedorowka ist im Gange.

Südlich Malfa sind 6 Geschütze gemeldet worden.

Die Div. hat einen Ausfall von 10 l.M.G., 2 s.M.G., 3 Pak und 2 s.Gran.Werfern. Die Div. bittet um baldige Zuführung von Ersatz für diese Waffen, der Ia schlug vor, ein kleines Reservelager anzulegen, da mit weiterem Ausfall zu rechnen ist.

Der Herr Kom. General gab bekannt, dass für die nächsten Tage nichts wesentlich Neues zu erwarten ist. Es kommt darauf an, die jetzt erreichten Stellungen auszubauen und weiter zu festigen. Die 56. I.D., die dem LIII. Korps unterstellt werden sollte, wird Armee-Reserve, doch bildet sie in den nächsten Tagen, in denen sie, nach Norden marschierend, sich hinter unserer Front befindet, dennoch einen gewissen Rückhalt.

Es ist damit zu rechnen, dass durch das Vordringen der Pz.Gr. Guderian nach Nordosten und Norden auch bei uns in nächster Zeit eine Entlastung eintritt.

Während der Fahrt zur 31. I.D. begegnete der Gen.Staffel bei Golubkowa ein Zug von etwa 300 Gefangenen.

---

[4]) Verbessert aus: I.R. 331.

[5]) Verbessert aus: I.R. 331.

[6]) Verbessert aus: I.R. 331.

[7]) Verbessert statt: Balinitschi.

Um 10.20 Uhr meldete der Ia der 31. I.D. auf Div.Gef.Std. Wyssokoje. I.R. 12 setzt seine Bewegung nach Norden fort mit dem Ziel, Krassnyj[8]) Pacharj zu gewinnen. Damit wird gleichzeitig eine Vorverlegung des Südflügels des Sperrverbandes Menneking auf die Höhe 127 notwendig, um hier den Anschluss in der Front nicht zu verlieren.

Der Kom. General wies darauf hin, dass die Linie des Sperrverbandes erst folgen kann, wenn die 31. Div. in Pacharj sitzt. Dass der Sperrverband mit der Vorverlegung der Front beginnt, und I.R. 12 darauf nach Pacharj nachfolgt, ist bei der dünnen Linie des Sperrverbandes ganz unmöglich.

Der Feind führt vor I.R. 12 und I.R. 82 neue Kräfte, meist auf Lkw heran. Im Waldgelände südostwärts Kutschejewa meldete der Aufklärungsflieger eine Versammlung von Panzern und Lkw, die nach Südosten abzufliessen beginnen. Es sind dies die Reste der Pz.-Kräfte, die gestern bei Pawlowitschi angegriffen haben. Stukas zur weiteren Vernichtung dieser Panzer sollen angefordert werden.

Die Div. hat gestern wenig Gefangene gemacht, der Feind hat aber sehr starke blutige Verluste.

Der Herr Kom.Gen. bezeichnete als vordringlich die Verbindung mit 167. I.D. bei Kutschejewo und Popowa Ssashalka. Die 167. Div. stand bereits mit ihrem linken Flügel bei Gory, musste aber wegen Flankenfeuers unter Verlusten wieder zurückgehen.

Um 11.30 Uhr meldete Oberstlt. von Stolzmann auf Rgt.Gef.Std. I.R. 17 in[9]) Pawlowitschi. Der Herr Kom.Gen. sprach dem Rgt.Kdr. seine besondere Anerkennung aus für den vorbildlichen schnellen und kühnen Durchstoss am Angriffstage und für den gestrigen Abwehrerfolg gegen den Angriff der 108. Pz.Div.

Die Verbindung mit 167. Div. besteht seit dem ersten Angriffstage, erklärte der Rgt.Kdr. Das I. Batl. stand seit 2. Okt. 15.30 Uhr mit Front nach Südosten 1 km südostwärts Gorbatschi.

Nach dem gestrigen Panzerangriff hatte der Feind schwere blutige Verluste. Die Zahl der angreifenden Panzer betrug 51. In Rückmarsch wurden von den Russen heute 15 Panzer gesetzt, sodass der Ausfall an Kampfwagen 36 Stück beträgt. Es handelte sich um 32-Tonner und um 48- oder 54-Tonner-Kampfwagen. Die 3,7 cm Pak, die ihr Feuer erst auf 50 m und auf noch geringere Entfernung eröffnete, blieb meistenteils wirkungslos. Dagegen haben Versuchssprengungen der Pioniere mit 3 kg-Sprengladungen guten Erfolg. Der Herr Kom. General befahl, Versuchssprengungen mit T-Minen anzustellen.

Interessante Beutestücke waren 2 Karten von russischen Panzer-Offizieren, auf denen der Anmarsch der Panzer und der geplante Angriff auf Pawlowitschi eingezeichnet war. Die Panzer kamen aus Gegend 30 km ostwärts Potschep.

Die Kämpfe des I.R. 17 waren sehr erbittert. Das Rgt. hat bisher 214 Mann Verluste.

Für einen weiteren Angriff nach Osten hält der Rgt.Kdr. eine geballtere Zusammenfassung der Kräfte (gemeinsam mit I.R. 315) für notwendig. Ein weiteres Vorgehen von I.R. 17 nach Nordosten wird ohne Ausschaltung der starken feindlichen Front, die in Linie Shirjatino – Sslepyni am Ssudostj aufgebaut wurde, sehr

---

[8]) Verbessert aus Krassnyjy.

[9]) Verbessert statt: im.

verlustreich für das schon geschwächte Regiment. Die mit dem I.R. 17 im Angriff fortschreitende Ausräumung der Orte Kolytschewo, Kolytschewa[10]), Sslepynj und Rasdel wäre deshalb erforderlich. Der Herr Kom. General entgegnete, dass bei einer solchen Aufgabe das Rgt. Wenk doch wieder nicht Schritt halten könnte, da ja schon sofort beim Angriffsbeginn dies Nachbarregiment durch den Brückenschlag bei Staraja Gat ins Hintertreffen geraten muss. Es wäre deshalb die Inbesitznahme von Shirjatino durch I.R. 17 als Einzelaktion ins Auge zu fassen. Das Rgt. Wenk kann gleichzeitig noch vor dem weiteren Angriff einen Brückenkopf bei Staraja Gat bilden.

Anschliessend an den Lagebericht anhand der Karte zeigte der Rgt.Kdr. die Front vor Pawlowitschi im Gelände. Das wellige Höhengelände gestattet auch hier von einigen hochgelegenen Punkten eine Übersicht über die ganze Front. Die Stellung nördlich Paschkowo belegte der Feind mit Art.Feuer.

In der Nähe des Rgt.Gef.Standes auf einer beherrschenden Höhe wurde ein Heldenfriedhof des Rgts. angelegt.

Den versammelten Soldaten, die hier eingesetzt waren, sagte der Herr Kom. General: „Ihr gehört zu dem Rgt., das am ersten Angriffstage im schnellen und kühnen Vorstoss am tiefsten in den Feind eingedrungen ist. Gestern habt ihr euch in der Abwehr gegen die 108. russische Pz.Div. hervorragend geschlagen. Mögen die Opfer schwer sein, in dieser letzten grossen Entscheidungsschlacht müssen wir sie für unsere grosse gemeinsame Sache bringen. Sagt allen euren Kameraden, dass euer Kom.Gen. euch dankt für euren Opfermut und eure grossen Erfolge!"

Um 12.50 Uhr besuchte der Kom. General noch einmal den Div.Gef.Std. 31. I.D. Hier wurde fernmündlich vom Gen.Kdo. mitgeteilt, dass die 56. I.D. doch dem LIII. Korps unterstellt wird, und dass das Korps von der Armee den Auftrag erhielt, möglichst[11]) bald die Strasse Roslawl – Brjansk zu erreichen. Der Angriffsbeginn für diesen Vorstoss zur Strasse richtet sich nach dem Eintreffen der 56. I.D. an der Front und kann nicht vor dem 8. Okt. angesetzt werden.

Der Herr Kom.Gen. erklärte darauf dem Ia: Dieser Auftrag der Armee macht die Verlagerung des Schwerpunktes nach Norden notwendig, deshalb muß I.R. 12 im Vorstoss nach Norden jetzt unbedingt Boden gewinnen.

Die Wegnahme von Shirjatino durch I.R. 17 ist vorzubereiten. 167. I.D. wird wahrscheinlich einen Brückenkopf bei Staraja Gat bilden. Die Angriffsstreifen der Div. werden voraussichtlich stark nach Nordosten gedreht, um im möglichst kleinem Anlauf die Strasse zu gewinnen.

13.10 Uhr[12]) traf der Herr Kom.Gen. noch einmal bei der 167. I.D. ein und gab den neuen Auftrag der Armee bekannt. Der Herr Kom.Gen. plant, die beiden südlichen Regimenter der 167. I.D. durch 56. I.D. abzulösen, um mit I.R. 315 und I.R. 331 im Angriff nach Nordosten die Strasse zu erreichen. Die Einführung der 56. I.D. in die Front kann am Tage durchgeführt werden, um beim Gegner den Eindruck hervorzurufen, die Front erfährt eine Verstärkung. Das Herauslösen der 167. I.D. muss nachts erfolgen.

---

[10]) Die etwa gleichlautenden Ortschaften Kolytschewo und Kolytschewa liegen südlich und südostwärts von Pawlowitschi 6 km von einander entfernt.

[11]) Verbessert aus: möglichs.

[12]) Verbessert aus: 12.10 Uhr.

Um gleich bei Angriffsbeginn einen Stop zu vermeiden, ist bei Staraja Gat vor 8. Okt. ein Brückenkopf zu bilden.

Der Div.Kdr. gab bekannt, dass 2 V-Leute[13]) hinter der russischen Front von der Div. eingesetzt worden sind.

In der Anlage werden die Bemerkungen während der Fahrt vorgelegt.

Lammers
Leutnant

Bemerkungen während der Fahrt.

1.) Es ist zu klären, warum die Unterkünfte der vorgeschobenen Postierungen bei der 1. K.D. angezündet worden sind, und welche Umgruppierungen bei der K.D. vorgenommen wurden.

2.) Am 4. Okt., am frühen Nachmittag, wurden Angehörige des I.R. 339, die westlich Potschep einer Ju 52 zuwinkten, von dem Flieger beschossen. Das Flugzeug war gekennzeichnet mit dem deutschen Balkenkreuz. Durch Flivo[14]) ist dieser Vorfall zu klären.

3.) Muss ein höherer Vorgesetzter bis in die vorderen Linien fahren, so ist die Zahl der Kraftfahrzeuge möglichst gering zu halten. Niemals mit Kraftfahrzeug-Kavalkaden an die Front oder in eingesehene Räume!

4.) Versuchssprengungen von russischen Beute-Panzern mit T-Minen sind anzustellen.

5.) Wird in einer Unterkunft eine Brücke beschädigt, oder tritt ein anderes Verkehrshindernis auf, so befiehlt der nächste Einheitsführer von sich aus die sofortige Instandsetzung.

6.) Kommt eine Truppe in eine Unterkunft, so bringt sie sofort an den Dorfeingängen eine Tafel mit dem Ortsnamen an, gleichzeitig werden Wegweiser an den Kreuzungen angebracht[15]).

---

[13]) V-Leute = Verbindungs- oder Vertrauensleute, Organe der Ic-Abteilung.

[14]) Flieger-Verbindungsoffizier.

[15]) Hier wurde vom Büro IIa eingefügt: Verteiler: Ia, Ic, IIa, Qu.

Nr. 58

Generalkommando LIII. A.K. K.H.Qu., 6. Okt. 1941
Lt. Dr. Lammers
Begleitoffizier
Nr. 487/41 geh. IIa

Geheim!

Fahrtbericht vom 6. 10. 41

Der Herr Kom. General verliess am 6. Okt. 41 um 14.15 Uhr den Korpsgefechtsstand Akulitschi, um die neuunterstellte 56. I.D. auf dem Marsch zu sehen.

Wiedereintreffen auf Korpsgefechtsstand 16.30 Uhr.

Fahrtweg: Akulitschi, Belkowo, Balyki, Ogorodniki, Iljuschina, Schkotowka, Nadinka, Iljuschina, Lutschewo, Akulitschi.

Im Raume um Balyki und Alexejewa waren die Truppen um 15.00 Uhr bereits untergezogen. In dem Raum von Nadinka und Iljuschina befand sich die Truppe noch auf dem Marsch.

Die Pferde der Div. machen durchweg einen abgetriebenen Eindruck und sind stark abgemagert. Der grösste Teil der alten Truppenpferde ist durch beigetriebene Russenpferde ersetzt. Eine grosse Reihe von Panjefahrzeugen wurde mitgeführt. Durch den wenig leistungsfähigen Zustand der Pferde wurde die Marschordnung beeinträchtigt. Eine Reihe von Fahrzeugen und erschöpften Pferden musste nachgeführt werden.

Lammers
Leutnant[1])

Nr. 59

Generalkommando LIII. A.K. K.H.Qu., 7. Okt. 1941
Lt. Dr. Lammers
Begleitoffizier
IIa Nr. 488/41 geh.

Geheim!

Fahrtbericht vom 7. 10. 41

Der Herr Kom. General verliess am 7. 10. 41 um 12.20 Uhr den Korpsgefechtsstand Akulitschi zu einem Besuch der 167. I.D. Anschliessend rückte die Gen.Staffel auf dem Korpsgef.Std. Babinitschi ein.

Eintreffen auf Korpsgefechtsstand Babinitschi 14.15 Uhr.

Fahrtweg: Akulitschi, Gniliza, Buda, Kuljnewo, Babinitschi.

Um 13.15 Uhr meldete der Div.Kdr. der 167. I.D. auf dem Div.Gef.Std. in Kuljnewo. Das Rgt. Kullmer hat heute morgen um 10.00 Uhr Malfa erreicht. Nach-

---

[1]) Im Anschluß hat das Büro IIa eingefügt: Verteiler: Ia, IIa, Ic, Qu.

dem die Art. nachgezogen worden war, ist das Rgt. über Malfa hinaus weiter nach Nordosten vorgestossen. Das Rgt. erhielt darauf starkes Art.Feuer aus nordostwärtiger Richtung und aus der rechten Flanke. Der Feind vor dem Rgt. versucht vergeblich, nachdem er einmal geworfen ist, sich wieder zu setzen.

Die Brücken bei Malfa sind unversehrt. Ein grösseres Minenfeld vor Malfa ist aufgenommen worden.

Das I.R. 171[1]) wird nach Malfa nachgezogen.

Das Rgt. Wenk kämpft sich bei fortwährenden Gegenangriffen des Gegners in seiner Südflanke etwas langsamer vorwärts. Kolytschewa ist genommen. Das Rgt. erhält Art.Feuer aus den Wäldern südlich[2]) Kolytschewa.

Die Div. will heute die Linie Kjewerny[3]) – Sslepynj erreichen.

Um 10.00 Uhr hat das Rgt. Kullmer in Malfa einen hier stehenden russischen Tross erbeutet und so eine Reihe guter russischer Militärfahrzeuge in die Hand bekommen. 300 Gefangene wurden um 10.00 Uhr von diesem Rgt. gemeldet. Gleichzeitig wurde eine Reihe s.M.G., l.M.G. und Granatwerfer erbeutet.

Der Herr Kom.Gen. gab als vorläufiges Endziel des Korps die Strasse Roslawl – Brjansk bekannt. Der Gegner geht auf dieser Strasse in grossen Kolonnen in Richtung Brjansk zurück, und wenn er auch die Brücken in Brjansk durch die Panzergruppe Guderian versperrt findet, so hat er doch noch die Möglichkeit, über die Brücken bei Ordshonikidsegrad nach Shisdra zu entkommen. Deshalb ist die Blokkierung der Strasse Roslawl – Brjansk in unserem Abschnitt von grösster Bedeutung.

Die russischen Truppen, die vor dem LIII. A.K. zäh und hinhaltend kämpfen, haben wahrscheinlich den Auftrag, durch ihren Widerstand die Durchschleusung der von Nordwesten auf der Brjansker Strasse zurückflutenden russischen Truppen zu ermöglichen. Die Flanken des Korps sind bei diesem Auftrage, die Brjansker Strasse zu blockieren, sehr gefährdet.

Wird nämlich mit Teilen unseres Nordflügels die Brjansker Strasse erreicht, so besteht die Möglichkeit, dass der Feind westlich von der Strasse abweicht und in unsere schwache Nordflanke hineingerät. Hier im Norden fehlt dem Korps ein Rgt.

Südlich von uns, bei Trubtschewsk hat heute das XXXV. Höhere Kdo. nach Norden angegriffen. Hierdurch besteht die Möglichkeit, dass der zurückgehende Gegner, von Süden kommend, in unsere rechte Flanke gerät.

Deshalb ist durch 56. I.D. eine starke südliche Flankenabwehrfront zu bilden. Die Säuberung des heute gewonnenen Geländes ist der 56. I.D. zu überlassen und Malfa möglichst bald an I.R. 234 abzugeben, damit die Kräfte der 167. Div. ausschliesslich für den weiteren Vorstoss genützt werden, und der Angriffsstreifen schmaler wird.

Von der Armee ist geplant, Brjansk im Zusammenwirken mit Teilen der Pz.Gr. Guderian zu nehmen.

Der Div.Kdr. meldete, dass die Art.Abt. der 56. I.D., die der 167. I.D. unterstellt ist, mit ihren erschöpften Pferden das Tempo des Angriffs nicht halten kann und zurückbleibt.

---

[1]) 56. I.D.

[2]) Verbessert aus: sündlich.

[3]) Verbessert aus: Klewernyj.

Der Herr Kom.Gen. erwiderte, dass er selbst gestern beim Marsch der 56. I.D. den Eindruck erhalten habe, dass die Div. mit diesen Pferden nicht mehr voll einsatzfähig ist. Die Pferde der 56. Div. haben sich nach den grossen Anstrengungen beim Marsch durch die Pripjet-Sümpfe nicht mehr erholen können.

Von der uns zugeteilten Sturm-Art. ist im Augenblick nur ein Geschütz einsatzbereit, sodass mit dem Einsatz dieser Abt. zunächst nicht gerechnet werden kann.

Die Div. plant die Verlegung ihres Gef.Standes nach Shirjatino.

Die Fortführung der Nachschubstrasse der Div. ist geplant über Ratnaja, Shirjatino, Starschewitschi.

In der Anlage werden die Bemerkungen während der Fahrt vorgelegt.

Lammers
Leutnant

Bemerkungen während der Fahrt.

1.) An die Angehörigen der Generalsstaffel ist möglichst bald die Winterbekleidung auszugeben (Wachmäntel). Die Ausgabe eines Wachmantels an Herrn Kom.Gen. ist vorzubereiten.
2.) Der Armee ist als Absicht für morgen auch[4]) mitzuteilen: Säuberung des Hintergeländes im heute gewonnenen Raum.
3.) Die Divisionen melden täglich, welche Strassen entmint und mit Kfz. passierbar sind, und welche Brückenübergänge vorhanden oder wiederhergestellt sind.[5])

Nr. 60

Generalkommando LIII. A.K. K.H.Qu., 8. Okt. 1941
Lt. Dr. Lammers
Begleitoffizier
IIa Nr. 496/41 geh.

Geheim!

Fahrtbericht vom 8. 10. 41

Der Herr Kom. General verliess am 8. 10. 41 um 7.30 Uhr den Korpsgefechtsstand Babinitschi zu einem Besuch der 167. und 31. I.D.

Wiedereintreffen auf Korpsgefechtsstand: 10.45 Uhr.

Fahrtweg: Babinitschi, Kulnjewo, Ratnaja, Kashowa, Klino, Paschkowo, Kashowa, Babinitschi.

7.50 Uhr meldete der Div.Kdr. 167. I.D. in Kulnjewo. Die Div. hat gestern im weiteren zügigen Angriff nach Nordosten das Waldgebiet zwischen Malfa und Ko-

[4]) „auch" wurde vom Kom.Gen. handschriftlich an dieser Stelle eingefügt.
[5]) Hier eingefügt von Büro IIa: Verteiler: Ia, Ic, Qu., IIa.

lytschewa durchstossen, den sich zäh zur Wehr setzenden Feind vor sich hergetrieben und die Linie Kjewernyj – Nowyj Mir[1]) – Krasnopolje erreicht.

Das kühn vorstossende Rgt. Kullmer stürmte eine feuernde Batterie, drehte die Geschütze um 180 Grad und schoss damit in den zurückgehenden Gegner.

Aus Olschowka wurde das Rgt. Kullmer stark in der rechten Flanke bedroht. In einer Sonderaktion wurde nach hartem Widerstand diese Ortschaft genommen.

Das Rgt. Wenk hat in fortwährenden Kämpfen Rasdel erreicht.

Das I.R. 171 säubert nachfolgend das Waldgelände in dem vermutlich noch Art. steht und sichert nach Süden.

Der Herr Kom.Gen. gab bekannt: Die 31. I.D. erreicht heute noch die Strasse Roslawl – Brjansk. Vom Korps ist vorgesehen, diese Div. nach Erreichen der Strasse links einzuschwenken und das Gebiet zwischen dem Sperrverband Menneking und der Desna zu bereinigen. Dazu muss die 167. I.D. den Abschnitt des I.R. 17 mit übernehmen, um der 31. I.D. grössere Handlungsfreiheit nach Nordwesten zu geben.

Die 167. I.D. treibt nach Erreichen der Brjansker Strasse Gefechtsaufklärung bis an die Desna vor.

Vom Rgt. Kullmer wurden am 7. Okt. folgende Gefangenen- und Beutezahlen gemeldet: 790 Gefangene (130 tote Russen wurden gezählt). Erbeutet wurden: 4 Geschütze, 29 s.M.G., 24 l.M.G., 420 Gewehre, 3 s.Granatwerfer, 2 l.Granatwerfer, 2 Feldküchen, 1 Raupenschlepper, 31 Bespannfahrzeuge, 97 Pferde, 95 kleine ausgebaute Holzminen.

Der Herr Kom. General legte nahe, die Nachführung des Rgts. Golle möglichst zu beschleunigen.

8.35 Uhr meldete Arko 27 auf seinem Gef.Std. in Kaschewo. Die feindliche Artillerie-Tätigkeit im Abschnitt des Korps hat seit heute Nacht fast völlig nachgelassen. Aus Norden schoss vereinzelt weittragende Artillerie, vermutlich ein Eisenbahngeschütz.

Der Fesselballon konnte gestern beim starken Sturm nicht beobachten und hatte starken Gasverlust. Ebenfalls konnte mit Schall wegen starken Windes nicht aufgeklärt werden.

Der Herr Kom.Gen. befahl, den Einsatz des Ballons nach dem Stellungswechsel nach vorwärts besonders zu beschleunigen, um heute noch Beobachtungen vom zurückgehenden Feinde zu gewinnen. Gleichzeitig gab der Kom.Gen. die Absicht des Korps bekannt, nach Erreichen der Brjansker Strasse nach Nordwesten einzuschwenken und den Raum vor dem Sperrverband Menneking zu bereinigen.

9.20 Uhr meldete der Div.Kdr. 31. I.D. in Paschkowo. Die Regimenter der Div. gehen seit heute morgen in ihren Angriffsstreifen planmäßig vor und werden bald die Brjansker Strasse erreichen. Heute nacht schoss die eigene Art. Störungsfeuer auf die Ortschaften an der Strasse Brjansk – Roslawl.

Der Herr Kom.Gen. erklärte: Die nächste Aufgabe der Div. besteht in der Ausräumung des Geländes zwischen dem Sperrverband und der Desna von zurückgebliebenen Feindteilen. Mit der Einschwenkung der Div. nach Nordwesten ist sobald wie möglich zu beginnen. Wenn die Bewegungen zur Brjansker Strasse ent-

---

[1]) Verbessert aus: Nowuj Mir.

sprechend fortschreiten, ist diese Säuberungsaktion noch heute einzuleiten. Gleichzeitig ist Gefechtsaufklärung bis zur Desna vorzutreiben.

Um der 31. I.D. für ihre Säuberungsaufgabe die nötige Bewegungsfreiheit zu geben, wird das Höhengelände bei Kapylowka durch 167. I.D. übernommen werden.

Gestern hat die Div. etwa 500 Gefangene gemacht. I.R. 82 hat eine Batterie erbeutet. Die Verluste seit 2. Okt. betragen bei der Div. 150 Gefallene, 750 Verwundete.

Durch einen Panzer-Verbindungs-Offizier hat die Div. erfahren, dass nur schwache Teile der 17. Pz.Div. in Brjansk zurückgeblieben sind und die Pz.Gr. Guderian bereits bei Tula steht[2]).

Der Kom.Gen. gab bekannt, dass das XXXXIII. Korps nach Süden eingedreht ist, sodass vor unserem Abschnitt im Zusammenwirken mit diesem Korps wahrscheinlich ein Kessel gebildet wird.

Der Div.Kdr. teilte mit, dass beim letzten Mannschaftsersatz durch das Marschbatl. der Div. zu viel Artilleristen und zu wenig Infanteristen zugeführt wurden.

Bei Kaschewo war um 10.10 Uhr durch die Ballon-Batterie, die Stellungswechsel nach vorwärts machte, der Übergang über die Brücke verstopft. Der Ausbau der Brücke und der Brückenanfahrt ist hier dringend notwendig.

In der Anlage werden die Bemerkungen während der Fahrt vorgelegt.

Lammers
Leutnant

Bemerkungen während der Fahrt.

1.) Die Entminung der Strasse Shirjatino – Pawlowitschi ist beschleunigt durchzuführen.
2.) Zum Brückenbau bei Kaschewo und Klino sind sofort Pionier-Kräfte anzusetzen.
3.) Gefallene Russen und Tierleichen sind sofort durch Zivilisten eingraben zu lassen[3]).

---

[2]) Die Nachricht stimmte nicht. Die Pz.Gr. wurde auf ihrem Wege nach Tula bei Mzensk gestoppt.

[3]) Durch Büro IIa wurde hier eingefügt: Verteiler: Ia, Ic, Qu., IIa.

Nr. 61

Generalkommando LIII. A.K.
Lt. Dr. Lammers
Begleitoffizier
IIa Nr. 498/41 geh.

Geheim!

K.H.Qu., 9. Okt. 1941

Fahrtbericht vom 9. 10. 41

Der Herr Kom. General verliess am 9. Okt. 41 um 8.00 Uhr den Korpsgefechtsstand Babinitschi zu einem Besuch der 56. I.D.

Wiedereintreffen auf Korpsgefechtsstand: 10.45 Uhr.

Fahrtweg: Babinitschi, Worobejinja, Dimitrowo, Karpowka, Makowje[1]), Dimitrowo, Babinitschi.

Über die Ssudostj-Brücke bei Dimitrowo rückten Art. und Trosse der 167. und 56. I.D.

Um 9.00 Uhr meldete der Div.Kdr. der 56. I.D. in Makowje[2]). Die Div. hat keine Verbindung mit der 1. K.D. und ist nicht über die Absichten dieser Div. orientiert.

Der Herr Kom. General gab darauf bekannt: Vor 1. K.D. weicht der Feind zurück. Die Kav.Div. ist im Vorgehen.

Die 2. Armee hat an die unterstellten Armee-Korps neue Ziele befohlen.

Das Höhere Kommando XXXV marschiert nach Tula, XXXXIII. A.K. nach Kaluga. Das LIII. A.K. rückt vor auf Aleksin an der Oka.

Das Korps marschiert nach Aleksin in 2 Marschgruppen. 31. I.D. geht vor auf Strasse Brjansk – Ordshonikidsegrad, Shisdra, Klinzy[3]), Aleksin.

167. I.D. marschiert mit nachfolgender 56. I.D. auf Strasse Brjansk – Karatschew, Belew, Aleksin.

In der Linie Koselsk – Belew treffen die Divisionen des Korps wieder zusammen.

Vom Feind vor der Front des Korps liegen keine besonderen Meldungen vor. Die verhältnismäßig geringe Zahl von 3000 Gefangenen und die Beute von nur 13 Geschützen, die das Korps gemacht hat, zeigen, dass es dem Gegner gelungen ist, sich geschickt abzusetzen.

Spähtrupps der 167. I.D haben gestern Verbindung bei Brjansk mit 17. Pz.Div. aufgenommen.

Feindteile, die sich noch in den Wäldern nordwestlich Ordshonikidsegrad befinden, bleiben beim weiteren Vormarsch von uns unberücksichtigt.

Zum Rückzug des Feindes bemerkte der Herr Kom. General: Für die Vernichtung des Feindes bei den weiträumigen Verhältnissen in Russland sind nicht die großen operativen Kessel am geeignetesten, mehr Erfolg versprechen Umfassungen und Einschliessungen auf kleinem Raum, da dann dem Gegner die Möglichkeit zum Ausweichen genommen wird. Bei weiträumigen Umfassungen ist die eigene Front doch im allgemeinen zu dünn.

---

[1]) Verbessert aus: Markowje.

[2]) Verbessert aus: Markowje.

[3]) Der Ort Klinzy (o.n.ostw. Gomel gelegen) ist in dieser Reihe nicht möglich. Vielleicht ist dafür „Koselsk" zu setzen.

Wenn vor uns sich der Feind auch mit einigen Teilen der Vernichtung entziehen konnte, so ist dennoch das Industriegebiet um Moskau für ihn verloren. Stellt er sich mit seinen restlichen Kräften in einer durchlaufenden Front zum Schutz dieses Gebietes auf, so wird diese Linie so dünn, dass sie leicht von uns durchbrochen werden kann. Massiert er seine letzten Kräfte aber, so stossen wir an ihnen vorbei, dringen ins Industriegebiet ein und umschließen Moskau. Die Aufgabe des Korps ist es, bei der vorgeschrittenen Jahreszeit die guten Tage noch mit aller Kraft zu nutzen und beim Vormarsch auf das Moskauer Industriegebiet in den ersten Tagen möglichst große Strecken zu bewältigen. Selbst Gewaltmärsche bei dem augenblicklichen guten Wetter stellen nicht die Anforderungen an Truppe und Pferde, wie durchschnittliche Tagesmärsche während der Regenperiode.

Die V.A.[4]) der 56. I.D. bestimmte der Herr Kom.Gen. zur Korps-V.A. beim bevorstehenden Vormarsch. Sie wird, den Divisionen voraus, auf Aleksin vorstossen. Zunächst übernimmt sie den Flankenschutz des Korps nördlich der Strasse Roslawl – Brjansk.

Die Radfahrkp. der Div., die beim Sperrverband Menneking eingesetzt ist, tritt in den nächsten Tagen zu ihrem Rgt. bei der Div. zurück.

Bei Potschep und Baratschewka müssen zum Schutze der Brücken starke Sicherungen zurückgelassen werden. Während des Berichts des Div.Kdrs. traf ein Funkspruch von 1. K.D. ein: 1. K.D. ist im Vorgehen auf Trubtschewsk.

Der Kom.Gen. sagte, dass bei der Herfahrt zur Div. die Pferde der schweren Abteilung einen recht guten Eindruck auf ihn gemacht hätten. Der Div.Kdr. erwiderte, dass das Aussehen der Pferde wohl gut ist, dass sich die Mehrzahl der Pferde aber beim Marsch durch die Pripjet Sümpfe organische Schäden an Herz und Lunge zugezogen haben und dadurch wenig leistungsfähig sind.

Der Kom.Gen. gab dem Div.Kdr. einen Bericht von der Abwehrschlacht und den Einschliessungsoperationen bei Rogatschew und Gomel.

Auf der Rückfahrt zum Korps-Gef.Std. begegnete um 10.40 Uhr bei Worobejinja der Gen.Staffel ein Marschbatl. der 167. I.D. in Stärke von 502 Mann.

In der Anlage werden die Bemerkungen während der Fahrt vorgelegt.

Lammers
Leutnant

Bemerkungen während der Fahrt.

1.) Bei der Armee ist anzufragen, ob die bei Potschep und Baratschewka zurückbleibenden Brückensicherungen von der Armee gestellt werden.
2.) Die Russen haben Minen häufig nicht auf dem Weg selbst, sondern rechts und links der Strasse gelegt. Auf den augenblicklichen Vormarschstrassen ist besonders gut rechts heranzufahren, um überholende und entgegenkommende Fahrzeuge nicht in das minengefährdete Gelände zu zwingen.
3.) Lt. Sunkel ist von I.R. 17 zum Korps-Gef.Stab zurückzukommandieren[5]).

[4]) Vorausabteilung.
[5]) Hier wurde vom Büro IIa eingefügt: Verteiler: Ia, Ic, Qu., IIa.

Nr. 62

Generalkommando LIII. A.K.
Lt. Dr. Lammers
Begleitoffizier

K.H.Qu., 10. Oktober 1941.

Fahrtbericht vom 10. 10. 41

Der Herr Kom. General verließ am 10. 10. 41 um 6.05 Uhr den Korpsgefechtsstand Babinitschi zu einem Besuch der 31. I.D. und der 17. Panzerdivision. Anschliessend rückte die Generalsstaffel auf den neuen Korpsgefechtsstand Starschewitschi ein.

Eintreffen auf Korpsgefechtsstand Starschewitschi 14.00 Uhr.

Fahrtweg: Babinitschi, Kuljnewo, Ratnaja, Shirjatino, Starschewitschi, Leninskaja, Glinischtschewo, Brjansk, Leninskaja, Starschewitschi.

Der erste Schneefall hatte den Zustand der Wege erheblich verschlechtert. Bei anhaltendem Wetter und bei fortdauernder Benutzung ist es unmöglich, die Versorgung der Divisionen über die Landwege zu leiten. Der Nachschub muß deshalb so bald wie möglich über die große Straße Roslawl – Brjansk und die Roslawler-Eisenbahn geleitet werden.

Auch ist von Märschen in dieser Jahreszeit ganz besonders sorgfältige Wegeerkundung notwendig.

9.50 Uhr meldete der Ia der 31. I.D. in Glinischtschewo. Die 31. I.D. plant den Bau einer Pontonbrücke über die Desna im Nordteil von Brjansk. Gleichzeitig wird mit allen verfügbaren Kräften der Bau einer Holzbrücke begonnen. Der Herr Kom. General befahl, die Brücke zunächst einbahnig zu Ende zu bauen und danach eine zweite Bahn anzubauen.

Der Ia bezeichnete die An- und Abfahrt zur Brücke als besonders schwierig. Ein Knüppeldamm von etwa 500 m Länge muß ebenfalls gebaut werden.

Die Brücke und die Zufahrt muß mindestens den Marsch von 3 Divisionen aushalten, da das ganze Korps über eine Brücke und auf einer Strasse vormarschiert.

Die 31. I.D. greift heute den Feind an, der noch in Brjansk-Ostteil und Ordshonikidsegrad sitzt, und erkundet die Wege aus Brjansk in Richtung Shisdra.

Der Ia erwähnte, dass die Pferde unter den Märschen und der Witterung der letzten Tage, besonders auch durch die nächtliche Unterbringung im Freien merklich gelitten haben. Bei den augenblicklichen Verhältnissen ist Tagesdurchschnitt für den weiteren Vormarsch 20 km.

Bei der großen Beanspruchung eines Weges durch 3 Divisionen müssen alle verfügbaren Pionier- und Arbeitskräfte für den Wegeausbau und die Instandhaltung angesetzt werden. Der Herr Kom. General bestimmte daher, dass Oberst Menneking sofort die Aufgabe des Korpspionierführers übernimmt.

Die Unterhaltung der Vormarschstrasse des Korps ist besonders auch für den Nachschub wichtig, da die Wiederherstellung der Eisenbahnbrücke bei Potschep noch etwa 8 Tage dauert und mindestens eben so lange die Herstellung der Eisenbahnbrücke bei Brjansk.

Die 17. Panzerdivision bleibt noch 1 bis 2 Tage in Brjansk, da auf ihrer Vormarschstrasse noch etwa 12 Brücken wiederhergestellt werden müssen.

Um 11.20 Uhr traf der Herr Kom. General auf den Divisionsgefechtsstand der 17. Panzerdivision ein und hatte eine Besprechung mit den Div.Kdr.

Anschliessend fuhr die Generalsstaffel zur Brückenstelle im Nordteil von Brjansk. Hier wurde gerade der Angriff gegen den Nordostteil der Stadt vorgetragen. Unter dem Schutz von M.G.- und I.G. Feuer setzten die Infanteriegruppen mit Sturmbooten über den Fluss und gewannen bald das Gelände bei Worowskogo.

12.15 Uhr meldete Oberst Wenk auf Rgt.Gef.Std. I.R. 315 in Brjansk. Das Regiment hat seinen Vormarsch ohne besondere Zwischenfälle angetreten.

In der Anlage werden Bemerkungen während der Fahrt vorgelegt.

Lammers
Leutnant[1])

Bemerkungen während der Fahrt.

1.) Die Kübelwagen der Generalsstaffel erhalten sofort Schneeketten und Heizscheiben. Notwendigenfalls sind die Schneeketten vom Qu.-Kübelwagen an 1. Kübelwagen der Generalsstaffel abzugeben.
2.) Bei den Märschen des Korpsstabes ist vorher besonders sorgfältige Wegeerkundung einzuleiten. An schwierigen Wegstellen sind vorher Absperr- und Verkehrsregelungsposten einzuteilen.
3.) Der Nachschub des Korps ist so bald wie möglich über die Strasse Roslawl – Brjansk und die Roslawler-Eisenbahn zu leiten.
4.) Oberst Menneking übernimmt sofort die Aufgaben des Korpspionierführers.
5.) Der schlechte Zustand der Strassen und das schlechte Wetter der vorgeschrittenen Jahreszeit machen die besonders scharfe Einhaltung der Verkehrsvorschriften notwendig. Rechts ranfahren!
6.) Die Panjekolonnen, die für den Nachschub eingesetzt werden und meistens aus größeren Russentrupps bestehen, müssen ebenfalls streng an die Verkehrsdisziplin gewöhnt werden. Ihnen ist ein energischer, verantwortlicher deutscher Führer zuzuteilen.

---

[1]) Durch Büro IIa wurde hier eingefügt: Verteiler: Abt. Ia, Abt. Ic, Abt. Qu., Abt. IIa.

Nr. 63

Generalkommando LIII. A.K. K.H.Qu., 11. Okt. 1941
Lt. Dr. Lammers Geheim!
Begleitoffizier
IIa Nr. 500/41 geh.

Fahrtbericht vom 11. Okt. 41

Der Herr Kom. General verliess am 11. Okt. 1941 den Korpsgefechtsstand Starschewitschi um 8.00 Uhr zu einem Besuch der 31. und 56. I.D. Anschliessend rückte die Gen.Staffel auf dem neuen Korpsgef.Std. Brjansk ein.

Eintreffen auf Korpsgef.Std. Brjansk 14.00 Uhr.

Fahrtweg: Starschewitschi, Glinischtschewo, Brjansk, Suponewo, Brjansk.

Auf der Rollbahn marschierte 10 km vor Brjansk um 9.10 Uhr ein Marschbatl. der 167. I.D. mit 220 Mann.

9.25 Uhr wurde vor Brjansk die s.Art.Abt. der 31. I.D. überholt. 9.45 Uhr marschierten Teile von I.R. 315 durch Brjansk.

10.30 Uhr meldete der Ia der 31. I.D. auf Div.Gef.Std. Brjansk. Der Rodixoe-See ist von der Div. erreicht. Letzter Feindwiderstand wurde hier gebrochen. 200 Gefangene und Beute wurden eingebracht. Der Vormarsch der Div. konnte in Marschordnung fortgesetzt werden. Beide Vormarschstrassen sind von den Russen vermint worden und haben eine 2,5 km lange Baumsperre. Durch die Entminung treten ziemliche Verzögerungen ein, da diese Minen gegen das Aufnehmen entsichert sind und einzeln gesprengt werden müssen.

Dagegen kommt das Rgt. Hossbach auf unverminten Wegen gut vorwärts. In Ordshonikidsegrad befindet sich lt. Meldung des I.R. 82 viel rollendes Eisenbahnmaterial.

Für den weiteren Vormarsch bezeichnete der Herr Kom.Gen. 30 km Tagesdurchschnitt bei den Märschen als durchaus tragbar. Die Divisionen müssen bei dem augenblicklich guten Wetter noch einmal alle Kräfte für grosse Märsche ansetzen. Besser ist es, 30 km bei gutem Wetter an einem Tage zu marschieren, als an 2 Tagen bei Regenwetter je 15 km. Möglichst ist der gefrorene Zustand der Wege durch Nachtmärsche auszunützen.

Zwei schlecht von den Russen gesprengte Holzbrücken werden ausgebessert. Diese Instandsetzung benötigt weniger Zeit als die Errichtung einer neuen Behelfsbrücke.

Der Herr Kom.Gen. befahl, den Ausbau der Brücken mit grösster Eile zu betreiben. Die Div. wurde angewiesen, die Eisenbahnstrecke Roslawl – Shisdra nach stehengebliebenen russischen Eisenbahnzügen zu untersuchen.

Der Kom.Gen. fuhr hierauf zur Übersetzstelle an der Desna. Um 10.55 Uhr meldete sich Gen.Mjr. Berthold bei der Pontonbrücke im Nordteil von Brjansk. Die s.Art. der 31. Div. war beim Übersetzen.

11.05 meldete der Brückenkommandant, der das Übersetzen beaufsichtigte. Während der letzten Nacht wurde die Brücke bis heute morgen 6.00 Uhr fertiggestellt.

Die An- und Abfahrt zur Brücke ist ganz brauchbar. Beim Übersetzen wurde mit Abständen zwischen den Fahrzeugen gefahren. Das ist bei einer 20 to Brücke nicht notwendig und verzögert den Übergang unnötig.

12.00 Uhr marschierte das I.R. 12 durch Brjansk. Der Kom.Gen. liess Teile des Rgts. an sich vorüberziehen und begrüsste die Kompanien.

12.45 Uhr meldete sich Mjr. König, Ic der 167. I.D., der zur Wegeerkundung in Brjansk war. Der Herr Kom.Gen. befahl, sofort beim Rgt. Wenk anzufragen, wie die Beschaffenheit des Weges ist, auf dem das Rgt. marschiert, da, wenn der Weg gut genug ist, die ganze Div. auf dieser Strasse angesetzt wird, um auf eine grössere Feind- und Materialansammlung im Raume von Podbushje vorzustossen.

Um 13.15 Uhr traf der Kom.Gen. bei 56. I.D. in Suponewo ein. Der Div.Kdr. erstattete Meldung.

Die Sicherung der Eisenbahnbrücke über die Desna benötigt nicht ein ganzes Batl. Es genügt dazu nach Meinung des Div.Kdrs. eine verstärkte Komp. Der Div.Kdr. bat deshalb um die Ablösung von 2 Komp. dieses Sicherungs-Batl. Gleichzeitig bat die Div. um die Zuführung ihrer Pi.Kp., die noch in Potschep eingesetzt ist.

Der heutige Ruhetag der Div. kommt der Truppe sehr zustatten. Es kommt hinzu, dass in den letzten Nächten Truppe und Pferde in Ortschaften untergebracht werden konnten.

Der Div. fehlen zur Erlangung ihrer Marschtüchtigkeit frische Pferde.

Das Marschbtl. der Div. hängt noch immer einige Tagesmärsche ab.

Der Div.Kdr. meldete, die Bahn Potschep – Brjansk ist zweigleisig, verhältnismässig neu (1920 erbaut), und sehr gut erhalten.

Die Div. hat durch den Wechsel im Unterstellungsverhältnis seit 3 Wochen keine Post bekommen.

In der Anlage werden die Bemerkungen während der Fahrt vorgelegt.

Lammers
Leutnant

Bemerkungen während der Fahrt.

1.) Der schlechte Zustand der Wege und die Überfüllung der Strassen beim Vormarsch machen die schärfste Befolgung der Verkehrsvorschriften notwendig. Beim Halten stets scharf rechts ran! Niemals 2 Bespannfahrzeuge nebeneinander!
2.) Beim Stellungswechsel des Gen.Kommandos ist so frühzeitig aufzubrechen, dass der gefrorene Zustand der Wege für den Marsch noch ausgenützt werden kann.
3.) Über eine 20 to Brücke[1]) rückt eine Kolonne ohne Abstand von Fahrzeug zu Fahrzeug.
4.) Kommandoflaggen dürfen nur gesetzt werden, wenn der betreffende militärische Führer sich selbst im Kraftfahrzeug befindet.
5.) Bei der Armee ist anzufragen, ob die Pi.Kp. der 56. I.D. aus Potschep herausgezogen und der Div. wieder zugeführt werden kann[2]).

[1]) Verbessert aus: 20. to Brücke.
[2]) Vom Büro IIa wurde hier eingefügt: Verteiler: Ia, Ic, Qu., IIa.

Nr. 64

Generalkommando LIII. A.K.
Lt. Dr. Lammers
Begleitoffizier
IIa Nr. 506/41 geh.

K.H.Qu., 13. Okt. 1941

Fahrtbericht vom 13. Okt. 1941

Der Herr Kom. General verliess am 13. 10. 41 um 9.10 Uhr den Korpsgef.Std. Brjansk zu einem Besuch der 56. I.D. und 167. I.D. und zu einer Besichtigung des Brückenschlages über die Desna.

Wiedereintreffen auf Korps-Gef.Std. 12.10 Uhr.

Fahrtweg: Korpsgef.Std. Brjansk, Suponewo, Brücke Brjansk-Nord, Div.Gef.-Std. 167. I.D. Brjansk, Korpsgef.Std. Brjansk.

9.35 Uhr traf der Herr Kom.Gen. auf Div.Gef.Std. 56. I.D. in Suponewo ein. Der Div.Kdr. meldete. Der Kom. General gab einen Bericht über die Lage im grossen und beim Korps. Der Angriff der Heeresgruppe ist im weiteren Fortschreiten. Die russische Front ist in Auflösung. Die 4. Armee hat bis jetzt 250 000 Gefangene eingebracht. Eine grössere Schlacht für das Korps ist nicht mehr zu erwarten. Der Feind führt seine letzten Reserven heran und versucht, an den grossen Vormarschstrassen einen letzten Widerstand zu organisieren. Bei diesen herangeführten Truppen handelt es sich um Reserve-Regimenter mit schwacher Artillerie und um Bau-Bataillone. Es kommt darauf an, noch vor Einbruch des Winters die marschtechnischen Schwierigkeiten zu überwinden und Moskau einzuschliessen.

Die Lage beim Korps ist folgendermassen: Im Raume um Bujanowitschi ist vom Rgt. Wenk, V.A. 56. I.D., I.R. Grossdeutschland, 18. Pz.-Div. und 112. I.D. mit unterstelltem I.R. 17 ein Kessel gebildet.

Der Feind hat aus diesem Kessel Ausbruchsversuche unternommen. Es ist ihm gelungen, mit Teilen nach Westen durchzubrechen, sodass die der 31. I.D. nachfolgende 167. I.D. damit rechnen muss, von diesen durchgebrochenen Teilen von Osten her angegriffen zu werden.

Das Rgt. Hossbach, das von Ordshonikidsegrad nach Norden marschiert, ist auf dem Marsch von russischen Spähtrupps von Westen her angegriffen worden. Es stehen also wahrscheinlich in den Wäldern nordwestlich von Brjansk noch Feindteile, die versuchen werden, nach Osten zu entkommen.

Der auf dem Marsch nachfolgenden 56. I.D. fällt die Aufgabe der Säuberung des Waldgeländes zu, besonders der Wälder nordwestlich Brjansk. Für diese Aufgabe eignen sich besonders die Panzer-Jäger-Kompanien. Auch Infanterie-Einheiten können von Stützpunkten aus das Gelände nordwestlich Brjansk systematisch durchstreifen. Besonderes Augenmerk ist auf in den Wäldern versteckte Beute zu richten. Auffällig ist nämlich die geringe Artillerie-Ausstattung der entkommenen und jetzt eingeschlossenen Feindteile. Der Führer selbst hat deshalb die sorgfältige Durchkämmung der Waldgebiete nach Material befohlen.

Der Vormarschweg der 31. I.D. ist schlecht. Der Marsch erleidet dadurch unberechenbare Verzögerungen. Durch die Ausräumung des Kessels bei Bujanowitschi entsteht ebenfalls noch ein Aufenthalt, sodass die 56. I.D. noch mit einigen Tagen Ruhe rechnen kann.

Der Div.Kdr. bemerkte, dass die Div. etwa bis zum 15. Okt. ihr Marschbatl. und den letzten Schub ihrer Ersatzpferde nachgezogen hat, wenn sie bis dahin in ihrer augenblicklichen Unterkunft verbleibt. Die Unterbrechung des Marsches kommt deshalb der Div. sehr gelegen.

Die Pferde der Art. sind sehr erschöpft. Der Div.Kdr. hat sich deshalb entschlossen, die Hälfte von der Munition der Feldausstattung in Brjansk zurückzulassen. Durch übermässiges Einstellen von Panjepferden werden die Marschkolonnen zu lang und unübersichtlich, wie der Div.Kdr. sagte, „zu unhandlich".

Durch den Wechsel der Armee hat die 56. I.D. seit Mitte Sept. keine Post mehr bekommen. In Kiew soll eine grosse Zahl von Postsäcken für die Div. stehen; die Post, die über Gomel der Div. zugeführt wird, ist auch noch nicht eingetroffen. Bei einem nochmaligen Wechsel des A.O.K. würde sich die Zustellung der Post noch mehr verzögern.

Um 10.30 Uhr traf der Kom.Gen. beim Brückenübergang über die Desna, Brjansk-Nord, ein. Mit dem Bau einer doppelbahnigen Behelfsbrücke neben der Pontonbrücke war begonnen worden. Die Arbeiten waren über das Anfangsstadium noch nicht hinausgekommen.

Bei der Brücke meldete sich der Ia der 167. I.D. Die Div. hatte heute Nacht Funkverbindung mit 18. Pz.Div. Ausbruchsversuche des Feindes im Kessel von Bujanowitschi nach Osten und Süden wurden von 18. Pz.Div. und I.R. 315 abgeschlagen. Doch gelang es dem Feind, mit Teilen nach Westen durchzubrechen.

Das Rgt. Wenk greift seit heute morgen erneut, im Verein mit den übrigen Verbänden, die den Kessel bilden, an. Angriffsziel ist Bujanowitschi.

Das Rgt. Wenk hat gestern 1000 Mann Gefangene gemacht, 4 Geschütze und einen Panzer erbeutet.

Der Herr Kom.Gen. erklärte: Die 167. Div. muss damit rechnen, bei ihrem Vormarsch von Osten angegriffen zu werden von den Feindteilen, die aus dem Kessel von Bujanowitschi entkommen sind. Es ist aber auch Feindberührung von Westen her möglich durch den Gegner, der das Rgt. Hossbach bereits angegriffen hat.

Das erste Rgt. der Div. muss darauf vorbereitet sein, nach Osten abgedreht zu werden, um noch bei der Einschliessung im Kessel von Bujanowitschi mitzuwirken.

Die Div. muss bis heute abend mit ihren letzten Teilen die Brücke überschritten haben.

Die Wege sind durch das anhaltende gute Wetter besser geworden.

10.45 Uhr meldete sich Mjr. Golle und Obstlt. Strehle. Oberstlt. Strehle hat die Führung des I.R. 339 übernommen. Der Herr Kom.Gen. sprach Mjr. Golle seine Anerkennung aus für die erfolgreiche Führung des Rgts.

Auf dem Div.Gef.Std. der 167. I.D. in Brjansk meldete 11.15 Uhr der Div.Kdr. Der Herr Kom.Gen. teilte mit, dass die V.A. der 56. I.D. der 167. I.D. unterstellt wird.

Die Div. versucht, mit ihrer ersten Regimentsgruppe heute abend bis in Gegend Stjekljanaja Radiza – Gorodok zu kommen. Mit letzten Teilen wird die Brücke heute abend voraussichtlich überschritten sein.

In der Anlage werden die Bemerkungen während der Fahrt vorgelegt.

Lammers
Leutnant

Bemerkungen während der Fahrt.

1.) Die 56. I.D. hat durch den Wechsel im Unterstellungsverhältnis seit über 3 Wochen keine Feldpost mehr bekommen. Es ist nachzuforschen, ob die Zuführung der anstehenden Post aus Kiew und Gomel beschleunigt werden kann.
2.) Vor Brückenübergängen mit schwierigen Anfahrten müssen weit genug abgesetzt vor der Brücke Posten ausgestellt werden und Schilder angebracht werden, die den Verkehr lenken, um Verzögerungen beim Übergang zu vermeiden.
3.) Kolonnen dürfen niemals unmittelbar nach dem Übergang über eine Brücke auf dem Wege halten[1]).

Nr. 65

Generalkommando LIII. A.K. K.H.Qu., 15. Oktober 1941
Lt. Dr. Lammers
Begleitoffizier

Fahrtbericht vom 15. Okt. 41

Der Herr Kom. General verliess am 15. 10. 41 um 7.00 Uhr den Korpsgef.Std. Brjansk, zusammen mit der Führungsstaffel, um Stellungswechsel zum neuen Korpsgef.Std. Karatschew zu machen.

Eintreffen auf Korpsgef.Std. Karatschew 10.45 Uhr.

Fahrtweg: Brjansk – Karatschew.

Über die Desna-Brücke marschierten Teile der 56. I.D. 7.10 Uhr in Richtung Karatschew.

Die Strasse Brjansk – Karatschew ist im allgemeinen gut. Der Zustand der Fahrbahn hatte sich durch das Frostwetter noch verbessert. Auf der Strecke waren Posten zur Sicherung der Strasse verteilt.

Auf dem Bahnhof Brjansk rangierten 2 Lokomotiven. Der Bahnbetrieb geht wieder weiter. Auf der Strasse nach Karatschew konnte man eine grosse Zahl von Landeseinwohnern beobachten, die in ihre Wohnungen zurückkehrten. Eine grosse Anzahl von Zivilisten, die meist gruppenweise marschierten, waren unschwer als russische Soldaten zu erkennen, die sich Zivil besorgt hatten, nachdem sie von Hunger und Kälte aus den Wäldern getrieben wurden.

Lammers
Leutnant

[1]) Hier wurde vom Büro IIa eingefügt: Verteiler: Ia, Ic, Qu., IIa.

Nr. 66

Generalkommando LIII. A.K.
Lt. Dr. Lammers
Begleitoffizier
Abt, IIa Nr. 526/41 g.

Geheim!

K.H.Qu., 24. Oktober 1941.

Fahrtbericht vom 23. 10. 41

Der Herr Kom. General verliess am 23. 10. 41 um 7.00 Uhr den Korpsgefechtsstand Karatschew zu einer Besprechung bei Panzer-Gruppe 2[1]) in Orel. Gleichzeitig machte die Generalsstaffel mit der Führungsstaffel Stellungswechsel nach Orel.

Eintreffen auf neuem Korpsgefechtsstand Orel 13.00 Uhr.

Fahrtweg: Karatschew, Naryschkino, Orel.

Auf der Rollbahn Karatschew—Orel marschierten und rasteten Teile des Nachschubs von 167. und 112. I.D. Einige Geschütze der I./A.R. 40 standen ohne Pferde weit auseinandergezogen auf der Strasse.

Das Vieh scheint in der Gegend der Rollbahn fortgetrieben oder in Wäldern versteckt zu sein. Viele Felder waren bereits neu bestellt.

Die Strasse Karatschew—Orel ist in der ersten Hälfte hinter Karatschew, auf einer Strecke von ungefähr 35 km, sehr schlecht. Sie ist mit Mot.-Fahrzeugen nur sehr langsam und mit vielen Stockungen passierbar. Die zweite Hälfte des Weges, etwa ab Bunina bis Orel ist besser befahrbar. Der Zustand der Rollbahn hat sich besonders durch die anhaltende schlechte Witterung verschlimmert.

Um 12.00 Uhr traf der Herr Kom. General bei Panzer Gruppe 2 ein. Der Oberbefehlshaber war zur heute angreifenden Truppe gefahren.

Der Chef des Gen.-Stabes[2]) gab einen Bericht von der Lage bei Panzer-Gruppe 2.

Die 3. Panzer-Div. hat heute morgen trotz ungünstigster Witterungsverhältnisse bei Kusnezowo angegriffen. Sie hat die Suscha[3]) überschritten, und strebt zur großen Vormarschstrasse Mzensk—Tschern—Tula.

Die 4. Panzer-Div. schließt sich im Angriff der 3. Panzer-Div. an.

An Feind war gemeldet bei Mzensk: die 6. Rote Gardedivision und die 4. und 11. Panzer-Brigade.

Vor Bolchow wurden vor einigen Tagen Marsch-Btl. und das Schützen-Rgt. 58 gemeldet.

An der Strasse Mzensk—Tschern hat der Feind 3 Auffangstellungen aufgebaut. Er scheint seine Artillerie schon zum größten Teil herausgezogen und in den Raum um Aleksin geführt zu haben. Auch scheint er das Bestreben zu haben, sich abzusetzen, wahrscheinlich mit der Absicht, sich bei Tula zu stellen.

Durch Flieger wurden heute morgen bereits 10 russ. Panzer vernichtet.

Etwa 30 km südlich Orel wird noch Zivilbevölkerung eingezogen.

---

[1]) Die Panzergruppe Guderian hatte am 6. Oktober die Bezeichnung 2. Panzerarmee erhalten.

[2]) Vom Ia wurde handschriftlich „Gen.-“ vor „Stabes“ eingefügt.

[3]) Verbessert aus: Guscha.

Mit stärkerem Feindwiderstand rechnete der Chef des Gen.-Stabes[4]) vorerst nicht. Es ist nur die Frage, ob der Angriff nicht in dem verregneten Boden steckenbleibt. Die 10. Panzer-Div. ist im Augenblick nahezu bewegungsunfähig. Für die Versorgung hat diese Panzer-Div. Pferdestationen eingerichtet und führt den Nachschub zum Teil mit Panjefahrzeugen durch.

Zum Strassenbau sind im Gebiet der Panzer-Gruppe einige Pionierkräfte eingesetzt. Es fehlt aber Material. Vor allem sind meist keine Steine vorhanden.

Der Herr Kom. General gab die erreichten Räume der Inf.-Divisionen des LIII.A.K. bekannt. Bei den augenblicklichen, außerordentlich schlechten Wegeverhältnissen ist ein Marschtagesdurchschnitt von 10 bis 15 km bereits ungewöhnlich anstrengend für Truppe und Pferde. Die 167. Division ist auf der Vormarschstrasse in einer Tiefe von 40 km verteilt. Die Oka wird mit vordersten Teilen in 2 Tagen erreicht werden. Die Divisionen benötigen dann aber noch einige Zeit, um in sich aufzuschliessen.

Die 112. I.D. ist auf Sandwegen (nicht auf Lehm wie 167. I.D.) besser vorwärts gekommen.

In Bolchow errichtet das Korps einen neuen Versorgungsstützpunkt. Bäcker und Schlächter sollen morgen arbeitsbereit sein.

Das Korps bittet um Zuweisung eines Brücken-Baubtl. und um eine Flak-Abt., möglichst Heeres-Flak-Abt. 274, mit der das Korps schon länger zusammenarbeitet. Der Chef des Stabes entgegnete, daß die Zuweisung von Heeres-Flak-Abt. 274 abgelehnt wurde. Eine andere Flak-Abt. ist angefordert. Der Herr Kom. General wies darauf hin, daß Flak besonders auch als Panzerschutz benötigt wird, da die Inf.-Divisionen nur über 3,7 cm Pak verfügen.

Von den 3 tschech. Brückenkolonnen, die dem Korps unterstellt sind, befindet sich eine noch in der Gegend von Gomel, eine zweite ist in Reparatur und vor 4 Tagen nicht einsatzbereit und die dritte hat starke Ausfälle.

Der Chef des Gen.-Stabes[5]) bemerkte, daß das LIII. A.K. nach Überschreiten der Oka zunächst in den Raum um Krapiwna vorgeführt werden soll.

Der Herr Kom. General begrüßte noch den Ia der Panzer-Gruppe, Major i.G. Wolf.

In der Anlage werden die Bemerkungen während der Fahrt vorgelegt.

Lammers
Leutnant[6])

Bemerkungen während der Fahrt.

1.) Auf der Fahrt von Karatschew nach Orel begegnete der Generalstaffel ein Lkw des Generalkommandos, der mit dem Vorkommando nach Orel gefahren war und jetzt zurückfuhr, um Kisten nachzuholen. In Zukunft muß der Stellungswechsel so organisiert werden, daß solche Doppelfahrten unterbleiben. Sämtliche Fahrzeuge des Generalkommandos machen den Sprung zum neuen Korpsgefechtsstand geschlossen. Überzähliges Gepäck muß abgestossen werden.

---

[4]) Vom Ia wurde handschriftlich „Gen.-“ vor „Stabes“ eingefügt.
[5]) Vom Ia wurde handschriftlich „Gen.-“ vor „Stabes“ eingefügt.
[6]) Vom Büro IIa wurde hier eingefügt: Verteiler: Ia, Ic, Qu., IIa.

Nr. 67

Generalkommando LIII. A.K.
Abt. IIa Nr. 530/41 g.
Lt. Dr. Lammers
Begleitoffizier

K.H.Qu., den 25. 10. 1941.

Geheim!

Fahrtbericht vom 25. 10. 1941.

Der Herr Kom. General verliess am 25. 10. 41 um 8.30 Uhr den K.Gef.St. Orel zu einem Besuch der 167. I.D. in Bolchow.

Wiedereintreffen auf K.Gef.St. 14.45 Uhr.

Fahrtweg: Orel, Bolchow, Orel.

Auf der Strasse Orel–Bolchow marschierten Teile vom Nachschub der 167. und 112. I.D., eine Brückenbaukolonne, die Bäckerei-Kp. der 167. I.D., die San.-Kp. der 167. I.D., Teile vom Korps-Nachschub und Panzer-Jäger der 167. I.D., sämtlich Richtung Bolchow.

Die Strasse Orel–Bolchow ist für russische Verhältnisse, mit Ausnahme einer kurzen Strecke, recht gut. Sie hat einen festen Unterbau. Einige Brücken müssen möglichst bald instandgesetzt werden.

In Bolchow meldete sich 11.05 Uhr der Ib der 112. I.D. Der Div-Stab der 112. I.D. befand sich gerade im Stellungswechsel.

Der Ib meldete; die Versorgungslage der 112. I.D. ist augenblicklich so schwierig, wie noch nie in diesem Feldzug.

Infolge der bisher nicht erlebten schlechten Wege stockt der Nachschub von Betriebsstoff, Verpflegung und Hafer. Die Bäckerei-Kp. steckt fest. Die einzelnen Fahrzeuge müssen mit Treckern wieder flott gemacht werden. Die Brotrationen mußten um die Hälfte gekürzt werden. Zum Teil muß die Truppe hungern.

Fleisch konnte ebenfalls nicht herangebracht werden. Die Einheiten wurden auf Selbstschlachtung angewiesen. Zum größten Teil ist aber das Vieh der Kolchosen von den Russen weggetrieben worden.

Die Pferde sind durch den Haferausfall und die großen Anstrengungen entkräftet.

Die Armee versorgt die Div. von Brjansk. Bis die Fahrzeuge von ihrem jetzigen Standpunkt bis Brjansk und wieder zurück kommen, vergehen 6 Tage. Wo aber ist die Truppe in 6 Tagen?

Die Div. versorgt sich so gut es geht aus dem Lande.

Der Herr Kom. General erklärte, daß keine Aussicht auf Verbesserung der Versorgungslage vor Tula bestehe. Erst in der Gegend von Tula erreichen die Divisionen wieder die Rollbahn, die allein für die Versorgung das eigentliche Rückgrat bilden kann. Es ist aber in den nächsten Tagen wahrscheinlich mit Frost zu rechnen.

Um 11.15 Uhr meldete der Div.Kdr. der 167. I.D. auf Div.Gef.St. in Bolchow.

Die Div. befindet sich im Vorgehen auf die Oka und wird den Fluß heute mit den ersten Teilen erreichen. Die Strasse von Bolchow zur Oka ist noch schlechter als die bisherige Vormarschstrasse der Division.

Erkundung auf die vom Flieger gemeldete russische 8-to Brücke nördlich Woronez ist angesetzt.

Spähtrupps haben gestern abend in der Dämmerung auf dem Ostufer der Oka bei Woronez Feindbesetzung festgestellt. Genaue Beobachtungen über Stärke und Art des Gegners konnten wegen der Dunkelheit nicht gemacht werden.

Der Herr Kom. General bezeichnete als vordringlich die Bildung eines Brükkenkopfes über die Oka, um den Pionieren möglichst bald den Bau einer Brücke zu ermöglichen. Sollte die vom Flieger festgestellte russische Brücke noch intakt sein, so ist diese für den Übergang der Div. herzurichten, wenn möglich zu verstärken.

Eine Brückenbaukolonne wird heute nachmittag in Bolchow eintreffen.

Ein Eindrehen der Div. nach Südosten zur Entlastung der Panzer wird vorerst nicht notwendig, da der Durchbruch der Panzer auf Tschern gelungen ist und nach Meinung des Oberbefehlshabers der Pz.Gr. 2[1]) der Feind vor Tula jetzt nicht mehr zum Stehen kommt. Die Div. muß daher im weiteren Vormarsch die Strasse Tschern—Krapiwna gewinnen und über Krapiwna auf Tula marschieren.

Aufgabe der Pz.Gruppe 2 ist, Moskau von Osten her einzuschließen.

Der Herr Kom. General erklärte, daß die Div. 2 Tage Zeit hat, die Oka-Brücke zu überschreiten.

Der Div.Kdr. entgegnete, daß das Nachführen der abhängenden Teile sehr schwierig ist. Die Div. ist 45 km lang. Tages-Höchstleistung sind 15 km, den An- und Abmarsch zur Unterkunft von der Vormarschstrasse eingerechnet.

Bei den Einheiten, die mit Fahrrädern ausgestattet sind, mußten die Räder verladen werden, da sie bei dem tiefen Schlamm getragen werden mußten und das Marschtempo erheblich verlangsamten.

Verpflegung konnte wegen der schlechten Wege nicht immer an die Truppe herangebracht werden. Aus dem Lande konnten ausschliesslich Kartoffeln beigetrieben werden. Teilweise musste die Truppe hungern. Das Kolchosen-Vieh war in den meisten Fällen weggetrieben.

Die Infanterie marschiert ein bis eineinhalb km die Stunde. Das langsame Tempo wird bestimmt durch die bespannten Teile.

Die mot-Fahrzeuge des Div.-Stabes können auf der Vormarsch-Strasse nicht nachgeführt werden. Das notwendigste Arbeitsmaterial der Div. wird auf Panje-Fahrzeugen mitgeführt. Der Div.Stab selbst ist beritten gemacht worden.

Nach Aussagen der Bevölkerung hält das regnerische Wetter im allgemeinen bis Anfang November an. Mitte November beginnt der Frost. Im Dezember kommt Schnee.

Der Herr Kom. General gab bekannt, daß nach Aussagen der Metereologen der Pz.Gruppe 2 ab heute mit Frostwetter zu rechnen ist.

Der Div.Kdr. schlug vor, die schwere Abt. I/A.R. 40, die bisher auf der Rollbahn marschierte, weiter auf der Rollbahn vorzuziehen. Sie trifft heute in Orel ein. Zum Angriff über die Oka bei Bolchow würde sie doch zu spät kommen. Sie wird auch bei diesen Kämpfen nicht benötigt. Die Brücke bei Bolchow brauchte in diesem Falle nicht für die schwere Art.-Abt. verstärkt werden.

Der Herr Kom. General gab dazu seine Zustimmung.

Die Pferde der Div. sind stark erschöpft. Das Art.-Rgt. hat wieder über 100 Ausfälle.

---

[1]) Inzwischen in 2. Panzerarmee umbenannt.

Der Herr Kom. General erklärte, dass nicht die schwächsten Pferde das Marschtempo und die Leistungsfähigkeit bestimmen dürfen, sondern daß man die schwächsten Pferde ausfallen lassen muss.

Das ist aber bereits von der Div. veranlasst. Panje-Pferde sind nicht mehr aufzutreiben. Die Russen-Pferde, die in der Kesselschlacht nordostwärts Brjansk erbeutet wurden, waren noch viel schlechter als unsere und konnten nicht eingestellt werden.

Dabei bemerkte der Herr Kom. General: Es kommt jetzt gar nicht darauf an, dass bei uns ein vorbildlicher Zustand herrscht, das kann man gar nicht verlangen, sondern dass wir eine Nuance besser sind als der Gegner. Diese Nuance gibt den Ausschlag. An den Pferden kann man sehen, dass wir zwar erschöpft sind, aber im Verhältnis zum Gegner überlegen.

Durch die ununterbrochenen Märsche leidet die Ausrüstung der Div. Da die Truppe keine Zeit zur Ausbesserung findet, zerreissen Strümpfe, Hemden und Unterhosen immer mehr.

Auch die Verlausung nimmt zu. Der Krankenbestand hat sich durch Auftreten von Ausschlag vergrössert. Der Ausschlag befällt besonders die Schenkel und ist vor allen Dingen darauf zurückzuführen, dass die Leute sich nicht gründlich waschen und die Wäsche wechseln können.

Der Herr Kom. General erklärte, dass vor Ende November ein vorläufiger Abschluss der Kämpfe nicht zu erwarten ist. Auch mit Moskau ist der Feldzug nicht abgeschlossen. Selbst nach Erreichen des Ural ist mit Fortbestehen einer kämpferischenFront zu rechnen. Eine beständige kriegerische Sicherung wird an der Grenze das Normale sein, ähnlich wie die Engländer in Nordindien ihre Grenze halten.

In der Anlage werden die Bemerkungen während der Fahrt vorgelegt.

Lammers
Leutnant[2])

Bemerkungen während der Fahrt.

1.) Der Rgt.-Kdr. I.Rgt. 339 ist wegen Schlüsselbeinbruchs in das Lazarett in Karatschew eingeliefert worden, ohne dass dem Gen.Kdo. dieser Vorfall gemeldet wurde. Der Herr Kom. General wünscht in einem solchen Falle Meldung.
2.) Die 167. I.D. hat in Bolchow keine Pionier-Einheit vorgefunden, die von der Armee den Auftrag hatte, einen Brückenbau vorzubereiten.
3.) Bei Logna befand sich ein Orlow-Traber-Gestüt. Von den Russen sind die Pferde des Gestüts vor ihrem Abzug auseinandergetrieben worden. Die Bauern der Umgebung sollen die Pferde einzeln eingefangen haben.
4.) An der Strecke zwischen Orel und Bolchow befinden sich noch grössere Viehherden.
5.) Der Ort Bolchow hat eine ganze Anzahl von grossen unzerstörten Gebäuden und ist zur Aufnahme eines Korps-Gef.St. durchaus geeignet. Bei Meldungen über Ungeeignetheit eines Ortes als Hauptquartier ist Vorsicht notwendig, da

[2]) Hier wurde vom Büro IIa eingefügt: Verteiler: Ia, Ic, Qu., IIa.

sonst Irrtümer entstehen, die für die taktische Führung von grossem Nachteil sind.

6.) Die marschierenden Truppenteile, die nachts in einer Ortschaft abseits der Vormarschstrasse unterziehen, lassen ihre Fahrzeuge in Höhe der Ortsunterkunft auf der Vormarschstrasse unter Bewachung zurück und ziehen mit den Mannschaften und den ausgespannten Pferden nur mit angespannter Feldküche in die Unterkunft.
So kann die tägliche Marschleistung zum Beispiel um 6 km gesteigert werden, wenn die Unterkunft jeweils 3 km von der großen Strasse entfernt ist.

Nr. 68

Generalkommando LIII. A.K. K.Gef.St., 2. November 1941.
Lt. Lammers, Begleitoffizier

Fahrtbericht.

Der Herr Kommandierende General verließ am 2. 11. den Korpsgefechtsstand in Orel um 8.00 Uhr, um zusammen mit dem verkleinerten Führungsstab Stellungswechsel nach Mzensk zu machen.

Eintreffen auf dem neuen Korpsgefechtsstand Mzensk um 14.30 Uhr.

Fahrtweg Orel–Mzensk.

Die Straße Orel–Mzensk ist in der ersten Hälfte gut, in der zweiten Hälfte sehr schlecht, hier auch mit Kübelwagen fast unpassierbar. Eine Reihe von Fahrzeugen lag auf der Strecke und wurde von Zugmaschinen abgeschleppt, die von der 17. Pz.-Division gestellt wurden (A.R. 27).

Auf der Strecke waren Pioniere und Arbeitsdienst eingesetzt, um die Straße passierbar zu machen. Das ist nicht gelungen. Erstens waren zu wenig Kräfte eingesetzt und zweitens entstand der Eindruck, daß nicht mit dem notwendigen Tempo gearbeitet wurde. Es hätte genügt, die teilweise sehr tiefe, glitschige Lehmschicht von der Straße herunterzukratzen, um sie wieder befahrbar zu machen.

Der Zustand der Straße leidet auch weiter unter der hohen Fahrtgeschwindigkeit der Panzer und Raupenfahrzeuge. Am besten beweglich waren die Panjefahrzeuge, die noch am ehesten die Schwierigkeiten überwinden.

Gut bewähren sich in diesem schwierigen Gelände die Zugmaschinen.

Die Straße zeigte Spuren von Panzerkämpfen. Eine Reihe von abgeschossenen Panzern und eroberten Flakgeschützen steht[1]) noch abseits des Weges. Einige Panzer waren eingegraben gewesen.

Lammers
Leutnant.

---

[1]) Verbessert aus: stehen.

Nr. 69

Generalkommando LIII. A.K. K.Gef.St., 5. November 1941.
Lt. Lammers, Begleitoffizier

Fahrtbericht.

Der Herr Kommandierende General verließ am 5. 11. um 7.00 Uhr den Korpsgefechtsstand in Mzensk zusammen mit dem verkleinerten Führungsstab, um Stellungswechsel zum neuen Korpsgefechtsstand Plawsk zu machen. Eintreffen auf Korpsgefechtsstand Plawsk 13.45 Uhr.

Fahrtweg: Mzensk–Tschern–Plawsk.

Die Rollbahn ist etwa 15 km nordostw. Mzensk völlig ausgefahren und bei schlechtem Wetter auch für Kübelwagen unpassierbar. Der letzte Nachtfrost hatte aber den Zustand der Wege sehr verbessert. Bei anhaltendem Frostwetter ist auch für handelsübliche Pkw. und LKw. die Rollbahn wieder benutzbar.

Pionierkräfte und Gefangene waren angesetzt, um die tiefen, im Schlamm eingefrorenen Rillen einzuebnen. Diese Arbeit wäre nicht notwendig gewesen, wenn vor Beginn des Frostwetters die Schlammschicht von dem Straßengrund gekratzt worden wäre.

Der Arbeitseinsatz der Kriegsgefangenen machte keinen überzeugenden Eindruck.

Etwa 2 km nordostw. Tschern, dicht an der Rollbahn, ist ein Feldflugplatz eingerichtet worden, hauptsächlich als Landeplatz für Junkers-Transportmaschinen. Die Transportmaschinen bringen laufend Verpflegung, Brot, Getränke, Zucker, Fleischkonserven und Rauchwaren heran, die auf Panjekolonnen sofort an die Divisionen weitertransportiert werden.

Es meldeten sich auf dem Flugplatz der Div.-Kdr. 167. I.D., Ib 167. I.D., Ib 112. I.D., Major i.G. Siebert und Oberintendanturrat Großmann.

Der Div.-Kdr. der 167. I.D. meldete, daß bei dem herrschenden Frostwetter der Vormarsch der Div. ohne wesentliche Schwierigkeiten fortschreitet. Erschwert wird der Marsch durch die tiefen Rillen im halbgefrorenen Boden und durch die starken Höhenunterschiede im Gelände. Die Div. hat eine Marschtiefe von 50 km.

Der Herr Kommandierende General wies darauf hin, daß in den nächsten Tagen mit Gefechtsberührung zu rechnen ist und zwar mit Formationen der sibirischen Fernost-Armee. In Wladiwostok sind sibirische Truppen verladen worden, die nach vierzehntägiger Bahnfahrt bei Dedilowo[1]) eintrafen.

Aus diesem Grunde ist es nötig, vorher innerhalb der Div. aufzuschließen. Die befohlenen Marschstrecken als Tagesziele bleiben bestehen und werden auch bei Frostwetter nicht verlängert.

Der Bahnhof Wolowo und die Eisenbahnstrecke Gorbatschowo–Wolowo soll von 167. I.D. gesichert werden. Der Div.-Kdr. schlug vor, die Strecke durch ein marschierendes Batl., das in drei Marschgruppen geteilt wird, in der Bewegung zu sichern.

---

[1]) Verbessert aus: Didalowo.

Der Herr Kommandierende General befahl jedoch, die Strecke zu besetzen und zwar etwa je ein Zug auf eine Station. Nach Wolowo kommt eine verst. Kompanie. Ein steter Schutz der an dieser Eisenbahnstrecke befindlichen Kunstbauten muß gewährleistet sein. Das Korps hat bereits die Ablösung dieses Batl. durch ein Batl. der 56. I.D. beantragt, sodaß das Sicherungsbatl. der 167. I.D. frühzeitig wieder zugeführt werden kann.

Durch Flieger wurde gemeldet, daß 15 km südl. der Vormarschstraße der 167. I.D. ein russ. Kav.-Rgt. nach Osten zu kommen versucht. Das Korps hat im Augenblick nicht die Möglichkeit, sich um diesen Feind zu kümmern.

Dem Div.-Kdr. wurde ab heute eine Sturmgeschütz-Battr. unterstellt. Diese Battr. ist nicht dem Artl.-Führer zuzuführen, sondern ist gegebenenfalls im infanteristischen Schwerpunkt vom Div.-Kdr. selber einzusetzen.

Die Div. bittet um Luftaufklärung gegen den Usowka- und Don-Abschnitt.

Der Ib der 112. I.D. und der Ib der 167. I.D. meldeten beide, daß die Versorgung durch das Frostwetter und durch den Einsatz von Junkersflugzeugen wieder normal wird.

Um 11.15 Uhr wurde die Führungsstaffel 2 km südwestl. Kondyrewka von drei russ. Bombern aus einer Höhe von etwa 800 m angegriffen. 6 Bomben wurden geworfen und fielen dicht neben die Rollbahn, etwa 100 m vor der Spitze der Marschkolonne, ohne Schaden anzurichten.

Um 12.10 Uhr marschierten bei Kondyrewka die 9. und 10. Komp. des I.R. 331 (167). Die Kompanien waren um 7.30 Uhr abgerückt und erreichten gegen 12.30 Uhr ihre Tagesziele, sodaß am Nachmittag noch Zeit zur Pferde-, Waffen- und Bekleidungspflege ist. Die Pferde machten noch einen recht leistungsfähigen Eindruck. Die Stimmung der Mannschaften war gut.

Die Nachschubschwierigkeiten machten sich in der Verpflegung nicht besonders bemerkbar. Kartoffeln, Kraut und Fleisch konnten täglich aus dem Lande ausreichend beschafft werden. Meist gab es am Tage zwei warme Mahlzeiten.

Das Schuhzeug leidet allerdings sehr, da bei fortwährenden Märschen der Schuster nicht zum Arbeiten kommt und, da die Maschine fehlt, alles mit der Hand machen muß.

Vor drei Wochen wurde das Pferdefutter knapp. Bei Bolchow wurde ein Haferlager entdeckt, dessen Bestände heute noch bei den Konmpanien verfuttert werden.

In der Anlage werden die Bemerkungen während der Fahrt vorgelegt.

Lammers
Leutnant.

Bemerkungen während der Fahrt.

1) Der augenblickliche Unterbringungsraum des A.K. ist stark luftgefährdet. Vermehrter und aufmerksamer infanteristischer Fliegerschutz ist deshalb notwendig.
2) Beim Stellungswechsel des Generalkommandos muß immer mindestens ein Kübelwagen offen fahren und ein M.G. zur Fliegerabwehr aufgebaut bereithalten.

Nr. 70

Generalkommando LIII. A.K. | Geheim! | K.H.Qu., den 7. 11. 1941.

Lt. Dr. Lammers
Begleitoffizier
Abt. IIa Nr. 550/41g.

Fahrtbericht vom 6. 11. 41.

Der Herr Kom. General verliess am 6. 11. 41 um 13.10 Uhr den Korps-Gef.St. Plawsk zu einem Besuch des Div.Kdrs. der 112. I.D. und der Regimenter der 112. I.D., die bei Lominka[1]) zum Angriff antraten.

Wiedereintreffen auf Korps-Gef.St. 17.05 Uhr.

Fahrtweg: Plawsk, Lapotkowo, Lominka, Lapotkowo, Plawsk.

Beim Bahnhof Lasarewo marschierten um 13.35[2]) Uhr Teile vom I.R. 258. Der Reg.Führer 258 meldete. Das Regiment rückte dem I.R. 256 nach, um am Angriff gegen den neu aufgetauchten Gegner bei Rshawa und Ssorotschinka teilzunehmen.

Die Versorgung des Regiments konnte in den Tagen der schlechten Wegeverhältnisse behelfsmäßig aus dem Lande durchgeführt werden. Truppenverpflegung war immer noch genügend vorhanden, ebenso Hafer. Augenblicklich fehlt Munition (die erste Munit.-Ausstattung ist nicht vollzählig vorhanden) und Winterbekleidung. Die Truppe hat z. B. heute bei 10 Grad Kälte keine Handschuhe und Kopfschützer.

Um 14.05 Uhr meldete der Div.Kdr. der 112. I.D., Generalleutnant Mieth, den vorgeschobenen Div.Gef.St. beim I.R. 256 in Lominka.

Die Division erhielt heute morgen 10.00 Uhr die Meldung, dass sich Feind von Südosten aus Pirogowo nach Ssorotschinka und Rshawa bewegt. I.R. 256 greift Rshawa an. I.R. 258 wird nachgezogen, um Ssorotschinka und Rshawa nördlich umfassend anzugreifen.

Das I.R. 110 wird als Reserve in den Raum um Tschukino[3]) geführt. Die Artillerie der Division ist zum Teil bereits in Stellung. Teile werden noch nachgezogen. Die schwere Artillerie hängt noch ab.

Der Herr Kom. General stellte der Division eine Abteilung Sturmartillerie zum Einsatz im infanteristischen Schwerpunkt in Aussicht und gab einen Bericht von der Lage beim LIII. Korps.

Die 167. I.D. ist ebenfalls in Gefechtsberührung bei Tuploje getreten. Hier haben 10 russische Panzer angegriffen. Der Feind führt neue Kräfte aus der Gegend Jefremow heran.

Von der Besprechung mit dem Oberbefehlshaber der Pz.Gr. 2[4]) am Morgen gab der Herr Kom. General folgenden Bericht.

Die Pz.Gr. 2 setzt auf Jefremow das XXXXVII.[5]) Pz.Korps an, sodass ein Abdrehen der 167. I.D. nach Südosten nicht notwendig wird, sondern [diese] ihren geplanten Vormarsch fortsetzen kann.

Auch für 112. I.D. bleibt als Marschziel Stalinogorsk bestehen.

---

[1]) Fominka auf Karte 1:300000.
[2]) Verbessert aus 14.35 Uhr.
[3]) Verbessert aus: Tuschkino.
[4]) D.h., 2. Pz.Armee.
[5]) Verbessert für: 47.

Die Pz.Gr. 2 plant für den 10. November einen Angriff nach Norden beiderseits an Tula vorbei in Richtung Alexin. Tula wird ausgespart. Die Masse der Panzer greift frontal und südlich umholend Dedilowo an.

Wenn das Wetter und die neu eingetretene Lage es ermöglichen, greift das LIII. Korps ebenfalls am 10. November an, nachdem es sich an der Strasse Dedilowo–Bogorodizk bereitgestellt hat. Die 112. I.D. greift an in Richtung Stalinogorsk, die 167. I.D. folgt rechts gestaffelt.

Bei Beginn greifen an der Strasse Dedilowo–Bogorodizk zusammen mit 112. I.D. Teile der Panzer-Gruppe an, die aber nach erfolgtem Angriff nach Norden abdrehen, während 112. I.D. nach Nordosten auf Stalinogorsk vorgeht.

Der weitere Vormarsch des Korps richtet sich gegen Rjasan, wo die Bewegungen dieses Jahres für das Korps wahrscheinlich ihren Abschluss finden werden.

Bei Dedilowo hat gestern der Gegner in Batl.-Stärke angegriffen. Es werden immer neue sibirische Regimenter festgestellt. Die Gefangenenangaben können aber nicht stimmen, weil zu viele verschiedene Regiments-Nummern auftreten. Wahrscheinlich liegen Verwechslungen vor.

Die vom Feinde geführten Angriffe verraten nicht die Absicht einer gross angelegten Bewegung, sondern sind bei der aktiv geführten russischen Verteidigung etwas Normales.

Der Gegner führt jedoch fortlaufend in Tula und Dedilowo neue Kräfte heran. Bei Dedilowo dürfte jetzt eine Division versammelt sein.

Beim weiteren Vorgehen der Division über Stalinogorsk hinaus wird es wahrscheinlich notwendig werden, ein Regiment zur Sicherung dieses Industriepunktes zurückzulassen. Stalinogorsk brennt seit Tagen.

Der Reg.Kdr. I.R 256 meldete: Das Regiment befindet sich im Angriff auf Rshawa. Der Gegner wehrt sich zäh. Ein russ. 7,6 cm Geschütz wurde gemeldet. Ein Batl. meldete 10 Mann Verluste. Gestern verlor die Division 2 Offiziere und 30 Mann durch Fliegerbomben in Plawsk.

Die Gefechtsstärken des I.R. 256 sind so gering, (Komp. mit 30 Mann Gefechtsstärke), dass der Div.Kdr. vorschlug, ein Batl. aufzulösen und an Stelle des 3. Batl. eine Komp. als Regimentsreserve bestehen zu lassen. Diese Einteilung hat sich bei I.R. 258 bewährt, das ein Batl. nach Afrika abgeben musste.

Die Versorgung der Division mit Munition ist augenblicklich ungenügend, Nachschub ist dringend notwendig. Gleichfalls vordringlich ist die Ausrüstung mit Winterbekleidung, besonders mit Handschuhen, Kopfschützern und Fahrermänteln.

Der Herr Kom. General entgegnete hierauf, dass vom Oberquartiermeister mehrfach erklärt wurde, dass Winterbekleidung erst dann ausgegeben werden soll, wenn feststeht, welche Truppenteile in Russland während des Winters bleiben.

Die Versorgung mit Hafer konnte in den kritischen Tagen aus dem Lande bewerkstelligt werden. Die Brotversorgung war schwieriger. Der Truppe half sich zum Teil mit eigenen Bäckertrupps.

Bei der Rückfahrt durch Bahnhof Lasarewo meldete ein Komp.-Führer vom I.R. 258, dass die Versorgung mit Lebensmitteln klappt. Es fehlt Winterbekleidung. Seine Kompanie hat eine Gefechtsstärke von 37 Mann.

In der Anlage werden die Bemerkungen während der Fahrt vorgelegt.

Lammers
Leutnant

Bemerkungen während der Fahrt.

1.) Es muss versucht werden, die Truppe sofort mit Handschuhen, Kopfschützern und Fahrermänteln zu versehen. Wenn möglich, ist Winterbekleidung mit Flugzeugen heranzuschaffen.
2.) Dem XXIV. Panzer-Korps ist mitzuteilen, dass bei der eingleisigen Brücke an der Rollbahn Plawsk durch den vermehrten Verkehr starke Verstopfungen auftreten, da nicht genügend Absperrpersonal vorhanden ist. Energische Verkehrsregelung ist hier sofort notwendig, besonders bei Dunkelheit.

Nr. 71

Generalkommando LIII. A.K. — K.H. Qu., den 8. 11. 1941.
Lt. Dr. Lammers — Geheim!
Begleitoffizier
Abt. IIa Nr. 551/41 g.

Fahrtbericht vom 7. 11. 1941.

Der Herr Kom. General verliess am 7. 11. 41 um 11.00 Uhr den Korps-Gef.St. Plawsk zu einem Besuch der 167. I.D. und des I.R. 339.

Wiedereintreffen auf Korps-Gef.St. 15.40 Uhr.

Fahrtweg: Plawsk, Ssorotschniki, Roshestwenno, Ssorotschniki, Krassawka, Plawsk.

Um 11.25 Uhr marschierte 7 km ostwärts Plawsk die Panzerjäger-Abteilung der 167. I.D. Zwei Komp. waren auf demWege zum I.R. 339, eine Komp. zum Div.Gef.-St. Der Komp.-Führer der 3. Panzerjäger-Komp. meldete, dass die Abteilung den Marsch gut überstanden hat. Bei den Pkw. wurde durch den harten Boden eine Reihe von Benzintanks durchgeschlagen.

Um 12.10 Uhr traf der Herr Kom. General auf dem Div.Gef.St. der 167. I.D. in Roshestwenno ein. Der Div.Kdr. erstattete Meldung. Der Herr Kom.General führte von hier aus sofort ein Gespräch mit dem Chef des Generalstabes betr. Absichten der 112. I.D.

Der Div.Kdr. der 112. I.D. plante einen über Rshawa nördlich umfassenden Angriff mit I.R. 258 und I.R. 110. Durch den verstärkten Feinddruck bei 167. I.D. liegt eine solche Unternehmung nach Norden nicht im Interesse des Korps. Das Loch, das zwischen 167. I.D. und 112. I.D. besteht, muss möglichst bald geschlossen werden, und eine zusammenhängende Front im Korps gebildet werden. Die 112. I.D. muss deshalb ihren Blick nach Süden anstatt nach Norden richten. Zwei Batl. des I.R. 258 müssen sofort umkehren und nach Süden eindrehen. Das I.R. 110 muss ebenfalls in Richtung Petrowskoje antreten und mit vordersten Teilen Kondyrjowa erreichen. Bei Pirogowo ist ein Brückenkopf mit einer verstärkten Komp. über die Upa zu bilden.

Darauf gab der Div.Kdr. der 167. I.D. folgenden Bericht von der Lage der Division.

Das I.R. 339 wurde gestern früh 3.00 Uhr in Tjoplaja mit Panzern und Artillerie-Unterstützung angegriffen. Am Nachmittag wurde die Ortschaft nach wiederholten Panzer-Angriffen geräumt. Das Reg. wich nach Norden aus, setzte sich in Chomotowka und später in Marjina fest.

Mit 25 to Panzern konnte der Feind heute morgen in Chomotowka eindringen. Die Panzer konnten mit den vorhandenen Waffen nicht abgewehrt werden. Ein Panzer erhielt 2 Pak-Volltreffer, wurde aber nicht beschädigt. (Bei I.R. 339 wurde später gemeldet, daß dieser Panzer zwei LFH-Volltreffer erhalten habe und unbeschädigt blieb). Ein russischer Angriff aus Oserki wurde abgewiesen. Der Feind versucht, ostwärts der Straße bei Chomotowka auszuweichen.

Das Regiment Kullmer[1]) wird aus der Gegend um Wassiljewskaja herangeführt und soll den Feind in Oserki, Ostrowki und Borodizkoje[2]) angreifen und später die grosse Strasse nach Tschukino[3]) erreichen. Das Regiment Kullmer ist durch schlechte Wegeverhältnisse, besonders durch die vielen tiefen Schluchten in der Vorwärtsbewegung aufgehalten worden.

Der Herr Kom. General rügte die grosse Tiefe, die die Division beim Vormarsch hatte. Die guten Tage der Frostwetterperiode hätten unbedingt innerhalb der Division zum Aufschliessen verwendet werden müssen. Der Zustand der Truppe und der Wege hätte eine Steigerung der Marschleistung bis zu 25 Km am Tage durchaus ermöglicht.

Der Div.Kdr. entgegnete, dass die Marschleistungen erhöht worden seien. Eine weitere Steigerung war bei dem erschöpften Zustand der Pferde nicht möglich. Zum grossen Teil haben die Pferde bei gutem Futterzustand organische Schäden.

Der Herr Kom. General betonte, der weitere Angriff russ. Panzer muß unbedingt aufgehalten werden. Ein weiteres Zurückverlegen des Reg. 339 ist nicht tragbar. Auch wenn panzerbrechende Waffen zunächst fehlen, muss mit Pak, MG, Handgranaten und vorgezogenen Feldhaubitzen alles zur Panzerbekämpfung getan werden.

Der Div.Kdr. beabsichtigt, die Artillerie, die den Angriff des Reg. Kullmer morgen unterstützen soll, nördlich Ostrowki in Stellung gehen zu lassen, während das Inf.Reg., von vorgeschobenen Beobachtern begleitet, von Südwesten angreift.

Der Herr Kom. General bezeichnete die Annahme, dass so eine geeignete Artillerie-Unterstützung des Angriffs möglich wäre, als Utopie.

Der Div.Kdr. entgegnete, dass die Artillerie sonst gar nicht mehr zum Angriff zurechtkommt. Angegriffen muss werden, besser ist diese Artillerie-Unterstützung als gar keine. Dem Reg. Kullmer soll die Sturmgeschütz-Batterie zugeteilt werden.

Die Gefangenen, die bisher gemacht worden sind, sagten folgendes aus: sie gehören zum Schützen-Regt. 401. Im Verbande der 6. Garde-Division haben sie an den Kämpfen bei Petersburg, Smolensk und Orel teilgenommen. Das Schützen-Reg. 401 hat eine Stärke von 40 Offizieren und 400 Mann. 4 7,6 cm Geschütze und mehrere 25 to-Panzer sind vorhanden. Das Schützen-Reg. 474 folgt nach. Die Be-

---

[1]) Verbessert aus: Kulmer.

[2]) Verbessert aus: Bororodizkoje.

[3]) Verbessert aus: Tuschkino.

wegung der 6. Garde-Division richtet sich nach Meinung der Gefangenen gegen Tula.

Westlich Wolowo sollen sich keine Truppen mehr befinden. Die Angehörigen des Reg. sind drei Monate ausgebildet.

Ein Leutnant der zur Div. abgestellten Sturm-Geschütz-Batterie meldete, dass im Augenblick zwei Geschütze einsatzbereit sind, morgen früh wahrscheinlich vier.

14.15 Uhr traf der Herr Kom. General auf Reg.Gef.St. I.R. 339 in Krasawka ein. Oberstleutnant Strehle meldete. Teile des Reg. sind durch die Panzer-Angriffe überfahren worden. 2 IG-Züge und 6 MG gingen durch die Panzer verloren. Auch mit Pak und LFH konnte gegen die 25 to-Panzer nichts ausgerichtet werden.

Die Panzerjäger-Abteilung, die dem Regt. über Ssorotschenka zugeführt werden sollte, war noch nicht eingetroffen. Das Regiment wehrte die infanteristischen Angriffe des Gegners, die in Batl.-Stärke vorgetragen wurden, ab. Der Feind vesuchte, das Regt. ostwärts der Straße bei Marjina zu umgehen und griff den linken Flügel des I.R. 339 heftig an.

Der Herr Kom. General erklärte, dass das Regt. seine Stellung jetzt unbedingt halten muss. Durch das Heranführen des Regt. Kullmer von Südwesten und des I.R. 110 von Norden wird bereits morgen[4]) eine Entspannung eintreten.

Das Regt. Kullmer muss unter Aufbietung aller Kräfte heute abend noch Ostrowki erreichen, um morgen[4]) den Angriff in den Rücken des Feindes anzutreten.

Das I.R. 110 wird angewiesen, beschleunigt die Linie Kondyrjowa–Zarewo zu erreichen.

Das I.R. 339 meldete bisher 17 Verwundete und 8 Vermißte.

In der Anlage werden die Bemerkungen während der Fahrt vorgelegt.

Lammers
Leutnant

Bemerkungen während der Fahrt.

1.) Dem verkleinerten Führungsstab ist ein Arzt beizugeben.
2.) Als Panzerschutz muss der 167. I.D. Flak zugeführt werden.
3.) Die 167. I.D. klagt bei gutem Futterzustand ihrer Pferde über mangelnde Leistungsfähigkeit durch organische Schäden. IVc wird gebeten, die Fälle zu prüfen.
4.) Bei der Rollbahn-Brücke in Plawsk entstehen immer noch fortwährend Stokkungen und Verkehrsstörungen, da keine genügende Verkehrsregelung erfolgt. XXIV. Pz.Korps ist davon zu benachrichtigen.

[4]) Verbessert aus: Morgen.

Nr. 72

Generalkommando LIII. A.K.
Lt. Dr. Lammers
Begleitoffizier
Abt. IIa Nr. 563/41g.

Geheim!

K.H. Qu., den 15. 11. 1941.

Fahrtbericht vom 14. 11. 1941.

Der Herr Kom. General verliess am 14. 11. 41 um 7.50 Uhr den Korps-Gef.St. Plawsk, um den Herrn Oberbefehlshaber der 2. Panzerarmee, Herrn Generaloberst Guderian, zu den Div.Gef.Ständen des LIII. A.K. zu führen.

Wiedereintreffen auf Korps-Gef.St. 19.10 Uhr.

Fahrtweg: Plawsk, Roshestwenno, Pokrowskoje, Fjodorowka, Annowka, Tschukina, Plawsk.

Um 9.10 Uhr traf die Staffel des Oberbefehlshabers auf dem Gef.St. der 167. I.D. in Roshestwenno ein. Der Div.Kdr. meldete und gab anschliessend einen Bericht von den Kämpfen bei Tjoplaja[1]).

Gegen eine mehr als doppelte Übermacht wurden die Kämpfe für die 167. I.D. abgeschlossen mit 1500[2]) Gefangenen (5 Kommissare und 7 Offiziere), 12 vernichteten Panzern und 12 eroberten Geschützen. Das russische Kav.Rgt. 107 wurde vernichtet.

Die Div. hatte bei den Kämpfen bei Tjoplaja 550 Mann eigene Verluste (9 Offiziere), davon sind 100 gefallen, 57 Mann sind vermisst.

Auf die Frage des Generaloberst, wie ist der Zustand der Truppe, antwortete der Div.Kdr., die Div. ist angestrengt, aber voll einsatzfähig.

Unter der Kälte und den Marschbewegungen der letzten Kämpfe haben Truppe und Pferde besonders gelitten. Etwa 100 Pferde sind durch die letzten Kämpfe der Division verloren gegangen. Allgemein ist der Zustand der Pferde stark erschöpft. Durch das Fehlen der Stollen werden die Pferde auf dem glatten Boden vermehrt angestrengt und sterben häufig durch Anstrengung, Aufgeregtheit und die starke Kälte an Herzschlag im Geschirr. Heute nacht sind die Stollen bei der Division eingetroffen. Sie gelangen sofort zur Verteilung an die Truppe.

Bei der Truppe sind bisher 200 Fälle von Erfrierungen gemeldet. Diese Schäden werden begründet durch den schlechten Zustand der Bekleidung und durch das Fehlen des Nachschubs an Ausrüstungsgegenständen. Außerdem hat die Truppe keine Zeit, die Bekleidungsgegenstände zu pflegen. Besonders das Schuhzeug ist zerrissen oder verbraucht, da die Handwerker bei den fortlaufenden Marschbewegungen keine Gelegenheit zur Reparatur haben. 60% aller Stiefel und Hosen sind zerrissen. Dringend ersatzbedürftig sind auch Socken und Unterwäsche. Bei einem Rgt. der Division gehen 25% der Mannschaften in Drillichhose.

Die Stärken der Kompanien betragen im Durchschnitt 70 Mann. Der grösste Teil der Kranken wird bei der Truppe mitgeführt. Es sind in letzter Zeit eine Reihe von Darm- und Grippeerkrankungen aufgetreten.

---

[1]) Die vorherrschende Schreibweise ist: Teploje.
[2]) Verbessert statt: 15.00.

Die Brotration war in letzter Zeit knapper, weil die Bäckerei-Kompanie der Div. für das ganze Korps backen musste. An Ersatz hat die Div. 300 Mann Wiedergenesene zugeführt bekommen. Eine weitere Kompanie Ersatz ist angekündigt.

Der Herr Generaloberst erklärte auf den Vortrag des Div.Kdrs. betreff Versorgung mit Bekleidung: „Was ich habe, bekommen Sie."

Die Bestände an Hosen, Stiefeln und Unterwäsche, die die Panzerarmee hat, sollen an die Inf.Divisionen ausgegeben werden.

Die schlimmsten Nachschubschwierigkeiten werden bald behoben sein, da die Eisenbahnbrücke bei Mzensk in diesen Tagen wiederhergestellt sein wird und die Versorgungsgüter mit der Bahn an die Truppe herangebracht werden können.

Der Div.Kdr. bat um Zuteilung einer Aufklärungs-Abteilung, da die Div. nur über eine Radfahrschwadron verfügt. Der Herr Generaloberst entgegnete, dass die mot-Verbände bereits derartige Ausfälle bei ihren Aufklärungs-Abteilungen hatten, dass davon nichts mehr abgegeben werden könne. In Zukunft wird aber in der rechten Flanke des LIII. A.K. die 18. Pz.Div. vormarschieren und durch ihre Einheiten den Aufklärungsraum der 167. I.D. mitübernehmen. Der Oberbefehlshaber erklärte, dass die Anwesenheit der 18. Pz.Div. in der rechten Flanke des Armeekorps sein persönlicher Wunsch sei, um bei bevorstehenden Angriffen der Infanterie sofort die Möglichkeit eines umholenden und entlastenden Panzer-Angriffs zu haben.

Für Luftaufklärung hat die Armee in Zukunft lediglich eine Staffel zur Verfügung.

Der Div. fehlen Schneeketten.

Der Oberbefehlshaber kündigte die Zuführung von Schneehemden an.

Der Div.Kdr. erhält ein Kfz. 15 von der Panzerarmee zur Verfügung gestellt.

Im Augenblick des Vortrages erfolgte auf Roshestwenno ein Tieffliegerangriff mit etwa 12 Bomben und Bordwaffen. Ein Offizier wurde dabei verwundet.

Zum Abschluss des Vortrages erklärte Herr Generaloberst Guderian: Ich erkenne die grossen Schwierigkeiten, mit denen die Truppe kämpft, durchaus. Erst wenn man sie kennt, kann man die Leistung der Div. in den letzten Tagen würdigen. Die 167. I.D. hat in den Kämpfen um Tjoplaja Leistungen vollbracht, die meine vollste Anerkennung verdienen. Ich bin Ihnen dafür sehr dankbar. Es hört sich sicher sehr einfach an, wenn ich sage, dass wir die nächsten Wochen weiter durchhalten müssen, um das Ziel dieses Feldzuges zu erreichen. Wenn wir nämlich diese Kräfte nicht mehr aufbringen würden und so kurz vor dem Ziel aufhören würden, so würde damit der grosse Erfolg des ganzen Sommers fraglich werden. Deshalb müssen wir weiter mit dem Ziel, Moskau einzuschliessen. Geben Sie dies bitte weiter und wirken Sie in diesem Sinne auf Ihre Kommandeure ein.

Anschliessend zeichnete der Oberbefehlshaber eine Reihe Angehöriger der Div. mit dem Eisernen Kreuz aus und sagte: Das Eiserne Kreuz, das ich Euch im Namen des Führers verleihe, ist ein Zeichen der Anerkennung für Eure Hingabe und Tapferkeit, die Ihr bei den schweren Kämpfen und den schwierigen Wetterverhältnissen bewiesen habt. Ihr habt dem überlegenen Feind eine glatte Niederlage beigebracht. Trotz allem weiter vorwärts, denn wir dürfen, nachdem wir die grossen Erfolge des Sommers errungen haben, nicht kurz vor dem Endziel stehenbleiben. Diese eine Anstrengung müssen wir noch durchstehen, um den vom Führer gestellten Auftrag zu Ende zu führen. Tun wir das nicht, sondern bleiben stehen, dann geben wir dem Feinde Gelegenheit, sich im Winter von seinen Niederlagen zu erholen und wir stehen im nächsten Jahre einem ebenso starken Gegner wie in diesem Sommer gegenüber, und die Opfer dieses Sommers waren umsonst. Sagt das Euern Kameraden in den Kompanien und bestellt ihnen meine Grüsse.

Unserem Führer und Obersten Befehlshaber Sieg Heil.

Um 11.25 Uhr traf die Staffel in Pokrowskoje ein, wo Oberst Eberbach Meldung machte. Der Oberbefehlshaber sprach dem Panzerbrigade-Führer seine Anerkennung aus für den kühnen Rückenstoss seines Verbandes bei Nikitinskaja.

Darauf gab Oberst Eberbach einen Zustandsbericht. Durch die grosse Kälte sind viele Panzer ausgefallen. Die Motoren springen nicht an. Das Öl wird hart und der Betriebsstoff gefriert. Es fehlt an Frostschutzmitteln. Die Ketten brauchen Stollen, es treten so vermehrt Kettenbrüche auf. Die Optik beschlägt infolge der grossen Kälte. Salbe, die das Beschlagen verhindert, ist noch nicht zugeführt worden. Das Rgt. Graf Strachwitz hat augenblicklich nur 25 Panzer fahrbereit, das Rgt. Kuno 20.

Vorläufig ist an gründliche Reparatur nicht zu denken, weil die Werkstattkompanien abhängen und nicht nachgezogen werden konnten. Die Instandsetzungstrupps können bei der Kälte nicht viel ausrichten. Die Einrichtung von Werkstattkompanien in Plawsk wurde vorgeschlagen.

Notwendig wird Winterbekleidung benötigt, besonders Handschuhe und Überschuhe. Der Oberbefehlshaber kündigte seine Absicht an, Verbände zusammenzulegen und die Truppen, die keine Fahrzeuge mehr haben, zur Neuaufstellung in die Heimat zu schicken.

Der Oberbefehlshaber stimmte zu, dass das Pz.Rgt. 18 beim weiteren Vormarsch den Schutz der Südflanke des LIII. A.K. übernimmt und zunächst in den Raum um Ossinowyj-Kust zieht. Der Generaloberst kündigte das Eintreffen deutscher Panzerkonstrukteure an, die an Ort und Stelle die modernen russischen Panzertypen kennenlernen sollen. Gleichzeitig sollen sie mit der Kampferfahrung und der Stimmung der Panzersoldaten, mit ihren Wünschen und Vorschläge vertraut werden.

Der Oberbefehlshaber bezeichnete die schweren modernen Panzertypen der Russen als hervorragend. Die russische Technik, der man anfangs nichts zutrauen wollte, hat Typen entwickelt, die sehr beweglich sind und von unserer Pak nicht durchschlagen werden.

Um 13.45 Uhr traf die Staffel des Oberbefehlshabers auf Div.Gef.St. 112. I.D. in Fjodorowka ein. Der Div.Kdr. meldete und gab einen Bericht von den Kämpfen der Division in der Schlacht bei Tjoplaja. Die 41. russische Kav.Div. hat sich dabei als wendiger aber wenig energischer Gegner erwiesen. Die 6. Garde-Division ist ein zäher und geschickt geführter Verband. Der Oberbefehlshaber erklärte, dass die 6. Garde-Division der Panzerarmee als solch ein Gegner aus den Kämpfen bei Mzensk bereits bekannt ist.

Die Division setzt ihren Vormarsch nach Osten fort und hofft morgen Bogorodizk zu erreichen, das heute von einem Reiterspähtrupp feindfrei gemeldet wurde, der vorgestern in Bogorodizk war.

Vom Zustand der Division gab der Div.Kdr. folgenden Bericht: Die Stärken der Kompanien betragen zwischen 48 und 67 Mann. Besonders macht sich der Mangel an Unteroffizieren und Offizieren bemerkbar. Die Leute brauchen bei den augenblicklichen schwierigen Verhältnissen besonders energische und selbstlose Offiziere und Unterführer, die die Mannschaften mitreissen. Dringend notwendig ist Ersatz von Btl.-Kommandeuren. 3 Btl. werden bereits von Oberleutnanten geführt.

Die Div. hat bisher 3700 Mann Verluste, dazu 1800 Kranke. Ersatz hat die Div. im ganzen 1100 bekommen. Der Oberbefehlshaber erklärte, dass der Ersatz gestoppt ist. Lediglich Wiedergenesene werden zugeführt.

Die Winterbekleidung ist bereits eingetroffen. Es fehlen noch die 2. Decke und Überschuhe. Stiefel und Wäsche sind wie bei 167. I.D. in schlechtem Zustande. Stollen für die Pferde sind eingetroffen. Glysantin ist gar nicht vorhanden.

Der Gesundheitszustand ist bei der Div. zufriedenstellend, wenn man die schlechten Witterungsverhältnisse berücksichtigt. Bei der San.Kompanie sind einige Fälle von Fleckfieber aufgetreten.

Der Oberbefehlshaber dankte dem Div.Kdr. für die grossen Leistungen der 112. I.D. und wies wie bei 167. I.D. auf die Notwendigkeit hin, im weiteren Vormarsch die Oka zu erreichen und Moskau abzuschnüren. Rjasan, das Ziel dieses Jahres, dürfte in etwa 3 Wochen erreicht sein.

Anschliessend verlieh der Oberbefehlshaber an Angehörige der Div. das Eiserne Kreuz, die sich in den letzten Kämpfen ausgezeichnet haben.

Nach einem Imbiss, zu dem der Div.Kdr. einlud, rückte, bereits bei Dunkelheit, die Staffel über Tschukina nach Plawsk ein.

In der Anlage werden die Bemerkungen während der Fahrt vorgelegt.

Lammers
Leutnant[3])

Bemerkungen während der Fahrt.

1.) Das Pz.Rgt. Graf Strachwitz bittet um 40 Exemplare der Karte N 37 / XI West Skopin, Maßstab 1 : 100 000.
2.) Das Pz.Rgt. Graf Strachwitz bittet um möglichst kurze Abfassung der Funksprüche, da mit dem Entschlüsseln die Funkstelle des Rgt., die nur aus 2 Mann besteht, sonst überlastet wird.

[3]) Vom Büro IIa wurde eingefügt: Verteiler: Ia, Ic, Qu., IIa.

Nr. 73

Generalkommando LIII. A.K.
Lt. Dr. Lammers
Begleitoffizier

K.H.Qu., den 19. 11. 1941.

Fahrtbericht vom 18. 11. 1941.

Der Herr Kom. General verliess um 7.00 Uhr den Korps-Gef.St. Plawsk, um zusammen mit dem Chef des Generalstabes und dem Ia Stellungswechsel zum neuen Korps-Gef.St. Bogorodizk zu machen.

Eintreffen auf neuem Korps-Gef.St. Bogorodizk 13.00 Uhr.

Fahrtweg: Plawsk, Ssorotschenka, Pokrowskoje, Ogarewa, Fedorowka, Pleßy, Tschernjajewka, Jewlewo, Bogorodizk.

Durch die anhaltende Kälte sind die Wege im allgemeinen befahrbar[1]). Auch über Stoppelfelder kann marschiert werden. Verkehrshindernisse bilden die vielen tiefen Schluchten in diesem Gelände. Auch Kettenfahrzeuge kommen auf den rutschigen Hängen nur schwer vorwärts.

Lammers
Leutnant[2]).

Nr. 74

Generalkommando LIII. A.K.
Lt. Dr. Lammers
Begleitoffizier
Abt. IIa Nr. 572/41g.

Geheim!

K.H.Qu., den 21. 11. 1941.

Fahrtbericht vom 21. 11. 1941.

Der Herr Kom. General verliess am 21. 11. 41 10.45 Uhr den Korps-Gef.St. Bogorodizk zu einem Besuch der 112. und 167. I.D.

Wiedereintreffen auf Korps-Gef.St. 13.15 Uhr.

Fahrtweg: Bogorodizk, Kolchos 2 km ostwärts Bolotowka, Bogorodizk.

11.10 Uhr meldete auf dem Div.Gef.St., Kolchos 2 km ostwärts Bolotowka der Div.Kdr. der 112. I.D. Die Div. erlebte gestern in ihrem Abschnitt mehrere massierte Angriffe der Russen, die erhebliche eigene Verluste forderten. Von I.R. 110 und der Aufklärungsabteilung wurden die Angriffe abgewehrt.

Ein besonders massierter Infanterie-Angriff der Russen aus Gegend Jegorjewskoje wurde vom I.R. 256 nicht aufgehalten, sodass der Gegner mit starken Kräften in Jemanowka eindringen konnte. Ein Batl. des I.R. 256 ging ungeordnet

---

[1]) Ergänzt aus: fahrbar.

[2]) Vom Büro IIa eingefügt: Verteiler: Ia, Ic, Qu., IIa.

zurück und war vom Batl.-Führer zunächst nicht mehr einzufangen. Es wurde erst südlich Jemanowka wieder geordnet. Die Lage musste durch das Eingreifen des Nachbar-Batl. gerettet werden.

Die Russen setzten die unverbrauchten Kräfte ihrer sibirischen Division (Kp. mit 170 Mann Gefechtsstärke) so massiert ein, weil sie hoffen, durch ihr reines zahlenmässiges Übergewicht einzubrechen.

Der Div.Kdr., der heute morgen gegen 7.00 Uhr selber einen Angriff der Russen mit ansah, sagte, dass die Russen mit wenig Artillerie, dagegen infanteristisch für unsere Verhältnisse sehr stark, tief gegliedert, die rückwärtigen Teile dicht aufgeschlossen wie auf dem Exerzierplatz angreifen. Der russische Angriff ging zunächst unbeirrt durch unser gut liegendes Art.-Feuer vorwärts. Bei zunehmender Stärke des eigenen Art.-Feuers wurde der Angriff jedoch zum Stoppen gebracht. Die Russen verschwanden und konnten bisher nicht mehr festgestellt werden. Der Div.Kdr. vermutete die Russen dicht gedrängt in den Schluchten des vielfach tief eingeschnittenen Geländes. Wahrscheinlich greift der Feind abends wieder an, da er das beobachtete Feuer unserer überlegenen Artillerie scheut.

Inzwischen ist das Rgt. Kullmer der 167. I.D. zur Versteifung der Front der 112. I.D. mit 2 Batl. herangeführt worden. Es ist der 112. I.D. unterstellt und steht zum Eingreifen zur Verfügung.

Leider ist das Hintergelände arm an Ortschaften, sodass sich in Iwanowskoje grosse Teile der Artillerie, Stäbe und ein Batl. des Rgt. Kullmer zusammenballen. Iwanowskoje wird von feindlicher Artillerie stark beschossen. Der Div.Kdr. erklärte, dass durch die hohen Verluste besonders auch an Offizieren und Unterführern, durch die grossen Anstrengungen und die schlechte Versorgungslage eine starke Ermüdung und eine Krise bei der Truppe eintritt.

Das Gefühl, einem zahlenmässig starken und unverbrauchten Gegner gegenüber zu stehen, wirkt auf die stark dezimierte Truppe deprimierend ein. Der Gegner selbst nimmt unsere Angriffe nicht ernst, sondern hält sie für starke Spähtruppunternehmen.

Der Herr Kom. General erklärte, dass der Abschnitt der Div. durch das sehr gute Rgt. Kullmer eine so genügende Verstärkung erfahren hat, dass eine weitere Zurücknahme der eigenen Linie verhindert werden kann und muss, da die grosse Strasse Pritony – Jepifan unbedingt in unserer Hand bleiben muss, um der 10. mot-Div. den Aufmarsch in unserer rechten Flanke zu ermöglichen. Die genannte Strasse ist bei dem jetzigen Verlauf der eigenen Linie nicht einzusehen und benutzbar.

Der Herr Kom. General kündigte an, der Pz.Armee den Vorschlag zu machen, die 10. mot-Div. in unserer rechten Flanke nach Norden, Richtung Donskoj, vorstossen zu lassen, um den Gegner vor uns dann auch in seiner Ostflanke fassen zu können.

Die Pz.-Verbände westlich der 112. I.D. haben selber schwere Angriffe abzuwehren, sodass eine taktische Einwirkung auf dem Gefechtsfeld durch den Panzervorstoss bei uns nicht zu bemerken ist.

Allerdings ist der Abzug der schweren russischen Panzer, die der 239. sibirischen Schützen-Div. unterstellt waren, und der Abzug eines Teils der Artillerie und Infanterie von unserem Frontabschnitt auf den deutschen Panzerstoss im Nordwesten zurückzuführen.

Dem Korps gegenüber liegt lediglich die 239. Schützen-Div. Diese hat volle Gefechtsstärken. Die 112. I.D. hat dagegen nur ein Viertel ihrer alten Gefechtsstärke, nicht so viel wie ein intaktes Inf.Rgt.

Seit der Einnahme von Bogorodizk hatte die Div. etwa 300 blutige Verluste.

Der Verlauf der Kämpfe zeigt auf russischer Seite eine auffallende Unempfindlichkeit gegen Flankenbedrohung. Der Russe lässt sich nicht leicht ablenken. Das zeigt sich besonders wieder vor unserer Front, er greift unvermindert an, obgleich unsere Panzerverbände seine Westflanke stark bedrängen.

Der Herr Kom. General gab bekannt, dass die 167. I.D. Federowka angreifen wird. Die Aufklärungsabteilung der 10. mot-Div. geht nach ihrem Eintreffen nach Romanzewo. Weiterer Antransport von Feindkräften ist nicht gemeldet.

Aus einem erbeuteten russischen Armee-Befehl geht hervor, dass der Gegner die Absicht hatte, die 112. I.D. umfassend anzugreifen[1]) und zu vernichten.

Der Herr Kom. General wies darauf hin, dass die der Div. zugeteilten, ausgefallenen Sturmgeschütze abgeschleppt und geborgen werden müssen. Es ist unbedingt zu verhindern, dass Sturmgeschütze in Feindeshand fallen.

Nach Überwindung des augenblicklichen Widerstandes marschiert die 112. I.D. auf Donskoj, die 167. I.D. auf Stalinogorsk.

Die Einheiten, besonders das I.R. 256, müssen heute morgen noch wieder neu geordnet werden. Für Gegenstösse steht das Rgt. Kullmer zur Verfügung, das gestern einen Ruhetag hatte. Diese Truppe muss stets alarmbereit sein.

Sperrfeuer der Artillerie ist zu erschiessen.

Bei der Artillerie sind die Beobachtungsverhältnisse sehr gut. Die Munitionslage ist ausser Mörsermunition zufriedenstellend. Die Artillerie des Feindes ist vorläufig nicht allzu stark.

Die Div. plant weiter die Zusammenlegung von Batl. Über die augenblickliche angespannte Lage bei der Div. wird ein Bericht mit Einzelunterlagen vorgelegt werden.

Zum Abschluss erklärte der Herr Kom. General, die Div. hat den Auftrag, ihre jetzigen Stellungen unbedingt zu halten, um den Anschluss an 167. I.D. nicht zu verlieren und um die Strasse nach Jepifan in Besitz zu halten.

Oberstlt. Kullmer, Kdr. I.R. 331 meldete sich auf dem Div.Gef.St. Nach Eintreffen in Iwanowskoje hat ein Batl. seines Rgt. in kurzer Zeit durch Artillerie-Feuer 10 Mann verloren. Wegen Krankheit gehen täglich etwa 8 Mann ins Lazarett. Der Rgt.Kdr. sagte, „unter den augenblicklichen Umständen gleicht mein Rgt. einem Fass, das langsam leer fliesst.“ Oberstlt. Kullmer schlug vor, in seinem Rgt. ein Batl. aufzulösen und die übrigen Batl. zu verstärken. Der Ia der 112. I.D. meldete, dass soeben ein russischer Panzer abgeschossen wurde.

Auf der Fahrt nach Bogorodizk traf der Herr Kom. General die Stabs-Kp. I.R. 331 und sprach zu den Soldaten:

„Kameraden! Ich weiss, welche Strapazen und Mühen Ihr in den letzten Tagen auf Euch genommen habt. Ich weiss auch, dass durch die schlechten Nachschubverhältnisse Euch Wäsche, Hosen, Stiefel, Kopfschützer, Handschuhe und Verpflegung fehlten. Ich weiss das und habe alles getan, um dem abzuhelfen. Aber mehr als man hat, kann man nicht geben. Im Augenblick brauchen wir Munition, und deshalb muss so manches andere wieder zurücktreten.

---

[1]) Verbessert aus: angreifen.

Der Angriff auf Moskau rollt wieder. Eure Kameraden der 112. Div. stehen seit 5 Tagen in einem neuen Kampf. Ihr sollt als Eingreif-Rgt. hinter ihnen eingesetzt werden.

Für uns kommt es jetzt darauf an, 5 Minuten länger die Zähne zusammenzubeissen als es der Gegner vermag. Denn drüben beim Feinde sieht es noch weit schlechter aus als bei uns.

Schon eilen unsere Panzer und eine mot-Div. heran, um uns zu entlasten, in wenigen Tagen ist auch dieser Gegner niedergekämpft.

Aber auch für die Tage nachher will ich Euch nicht mehr versprechen, als ich halten kann. Auch dann heisst es noch weiter tippeln bis der grosse Schnee kommt. Erst dann haben wir Ruhe.

Aber ich glaube fest, dass Ihr weiter die Zähne zusammenbeisst. Glaubt mir, auch Eure Führer und ich haben es nicht leicht, was von den Nerven verlangt wird, ist viel. Dennoch weiter! Heil Kameraden!"

12.25 Uhr meldete Herr Oberst Labetzki, Kdr. A.R. 86, die Munitionszuführung bei der Artillerie klappt. Sorge bereiten die Pferde. Das Rgt. braucht dringend Ersatz für Stangenpferde.

Um 12.45 Uhr traf der Herr Kom. General auf Div.Gef.St. 167. I.D. in Bogorodizk ein. Der Div.Kdr. meldete. Die eigene Aufklärung stellte starken, schanzenden Feind in Tschishowka, Fjodorowka und auf der beherrschenden Höhe nordostwärts Fjodorowka fest.

Bei Fortsetzung des Angriffs soll Fjodorowka genommen werden. Fjodorowka liegt im Tal. Ein Eindringen in das Dorf hat keinen Sinn, wenn nicht gleichzeitig die Höhe nordostwärts der Ortschaft genommen wird. Für den Angriff auf diese Höhe wird aber das II/I.R. 315 benötigt, das noch der 112. I.D. unterstellt ist und am Bahndamm südwestlich Ssergijewskaja steht.

Die Div. bittet deshalb um Rückunterstellung dieses Batl. vor morgen früh.

Die Div. hatte gestern Verluste: 3 Offiziere, 30 Uffz. und Mannschaften tot, 104 verwundet, 3 vermisst.

19 Gefangene wurden eingebracht. 185 Feindverluste wurden gezählt. 22 russische MG, 2 Pak, 120 Gewehre und 5 MP wurden vernichtet.

Der Div.Kdr. erklärte zu den letzten Angriffen und Verlusten folgendes: Die letzten Unternehmungen haben starke Ausfälle gebracht. Die Angriffe sollten im Zusammenwirken mit den nordwestlich stehenden Panzerkräften erfolgen. Von einer Zusammenarbeit im Angriff war aber bisher nichts zu spüren, da die Panzer weiterhin verteidigen. Die Angriffe lohnen sich deshalb besonders im Hinblick auf unsere geringen Gefechtsstärken nicht.

Der Herr Kom. General ergänzte dazu, ohne Zusammenarbeit mit den Panzern bleiben unsere Angriffe Halbheiten, die sich nicht lohnen. Ich werde heute abend Herrn Generaloberst Guderian entsprechend Meldung machen. Die Angriffe selber wurden von höherer Stelle befohlen. Eine Fortsetzung des Angriffs verspricht erst Erfolg, wenn wirklich gleichzeitig die Panzer vorstossen.

Die Div. hat an Reserven einen Zug Sturmgeschütze und 2 Pi.-Kp.

Der Div. wurde mitgeteilt, dass gestern abend eigene Truppen (Aufklärungsabteilung der 10. mot-Div.) in Krassnoje (25 km südostwärts Bogorodizk) eingetroffen sind.

Ein in Nikitskoje von der 167. I.D. erbeuteter russischer Armeebefehl besagte, dass der Feind allgemeine Verteidigungstendenz hat.

Der Div.Arzt der 167. I.D. meldete, dass der Abtransport der Verwundeten und Kranken klappt.

In der Anlage werden die Bemerkungen während der Fahrt vorgelegt.

Lammers
Leutnant[2]).

Bemerkungen während der Fahrt.

1.) Der Ortskommandant veranlasst, dass im Stadtbereich von Bogorodizk reichlich Wegweiser zu den wichtigen umliegenden Ortschaften angebracht werden. Strassenkreuzungen und -Gabeln ausserhalb von Bogorodizk sind gleichfalls zu beschildern.

2.) Es muss versucht werden, noch einige Mörser nachzuziehen.

Nr. 75

Generalkommando LIII. A.K. K.H.Qu., den 24. 11. 1941.
Lt. Dr. Lammers Geheim!
Begleitoffizier
Abt. IIa Nr. 575/41g.

Fahrtbericht vom 23. 11. 1941.

Der Herr Kom. General verliess um 12.00 Uhr den Korps-Gef.St. Bogorodizk zu einem Besuch der 112. und 167. I.D.

Wiedereintreffen auf Korps-Gef.St. 15.40 Uhr.

Fahrtweg: Bogorodizk, Iwanowskoje, Weljminowa, Fjodorowka, Krutaja, Bogorodizk.

Um 12.30 Uhr traf der Herr Kom. General in Iwanowskoje ein. Der Ia der 112. I.D. meldete auf dem alten Div.Gef.St. Der Div.Kdr. hatte bereits den neuen Div.Gef.St. in Weljminowa bezogen.

Der Angriff der 112. I.D. auf Donskoj wurde angehalten durch zähen Feindwiderstand auf Höhe 113,3 und in Ssmorodinaja. Das Gelände zwischen 113,3 und Donskoj ist nicht, wie auf der Karte eingezeichnet, eine leere Fläche, sondern dicht besetzt mit Zechen und Fabriken, die dem Gegner Gelegenheit zu immer erneuertem Widerstand geben. Auch der Bahndamm bei Donskoj ist stark besetzt und wird zäh verteidigt.

Der Herr Kom. General befahl die scharfe Zusammenfassung der Angriffsgruppen und die Konzentrierung der Kräfte auf Ssmorodinaja. Die Besetzung die-

---

[2]) Vom Büro IIa eingefügt: Verteiler: Ia, Ic, Qu., IIa.

ses Ortes ist auch deshalb wichtig, weil die Truppe sonst für die Nacht kein Unterkommen findet.

Um die schwache Front der 112. I.D. zu verstärken, ordnete der Herr Kom. General an, dass das Rgt. Kullmer noch nicht wieder zur 167. I.D. zurücktritt, sondern weiter zur Verfügung der 112. I.D. bleibt und im Raume Marjina–Iwanowskoje unterzieht.

Dem Ia der 112. I.D. sagte der Herr Kom. General zum Abschied folgendes: „Nachdem ich als Kommandierender General eines Gebirgs-Korps nach Norwegen versetzt bin, wünsche ich Ihnen zum Abschied alles Gute und Soldatenglück und spreche Ihnen meinen Dank und meine Anerkennung aus für Ihre vorbildliche und aufopfernde Gehilfentätigkeit, mit der Sie Ihren Kommandeur in den vielen schwierigen Situationen unterstützt haben."

In Weljminowa meldete 13.35 Uhr Generalleutnant Mieth.

Auf Höhe 113,3 wird eine Artillerie-Feuerzusammenfassung vorbereitet. Anschliessend wird die Höhe zugleich von Süden und Westen angegriffen.

In Donskoj will die Division westlich umholend von Norden her eindringen.

Die Gegend Nowaja-Malachowka wurde wechselnd besetzt und feindfrei gemeldet.

Der Herr Kom. General erklärte, dass heute noch Ssmorodinaja genommen werden muss. Sobald wie möglich muss auch bis Klin vorgestossen werden, um die Flankenbelästigung für 167. I.D. aus dieser Gegend auszuschalten.

Zum Abschied dankte der Herr Kom. General dem Div.Kdr. der 112. I.D. für die unerschütterliche ruhige Führung seiner Division in den schwersten Tagen und wünschte der Div. und dem Kdr. weiterhin alles Gute und Soldatenglück.

Um 14.35 Uhr meldete der Div.Kdr. der 167. I.D. auf dem Div.Gef.St. Fjodorowka.

Der Angriff der 167. I.D. auf Stalinogorsk wurde durch das langsame Fortschreiten des Angriffs der 112. I.D. aufgehalten, da besonders von Klin her der Gegner flankiert. Feindliche Artillerie steht in Donskoj und Stalinogorsk.

Die Div. will morgen mit starkem linken Flügel den Angriff fortsetzen und Stalinogorsk von Westen umholend einnehmen. Die Fortsetzung des Angriffs verspricht aber erst lohnenden Erfolg nach Ausschaltung von Klin.

Der Herr Kom. General antwortete, dass die 112. I.D. sich zur Zeit in einer Krisis befindet. Sie ist stark in ihrer Kampfkraft geschwächt und körperlich und moralisch ermüdet. Die Rückführung des Rgt. Kullmer zur 167. I.D. ist deshalb auch nicht möglich, da der labile Zustand der 112. I.D. einen Rückhalt durch ein weiteres Rgt. erfordert.

Der Div.Kdr. wies darauf hin, dass auch bei 167. I.D. die Ermüdung und die Nervenbeanspruchung besonders bei den Kdrs. sehr gross ist.

Der Herr Kom. General stellte nach Erreichung des Don und nach Bildung eines Brückenkopfes 2 bis 3 Ruhetage in Aussicht. Für morgen bleibt das Ziel bestehen, mit starkem linken Flügel Stalinogorsk zu nehmen und den Feind in den Don zu werfen.

Die Div. hat die Brückenkolonne B nicht zur Verfügung. Diese liegt auf der Strecke bis nach Orel und ist nur im Besitz einer Zugmaschine. Eine Anzahl Zugmaschinen ist zum Gen.Kdo. abgestellt.

Oberstleutnant Kullmer meldete der Div., dass sein Rgt. in Marjina und Iwanowskoje keine Unterkünfte freifand. Die 112. I.D. wollte den alten Div.Gef.St. in Iwanowskoje reserviert behalten.

Zum Abschied sagte der Herr Kom. General: „Ich bin vor meiner Abreise anlässlich meiner Versetzung noch einmal zu Ihnen gekommen, um Ihnen meinen Dank und meine Anerkennung für die Leistung Ihrer ausgezeichneten Div. zu sagen.

In den letzten schweren Tagen bildete Ihre Div. den Halt des Korps. Sie hat die ihr gestellten Aufgaben stets gelöst. Wenn ich später einmal an mein altes Korps zurückdenke, werde ich damit auch stets dankbar an die 167. I.D. denken müssen.

Ich wünsche Ihnen und Ihrem tüchtigen Ia weiterhin alles Gute, der braven Div. Sieg und Soldatenglück."

In der Anlage werden die Bemerkungen während der Fahrt vorgelegt.

Lammers
Leutnant[1])

Bemerkungen während der Fahrt.

1.) Stark erschöpfte Pferde, die von der Truppe nicht mehr mitgezogen werden können, müssen erschossen werden oder einem Bauern ausgehändigt werden mit einer Bescheinigung, dass ihm ein erschöpftes Pferd von der Deutschen Wehrmacht überantwortet worden ist.
Keinesfalls dürfen erschöpfte Pferde einfach an der Vormarschstrasse stehengelassen werden.

Nr. 76

Abtlg. IIa
Nr. 618/41g.

K.H.Qu., den 23. 12. 1941.

Geheim!

Fahrtbericht vom 22. 12. 1941.

Abfahrt des Kommandierenden Generals vom Korps-Gefechtsstand Bolchow, 10.30 Uhr. Wiedereintreffen 15.45 Uhr.

Fahrtweg: Bolchow, Tscherbowo, Mentelowo, Bedrinci, Bolchow.

Zweck der Fahrt: Besuch des Oka-Abschnittes in Gegend Bedrinci, Prüfung des Geländes als Auffangstellung.

In der Gegend von Bedrinci, wo sich eine Eisbrücke über die Oka mit 6 Tonnen Tragkraft befindet, ist das westliche Oka-Ufer weniger für die Verteidigung geeignet als das ostwärtige. Das ostwärtige Ufer ist höher, steiler, hat grössere Waldstrecken und kann vom Westufer nicht eingesehen werden. Das westliche Ufer ist

[1]) Vom Büro IIa eingefügt: Verteiler: Ia, Ic, Qu., IIa.

arm an infanteristischen Anklammerungspunkten und als kahle Fläche weithin vom Ostufer her einzusehen. Ungünstig für die Verteidigung ist auch die nach Westen vorspringende Schleife der Oka nördlich Bedrinci. Die Versorgungswege zur westlichen Uferstellung sind eingesehen. Durch Fehlen von Wald fehlt am Westufer Holz zum Ausbau von Stellungen. Der Fluss ist gefroren und bietet dem Infanteristen kein besonderes Hindernis. Für Panzer sind die Uferhänge unpassierbar.

Die Strassenverhältnisse westlich der Oka sind schlecht. Die Strasse Bolchow–Belew: ungepflastert, voll tiefer gefrorener Furchen. Gelände reich an Schluchten und schwierigen An- und Abfahrten. Schwierigkeiten ebenfalls durch Schneeverwehungen. Auch Kübelwagen sassen häufig fest. Mot-Transporte von Bolchow nach Belew nur mit langen Verzögerungen und grossen Schwierigkeiten möglich. Vor Schluchten und Brücken meist grosse Verstopfung. Wege sind teilweise durch Schneeverwehungen unkenntlich, aber durch Strohwischpfähle markiert.

In der Anlage werden die Bemerkungen während der Fahrt vorgelegt.

Lammers
Leutnant[1])

Bemerkungen während der Fahrt.

1.) Der Kommandierende General wünscht einen Mann der Stabswache oder Generalsstaffel[2]), der sich gut auf Ski und Pflege von Ski-Gerät versteht. (Gefr. Scherzer).
2.) An Ib der Divisionen ist weiterzugeben, dass innerhalb der Rgt. eine den Notwendigkeiten entsprechende Verteilung der vorhandenen Panje-Schlitten vorgenommen werden muss. Schlitten, die der Beförderung von privatem Gepäck einzelner Soldaten dienen, und so nicht entsprechend ausgenutzt werden, müssen den Versorgungstruppen zugeführt werden, um Munition und Verpflegung zu transportieren.
3.) Die Umleitung an der Strasse Bolchow–Belew 2 km nördlich Tscherbowo muss durch Strohwischpfähle ausgeflaggt werden.

[1]) Durch Büro IIa eingefügt: Verteiler: Ia, Ic, Qu., IIa.
[2]) Verbessert statt: Generalstaffel.

C. Anlagen

Anlage 1
Stellenbesetzung im Generalkommando LIII. A.K.
Juli 1941

Kommandierender General:	General der Inf. Weisenberger
Chef des Generalstabes:	Oberst i. G. Waeger
Ia, 1. Generalstabsoffizier:	Hauptmann i. G. Boehncke
Ib(Q), 2. Generalstabsoffizier:	Hauptmann i. G. Siebert
Ic:	Rittmeister Gottheiner
IIa:	Oberstleutnant Bauer
IIb:	Major Schürnbrand
OI, 1. Ordonnanzoffizier:	Oberleutnant von Stockhausen
Artillerie-Kommandeur (Arko) 27:	Generalmajor von Krischer

Anlage 2
Kurzbezeichnungen innerhalb der Führungsstäbe

Ia:	Führungsabteilung
Ib (auch Q):	Quartiermeister-Abteilung (Versorgung)
Ic:	Feindaufklärung, Abwehr, Truppenbetreuung
Id:	Ausbildung
IIa:	1. Adjutant (Offizierspersonalien)
IIb:	2. Adjutant (Personalien Uffz. und Mannsch.)
III:	Gericht
IVa:	Intendant (Verwaltung, Rechnungswesen)
IVb:	Arzt
IVc:	Veterinär
IVd:	Geistlicher (ev.; kath.)

Anlage 3
Die in der Berichtszeit unterstellten Divisionen des LIII. A.K.

267. I.D.: Gen.Maj. von Wachter, mit
I.R. 467 – I.R. 487 – I.R. 497 – A.R. 267
255. I.D.: Gen.Lt. Wetzel, mit
I.R. 455 – I.R. 465 – I.R. 475 – A.R. 255
167. I.D.: Gen.Lt. Schönhärl, später Gen.Maj. Trierenberg, mit
I.R. 315 – I.R. 331 – I.R. 339 – A.R. 238
52. I.D.: Gen.Maj. Dr. Rendulic, mit
I.R. 163 – I.R. 181 – I.R. 205 – A.R. 152
252. I.D.: Gen.Lt. von Boehm-Bezing, mit
I.R. 452 – I.R. 461 – I.R. 472 – A.R. 252
31. I.D.: Gen.Maj. Berthold, mit
I.R. 12 – I.R. 17 – I.R. 82 – A.R. 31
56. I.D.: Gen.Lt. von Oven, mit
I.R. 171 – I.R. 192 – I.R. 234 – A.R. 156
112. I.D.: Gen.Lt. Mieth, mit
I.R. 110 – I.R. 256 – I.R. 258 – A.R. 86

Anlage 4
LIII. A.K. Korpsbefehl vom 15. 7. 1941 für den Beginn der Schlacht bei Rogatschew[1])

Generalkommando LIII. A.K. K.Gef.St., 15. 7. 41, 21.20 Uhr.
Abt. Ia Nr. 324/41g Geheim!

Korpsbefehl für den 16. Juli 1941.
(Karte 1 : 300 000)

1) Feind und eigene Lage siehe Feindnachrichtenblatt Nr. 6.
2) *LIII. A.K.* schlägt am 16. 7. 41 den bei Rogatschew und nördlich über den Dnjepr vorgedrungenen Feind und vernichtet ihn.
3) *Aufträge:*
267. I.D., mit Masse auf und westlich der Straße Popolowo, Shlobin vorgehend, wirft den zwischen der Beresina und Eisenbahnlinie Bobruisk–Shlobin vorgedrungenen Feind über die Eisenbahnlinie Schalkizi–Shlobin zurück.

[1]) BA MA LIII. A.K./19198/6.

Die rechte Flanke des Korps ist durch kampfkräftige Aufklärung im Walde südostwärts Schtschedrin bis an die Beresina zu sichern.

255. I.D. hält die am 15. 7. erreichte H.K.L. im Abschnitt Rudnia–Masalow – westl. und nordwestl. Rogatschew. Sie ist befugt, an den Stellen, an denen diese Linie unnötige Verluste verursachen würde, entsprechende Einsparungen vorzunehmen. Die beiderseits Straße Popolowo–Shlobin liegenden Teile der 255. I.D. bleiben liegen. Sie sind nach Durchschreiten dieser Linie durch 267. I.D. herauszuziehen.

Verst. 52. I.D. (verst. I.R. 497 unterstellt) greift den westl. und nordwestl. Rogatschew vor der Front der 255. I.D. liegenden Feind an, mit linkem Flügel am Drut entlang vorgehend, und vernichtet ihn. Jede Gelegenheit, hierbei die Brücken über Drut und Dnjepr beiderseits Rogatschew in die Hand zu bekommen, ist auszunutzen.

Die Drutlinie Oserany–Schtschewitschi, besonders die Übergänge bei Tschigirinka und Tschtschewitschi, ist an den Hauptübergängen örtlich zu sichern.

4) *Trennungslinie* zwischen 267. I.D. und 255. I.D. (Orte zu 267): Turki – Krasnyj Berek – Tertesh[2]) – Sl. Belino – Shlobin.

5) *Unterstellungen:*
   a) Der 267. I.D. bleiben 28,8 cm Flak-Geschütze und ein 2 cm Flak-Zug unterstellt.
   b) 255. I.D. zieht V.A. 267. I.D. und Pz.Jg.Abt. 267 sofort heraus und führt sie der 267. I.D. im unmittelbaren Einvernehmen zu. Verst. J.R. 497 wird der 52. I.D. unterstellt. Rgt.Stb. und 2 Batl. I.R. 205 (52. I.D.) – zur Zeit bei 267. I.D. in Gegend Popolowo – werden der 255. I.D. unterstellt.
   c) Der 52. I.D. wird verst. I.R. 497 (eine l., eine s.Art.Abt.) unterstellt.
   d) Korps-Pi.Führer unterstellt wieder:
      der 267. I.D.: Pi.Batl. 267 (Zuführung im unmittelbaren Einvernehmen)
      der 52. I.D. eine Komp.Pi.Batl. 654 und T.-Kolonne.
      RAD-Abt. 310 wird Korps-Pi.Führer unterstellt.
   e) 167. I.D. scheidet am 16. 7. 41 aus dem Verbande des LIII. A.K. aus und wird dem Gen.Kdo. XXXXIII. A.K. (Korps-Gefechtsstand Bobruisk, Beresinka Vorstadt, neben LIII. A.K.) unterstellt.

6) *Artillerie:*
   255. I.D. unterstützt mit ihrer Artillerie den Angriff der verst. 52. I.D.

7) *Pioniere:*
   Korps-Pi.Führer zieht die unterstellten Pioniere und Bautruppen gem. Sonderanweisung heran.

8) *Verst. Heeres-Flak-Abt. 274* schützt den Raum um Bobruisk, insbesondere unmittelbar an den Beresina-Brücken. Alles Nähere regelt sie mit dem Chef des Generalstabes des XXXXIII. A.K.

9) *Nachrichtenverbindungen:*
   a) Fernsprechverbindung wie bisher (ohne 167. I.D.)
   b) Funkverbindungen wie bisher, außerdem zu 134. I.D.

---

[2]) Verbessert aus: Terlesh.

10) *Korpsgefechtsstand* wird voraussichtlich im Laufe des 16. 7. in Gegend Liskowskaja verlegt werden.

Der Kommandierende General
Weisenberger
General der Infanterie

Verteiler:
Im Entwurf!

Anlage 5
Tagesbefehl der 255. I.D. vom 16. August 1941[1])

255. Inf.Div.
Kommandeur.

Shlobin, den 16. 8. 1941.

Tagesbefehl.
Soldaten der 255. Division!

Nach der siegreichen Schlacht von Maloryta habt Ihr Euch zum zweiten Mal in der wechselvollen Doppelschlacht von Rogatschew und Shlobin bewährt.

Am 12. 7. erhielt die Division den Auftrag, aus Gegend Bobruisk auf die Dnjepr-Übergänge Shlobin und Rogatschew vorzustossen und die über den Dnjepr vorgegangenen Feindkräfte zurückzuwerfen.

In Gewaltmärschen von 50—60 km durch das von Partisanengruppen gefährdete Gebiet eiltet Ihr an die Brennpunkte der Schlacht, grifft trotz Übermüdung und zahlenmäßiger Unterlegenheit den von Timotschenko geführten Feind auf einer Frontbreite von 35 km an und schlugt ihn in den schwersten Tagen vom 13.—16. 7., auf Euch allein gestellt, 29mal im harten Kampfe zurück. Trotzdem der Feind mit 5 Divisionen unter dem Einsatz von Panzern, Bombern, schwerer und schwerster Artillerie und zahlreicher schwerer Infanteriewaffen den Weg nach Bobruisk um jeden Preis erkämpfen wollte, vereiteltet Ihr in heldenmütigem Kampfe seine Absicht.

Diesen entscheidenden Tagen folgten noch Wochen ununterbrochener Kämpfe, in denen die durch den Masseneinsatz des Feindes oft bedrohte Lage immer wiederhergestellt wurde.

Die Krönung fanden diese Kämpfe durch die Eroberung von Shlobin am 14. 8. 41.

Die Divisionen Timotschenkos sind zerschlagen, der Feind ist über den Dnjepr zurückgeworfen, er sucht seine Rettung in der Flucht.

In treuer Waffenbrüderschaft haben Teile der 267. Division zu diesem einzigartigen Erfolge beigetragen.

---

[1]) BA MA LIII. A.K./19198/16.

Mitgerissen durch das Beispiel Eurer Offiziere, Unteroffiziere und vieler tapferer Soldaten habt Ihr Eure harte Pflicht ganz erfüllt.

Ich bin stolz auf Euch!

Ich spreche allen an diesen wochenlangen Kämpfen in der Doppelschlacht von Rogatschew und Shlobin Beteiligten meine vollste Anerkennung aus.

Die wiederholte Anerkennung, die mir der Herr Kommandierende General besonders am 14. 8. 41 nach dem Fall von Shlobin ausgesprochen hat, gebührt Euch.

Wir gedenken in stolzer Trauer der gefallenen, verwundeten und vermissten Kameraden, die ihre Treue zu Führer und Vaterland mit ihrem Blute besiegelten.

Ich bin gewiss, dass die neuen Aufgaben, wo und wie immer sie der Division gestellt werden, von Euch mit derselben Einsatzfreude und mit dem gleichen Erfolge gelöst werden wie bisher.

Es lebe der Führer!

Wetzel
Generalleutnant u. Divisionskommandeur.

Anlage 6
LIII. A.K. Korpsbefehl für die Bereitstellung „Taifun“
28. Sept. 1941[1])

Generalkommando LIII. A.K. — K.Gef.St., 28. September 41
Abt. Ia Nr. 212/41g. Kdos. — 16.45 Uhr

Geheime Kommandosache!

25 Ausfertigungen
24. Ausfertigung.

Korpsbefehl für die Bereitstellung „Taifun“.
(Karte 1 : 300 000)
1 : 50 000)

1) *Feind und eigene Lage* siehe Feindnachrichtenblatt Nr. 48.
2) *2. Armee* tritt am T-Tag, X Uhr, zum Angriff an.
Panzergruppe 2 hat den Auftrag, aus dem Raum Rylsk–Potschep–Nowgorod Sewerskij antretend, die Deßna-Stellung von Süden her aufzurollen, Feind zwischen Deßna und Ssudost im Zusammenwirken mit dem rechten Flügel der 2. Armee zu beseitigen, das Industriegebiet Brjansk–Ordshonikidsegrad zu nehmen und über die Linie Orel–Brjansk nach Nordosten durchzustossen.
4. Armee durchbricht den Feind beiderseits der Straße Roslawl–Iuchnow, schließt durch Eindrehen auf Wjasma den vor ihrem linken Flügel stehenden Feind im Zusammenwirken mit 9. Armee ein und vernichtet ihn.
Am rechten Flügel der 4. Armee stößt die ihr unterstellte *Panzergruppe 4* zwischen der Bahn Roslawl–Pjeßotschnje (Kirow) und der Straße Roslawl–Juch-

[1]) BA MA LIII. A.K./19198/7.

now durch. XII. A.K. begleitet den Vorstoß dieser Panzerdivisionen in der rechten Flanke und gewinnt Pjoßotschnje (Kirow).

3) *LIII. A.K.* sichert während des Aufmarsches die Armee gegen Feindeinwirkung aus Gegend Brjansk. Am T-Tage durchbricht das Korps die Ssudost-Stellung mit Schwerpunkt beiderseits Wyssokoje, stößt in Richtung Brjansk–Ordshonikidsegrad durch und gewinnt die Deßna westl. Ordshonikidsegrad unter Sicherung gegen das Stadt- und Industriegebiet Brjansk–Ordshonikidsegrad. Jede Möglichkeit, dieses Gebiet und die dortigen Übergänge durch Handstreich wegzunehmen, ist auszunutzen, ohne die zur Panzergruppe 2 befohlene Trennungslinie zu berücksichtigen.
   Der Durchbruch mit Teilen südl. Letoschniki entfällt.
4) *Gliederung des LIII. A.K.* siehe Anlage 2. (Werden nachgereicht!)
5) *Aufträge:*
   a) *167. I.D.* durchbricht, am T-Tag um X-Uhr antretend, mit starkem Nordflügel die Ssudost-Stellung nördlich Mokarowa und stößt nördlich des Waldgebietes auf Brjansk vor. Erstes Angriffsziel des Nordflügels: Weg Olchowka–Knjashitschi. Der Südflügel fesselt zunächst den Gegner und folgt später unter Säuberung des Waldgeländes dem Angriff des Nordflügels.
      Bewegliche Kräfte sind frühzeitig bereitzuhalten, um nach erfolgtem Durchbruch die Übergänge bei Brjansk und Ordshonikidsegrad zu gewinnen und offen zu halten, ohne Rücksicht auf die zu Panzergruppe 2 befohlene Trennungslinie.
      Während des Angriffs bleibt es Aufgabe der 167. I.D., die Südflanke des LIII. A.K. zu schützen und Verbindung mit 1. K.D. zu halten. Besondere Bedeutung gewinnt diese Aufgabe, wenn die 1. K.D. nicht gleichzeitig mit dem LIII. A.K. am T-Tage antritt.
   b) *Verst. 31. I.D.* durchbricht, am T-Tage um X-Uhr antretend, mit Schwerpunkt auf dem Südflügel die Ssudost-Stellung beiderseits Moratschewo und stößt über Demjanitschi auf den Deßna-Abschnitt nordwestl. Ordshonikidsegrad vor. Erstes Angriffsziel des Südflügels Bachabschnitt: Knijashitschi–Owstugskaja.
      Mit dem Nordflügel gewinnt die Division im Anschluß an den Angriffsflügel vorgehend die Deßna und sichert gegen Feindteile, die sich in den Waldgebieten in der Lücke zu XXXXIII. A.K. einschließen lassen.
      Bewegliche Kräfte sind frühzeitig bereit zu halten, um nach erfolgtem Durchbruch die Übergänge nordwestl. Ordshonikidsegrad zu gewinnen und offen zu halten.
      Während des Angriffs ist es Aufgabe der 31. I.D., die Nordflanke des LIII. A.K. zu schützen.
   c) *Voraus-Abteilung 56. I.D.* erreicht, zur Verfügung des Korps, am 29. 9. 41 den Raum um Podbelowo (18 km westl. Potschep), am 1. 10. 41 den Raum: Katelki–S. SsI. Alexejewa–Belkowo. Straße Starodub–Mglin darf nicht benutzt werden.
   d) *56. I.D.* wird zur Verfügung des Korps am 5. 10. 41 voraussichtlich in den Raum: Ssupjagina–S. Ss. Alexejewa–Oskolkowo–Mglin–Diwowka–Schaulino vorgeführt werden.

6) *Trennungslinien:*

a) *zu Panzergruppe 2:*
Bahn Klintzy bis Potschep (2. Armee) – Panikowka (Panzergruppe 2) – Ordshonikidsegrad (Panzergruppe 2) – Darkowitschi (2. Armee) – Ogor (2. Armee) – Bahn Ustj–Szuchinitschi (2. Armee).

b) *zwischen LIII. und XXXXIII. A.K.*
Nadwa–Bachgrund südlich Peklino–Wetjna bis Chodilowitschi–Bahnhof Jwot (sämtl. zu XXXXIII).

c) *zwischen 167. I.D. und verst. 31. I.D.:*
Mushinowo (31.) – Kaschewo (167.) – Roscha (Bach) – Ssudostj (Bach) bis Knjashitschi (31.) – Starschewitschi (31.) – Swinz (167.) – Titowka (31.) – Merkuljewo (31.) – Ordshonikidsegrad (167.) – Falls 1. K.D. gleichzeitig mit LIII. A.K. antritt, wird Änderung rechtzeitig befohlen werden.

7) *Aufmarsch des Korps:*

a) Alle Vorbereitungen sind so zu treffen, daß 167. I.D. und 31. I.D. am Morgen des 2. 10. 41 zum Angriff antreten können. Endgültiger Befehl zum Angriff wird am Abend des (T–4) Tages, frühestens also am 28. 9. abends, mit dem Stichwort „Windstärke . . . ." durchgegeben werden.

b) *Die X-Zeit* wird am Abend des T–1-Tages entweder für den Beginn des Büchsenlichtes (um den Frühnebel zu überraschendem Vorbrechen auszunutzen) oder für etwa 9.30 Uhr (um Artillerie- und Fliegerunterstützung von vornherein zu gewährleisten) befohlen werden. Die Vorbereitungen haben *beide* Fälle zu berücksichtigen. Die X-Zeit wird mit dem Stichwort: „Die Feldpost ist um Uhr eingetroffen" durchgegeben werden.

c) Alle Führer haben dafür Sorge zu tragen, daß das Bevorstehen des Angriffs dem Feind soweit es die durch die Kürze der Zeit nötigen Maßnahmen irgend zulassen, verborgen bleibt.
Der *vordere Rand der Bereitstellung* ist von den Divisionen so zu bestimmen, daß vor dem T-Tage an keiner Stelle ein Angriff gegen stärkere Feindbesetzung geführt zu werden braucht. In Bereitstellungsräume, die vom Feind eingesehen werden können, ist erst in der Nacht zum T-Tage einzurücken. Einschießen der Artillerie hat unauffällig nur in unbedingt nötigem Umfang und in weiter zeitlicher Verteilung zu erfolgen.

d) 31. I.D. löst die im Nordteil ihres Streifens noch eingesetzten Teile der 52. I.D. so ab, daß sie am Morgen des 29. 9. 41 spätestens zur Verfügung der 52. I.D. stehen. (Fernmündlich voraus!)

8) *Unterstellungen:*

a) *Vorausabteilung 56. I.D.* wird dem Generalkommando ab 29. 9. 41, 0.00 Uhr, unmittelbar unterstellt.
Zusammensetzung:
Führer: Major Schuster, Kdr. Pz.Jg.Abt. 156.
Truppe: 5. (Rdf.)/I.R. 171
5. (Rdf.)/I.R. 192
5. (Rdf.)/I.R. 234
Aufkl.Abt. 156
Pz.Jg.Abt. 156
3. (mot.)/Pi.Btl. 156

b) *Von Sturmgeschützabteilung 226* werden unterstellt:
Stab und zwei Batterien der 31. I.D.
Eine Batterie der 167. I.D.

c) *Arko 27* werden unterstellt:
Artl.Rgt.Stab 786
gem. Artl.Abt. I./108
s.F.H. Abt. 841
Bb.Abt. 13
Ballon-Batterie 101

d) *Sperrverband Oberst Menneking* bleibt 31. I.D. unterstellt. Der Sperrverband ist, soweit notwendig, mit möglichst gering bemessenen Kräften durch 31. I.D. zu verstärken.

e) *Brückenkolonnen*
B 31, B 534, T 45 werden der 31. I.D.,
B 1./405, T 152, T 187 der 167. I.D. unterstellt.
Über ihre Zuführung folgt Befehl.

f) *Vom Bau-Batl. 11* werden unterstellt:
1.) Stab und zwei Kp. dem Gen.Kdo., Quartiermeister. Sie sind durch Kdr. Pi.Rgt.Stab 507 bis 29. 9. 41, 18.00 Uhr, nach Akulitschi (15 km nordostw. Oskolkowo) zuzuführen. Durchführung ist über 31. I.D. an Gen.Kdo., Abt. Qu., zu melden.
2.) Zwei Kp. werden der 31. I.D. zum Einsatz beim Sperrverband Oberst Menneking unterstellt. (Als Einzelbefehl voraus).

9) *Artillerie:*

a) Von der *zugewiesenen Heeres-Artillerie* werden Abt. I./108 und 841 unter Rgt.Stab z.b.V. 786 als *Gruppe Oberstleutnant Häfker* zusammengefaßt.
Die Gruppe untersteht für Artl.-Bekämpfung und Fernfeueraufgaben in Zusammenarbeit mit Beob.Abt. 13 und Ball.Battr. 101 sowie für Feuerzusammenfassungen im größeren Rahmen unmittelbar Arko 27.
Die beiden Abteilungen sind im Einvernehmen mit den beiden Divisionen derart einzusetzen, daß sie für unmittelbare Unterstützung der Infanterie den beiden Artl.-Führern voll zur Verfügung stehen. Die Einrichtung der B-Stellen und die Entsendung der A.V.Kdo. hat diesen Belangen Rechnung zu tragen.
Hierfür werden angewiesen:
167. I.D. auf: s. Art.Abt. I./108 mit Ball.Battr. 101,
31. I.D. auf: s. Art.Abt. 841.

b) 31. I.D. unterstellt dem Sperrverband Oberst Menneking eine 1. Batterie.

10) *Pioniere:*

a) Zum Überwinden der Bach-Abschnitte der Ssudost-Stellung ist weitgehend Behelfsmaterial einzusetzen. Die Brückenkolonnen sind für den Übergang über die Deßna zurückzuhalten.

b) Beim Sperrverband Oberst Menneking sind reichlich Minen zu verwenden. Die Straße Roslawl—Brjansk ist frühzeitig von Minen freizumachen.

11) *Verst. Heeres-Flakabt. 274,* zur Zeit zum Schutz des Versorgungsstützpunktes Unetscha eingesetzt, wird mit Masse die im Schwerpunkt eingesetzte Artillerie gegen Hoch- und Tiefangriffe schützen. Über ihren Einsatz folgt Befehl.

12) *Luftwaffe:*

a) II. Fliegerkorps wird voraussichtlich mit Kampfverbänden Angriff des XXXXIII. A.K. und XIII. A.K. unterstützen. Mit Einsatz bei LIII. A.K. ist nicht zu rechnen.

b) Die vor dem Angriff und mit Angriffsbeginn einsetzende verstärkte Tätigkeit der Lfl. 2 wird die eigene Luftüberlegenheit vor dem Angriffsraum der H.Gr. Mitte gewährleisten und damit der Luftaufklärung die Möglichkeit zur Entfaltung geben.

c) *Erkennungszeichen:*
Alle Truppen sind erneut und nachdrücklichst darauf hinzuweisen, daß sowohl die vordere Linie als auch alle rückwärtigen Truppenteile bis zur rückwärtigen Grenze der Erkennungszone insbesondere beim Erscheinen eigener Flieger kenntlich zu machen sind. In dem unübersichtlichen Waldgelände werden sich neben Hakenkreuzflaggen orangefarbene Erkennungssichtzeichen besonders bewähren. Außerdem wird auf die mit Generalkommando LIII. A.K., Abt. Ia Nr. 437/41 geh. vom 23. 9. 41 ergangene Anordnung des Abschießens weißer Leuchtzeichen und von Nebelgeschossen der Artillerie bei erkannter feindl. Panzerversammlung hingewiesen.

d) *Rückwärtige Grenze der Erkennungszone:*
Starodub–Mglin–Roslawl.

e) Sämtliche Truppenteile der Armee sind über die Verfügung Ob.d.H. GenSt.d.H./Ausb. Abt. (Ia) Nr. 2053/41 g. vom 6. 9. 41 (Generalkommando LIII. A.K., Abt. Ia Nr. 437/41 g. v. 23. 9. 41) betr. *Jagdschutz und Luftabwehr der Erdtruppe* erneut und eingehend zu belehren. Abschrift der Verfügung ist beigefügt.

13) *Aufklärung* wie am 24. 9. 41 befohlen. Vom Feind geräumte Stellungen sind sofort zu besetzen.

14) *Nachrichtenverbindungen* wie am 24. 9. 41 befohlen. Außerdem Fernsprechverbindung zu Vorausabteilung 56. I.D. nach ihrem Eintreffen im Raum Katelki–S. Ss. Alexejewa–Belkowo.

15) *Korpsgefechtsstand* wird am T-1 Tag nach Akulitschi (15 km nordostw. Oskolkowo) vorverlegt werden.

Der Kommandierende General
Weisenberger
General der Infanterie.

Anlage 7
LIII. A.K. Änderung des Korpsbefehls für die Bereitstellung „Taifun" 30. Sept. 1941[1])

Generalkommando LIII. A.K.
Abt. Ia Nr. 214/41 g.Kdos.

K.Gef.St., 30. September 1941
21.15 Uhr

Geheime Kommandosache!

Abgegangen am 1. 10. 41, 6.30 Uhr.
25 Ausfertigungen
20. Ausfertigung.

Änderung des Korpsbefehls für die Bereitstellung „Taifun".

1) Auf Grund der soeben durch A.O.K. 2 befohlenen Abgabe der Sturmartl.-Abt. 226 und der s. Artl.-Abt. I./108 wird in Abänderung des Korpsbefehls v. 28. 9. 41, Ziff. 5a u. b angeordnet:
Es kommt für LIII. A.K. darauf an, den vor ihm befindlichen Gegner zu schlagen und die feindliche Stellung am Ssudost zunächst einwandfrei in den Besitz des Korps zu bringen, einschließlich der dazu gehörenden Artl.-Stellungen.
Die Divisionen haben daher die vor ihnen liegende feindl. Stellung bis zu den Artl.-Stellungen einschließlich – also etwa bis mindestens 12 km Tiefe – zu durchstoßen und sie beiderseits nach Norden und Süden aufzurollen.
Erstes Angriffsziel: Die vor der Front des LIII. A.K. im Abschnitt Potschep–Letoschniki befindlichen Artilleriestellungen.
Aufklärung ist von beiden Div. über die Linie hinaus bis an die Dessna südwestl. und nordwestl. Brjansk vorzutreiben.
Über den weiteren Vorstoß in allgemein ostwärtiger Richtung ergeht nach Erreichen des 1. Angriffszieles Befehl.
Aufgabe des Sperrverbandes Oberst Menneking bleibt wie bisher bestehen.
167. I.D. wird auf besondere Beachtung des Waldgeländes nordostw. Potschep hingewiesen.
2) Sturmartillerie-Abteilung 226 ist durch 31. I.D., s.Artl.-Abt. I./108 durch Arko 27 zum XXXXIII. A.K. nach Rjaptitschi (60 km südostw. Roslawl) umgehend in Marsch zu setzen. Führer voraus zum Gen.Kdo. XXXXIII. A.K. nach Rjaptitschi.
Den Abteilungen sind Sonderausweise für Vorfahrtsberechtigungen auszustellen. (Fernmündlich voraus!)
3) An Stelle der abgegebenen Artillerie-Abteilungen werden dem Korps Sturmartillerie-Abteilung 243 und s.Artl.-Abt. III./818 von Gomel über Klintzy nach Mglin zugeführt werden. Eintreffen bei Mglin voraussichtlich am 2. 10. 41.
Über ihren Einsatz ergeht Befehl.

Der Kommandierende General
Weisenberger
General der Infanterie.

Verteiler:
Im Entwurf!

---

[1]) BA MA LIII. A.K./19198/7.

Anlage 8
Kriegsgliederung der Heeresgruppe Mitte. Stand 2. Oktober 1941[1])

H. Gr. Mitte I. R. „GD“ 19. Pz. Div. Brig. mot. 900	9. Armee 161. Inf. Div.		XXIII. AK	251. Inf. Div. 102. Inf. Div.	256. Inf. Div. 206. Inf. Div.
		Pz. Gr. 3	VI. AK	110. Inf. Div. 26. Inf. Div.	
			XXXXI. mot. AK	36. mot. Div. 1. Pz. Div.	6. Inf. Div.
			LVI. mot. AK	14. mot. Div. 6. Pz. Div.	7. Pz. Div. 129. Inf. Div.
			V. AK	35. Inf. Div. 5. Inf. Div.	106. Inf. Div.
			VIII. AK	28. Inf. Div. 8. Inf. Div.	87. Inf. Div.
			XXVII. AK	255. Inf. Div. 162. Inf. Div.	86. Inf. Div.
Befh. rückw. H. Geb. Mitte 707. Inf. Div. 339. Inf. Div. SS-Kav. Brig. 221. Sich. Div. 286. Sich. Div. 403. Sich. Div. 454. Sich. Div. (in Zuführung)	4. Armee		IX. AK	137. Inf. Div. 263. Inf. Div.	183. Inf. Div. 292. Inf. Div.
			XX. AK	268. Inf. Div. 15. Inf. Div.	78. Inf. Div.
			VII. AK	267. Inf. Div. 7. Inf. Div.	23. Inf. Div. 197. Inf. Div.
		Pz. Gr. 4	LVII. mot. AK	20. Pz. Div. 3. mot. Div.	SS „R“
			XXXXVI. mot. AK	5. Pz. Div. 11. Pz. Div.	252. Inf. Div.
			XXXX. mot. AK	2. Pz. Div. 10. Pz. Div.	258. Inf. Div.
			XII. AK	98. Inf. Div. 34. Inf. Div.	
	2. Armee 112. Inf. Div.		XIII. AK	17. Inf. Div. 260. Inf. Div.	
			XXXXIII. AK	52. Inf. Div. 131. Inf. Div.	
			LIII. AK	56. Inf. Div. 31. Inf. Div.	167. Inf. Div.
	Pz. Gr. 2		XXXXVII. mot. AK	29. mot. Div. 17. Pz. Div.	18. Pz. Div.
			XXIV. mot. AK	4. Pz. Div. 3. Pz. Div.	10. mot. Div.
			XXXXVIII. mot. AK	9. Pz. Div. 25. mot. Div.	16. mot. Div.
			H. Kdo. XXXV	95. Inf. Div. 296. Inf. Div. 262. Inf. Div.	293. Inf. Div. 1. Kav. Div.
			H. Kdo. XXXIV	45. Inf. Div. 134. Inf. Div.	

[1]) Nach: Das Deutsche Reich und der Zweite Weltkrieg, 4. Bd.

Abkürzungsverzeichnis

A.A.	Aufklärungsabteilung
Adj.	Adjutant
AHQu	Armeehauptquartier
A.K.	Armeekorps
A.O.K.; AOK	Armee-Oberkommando
A.R.	Artillerieregiment
Arko	Artilleriekommandeur
Art.	Artillerie
A.V.L.	Armee-Versorgungslager
BA MA	Bundesarchiv Militärarchiv Freiburg i. Br.
Batl.; Btl.	Bataillon
Battr.; Bttr.	Batterie
B.Abt.; Bb.Abt.	Beobachtungs-Abteilung
B.Stelle	Beobachtungsstelle
Brüko	Pionier-Brückenkolonne
Chef Genst.	Chef des Generalstabes
Chef Genst.d.H.	Chef des Generalstabes des Heeres
D.; Div.	Division
Div.Feldlaz.	Divisions-Feldlazarett
Div.Nachsch.Fhr.	Divisions-Nachschubführer
E.K.	Eisernes Kreuz
Fb.	Fahrtbericht
Felders.Btl.	Feldersatz-Bataillon
F.H.Q.	Führer-Hauptquartier
Fhr.	Führer
Flak	Fliegerabwehrkanone
Gef.Std.	Gefechtsstand
G.Kdo.	Generalkommando
g. Kdos.	Geheime Kommandosache
Gen.	General
Gen.d.Art.	General der Artillerie
Gen.Feldm.	Generalfeldmarschall
Gen.d.Inf.	General der Infanterie
Gen.Kdo.	Generalkommando
Gen.Lt.	Generalleutnant
Gen.Mjr.; Gen.Maj.	Generalmajor
Gen.Oberst	Generaloberst
Gen.Qu.	Generalquartiermeister
Genst.d.H.	Generalstab des Heeres

Gen.Vet.	Generalveterinär
Halder KTB	Generaloberst Halder, Kriegstagebuch
H.Gr.	Heeresgruppe
HKL; H.K.L.	Hauptkampflinie
H.-Munition	Hohlgeschosse für den Panzerkampf
H.Qu.	Hauptquartier
I.D.	Infanteriedivision
IG.	Infanteriegeschütz
Inf.	Infanterie
I.R.	Infanterieregiment
K.D.	Kavalleriedivision
Kdr.	Kommandeur
Kfz.	Kraftfahrzeug
K.Gf.Std.	Korps-Gefechtsstand
K.H.Q.	Korps-Hauptquartier
Kom.Gen.	Kommandierender General
Kp.; Komp.	Kompanie
Kps.	Korps
Krad	Kraftrad, Motorrad
KTB	Kriegstagebuch
KTB OKW	Kriegstagebuch des Oberkommandos der Wehrmacht
lFH	Leichte Feldhaubitze
Lfl.	Luftflotte
l.I.G.	leichtes Infanteriegeschütz
l.Mg.	leichtes Maschinengewehr
Lt.	Leutnant
Maj.; Mjr.	Major
M.G.	Maschinengewehr
mot.	motorisiert
OB	Oberbefehlshaber
ObdH	Oberbefehlshaber des Heeres
ObdW	Oberbefehlshaber der Wehrmacht
Oberstlt.	Oberstleutnant
Ob.Kdo.	Oberkommando
Oblt.	Oberleutnant
Obst.	Oberst
Offz.	Offizier
OKH	Oberkommando des Heeres
Org.	Organisation
O.U.	Ortsunterkunft
O1	Erster Ordonnanz-Offizier
Pak	Panzerabwehrkanone
Pi.	Pionier...
P.K.	Propaganda Kompanie
Pz.	Panzer
Pz.Gr.	Panzergruppe
Pz.Jg.	Panzerjäger

Q; Qu.	Quartiermeister (Abteilung)
RAD	Reichsarbeitsdienst
Rgt.	Regiment
S.	Seite
San.	Sanitäts...
Schtz.	Schütze
sFH	schwere Feldhaubitze
s.Mg.	schweres Maschinengewehr
Uffz.	Unteroffizier
V.A.	Vorausabteilung
VB	Vorgeschobener Beobachter der Artillerie
Vet.	Veterinär
V.Kdo.	Verbindungskommando

Quellen- und Literaturverzeichnis

Akten und Lagekarten

Aus dem Bundesarchiv Militärarchiv Freiburg (BA MA).
Bestände LIII. A.K. Ia/19198/1–19.
Darin im besonderen 19198/16–17.
Anlagen GI und GII zum KTB Nr. 1:
Fahrtberichte des Kom.Gen. von 24. 6. 1941 bis 23. 12. 1941 und 19198/2 KTB Nr. 1 von 21. 4. 1941 bis 31. 12. 1941.
Leider fehlen 19198/20–22.
Die Lagekarten des Korps sind nicht erhalten.
Bei Rekonstruktionen von Lagekarten des LIII. A.K. mußte daher auf Lagekarten der A.O.K. 2, A.O.K. 4 und Pz. A.O.K. 2 zurückgegriffen werden.

Gedruckte Quellen

Domarus, M., Hitler, Reden und Proklamationen, Bd. 2, 1973
Halder, [F.], Generaloberst, Kriegstagebuch. Tägliche Aufzeichnungen der Chefs des Generalstabes des Heeres 1939–1942. Bearbeitet von H.-A. Jacobsen. Bd. 1–3, 1962–64
Hitlers Weisungen für die Kriegführung 1939–1945. Dokumente des Oberkommandos der Wehrmacht. Hrsg. v. W. Hubatsch, 1962
Hitler, A., Monologe im Führerhauptquartier 1941–1944. Die Aufzeichnungen Heinrich Heims. Hrsg. von W. Jochmann 1980
Jacobsen, H.-A., 1939–1945. Der Zweite Weltkrieg in Chronik und Dokumenten. 1961
Jacobsen, H.-A., Der Zweite Weltkrieg. Grundzüge der Politik und Strategie in Dokumenten. 1965
Kriegstagebuch des Oberkommandos der Wehrmacht (Wehrmachtführungsstab) 1940–1945. Hrsg. von P. E. Schramm, 4 Bde, 1961–1965
Meier-Welcker, H., Aufzeichnungen eines Generalstabsoffiziers 1939–1942. Hrsg. v. Militärgesch. Forschungsamt, 1982

Untersuchungen und Darstellungen

Bartsch, M., u. a., Der Krieg im Osten 1941–1945. Historische Einführung, Kommentare und Dokumente, 1981
Besymenski, L., Die Schlacht um Moskau 1941, 1981

Blau, G. E., The German Campaigne in Russia. Planning and Operations 1940–42, Washington, 1955

Buchbender, O., Das tönende Erz. Deutsche Propaganda gegen die Rote Armee im Zweiten Weltkrieg, 1978

Buchheit, G., Hitler der Feldherr. Die Zerstörung einer Legende, 1958

Busse, H., Das Scheitern des Operationsplanes „Barbarossa" im Sommer 1941 und die militaristische Legende von der „Führungskrise". Zeitschrift für Militärgeschichte (DDR) 1, 1962, S. 62 ff.

Carell, P., Unternehmen Barbarossa. Der Marsch nach Rußland, 1963

Carell, P., Der Rußlandkrieg. Fotografiert von Soldaten. 1967

Dallin, A., The German Occupation of the USSR in World War II. A Bibliography. State Department, Washington, 1955

Das Deutsche Reich und der Zweite Weltkrieg. Hrsg. vom Militärgeschichtlichen Forschungsamt, Band 4. Der Angriff auf die Sowjetunion, 1983

Deutschland im Zweiten Weltkrieg. Von einem Autorenkollektiv unter Leitung von W. Schumann und K. Drechsler. Bd. 2. Vom Überfall auf die Sowjetunion bis zur sowjetischen Gegenoffensive bei Stalingrad (Juni 1941 bis November 1942). Berlin-Ost, 1975

Entscheidungsschlachten des Zweiten Weltkrieges. Hrsg. von H. A. Jacobsen und J. Rohwer, 1960

Das Fiasko der antisowjetischen Aggression. Studien zur Kriegführung des deutschen Imperialismus gegen die UdSSR (1941–1945). Hrsg. von E. Moritz. Berlin-Ost, 1978

Filitow, A. M., Zur Historiographie der Schlacht vor Moskau – Tendenzen der Entwicklung. In: Kriegswende Dezember 1941. Hrsg. von J. Rohwer u. E. Jäckel, 1984, S. 211 ff.

Fuller, J. F. C., Der Zweite Weltkrieg 1939–1945. 1950

Geschichte des Großen Vaterländischen Krieges der Sowjetunion. Hrsg. vom Institut für Marxismus-Leninismus beim Zentralkomitee der Kommunistischen Partei der Sowjetunion, Bd. 2. Die Abwehr des wortbrüchigen Überfalls des faschistischen Deutschlands auf die Sowjetunion. Die Schaffung der Voraussetzungen für den grundlegenden Umschwung im Kriege. Berlin-Ost, 1963

Geschichte des Zweiten Weltkrieges 1939–1945. Hrsg. v. Institut für Militärgeschichte des Ministeriums für Verteidigung der UdSSR. Bd. 4. Die faschistische Aggression gegen die UdSSR. Der Zusammenbruch der Blitzkriegstrategie. Berlin-Ost, 1977, (zuerst Moskau, 1975)

Geyer, H., Das IX. Armeekorps im Ostfeldzug 1941. Hrsg. von W. Meyer-Detring, 1969

Guderian, H., Der Vorstoß auf Tula, Allgem. Schweizerische Militärzeitschrift, 11, 1949

Guderian, H., Erinnerungen eines Soldaten, 1951, 4. Aufl. 1960

Halder, F., Hitler als Feldherr, 1949

Hass, G., Die Schlacht bei Moskau. Zu einigen militärpolitischen Schlußfolgerungen der bürgerlichen Historiographie. In: Militärgeschichte 20, 1981, S. 517 ff.

Haupt, W., Heeresgruppe Mitte 1941–1945. 1968

Haupt, W., Die Deutschen vor Moskau 1941/1942. Bildchronik einer Schlacht der verfehlten Strategie. 1972

Held, W., Verbände und Truppen der deutschen Wehrmacht und Waffen-SS im Zweiten Weltkrieg. Eine Bibliographie der deutschsprachigen Nachkriegsliteratur, 1978

Hesse, E., Der sowjetrussische Partisanenkrieg 1941 bis 1944 im Spiegel deutscher Kampfanweisungen und Befehle. 1969

Hillgruber, A. und Jacobsen, H.-A., Der Zweite Weltkrieg im Spiegel der sowjetkommunistischen Geschichtsschreibung (1945–1961). In B. Telpuchowski, Die sowjetische Geschichte des Großen Vaterländischen Krieges, S. 13 E ff.

Hillgruber, A., Hitlers Strategie. Politik und Kriegführung. 1965

Hillgruber, A., Der Zweite Weltkrieg 1939–1945. In: Osteuropa-Handbuch. Bd. Sowjetunion. Hrsg. von D. Geyer, S. 270 ff., 1972

Hillgruber, A., Der Zenit des Zweiten Weltkrieges Juli 1941, Vorträge des Instituts für Europäische Geschichte Mainz. 1977

Hillgruber, A., Das Rußlandbild der führenden deutschen Militärs vor Beginn des Angriffs auf die Sowjetunion. In: Rußland–Deutschland–Amerika. Festschrift für Fritz T. Epstein zum 80. Geburtstag. Hrsg. v. A. Fischer u. and. 1978

Hillgruber, A., Der Zweite Weltkrieg 1939–1945. Kriegsziele und Strategie der großen Mächte. 1982

Hillgruber, A., Die Bedeutung der Schlacht von Smolensk in der zweiten Julihälfte 1941 für den Ausgang des Ostkrieges. In: Felder und Vorfelder russischer Geschichte. Hrsg. von Inge Auerbach u. a., 1985

Hofmann, R., Die Schlacht vor Moskau 1941. In: Entscheidungsschlachten des Zweiten Weltkrieges. Hrsg. von H.-A. Jacobsen und J. Rohwer, S. 139 ff., 1960

Hoßbach, F., Infanterie im Ostfeldzug 1941/1942. 1951

Irving, D., Hitler und seine Feldherren. 1975

Irving, D., Hitlers Krieg. Die Siege 1939–1942. (London, 1977) 1983

Keegan, J., Barbarossa. Invasion of Russia 1941. 1971

Kern, E., Der große Rausch. Rußlandfeldzug 1941–1945. Zürich, 1948, Göttingen, 1961

Klink, E., Die Operationsführung. In: Das Deutsche Reich und der Zweite Weltkrieg Bd. 4, S. 451 ff., 1983

Köstring, General Ernst, Der militärische Mittler zwischen dem Deutschen Reich und der Sowjetunion 1921–1941. Bearbeitet von H. Teske, [1965]

Kriegswende Dezember 1941. Hrsg. von J. Rohwer und E. Jäckel, 1984

Kühnrich, H., Der Partisanenkrieg 1939–1945, Berlin-Ost, 1965

Kusnezowa, O. und Selesnjow, K., Der politisch-moralische Zustand der faschistischen deutschen Truppen an der sowjetisch-deutschen Front in den Jahren 1941–1945. In: Zeitschrift für Militärgeschichte 9, 1970, S. 598 ff.

Laqueur, W., Deutschland und Rußland. 1965

Macksey, Kenneth, Guderian der Panzergeneral. Mit einem Nachwort von Heinz G. Guderian (Generalmajor a. D.) 1976.

Moritz, E., Die Einschätzung der Roten Armee durch den faschistischen deutschen Generalstab 1935–1941. In: Zs. f. Militärgesch. 6, 1969, S. 154 ff.

Moritz, E., Zur Fehleinschätzung des sowjetischen Kriegspotentials durch die faschistische Wehrmacht in den Jahren 1935–1941. In: Auf antisowjetischen Kriegskurs. Berlin-Ost, 1970, S. 150 ff.

Müller, R. D. und Ueberschär, G. R., Die deutsch-sowjetischen Beziehungen und das Unternehmen „Barbarossa“ 1941 im Spiegel der Geschichtsschreibung. Eine kommentierte Auswahlbiographie. In: „Unternehmen Barbarossa“. S. 267 ff.

Müller-Hillebrand, B., Das Heer 1933–1945, Bd. III, Der Zweifrontenkrieg. Das Heer vom Beginn des Feldzuges gegen die Sowjetunion bis zum Kriegsende. 1969

Paul, W., Erfrorener Sieg – Die Schlacht um Moskau 1941/1942. 1975

Paul, W., Geschichte der 18. Panzer-Division 1940–1943. 1975

Philippi, A. und Heim, F., Der Feldzug gegen Sowjetrußland 1941 bis 1945. Ein operativer Überblick. 1962

Piekalkiewicz, J., Die Schlacht um Moskau. Die erfrorene Offensive. 1981

Reinhardt, K., Die Schlacht vor Moskau im Spiegel der sowjetischen Geschichtsschreibung. In: Jahresbibliographie der Bibliothek für Zeitgeschichte 43, 1971, S. 451 ff.

Reinhardt, K., Das Scheitern des Blitzkriegskonzepts vor Moskau. In: Kriegswende Dezember 1941. Hrsg. von J. Rohwer und E. Jäckel, 1984

Reinhardt, K., Die Wende vor Moskau. Das Scheitern der Strategie Hitlers im Winter 1941/42. 1972

Reinhardt, K., Das Scheitern der Strategie Hitlers vor Moskau im Winter 1941/42. In: Das Jahr 1941 in der europäischen Politik. Hrsg. von K. Bosl, 1972

Rendulic, L., Gekämpft Gesiegt Geschlagen. 1952

Rendulic, L., Der Partisanenkrieg. In: Bilanz des 2. Weltkrieges. 1953

Rendulic, L., Glasenbach–Nürnberg–Landsberg. Ein Soldatenschicksal nach dem Kriege. 1953

Röhricht, E., Probleme der Kesselschlacht. Dargestellt an Einkreisungs-Operationen im Zweiten Weltkrieg. 1958

Rokossowski, K. K., Soldatenpflicht. Erinnerungen eines Frontoberbefehlshabers. Berlin-Ost, 1973

The Russian Front, Germany's War in the East, 1941–45. Hrsg. von J. F. Dunnigan. London, Melbourne, 1978

Salisbury, H. E., Moscow. In: Decisive Battles of the Twentieth Century, S. 127 ff. Hrsg. von N. Frankland und C. Dowling. London, 1976

Salisbury, H. E., Die Ostfront. Der unvergessene Krieg 1941–1945. (Zuerst New York, 1978) Wien, 1981

Samsonow, A., Die große Schlacht vor Moskau 1941–1942. Berlin-Ost, 1959

Samsonow, A. M., Die Schlacht vor Moskau. In: Kriegswende Dezember 1941, hrsg. von J. Rohwer und E. Jäckel. 1984, S. 185 ff.

Schramm, P. E., Deutschland–Rußland 1941–1945. 1960

Schukow, G. K., Erinnerungen und Gedanken. 1969

Schustereit, H., Vabanque. Hitlers Angriff auf die Sowjetunion 1941 als Versuch, durch den Sieg im Osten den Westen zu bezwingen, 1988

Seaton, A., Der russisch-deutsche Krieg 1941–1945. (London, 1971) Hrsg. v. A. Hillgruber, 1973

Seth, R., Operation Barbarossa. The Battle for Moscow. London, 1964

Stern, W. und Stenzel, E., Die Blitzkriegstrategie des deutschen Militarismus und ihr Scheitern beim Überfall auf die Sowjetunion. In: Jb. f. Gesch. der UdSSR und der volksdemokratischen Länder Europas, 5, 1961, S. 23 ff. Berlin-Ost

Streit, C., Keine Kameraden. Die Wehrmacht und die sowjetischen Kriegsgefangenen 1941–1945. 1978, 2. Aufl. 1981

Telpuchowski, B. S., Die sowjetische Geschichte des Großen Vaterländischen Krieges 1941–1945. Hrsg. von A. Hillgruber und H.-A. Jacobsen, 1961

Tessin, G., Verbände und Truppen der deutschen Wehrmacht und Waffen-SS im Zweiten Weltkrieg 1939–1945, Bd. 1–14. 1977–1980

Tippelskirch, K. von, Geschichte des Zweiten Weltkrieges. 3. Aufl. 1959

Turney, A. W., Disaster at Moscow. Von Bock's Campaigns 1941–1942. Albuquerque, 1970

Ueberschär, G. R., Das Scheitern des Unternehmens „Barbarossa". Der deutsch-sowjetische Krieg vom Überfall bis zur Wende vor Moskau im Winter 1941/42. In: Unternehmen „Barbarossa". Hrsg. von G. R. Ueberschär und W. Wette, 1984

Uhlig, H., Das Einwirken Hitlers auf Planung und Führung des Ostfeldzuges. In: Vollmacht des Gewissens. Bd. 2, 1965, S. 149 ff. und in: Das Deutsche Reich und der Zweite Weltkrieg, Bd. 4, S. 486 ff.

Unser weiter Weg. Vormarsch und Kampf des Generalkommando LIII. A.K. in Rußland 1941. Gemeinsame Gabe der Führungsabteilung zum Weihnachtsfest 1941. Gen.Kdo. LIII. A.K. Abt. Ia

„Unternehmen Barbarossa". Der deutsche Überfall auf die Sowjetunion 1941. Berichte, Analysen, Dokumente. Hrsg. von G. R. Ueberschär und W. Wette, 1984

Vollmacht des Gewissens, hrsg. von der Europäischen Publikation e. V. Bd. 2, 1965

Walde, K. J., Guderian und die Schlacht um Moskau, Wehrforschung 1972, S. 124 ff.

Walde, K. J., Guderian. 1976

Werth, A., Russia at War 1941–1945. London, 1964

Ziemke, E. F., Franz Halder at Orsha. The German General Staff seeks a Consensus. In: Military Affairs, 39, 1975, S. 173 ff.

Personenregister

Ortsregister

Im Ortsregister sind die im Text genannten Orts-, Landschafts- und Gewässernamen enthalten, nicht jedoch alle in den Kartenskizzen enthaltenen Bezeichnungen.